陕西师范大学史学丛书
丛书主编／何志龙

# 近代中国农村经济史研究

黄正林／著

科学出版社
北京

图书在版编目(CIP)数据

近代中国农村经济史研究/黄正林著. ——北京：科学出版社，2015.11
（陕西师范大学史学丛书）
ISBN 978-7-03-046358-6

Ⅰ.①近… Ⅱ.①黄… Ⅲ.①农村经济-经济史-研究-中国-近代 Ⅳ.①F329.05

中国版本图书馆 CIP 数据核字（2015）第 269950 号

责任编辑：陈 亮 任晓刚/责任校对：李 影
责任印制：徐晓晨/封面设计：黄华斌 陈 敬
编辑部电话：010-64026975
E-mail：chenliang@mail.sciencep.com

科学出版社 出版
北京东黄城根北街 16 号
邮政编码：100717
http://www.sciencep.com

北京东华虎彩印刷有限公司 印刷
科学出版社发行 各地新华书店经销
\*
2016 年 3 月第 一 版 开本：720×1000 1/16
2018 年 1 月第三次印刷 印张：31 1/2
字数：580 000
定价：98.00 元
（如有印装质量问题，我社负责调换）

# 丛书总序

在高等院校，教学与科研是一般教师关注的主要对象，教师们不仅关注自身的教学与科研，也关注他人的教学与科研，但对于学校和学院，高度关注的则是学科，即我们通常讲的学科建设。所谓学科建设，一般包含学科平台建设、师资队伍建设、科学研究和人才培养四个方面。学科平台建设，主要指硕士学位授权点和博士学位授权点的设置和建设，博士后科研流动站的设置和建设，另外也包括教育部人文社会科学重点研究基地的设置和建设，以及其他各类研究平台的设置和建设。师资队伍建设，主要指师资队伍的规模、职称结构、学历结构、年龄结构、学缘结构等方面。科学研究，主要指师资队伍成员从事学术研究所产出并公开发表和出版的学术论文、著作以及研究报告等。人才培养，主要指硕士学位授权点和博士学位授权点所培养的硕士研究生和博士研究生的数量、质量及其在学术界的影响和社会各行业的影响。学科建设的四个方面相互依托，相互促进，相辅相成，共同构成了学科建设的有机整体。其中，学科平台是基础，有了学科平台，有利于引进人才和加强队伍建设，有了学科平台，才能招收研究生，进行人才培养。队伍建设是核心，拥有一支合理的师资队伍，才能支撑和维持学科平台，才能有进行科学研究和人才培养的主体。科学研究是关键，科学研究的成果体现学科平台的力量，也是培养人才的前提和基础，没有较强的科学研究能力，不可能培养出合格的人才。人才培养是目标，人才培养必须依托学科平台，同时，人才培养不仅必须要有师资队伍，而且必须要有具备科学研究能力的师资队伍，才能完成合格的人才培养。

与国内大多数高校的历史学科一样，陕西师范大学的历史学科建设，在2012年之前，主要进行的是学科的外延建设。所谓外延建设，就是指增加学科的数量和规模，如拥有几个一级博士学位授权点，几个国家重点学科以及几个教育部人文社会科学重点研究基地等。随着我国改革开放的深化和综合国力的增强，民众对高等教育有更高期待，党的"十八大"明确提出推动高等教育的内涵发展，走以质量提升为核心的内涵发展道路，高校学科建设进入了一个新的时期，学科建设的重点由外延建设转向内涵建设。外延建设主要强调量，而内涵建设则更加注重质，外延建设为内涵建设奠定了坚实的基础。也就是说，在已有学科平台的基础上，凝练高水平的队伍，产出高水平的成果，培养高质量的人才，将成为学科发展的关键所在，而统领这三方面的正是学科特色。凡大学都应该有自己的特色，大学的特色集中体现在学科特色上。所谓学科特色，主要指在某一学科的某一领域，凝练一支高水平的研究团队，产出一系列有影响的研究成果，同时培养出一批在学术界和相关行业有影响的人才。为什么说学科特色是学科内涵建设的灵魂，原因有三：一是从人力资源配置看，很难有一个高校有能力支撑一个学科（一级学科）所包含的所有学科领域。二是从财物资源配置看，很难有一个高校有能力支持一个学科（一级学科）所包含的所有学科领域发展所需要的财力和物力。支持学科建设不仅要有研究团队，而且要有为研究团队提供从事科学研究所必需的财力和物力，如从事历史学研究所必需的场所设施、网络环境和图书资料等，只有满足人、财、物的合理配置，才能进行科学研究。三是只有发展学科特色，资源配置才能实现成本最低，效率最高。如果学科领域广泛，需要配置的文献资源也必然广泛，相应地如果学科领域相对集中，需要配置的文献资源也相对集中，成本低而利用率高。另外，发展学科特色，易于承传学术传统，易于形成内部合作，易于产出系列成果，易于团队培养人才，易于形成学术影响，也易于保持学术影响。

发展学科特色需要考虑诸多因素。作为历史学科建设，要充分考虑地方历史文化，形成自己的学科优势，这种优势既能更好地服务地方，也能充分彰显自己的学科特色。要注重已有学术传统，顺应国家长期发展的重大战略目标，着眼未来，长远规划学科特色。要充分考虑学校的实力地位，谋划学校能够实现的规划，因为学科建设规划只有在人、财、物的可持续投入基础上才能实现。

陕西师范大学的历史学科，依托地处周秦汉唐历史文化中心，考古资源丰富，出土文物规格高和数量大的优势，经过几代历史人 70 多年的不懈努力，逐步形成了以周秦汉唐历史为主要研究领域的学科特色，中国古代史国家重点学科的获批，也是对这一学科特色的充分肯定。随着国家对历史学科精细化分类管理，原来既是门类也是一级学科的历史学一分为三，调整为中国史、世界史、考古学三个一级学科。根据学校地位的变化和学校对历史学科人、财、物的持续投入状况，面对三个一级学科的评估和建设，在国家一流大学和一流学科建设中，我们面临着前所未有的巨大挑战。在严峻的挑战面前，思路必须明确，决策必须正确，行动必须快捷。环顾国内外高等院校学科建设成功者，无不具有显著特色。我们在学科内涵建设中，特色发展是唯一选择。作为中国史一级学科，其统属的中国古代史和历史地理学两个国家重点学科，是我校的特色学科，也是我校的优势学科，在国内学科建设的激烈竞争中，只有加大建设力度，才能保持优势地位。而要保持传统优势学科的地位，除了加大已有建设的力度，还必须不断探索新的学科增长点，才能进一步强化学科优势，彰显学科特色。中央提出的"一带一路"建设，是我国发展的大战略，为地处丝绸之路起点的我校历史学科发展迎来了难得的发展机遇，学院"丝绸之路历史文化研究中心"的建立，不仅顺应了国家重大战略需求，同时也是我院探索新的学科增长点的体现。中国史升格为一级学科后，发展中国近现代史学科势在必行，而从时间和空间上看，中国近现代史学科的研究领域同样极为广泛，我们也必须选择某一领域，重点建设，特色发展。西北地区的近现代史研究是中国近现代史研究的重要组成部分，把西北地区的近现代史作为我校中国近现代史学科的发展方向，同样具有明显的地域优势，也必将成为我校的学科特色和新亮点。

此外，文物与博物馆学也是学院谋求学科建设发展特色的一大发力点。2008年1月23日，中宣部、财政部、文化部和国家文物局联合下发《关于全国博物馆、纪念馆免费开放的通知》，根据该通知，全国各级文化文物部门归口管理的公共博物馆、纪念馆，全国爱国主义教育示范基地将全部实行免费开放，博物馆已成为国民素质教育的重要基地。在全国范围内，博物馆如雨后春笋，发展迅猛，但博物馆学的专业人才却明显不足，这就为高等院校博物馆学人才培养提出了新的要求。陕西是考古大省、文物大省，更是博物馆大省，博物馆的人才需求也相对较大。基于地缘优势和省内学科建设差异化发展的思路，我校在考古学学科下重点发展博物馆学，经过十多年的发展，取得了一定成就，陕西省文物局与我校签订战略合作框架协议，国家文物局在我校设立文博人才培训示范基地，充分说明我校重点发展博物馆学符合陕西省和国家对博物馆人才培养的需求，特色建设博物馆学的思路得到了肯定和支持。我们将在国内博物馆学研究的基础上，学习、借鉴、吸收国外博物馆学的理论和方法，深入探索努力构建我国博物馆学的学科理论体系，彰显我校博物馆学的学科特色。

彰显学科特色的要素很多，但产出颇具影响的系列研究成果尤为重要。为此，学院设计出版《陕西师范大学史学丛书》。本丛书首批17本，均为学院教师近年新作，每本书的内容不少于三编，作者自序。丛书的内容广泛，涉及中国古代史、中国近现代史、世界史等。希望通过出版本套丛书，集中展现学院教师近年来学术关注的领域和成就。鉴于本丛书是在我校大力推进一流学科建设的开启之年规划完成的，故以一流学科建设的思路代为本套丛书之总序。

何志龙

陕西师范大学长安校区文汇楼C段209室

2015年12月25日

# 前言

我专心于近代中国农村经济史研究，已经10余年了。

2003年秋，我考取河北大学博士研究生，以什么选题做博士论文成为一个问题。我之前所做的陕甘宁边区社会经济史研究，已经有点"疲倦"，不想再继续在这一领域进行探索。因此，以读博士学位为契机，我决定以近代以来黄河上游区域农村经济作为自己博士论文的选题。这个选题能不能做，心里没有底。当时，近代史学界正在讨论"施坚雅模式"[①]，我读了相关论文，也读了施坚雅的《中国农村的市场和社会结构》（中国社会科学出版社，1998年）一书的部分内容，有所启发。在博士尚未入学的那个暑假，我去了甘肃、宁夏、青海的图书馆、出版社搜集了一些资料，先从研究农村市场做起，完成了《近代甘宁青农村市场研究》[②]，文章在《近代史研究》上发表后，被《中国近代史》全文转载。这篇文章的发表，一方面，说明我以近代黄河上游区域农村经济史研究为选题来做博士论文是切实可行的；另一方面，可拓宽经济史研究的视野，近10余年来我的学术研究基本上是围绕着农村经济史方向往前走。

20世纪90年代至21世纪，中国近代农村经济史围绕着人地关系、土地分配关系、租佃关系、农业经营方式、家庭手工业、金融问题、农业商品化与市场、农民经济行为、农村经济演变趋势、经济性质等问题展开研究，形成比较热烈的对话。[③] 关于这些问题，学术界主要探讨的是经济比较发达的

---

[①] 任放：《施坚雅模式与中国近代史研究》，《近代史研究》2004年第4期，第90—122页。
[②] 黄正林：《近代甘宁青农村市场研究》，《近代史研究》2004年第4期，第123—156页。
[③] 李金铮：《中国近代乡村经济史研究的十大论争》，《历史研究》2012年第1期，第171—189页。

地区和"中心"地区，而对位于黄河上游区域的甘肃、宁夏、青海关注比较少。我把自己研究的关注点就放在这一区域，围绕着农村经济一系列问题展开讨论。另外，河南农村经济也是我的一个关注点，这与我在河南大学做了5年"黄河学者"分不开。一方面，我参与了《河南经济通史》民国卷的研究与撰写；另一方面，我一直倡导河南大学的中国近现代史研究要立足河南。正因为这样，民国时期河南农村经济史曾经也是我的一个研究重点，笔者不仅完成了《河南近代经济史（下）》，并申报了教育部后期资助重点项目《民国时期河南经济史研究》，围绕着学术界讨论的问题，对民国时期河南农村经济史进行了研究。

最近10余年，我的研究除了陕甘宁边区历史外，一直在近代中国农村经济史领域内游走。因此本书取名《近代中国农村经济史研究》，共收入19篇文章。下面对部分论文所讨论问题的背景与主要观点做简单介绍。

### 一、农村经济问题研究

在讨论这个问题时，笔者对黄河上游区域有整体研究，有个案研究，也回应了学术界对该问题的讨论。《民国时期甘肃农家经济研究——以20世纪30—40年代为中心》[①]。基本观点是：第一，甘肃虽然土地广袤，地广人稀，但农家田场面积依然狭小，而且土地十分散碎，成为制约农家经济发展的主要因素之一。第二，由于田场面积狭小和散碎，单靠土地无法满足农家生活需求，副业就成为农家分解剩余劳动力、补充家庭生活不足的重要手段，而且农家土地越是不足，分流剩余劳动力的能力越强，说明"过密化"理论并不是适合所有地区。第三，在地权分配中，甘肃传统的农业区域土地并不十分集中，以自耕农经济为主；在宗教、土司、官僚势力比较强的地区，地权相对集中，佃农比例也较高。与全国相比，甘肃的租佃关系既有共性，也有其特殊性。第四，甘肃农家收入由作物生产和副业构成，两者分别约占80%和20%。第五，民国时期甘肃农家经济十分贫困，造成的原因多种多样，除了土地不足、地权分配不平衡、地主对农民的剥削和各种灾害等因素外，主

---

[①] 黄正林：《民国时期甘肃农家经济研究——以20世纪30—40年代为中心》，《中国农史》2009年第1期，第31—46页；黄正林：《民国时期甘肃农家经济研究（续）——以20世纪30—40年代为中心》，《中国农史》2009年第2期，第47—55页。

要是地方政权与军阀的苛捐杂税,即农家要将30%—50%的收入用来缴纳各种捐税。因此,民国时期构成甘肃农村社会的主要矛盾并不是地主与农民之间的矛盾,而地方政府和军阀与农民的矛盾才是当时农村社会的主要矛盾。另一篇是《民国时期宁夏农村经济研究》[①]。讨论的问题与观点是:首先,民国时期宁夏省政府整修水利、开垦荒地,使宁夏的耕地面积有所增加,而且灌溉农田占农田总面积的59%,是黄河上游区域最高的省份。第二,农作物品种齐全,主要有小麦、水稻、山药、粟、大麦、高粱、豌豆等,占全部农作物耕种面积的82.8%,总产量的93.8%。第三,农村地权分配不均衡,80%以上的农民耕地不足,主要依靠租种地主的土地生活。佃农和地主不仅在土地上发生关系,而且在借贷方面也发生密切的关系,是宁夏农村租佃关系的一大特点。第四,民国时期宁夏有着比较好的农村市场体系,因其生产皮毛、食盐、药材等,故形成了许多专业市场。

民国时期农业与农村经济是增长还是衰落,在学术界有过热烈的讨论。大致可以分为增长论者和衰退论者两种主要观点。衰退论者认为晚清至民国时期中国农村经济处于衰落状态。如有学者认为晚清以降,中国的粮食亩产量、人均粮食占有量等都处于下降的局势,是一种"糊口经济"[②];即便是在1927—1937年人均粮食产量也在下降,既大大低于清代前期的水平,也比20世纪20年代减少了将近一成[③];有研究者认为从近代到抗战时期中国农村经济史是"一代不如一代,从未出现过什么繁荣时期"[④];还有学者否认晚清以降至民国时期农业生产力在粮食生产中的作用,认为即使华北人均粮食产量有所提高,这也是因天灾人祸、人口数量锐减所换来的人均粮食产量的提高;而清末至民国时期粮食产量的提高在很大程度上是这一时期全国气候变暖的结果。[⑤] 另一种观点认为近代农业和传统农业相比有了一定程度的发展,这

---

[①] 黄正林:《民国时期宁夏农村经济研究》,《中国农史》2006年第2期,第78—89页。

[②] 王庆成:《晚清华北定期集市数的增长及对其意义之一解》,《近代史研究》2005年第6期,第1—38页。

[③] 刘克祥:《1927—1937年农业生产与收成、产量研究》,《近代史研究》2001年第5期,第59—112页。

[④] 章有义:《明清及近代农业史论集》,北京:中国农业出版社,1997年,第238页。

[⑤] 夏明方:《发展的幻象——近代华北农村农户收入状况与农民生活水平辨析》,《近代史研究》2002年第2期,第211—250页;夏明方:《近代中国粮食生产与气候波动——兼评学术界关于中国近代农业生产力水平的争论》,《社会科学战线》1998年第4期,第167—172页。

一观点被称为"发展论"。例如,吴承明认为,从粮食总产量看,我国农业在20世纪以来仍然是增长的,到1936年达到高峰。他说:"总体看来,我国近代农业生产力是有一定发展的,生产方法也有所变化。发展甚慢,但基本上还能适应人口增长的需要。变化极微,但也不完全是老样子了。"① 还有一些学者从不同的侧面论述了20世纪20—30年代我国农业是发展而非衰退。如徐秀丽通过对华北平原粮食亩产量的考察,认为20世纪前30年,农业生产形势较好,粮食亩产已经大致恢复到清盛世的水平,或许还略有提高。② 更有学者对民国时期尤其是20世纪30年代中国农业发展持乐观的态度。郑起东认为,1914—1932年华北农业得到较快的发展,粮食亩产量和人均粮食产量均处于上升的趋势。③ 慈鸿飞更为乐观,认为华北农村市场有了很大的发展,"其扩大程度远远超出前人已作出的判断",20世纪30年代华北农民的收入水平几乎与同世纪90年代的纯收入差不多。④ 在关于中国近代农村经济问题研究中,笔者认为近代甘肃农村经济既有低谷又有发展。黄河上游区域农村经济有两个低谷,一个是在同治年间回民反清起义和清军镇压回民后,笔者对这次事变后的黄河上游区域农村经济进行了研究。认为清朝同治时期陕甘两省爆发的回民事变给黄河上游区域的经济与社会带来了深刻的影响。不仅使整个甘、宁、青人口锐减,而且也造成了回族人口的锐减、分布格局的变化和居住环境的恶化。这次事变之后,黄河上游区域的农业和农村经济、工商业都遭到了巨大的破坏,使其长期处于萧条状态。⑤ 另一个低谷是在国民军统治甘肃时期,这期间发生了1928—1930年大旱灾,加之冯玉祥的国民军横征暴敛,"由于灾害、社会动荡和军阀的盘剥,相当一部分农户完全丧失了购买力,他们的经济生活和市场的联系不再是为了扩大再生产(如购买耕畜、农具和种子等),而是以低廉的价格卖掉自己的农产品(大量的是鸦片)

---

① 吴承明:《中国近代农业生产力的考察》,《中国经济史研究》1989年第2期,第63—77页。
② 徐秀丽:《中国近代粮食亩产的估计——以华北平原为例》,《近代史研究》1996年第1期,第165—181页。
③ 郑起东:《近代华北的农业发展和农民生活》,《中国经济史研究》2000年第1期,第55—72页。
④ 慈鸿飞:《二十世纪前期华北地区的农村商品市场与资本市场》,《中国社会科学》1998年第1期,第91—106页。
⑤ 黄正林:《同治回民事变后黄河上游区域的人口与社会经济》,《史学月刊》2008年第10期,第78—88页。

来完成各种捐税"。①

近代黄河上游区域农村经济也有发展时期,笔者认为抗战时期中国西北农村经济出现了一个发展的小高峰。《农贷与甘肃农村经济的复苏(1935—1945年)》②一文认为,20世纪三四十年代,在开发西北和建设抗日后方基地的背景下,国民政府在甘肃推行农贷政策。农贷的发放,使甘肃农业和农村经济总体呈上升趋势,也使抗战时期成为近代以来甘肃农业和农村经济发展状况最好的一个时期。在《论抗战时期甘肃的农业改良与推广》一文中也指出,抗战爆发后,中国大部分地区遭到了日寇的蹂躏,农业生产衰退,唯在大后方和解放区,农业颇有发展,而抗战时期甘肃农业发展为此提供了一个很好的例证。通过农业技术改良和推广,促进了粮食产量的提高,在某种程度上改变了甘肃农业破败和农村凋敝的现象,正如魏宏运先生所言:"甘肃农业经济在战时的发展,是引人注目的,它走出了旧有的轨道。"尽管农业改良与推广存在绩效不足的问题,但毕竟使甘肃农业"走出了旧有的轨道",开始了由传统农业向现代农业转型,这是值得肯定的。就中国经济整体而言,抗战时期中国农业经济比较发达的长江中下游、华北与黄淮平原地区农业发展完全处于停滞状态,中国经济举步维艰,但在国民政府各种农业政策影响下,甘肃农业和农村经济有了一定的发展,说明国民政府部分实现了大后方经济建设的战略目标。③

《承前启后:北洋政府时期河南经济的新变化——以农业、工业与市镇经济为中心》④一文认为近代河南逐渐形成了棉花、烟草、花生种植区。基本观点是:第一,改变了河南传统的农作物种植结构。第二,农家种植作物的目的发生了变化,农业商品化程度有较大的提高。引起这种变化的原因既有交通运输变化的因素,也有政府奖助的作用。《制度创新、技术变革与农业发展——以1927—1937年河南为中心的研究》⑤研究了南京国民政府前十年河

---

① 黄正林:《近代甘宁青农村市场研究》,《近代史研究》2004年第4期,第155页。
② 黄正林:《农贷与甘肃农村经济的复苏(1935—1945年)》,《近代史研究》2012年第4期,第77—98页。
③ 黄正林:《论抗战时期甘肃的农业改良与推广》,《史学月刊》2014年第9期,第77—92页。
④ 黄正林:《承前启后:北洋政府时期河南经济的新变化——以农业、工业与市镇经济为中心》,《陕西师范大学学报》(哲学社会科学版)2013年第3期,第5—15页。
⑤ 黄正林:《制度创新、技术变革与农业发展——以1927—1937年河南为中心的研究》,《史学月刊》2010年第5期,第28—44页。

南的农业问题。认为河南农业与之前相比，出现了缓慢向前发展的趋势。农政机关比以前增加了不少，涉农机关不仅有政府部门的行政机关，还有各级农事试验场和合作社，民国以来政府的农业部门具有了为农业服务的理念。这种现代农业管理模式的出现，为农业的发展奠定了良好的基础。抗战前河南粮食总产量和亩产量都超过了民国初年以前的水平。经济作物的大面积种植，使河南农业生产的商品化程度有了很大的提高。随着农业的缓慢发展，部分地方农民生活水平也有了提高。从河南农业状况来看，20世纪20—30年代的中国农业既不是"停滞论者"那样一种悲观的状况，也不是某些"发展论者"所描述的完全是一种比较乐观的状态，而是一些地方出现了缓慢发展的势头，一些地方仍是停滞不前。但应当承认，"发展"是抗战前十年中国农业经济的总趋势。

## 二、地权与租佃关系问题研究

土地分散与集中是学术界关于农村经济讨论历久而争论比较多的问题。从现有文献来看，20世纪二三十年代，绝大多数研究农村经济问题的学者，不论其政治背景如何，大多认为土地分配不均，且有集中之势。[①] 新中国成立后，在农村土地改革中与学术研究中，认为农村土地集中十分严重，如《中共中央关于公布中国土地法大纲的决议》，认为占乡村人口不到10%的地主、富农占有70%—80%的土地，而占乡村人口90%以上的雇农、贫农、中农仅占有20%—30%的土地。就地权分配趋势而言，多数学者持相同的观点，即：除太平天国运动时期，地主占有土地的状况有所改变外，土地分配始终处于集中状态，北洋政府、国民党政府统治时期尤其严重。[②] 这种似成定论的问题，在20世纪80年代开始出现了质疑，以章有义、郭德宏等学者为代表，[③] 而且这种讨论一直延续至今。受这些讨论的影响，笔者主要讨论

---

① 罗醒魂：《农地问题之严重性及其解决》，《人与地》1943年第7—8期合刊，第23页；吴静：《"土地革命"与土地问题》，《农村经济》1934年第1期；仵建华：《西北农村经济之出路（续）》，《西北农学》1936年第1期；陈翰笙：《现代中国的土地问题》，《中国经济》1933年第4—5期合刊，第1288页。

② 李金铮：《中国近代乡村经济史研究的十大论争》，《历史研究》2012年第1期，第174页。

③ 章有义：《明清及近代农业史论集》，北京：中国农业出版社，1997年，第85—90页；郭德宏：《旧中国土地占有状况及发展趋势》，《中国社会科学》1989年第4期，第199—212页。

了黄河上游区域地权与租佃关系问题。

《近代黄河上游区域地权问题研究》① 一文分别讨论了甘肃农业区、宁夏灌溉区、甘青民族集聚区的地权分配关系。主要观点是：第一，黄河上游区域的地权状况与生态环境、宗教等有密切的关系，即在宗教势力占绝对优势的地区，地权主要集中在寺院和高级僧侣手中；生态环境优越的地区地权比较集中，而生态环境脆弱的地区地权较分散。第二，近代黄河上游区域地权关系表现出一定的不平衡，占人口10%—20%的地主、富农约占耕地的30%—40%，而占农村人口80%的自耕农和贫雇农占有土地约60%—70%。大致5%—10%的人口没有耕地，10%—20%的人口耕地不足。第三，与全国地权状况相比，黄河上游区域大部分地区地权比较分散。地权关系没有表现出十分集中的现象，但20%—30%广大农村人口没有耕地或者耕地不足，仍然是农村经济发展面临的主要问题。在租佃关系方面，通过对甘肃的研究，我的结论是：在民国时期甘肃的租佃关系中，佃户对地主的人身依附关系十分淡薄，与章有义对徽州、史建云对华北地区租佃关系的研究所得出的结论十分相似，佃户对地主只有"单纯纳租义务"，租佃关系基本上契约化了。说明民国时期甘肃传统农业区的租佃关系已经摆脱了租佃关系中地主与佃农之间人身依附关系的因素。甘肃西南边区与汉族农业区不同，佃农不仅和寺院、土司有着较强的人身依附关系，而且佃农除了缴纳租税外，还要承担寺院和土司额外的各种应酬和劳役。②

《民主改革前安多藏族部落的草山权属与牲畜租佃关系》③ 一文讨论了安多藏族地区牧场权属与牲畜租佃关系问题。基本观点是：第一，民主改革前安多藏族部落草山权属有部落公有、土司占有制、寺庙占有制和私人占有制四种形式。部落头人、贵族不仅占有最好的草山，而且拥有对草场的绝对支配权。第二，牲畜是藏族游牧部落最基本的生产资料，从部落头人到属民大多数都有属于自己的牲畜，但和草山使用权一样，藏族部落里牧主与牧民的

---

① 黄正林：《近代黄河上游区域地权问题研究》，《青海民族研究》2010年第3期，第101—106页。

② 黄正林：《民国时期甘肃农家经济研究——以20世纪30—40年代为中心》，《中国农史》2009年第1期，第31—46页。

③ 黄正林：《民主改革前安多藏族部落的草山权属与牲畜租佃关系》，《中国农史》2008年第2期，第69—78页。

牲畜所有权也是不平衡的，占部落户口不足 10% 的牧主（部落头人、寺院、贵族等）阶层占有部落牲畜总量的 20%—50%，有的部落高达 60% 以上；占部落户口 60% 以上的贫苦牧民只占有部落 20% 左右的牲畜，甚至许多贫苦牧民没有牲畜。第三，在藏族部落牲畜的租佃关系中，佃户完全处于不利的地位。从草场权属、牲畜占有量和牲畜租佃关系来看，至少反映出两个问题，一是民主改革前的藏族部落是农奴制的社会性质；二是部落土司、头人、贵族和宗教上层通过取得草山的占有权和支配权，对部落属民进行经济的和超经济的剥削，是造成藏区农牧民贫困的主要原因之一，这一问题一直到 20 世纪 50 年代后期新中国对藏区进行了民主改革后才得以解决。因此，笔者认为新中国对藏族地区的民主改革是完全必要的。只有废除农奴制度，解决草山权属和牲畜分配问题，废除农奴制度下的租佃关系，使农牧民有了属于自己的草山和牲畜，才使藏族地区广大农牧民获得了真正的解放，才能解放生产力和促进藏族部落社会经济的发展。

### 三、农贷与金融问题研究

在关于民国时期农村经济史研究中，农业金融是十分重要的内容，学术界讨论比较多，而且随着研究的深入，观点也在发生变化。如 20 世纪 80 年代人们在研究国民政府农贷时持否定态度。一些学者认为国民政府推行农贷是"为了宣泄垄断金融资本的过剩资金"[1]，农贷"助长了农村高利贷与商业投机的作用"，为"帝国主义、官僚资本主义和农村封建势力开辟了剥削中国农民的新途径"。[2] 到了 20 世纪 90 年代，随着学术环境的宽松，又有学者认为国民政府的农贷"有过有功"。一方面认为农贷"在农村的某些地方产生了积极影响"；另一方面则强调地主豪绅把持农贷，使农贷的实际效果大打折扣。[3] 近几年学术界继续从不同角度来研究国民政府的农贷问题，逐渐充分肯定农贷在农村经济发展中的作用。如李金铮指出农贷在一定程度上冲击了

---

[1] 姚会元：《国民党政府"改进农村金融"的措施与结局》，《江汉论坛》1987 年第 3 期，第 67 页。
[2] 韩德章、詹玉荣：《民国时期新式农业金融》，《中国农史》1989 年第 3 期，第 82 页。
[3] 于治民：《十年内战期间中国农村金融状况》，《民国档案》1992 年第 2 期，第 77—84 页；黄立人：《抗战时期国统区的农贷》，《近代史研究》1997 年第 6 期，第 135 页；

高利贷剥削，救济了农民生活，刺激了生产，增加了农民收入。① 游海华认为农贷对于当地社会经济复苏发挥了"显著的积极作用"。② 学术界关于农贷问题讨论主要集中在两个大问题上，一是农贷对农村经济发展是否起到了作用？二是究竟乡村地主、富农把持农贷还是农民也获得了实惠？

《农贷与甘肃农村经济的复苏（1935—1945年）》③一文试图通过对民国时期甘肃的农贷与农村经济问题进行实证研究来回答上述问题。本文认为随着甘肃金融与农贷体系的建立，形成了"政府—银行—合作社—农户"的农贷模式，政府为农贷政策的制定者，银行为农贷资金的提供者，合作社为农贷的实施者，农户居于终端，是农贷的受益者。因农贷发放引起甘肃农村经济发生变化，即粮食产量有所提高，农村副业有了变化，农村社会经济有了变化。顺便回应了学术界关于农贷讨论的主要问题。基本观点是：第一，从甘肃的情形看，农贷不完全由地主、富农把持。第二，农民是农贷的主要受益者。第三，农贷并非助长了高利贷资本，而实际情形是凡农贷所及之处，高利贷资本都受到了一定程度的遏制。

《二元经济：社会转型时期的地方金融体制研究——以1912—1937年的河南省为例》④一文对民国时期河南金融体制做了研究，指出民国初年至20世纪30年代，河南金融业存在着现代金融业与传统金融业并存的局面。在现代金融业渗入乡村社会的过程中，信用合作社起了重要作用，成为新式银行和农村联系的桥梁，由于其借贷利率较低，故能较快的被农民所接受，成为农村一种新型的融资和借贷组织。在河南广大农村，只要合作社发展比较深入的地方，都会出现合作社与传统融资组织并存的局面。为什么会出现这种现象？笔者认为：一是不论传统金融业还是现代金融业都无法独立承担市场发展对金融业的需要；二是由于民间传统金融习惯对现代金融业的排斥而延续了传统金融机关的生存能力。

---

① 李金铮：《民国乡村借贷关系研究》，北京：人民出版社，2003年，第369—374、394页。
② 游海华：《农村合作与金融"下乡"——1934—1937年赣闽边区农村经济复苏考察》，《近代史研究》2008年第1期，第82页。
③ 黄正林：《农贷与甘肃农村经济的复苏（1935—1945年）》，《近代史研究》2014年第4期，第77—98页。
④ 黄正林：《二元经济：社会转型时期的地方金融体制研究——以1912—1937年的河南省为例》，《史学月刊》2009年第9期，第50—63页。

### 四、农村市场问题研究

施坚雅的《中国农村的市场和社会结构》在大陆翻译出版后,"施坚雅模式"对近代中国市场史、城市史、人口史产生了影响[1],尤其推动了对中国农村市场史的研究。就在学术界讨论华北等中心区域市场问题时,我萌发了讨论西北市场的想法,对甘、宁、青农村市场,西北皮毛贸易市场进行了研究。

《近代甘宁青农村市场研究》一文对甘、宁、青农村集市种类、数量、层级、专业市场及市场趋势做了考述。指出自清朝同治年间以来,由于周期性的社会动荡、自然灾害和军阀横征暴敛,甘、宁、青市场的数量和规模都在走向衰退,这种状况直到20世纪40年代末中共取得政权前夕也没有多大改观。因此,一个地区社会政治的稳定程度和农民负担的轻重程度,极大地影响着这一地区的经济和市场的繁荣。

《近代西北皮毛产地及流通市场研究》[2] 一文研究了近代西北皮毛的产地市场、中转市场和出口市场。主要观点是:第一,甘肃、宁夏、青海、新疆、绥远、察哈尔以及陕西的北部位于我国农牧分界线以北地区,是我国主要的皮毛产地,近代中国70%以上的皮毛产于这一地区。第二,近代西北皮毛市场兴起是以天津开埠为起点。天津开埠后逐渐成为中国北方最大的港口和出口市场,其经济腹地不断由华北向西北延伸,带动了近代西北皮毛市场的兴起。近代中外贸易的主要特点是西方列强利用不平等条约对中国原料进行掠夺。在西北皮毛市场兴起的过程中,外商、洋行、买办起了先导作用。第三,在近代西北皮毛的市场链中,以产地市场为基础,以中转市场为枢纽,以出口市场为尾闾,形成了比较完整的市场体系。皮毛市场的勃兴,对西北区域市场与国际市场的联系产生了至关重要的作用,增加了西北地区经济发展的现代化因素。

另外,在《承前启后:北洋政府时期河南经济的新变化——以农业、工业与市镇经济为中心》一文中,笔者还讨论了北洋时期河南市镇经济的变化。

---

[1] 任放:《施坚雅模式与中国近代史研究》,《近代史研究》2004年第4期,第92页。
[2] 黄正林:《近代西北皮毛产地及流通市场研究》,《史学月刊》2007年第3期,第103—113页。

主要观点是：第一，河南传统市场是以水路为主要物流方式，以河流为纽带形成了以四大名镇——周家口、朱仙镇、赊旗镇、道口镇——为系统的市场网络。随着新式交通体系的建立和物流方式的改变，一些市镇却失去了往日的优势区位，尤其以四大市镇为体系的传统市场逐渐衰落。随着传统市场体系中大市场的衰落，依托于这些市场的"次中心市场"也随之发生了变化。第二，在传统市场体系衰退的过程中，随着新式运输方式的建立，以铁路为枢纽构建了新的市场系统。一些小县一跃成为商业都市，一些小镇或村庄成为著名市镇和工业城市，郑州、驻马店、漯河是其中的典型，在北洋政府时期已经确立集散市场的地位，一些铁路穿越的古老城市，市场地位也凸现出来。

### 五、手工业问题研究

李金铮教授指出："如果说农业史是中国乡村经济的核心，家庭手工业则是仅次于农业的重要组成部分"。① 可见家庭手工业在农村经济中占有重要地位。学术界关于家庭手工业的研究，关注的问题是家庭手工业是彻底衰落还是有所延续。传统观点认为自近代以降，由于列强侵略和工业品的不断输入，使中国农业与家庭手工业相结合的自给自足的自然经济遭到破坏，家庭手工业一直处于衰落状态。但近几年的研究表明，近代中国家庭手工业有衰落、有延续，甚至还有不小的发展。② 对于手工业问题，笔者也做了一些探讨，以回应学术界的相关研究。

《延续与革新：近代甘肃手工业问题研究》③ 一文对甘肃手工业发展趋势、经营方式、发展原因等问题进行了讨论。文章认为：第一，20世纪初叶到20世纪40年代甘肃的传统手工业保持了继续发展的状态，尤其是本省原料比较充足的毛纺织业、土布、造纸、皮革等行业显示出了较好的发展势头，有些还从原来的副业发展为主业。特别是抗战时期，由于政府提倡和民众生

---

① 李金铮：《中国近代乡村经济史研究的十大论争》，《历史研究》2012年第1期，第179页。
② 彭南生：《中间经济：传统与现代之间的中国近代手工业》，北京：高等教育出版社，2002年；彭南生：《半工业化：近代中国乡村手工业的发展与社会变迁》，北京：中华书局，2007年。
③ 黄正林：《延续与革新：近代甘肃手工业问题研究》，《青海民族研究》2015年第1期，第111—112页。

活需要，不仅旧有的手工业发展很快，还出现了一些新兴手工业使近代甘肃手工业出现了短暂的"黄金时期"。第二，在各种经营方式中，家庭和挑贩经营依然是农村手工业经营的主要方式，市镇作坊、官营和合作社逐渐成为抗战时期手工业经营的主流方式，而且在社会经济和农家生活中占有重要的地位。第三，近代甘肃手工业延续与革新的主要因素是手工业在农家经济生活中仍然占有重要的地位，既可解决农家生活的需求使手工业产品有广阔的市场空间，又可消化一部分农业生产中剩余的劳动力；国民政府在抗战时期金融政策也是手工业发展不可或缺的因素，银行资本在一定程度上帮助手工业解决了资金困难，给外来难民提供了技术支撑，这些都成为手工业延续与发展的原动力。

《承前启后：北洋政府时期河南经济的新变化——以农业、工业与市镇经济为中心》探讨了河南手工业问题。本文的主要观点是：第一，北洋政府时期河南各地手工业呈现出比较顽强的生命力，大部分乡村手工业不但没有消失，而且保持了原有的地方特色，甚至成为本县乡村经济的支柱产业。显然，这种局面并非以前人们所说的农村手工业是一种完全破产的景象。第二，在西方工业商品的冲击下，那些能够被"洋货"与机器工业品可替代的手工业开始衰落。第三，部分手工业生产转向半机器生产。纺织业中，一些家庭纺织业开始购置机器，从事半机器生产。第四，出现了一些新兴手工业。北洋政府时期，河南新兴的手工业主要是扎花、手工卷烟等行业。第五，手工业的经营方式有了新的变化。即家庭手工业与市场结合日益紧密，传统的农业与家庭手工业结合的方式已经不能适应市场的需要，因此在一些行业出现了类似包买商的经营方式。

### 六、土地改革问题研究

土地改革是 20 世纪中国农村经济研究的主要内容。但以往的研究主要关注中共的土地革命与土地改革，而对国民政府土地改革问题研究，大多是从国民党土地政策入手[①]，缺乏实证研究。《国民政府"扶植自耕农"问题

---

① 郭德宏：《南京政府时期国民党的土地政策和实践》，《近代史研究》1991 年第 5 期，第 169—191 页；杨振亚：《抗战时期国民政府扶植自耕农政策初探》，《南京大学学报》（哲学社会科学版）1985 年增刊二。

研究》① 主要讨论了国民政府"扶植自耕农"的问题。本文的主要观点是：第一，"扶植自耕农"思想来源于孙中山的平均地权思想，其理论与方法借鉴了欧美国家土地改革的经验。第二，20世纪三四十年代，中国土地问题日益突出，社会矛盾尖锐，国民政府开始在政策和制度上进行土地改革的设计。第三，1942年划定扶植自耕农试验区，开始实施扶植自耕农耕作。在扶植自耕农试验区，实现了平均地权，农村社会经济也发生变化。第四，受国民党政权性质、社会惯性和国民党权贵与官僚阶层反对等因素的影响，抗战时期国民政府的土地改革没有在全国展开。第五，抗战胜利后，在试验区土地改革取得的经验基础上以及国民党面临的政权危机，促使国民政府加大执行土地改革的政策力度，并有实行全国土地改革的意图。但随着国民党在大陆统治的结束，"扶植自耕农"主张者所倡导的土地改革也随之夭折。

### 七、环境问题研究

在农村经济史的研究中，我们发现不仅农业生产对环境有很大的影响，即使农民的日常生活也对环境有极大的影响。《森林、民生与环境：以民国时期甘肃为例》② 一文以社会经济史为切入点，对民国时期甘肃的森林的分布、面积和木材积累数量、森林与社会经济、森林与环境等问题进行探讨。笔者认为：第一，森林不仅为工农业生产和交通建设提供了大量的木材，而且为居民生活提供了一定的保障，居住在森林周边和附近的居民依赖于森林从事副业生产，以弥补家用不足。第二，民国时期甘肃森林出现了过度砍伐的问题，造成森林面积锐减，粗略估计抗战前甘肃森林覆盖率有6%，到抗战结束时只有3%。第三，森林面积锐减既有传统木材利用的因素，也有当时社会经济发展对木材需求的因素，而制度缺失是森林遭到滥伐的主因。

以上就是收在本集中主要论文的基本内容与观点。

在学术界游走20余年，随着年龄的增长，浮躁之心渐渐收敛。虽然距心若止水的境界尚远，但自认为还能静下心来做"糊口学问"，读书、思考、写

---

① 黄正林：《国民政府"扶植自耕农"问题研究》，《历史研究》2015年第3期，第112—130页。

② 黄正林：《森林、民生与环境：以民国时期甘肃为例》，《中国历史地理论丛》2014年第3期，第5—25页。

作已经成为日常生活的常态。自知愚陋,不可能写出什么传世之作。但每篇论文都是尽心与尽力来做,尊重前人学术贡献,秉持学术的原创性,在这方面当问心无愧。至于学术水准如何?读者是最公正的裁判。

黄正林

2015 年 7 月 18 日于陕西师范大学雁塔校区驽马书屋

# 目录

丛书总序 …………………………………………………………… i
前　言 ……………………………………………………………… v

国民政府"扶植自耕农"问题研究 ………………………………… 1
近代中国乡村经济史的理论探索与实证研究——评李金铮的《传
　统与变迁：近代华北乡村的经济与社会》……………………… 30
近代甘宁青农村市场研究 ………………………………………… 46
延续与革新：近代甘肃手工业问题研究 ………………………… 73
近代西北皮毛产地及流通市场研究 ……………………………… 104
清朝至民国时期甘宁青地区的典当业 …………………………… 128
同治回民事变后黄河上游区域的人口与社会经济 ……………… 144
近代黄河上游区域地权问题研究 ………………………………… 167
农贷与甘肃农村经济的复苏（1935—1945 年）………………… 180
论抗战时期甘肃的农业改良与推广 ……………………………… 215
民国时期甘肃农家经济研究——以 20 世纪 30—40 年代为中心 …… 244
民国时期甘肃农田水利研究 ……………………………………… 283
民国时期甘宁青畜牧业的现代化问题 …………………………… 299
民国时期宁夏农村经济研究 ……………………………………… 315
民主改革前安多藏族部落的草山权属与牲畜租佃关系 ………… 334
森林、民生与环境：以民国时期甘肃为例 ……………………… 354

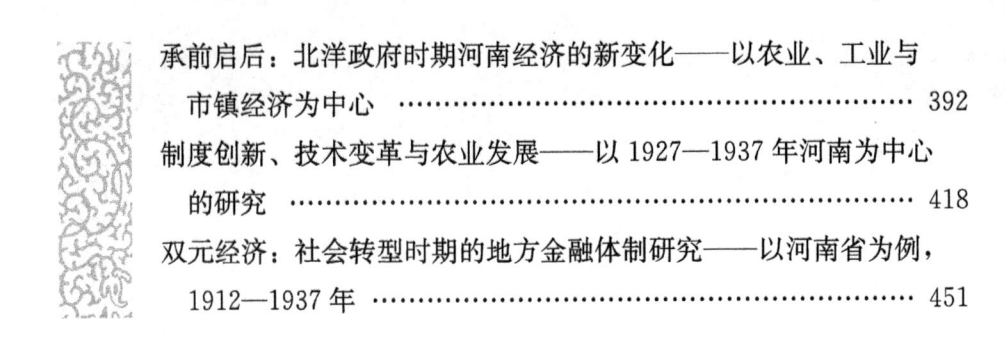

承前启后：北洋政府时期河南经济的新变化——以农业、工业与
　　市镇经济为中心 ······················································· 392
制度创新、技术变革与农业发展——以1927—1937年河南为中心
　　的研究 ································································· 418
双元经济：社会转型时期的地方金融体制研究——以河南省为例，
　　1912—1937年 ························································ 451

# 国民政府"扶植自耕农"问题研究

"扶植自耕农"是国民政府抗战时期和抗战后实行的一项重要土地改革政策，旨在以政治或经济力量帮助无地农民获得土地，使其成为自耕农。其思想来源于孙中山三民主义中"平均地权"和实现"耕者有其田"，借鉴欧美扶植自耕农的理论与方法。包括两个方面，一是扶植自耕农，二是创设自耕农。[①] 所谓扶植自耕农，是"由政府运用金融机关的金融力量，乃至由政府运用减免捐税的政策，协助自耕农民的农业经营，使其不致因为资金的缺乏与捐税的繁重而沦为佃农"；所谓创设自耕农，是"由政府以法令规定佃农租用地主的最高租额，并保障佃农对于承租土地的租用权；同时又规定佃农对于承耕土地的优先承购权，或贷于购买土地必需的资金，使得他们能由佃农进为自耕农"。[②] 1942—1948年，国民政府先后在福建、甘肃、绥远、四川、广西、江西、宁夏、湖南、陕西、湖北、安徽、贵州、浙江、广东、江苏等省办理扶植自耕农。关于国民政府扶植自耕农问题，学术界研究不多，关注点主要在理论依据、土地政策和个案研究等方面，[③] 在以往的一些研究中，对国民政府实施扶植自耕农评价褒贬不一，也有论者对此持否定观点。本文

---

[①] 严格地说，"扶植自耕农"和"创设自耕农"是两种内涵不同的概念，但在民国时期已经把这两者混称"扶植自耕农"。故本文题目中的"扶植自耕农"问题也沿袭传统，指的是"扶植自耕农"和"创设自耕农"，而侧重点在"创设自耕农"方面。

[②] 朱剑农：《自耕农扶植问题》，上海：中华书局，1946年，第8页。

[③] 郭德宏：《南京政府时期国民党的土地政策和实践》，《近代史研究》1991年第5期，第169—191页；杨振亚：《抗战时期国民政府扶植自耕农政策初探》，《南京大学学报》（哲学社会科学版）1985年增刊二；赖晨：《民国闽西扶植自耕农研究（1941—1948）》，硕士论文，福建师范大学社会历史学院，2006年。

从对土地问题的认识、扶植自耕农的理论渊源、制度设计、实践和绩效等几个方面，对国民政府"扶植自耕农"问题进行较为系统的考察。

## 一、地权与租佃：农村经济的核心问题

关于民国时期的土地与租佃问题，学术界已有比较深入研究，讨论的问题主要集中在人地关系、地权分配、租佃关系等几个方面。从现有文献来看，20世纪二三十年代，绝大多数研究农村经济问题的学者，不论其政治背景如何，大多认为土地分配不均，且有集中之势。那么，当时中国地权分配不均到什么程度？地权分配不均或土地集中与否，有两个主要指标，一是农民占有土地比例。根据已有研究成果，民国时期土地占有状况是地主、富农占总户数的9.43%，占总人口的11.55%，占土地总数的50.64%，其他阶层（中农、贫农、雇农等）占总户数的90.66%，占总人口的88.41%，只占土地总数的48.03%。① 二是佃农所占比例。1935年土地委员会调查，全国纯粹佃农的数量，约占总人口的12.07%，占全农民总数的15.78%；如将兼佃农加入计算，则约占总人口的28.45%，约达全国农民总数的37.19%；佃耕面积占耕地面积的30.72%。② 从地主占有土地和佃农所占比例看，地权分配不均。尽管近年有研究表明，地主、富农土地占有率没有传统所言那么高，即便如此，也不能说明地权是分散的。

民国时期土地兼并大量存在，而且有愈演愈烈的趋势。"举凡商业资本、高利贷资本等都可以直接对土地投资而成为广大的对土地农民的剥削阶层"。③ 20世纪二三十年代，水旱灾害加剧，农村地价骤减，各种投机资本深入农村争购土地。如陕西渭北"土地集中的趋势，极其迅速……真正农户，已无锥立之地"。④ 在土地集中过程中，"贫农及雇农比中农丧失土地更为迅速"。⑤ 抗战爆发后，土地集中继续加剧。"自抗战军兴以来，粮价飞

---

① 郭德宏：《旧中国土地占有状况及发展趋势》，《中国社会科学》1989年第4期，第199—212页。
② 罗醒魂：《农民问题之严重性及其解决》，《人与地》1943年第7—8期合刊，第23页。
③ 吴静：《"土地革命"与土地问题》，《农村经济》1934年第1期，第16页。
④ 仵建华：《西北农村经济之出路（续）》，《西北农学》1936年第1期，第18页。
⑤ 陈翰笙：《现代中国的土地问题》，《中国经济》1933年第4—5期合刊，第17页。

涨，投资土地得利既稳且厚，一般大发国难财之豪绅土劣富商大贾与昔日满载而归之落伍军人以及其他特殊阶级，遂不惜以重价收购土地，以增加其地租收入。"① 其结果是许多农民失去土地，如抗战初期对后方15省调查，1936年至1939年佃农比例由30%上升至38%，半自耕农由24%上升至27%，自耕农由46%下降为35%。② 这说明抗战初期某些地方地权呈集中趋势。

租佃关系问题表现在两个层面，一是地租的高低。20世纪三四十年代，土地问题研究者大多认为地租过高。如高信认为中国租佃关系不良，表现有三，即"租额之苛重"、"租期之短促"和"租约之苛刻"。③ 范苑声认为"中国地租的额数之高，为世界各国所罕有的"。④ 又有研究表明，全国各地平均水田的地租在45%—52%，旱田的地租在44%—48%。⑤ 地主每年收租的次数也在增加，如马扎亚尔所言："以前中国中部的佃农只付一次地租，但现在已经渐渐的改为两次了"。⑥ 地租有上涨的趋势，如以1904年地租指数为100，则1914年为156，1924年为284，20年之内地租上涨了2倍。⑦ 抗战初期，因受各种因素影响，地租"租额比较以前更重"。⑧ 可见，当时的研究者普遍认为地租是比较高的。二是地主和佃农关系紧张与否。因征收高额地租与地主收租的严苛，主佃矛盾尖锐。有的地方地主收租严而苛，如佃农不按期交租，则动用地保乃至疏通县长帮助催租，有的地方则设有佃农监狱。⑨ 江苏有的地方田主规定交租期限为头限、二限、三限，每限半个月，过了三限，佃户因交不起租被关押也比较多见。⑩ 中国大部分省均有押金，有的地

---

① 罗醒魂：《农地问题之严重性及其解决》，《人与地》1943年第7—8期，第23页。
② 章伯雨：《农业国家的新出路》，《四川经济季刊》1944年第3期，第385页。
③ 高信：《实施我国土地政策之步骤》，《财政评论》1941年第3期，第26页。
④ 范苑声：《我对中国土地问题之认识与意见》，《中国经济》1933年第4—5期合刊，第10页。
⑤ 谢劲键：《中国租种制度之研究及其改革之对策》，《中国经济》1933年第4—5期合刊，第30页。
⑥ （苏）马扎亚尔：《中国农村经济研究》，陈代青、彭桂秋译，上海：神州国光社，1934年，第394页。
⑦ 曹平逯：《中国农村租佃关系之探究》，《地方自治》1948年第5—6期，第17页。
⑧ 叶倍振：《谈扶植自耕农》，《人与地》1943年第7—8期合刊，第12页。
⑨ （美）卜凯：《中国租佃问题》，翁绍耳译，《财政评论》1945年第3期，第103—104页。
⑩ 刘桐华：《现租佃关系下的中国农村危机》，《行健月刊》1934年第6期，第14页。

方地主出租土地时要收取地价6.7%—10%押金,①而且自抗战以来,"各地普遍增加押金,高者竟达战前之20余倍"。②为了交付押金佃农又不得不借贷。湖北有地主用佃农的押金购买耕牛,再将耕牛贷给佃户收牛租,佃户承受着地主二重三重剥削。③这些都是导致地主和佃户关系紧张的因素,如江苏"佃农抗租,已成普遍之现象"。④抗战期间,广西玉林、桂平"租佃纠纷也很严重"。⑤租佃关系紧张,是农村社会经济的主要问题。

正是基于地权分配与租佃问题的认识,有识之士把土地私有制看做是制约国家发展中的核心问题。"现代之种种土地问题,一言以蔽之,其根源在于现代之土地私有制度"。⑥"土地问题之目前的重心……是因为土地分配的不均,以致发生今日这样极恶劣而不公平的租佃制度"。⑦"中国土地问题的核心问题,就是解决'地租'问题"。⑧"土地问题不能解决,其余一切问题之解决是等于无效"。⑨"土地问题不仅为国际潮流的摩登问题或政党的政权问题,而是整个国家民族的存亡问题"。⑩国民政府也认识到:"一、佃农与自耕农在全国农户的比率中依旧很高。二、在中国的'农业阶层'上,佃农升为半自耕农,半自耕农升为自耕农的进程比较艰难与缓慢,而由自耕农沦为半自耕农,或半自耕农沦为佃农的机会与可能性则极多、极大……为阻止土地集中到大地主手里,必须积极扶植自耕农,使他们已有的土地,不致因经济或其他原因丧失;另一方面更需积极保障佃农,使他们有机会可以用勤劳与节俭来获得田地"。⑪正是知识界与国民政府在土地问题上的共识,成为实施"扶植自耕农"的基础。

---

① 曹平逵:《中国农村租佃关系之探究》,《地方自治》1948年第5—6期,第18页。
② 乔启明:《抗战以来各省地权变动概况》,《乔启明文选》,北京:社会科学文献出版社,2012年,第237页。
③ 谢劲键:《中国租种制度之研究及其改革之对策》,《中国经济》1933年第4—5期合刊,第15页。
④ 赵棣华:《租佃问题研究报告》,《地政月刊》1936年第4—5期合刊,第572页。
⑤ 胡耐秋:《"扶植自耕农"问题探讨》,《中国农村》1942年第8期,第5页。
⑥ 黄通:《中国现阶段的土地问题》,《地政月刊》1936年第4—5期合刊,第833页。
⑦ 朱剑农:《自耕农扶植问题》,上海:中华书局,1946年,第6页。
⑧ 祝平:《中国土地改革导言》,《地政月刊》1934年第1期,第16页。
⑨ 高信:《我国现在之土地问题》,《时事月报》1936年第3期,第171页。
⑩ 萧铮:《一年来之中国地政学会》,《地政月刊》1934年第1期,第3页。
⑪ 国民政府行政院:《扶植自耕农保障佃农》,南京:行政院新闻局,1947年,第2页。

## 二、理论与方法：借鉴欧洲经验

民国时期扶植自耕农的理论与方法主要借鉴了欧美经验。19 世纪中后期，欧美国家出现土地改革思潮，主张改良现行土地制度。① 欧美资产阶级土地改革思潮大致归为两种：一种主张"地租公收"。1848 年英国经济学家约翰·穆勒的《政治经济学原理》认为，土地私有不仅不正当，而且没有必要；论及地租时主张把土地发生的地租，没收归公。② 英国土地制度改革协会主张以"征收地价税"的方法解决土地问题，就是践行约翰·穆勒的理论与方法。1881 年，美国土地问题理论家亨利·乔治出版了《进步与贫困》，主张废除土地私有制，把土地当做"公共财产"，进行土地改革，由课税的方法全部征收不劳所得的地租。③ 他关于土地改革的主张，"陡然助长了各国土地改革论的气势，推其影响所及，实可谓近世土地制度改革运动之向导"。④ 1913 年，德国土地问题理论家达马熙克《土地改革论》，是继《进步与贫困》后的"第一部重要著作"，指出解决土地问题就是分配问题，其具体内容就是地租问题，地租是社会财产，"应该由社会全体收回"。⑤ 一种主张"土地社会化"。1796 年，英国的托马斯·斯宾塞尔发表《自由之正午》，认为土地是天赋人权，而私有土地制违反这种权利，"应该即行废止"。1885 年，奥布林出版《奴隶制度的起源、发达和形态》，主张在政府主导下进行废除土地私有制的改革。在土地国有制基础上，国家建立信用制度，为生产者贷款，以"避免雇佣劳动制的不合理和资本家的专制"。⑥ 欧美经济学家不论是"地租公收"还是"土地社会化"的主张，都是针对土地私有制提出的，主张对现

---

① 国民政府"扶植自耕农"的理论与方法主要来源于西方资产阶级经济学家主张，故本文不讨论、不涉及西方马克思主义经济学家关于土地问题的理论。
② （英）约翰·穆勒：《政治经济学原理及其在社会哲学上的若干应用》上卷，赵荣潜等译，北京：商务印书馆，1991 年，第 258—263 页；（英）约翰·穆勒：《政治经济学原理及其在社会哲学上的若干应用》下卷，赵荣潜等译，北京：商务印书馆，1991 年，第 393 页。
③ 高信：《亨利乔治之生平及其学说》，《地政月刊》1933 年第 7 期，第 985—989 页。
④ 曾济宽：《土地改革论述要》，《地政月刊》1933 年第 8 期，第 1045 页。
⑤ 高信：《达马熙克之土地改革论》，《新社会科学》1934 年第 2 期，第 254—256 页；祝平：《目前中国土地问题之重心》，《地政月刊》1934 年第 1 期，第 95—99 页。
⑥ 曾济宽：《土地改革论述要（续）》，《地政月刊》1933 年第 9 期，第 1209—1214 页。

行土地制度进行改革。

　　中国较早关注欧洲土地改革理论与方法的是孙中山。1896—1897年，孙中山滞留英国期间，曾在伦敦研究土地问题，交游土地改革领袖人物，参加土地改革者的集会，对其有深刻影响。① 1912年，孙中山对中国社会党演讲中曾说："美人有卓尔基亨利（即亨利·乔治——引者注）者……曾著一书名《进步与贫困》，其意以为，世界愈文明，人类愈贫困，盖于经济学均分之不当，主张土地公有。其说风行一时，为各国学者所赞同。其发阐地税法之理由，尤为精确，遂发生社会主义之一说"。② 基于对欧洲土地改革的理解，孙中山"平均地权"的学说及实施"照价抽税"、"涨价归公"等办法，就是采纳了英国土地国有派及地价税派的学说。③

　　20世纪三四十年代，随着中国农村经济问题日益凸显，欧美解决土地问题的理论和方法越来越受到中国学者关注。一方面，欧美资产阶级经济学家关于土地改革的著作、理论被翻译或介绍到国内，特别是1933年1月《地政月刊》创刊后，讨论欧美诸国土地改革问题，成为一时之风气。1935年7月，德国土地问题专家达马熙克逝世后，《地政月刊》刊出"纪念达马熙克先生纪念专号"，向中国读者全面介绍这位德国土地问题专家的理论与实践方法。另一方面，中国土地改革的主张者与国外土地问题专家有了比较多的交流。1924年，应孙中山邀请，威廉·路易·单来到广州帮助广东革命政府专门研究土地税问题，有的主张被以后建立的南京政府颁布的《土地法原则》接受。④ 1934年丹麦教育家、国际民众学院院长马烈克访问中国，1月20日，他受邀在山东邹平乡村建设研究院做了《丹麦的合作运动与土地政策》演讲。⑤ 中国学者与欧洲土地改革者交流日益增多。1930年10月，德国希来齐省土地改革者年会召开，萧铮应邀出席并发表土地问题演讲。⑥ 他回国后，

---

① 祝平：《中国土地改革导言》，《地政月刊》1934年第1期，第16页。
② 孙中山：《在上海中国社会党的演说》，中国社会科学院近代史研究所等编：《孙中山全集》第2卷，北京：中华书局，1982年，第514页。
③ 陈淑铢：《浙江省土地问题与二五减租（一九二七—一九三七）》，台北：台湾"国史馆"，1996年，第445页。
④ 《土地法原则》，《东方杂志》1930年第14号，第123页。
⑤ （丹）马烈克：《丹麦的合作运动与土地政策》，张锡龄译，《乡村建设》1934年第17期，第2—5页。
⑥ 萧铮：《纪念达马熙克先生》，《地政月刊》1933年第9期，第1225页。

主张扶植自耕农的土地改革运动，"在原则上是奉行国父遗教，但有很多方法上，是参考了达氏的主张"；在倡导和参与修改土地法时，以达马熙克建议"作为重要的参考"。① 可见，欧美土地改革理论与方法对中国产生直接而深刻的影响。

中国学者认为，欧洲土地改革的理论与方法对中国有借鉴意义，主张借鉴欧洲经验进行土地改革。如高一涵认为，爱尔兰、英国、丹麦诸国扶植自耕农的法律"都与我国平均地权的宗旨相合，都可以做我们将来关于土地的立法的参考"。② 吴景超认为欧洲的农业国家，"每一个国家的解决佃农问题办法，都有一两点可供我们参考"。③ 他在《从佃户到自耕农》一文中指出："丹麦以政府的力量，帮助农民购地，结果使国内佃户的百分数，从百分之四十二降低到百分之十，此举中国颇可效法"。④ 因此，中国学者根据欧洲经验，围绕如何实施扶植自耕农进行许多有益的讨论。举其要者，有以下几个方面。

第一，关于废除地主土地所有制应采取方法的问题。西方国家废除地主土地所有制，在理论和实践上有三种可能途径，即"踢去地主"、"税去地主"和"买去地主"。"踢去地主"是以暴力手段推翻地主阶级，无价没收其土地分配给农民；"买去地主"是由国家发行土地债券或筹措现金将地主土地收买；"税去地主"是按照政府估价或地主陈报的地价，重征土地税，使地主无利可图自动放弃土地。⑤ 资产阶级学者主张扶植自耕农，"并不立即推翻土地的私有制，只是要在土地私有制度仍然存在的今天，废除或者减轻坐享其成的地主阶级对于劳作农民的剥削"。⑥ 而"踢去地主"是俄国十月革命后通过暴力革命的手段，资产阶级学者认为这种方法会"引起农村的极端骚动与社会的不安，自非吾人所当效法"。⑦ 不论从经济上还是政治上看，"踢去地主"

---

① 萧铮：《萧铮回忆录：土地改革五十年》，台北："中国地政研究所"，1980年，第34、37页。
② 高一涵：《平均地权的土地法》，《东方杂志》1928年第1号，第41页。
③ 吴景超：《耕者何时有其田？》，《独立评论》1935年第165号，第6页。
④ 吴景超：《从佃户到自耕农》，《清华学报》1934年第4期，第992页。
⑤ 曾宪鎔：《实施扶植自耕农之管见》，《时代中国》1943年第2期，第26页。
⑥ 朱剑农：《自耕农扶植问题》，上海：中华书局，1946年，第7页。
⑦ 朱曙：《扶植自耕农的实施》，《人与地》1943年第7—8期合刊，第15页。

的方法都是不现实的。① 从资产阶级学者到国民政府上层领导人,② 都不主张用暴力手段解决地权问题。

在资产阶级学者看来,"买去地主"和"税去地主"比较符合孙中山"农民可以得利,地主不受损失"的"和平解决方法"。③ 因此,这两种方法为中国扶植自耕农主张者所接受。他们主张政府"务必一方面用某种间接手段,强制地主出卖其土地;一方面贷款于佃农,使向原地主购买其耕地,方获效果。"要做到强制地主出卖土地,就必须减少地主从土地上的不劳所得。一是借鉴爱尔兰经验,"制定保障佃农法规,使租佃关系上地主权利特别缩小";二是借鉴新西兰经验,"对地主的所有土地,于普通地税外,课以相当高率的累进税"。④ 也有人提出"尤其要在大地主身上多做打算,善为运用租税的力量,加紧迫使大地主脱售其土地,可以增多无地农民自为耕作的机会"。⑤ 这种观点也得到国民党上层的认可。⑥

上述两种途径,中国扶植自耕农主张者更倾向于"买去地主",看做是"平均地权中之重要方法"。⑦ 祝平认为采取重税政策,地主会把土地税转嫁于佃耕农,而且需要进行土地测量,故"用租税的方法以解决土地问题,在理论上既已不能成立,在事实上又属毫无把握",故主张采取"买去地主"方法。他说基于欧洲经验和中国现状,"征收土地确是一种可能而有效的途径"。⑧ 罗醒魂也指出,应"以和平渐进的方法,实施土地改革……故于地权之取得,系以照价收买为主"。⑨ 可见,通过国家购买土地分配给无地农民是扶植自耕农倡导者普遍赞同的方法。

第二,关于"扶植自耕农"土地来源的讨论。主要有三种主张。第一种借鉴欧洲经验,扶植自耕农的土地来源于政府征购地主的土地。刘炳若认为,欧洲国家用来创设自耕农场的土地,除去国有地外,"其余全由征收而来";

---

① 祝平:《中国土地改革导言》,《地政月刊》1934年第1期,第23页。
② 《蒋委员长对解决土地问题意见》,《地政月刊》1933年第11期,第1563—1565页。
③ 朱曙:《扶植自耕农的实施》,《人与地》1943年第7—8期合刊,第14页。
④ 卢伯鸥:《论扶植自耕农》,《中农月刊》1944年第3期,第5页。
⑤ 倍振:《关于扶植自耕农》,《人与地》1943年第7—8期合刊,第3页。
⑥ 《蒋委员长对解决土地问题意见》,《地政月刊》1933年第11期,第1564—1565页。
⑦ 高信:《实施我国土地政策之步骤》,《财政评论》1941年第3期,第28页。
⑧ 祝平:《中国土地改革导言》,《地政月刊》1934年第1期,第23—25页。
⑨ 罗醒魂:《农地问题之严重性及其解决》,《人与地》1943年第7—8期合刊,第24页。

也可以仿效罗马尼亚、波兰的经验,"在一定年限上出租的土地"予以征收,可作为创设自耕农的土地来源。[①] 朱曙主张政府征用土地的次序,应仿照罗马尼亚1918年12月与1921年7月的立法先例,"尽先拨用公有土地,然后依次再及于较大地主的私有地"。[②] 罗醒魂主张照价收买地主的土地分给农民,有两种办法:(1)由政府依据自由契约或强制征收地主超过政府规定的土地,转售于农民。(2)由政府贷与资金,使农民直接向地主购买土地。[③] 唐启宇认为国家颁布限田办法,勒令富豪将多余的土地"出售于农人"。[④] 第二种办法是开荒移民。通过国内移民,调剂人口密度也是欧洲各国扶植自耕农的一种办法,"近代各国有同时为调剂人口密度,奖励荒地开发起见,往往用国内移垦的方法……这样使耕者得田的方法,在俄在美在德均曾行之有效,现在各国仿行的也甚多"。[⑤] 罗醒魂认为,"政府运用政治经济力量,将人口过剩区域之佃农,移殖边远或荒区,使其取得土地,开发利用。此种方法,曾行之俄、德、美等国而历著成效。亦乃我国今日之迫切要求"。[⑥] 因此,依据欧美经验和中国国情,很多学者认为实行有计划、有组织、有意义的"大规模国内移殖,以创设自耕农为比较切当"的方式。[⑦] 第三种是将公共土地作为扶植自耕农的土地。如刘炳若主张将数额庞大的官有地、公有地、寺庙地、宗族地等,"若加以征收,则对于创设自耕农场,甚多裨益"。[⑧] 上述主张,既有经验可据,又适合中国国情,不失为扶植自耕农切实可行的办法。

第三,关于土地金融问题的讨论。欧洲各国扶植自耕农,由政府设立土地银行筹措现金或发行土地债券,以帮助农民的偿付地价,如罗马尼亚、爱尔兰、丹麦、德国等国"无不凭借土地金融的力量,办理购地贷款以促其成"。[⑨] 因此,中国学者根据欧洲各国经验,主张建立土地金融,对于需要购地或赎地自耕的农民,"运用金融力来实行收购政策"贷给充分的款项,助其

---

[①] 刘炳若:《怎样扶植自耕农》,《河北省银行经济半月刊》1947年第4期,第17、18页。
[②] 朱曙:《扶植自耕农的实施》,《人与地》1943年第7—8期合刊,第15页。
[③] 罗醒魂:《农地问题之严重性及其解决》,《人与地》1943年第7—8期合刊,第24页。
[④] 唐启宇:《土地与人权》,《地政月刊》1933年第11期,第1477页。
[⑤] 萧铮:《平均地权和耕者有其田》,《地政月刊》1937年第2—3期合刊,第163页。
[⑥] 罗醒魂:《农地问题之严重性及其解决》,《人与地》1943年第7—8期合刊,第24页。
[⑦] 张丕介:《国内移殖与创设自耕农》,《地政月刊》1937年第2—3期合刊,第268页。
[⑧] 刘炳若:《怎样扶植自耕农》,《河北省银行经济半月刊》1947年第4期,第18页。
[⑨] 熊鼎盛:《扶植自耕农放款之理论与实务》,《中农月刊》1941年第9—10期合刊,第47页。

收购或取赎土地。① 唐启宇指出:"佃农欲有地,每苦资金之缺乏,惟政府为能救济而补助之。欧美各国所行之土地贷款颇可取法。"政府补助的办法,一是根据增加耕地面积的多少决定贷款的数额;二是对无地农民给予土地外,"并负担若干之开垦费及保险费",通过该方式"可安置若干小农于土地上"。② 黄通肯定了土地金融在扶植自耕农方面的作用,③他认为,"凡佃农或雇农欲购置土地而苦资力不足者,可向土地金融机关请求放款"。④ 可见,土地金融在土地改革中扮演着重要角色,"土地行政与土地金融为推行土地改革之双翼,有土地金融机构,地政始能运用经济力量,以为政策性之举措"。⑤ 土地金融政策是实现耕者有其田最有力的经济方法,"要实现'耕者有其田',最重要的还是经济方法,便是以土地金融的机构,运用土地信用,对农民投资,使其取得耕地,然后由耕者逐年摊还地价"。⑥

银行还可通过发行土地债券,解决农民购买土地资金不足的问题。"我国实现耕者有其田之主要方法,虽有移民垦荒与创设自耕农二种。然此皆非有绝大资金不办,农民类皆贫乏,已无力为此之谋;欲由国库支付,又非今日政府财力所能担负。且是项资金,需时甚长,而利息则极微薄,已非普通存款所能适用。故结果必依各国前例,赋予发行土地债券之特权,以资肆应"。⑦ 吴景超也主张购买土地款项的来源,"或由政府举债,或发给地主以土地债券即可"。⑧ 萧铮在为国民党制定的《匪区土地整理计划大纲》中,也提出"由各县农民银行发行土地债券,以为补偿地价之用"。⑨ 通过讨论,实行土地金融,给农民贷款购买土地是扶植自耕农主张者的共识,也为国民政府当局所认可。⑩

除上述问题外,"扶植自耕农"主张者还就欧洲维持自耕农方法以及中国

---

① 叶倍振:《谈扶植自耕农》,《人与地》1943年第7—8期合刊,第11页。
② 唐启宇:《土地与人权》,《地政月刊》1933年第11期,第1479页。
③ 黄通:《土地金融之概念及其体系》,《地政月刊》1934年第2期,第238页。
④ 黄通:《土地金融问题》,重庆:商务印书馆,1942年,第42页。
⑤ 萧铮:《萧铮回忆录:土地改革五十年》,台北:"中国地政研究所",1980年,第225页。
⑥ 萧铮:《平均地权和耕者有其田》,《地政月刊》1937年第2—3期合刊,第162页。
⑦ 罗醒魂:《农地问题之严重性及其解决》,《人与地》1943年第7—8期合刊,第24页。
⑧ 吴景超:《从佃户到自耕农》,《清华学报》1934年第4期,第992页。
⑨ 萧铮:《萧铮回忆录:土地改革五十年》,台北:"中国地政研究所",1980年,第41页。
⑩ 《中国地政学会第三届理事会会务总报告》,《地政月刊》1936年第4—5期合刊,第833页。

扶植自耕农中的征收土地机关、扶植自耕农与合作农场、自耕农场面积大小、自耕保持与一子继承制、保障佃农、土地金融机关与地政机关关系等问题进行讨论，不再赘述。总之，在20世纪三四十年代，中国"扶植自耕农"主张者不但引进了欧洲国家土地改革的理论与方法，而且从不同角度对这些理论与方法在中国的适应性做了有意义的学术探讨，不但提出在中国实施扶植自耕农的紧迫性和可行性，而且提出具体的实施意见和建议。这都说明实行以"扶植自耕农"为核心的土地改革，在理论上和方法上比较成熟了。

## 三、顶层设计：土地改革的制度安排

1932年7月，萧铮受蒋介石之命邀请曾济宽、刘运筹、万国鼎、冯紫岗、骆美奂、向乃祺、张淼、程远帆、聂国青、洪季川等10人组成"土地问题讨论会"，每周聚会一次，讨论"推行中国国民党土地政策的纲领"。土地问题讨论会是民国土地改革运动最早成立的团体，也是土地运动的发轫。[①] 经过两个月的讨论，通过了国民党土地原则十项，包括防止土地投机、改善租佃关系、积极扶植自耕农、筹设土地金融机关、征收土地税及土地增益税、合理使用与改良土地、鼓励开垦荒地、清丈与登记土地、分期实行土地政策等内容。[②] 尽管只是空泛的理论，"却因此发动了大家试作进一步研究和实际运动的要求"，[③] 国民政府制定的各种土地政策，"在原则上，仍然没有（脱）离土地问题讨论会所通过的十项原则"。[④] 在此基础上，1933年1月8日，中国地政学会成立，宗旨是"研究土地问题，促进土地改革"。[⑤] 同时出版《地政月刊》作为学会研究土地问题的阵地与喉舌，也是政府土地主管机关的"施政之主要参考"。[⑥] 1937年3月，《地政月刊》推出了"扶植自耕农专号"，对扶植自耕农的一系列问题进行专门讨论。

---

① 萧铮：《萧铮回忆录：土地改革五十年》，台北："中国地政研究所"，1980年，第53—54页。
② 土地问题讨论会：《推行本党土地政策原则十项》，《地政月刊》1933年第1期，第125—130页。
③ 萧铮：《一年来之中国地政学会》，《地政月刊》1934年第1期，第5页。
④ 萧铮：《萧铮回忆录：土地改革五十年》，台北："中国地政研究所"，1980年，第55页。
⑤ 《中国地政学会简章》，《地政月刊》1931年第1期，第147页。
⑥ 《中国地政学会第三届理事会会务总报告》，《地政月刊》1936年第4—5期合刊，第829页。

作为土地问题研究的学术团体，地政学会参与了国民党土地政策的讨论与制定。1934年8月，全国经济委员会土地委员会将"关于土地问题之研究，决定委托地政学会办理"。① 受此委托，地政学会提交"土地法研究报告"，在地价、土地税制、地租、土地使用、土地登记等问题上，提出土地政策主张和改革方案②及"土地法修改意见书"。③ 根据该意见书，国民党中央土地专门委员会通过了《土地法修改原则二十四项》，关于扶植自耕农和佃农获得土地的内容包括："（1）参酌地方情形，规定一定自耕农户应有耕地面积最低限度，并限制其处分。（2）限制自耕地之负债最高额。（3）自耕地之继承办法……佃农依法请求征收佃耕地时，其地价之补偿，得先付原价三分之一至二分之一，余额由地方政府担保其分年偿付之"。1935年4月，地政学会第二届理事会对土地政策进行讨论，所形成的决议，以"积极推行本党土地政策"提案，由萧铮提到同年11月国民党第五次全国代表大会，成为国民党全国代表大会首次正式通过的土地政策提案。④ 此次会议根据该项提案做出"土地政策纲领五项"，包括实行土地统制，以便调整土地分配；从速规定地价，实行累进地价税及增值税；实施"耕者有其田"；促进垦殖事业，扩大可耕地面积；活动农村金融，调剂农村经济，取缔高利贷，扶植自耕农。上述纲领与地政学会第二届年会的决议案内容一致。大会还通过萧铮的"成立中央地政机关"、"设置中央土地银行"两个提案。⑤ 1936年4月，地政学会第三届年会主要讨论了租佃问题，提出改革租佃的五条办法：（1）租佃制度之最大流弊，在地主侵取不当得利，欲救改革，应由政府严定租佃条件，俾业佃关系，得合于社会正义之原则。（2）农民今日之苦痛，在缺乏购买土地之资金，故政府应组织土地金融机关，援助农民取得土地。（3）现有佃耕土地之佃农，得备地价20％—50％，由政府代为征购土地，其余部分由政府担保分年摊还。（4）实行累进地价税，使不自耕地主逐渐放弃其土地，实现耕

---

① 《土地委员会组织条例》，《经济旬刊》1934年第5期，第66页。
② 《中国地政学会土地法研究报告》，《内政消息》1934年第5号，第355—356页。
③ 《中国地政学会拟请修改土地法意见书》，《地政月刊》1935年第1期，第9—37页。
④ 萧铮：《萧铮回忆录：土地改革五十年》，台北："中国地政研究所"，1980年，第139—144、132页。
⑤ 荣孟源主编：《中国国民党历次代表大会及中央全会资料（下）》，北京：光明日报出版社，1985年，第318页。

者有其田。(5) 现有佃农过多及地权过于集中之区域，政府应发行土地债券，征收土地，分给佃农。① 根据该办法，1936年7月召开的国民党五届二中全会上，萧铮领衔提交了《请迅速改革租佃制度以实施耕者有其田案》，获得通过。1937年4月，地政学会第四次年会主要讨论"如何实现耕者有其田"的问题："一、政府应发行土地债券，尽先征收不在地主之土地，依次及于不自耕作之耕地，以供创造自耕农之用。二、自耕农场应按照地方情形及农地种类，规定适当大小之面积，禁止分割或移转于不自耕之人，并限制其负债最高额。三、荒地之开发，已耕地之改良重划，地价税之推行，土地银行之设立，及农村合作社之提倡，均为创设及维持自耕农场之必要手段，应即实施。"② 可见，中国地政学会为国民政府如何进行土地改革和土地政策的设计做出了许多努力。

抗战期间，为解决财政困难，国民政府把土地改革提上了议事日程。1941年6月，国民政府召开第三次全国财政会议，蒋介石在"训词"中把"平均地权"作为抗战时期最大的三项要务之一。③ 在闭幕式上，他再次强调土地问题的重要性，他说："我以为我国今日政治经济与社会政策，最迫切而需要解决的，莫过于土地问题……土地问题，实为一切问题中之根本问题。必须土地政策能够推行，土地问题获得真正解决，然后我们三民主义革命的革命理想，才能全部贯彻，而目前抗战建国的大业，才能得到最后成功！"④ 会议最后发表宣言，指出抗战时期粮食问题的解决"端赖实施平均地权之土地政策"。⑤ 这次会议是实行平均地权政策的关键性会议，不仅为战时土地政策出台奠定基础，而且开启了土地改革新阶段。1941年12月，国民党五届九中全会通过了《土地政策战时实施纲要》，指出："抗战以还，土地问题更见重要，如何调整分配，促进利益，以应战时需要，尤为当务之急"；"农地以归农民自耕为原则，嗣后农地所有权之移转，其承受人均以能自为耕作之

---

① 《租佃问题》，《地政月刊》1936年第4—5期合刊，第499页。
② 萧铮：《萧铮回忆录：土地改革五十年》，台北："中国地政研究所"，1980年，第179页。
③ 蒋中正：《第三次全国财政会议训词——建立国家财政经济的基础及推行粮食与土地政策的决心》，《财政评论》1941年第1期，第4页。
④ 秦孝仪主编：《中华民国主要史料初编——对日抗战时期》第四编《战时建设》三，台北：中国国民党中央委员会党史委员会，1988年，第82—83页。
⑤ 《第三次全国财政会议宣言》，《中央银行月报》1941第7期，第1004页。

人民为限。不依照前项规定移转之农地，或非自耕农所有之农地，政府得收买之，而转售于佃农，予以较长之年限，分年偿还地价"。由国家垦务机关筹划开垦荒地，移殖战地难民或后方有能力耕作的人民，并提供生产工具以资耕作。"私有荒地由政府征高额地价税，并限期使用；逾期不使用者，得由政府估定地价，以土地债券征收之"。①该纲领包含地政学会"多年来所研究之成果"，②从征收土地税、限制地租、农地归自耕农等三个方面调整地权和土地收益分配。1942年3月，国民政府颁布《国家总动员法》，第15条规定："政府于必要时，得对耕地之分配，耕作力之支配，及地主与佃农之关系，加以厘定"。③以国家力量确立了以"扶植自耕农"的土地改革作为国民政府土地政策的原则。

　　土地金融是实现平均地权土地政策的保障。有研究者指出："中国由于人地分配不均的关系，所以耕者能否'有其田地'，极属疑问，若无充分外力的援助，佃农恐将永为佃农"。④这里的外力主要指的是政府运用土地金融的力量来实现，即"政府利用政治和经济力量，方能使耕者有其田"。⑤随着国民政府以"扶植自耕农"为核心的土地政策的制定，土地金融政策也相继出台。1940年7月，国民党五届七中全会上，通过了萧铮等12人提出的"请拟设中国土地银行，以促进土地改革，实现平均地权，活跃农村金融，改善土地利用案"。但阻力很大，主要是财政机关始终反对设立土地银行，"故各种决议统被搁置"。蒋介石也无可奈何地说："土地银行自应早日建立，惟查现有中中交农四大国家银行，原订规章，虽属各有专营，但实际业务并无区别，在此抗战期间，与其新创一行，不如即令难民一行参照土地银行办法纲要之要旨，先行试办，俾早逐渐实现土地银行应有之任务。"⑥最终国民政府以农

---

①　国民党中央委员会：《土地政策战时实施纲要》（1941年12月22日），《地政通讯》1943年创刊号，第9页。
②　萧铮：《萧铮回忆录：土地改革五十年》，台北："中国地政研究所"，1980年，第221页。
③　国民政府立法院：《国家总动员法》（1942年3月29日府令公布），《经济部公报》1942年第15—16期合刊，第406页。
④　张柏雨、汪荫元：《中国佃农问题》，上海：商务印书馆，1948年，第135页。
⑤　《中农银行设土地金融处》，《银行周报》1941年第23期，第1页。
⑥　萧铮：《萧铮回忆录：土地改革五十年》，台北："中国地政研究所"，1980年，第225—226页。

民银行"土地抵押放款之基础兼办此项业务,见著成效,遂责成该行负责办理"。① 1941年4月,中国农民银行设立土地金融处,"以办理扶植自耕农放款为中心工作"。② 1941年9月5日,国民政府颁布了《中国农民银行兼办土地金融业务条例》,土地金融业务包括:照价收买土地、土地征收、土地重划、土地改良和扶植自耕农放款。其中,扶植自耕农放款是"政府为直接创设自耕农征购土地之放款,及农民购买或赎回土地自耕或依法呈准征收土地之放款属之。"③ 上述规定,说明农民银行土地金融处"几已包括土地银行之职掌"。④ 1941年12月,为实行土地金融,农民银行颁布《中国农民银行土地金融处扶植自耕农放款规则》,扶植自耕农放款有两种:一是甲种放款,二是乙种放款。放款对象为征购土地直接创设自耕农的政府机关,为购买土地或赎回土地自耕或依法呈准征收土地自耕所组成的农民团体与农人。放款额度不超过赎回或征收土地估定价格的八成,期限最长不超过15年,月息为8厘。⑤ 发行土地债券是土地金融机关募集资金的主要方法。1942年3月,农民银行公布了《土地债券法》,发行计划是:(1)暂定发行5000万至1亿元。(2)较抵押放款利率低1—2厘。(3)分10、50、100、500、1000元5种。(4)偿还期限暂定为10年,3年内只付利息,第4年起开始还本。⑥ 1942年8月,由财政部核准农行发行土地债券1亿元,"专作扶植自耕农办法中偿还征收地主之地价用"。⑦ 该项措施为实施扶植自耕农提供一定的资金保障。

随着中国农民银行兼办土地金融,扶植自耕农成为农贷的一项主要任务,在历年农贷政策中都有明确规定。如1943年《三十二年度土地金融业务计划大纲》中指出,"土地金融业务之推进,以奉行平均地权政策与适应抗战需要为最高原则"。扶植自耕农贷款包括甲乙两种,甲种包括:"(1)协助政府建立扶植自耕农示范区。(2)配合大型农田水利及垦殖,协助政府实施征购土地,创设自耕农场。(3)协助政府于(1)、(2)两项以外为创设自耕农之土

---

① 姚公振:《十年来之中国农民银行(续)》,《经济汇报》1942年第12期,第70页。
② 国民政府行政院编:《扶植自耕农保障佃农》,南京:行政院新闻局,1947年,第6页。
③ 《中国农民银行兼办土地金融条例》,《经济汇报》1941年第7期,第129页。
④ 萧铮:《萧铮回忆录:土地改革五十年》,台北:"中国地政研究所",1980年,第228页。
⑤ 中国第二历史档案馆编:《中华民国史档案资料汇编》第5辑第2编《财政经济(三)》,南京:江苏古籍出版社,1997年,第588—589页。
⑥ 姚公振:《十年来之中国农民银行(续)》,《经济汇报》1942年第12期,第71页。
⑦ 胡耐秋:《"扶植自耕农"问题探讨》,《中国农村》1942年第8期,第6页。

地征购。"乙种包括:"(1)扶助农民购买或呈准征收土地自耕并试办解除土地负债之放款。(2)以贷款土地信用合作组织为主,并附带对农民个人放款。"① 抗战胜利后,国民政府继续执行扶植自耕农的土地金融政策。1946年5月关于农贷方针中指出,扶植自耕农贷款,"应注意贫农购买土地,解除自耕农高利负债,暨垦区与农田水利工程区域之自耕农创设业务,以逐渐达到耕者有其田之目的"。② 1948年4月制定的《三十七年度农业、土地金融贷款实施办法纲要》规定:扶植自耕农贷款,"以尽量配合政府地政设施,以期调整土地分配",主要用于协助"各省选定地区设立自耕农示范区",扶助农民及农民团体"购赎自耕土地,或解除土地高利贷债务"。③ 土地金融政策的制定,不仅表明以"扶植自耕农"为核心的土地改革有了资金支持,也说明国民政府农贷"步入统一正规"。④

## 四、土改试验区:"扶植自耕农"的尝试

1941年12月,国民党五届九中全会通过了蒋介石提交的设立地政署提案。提案称:"为遵行国父平均地权之遗教,实施土地政策,行政院内亟应有主管土地行政专管之设置。惟着手伊始,业务宜求切实,组织可从简单,先设置地政署,隶属于行政院。其业务以掌理地籍、地价及土地使用为主,对于地价申报有关地政之调查、统计事务,尤应着手进行"。⑤ 次年6月,地政署⑥成立后,即"以扶植自耕农列为战时土地行政主要工作之一"。⑦ 地政署的成立,标志着"扶植自耕农"进入实施阶段。

---

① 中中交农联合办事总处秘书处编:《四联总处农业金融章则汇编》,重庆:中中交农联合办事总处秘书处,1943年,第6页。
② 中国第二历史档案馆编:《中华民国史档案资料汇编》第5辑第2编《财政经济(八)》,南京:江苏古籍出版社,1997年,第48页。
③ 中中交农联合办事总处秘书处编:《三十七年度上半年农贷报告》,重庆:中中交农联合办事总处秘书处,1948年,第111页。
④ 翟克:《中国农贷之发展与问题》,《中农月刊》1946年第9—10期合刊,第89页。
⑤ 《蒋总裁交议设立地政署案文》,《人与地》1941年第23—24期合刊,第452页。
⑥ 1947年5月,地政署升格为地政部;1949年4月,地政部又降格为地政署,改隶属于内政部。
⑦ 中国第二历史档案馆编:《中华民国史档案资料汇编》第5辑第2编《财政经济(八)》,南京:江苏古籍出版社,1997年,第208页。

地政署成立后，拟定了《战时自耕农扶植办法草案》，制定扶植自耕农三项原则："一、佃农半自耕农购买土地由政府予以协助；二、非自耕农禁止购买土地；三、地主出卖土地应由自耕农收买，无自耕农收买时得由政府收买"。①1942年6月，地政署根据国民党土地政策战时实施纲要，拟具战时扶植自耕农办法呈报国民政府行政院后做出"缓议"的决定，只是"准由各省政府择县试办"。当局的解释是：扶植自耕农"推行之初农村经济组织势将发生极大之变动，其终极之结果必能增加农村生产。但在推行之过程中，则不免使农村生产量暂时减低，对于军糈民饮食以及土地税收均有不良影响之可能"，②使土地改革未能在全国展开。1942年11月，国民政府召开全国地政业务会议，通过了《试办扶植自耕农试验区方案》，选择扶植自耕农实验区的条件是："（甲）由政府举办水利工程或其他土地改良事业的地方。（乙）有大面积荒地可以利用的地方。（丙）业佃关系恶劣，亟待调整的地方"。③根据该方案，1942年择定的地区有两种：一种是直接创设自耕农地区，包括广西省选择地权集中、佃业纠纷较多的全县、郁林、桂平3县，湖南省的衡阳、长沙、常德，江西的第四行政区（赣南等11县），广东省的南雄、始兴、连县，福建省的龙岩县，甘肃省湟惠渠灌溉区，四川北碚，陕西省平民、扶风、武功等8省划定20余县为直接创设自耕农区。另一种是间接创设自耕农地区，包括广西的柳江、南宁、苍梧、百色、钟山、恭城、灌阳、永福等县，湖南省计划全省普遍实施，江西省第四行政区11县，福建省永安、南平，四川省巴县、绵阳、乐山、彭县，湖北省恩施、咸宁等6省确定了间接扶植自耕农地区。④1943年，在择定的直接创设自耕农地区，共计扶植自耕农7992户，农地面积140 991市亩，⑤户均17.64市亩。随着扶植自耕农展开，试验区逐年扩大，1944年，绥远、宁夏开始试办，共扶植自耕农8843户，农地面积160 099市亩，⑥户均18.1市亩。1945年，四川择定仁寿、自贡等11县，分

---

① 《一年来之地权调整》，《地政通讯》1943年创刊号，第29页。
② 中国第二历史档案馆编：《中华民国史档案资料汇编》第5辑第2编《财政经济（八）》，南京：江苏古籍出版社，1997年，第207—208页。
③ 金德群主编：《中国国民党土地政策研究》，北京：海洋出版社，1999年，第282页。
④ 《扶植自耕农概况》，《地政通讯》1943年第3期，第15页。
⑤ 中国第二历史档案馆编：《中华民国史档案资料汇编》第5辑第2编《财政经济（八）》，南京：江苏古籍出版社，1997年，第210—211页。
⑥ 《国民政府政绩报告（土地行政部分）》，《地政通讯》1947年第15期，第46页。

别推行。1946年，扶植农户3304户，农地面积18 206.75市亩。总计四年试办自耕农15省82县，农户20 954户，农地33.1万亩。① 1948年上半年，在苏、皖、赣、鄂、湘、川、闽、桂、粤、黔、陕、甘、宁等13省由政府机关征购土地，"由农民承领耕种"，直接扶植自耕农9839户，购债及解除高利负债土地52 041亩。另在湖南鄘湖町配合政府设置扶植自耕农试验区，征购土地12 000亩，预计可扶植自耕农2400户；在江西赣县、白云等13乡调整地权，设置自耕农试验区，第一期约征购土地4000亩，扶植自耕农800户。② 从全国来看，抗战时期扶植自耕农只涉及全国15省82县，抗战后扶植自耕农只有13 000余户农民获益，与全国县数和农户相比，所占比例极小。因此，民国时期扶植自耕农只是土地改革的一种尝试。在上述举办扶植自耕农省份中，甘肃省湟惠渠灌溉区、四川省北碚和福建省龙岩县是扶植自耕农最成功的地区。因此，本文以这三个县区为例，探讨国民政府是如何实施扶植自耕农的问题。

湟惠渠位于甘肃省永登县和皋兰县（今属兰州市红古区）达家川，东北接皋兰县，西北接永登县，南隔湟水与永靖县毗邻。1939年3月开工，1942年4月竣工，灌区长约32千米，可灌溉农田2.5万亩。③ 这里既有荒地又在兴修水利，因此，扶植自耕农政策出台后，甘肃省把此地划定为试验区。甘肃省政府拟定《湟惠渠灌溉区域土地整理办法》，规定了土地征收、地价补偿年限、单位农场划分、地权交易等。④ 1944年7月，又增订《湟惠渠特种乡土地整理第一期实施方案》，对征收土地顺序、发放地价标准、增加承领单位农场及合作农场等做了详细规定。⑤

1942年6月，成立湟惠渠土地整理事务所，业务由甘肃省地政局与建设厅协同督促办理。因其无行政职能，工作推进困难，如在达家川一次承领土

---

① 王慰祖：《近年来推行扶植自耕农保障佃农工作之检讨》，《地政通讯》1947年第21期，第7页。

② 中中交农联合办事总处秘书处编：《三十七年度上半年农贷报告》，重庆：中中交农联合办事处秘书处，1948年，第73—74页。

③ 中国第二历史档案馆编：《中华民国史档案资料汇编》第5辑第2编《财政经济（八）》，南京：江苏古籍出版社，1997年，第207—208页。

④ 《湟惠渠灌溉区域土地整理办法》，《地政通讯》1943年第5期，第10—11页。

⑤ 甘肃省政府编：《甘肃省试办扶植自耕农初步成效报告》，兰州：甘肃省政府，1946年，第26页。

地动员大会上,当地一绅士当面质问甘肃省政府主席谷正伦:"你们搞的这是三民主义,还是共产主义?"足见绅士有很强的抵制情绪。为便于扶植自耕农,次年11月,甘肃省政府成立湟惠渠特种乡,编制与六等县相同,对阻挠、干涉"耕者有其田"推行者有严厉的制裁权力,[①]对扶植自耕农有重要作用。为征购土地,省政府与农民银行协商前后四次贷款共1280万元,另有土地债券320万元,合计1600万元,月息2分3厘至2分5厘,期限4—5年。[②]该区土地在整理之前,由政府依法征收,地价分5年补偿;征购的土地除渠道、道路占地和政府保留公用地外,一律划分为单位农场,依法放领。[③]按照土地性质和地主类别分3期征收,第一期1944年11月15日公告,征收不在地主及未依法登记的土地5036亩;第二期1945年1月25日公告,征收荒地、老砂地及公用地5822亩;第三期1945年8月1日公告,征收水地14 287亩。[④]根据实际情况,特种乡将24 506亩耕地根据土地质量不同划分为1162个自耕农场,其中10—15亩367个,15—20亩23个,20—25亩329个,25—30亩439个。承领农场的资格是:"甲、无论男女有耕作能力,而愿亲自耕种者;乙、居住本区域附近各县以农为业者;丙、无不良嗜好、不端行为者。"[⑤]自耕农场划定后,湟水两岸、皋兰、永登、河口等地农民,"纷纷来到这里,拉下了自家的农场,分得了属于自己的土地"。[⑥]

截至1946年,该区放领1103个自耕农场,剩余的59个农场"因土壤太劣"未有人承领。实施扶植自耕农后,该区有农户1089户,人口5406人,领自耕农场者844户,其中,560户为原有耕地的自耕农或半自耕农,承领耕地16471亩,户均29.4亩,人均4.6亩;原有佃农或雇农195户,承领耕

---

[①] 张敦田:《湟惠渠"特种乡"组建始末》,中国人民政治协商会议兰州市西固区委员会编:《西固文史资料》第1辑,内部资料,2003年,第147页。

[②] 甘肃省政府编:《甘肃省试办扶植自耕农初步成效报告》,兰州:甘肃省政府,1946年,第7页。

[③] 《湟惠渠灌溉区域土地整理办法》,《地政通讯》1943年第5期,第10—11页。

[④] 江余:《湟惠渠的过去与现在》,中国人民政治协商会议甘肃省委员会文史资料委员会编:《甘肃文史资料选辑》第26辑,兰州:甘肃人民出版社,1987年,第27—28页。

[⑤] 甘肃省政府编:《甘肃省试办扶植自耕农初步成效报告》,兰州:甘肃省政府,1946年,第10—11页。

[⑥] 张敦田:《湟惠渠"特种乡"组建始末》,中国人民政治协商会议兰州市西固区委员会编:《西固文史资料》第1辑,内部资料,2003年,第147页。

地 4508 亩，户均 23.1 亩，人均 5.1 亩；外来农户 89 户，承领耕地 2108 亩，户均 23.7 亩，人均 10.2 亩。①原地老住户人均耕地少于外来户，原因是每户只来一二人，其余均在老家，只有农忙季节才来劳动，故外来农户人均耕地达 10.2 亩。湟惠渠灌溉区是因兴修水利而建立的比较成功的扶植自耕农示范区。

北碚位于四川省江北、巴县、璧山、合川 4 县之间，因卢作孚在此进行乡村建设，"政令贯彻，人事健全，政务推行，颇易收效。在此环境中，推行扶植自耕农实业，亦较易行"。②故 1942 年被四川省确定为扶植自耕农试验区。1942 年 3 月，北碚扶植自耕农由北碚管理局、农行和农林部派员合作进行。其分工是：中国农民银行负责设计并供给办理必需资金之责，北碚管理局负一切行政及参加实际工作之责，农林部辅导北碚自耕农合作农场办事处负示范区办理完成后自耕农经营辅导之责。③北碚在征购土地前做了大量准备工作，颁布《北碚管理局扶植自耕农示范区实施办法》和《北碚自耕农示范区办理程序大纲》，作为扶植自耕农耕作准则。由地主、佃农、北碚参议会、朝阳镇十九保、农行北碚分行、北碚管理局、农林部北碚合作农场指导处各派 1 人，组成评价委员会，评估地价。④经调查，全区耕地 1428.4 亩，为 97 户所有。依照土地法原则，又结合当地土地买卖习惯，对地价进行评定，需补偿地价近 200 万元。⑤1943 年 5 月 1 日，农民银行向四川北碚示范区贷款 199.95 万元，供佃农购买土地，期限 15 年，年息 8 厘。⑥全区耕地 1428.4 亩，其中 610 亩是从地主手中购得，⑦占全部耕地的 42.7%。在征购土地过程中，北碚有 12 户地主"故意刁顽，不领地价，企图拖延，然在发放地价期限届满后，即依法将其价款存储待领，而将其土地予以征收"。有的地主发动佃户组织"劳土合作"公约，主张地主佃农合作，"地主永久掌握土地所有权，佃农拥有长期耕作权"，收获物和田赋地主佃农各半，"请求政府从

---

① 甘肃省政府编：《甘肃省试办扶植自耕农初步成效报告》，兰州：甘肃省政府，1946 年，第 12 页。
② 樊克恩：《北碚扶植自耕农示范区纪实（一）》，《地政通讯》1947 年第 19 期，第 33 页。
③ 樊克恩：《北碚扶植自耕农示范区纪实（一）》，《地政通讯》1947 年第 19 期，第 34 页。
④ 杨及玄：《考察北碚自耕农示范区以后》，《四川经济季刊》1946 年第 3 期，第 23 页。
⑤ 樊克恩：《北碚扶植自耕农示范区纪实（二）》，《地政通讯》1947 年第 20 期，第 20 页。
⑥ 李挚宾：《北碚扶植自耕农示范区之鸟瞰》，《人与地》1943 年第 7—8 期合刊，第 42 页。
⑦《北碚扶植自耕农示范区视察报告》，《地政通讯》1947 年第 16 期，第 21—22 页。

缓征收土地，但终以其他自耕佃农反对，上级机关之批驳，及详实之解释而罢休，征购耕作得以顺利完成"。①

土地征收结束后，对征购的土地进行重划与分配。原则是：（1）面积大小根据各农户耕作能力与生活必需费用及地形、地势、地质关系而定。（2）每单位农场必须搭配各类土地。（3）每单位农场土地力求集中，不使分散插花。② 经重划后新组合为80个自耕农场，其中，水田46个，旱田34个，每个农场面积15—20亩。划定的自耕农场分配农民自耕，原则是："一、被征收地原有的自耕农。二、被征收地原有的佃农。三、被征收地原有的雇农。四、管理局辖区内出征军人家属的男丁，具有自耕能力者。五、管理局辖区内从事耕作三年以上的农民"。③ 经过认真筛选和核定，有80户被选为扶植对象，由管理局通知各户承领农场面积和应缴地价，并介绍他们向农民银行办理借款手续。农民借款缴付地价以后，"由北碚管理局颁发承领耕地证明书，以为管业与使用土地之凭据"。1945年底，"各农民已将全部借款本息还清，故无论在事实上或理论上，该区农民已完全取得其承领土地之所有权"。④ 完成各种法定程序后，农民最终取得土地所有权。

福建省龙岩县是全县实施扶植自耕农的试验区，属于业佃关系紧张的地区。该县经历过中共土地革命、十九路军的"计口授田"，闽变失败后国民政府当局又曾实施"业权恢复"，这些变故导致该地区土地关系呈畸形状态。⑤ 原有业主想收回原属于自己的土地，但"恐引起大多数佃农之反抗，而造成流血惨案"；而佃农"以种种手段，以威胁业主，冀维系现状"；政府"因无妥密完善之办法，故亦不敢轻言解决，盖恐稍一不慎而引起社会上更大之骚动"。⑥ 在地方政府苦于无计可施时，福建省政府借助国民政府实施扶植自耕农政策，选龙岩县为扶植自耕农试验区。⑦

1943年1月，福建省政府通过《福建省扶植自耕农暂行办法》，规定了

---

① 樊克恩：《北碚扶植自耕农示范区纪实（二）》，《地政通讯》1947年第20期，第21、23页。
② 李挚宾：《北碚扶植自耕农示范区之鸟瞰》，《人与地》1943年第7—8期合刊，第42页。
③ 杨及玄：《考察北碚自耕农示范区以后》，《四川经济季刊》1946年第3期，第24页。
④ 樊克恩：《北碚扶植自耕农示范区纪实（二）》，《地政通讯》1947年第20期，第22页。
⑤ 《龙岩扶植自耕农放款业务报告》（1947年3月），《地政通讯》1947年第17期，第24页。
⑥ 林诗旦：《解决龙岩县土地问题之商榷》，《人与地》1942年第9—10期合刊，第28页。
⑦ 萧铮：《萧铮回忆录：土地改革五十年》，台北："中国地政研究所"，1980年，第232页。

土地征收、土地分配、地价偿还及土地金融放款等内容。① 该县还拟定扶植自耕农计划书、征收土地权利申报办法、土地地价补偿办法、承领土地规则等规章制度。② 1943年9月，龙岩县从征购土地第一期业务开始成立地权调整办事处，在每乡镇设立分办事处；又组织扶植自耕农协进会，各乡镇设立分会，聘请地方党政社团及公正人士为委员，协助政府"推行扶植自耕农及评估地价等业务"。③ 龙岩县扶植自耕农的方法是将全部土地征购，重新分配。为此，征购土地分5期完成，每期定为4—7个乡镇，每期5—7个月。1943年9月至1944年1月为第一期，征购土地29 105.82亩；1944年2月至12月为第二期，征购土地25 502亩；1944年11月至1945年12月为第三期，征购土地67 769.77亩；1945年8月至1946年11月为第四期，征购土地56 227.05亩；1946年11月至1947年7月为第五期，征购土地99 640亩。④ 以上五期共征购土地278 244.64亩。扶植自耕农征收土地所需资金，除农民自行负担及原自耕农地价得相互抵消外，由中国农业银行"供给需要资金"。⑤ 1943年4月，办理第一期贷款574万元，"搭放土地债券五成"，⑥ 期限10年，月息9厘；1944年3月，核放第二期贷款1500万元，"搭放土地债券七成"，期限10年，月息1分5厘；1945年7月，核放第三期贷款5000万元，"搭放土地债券七成"，期限10年，月息2分，本期款未用完，剩余移作第四期贷款；1947年3月，核放9.4亿元，期限7年，月息3分。⑦ 龙岩县自耕农场"按各乡镇土地人口分布情形，以乡镇为单位，每户可供给四口

---

① 中国第二历史档案馆编：《中华民国史档案资料汇编》第5辑第3编《财政经济（六）》，南京：江苏古籍出版社，1997年，第218—219页。
② 《龙岩县扶植自耕农业务之检讨》，《地政通讯》1948年第6期，第13页。
③ 中国第二历史档案馆编：《中华民国史档案资料汇编》第5辑第3编《财政经济（六）》，南京：江苏古籍出版社，1997年，196页。
④ 《龙岩扶植自耕农放款业务报告》，《地政通讯》1947年第17期，第24—25页。
⑤ 中国第二历史档案馆编：《中华民国史档案资料汇编》第5辑第3编《财政经济（六）》，南京：江苏古籍出版社，1997年，第195页。
⑥ 龙岩在补偿地价时搭发土地债券，第一期占五成，第二、三、四各期占七成，因配搭债券过多对耕作推行颇有影响。因此在第五期业务开始时，省政府商得中国农民银行同意将配搭办法酌于修改，凡补偿地价每户在5万元以下，"免搭土地债券"，超过5万元，采取累进配搭制，就其超过部分以10万元为一级，1—10万元配搭土地债券三成，每递增10万元加搭一成，至50万元以上，其超过部分配搭十成。后因物价高涨，此项标准又不适用，又与中国农民银行商洽，将免搭基数及累进间距数"均提高十倍"。（中国第二历史档案馆编：《中华民国史档案资料汇编》第5辑第3编《财政经济（六）》，南京：江苏古籍出版社，1997年，第202页）
⑦ 《龙岩扶植自耕农放款业务报告》，《地政通讯》1947年第17期，第24—25页。

生活的土地为基准"①，确定农场面积大小。4 口之家最多平均约 20 亩，最少平均约 10 亩，以"十五亩者最为普遍"。② 截至 1947 年 12 月，全县完成办理扶植自耕农，受益农户 32242 家，人口 12.73 万人，分配土地 26.25 万亩。③ 龙岩县是民国时期扶植自耕农最彻底的县。

上述三个地区代表着国民政府创设自耕农的不同模式。湟惠渠灌溉区是在有可耕地的地区兴修水利，通过迁移周边无地农民进行土地开垦的方式创设自耕农；北碚在数县交界地区建立新的政区，通过征购土地的办法平均地权；龙岩是征购全部土地进行重新分配，达到地权平均。三个地区三种不同的扶植自耕农模式，都具有一定的示范意义。

## 五、绩效与问题：扶植自耕农再评价

以往研究中，对国民政府实施扶植自耕农的土地改革褒贬不一，见仁见智。如有学者指出，国民政府扶植自耕农政策是失败的，即使龙岩扶植自耕农有成绩也是中共进行过彻底的土地革命，彻底废除地主阶级土地所有制的结果。④ 有学者认为，国民党的土地改革政策，始终停留在理论上和纸面上，未能真正付诸实施。⑤ 扶植自耕农的贷款能受惠的不过是一些富户，"数量有限的贷款也大多落在掌握基层政权的豪绅地主的腰包里"。⑥《四川省志》关于北碚扶植自耕农示范区办理土地金融业务的记载："四川各地共贷款 195 万元（应为 199.95 万元——引者注）因无法推广，未产生实际影响"。⑦ 国民

---

① 中国第二历史档案馆编：《中华民国史档案资料汇编》第 5 辑第 3 编《财政经济（六）》，南京：江苏古籍出版社，1997 年，第 198 页。
② 李耀福、陈国琨：《龙岩县扶农耕作之检讨》，《协大农报》1949 年第 3—4 期合刊，第 192—193 页。
③ 中国第二历史档案馆编：《中华民国史档案资料汇编》第 5 辑第 3 编《财政经济（六）》，南京：江苏古籍出版社，1997 年，第 206 页。
④ 杨振亚：《抗战时期国民政府扶植自耕农政策初探》，《南京大学学报》（哲学社会科学版）1985 年增刊二。
⑤ 朱宗震：《战后国民党对中共土地改革政策的回应》，《孤独集》，上海：上海书店出版社，2001 年，第 267 页。
⑥ 卢伟明、张艳飞：《抗战后期国民政府扶植自耕农运动初探》，《牡丹江师范学院学报》（哲学社会科学版）2005 年第 5 期，第 51—53 页。
⑦ 四川省地方志编纂委员会：《四川省志·金融志》，成都：四川辞书出版社，1996 年，第 256 页。

政府实施扶植自耕农是不是如上述研究者所评价的那样？还需进一步研究。

如何评价国民政府扶植自耕农试验区是否取得成效？本文主要从三个方面予以考量。

一是看扶植自耕农地区的地权是否平均。扶植自耕农主要目标是平均地权，故地权状况是衡量扶植自耕农绩效的主要指标。湟惠渠灌溉区在修渠前大多是荒芜土地，地价极低。湟惠渠放水后地价上涨，不在地主高价收购土地，土地集中在皆是，据当时调查，已有40％的土地转移于不在地主手中。[1] 扶植自耕农后，"一部分大地主，不免损失，但贫富阶级，日渐消除，贫农已有恒产，可以自食其力"。[2] 北碚地权关系在扶植自耕农前后也发生变化，扶植自耕农前不在地主19户，住在地主16户，地主兼自耕农2户，自耕农39户，自耕农兼佃农3户，佃农47户；扶植自耕农后全部80户均为自耕农。扶植自耕农前1428.42亩耕地，自耕占35.85％，佃耕占64.15％；扶植自耕农后全部为自耕，地权分配是6—20亩33户，21—30亩32户，31—50亩15户。[3] 说明北碚实施扶植自耕农完成后，地权集中问题已得到解决。龙岩县不仅通过实施扶植自耕农彻底解决了地权问题，而且为维护自耕农、办理扶植自耕农区域各保土地信用合作社，截至1947年12月底，共有232社。这些合作社"对自耕土地管理，承领地价之汇收代缴，均有良好成绩"。[4] 土地信用合作社成为连接农家与土地金融机关的纽带，也为维护自耕农发挥重要作用，即自耕农"获得农业资金，不致受高利贷之压迫，而丧失土地沦为佃农，俾谋成果之永久保持"。[5] 从上述三地扶植自耕农后的地权状况看，扶植自耕农试验区成效接近平均地权的目标。

二是土地金融的实施是否起到扶植自耕农的作用。随着各地扶植自耕农工作相继展开，土地金融密切配合，各年都有扶植自耕农贷款放出。如1942年放款49.35万元，1943年放款1217.92万元，1944年核定甲乙两种放款

---

[1] 魏宝珪：《湟惠渠灌溉区之扶植自耕农》，《人与地》1943年第7—8期合刊，第62页。
[2] 甘肃省政府编：《甘肃省试办扶植自耕农初步成效报告》，兰州：甘肃省政府，1946年，第13页。
[3] 樊克恩：《北碚扶植自耕农示范区纪实（三）》，《地政通讯》1948年第24期，第31页。
[4] 李耀福、陈国琨：《龙岩县扶农耕作之检讨》，《协大农报》1949年第3—4期合刊，第193页。
[5] 《龙岩扶植自耕农放款业务报告》，《地政通讯》1947年第17期，第25页。

22 950万元，分布于川、桂等13省70余县市，其中甲种实贷4350.45万元，创设自耕农4965户，购赎及解债自耕地54 929亩；1945年核定甲乙两种贷款总额33 250万元，业务包括15省79县4市1局，其中创设自耕农贷款8824.66万元，协助政府及农民收购土地110 060亩，扶植自耕农7770余户。① 具体到每个扶植自耕农试验区，土地金融的作用也是很明显的。如龙岩"扶植自耕农征收土地所需资金，除农民自行负担者外，系向中国农民银行贷借"。在借贷过程中，中国农民银行也考虑到农民利益，"凡贷款的动用和承领地价的收回，对县政府及农民，在手续上莫不予以便利，即以银行本身有直接利害关系的，利率高低与土地债券配搭多寡，亦能照顾到农民的负担和地主的权益，与政府慎重磋商，适当规定，此种尊重政策，不计盈亏，始终对政府全力支持的作风，站在实现耕者有其田政策的立场上，确是值得称颂，故本县扶农业务的完成，土地金融与土地行政能够密切配合，也是一个重要的因素"。② 湟惠渠"原有地主由政府向农民银行借现金及土地债券予以补助。农民得地后，甚为欢欣，越年收获大增，交还地价甚为踊跃，此为运用土地债券扶植自耕农之又一事例"。③ 北碚农家不仅获得购地贷款，而且农户已在3年内将所贷购地款偿清，④ 并非《四川省志·金融志》所记载的"未产生实际影响"。

三是实施扶植自耕农地区农村经济与社会的考量。扶植自耕农是为了促进农村经济发展和社会进步，在这方面也取得明显效果。北碚示范区扶植自耕农完成后，"农业收益，普遍增加"，一是农产物增加，扶植自耕农前的1942年为1839市石，1945年为2400市石，增长30.5%。二是经营费用减少，扶植自耕农实施后土地、劳工等费用和高利贷都有大幅降低。三是通过经济作物栽培、储押借款办理、农产品贩运与加工等途径，提高农产品价格。四是农村副业收入增加，扶植自耕农后农家养猪、养鱼、草帽缏、编制竹器等收入都有大幅增加。五是农民生活有所改善，扶植自耕农前农家80%的细

---

① 中国第二历史档案馆编：《中华民国史档案资料汇编》第5辑第3编《财政经济（三）》，南京：江苏古籍出版社，1997年，第602、617—618、658—659页。
② 中国第二历史档案馆编：《中华民国史档案资料汇编》第5辑第3编《财政经济（六）》，南京：江苏古籍出版社，1997年，第211、212页。
③ 萧铮：《萧铮回忆录：土地改革五十年》，台北："中国地政研究所"，1980年，第233页。
④ 《北碚扶植自耕农示范区视察报告》，《地政通讯》1947年第16期，第22页。

粮交租给地主，自己只有"食用粗粮"，扶植自耕农后，"谷物均为农民所有，供自己食用"。① 农民温饱问题在扶植自耕农地区也得到解决，如龙岩县人多地狭，土地重新分配后，每个农户最多 20 亩，少者仅有 10 亩半，"惟农户取得地权后，咸知此后农产收入，不致再受地主剥削，多能勤恳耕作，使生产量增加。加以农民没有地租负担以后，经营副业的资金亦较宽裕，其副业收入自比过去增多，故四、五口之家，大都粗可温饱"。② 乡村社会的政治生态也发生了变化，如湟惠渠灌溉区"豪绅以金钱势力压迫操纵者，无所施其伎俩。而无田可耕，习为盗匪之贫农亦不复存在，社会秩序，日形安定，风俗习惯，日趋正常，教育卫生等事业，亦日渐改进，例如学校现已增至四所，学生已增至 460 人"。③ 扶植自耕农对周边社会也产生较大影响，如北碚附近各乡镇地主豪商，"不复再向土地投机，操纵田房产业，原为自耕农之农户居民，获得有效之保障，消除丧失地权之痛苦，农村社会得以稳定"；甚至附近未实行扶植自耕农地区的"不在或不耕地主，多自动请求政府征收其土地以为扶植自耕农之用；亦有其他各保之佃农援例扶植以利战时国策之推行；更有原为自耕农所请求贷与资金，以助其农业经营之改良"。④ 这说明扶植自耕农不仅使本地区社会发生较大变化，而且能够产生一定的社会效益。

国民政府扶植自耕农从提倡、政策出台到实施，前后经历十余年时间，但并没有能够在全国展开土地改革，这也是前人研究中所诟病的地方。那么，国民政府土地改革为何不能在全国展开？究其原因，主要有三个方面。

第一，中国传统经济以农业为核心，工商业不发达，土地是社会各阶层积累财富的主要方式。"每一个人都以买田买地身当地主为最后的企图，试看过去做官的有几人不想买几亩附廓之田……经商的赚了钱，谁不要买一片膏腴之田，准备做一个当地士绅。至于原来是地主的，更不用说，小地主想成大地主，大地主想田连阡陌，就是穷无立锥的人，他又何尝不随时在做买田

---

① 樊克恩：《北碚扶植自耕农示范区纪实（三）》，《地政通讯》1948 年第 24 期，第 33—37 页。
② 中国第二历史档案馆编：《中华民国史档案资料汇编》第 5 辑第 3 编《财政经济（六）》，南京：江苏古籍出版社，1997 年，第 211—212 页。
③ 甘肃省政府编：《甘肃省试办扶植自耕农初步成效报告》，兰州：甘肃省政府，1946 年，第 13—14 页。
④ 李挚宾：《北碚扶植自耕农示范区之鸟瞰》，《人与地》1943 年第 7—8 期合刊，第 44—45 页。

置产的幻梦。"① 土地拥有者不仅仅是商人和地主，而且大部分是政府公务人员，"做官后更可以广置田园"。② 一般知识分子"大部分都是地主出身，或者是由地主孕育培植出来"。不管政府官员还是知识分子，都是不自耕地主。因此，"一提到实施耕者有其田，要不自耕作的地主抛出他的土地，这好像对社会习惯打一个晴天霹雳，很自然地会引起社会上大部分人士——不一定尽是地主——心理上的不妥和疑惧，以致于起而反对和阻挠"。③ 因此，扶植自耕农政策受到社会有产者阶层的普遍质疑，难以全面推开。

第二，受到来自国民党官僚权贵阶层的阻碍。一直以倡导扶植自耕农为职志的萧铮在谈及国民党战时土地纲要不能实现的原因时指出："其一，为政府官僚之积习，所采之延搁战术，逐渐使问题由延缓而趋于冷漠。当时之行政、立法机关，便对于本纲要并不欲采取步骤。既不依之限期实施，亦不依之拟定法律。故虽系总裁之交议案而经大会通过者，乃为之具文。其二，为财经当局之消极反对，当时兼财长孔祥熙、经济部长翁文灏，对此案私下反对甚烈，认为乃系采取书生之见，故不欲有任何积极行动，而且以先办好'实行实征'为挡箭牌，而延搁土地政策"。④ 尤其是出身于地主的官僚和做官后广置田产的官员，"土地改革多少要革去他们的既得利益，他们自然要反对。他们都是有权有势，能说能行的，这一般反对的力量非常强大。改革计划必须通过政府，也就是必须通过他们的手掌，他们不同意，往往可以根本推翻和搁置。即使迁就现实，兼顾到官僚地主的利益，或由于更大的压力，改革计划在他们手中通过了，也会或明或暗的加以种种阻碍，予土地改革以致命的打击"。因此，"改革的阻碍往往直接来自政府本身，甚至在某省参议会中，反对二五减租的主力，竟全是国民党党员。"⑤ 受权贵与官僚阶层的反对，国民政府土地改革难以在全国推行。

第三，国民政府不能在全国推行土地改革是由其执政党的阶级性质决定的。国民政府奉行维护私有制的土地政策，平均地权"并不是把私人的土地

---

① 熊鼎盛：《克服扶植自耕农的阻力和困难》，《人与地》1943年第7—8期合刊，第4页。
② 万国鼎：《土地问题与官僚政治》，《土地改革》1948年第1期，第9页。
③ 熊鼎盛：《克服扶植自耕农的阻力和困难》，《人与地》1943年第7—8期合刊，第4页。
④ 萧铮：《萧铮回忆录：土地改革五十年》，台北："中国地政研究所"，1980年，第221页。
⑤ 万国鼎：《土地问题与官僚政治》，《土地改革》1948年第1期，第9、6页。

所有权，变成国家的土地所有权，只不过是推翻大地主的土地独占"。① 故 1946 年 4 月，国民政府公布修正后的《土地法》时，在《修正土地法草案趣旨之说明》中说得明白，不管是"扶植自耕农"还是"照价收买私有土地"，都"盖于推行政策之中，仍寓保护私权之意"。② 保护土地私有制是南京政府的政治主张，也是其统治的阶级基础。加之在抗战时期，"政府要征粮，要筹财税，不免仍多依赖地主合作，故各县政府及士绅均不能真正赞助二五减租的推行"。③ 因此，从顶层设计也能看出，这场旨在"扶植自耕农"的土地改革，却要维护土地私有制和地主、士绅的最基本利益，难以进行像中共那样的疾风暴雨式的土地改革。时人在总结国民政府未能开展大规模土地改革时指出，"无他，顾全地主之权益而已。即以政府本身而论，毋庸讳言的潜藏着浓厚的地主意识。因为中国是农业国家，知识分子，都直接或间接的和土地有关，'士'与'土'是密切相连的。所以，一提到土地改革，这潜藏的意识，便不知不觉的出来作祟了。"④ 国民政府奉行土地私有制的主张，具有"革命性"的土地改革难以大规模在全国展开。

## 六、结　语

综观国民政府以"扶植自耕农"为主旨的土地改革，一方面，这是基于孙中山平均地权的思想和借鉴欧美等国家解决土地问题的理论与方法；另一方面，国民政府面临着日益严峻的农村经济问题，把土地改革当做解决农村经济问题的主要政策。不论从国民党政策方面还是国民政府制度层面都做了比较好的扶植自耕农设计，但由于受各种力量制约，在具体实施时转变为"各省政府择县试办"的实验性土地改革。在各省择定的实验区，最值得重视的一是土地金融制度的确立，一是扶植自耕农的实施，尽管这只是"标本式"的点缀，但"对全国政策的意义大于对土地问题解决的实效"。⑤ 因此，抗战

---

① 萧铮：《平均地权真诠》，《地政月刊》1931 年第 1 期，第 3 页。
② 中国第二历史档案馆编：《中华民国史档案资料汇编》第 5 辑第 3 编《财政经济（六）》，南京：江苏古籍出版社，1997 年，第 26 页。
③ 萧铮：《萧铮回忆录：土地改革五十年》，台北："中国地政研究所"，1980 年，第 231 页。
④ 黄通：《我们为什么首先要求土地改革》，《土地改革》1948 年第 2 期，第 4 页。
⑤ 桂尘：《左右碰壁的土地改革》，《土地改革》1948 年第 2 期，第 8 页。

胜利后，国民政府根据在试验区土改取得的经验基础上，尤其为应对中国共产党在解放区土地改革赢得农民的支持，加大执行土地改革的政策力度和举行全国"土改"的意图甚为明显。1947年4月成立了土地改革协会，并于次年2月颁布《土地改革方案》，指出："我国当前土地问题之严重，已成为一切祸乱的根源，和民族生死存亡的关键，而政府现行有关土地政策与法令，并不足根本解决这一问题，如果不急求彻底普遍的改革，实有非常可怖的后果……兹根据当前需要，提出这个土地改革的初步方案，以期迅速而普遍的达到耕者有其田的目标"。该方案规定"土地改革的目标为耕者有其田，所以全国土地农耕土地，应自即日起，一律归现耕农民所有"；"现在佃耕他人土地之农民，分年清偿地价，取得土地所有权，化佃农为自耕农"；"为彻底实行土地改革，各地佃农应组织佃农协会，代为办理土地登记收缴地价"等。[①] 该方案表达出了急切而激进的土地改革政策。但此时的国民党政权已摇摇欲坠，再激进的土地改革政策也无济于事。随着国民党在大陆统治的结束，"扶植自耕农"主张者所倡导的土地改革也随之夭折。

原载（《历史研究》2015年第3期）

---

[①] 国民政府立法院：《土地改革方案》，《土地改革》1948年第1期，第21—22页。

# 近代中国乡村经济史的理论探索与实证研究——评李金铮的《传统与变迁：近代华北乡村的经济与社会》

自区域史作为研究中国社会经济史的取向以来，华北区域史研究颇受学界关注，海内外的研究成果层出不穷，讨论的问题深而广，一些问题似有定论，一些问题尚在探索之中。李金铮教授从事华北乡村史研究三十年，有筚路蓝缕之功，发表相关论文数十篇，提出了许多不凡的见解，出版专著多部。[①] 2014 年，他又推出了研究华北区域史的力作——《传统与变迁：近代华北乡村的经济与社会》。该书分四编，即第一编"中国近代乡村社会经济史研究方法论"，第二编"20 世纪上半期中国农村调查"，第三编"从冀中定县看近代华北乡村社会经济"，第四编"中共革命与华北乡村社会"，共 17 章，38 万字。《传统与变迁：近代华北乡村的经济与社会》一书最为称道之处是在"整体史"视野下，对近代乡村社会经济诸多问题提出了独到的见解，既有理论方法的探索与实证研究的结合，又有追踪学术前沿的问题讨论与争鸣，具有引领乡村社会经济史研究的方法论意义。

---

[①] 代表性的著作有《借贷关系与乡村变动——民国时期华北乡村借贷之研究》（河北大学出版社，2000 年）、《近代中国乡村社会经济探微》（人民出版社，2004 年）等。

## 一、理论探索与创新

中国近代乡村社会经济史研究中,一些理论问题成为学术界共同关注的话题,如历史研究中的"碎片化"、区域史研究的方法以及中共革命史研究如何突破等重大问题,都曾引起学术界尤其是中国近现代史学界的热议。对于上述问题,《传统与变迁:近代华北乡村的经济与社会》均提出了自己的见解。因此,理论探索与创新是本书的第一个亮点。

在20世纪80年代,因法国学者佛朗索瓦·多斯出版了《碎片化的历史学》(北京大学出版社,2008年)后,"碎片化"问题引起了学术界的关注,不断在中国史学界尤其是近现代史学界发酵。为此,2012年《近代史研究》编辑部曾组稿"中国近代史研究中的'碎片化'问题笔谈",集中讨论"碎片化"问题,有11位学者参与其中。[①] 这是学术界第一次集中讨论史学研究中的"碎片化"问题。有的学者对"碎片化"持肯定的态度。最具代表性的是罗志田,他认为"第一,史料本有断裂和片段的特性,则史学即是一门以碎片为基础的学问。第二,即使断裂的零碎片段,也可能反映出整体;需要探讨的,毋宁是怎样从断裂的片段看到整体的形态和意义"。郑师渠指出,"应慎重使用碎片化的提法",他认为在历史研究中要区分两种不同的"碎片化":一是放弃总体性(总体史),导致了"碎片化",在中国近代史研究的当下,不存在多斯批评的"碎片化"现象。二是坚持总体性(总体史),但在新旧更替之际,史家超越既有,研究趋向多元化,一时也呈现出某种"碎片化"现象,"那是学界酝酿新突破,新综合的必要过程"。王玉贵等认为所谓的"碎片化"问题,可以看做是"社会史研究不断走向深入的结果"。有的学者主张"去碎片化"。如章开沅主张注重细节研究,同时拒绝"碎片化"。王学典等认

---

[①] 参与讨论的学者包括:章开沅:《重视细节,拒绝"碎片化"》,郑师渠:《近代史研究中所谓"碎片化"问题之我见》,罗志田:《非碎无以立通:简论以碎片为基础的史学》,行龙:《克服碎片化,回归总体史》(以上文章见《近代史研究》2012年第4期);王学典、郭震旦:《重建史学的宏大叙事》,章清:《"碎片化的历史学":理解与反省》,王晴佳:《历史研究的碎片化与现代史学思潮》,王玉贵、王卫平:《"碎片化"是个问题吗?》,李长莉:《"碎片化":新兴史学与方法论困境》,李金铮:《整体史:历史研究的"三位一体"》,张太原:《个体生命与大历史》(以上文章见《近代史研究》2012年第5期)。下文引述上述学者的观点,不再一一注明出处。

为"当今中国史学在一些重大问题上所表现出来的失重和失语,其深层原因都可归咎于'碎片化'的流行";"一个整体的中国,绝不是由一块块碎片补缀而成,它需要宏大的结构作为支撑"。"只有重返历史本体,就若干关系中国历史全局的重大问题展开讨论,才能摆脱'碎片化'的困境"。有的学者主张克服"碎片化",回归总体史。如行龙认为区域社会史研究并不必然带来"碎片化",只要研究者能够将"总体史的眼光"始终作为一种学术自觉,敏锐地提炼"问题意识",重视"长时段"研究,注重多学科的交叉融合,即使再细小的区域研究也不会是"碎片化"的。

在"碎片化"的讨论中,李金铮既没有采取把"碎片化"一棍子打死的观点,也没有肯定"碎片化"就是中国近代史研究的"正途",而是提出了自己的见解。指出"碎片"与"碎片化"是两个既有区别又有联系的概念,前者是后者的前提,但并不是导致后者的结果。因此,"当历史研究陷于琐碎、微观,缺乏整体史观念时,就是碎片化;反之,如果具有整体关怀,碎片研究就不是碎片化"。[1] 在此基础上,作者主张(1)进行必要的碎片研究,提出"碎片研究是整体史形成的基础"的观点[2],即没有深入的碎片研究,就不会真正意义上的整体史。(2)即便是碎片研究,也必须是"整体史关怀下的碎片研究",包括两个方面:一是"将具体的研究对象置于整体史之中,注重研究对象与其他现象之间的联系,也即形成一个相互连接的碎片或微观研究"。二是"以小见大,以具体研究反应大的问题意识"。[3](3)宏观史学是整体史的最高追求,强调对碎片研究的整合。其境界包括"一是全面、综合的研究。二是注重宏大历史问题的研究。三是历史理论思考"。[4] 上述三个方面都有其学术价值,只有共生共存,才能"构成统一的整体史观"。[5]

---

[1] 李金铮:《传统与变迁:近代华北乡村的经济与社会》,北京:人民出版社,2014年,第3页。

[2] 李金铮:《传统与变迁:近代华北乡村的经济与社会》,北京:人民出版社,2014年,第4页。

[3] 李金铮:《传统与变迁:近代华北乡村的经济与社会》,北京:人民出版社,2014年,第6页。

[4] 李金铮:《传统与变迁:近代华北乡村的经济与社会》,北京:人民出版社,2014年,第8页。

[5] 李金铮:《传统与变迁:近代华北乡村的经济与社会》,北京:人民出版社,2014年,第10页。

通过关于"整体史"的解读，给读者理解"碎片"与"碎片化"以应有的启示。

20世纪四五十年代，美国汉学家在研究中国史时以区域为取向，开启了中国区域史研究的先河，并取得了丰硕的成果。随着这些成果陆续介绍到国内和中外学术交流的频繁，区域史研究的理论方法逐渐为中国学者所接受。但如何选择作为研究对象的社会经济区域，中国学术界并没有统一的理论标准，吴承明、杨国桢、从翰香、李伯重等学者，从不同角度或自己研究领域出发，都做过有益的探讨。李金铮认为，"中国地域幅员辽阔，仍需要加强'解剖麻雀'式的区域性实证研究，并对相关问题展开讨论，向着学术'共识'努力"。[①] 他从事华北区域史研究近三十年，对如何选择一个可以作为研究的区域有自己的经验。他认为一个理想的社会经济区域的选择主要取决于四种因素的制约，"一是这个区域是一个内在联系紧密的社会经济综合体。二是能体现时代特色。三是研究者对该区域的当代社会经济有较为充分的认识。四是有丰富可信的史料做保证"。[②] 区域史研究的内容丰富多彩，他指出区域社会经济史研究内容应关照到十个方面：即自然环境与村落生态、社会构成、土地关系、农业经营、手工业生产、农民与市场、金融调剂、农家收支状况以及综合分析该区域社会经济的性质和发展趋势。[③] 在区域研究方法方面，他提出了三种意见，一是注意社会经济结构各个方面的内在联系。二是应特别注意社会经济运行机制与历史变化。三是注意"国家"的影响。与以往的研究比较，李金铮所讨论的问题特点是：一是区域划分从模糊到具体，有可操作性。二是研究内容更加丰富，涉及社会经济的方方面面。三是注重"国家"与区域之间的关系。

"革命"是中国近代史研究的一大主题，但在以往研究中所形成的"革命史范式"，其不足在于把复杂的历史简单化、概念化、公式化，以单一的"政策—效果"模式解释复杂的革命过程。一种表现为"穿旧鞋，走老路"，以僵

---

① 李金铮：《传统与变迁：近代华北乡村的经济与社会》，北京：人民出版社，2014年，第219页。

② 李金铮：《传统与变迁：近代华北乡村的经济与社会》，北京：人民出版社，2014年，第14页。

③ 李金铮：《传统与变迁：近代华北乡村的经济与社会》，北京：人民出版社，2014年，第16页。

化的思维延续着"党派史观"的范式;一种表现为对中共革命的诘难,甚至提出了"告别革命"的观点。因此,"革命史范式"面临着严峻的挑战。"革命史"究竟如何研究才有生命力?李金铮针对这个问题提出了"新革命史"观。首先,"新革命史"是建立在挖掘革命史的学术意义之上,包括三个方面:一是中共革命是近代中国乃至整个中国历史的关键问题,具有不可忽视的巨大学术价值。二是中共革命在全球民族革命中有着重要的历史地位,有可资比较的典范意义。三是中共革命史对新中国的发展演变具有十分重要的影响。[①] 其次,提出中国革命史研究以"加强中共革命史与中国乡村史的连接"和"国家与社会互动关系"两个视角作为突破点。作者强调指出,"中共革命与乡村社会的相互连接和互动视角就具有这样的使命和价值,它将为中共革命的历史进程提供一个新的解释构架,从而实现中共历史研究的突破"。[②] 在中共革命史研究处于这种两难的境遇下,"新革命史"的提出,不仅是中共革命史研究方法上的创新,而且有助于进一步深化中共革命史的研究,因而受到学界的普遍关注。

## 二、"整体史"视野下的实证研究

在"整体史"视野下,以冀中定县为中心对华北乡村社会经济史的诸多问题进行实证研究。这是本书的第二个亮点。

近代中国人地关系、地权分配与租佃关系是近些年学术界争论的主要问题。[③] 人地关系主要讨论的是近代中国土地对人口的承载能力是不是达到了"临界点"?一种观点认为人口压力的增大,人地关系紧张;另一种观点认为人口压力不是人们想象的那样严重;还有一种观点认为,近代人口增长较耕地增长为快,存在人口压力,但仍能与当时的农业发展水平相适应。《传统与变迁:近代华北乡村的经济与社会》以定县为例,一方面,通过对

---

① 李金铮:《传统与变迁:近代华北乡村的经济与社会》,北京:人民出版社,2014 年,第 276—278 页。

② 李金铮:《传统与变迁:近代华北乡村的经济与社会》,北京:人民出版社,2014 年,第 276—278 页。

③ 李金铮、邹晓昇:《二十年来中国近代乡村经济史的新探索》,《历史研究》2003 年第 4 期,第 169—182 页。

定县人口和耕地面积变化的"长时段"考察，认为定县人口增长比率颇快，耕地面积不仅没有增加，反而有所下降，人地比例趋于紧张[①]；另一方面，通过对人地比例的临界点和农民的粮食最低消费需求的讨论，指出尽管人地关系趋于紧张，但"并不意味着现有耕地就已经到了不能维持农民最低限度生活的地步"。[②] 关于地权分配问题，不同学者从不同角度、不同地区进行了讨论，得出了与传统不一样的观点。《传统与变迁：近代华北乡村的经济与社会》从不同维度考察定县的地权分配问题，结论是"土地分配不像以往所说的那样恶性集中"，"在相对分散的同时，土地分配仍然是比较集中的，地主富农占有较多的土地，一般农民占有较少的土地，这是无法否认的历史事实"。[③] 为什么会形成这种格局？作者指出地权相对分散的推动力包括："一是中国分家析产的传统。二是农民对土地的惜卖。三是该地区整体经济水平和收入低下，难以集聚购买土地的实力。四是农民家庭手工业也一定程度上维持了小农土地的稳定"。[④] 租佃关系是研究乡村社会经济的主要内容，由于受革命史观的影响，以往人们的观念中地主与农户之间的矛盾是尖锐的，甚至是"你死我活"的斗争。随着乡村史研究的深入，过去的观念逐渐在改变。本书对定县租佃关系问题的研究，也提出了一些新的见解，如"传统观念把土地关系理解为地主与佃农之间的租佃关系，的确过于狭隘了"。[⑤] 同时，作者进一步强调"研究租佃关系不能从一个极端走向认定无足轻重的另一个极端。事实上，尽管纯粹地主和佃户很少，但与租佃有关的农户却是大量存在的，租佃关系与农民生活关系非常密切"。[⑥] 本书关于主佃关系的研究回应了学术界一些研究成果，作者在指出"主佃关系并不像传统认识的那样紧张"

---

① 李金铮：《传统与变迁：近代华北乡村的经济与社会》，北京：人民出版社，2014年，第140页。
② 李金铮：《传统与变迁：近代华北乡村的经济与社会》，北京：人民出版社，2014年，第151页。
③ 李金铮：《传统与变迁：近代华北乡村的经济与社会》，北京：人民出版社，2014年，第174页。
④ 李金铮：《传统与变迁：近代华北乡村的经济与社会》，北京：人民出版社，2014年，第160页。
⑤ 李金铮：《传统与变迁：近代华北乡村的经济与社会》，北京：人民出版社，2014年，第181页。
⑥ 李金铮：《传统与变迁：近代华北乡村的经济与社会》，北京：人民出版社，2014年，第184页。

的同时,①又认为这种不紧张"绝不意味着主佃关系是平等的"。②作者还指出,"作为一项历史悠久的制度安排,租佃经营自有其适应社会经济的理由,是土地资源与人力资源相互配置的结果。过分强调其阻碍农业生产力发展、地租剥削的残酷性和租佃关系的斗争,无法解释其长期延续"。③上述关于人地关系、地权分配及主佃关系等问题上的观点,不仅回应了学术界对有关问题的研究,也对深化乡村经济史的研究是有意义的。

手工业是乡村经济的主要组成部分,也是近代中国演变比较剧烈的经济部门之一。已有的研究比较集中在列强的侵略对中国乡村手工业的破坏以及手工业本身兴衰等问题的讨论。④本书主要讨论了定县手工业的经营方式,分为自家劳动为主的家庭内手工业、合作经营的家庭手工业、走街串巷式的流动手工业、进入商人雇主制系统的家庭手工业和作坊制手工业等五种。通过对手工业经营方式的讨论,作者认为"手工业的社会分工既保留了传统方式,也产生了进步因素。由此反映了一个特定历史时期手工业生产横向的多元并存和纵向的进步演化"。⑤对手工业经营方式的分类和认识,在某种程度上弥补了以往研究的不足。

民间借贷关系是中国乡村社会经济史研究的主要内容,也是李金铮学术研究的重点之一。20世纪二三十年代中国乡村借贷关系发生了什么变化?变化的动因是什么?谁是新式借贷的受益者等,这些是近些年来学术界讨论比较多的问题。《传统与变迁:近代华北乡村的经济与社会》一书提出了自己见

---

① 李金铮:《传统与变迁:近代华北乡村的经济与社会》,北京:人民出版社,2014年,第189页。

② 李金铮:《传统与变迁:近代华北乡村的经济与社会》,北京:人民出版社,2014年,第193页。

③ 李金铮:《传统与变迁:近代华北乡村的经济与社会》,北京:人民出版社,2014年,第193页。

④ 代表性的论著有:汪敬虞主编:《中国近代经济史(1895—1927)》下册,北京:人民出版社,2000年,第1755—1962页;刘克祥、吴太昌主编:《中国近代经济史(1927—1937)》中册,北京:人民出版社,2010年,第819—1147页。彭南生:《半工业化:近代中国乡村手工业的发展与社会变迁》,北京:中华书局,2007年;彭南生:《中间经济:传统与现代之间的中国近代手工业》,北京:高等教育出版社,2002年;戴鞍钢:《从地方志记载看第二次鸦片战争后的中国城乡手工业》,《江淮论坛》1984年第1期,第104—108页;史建云:《论近代中国农村手工业兴衰的问题》,《近代史研究》1996年第3期,第25—43页。

⑤ 李金铮:《传统与变迁:近代华北乡村的经济与社会》,北京:人民出版社,2014年,第205页。

解。如本书认为推动定县新式借贷的力量有四种：中国华洋义赈会、中华平民教育促进会、银行和政府机构。① 在以往的研究中，一些研究者指出新式借贷进入农村后，完全为地主、富农控制并为他们服务。而本书认为"普通农户也享受到新式借贷的利益，那种以为合作社和农业仓库完全由地主、富农控制或完全为他们服务的观点，缺乏足够的证据"。② 作者对新式金融在农村的作用做了客观的评价，指出："新式借贷活跃了农村金融，对农民的生产生活是有益的，但不可因此夸大其辞"，其"效用是有限的，它只能是中国乡村金融现代化的一个迹象"。③

施坚雅《中国农村的市场和社会结构》一书在大陆的翻译和出版④，对国内学者研究中国农村市场与农村经济研究起了推动作用，"中国学者在运用施坚雅模式研究中国近代史方面取得了可喜成绩"。⑤《传统与变迁：近代华北乡村的经济与社会》关于定县集市问题的研究，⑥ 可以看做是对施坚雅模式的一种回应，如认为定县集市所涵盖的人口规模与集市密度与施坚雅所设计的基层市场模式并不相符。"道光时期定县人口密度为每平方千米171.8人，按施坚雅的模式，这一密度应在他设计的150—175人，其对应的集市状况应该是市场面积为46—52.5平方千米、市场人口7870—8050人，但这一模式与定县的实际情况几乎相差1倍。到20世纪30年代初，定县人口密度为每平方千米330人，这一密度应在施坚雅模式所设计的325—350人，其对应的集市状况应该是市场面积为25.1—27.3平方千米，市场人口8870—

---

① 李金铮：《传统与变迁：近代华北乡村的经济与社会》，北京：人民出版社，2014年，第206页。
② 李金铮：《传统与变迁：近代华北乡村的经济与社会》，北京：人民出版社，2014年，第214页。
③ 李金铮：《传统与变迁：近代华北乡村的经济与社会》，北京：人民出版社，2014年，第217页。
④ （美）施坚雅：《中国农村的市场和社会结构》，史建云、徐秀丽译，北京：中国社会科学出版社，1998年。
⑤ 任放：《施坚雅模式与中国近代史研究》，《近代史研究》2004年第4期，第90—122页。
⑥ 在史料解读方面，由于作者疏忽，在讲到定县集市时，"清代自顺治朝，历经康熙、雍正、嘉庆、道光时期，集市数量一直是11个"。但据王庆成先生的研究，《定州志》卷7记城乡共集市11处；但据卷6《地理志·乡约》，邢邑约邢邑镇四、九有集，此集市被遗漏，故道光三十年（1851）时定州集市应为12处。（王庆成：《晚清华北的集市和集市圈》，《近代史研究》2004年第4期，第11页）

8890人，与定县的实际情况也几乎相差1倍。"① 也就是说，定县集市的实况并不能说明施坚雅模式具有普遍性意义。通过对定县集市数量变化、类型与结构、交易时间、内容、价格等元素的考察，他指出"近代定县的集市贸易就是一个比较复杂的交易形态，它既有本地产品的余缺调剂，也有产品输出与输入，甚至与国际市场发生了关系。但产品交换媒介仍主要是传统的集市和商铺，只是数量有所增长，交易量提高，并未产生现代化的服务业务组织，没有一个明显的质的变化"。② 对于中国近代乡村市场而言，这一结论具有普遍性意义。

近代中国农家生活如何？学界曾有过激烈的争论，形成两种对立的观点。一种是"改善论"，即近代华北农业经济有所发展，农民生活有所改善，以慈鸿飞、郑起东的研究为代表；③ 一种是相反的观点，可以称之为"恶化论"，以夏明方、刘克祥的研究为代表。④ 就这一问题，《传统与变迁：近代华北乡村的经济与社会》提出了自己的观点和解释。作者对1927—1936年定县5次农家经济调查资料进行了分析，指出就10年的数据看，农家的收入是在增长的。⑤ 但问题是讨论华北农家生活所用的资料均为定县34家（1928—1929）和123家（1931—1932）农户的调查，为何得出不同的结论？李金铮认为问题出在对恩格尔系数的理解和对文献的解读上。郑起东在其论文中通过对34家和123家消费结构进行分析后指出，"就恩格尔系数来看，饮食费用百分比1928年为69.23%，而1931年为59.79%，已有所下降"。⑥ 换句话说，农家生活已经开始从绝对贫困向温饱型生活转变，即农家生活水平有了提高。针

---

① 李金铮：《传统与变迁：近代华北乡村的经济与社会》，北京：人民出版社，2014年，第222页。
② 李金铮：《传统与变迁：近代华北乡村的经济与社会》，北京：人民出版社，2014年，第248页。
③ 郑起东：《近代华北的农业发展和农民生活》，《中国经济史研究》2000年第1期，第55—72页；慈鸿飞：《二十世纪前期华北地区的农村商品市场与资本市场》，《中国社会科学》1998年第1期，第91—105页。
④ 夏明方：《发展的幻象——近代华北农村农户收入状况与农民生活水平辨析》，《近代史研究》2002年第2期，第211—250页；刘克祥：《对〈近代华北的农业发展和农民生活〉一文的质疑和辨误》，《中国经济史研究》2000年第3期，第135—152页。
⑤ 李金铮：《传统与变迁：近代华北乡村的经济与社会》，北京：人民出版社，2014年，第252页。
⑥ 郑起东：《近代华北的农业发展和农民生活》，《中国经济史研究》2000年第1期，第65页。

对郑氏的观点,夏明方指出"考察和测量恩格尔系数的变化趋势,并不只是将两个年度的食物支出额和全部收入额做一个比较就万事大吉了。除了考虑食品和日用品之间因使用寿命的不同而造成的周期性波动以及天灾人祸等突发事件引起的随机波动之外,还必须特别注意价格变化的影响"。于是夏氏将34家和123家消费资料重新进行了整理后,他指出,"相比1928年度,1931年度定县农家的食品消费量要多出15.94%,但其每单位平均价格则高出30.63%,这显然与当时食品类价格总体下跌的趋势不符。尤其是米面类,1931年的单位平均价格是1928年的187.38%,而平均消费量又只相当于1928年的61%,高得出奇,少得也出奇"。根据对各种统计数据的解读,夏氏还指出,"所谓近代华北农户收入的大幅度提高和农民生活的显著改善,或者说农村发展,与其说是历史的真实,还不如说是国内一些学者有意无意的数字化产物,不仅在逻辑上无法自圆其说,也与其所引以为据的大量原始调查及调查者据以得出的结论相悖"。①《传统与变迁:近代华北乡村的经济与社会》指出,不管郑氏还是夏氏对恩格尔系数的解释过程均有误。针对郑氏的结论,作者指出其对统计的理解存在误差,"事实上,即便农户的平均经济条件稍高,然单就恩格尔系数这一标准衡量,34家和123家无疑都属于绝对贫困型,只是123家的59.97%在绝对贫困型的恩格尔系数中算是较低的"。②针对夏氏的结论,他指出,一是"夏氏对资料的重新整理出了问题"。二是"恩格尔系数的降低虽一定程度地受到了食品价格下降的影响,但主要仍在于家庭收入的提高"。③根据作者与费孝通对云南禄村的调查,说明恩格尔系数与农民的实际生活水平难以一一对应。这就引发出一个问题,即如何理解恩格尔系数在研究中国农家生活中的使用?作者进一步指出,一方面,"处于贫困阶段下的农民,在其他消费基本固定的前提下,收入较少的家庭,食品比例有可能较低;家庭收入增加以后,食品比例也随之上升,往往是生活改善的反映。这一事例提醒我们,对西方学者提出的概念和方法须和中国本土实

---

① 夏明方:《发展的幻象——近代华北农村农户收入状况与农民生活水平辨析》,《近代史研究》2002年第2期,第223、226、249—250页。
② 李金铮:《传统与变迁:近代华北乡村的经济与社会》,北京:人民出版社,2014年,第258页。
③ 李金铮:《传统与变迁:近代华北乡村的经济与社会》,北京:人民出版社,2014年,第259页。

际相结合，从而避免一刀切所导致的误解"。① 另一方面，"恩格尔系数作为一个衡量生活水平的绝对标准，仍不失其有效性，只是在适用范围和层级上须作一定程度的调整"。② 通过对 20 世纪二三十年代调查数据的分析和对恩格尔系数、农家消费结构等问题的讨论，关于中国近代农家生活是"改善"还是"恶化"的问题，作者提出了自己的观点，即"刻意夸大农民生活的恶化趋势不符合历史的客观实际，而所谓改善同样不可拔高"，农民生活处于一种"结构性的绝对贫困状态"。③ 历史的真相大致如此，或者至少这种观点与历史的真相比较接近。

## 三、"新革命史"的探索

中共何以取得政权？是中共革命史研究中的热点问题，中外学者从不同角度给予解答，可谓见仁见智。20 世纪 50 年代初期，在冷战背景下的西方学者就开始寻找中共革命成功的原因，大多数西方学者从中共与农民关系来解释中共成功的原因。④ 获得农民广泛支持是中共革命取得成功的主要原因，逐渐为一些学者所认可，史华慈、费正清、马克·塞尔登等人的研究可为代表。⑤ 那么，农民何以参加中共革命？以什么样的心态加入到中共政治与经济动员中来？《传统与变迁：近代华北乡村的经济与社会》在建构了"新革命

---

① 李金铮：《传统与变迁：近代华北乡村的经济与社会》，北京：人民出版社，2014 年，第 260 页。

② 李金铮：《传统与变迁：近代华北乡村的经济与社会》，北京：人民出版社，2014 年，第 261 页。

③ 李金铮：《传统与变迁：近代华北乡村的经济与社会》，北京：人民出版社，2014 年，第 272 页。

④ 马克·塞尔登指出："20 世纪 30—40 年代的记者、作家和政府观察家在中国农民支持中共这一问题上提供了一些最重要的理论，后来的人们只不过是政治上和学术上进一步深化这些理论而已。"（美）马克·塞尔登：《革命中的中国：延安道路》，魏晓明、冯崇义译，北京：社会科学文献出版社，2002 年，第 267 页。

⑤ 如史华慈的研究强调毛泽东如何利用农民的不满，走出一条有别于莫斯科的农村革命道路。(Benjamin I. Schwartz, Chinese Communism and the Rise of Mao, Cambridge: Harvard University Press, 1951, pp. 10-11) 费正清认为中共的土地革命与民族主义政策，满足了贫苦农民与知识分子的要求，获得广大群众的支持。（美）费正清：《伟大的中国革命》，刘尊棋译，北京：世界知识出版社，2001 年，第 295—297 页。马克·塞尔登认为："农民的支持，或者更确切地说，农民和城乡知识分子的联盟则在中国革命中有决定性意义"。（美）马克·塞尔登：《他们为什么获胜？——对中共与农民关系的反思》，南开大学历史系：《中外学者论抗日根据地》，北京：档案出版社，1993 年，第 606 页。

史"的理论框架后,对上述问题进行了论述,对帮助我们理解中共革命有一定的意义。这是本书的第三个亮点。

不管是中共的官方史学,还是国内外学术界对农民参加革命的动因有各种各样的解释,也有对不同解释的质疑。《传统与变迁:近代华北乡村的经济与社会》对此进行了梳理,即农民革命与土地分配不均和家庭贫困、社会经济改革、民族主义、中共动员有密切的关系。但作者指出以往的研究者"大多是从自上而下的视野分析农民革命及其原因,缺乏农村和农民本身的声音,尤其缺乏对农民个体或群体感受的关怀"。[①] 并进一步强调,"农民支持与参加革命的动机是十分复杂的,很难用一条或几条理论所能解释和概括。也就是说,究竟土地分配、家庭贫困、社会经济改革以及民族主义、动员农民等,在农民支持或参加中共革命中起了什么作用,仍需要做大量的农民个体与群体的实证研究。只有在此基础上,方可真正还原农民的革命动机,也才有利于解释中共革命胜利的原因"。[②] 这一见解,为中共革命问题提供了一个可行的研究路径。

在中共革命的历程中,农民是参与的主体,农民在中共革命中的表现也是学术界讨论的主要话题。在革命史的语境下,以往的研究以单一的"政策—效果"模式解释作为主体的农民在中共革命中的行为。"在中共革命与农民的关系中,基本上就是中共政权的政策演变、农民接受并获得了利益以及革命斗争、革命建设积极性提高的三部曲……共产党与民众、共产党与基层社会,就是单向的'挥手'与'跟随'、'控制'和'被控制'的关系,共产党正确的领导方针和农民革命认同之间是一种必然的逻辑关系,民众的一切行为都是理所应当的"。[③] 那么,在中共革命的政策及实践过程中,农民究竟以什么心态来面对?《传统与变迁:近代华北乡村的经济与社会》一书给读者以全新的视角。作者讨论了1937—1949年华北抗日根据地和解放区土地改革过程中农民心态的变化。农民的心路历程是:最初是"不敢斗争的怯懦心态",在中共政治动员下的"被剥削感与阶级意识的孕育与增强",随之农民心态呈

---

[①] 李金铮:《传统与变迁:近代华北乡村的经济与社会》,北京:人民出版社,2014年,第372页。

[②] 李金铮:《传统与变迁:近代华北乡村的经济与社会》,北京:人民出版社,2014年,第375页。

[③] 李金铮:《向"新革命史"转型:中共革命史研究方法的反思与突破》,《中共党史研究》2010年第1期,第77页。

现出复杂性，如"将地主打翻在地的复仇心态"、"侵犯中农利益的绝对平均主义心态"、"惧怕冒尖、富裕的心态"等。作者指出，"在土地政策的影响下，农民的传统心态遇到空前的激荡和改造，从而有可能走向另一极端。其被剥削感、阶级意识、阶级复仇、侵夺中农利益以及不敢生产、惧怕冒尖的心态，都是此前未有或甚为少见的。但又要注意，其中的复仇心态和绝对平均主义是以土改为媒介的农民传统心态的延续和放大，表明民间传统会以变异的形式展现出来。而所有这些，都体现出土改过程中农民既兴奋又压抑的焦虑心态，对中国农民性格的变化产生了深远的影响"。① 这一观点给我们揭示了农民在面对和接受中共革命政策时的复杂心态，也反映了中共革命过程中农民动员并非想象的那样容易。

解决根据地和解放区的债务问题，是中共针对乡村社会旧借贷关系的一项重要举措。以往的研究认为中共以"减息"和废除旧债务减轻了农民的负担，深受农民欢迎。而《传统与变迁：近代华北乡村的经济与社会》给了另一种解读。在减息过程中，中共政策面临乡土社会传统惯性的阻力，中共实施减息政策有很大的难度。为此中共采取的对策："一是让农民感受到有政府和民众组织撑腰，由贫苦农民掌握村政权，并建立农民团体，截断与旧的民间权威——地主、士绅的联系，农民真切感受到了'改朝换代'，敢于同旧势力进行斗争。二是创造了开会、诉苦、汇报、查证等方式，广泛进行政治动员，有效传播政府的决策，引发农民的'苦'和受剥削的阶级意识，培育和激发他们对地主阶级的仇恨情绪"。② 但减息和废除旧债务后，尽管中共政权采取了农贷政策，但根本不能满足农民金融的需求。于是，"农民借贷停滞已成为农家经济生活继续运行的障碍"。③ 面对这种困境，中共不得不做政策调适，不管是1942—1946年的减息政策，还是1946—1949年新中国成立前的废除封建旧债政策，都采取了"新债利率自由"的政策。尽管如此，根据地和解放区的民间借贷关系一直没有进入一种理想状态。作者的结论是："革命

---

① 李金铮：《传统与变迁：近代华北乡村的经济与社会》，北京：人民出版社，2014年，第320页。
② 李金铮：《传统与变迁：近代华北乡村的经济与社会》，北京：人民出版社，2014年，第327页。
③ 李金铮：《传统与变迁：近代华北乡村的经济与社会》，北京：人民出版社，2014年，第328页。

无法斩断传统制度的价值,社会经济发展的内在基础无法逾越"。但"在暴力革命的洗礼下,革命政策始终处于压倒之势,传统的利用仍有相当的困难,所谓自由借贷事实上受到了约束、限制乃至打击,很难实现真正的自由。于是就导致一种非常尴尬的局面,即对传统不革命不行,不尊重、不利用、不调和也不行,充分显示了革命政策与传统制约之间的紧张、矛盾和冲突。也正因为如此,民间借贷在革命期间始终未能活跃起来,农民借不到债的痛苦一直存在"。[1] 这一观点纠正了以往研究者对减息政策的概念性解读。

## 四、几点认识

综观《传统与变迁:近代华北乡村的经济与社会》一书,从理论与方法探讨到实证研究,从提出问题到解决问题,都是反映出作者数十年来对这个领域的深层次思考。正如作者所言,"我的目标是史论结合,既思考理论方法,又强调区域研究,寻求交流与对话,努力从传统与变迁、延续与断裂的视角提出自己的解释,以提高对中国近代社会经济、中共革命以及相关问题的认识"。[2] 应该说作者的目的达到了,意图实现了。读完本书,行文至此,笔者有言犹未尽之感,就书中讨论的问题,谈谈自己的看法。

关于碎片化问题。在笔者看来,首先,所谓"碎片化"从流源上看是史学研究发展到一定阶段的必然产物。在国际学术界从法国年鉴学派的产生到汉学家研究中国史以"区域"为取向,在国内学术界从20世纪初期新史学的兴起到20世纪八九十年代史学研究的转型,每次变革,都是史学家用新的方法与视野重新审视人类自身发展的历史。如郑师渠先生言:"新史学的兴起,生动地说明了其时的中国史界努力追求在新的基础上,实现'碎片化'与综合化相统一的积极取向"。[3] 如果说社会史、新文化史、区域史等的出现是"碎片化"的话,那么也是在改革开放的大环境下,中国史学界的先贤们为摆

---

[1] 李金铮:《传统与变迁:近代华北乡村的经济与社会》,北京:人民出版社,2014年,第346页。
[2] 李金铮:《传统与变迁:近代华北乡村的经济与社会》,北京:人民出版社,2014年,第1页。
[3] 郑师渠:《近代史研究中所谓"碎片化"问题之我见》,《近代史研究》2012年第4期,第6页。

脱所谓的"史学危机"困境的新史学研究路径选择,是历史学发展的必然。其次,即使存在"碎片化"的话,也是一种选题与研究方法。吴承明先生说:"史无定法,若统一视野,必成桎梏",①"就方法论而言,有新、老学派之分,但无高下、优劣之别","新方法有新的功能,以至于开辟新的研究领域,但我不认为有什么方法太老了,必须放弃"。②从选题与研究方法来而言,有的问题适合做宏观性选题,有的问题适合做微观性选题;有的学者善于做宏观研究,有的学者善于做"以小见大"的微观研究,因问题而已和因人而异。郑师渠先生认为在中国近代史研究中,"应慎重使用'碎片化'的提法",③我十分赞同这一观点。再次,宏观研究与微观研究应相互依存。有学者认为"从史学研究的发展规律来看,总是由宏观逐步走向微观和具体,大而化之的宏观研究和粗线条研究终究要被细致入微的精深和细部研究所取代"。④这种观点太过绝对化。笔者认为宏观研究不仅是历史研究的主要方法,而且有利于对历史发展规律的探索。金冲及的《二十世纪中国史纲》堪称宏观研究的经典之作,这样一部宏大叙事的史学著作,在学术界享有很高的赞誉,获得好评,⑤就充分说明史学的宏观研究并不过时,更不会被取代。因此,宏观与微观是史学研究不同的路径选择,不是非此即彼、相互排斥的关系,而是相互补充的依存关系。

关于恩格尔系数。在关于农家生活"改善"与"恶化"的讨论中,学者都试图用"恩格尔系数"证明自己的观点时,却往往出现偏差。问题出在哪里?吴承明先生指出,"任何经济学理论都要假设若干条件或因素可以略去或不变,否则不可能抽象出理论来。这种假设是与历史相悖的,因而在应用时必须用历史学的特长来规范时间、空间(地区特点)和考察范围,使理论在小环境内起分析方法的作用"。⑥恩格尔系数作为西方经济学理论,用它来计

---

① 吴承明:《经济史:历史观与方法论》,上海:上海财经大学出版社,2006年,第179页。
② 叶坦:《学贯中西古今,德泽桃李同仁——吴承明先生的生平与学术》,《经济学动态》2011年第9期,第23页。
③ 郑师渠:《近代史研究中所谓"碎片化"问题之我见》,《近代史研究》2012年第4期,第10页。
④ 王玉贵、王卫平:《"碎片化"是个问题吗?》,《近代史研究》2012年第5期,第17页。
⑤ 李文海:《反映百年中国社会变革的一部信史——评金冲及〈二十世纪中国史纲〉》,《历史研究》2010年第1期,第160—165页;黄道炫:《大手笔下的大世界——金冲及著〈二十世纪中国史纲〉读后》,《近代史研究》2010年第5期,第145—150页。
⑥ 吴承明:《经济发展、制度变迁和社会与文化思想变迁的关系》,《中国社会科学院学者文选·吴承明卷》,北京:中国社会科学出版社,2002年,第351页。

算农家生活水平高低时，必须有一个假设前提，即农家的食品消费是常量，只有这样才能适用，不然，就会出现误判。同时，因中西方文化传统不同，消费观念和习惯存在很大差异，生搬硬套西方经济学概念解释中国农家生活水平，本身就存在问题。正如有学者指出，"恩格尔系数毕竟是一个用于考察西方资本主义国家消费水平的理论模型，且紧密围绕着食品消费展开，如果我们使用这个概念时，不注意它的时代性及民族性，就有可能犯错误"。[①] 因此，研究近代中国农家生活水平时，中国学者应慎用恩格尔系数。

关于"新革命史"。"新革命史"是相对于传统革命史提出来的概念。在如何解释中共革命的问题上，传统的革命史研究方法"因其囿于一种特定的历史时段而无助于把握当下，或突出政治史的内容而不能全面透视过去，其对历史进程的解释效应远不能适应时代历史研究的要求，更以其一度对阶级斗争的过分强调而背负恶名"。[②] 如何破除这种尴尬？人们开始寻求新的解释方法，有学者主张用"现代化范式"取代传统的"革命史范式"，有学者干脆提出"告别革命"以否定中共革命。但事实上，上述两种方法都因难以对中共革命作出正确的解释而遭受责难。为突破困境，也有学者提出了"新革命史"。但问题是"新革命史"要"新"在什么地方？《传统与变迁：近代华北乡村的经济与社会》倡导的"中共革命与乡村史的连接"和"国家与社会互动关系"仅仅是从乡村社会史的层面反应中共革命的艰难与复杂，而未能解释中共革命史的全部内容。传统革命史之所以被诘难，主要是传统革命史对中共革命的诠释不是建立在规范的学术研究基础上，历史的真相常常被政治需要所遮蔽。新革命史要做的是还原历史的本来面目，把历史真实告诉受众。因此，新革命史需要突破的不仅仅是"政策—效果"模式，应是对传统革命史研究的史观、方法、视野、资料以及书写方式等进行全方位的反思。只有对传统革命史的"扬弃"，才能凸显新革命史之"新"来。

原载（《中国农史》2015年第2期）

---

[①] 倪玉平：《我们需要什么样的经济史》，《近代史研究》2011年第1期，第106页。
[②] 夏明方：《中国近代史研究方法的新陈代谢》，《近代史研究》2010年第2期，第19页。

# 近代甘宁青农村市场研究

本文主要以甘肃、青海、宁夏为例,[①]对民国时期西北地区的农村市场进行研究。"甘宁青地区在地理、生态、人文条件方面构成了一个独特区域,经济发展水平相近并有着比较密切的联系;政治方面更呈紧密联系、互相影响的状态。"因此,有学者主张把甘、宁、青当作一个整体区域进行研究,是很有见地的,[②]本文可视为一个尝试。近年来,关于明清以来中国农村市场的研究已经取得了相当丰厚的成果,如美国学者施坚雅以四川为中心对中国农村市场做了研究,台湾学者刘石吉研究了明清江南的市镇,大陆学者姜守鹏研究了明清时期北方的市场,许檀研究了山东的市场,单强研究了近代江南市场,李正华、龚关研究了近代华北的集市等。[③]在这众多的关于中国农村市场的研究中,缺乏对近代甘、宁、青区域市场的研究。

甘、宁、青地域辽阔,从地形上看有高原、山地、河谷;从经济结构上

---

[①] 自明朝甘肃建立行省以来,宁夏、青海在行政区划上属于甘肃,1928年9月5日,国民党中央政治会议第153次会议决议将青海改为行省;10月17日,第159次会议又决定将宁夏道8县(宁夏、宁朔、平罗、中卫、灵武、金积、盐池、平远)和宁夏护军使辖地(阿拉善、额济纳二旗)合并为宁夏省。1929年,宁夏、青海省建立。笔者在行文中如果没有特别指出,所说的"甘肃"指未分治前的甘肃,即包括宁夏、青海两省区。

[②] 王劲:《甘宁青民国人物·前言》,兰州:兰州大学出版社,1995年,第4页。

[③] (美)施坚雅:《中国农村的市场和社会结构》,史建云、徐秀丽译,北京:中国社会科学出版社,1998年;刘石吉:《明清时代江南市镇研究》,北京:中国社会科学出版社,1981年;姜守鹏:《明清北方市场研究》,长春:东北师范大学出版社,1996年;许檀:《明清时期山东商品经济的发展》,北京:中国社会科学出版社,1998年;单强:《江南区域市场研究》,北京:人民出版社,1999年;李正华:《乡村集市与近代社会——20世纪前半期华北乡村集市研究》,北京:当代中国出版社,1998年;龚关:《近代华北集镇的发展》,《近代史研究》2001年第1期,第141—167页。

看有农业区、牧业区和农牧交错区，又是一个少数民族集居的地区。这种不同地形、不同的生产方式和不同的民族习惯，使甘、宁、青农村市场的构成和其他地区如江南地区、华北地区有着明显的差异。笔者针对甘宁青地区的特点，对这一区域的农村市场进行初步研究。

一

位于黄土高原、内蒙古高原和青藏高原交汇处的甘、宁、青地区面积广袤。由于受到政区、地形、交通、气候、生产及生活方式等多种因素的影响，自明清以来到民国时期甘、宁、青逐渐形成了不同的经济区域，即庆阳、平凉为中心的陇东经济区、以兰州为中心的陇右经济区、以天水为中心的陇南经济区、以张掖、酒泉为中心的河西经济区、以西宁为中心的青海经济区、以银川为中心的宁夏经济区和游牧经济区。① 从经济结构来看，陇东、陇右、陇南是以农业为主且农牧兼营区；河西、宁夏是半农半牧区；青海是农牧交错区和游牧经济区。由于经济结构的不同，各个区域的经济发展水平不同，因而市场的发育水平不同。从民族构成来看，有汉族、回族、藏族、蒙古族、裕固族、撒拉族、东乡族等 10 多个民族，他们的生产方式、生活方式、宗教信仰不同，因而市场交易的方式也不同，使这一区域形成了多元的市场结构体系，即普通集市、庙会、寺院会集、花儿会。普通集市的主要功能是商品交换，而庙会、寺院会集、花儿会负有多种功能，贸易只是其中的一种附带功能。但随着社会经济的发展，其市场功能表现得越来越强，如庙会、花儿会发展成为当地的物资交流大会。

普通集市是甘、宁、青地区定期贸易最主要的形式，表 1 是 20 世纪 20—30 年代甘宁青集市的数量及相关信息的统计。

---

① 关于甘肃经济区的划分见民国《甘肃通志稿》卷 28《民族八·实业·商》："本省商务旧兰山道属以兰州为中心"；"陇东以平凉为中心"；"陇南以天水为中心"；"甘州诸县以张掖为中心"；"肃州诸县以酒泉为中心"；"宁夏诸县以宁夏为中心"；"西宁青海以西宁为中心"。笔者对甘肃经济区的划分源于此。但在写作本文时，既考虑到了传统的划分方法，又参考了现代经济发展的特点，因此把位于河西走廊的甘州、肃州合并为河西经济区，把凉州（今武威）各县也划入河西经济区。游牧经济区包括（青）海北蒙古 29 旗、玉树 25 族以及环海（指青海湖）及黄河南北各藏族的游牧地区，这些地区在清朝时期属清政府驻青海（西宁）办事大臣管辖范围（崔永红、张得祖、杜常顺主编：《青海通史》，青海人民出版社，1999 年，第 340 页）。

表1  民国时期甘、宁、青地区集市数量分布表

| 经济区 | 陇东 | 陇右 | 陇南 | 河西 | 宁夏 | 青海 |
|---|---|---|---|---|---|---|
| 面积（km²） | 39 158 | 52 347 | 35 034 | 100 502 | — | — |
| 县数 | 17 | 14 | 15 | 16 | 8 | 7 |
| 村数 | 1104 | 1036 | 1153 | 756 | — | 681 |
| 集数 | 157 | 110 | 174 | 81 | 37 | 14 |
| 户数 | 184 061 | 316 892 | 373 544 | 192 517 | 66 100 | 99 564 |
| 人口 | 1 103 812 | 1 576 710 | 1 648 984 | 1 082 640 | 449 813 | 428 605 |
| 人口密度 | 28.2 | 30.1 | 47.1 | 10.8 | | |
| 每县平均集数 | 9.2 | 7.9 | 11.6 | 5.1 | 4.6 | 2 |
| 每个集市社区户数 | 1172 | 2880 | 2146 | 2376 | 1786 | 7111 |
| 每个集市社区村数 | 7 | 9.4 | 6.7 | 9.3 | — | 40.6 |
| 每个集市社区人口 | 7030 | 14 333 | 9476 | 13 365 | 12 157 | 30 614 |
| 每个集市社区面积 | 249km² | 475km² | 201km² | 1240km² | | |

注：1. 本表所统计的县数、村数、户数、人口采用了民国《甘肃通志稿》卷16《建置一·县市》、卷25《民族五·户口》的统计数据；集市数量主要采用了民国《甘肃通志稿》卷16《建置一·县市》的统计数据，参看了其他方志的统计数据。

2. 本文所有关于集市的统计包括各县县城在内，但兰州、西宁和银川的人口、街市未统计。

3. 各个经济区的面积根据民国《甘肃通志稿》卷5《舆地五·疆域》中各县的面积计算，原面积为方里，笔者换算成平方千米。由于行政区划的变动，原资料统计的面积和现在疆域面积有比较大的出入

资料来源：民国《甘肃通志稿》、民国《朔方道志》、民国《重修镇原县志》、民国《漳县志》、民国《创修渭源县志》、民国《重修隆德县志》、《豫旺县志》、民国《重修灵台县志》、民国《民勤县志》、民国《永登县志》、民国《新纂康县县志》、民国《华亭县志》、民国《天水县志》等

从表1可以看出，陇东、陇右、陇南经济区，集市的发育程度比较高，平均每个县拥有集市数分别为9.2个、7.9个和11.6个；平均每个集市社区的户口和村庄的数量是：陇东分别为1100余户、7000余人和7个村；陇右分别为2800余户、14 000余人和9个村；陇南分别为2100余户、9400余人和近7个村。河西和宁夏是半农半牧经济区，集市发育程度较低，平均每个县拥有集市数分别为5.1个和4.6个；每个集市社区的情况是：河西为2300户、9.3个村庄和13 000余人；宁夏为1700户、12 000人。青海是一个由农业区向牧业区过渡的地区，集市水平最低，平均每个县仅拥有2个集市。表2是各县集市数量分布的统计情况。

表2 民国时期各县集市分布统计表

| 项目 | 20个以上 | 15—19个 | 10—14个 | 5—9个 | 4个以下 | 合计 |
|---|---|---|---|---|---|---|
| 数量 | 3 | 6 | 10 | 31 | 27 | 77 |
| 比例 | 3.8% | 7.6% | 12.8% | 40% | 35.8% | 100% |

资料来源：民国《甘肃通志稿》、民国《朔方道志》、民国《重修镇原县志》、民国《漳县志》、民国《创修渭原县志》、民国《重修隆德县志》、民国《豫旺县志》、民国《华亭县志》、民国《重修灵台县志》、民国《民勤县志》、民国《永登县志》、民国《新纂康县志》、民国《天水县志》等

从表2可以看出，集市数量在20个以上的县仅有3个，占3.8%；在15—19个的县有6个，占7.6%；在10—14个的县有10个，占12.8%；全省累计只有19个县的集市数量超过10个，仅占全省集市的24.2%。将近76%的县拥有的集市数量不足10个，其中，将近36%的县不足5个集市。我们再把甘肃的集市同江南、华北地区进行比较：由表1可以看出，一个集市社区面积陇东是249平方千米、陇右是475平方千米、陇南是201平方千米、河西是1240平方千米；而在近代江南约36平方千米就有一座集镇，华北每193平方千米就有一座集镇。[1] 在甘肃只有陇东和陇南地区接近华北地区，但就全省而言，平均541平方千米有一个集镇，江南地区是甘肃的15倍，华北地区是甘肃的2.8倍。这说明近代西北农村市场发育程度是比较低的，不仅远远落后于江南地区，也落后于华北地区。

在少数民族集聚的游牧经济区，牧民主要依靠每年定期的寺院会集进行贸易。如20世纪30年代一些学者的调查所言："南部番人（指藏民——引者注，下文同）会市多聚集于寺院，凡会期将届，商贩不速而来，所市之物皆番地土产，皮张、茶、糖、布匹尤为大宗。凡番人所需要者类皆有之，寺院会集，俱有定期。"[2] 玉树"番族生活甚低，交通不便，居民往往以实物相交易，结古为玉树25族走集之地，然商贾多川边客番及川、陕、甘汉人，土人经商者甚少，各族亦无长设市场。其交易也，约有一定之时间、地点，略如内地乡镇之集会焉。"[3] 游牧在黄河南岸的"果洛番每年运牛羊、酥油、羊毛、牛皮等物，前往卡布恰、郭密、丹噶尔、塔儿寺等处贸易，回运青稞、布匹等物。"[4] 塔尔寺是青海藏区著名寺院，每年有四次会集，即正月15日、

---

[1] 单强：《近代江南乡镇市场研究》，《近代史研究》1998年第6期，第118—132页。
[2] 黎小苏：《青海之经济概况》，《新亚细亚月刊》1934年第2期，第24页。
[3] 周希武：《玉树土司调查记（卷下）》，上海：商务印书馆，1920年，第29页。
[4] 周希武：《宁海纪行》，兰州：甘肃人民出版社，2002年，第38页。

4月12日、6月6日、9月22日，"每届会期，……远近蒙、藏族男女来集。故有临时市场，帐幕如街。所售多喇嘛及蒙藏男妇之用品，如红黄紫色布匹，铜壶、铜盂、念珠、护身佛、马鞍、皮靴、妇女装饰等，而日货居多。闻拉萨藏人来此经商者，每年旧历正、二月来，约七八十帮（藏名瓦卡），每帮七八人至十余人不等。来时带藏货，如氆氇、红花等，每年五六月回藏，去时买骡马或少数茶叶。"① 可见，每年定期的寺院会集是牧区牧民最主要的交易方式。由于寺院在青海蒙藏民族生活中有着特殊的地位，每族都有一个或数个寺院。青海牧区蒙古29旗、玉树25族以及环海（指青海湖）及黄河南北各藏族的总户数为74470户，"就最著名及素所知者而记载之共计315寺"②，平均每个寺院社区有牧民230余户。除了定期的会集外，寺院也从事商业活动，"青海各大寺院，均有自营商业。其法系按年由寺中喇嘛选举经理经营之，有利则除公积外，其余分于大小喇嘛，亏失则由经理者负赔偿之责。"③ 玉树（即结古）"市上较大商店，约30余家，资本大者约10万元，系寺院资本，走前藏拉萨及西康，以茶为主。"④ 寺院的商业活动与寺院定期的会集互为补充，以满足牧民和僧侣对日用品的需求。

游牧地区的牧民，除了在寺院参加会集交易外，还到农牧交错区赶集。如居住在（青）海北的蒙古族，"于每年秋冬二季，至湟源、亹源、大通一带互市，春夏二季则在本境以内集市，数百里间皆来赶集，就旷野为市场，物贵者蔽于帐，贱者暴于外，器物杂陈，汉商所贩者，大抵皆茶糖布匹木器及供佛应用之零星物件，土人所出卖者，则全为本地产物，交易由双方拣择估价至相当价值而止，每次凡二十余日乃散。"⑤ 由于半农半牧区、农牧交错区和牧区地广人稀，集市稀少，因此，一个集市社区面积相当大，如东乐县（即今民乐）"每逢集市之日，张掖、山丹、青海门（亹）源等县的农牧民纷纷前来赶集，交换农畜产品，购买日杂百货。"⑥

庙会是农村市场的另外一种形式，汉族居住区的庙会和牧区的寺院会

---

① 马鹤天：《甘青藏边区考察记》，兰州：甘肃人民出版社，2003年，第189—190页。
② 青海省民政厅：《最近之青海》，南京：新亚细亚学会，1934年，第249—251、306—331页。
③ 黎小苏：《青海之经济概况》，《新亚细亚月刊》1934年第2期，第8页。
④ 马鹤天：《甘青藏边区考察记》，兰州：甘肃人民出版社，2003年，第278页。
⑤ 许公武：《青海志略》，上海：商务印书馆，1943年，第80页。
⑥ 民乐县县志编纂委员会编：《民乐县志》，兰州：甘肃人民出版社，1996年，第553页。

集一样也是定期。庙会起源于对神的祭祀，在每个村庄都有庙宇，有的多达数个。庙会不仅是当地居民祭祀各种神灵和文化娱乐的场所，而且也是村民进行贸易与互通有无之地。在一些交通要道的庙会，逐步发展成为规模相当宏大的骡马大会。如环县老城外的娘娘庙，最迟在晚清就形成了每年一次的娘娘庙会，农历7月12日晚挂灯起会，会期少则3日，多则5日。[①] 永昌城乡庙会盛行，县城每年"正月16日、打春、清明、四月八日、端阳节，四乡农民都进城过会"，乡镇如"宁远堡、红山窑、新城子、永宁堡都是开展这种活动的兴盛之地。"[②] "旧时的平凉城，三教九流都有各自的祭祀庙宇，仅城区一带就有大小庙院40余处，各庙每年都有一定的会期，届时酬神献戏，赶会者从四面八方蜂拥而至，其盛况不亚于今日之农村集市。"[③] 庙会和集市一样均为定期的市场，不同的是庙会一年一次或两三次，但每次会期的时间比较长，有3天、5天、7天、10天不等，如宁夏府每年3月28日"东门外为东岳庙会，前后三日，市陈百货相贸易，老幼男女晋香游观，道为拥塞。"[④] 成县农历"四月十八日，传系城隍受封日，邑人争持羊、酒庆祝，四方商贾以百货贸易，经十余日。"[⑤] 由于庙会的交易时间长，适合于长途贩运的客商，所以，庙会的市场覆盖范围比集市要大得多。如环县兴隆山在民国时期"香火旺盛，每逢会期，周围几省的商民、游客和信男善女云集于此。"[⑥]

花儿会是我国西北独有的一种农村文化娱乐形式，是以寺庙为依托进行说唱的一种民间传统节日。这种"民间的游艺是有季节的，按期举行迎神赛会，或开骡马大会、赌博会，是交易而兼娱乐的性质"。[⑦] 花儿会主要

---

[①] 笔者2002年6月随同陕西师范大学西北环境与社会发展中心"近1000年来黄土高原小城镇发展与环境影响因素研究"课题组在环县采访原环县文化馆馆长李仰锋先生所得。

[②] 永昌县志编纂委员会编：《永昌县志》，兰州：甘肃人民出版社，1993年，第666页。

[③] 梁受百：《三十年代平凉的庙会》，中国人民政治协商会议甘肃省委员会文史资料委员会编：《甘肃文史资料选辑》第31辑，兰州：甘肃人民出版社，1990年，第134页。

[④] 民国《朔方道志》卷3《风俗》，民国十六年（1927）铅印本。

[⑤] 乾隆《成县新志》卷2《风俗》，乾隆六年（1741）刻本。

[⑥] 庆阳地区志编纂委员会编：《庆阳地区志》第3卷，兰州：兰州大学出版社，1998年，第937页。

[⑦] 转引自汪鸿明、丁作枢：《莲花山与莲花山"花儿"》，兰州：甘肃人民出版社，2002年，第247页。

分布在黄河上游的两大支流湟水、洮河流域及渭河源头地区。如甘肃康乐县有12处，临洮县有24处，渭源县有7处，临潭县有52处，卓尼县5处，岷县24处。① 花儿会虽然是一种民间文化集会，但也具备市场的一般功能，属于农村市场的一种形式。

从上面的论述我们可以看出，近代甘、宁、青地区的农村市场是一个多元的结构，不同的经济区域有不同的贸易方式，即使在农业和半农半牧经济区，也有两种贸易形式，一是集市，二是各种各样的庙会。在农牧交错经济区，集市、定期的寺院会集和花儿会都是居民从事物资交换的场所。在牧区，寺院会集是牧民从事贸易的主要场所。各种不同的类型的市场形式构成了西北农村市场的网络体系。

## 二

一般而言，集市因开市情况不同，分为常市、定期市、不定期市等。这里讨论的集期主要是定期集市的集期。关于中国农村集市的集期谱系施坚雅已经有了精彩的描述。② 西北地区集期体系和全国没有多大差别，即有常市、间日集、一旬3集、一旬2集、一旬1集等。在集期排列方法上，甘、宁、青地区与全国没有多大的差异，即每旬2次的集期体系表示为1—6、2—7、3—8、4—9、5—10；间日集分单、双日；每旬3次1—4—7、2—5—8、3—6—9等；每旬1次的逢1、逢5、逢10等。但是西北集期的时间表也有特殊的组成方法。甘肃清水县包括县城在内有8个集市，县城是常市，其余7个有3个是1—3—5开市、4个是2—4—6开市。③ 很明显该县集市每旬的后4天即农历初7—10日集市不开市。这种集期在甘肃是唯一的，在全国也是罕见的。这样的集市时间表可能与其地方特有的风俗相关，由于资料的缺乏，还不能探明其真实原因。还有一个典型事例是在集期的时间表组成上表现出

---

① 汪鸿明、丁作枢：《莲花山与莲花山"花儿"》，兰州：甘肃人民出版社，2002年，第298—304页。

② (美)施坚雅：《中国农村的市场和社会结构》，史建云、徐秀丽译，北京：中国社会科学出版社，1998年，第14—20页。

③ 民国《甘肃通志稿》卷16《建置一·县市》，中华西北文献丛书编委会编：《中国西北文献丛书》第一辑《西北稀见方志文献》第27—29卷，兰州：兰州古籍书店，1990年影印本，第555页。

明显的政府干预，1943年，东乐（今民乐）县政府规定全县三个集市从当年10月起开市日期是：永固农历初1、初2、初7、11、14、17、21、27日，南固3—6—9，六坝2—5—8日。①三地以县城为中心构成了一个等腰三角形，南固在正西，六坝在西北是两底角，永固在正东偏南为顶角，底端两个集市开市日期分别为3—6—9、2—5—8，位于顶角的永固就应为1—4—7，但在政府的规定中没有这样做，使集期显得没有规律可寻。尽管如此，三个集市的开市日期几乎没有重合。可见，在集市体系中的时间表构成上，西北地区和全国既有共性，也有特性，共性是主要的。

下面我们再分析甘、宁、青地区农村集市集期分布（如表3）情况。

表3 民国时期甘、宁、青地区农村集镇的集期分布

| 项目<br>区域 | 常市<br>数量 | 比例 | 间日集<br>数量 | 比例 | 一旬3次<br>数量 | 比例 | 一旬2次<br>数量 | 比例 | 不定期<br>数量 | 比例 | 一旬1次<br>数量 | 比例 | 合计 |
|---|---|---|---|---|---|---|---|---|---|---|---|---|---|
| 陇东经济区 | 11 | 7% | 23 | 15% | 69 | 44% | 10 | 6% | 44 | 28% | — | — | 157 |
| 陇右经济区 | 18 | 16.3% | 15 | 13.6% | 38 | 34.5% | 3 | 2.9% | 36 | 32.7% | 1 | 0.9% | 110 |
| 陇南经济区 | 12 | 7.3% | 30 | 17.8% | 72 | 41.3% | 3 | 0.9% | 57 | 32.7% | 2 | 1.2% | 174 |
| 河西经济区 | 47 | 58% | — | — | — | — | — | — | 34 | 42% | — | — | 81 |
| 宁夏经济区 | 20 | 54% | — | — | 15 | 40.5% | — | — | 2 | 5.5% | — | — | 37 |
| 青海经济区 | 6 | 44.4% | — | — | — | — | 1 | 5.6% | 7 | 50% | — | — | 14 |
| 合计 | 114 | 20% | 68 | 11.8% | 194 | 33.8% | 17 | 1.6% | 180 | 32.8% | 3 | 0.5% | 573 |

资料来源：民国《甘肃通志稿》、民国《朔方道志》、民国《重修镇原县志》、民国《漳县志》、民国《创修渭原县志》、民国《重修隆德县志》、《豫旺县志》、民国《华亭县志》、民国《重修灵台县志》、民国《民勤县志》、民国《永登县志》、民国《新纂康县县志》、民国《天水县志》等

在全省各种不同的集期中，常市114个，占20%；间日开市的集市68个，占11.8%；每旬开市3次的集市194个，占33.8%；不定期的集市180个，占32.8%；每旬开市两次的集市只有17个，每旬开市1次的集市仅有3个。通过分析可以看出，甘、宁、青地区集市以每旬三次、不定期的集市为主，其次是常市和间日集市。在农业经济区，集市贸易以每旬开市三次的集市为主，陇东、陇右、陇南分别占到44%、34.5%、41.3%；间日开市的集市均分布在农业经济区，而且在人口密集且商业化程度较高的区域。在半农

---

① 民乐县县志编纂委员会编：《民乐县志》，兰州：甘肃人民出版社，1996年，第553页。

半牧和农牧过渡的地区，集镇以常市和不定期市为主。常市基本还维持着每日定期开市的传统习惯，如夏河县城"在寺院前空场还设有一个市场，远近番民，都用牦牛运其过剩的东西，如牛羊毛等，到市场换取需要的物品。所以每天早晨，在寺院前陈设许多小摊，大都是卖的佛珠、红布、麦、酒、盐和马匹等等。这许多东西，都是番民逐日必需的生活品，及至下午一时，各摊都拆卸了。所谓日中为市，大概就是这样的情形罢。"①

在甘、宁、青地区的114个常市中，在农业区的有41个，占35.9%；而在半农半牧和农牧过度地区有73个，占64.1%。在河西经济区的张掖有集镇4个（包括县城，下同），东乐县有集镇5个，山丹县有5个，这些县的县城和乡镇市场均为"常市"或"常集"。② 这种现象的出现，一方面，与河西地区的地理环境和地理位置有很大的关系。河西地区的北边是腾格里沙漠和巴丹吉林沙漠，南边是祁连山脉，中间是长约1000千米、宽数千米到100千米不等的河西走廊③，"幅员狭隘，十地九沙"④，多为戈壁，绿洲断续相连。西汉时期丝绸之路开通以来，这里一直是内陆通往新疆、南亚、中亚、西亚的主要商路，散布在绿洲上的城镇成为过往商旅的歇脚之所，形成"常市"。另一方面，这是河西地区市场体系发育不足的表现，西北许多地区特别是半农半牧地区集市发育还达不到"使最大量的条件较差的村民能够在一段合适的时间赶集"的水平。⑤ 在青海农牧交错区也是县城为常市，而"乡镇多有肆无集"，或有集无期。⑥ 在地广人稀的半农半牧区，虽然集市少，但辐

---

① 张文郁：《拉卜楞视察记》，中国西北文献丛书编委会编：《中国西北文献丛书》第三辑《西北史地文献》第124卷，兰州：兰州古籍书店，1990年影印本，第389页。
② 民国《甘肃通志稿》卷16《建置一·县市》，中国西北文献丛书编委会编：《中国西北文献丛书》第一辑《西北稀见方志文献》第27—29卷，兰州：兰州古籍书店，1990年影印本，第577—583页。
③ 辞海编辑委员会编：《辞海》，上海：上海辞书出版社，1989年，第1026页。
④ 张绍美编修：《五凉考治六德集全志》卷2《镇番县志·风俗志》，乾隆14年（1749）刻本。
⑤ 施坚雅认为，"在中国农区的大多数地区，特别是在18世纪以前这个国家农村人口相对稀少的时候，维持一个每日市场所需的户数会是市场区域过大，以致边缘地带的村民无法在一天之内往返赶集，然而，一个每3天或5天开市一次的市场，即使它下属区域内的村庄数目下降到1/3或1/5，也能够达到必要的需求水平。这样，当市场是定期而不是逐日开市时，集镇就可以分布得更为密集，以使最大量的条件较差的村民能够在一段合适的时间赶集。"（美）施坚雅：《中国农村的市场和社会结构》，史建云、徐秀丽译，北京：中国社会科学出版社，1998年，第12页。
⑥ 民国《甘肃通志稿》卷16《建置一·县市》，中国西北文献丛书编委会编：《中国西北文献丛书》第一辑《西北稀见方志文献》第27—29卷，兰州：兰州古籍书店，1990年影印本，第575、576页。

射半径很大，吸纳的村庄和人口比较多（见表1）。因此，农牧地区群众赶集要经过周密的准备工作，如准备足够几天甚至十几天的干粮、水、草料，由马匹或骆驼驮载，对于游牧的牧民尤其如此。因此，在河西、宁夏、青海（主要是农牧交错区）常市在集市中占的比例很高，分别为58%、54%和44.4%（见表3）。这是农牧交错地区集市不同于农业区的一个特点，也是西北集市不同于全国其他地区的特点。

庙会作为定期市场的一种，其会期又是如何排列的？我们以庆阳为例来看甘肃农村庙会的会期状况，具体情况见表4。

表4　民国时期庆阳传统庙会会期分布统计

| 月份 | 一 | 二 | 三 | 四 | 五 | 六 | 七 | 八 | 九 | 合计 |
| --- | --- | --- | --- | --- | --- | --- | --- | --- | --- | --- |
| 数量 | 8 | 12 | 34 | 18 | 3 | 2 | 20 | 4 | 1 | 102 |

资料来源：庆阳地区志编撰委员会主编：新编《庆阳地区志》第3卷，兰州：兰州大学出版社，1999年，第936—938页

表4反映庆阳地区庙会主要集中在每年农历2、3、4月和7月，可见传统庙会的形成和农时有着直接的关系。全区传统庙会主要有102个，平均每月有大约13个地方举行庙会，平均2天半就有一个庙会起会，如果每个庙会会期以3天计，全区每天都有一个地方在过庙会，这对于行商是很有利的。在一定的区域内，各种庙会的日期是相互错开，在一个较小的区域内，每月都有一个庙会起会。如民国时期的平凉"城区几乎每月都有庙会，届时总伴有戏曲演出等娱乐活动，游人云集，买卖活跃。花所、白水、四十里铺、安国、崆峒、草峰等农村集市也均有特定时间的庙会，人们在'跟会'的同时进行商品交易。遍及城乡的庙会主要有风神、火神、三官、城隍、关帝、娘娘、玉皇、三清、观音、龙王等庙（殿）会，时间在农历正月15日、2月2日、3月20日、4月8日、5月5日、6月6日、7月20日、8月15日、9月9日、10月20日、11月8日、腊月初3日等。"[①] 在一个县的范围内，庙会总是排列在不同的月份，其意义与集市的插花是一样的。

作为一种定期的文化贸易会集，花儿会的会期和庙会的会期十分相似。表5是甘肃六县花儿会的分布统计。

---

[①] 平凉市志编纂委员会编：《平凉市志》，北京：中华书局，1996年，第293页。

表5　甘肃六县传统花儿会会期分布统计

| 月份<br>地区 | 正月 | 二月 | 三月 | 四月 | 五月 | 六月 | 七月 | 八月 | 九月 | 合计 |
|---|---|---|---|---|---|---|---|---|---|---|
| 康乐 | 1 | — | 1 | 1 | 6 | 3 | — | — | — | 12 |
| 临洮 | — | — | 1 | 2 | 13 | 4 | 3 | 1 | — | 24 |
| 渭源 | — | — | 1 | — | 5 | 1 | — | — | — | 7 |
| 临潭 | 7 | 2 | 2 | 8 | 16 | 13 | 1 | 1 | 1 | 51 |
| 卓尼 | 2 | — | — | — | 1 | 1 | 1 | — | — | 5 |
| 岷县 | 1 | — | 2 | 1 | 15 | 5 | — | — | — | 24 |
| 合计 | 11 | 2 | 7 | 12 | 56 | 27 | 5 | 2 | 1 | 123 |

资料来源：汪鸿明、丁作枢：《莲花山与莲花山"花儿"》，兰州：甘肃人民出版社，2002年，第298—304页

花儿会"最盛行的季节是从锄草（青苗时节）至拔田（收割时节）的过程中。"[①] 表5统计6个县的124个花儿会中，分布情况是5月有56个，占45%；6月有27个，占25%；4月有12个，占9%；正月有11个，约占8.87%，从统计来看，花儿会主要集中在农历的5月和6月。花儿会是一种民间游艺活动，与寺庙的节日和民间传统节日紧密相连，其会期并不像固定集市一样插花，受民间传统节日的影响，同时起会的很多。如临潭花儿会正月15日4处，2月2日2处，4月8日5处，5月5日4处，5月12日2处，6月1日3处，6月6日3处。花儿会的会期以1天为主，如果伴有骡马大会则有3天或更长时间的会期。

在游牧地区，寺院的会集也是定期举行，有的一年一次，有的一年两次或者多次，根据寺院的节日而定。表6是对玉树牧区各寺院会集的日期和次数的统计。

表6　玉树寺院会集地点日期（旧历）表

| 寺院名 | 次数 | 每年会集日期 |
|---|---|---|
| 札武寺 | 2 | 正月12—15日<br>3月28—29日 |
| 尕藏寺 | 2 | 3月27—29日<br>11月11—15日 |
| 残古寺 | 1 | 5月12—15日 |

① 张亚雄编：《花儿集》，北京：中国文联出版社，1986年，第95页。

续表

| 寺院名 | 次数 | 每年会集日期 |
| --- | --- | --- |
| 东周寺 | 1 | 4月7—10日 |
| 新寨 | 1 | 12月12—15日 |
| 周均庄 | 1 | 9月6—10日 |
| 色鲁马 | 2 | 2月11—15日<br>6月5—10日 |
| 布拉寺 | 2 | 2月11—15日<br>5月7—10日 |
| 坎达 | 1 | 9月7—12日 |
| 安冲庄 | 1 | 11月11—15日 |
| 班庆寺 | 1 | 6月11—15日 |
| 结载寺 | 1 | 12月12—15日 |
| 德格 | 1 | 8月11—15日 |
| 得色提 | 1 | 7月10—15日 |
| 布庆寺 | 1 | 10月7—10日 |
| 邦牙寺 | 1 | 3月12—15日 |
| 登喀色庄 | 1 | 3月12—15日 |
| 喀耐寺 | 1 | 正月12—15日 |
| 龙喜寺 | 1 | 7月27—29日 |
| 竹节寺 | 1 | 9月7—10日 |
| 龙夏寺 | 1 | 5月11—15日 |
| 青错寺 | 1 | 4月17—20日 |
| 吹灵多多寺 | 1 | 12月11—15日 |
| 休马寺 | 1 | 11月27—29日 |
| 惹尼牙 | 1 | 2月12—15日 |
| 歇武寺 | 1 | 3月17—21日 |
| 迭达庄 | 1 | 正月11—15日 |
| 直布达 | 1 | 7月2—5日 |
| 格拉寺 | 1 | 6月5—9日 |
| 作庆寺 | 1 | 2月17—21日 |
| 作勒寺 | 1 | 9月18—20日 |
| 扎西拉霍 | 1 | 6月4—7日 |
| 觉拉寺 | 1 | 正月11—15日 |
| 合计 | 37 | — |

资料来源：黎小苏：《青海之经济概况》，《新亚细亚月刊》1934年第2期

表6的33个寺院中，其中只有4个寺院每年会集2次，仅占12％，其余88％的寺院每年只会集1次。在各寺院共计37次会集中，会期最长6天，最短2天，会期2天的只有1次，会期3天的4次，会期4天的15次，会期5天的14次，会期6天的3次，即会期在4—5天的会集占到80％。在时间安排上，除了8月、10月会集1次、4月2次外，其他各月都在3次以上，应该说会集的会期分布是比较均匀的。由于寺院会集随从宗教节日进行，因此，各寺院会集日期有的同时进行，如正月11日—15日有3个寺院同时会集，2月11—15日有2个，5月11—15日有2个，11月11—15日有2个，12月11—15有3个。在农牧交错的一些地方，有的寺院会集时间长达10天或15天，如卓尼"三月会集、七月会集，此二次会集在本城南门外为戏，为期半月。六月寺集为买骡马牛之所，十月寺亦然。此二集俱在卓尼，六月寺在六月初旬，十月寺在十月下旬，皆十日为期。"① 在个别具有中心地位的寺院会集的会期一年4次，如拉卜楞寺每年正月、2月、7月、10月举行法会，"此时各地藏民前来围观，人群拥挤，寺东市场非常热闹，是拉卜楞地区的盛会。"② 互助县的佑宁寺每年正月（初2日至15日）、6月（初2日至初9日）举行两次大法会，4月15日的释迦成佛日，腊月29日的"跳神"会，在"这些节日或'法会'时，各族群众前往做生意，土族参加赛马等活动，极为热闹。"③

由于寺院的会集每半年或1年举行1次，牧民每半年或1年才进行1次交换，他们用自家的牲口（主要是马和牦牛）驮载着积累了半年或1年的皮毛、酥油等到会集上去，换回足够全家使用半年或1年的食物（主要是糖、茶）和其他用品。这种交易给牧民的运输、储藏等都带来不便，因此牧区市场也在发生变化。有的寺院的旁边逐渐出现了固定的集市，如黑错寺（在今甘南藏族自治州合作市）"每月有市集三次，期为阴历初8、15、29等日，逢期时数十里以内之藏民均来交易。"④ 拉卜楞寺旁边的临时市场在夏河建立设

---

① 光绪《洮州厅志》卷3《建置·墟市》，光绪三十三年（1907）刻本。
② 绳景信：《记四十年代我的甘南藏区之行》，中国人民政治协商会议甘肃省委员会文史资料委员会编：《甘肃文史资料选辑》第31辑，兰州：甘肃人民出版社，第1页。
③ 王剑萍：《互助佑宁寺概况》，中国人民政治协商会议青海省委员会文史资料研究委员会编：《青海文史资料选辑》第10辑，内部资料，1982年，第92页。
④ 王树民：《陇游日记·夏河日记》，中国人民政治协商会议甘肃省委员会文史资料委员会编：《甘肃文史资料选集》第28辑，兰州：甘肃人民出版社，1988年，第234页。

治局（1926年设局，1928年设夏河县）后，逐渐形成了"自日出起，至日中止，终年不断"的常市，"市民每日所需，均由朝市购买，故各种民族，男妇老幼均有，拥挤不堪。"[①] 牧区这种固定的、集期比较密集的集市的出现，说明民国以降，随着少数民族地区政治结构、社会结构、经济结构、生产方式和生活方式变迁，民族地区的市场结构、贸易方式也在发生变化。

三

施坚雅根据德国学者克里斯塔勒的"中心地理论"来研究中国的农村市场，提出的中心市场、中介市场、标准市场的市场层级结构及对农村市场相关问题的研究，对我们研究农村市场问题很有借鉴意义。早在明清时期，西北农业经济区的农村市场就表现出一定的市场层级，如明代嘉靖年间《庆阳府志》把当时的市场分为市集、村市和小集。市集一般在州县城以上的中心城市，有固定的交易日期，村市在乡镇，没有集期，比乡镇更小的市场称为小集。[②] 即农村市场由小集、村市、市集三个层级构成。清代乾嘉时期，市场发育逐渐成熟，州县城市成为区域性中心市场，许多居于交通要道上的村市发展成为集镇，而且一些集镇有了固定的集期。[③] 晚清时期至20世纪30年代，西北农业经济区的市场基本上由三个层级构成：分布在乡村的集市构成了初级市场；位于交通要道的镇和部分县城成为中间市场，成为联系集市与中心市场的纽带；每个经济区有一个或多个中心市场与外部市场保持着密切的联系，沟通低级市场与更高级别市场的联系。在牧区，市场的层级与寺院层级基本是一致的，中心寺院具有中间市场或中心市场的地位，如玉树藏区的结古、青海的塔尔寺、甘南的拉卜楞寺等，主要承担商品中转与集散功能；小型寺院处于初级市场的地位，主要功能是保障寺院、牧民日常生活品的供给。

由于西北地区经济落后，农牧业产品的商品化程度低，加之晚清以来周期性的社会动荡和自然灾害，人口锐减，经济萧条，直到20世纪30年代，

---

[①] 马鹤天：《甘青藏边区考察记》，兰州：甘肃人民出版社，2003年，第49、50页。
[②] （明）傅学礼：《庆阳府志》卷4《坊市》，兰州：甘肃人民出版社，2001年，第82—86页。
[③] 乾隆《庆阳府志》卷5《城池附市集》，乾隆二十七年（1762）刻本。

西北的许多镇、县城市场尚未完全得到恢复，在市场层级上仍处于初级市场的地位。如合水县城（今合水县老城镇）东西二街，居民二百余户，有旅店数家而已①，红水县城仅有小商数家②，花平县市萧条③，这样的县城在西北地区为数不少。从交易的情况看，也只是初级市场才有的货物，如东乐"县城东关、西关设粮食市场，南街设牲畜、土特产品市场，东街设蔬菜、百货市场，每日晨集市，日中始散。"④ 民勤"商贾，多土著士民，远客不过十之一二，行旅则时有之，无盐、茶大贾，亦无过往通商，廛市率民间常需，一切奇巧好玩不与焉。"⑤ 在这样一些县城市场上，发生交易的货物几乎都是为了满足农民及小生产者的日用品，很少见到如绸缎等高级消费品和"奇巧好玩"的奢侈品，活动的商人只是一些资本十分有限的小商小贩。

在西北游牧经济区，一些寺院既非县城也非集镇，但因其扼居交通要道成为中心市场或中间市场。如结古在地方行政机构建立前，是玉树藏区的宗教中心，后来由于每年的寺院会集在寺院的旁边兴起了一条东西约0.5千米，宽处不过百步的街道，市民约200余户⑥。尽管市面狭小，由于从四川、甘肃、青海、西藏有5条大道通向结古⑦，通过5条商业通道，各地的货物不断被运到结古，一部分进入西藏（如川茶），一部分被分流到各寺院会集和牧民聚落。据周希武1914年的调查，各地输入和本地输出的主要商品有：

> 商货输入品有西藏来者，曰氆氇、藏红花、靛、阿味、硵砂、鹿茸、麝香、茜草、野牲皮（生）、羊皮（生）、羔皮（生）、藏糖、硼砂、桦文梡、藏枣、乳香、藏香、雪莲、蜡珀、铜铁丝、铜铁板及条、铜锅、铜壶、颜料、药材、小刀、碱灰（自三十九年来者岁至数千担，番用以

---

① 光绪《合水县志》上卷，中国西北文献丛书编委会编：《中国西北文献丛书》第一辑《西北稀见方志文献》第44集，1990年，兰州：兰州古籍书店，第349页。
② 民国《甘肃通志稿》卷16《建置一·县市》，中国西北文献丛书编委会编：《中国西北文献丛书》第一辑《西北稀见方志文献》第27—29卷，兰州：兰州古籍书店，1990年影印本，第547页。
③ 民国《甘肃通志稿》卷16《建置一·县市》，中国西北文献丛书编委会编：《中国西北文献丛书》第一辑《西北稀见方志文献》第27—29卷，1990年影印本，第571页。
④ 民乐县县志编纂委员会编：《民乐县志》，兰州：甘肃人民出版社，1996年，第553页。
⑤ 民国《民勤县志·风俗志》，台北：成文出版社，1970年。
⑥ 周希武：《宁海纪行》，兰州：甘肃人民出版社，2002年，第48页。这条街道后来发展成为集镇，今天结古成为玉树地区的政治、经济、文化中心。
⑦ 周希武：《玉树土司调查记》附《玉树二十五族简明图》，上海：商务印书馆，1919年。

和茶)、桑皮纸、经典、洋瓷器(菜盒、碗、钟杓之类，皆自印度传来)、洋斜布、洋缎、洋线、鱼油、蜡、纸烟(以上六件皆印度货)、帽子皮、呢绒布、坎布(以上三件皆俄货)。有自四川打箭炉来者，曰茶(岁至十万驮，多数运销西藏)、洋布、绸缎、纸类、生丝类、哈达(类白色粗绪，番用赞见物)、酱菜、海菜、糖、瓷器、白米、熟牛皮、纸烟、孔雀石(出陕西)。自有甘肃、西宁洮州来者，曰铜铁锅、铜火盆、锅撑、白米、麦面、大布、挂面、葡萄、枣、柿饼、粉条、瓷器。其特别输出土产，曰鹿茸(各族皆有，玉树娘磋、格吉最多)、麝香(各族都有)、冬虫草、大黄、知母、贝母、野牲皮、羊毛、金。……结古过载货以茶为主，茶产四川古雅州府六属(俗名穷八站地方)，销售西藏及海南各番族。贩茶者多系川番伙尔族人，其资本皆出自番寺。……据结古商人称，每年运往拉萨者约在五万驮以上，是多半销于西藏，而少半销于川边及海南各番族也。①

可见，结古既是联系川藏贸易的中间市场，又是玉树藏区的中心市场，既有中转功能又有集散功能。

西北区域形成了以皮毛、药材、水烟等为特色的专业市场，这些专业市场都处于中间市场或中心市场的地位，除了承担一小部分初级市场的功能外，主要发挥商品集散功能，把分散在各初级市场上的土特产集中起来，沟通与全国乃至海外市场的联系。甘、宁、青地区面积广袤，牧业、皮毛市场发达是西北市场的一大特点。如20世纪30年代中期，青海各市场羊毛的输出情况是：

> 湟源销售者每年约计350余万斤(每百斤约值银15两至20余两)；自循化、同仁、保安等处销售者每年约有150余万斤；自鲁沙尔、上五庄二处销售者每年约有200余万斤；自亹源、永安、俄博一带运出者每年约有150余万斤；自贵德、鲁仓、拉加寺一带运出者每年约有200余万斤；自郭密、恰布恰、大河坝一带运出者每年约有100余万斤；自永昌、黄城滩等处运出者每年约有50万斤；自肃州、敦煌等处运出者每年

---

① 周希武：《玉树土司调查记(卷下)》，上海：商务印书馆，1919年，第31—32页。

约有 150 余万斤；玉树一带羊毛，南出西康、康定者，在 5 万驮左右（每驮重 240 斤，值银 20 余两，每年输出西康者约有 1000 万斤，其余多由西宁输出）；在西部的台吉乃尔及柴达木一带之羊毛，多售于新疆之缠回，约有数百万斤。次为羊羔皮，多为行庄收买，运售于甘肃、西康、四川、天津、绥远、上海各地，驼毛及大羊皮山羊皮亦有客商收买，其数亦巨，牛马皮及野牛马皮运销于甘州一带者甚多。①

在宁夏、甘南、临夏、陇东、天水等地都有规模大小不等的皮毛市场或以皮毛为主的市场。宁夏每年输出"羊毛 90 余万斤，驼毛 30 余万斤，羊绒 5000 余斤，羊皮 17 万余张，牛皮 23 000 余张，驼皮 3000 余张，马皮 1400 余张，其他杂皮二三千张。"② 宁夏的阿拉善与额济纳（今属内蒙古）两旗年产羊皮 500 万张，羊毛 30 万斤，牛皮六七万张，驼毛 1 万担以上，③ 石嘴子（今宁夏石觜山市）是因扼居交通要道而兴起的皮毛市场和中间市场，"各行专在甘、青一带收买皮毛，集中于此，待梳净后包装，以骆驼或木船载赴包头。岁约皮百万张，毛三千万斤左右。此间，黄河有木船七百余只，往来包头、中卫之间。赴中卫，上水十天，下水四天。赴包头，上水十二天，下水八天。其往来包头者，下水多运皮毛、甘草、枸杞、麻之类，上水则运洋货、糖、茶、土瓷等。"④

陇南经济区的岷县、礼县、漳县、西和、徽县等地以盛产当归、党生、黄芪、大黄而著名，这些乡镇市场几乎都有药材交易，尤其岷县县城是一个药材集散市场，据 20 世纪 40 年代初的调查，每年输出当归 15 000 担，大黄 2000 担，秦艽 500 担，姜活 500 担，当生 500 担，价值 460 余万元。⑤ 岷县活跃着陕、晋、豫、川、鄂等 15 省的商人，他们建立了各种会馆如五圣会馆、山西会馆、四川会馆、冀鲁豫会馆等。⑥ 商人在市场上收购药材后，招

---

① 黎小苏：《青海之经济概况》，《新亚细亚月刊》1934 年第 2 期，第 25—26 页。
② 林鹏侠：《西北行》，银川：宁夏人民出版社，2000 年，第 192 页。
③ 海云：《宁夏西蒙两旗概况》，《西北角》1940 年第 8 期。
④ 林竞：《蒙新甘宁考察记》，兰州：甘肃人民出版社，2003 年，第 49 页。
⑤ 王志文：《甘肃省西南部边区考察记》，兰州：甘肃省银行经济研究室，1942 年，第 384 页。
⑥ 景生魁：《从岷县的当归贸易看民俗的嬗变与传承》，甘肃省民间文艺家协会编：《甘肃民间文化论文集》，内部资料，1993 年，第 92 页。

雇驮队运送到陕西三原,每次运货都是几十箱甚至几百箱,在这里进行深加工分流到国内外市场。① 另外,宁夏盛产枸杞,中卫县的宁安堡、灵武县的吴忠堡等是枸杞的主要市场。

陇右的皋兰(包括兰州)、榆中、临洮、靖远、永登等县以产水烟而著名。水烟是在麦收后空闲土地上种植,不影响粮食生产,农民种植很多。1923年,皋兰县种菸面积占耕地的47%,产量也高,丰产可达到亩产400斤,优等田可达到800斤,总产量最高达800万斤,一般年景也有400万斤,1928—1939年,陇右水烟总产量达8195万斤。② 因此,形成了以皋兰(包括兰州)、靖远为中心的水烟集散市场。活跃在水烟市场上的主要是陕西商帮,他们建立商号,对水烟进行深加工后,销往各地。③ 由于陕西商人的介入,水烟的商品化程度大大提高,远销云贵、京津、上海、乌鲁木齐、东北各地,甚至经香港销售到东南亚各国。④

另外,由于鸦片大面积种植,出现了专门的鸦片交易市场。据有关资料记载,民国时期"甘肃烟田占全省农田3/4,鸦片产额占农作物90%"⑤,宁夏"农场作物,罂粟约占35%"⑥。这种畸形的农村经济结构,使部分农民除了鸦片之外,几乎没有其他农副产品拿到集市上去卖。如20世纪30—40年代,古浪县"全县山川曾广种鸦片,每当收烟季节,商户云集近千家,或坐地收购,或长途贩运,鼎盛一时。"⑦ 因此,一些集镇变成了鸦片市场,如武威"为西路鸦片之集中地,每届烟会,商贾云集,戏班、妓女,联袂而来,为西路所未有。烟会一过,忽又骤形冷落"⑧。一向号称甘肃东部旱码头的平

---

① 石仁斋:《解放前我经营西北药材的情况》,中国人民政治协商会议陕西省西安市委员会文史资料研究委员会编:《西安文史资料》第8辑,内部资料,1984年,第133页。
② 严树堂等:《解放前的兰州水烟业》,中国人民政治协商会议甘肃省委员会文史资料委员会编:《甘肃文史资料选辑》第14辑,兰州:甘肃人民出版社,1983年,第55页。
③ 胡伯益:《烟茶布三帮在西北产销概括》,中国人民政治协商会议陕西省委员会文史资料研究委员会编:《陕西文史资料》第23辑,西安:陕西人民出版社,1990年,第149页。
④ 严树堂等:《解放前的兰州水烟业》,中国人民政治协商会议甘肃省委员会文史资料委员会编:《甘肃文史资料选辑》第14辑,兰州:甘肃人民出版社,1983年,第55页。
⑤ 章有义:《中国近代农业史资料》第3辑,北京:生活·读书·新知三联书店,1957年,第48页。
⑥ 陈赓雅:《西北视察记》,兰州:甘肃人民出版社,2002年,第73页。
⑦ 古浪县志编撰委员会编:《古浪县志》,兰州:甘肃文化出版社,1996年,第561页。
⑧ 陈赓雅:《西北视察记》,兰州:甘肃人民出版社,2002年,第172页。

凉，"商业在民国十三四年甚为发达，嗣经十七八年之大旱，二十年孙蔚如与陈珪璋之混战，即渐见衰退。……惟烟土商号昔有数十家，今已增至二百数十家，独呈畸形之发展，而灯馆尚不在内，烟民约占30%强。"① 清末，临夏的掩歌集、罗家川、西河川、黄茨滩等地，"每逢割大烟时期，商贩云集，需要的日用品，应有尽有，俗称赶大烟场。"② 靖远县年产烟土600万两，使县城西关变成了专门的鸦片市场。③ 保安族聚集地区的大河家集和刘家集都有专门的鸦片烟市场。④ 显然，这是市场发展史上的畸形现象，在全国市场中是罕见的。

除了以上独具地方特色的专业市场外，还有其他一些专业市场，如食盐市场、木材市场、糖茶市场、粮食市场、葡萄市场等出现在产地或集中销售之地，限于篇幅，不再赘述。

由于农村金融枯竭，近代西北市场上的高利贷资本十分活跃。甘肃正宁、宁县集市上流行一种债务叫"集债"，"上集借1元，下集还1元2角至1元5角不等。3天1集，1月9集，月息高达50%至100%。宁县良平一农民，1949年借债900元贩猪，每集利息90元，20集累计利息1800元，后将40亩地卖了才还息一半，本人因债逼死。"⑤ 寺院和上层僧侣都拥有雄厚的商业资本，经常从事高利贷活动。如"玉树的结古寺有商业资本15万元，而称多拉卜寺的商队在康、藏及玉树地区囤积居奇，进行黑市交易，偷漏税收，牟取暴利。"⑥ "蒙番人经商多为喇嘛资本，领自寺院，贸易亦大，唯其范围以本省境内为限，无远行至内地省区者。""寺院公款贷与本地富户经营商业，按月或按年计息，——息金至少均在2分以上。"⑦ 寺院的高利贷资本利息是

---

① 陈赓雅：《西北视察记》，兰州：甘肃人民出版社，2002年，第284页。
② 王德清等：《解放前鸦片烟在临夏地区的流毒》，中国人民政治协商会议甘肃省委员会文史资料委员会编：《甘肃文史资料选辑》第13辑，兰州：甘肃人民出版社，1982年，第76页。
③ 张慎微：《靖远的烟场》，中国人民政治协商会议甘肃省委员会文史资料委员会编：《甘肃文史资料选辑》第13辑，兰州：甘肃人民出版社，1982年，第86页。
④ 李世泽等：《保安族的商业活动情况调查》（1958年10月16日—18日），马少青主编：《保安族文化形态与古迹文存》，兰州：甘肃人民出版社，2001年，第263页。
⑤ 庆阳地区志编纂委员会编：《庆阳地区志》第2卷，兰州：兰州大学出版社，1998年，第844页。
⑥ 王岩松：《藏语系佛教对青海地区的社会影响》，中国人民政治协商会议青海省委员会文史资料研究委员会编：《青海文史资料选辑》第10辑，内部资料，1982年，第128页。
⑦ 黎小苏：《青海之经济概况》，《新亚细亚月刊》1934年第2期，第27页。

很高的,大致可分三种:"年利 40%为'白利息';80%为'黑利息';20%为'花利息'。"① 还有叫"黑驴滚"的高利贷,是一种利上加利的高利贷资本,即"头一月里借10元,到二月要还12元,三月便得还14元4角,四月即得还16元8角8分。以此类推,剥削非浅。"② 这表明高利贷资本在各种市场上是十分活跃的。

## 四

慈鸿飞先生对19世纪下半叶至20世纪30年代中国八省(河北、山东、安徽、江苏、浙江、江西、广东、四川)集镇发展状况做了推算,他认为近代中国集镇处于上升状态,增长率约为117%③。但是在同一时期,西北地区天灾人祸频频发生,社会经济无力恢复,表现在集市方面则是数量上的减少,市场的衰退。尽管抗战时期,国民政府开发西北地区,使经济有所起色,集市也有增加,但随着内战的爆发,国统区经济的崩溃,许多市场仍呈萧条状态。

表7、表8分别是清代中期和民国时期、清末(光绪、宣统朝)和民国时期同一地区集市数量对比统计表。

表7 清朝中期和民国时期12县集市数量变化表

| 时代\县份 | 镇原 | 会宁 | 秦安 | 中卫 | 庆阳 | 环县 | 宁县 | 合水 | 正宁 | 皋兰 | 成县 | 静宁 |
|---|---|---|---|---|---|---|---|---|---|---|---|---|
| 清朝中期 | 18 | 10 | 16 | 9 | 15 | 15 | 31 | 11 | 11 | 5 | 8 | 19 |
| 民国时期 | 8 | 13 | 13 | 7 | 7 | 4 | 9 | 11 | 5 | 4 | 10 | 23 |
| 增减变化 | −10 | +3 | −3 | −2 | −8 | −11 | −22 | 0 | −6 | −1 | +2 | +4 |

注:清朝中期指乾隆至道光时期;民国时期是指20世纪20—30年代
资料来源:乾隆《庆阳府志》(包括庆阳、环县、合水、正宁、宁县)、道光《会宁县志》、道光《镇原县志》、道光《秦安县志》、道光《中卫县志》、民国《甘肃通志稿》、民国《朔方道志》、民国《重修镇原县志》、新编《静宁县志》、新编《成县志》

---

① 王岩松:《藏语系佛教对青海地区的社会影响》,中国人民政治协商会议青海省委员会文史资料研究委员会编:《青海文史资料选辑》第10辑,内部资料,1982年,第129页。
② 王剑萍:《互助佑宁寺概况》,中国人民政治协商会议青海省委员会文史资料研究委员会编:《青海文史资料选辑》第10辑,内部资料,1982年,第95页。
③ 慈鸿飞:《近代中国镇、集发展的数量分析》,《中国社会科学》1996年第2期,第27—39页。

表8  清末和民国时期8县集市数量变化表

| 时代\县份 | 合水 | 陇西 | 临潭 | 岷县 | 会宁 | 泾川 | 庄浪 | 肃州 |
|---|---|---|---|---|---|---|---|---|
| 清朝末年 | 8 | 7 | 4 | 12 | 11 | 9 | 8 | 15 |
| 民国时期 | 11 | 8 | 3 | 12 | 13 | 9 | 8 | 11 |
| 增减变化 | +3 | +1 | −1 | 0 | +2 | 0 | 0 | −4 |

注：民国时期是指20世纪二三十年代

资料来源：光绪《合水县志》、光绪《泾州乡土志》、光绪《洮州厅志》、光绪《庄浪县志》、光绪《续采陇西县志草》、光绪《岷州续志采访录》、民国《甘肃通志稿》、光绪《肃州新志稿》（肃州包括酒泉、金塔、高台三县）、新编《会宁县志》

表7、表8反映了近代甘、宁、青地区集市的动态发展过程。从这个动态的过程来看，近代甘、宁、青地区的集市发展是极不稳定，从表8统计的12个县的情况来看，从清代中期到民国时期这一地区集市数量在减少，特别是庆阳府的5个县，乾隆时期有83个集市（包括村市）[①]，而民国时期该地区仅有36个集市，减少了47个。静宁县从数量上来看增加了4个，但曹务店、计都、新集、门扇川等四个集市在民国时期已变得萧条了，实际等于没有增加。[②] 表8中8个县的情况则反映了从清末到民国时期集市的停滞状态，8县在清末时期集市为74个，在民国时期为75个，即使一些县的集市数量有所增加，如表7的会宁、成县，表8的合水（恢复到清朝中期的数量）、陇西、会宁，但幅度并不是很大。两个统计表反映出民国时期甘宁青大多数地区的集市在数量上和清末持平，没有恢复到清朝中期的水平。从集市社区来看，乾隆时期庆阳府一个集市社区平均为164平方千米，20世纪二三十年代平均扩大到378平方千米。

同治年间回民暴动后，甘、宁、青地区的集市不仅在数量上有所减少，而且许多市场呈现出萧条的景象。集市的萧条不仅在各地方志中有记载，而且在旅行家的日记、行记中也有反映。酒泉位于甘新孔道，在清朝中期就是一个集散市场，"因绥远、新疆来货，向例交会于此，原甚发达"，但自近代以来，"嗣经亢旱为灾，地方多故，商旅裹足，负担增重，于是商业衰微，势成一落千丈。年内地方安谧，交通无阻，虽渐有复苏象征，究以经济枯竭，

---

① 乾隆《庆阳府志》卷5《城池》，乾隆二十六年（1761）刻本。
② 民国《甘肃通志稿》卷16《建置一·县市》，中国西北文献丛书编委会编：《中国西北文献丛书》第一辑《西北稀见方志文献》第27—29卷，兰州：兰州古籍书店，1990年影印本，第563页。

实难立起沉疴。"[1] 平凉长期以甘肃东部的旱码头而著称,在 20 世纪 30 年代,由于"农村破产,商务一落千丈"[2],失去了集散市场的地位。[3] 湟源在"前清嘉、道之际为最盛时代,伊时(青)海(西)藏之货,云集辐辏,每年进货价值至 120 万两,咸丰、同治年间兵燹以后,番货滞积,商业遂衰。近年(指民国初期——引者注)以贩皮毛者渐多,商务稍有起色,然被年进口之货,推之极数不过七十余万,较之以前,尚差四五十万之多。"[4] 西宁、湟源之商,"向以皮毛为大宗,年来(指 20 世 30 年代初——引者注)因军事影响,交通滞塞,许多皮毛积屯,包头、天津收货之客,裹足不来,各商号有三年前收买之货,尚未出售者。又因路滞,各种货物,转运不来,以致无商可营。且因军事连年,赋税繁重,困难益甚。"[5] 洮州旧城在"河州事变"(1928)前,商人有千余家,其中外省的大商帮约 20 家,资本约 100 万元,在事变后,直到抗战时期也没有恢复到这个水平。[6] 这是中心市场衰退的一般情况。

中心市场的衰落,造成中间市场和初级市场或萧条或消失。泾川县城是西兰大道上一个中间市场,在道光十七年(1837)有商户 176 家,光绪年间有坐商 50 家,行商 20 家,摊贩 36 户,民国初年有六七十户,1920 年大旱之后大部分倒闭。民国二十三年(1934)开始恢复,至民国三十三年(1944)有商号 107 家。直到 1949 年,有坐商 88 家,行商 17 家,摊贩 33 户,合计商户 138 家。[7] 自同治回民暴动后,泾川县城市场一直没有恢复到道光十七年(1837)的水平。隆德"市面寥落异常,富商早已闭肆,商业倒落,不堪言状。……营业日见减少,不见多加,且资本盈虚靡定,春贮者夏已荡析,终岁之迁徙无常,夏居者冬即移去,街市萧条,无望起色。"[8] 漳县"东南旧有青瓦寺、滂沙镇等集,自清代同治年间兵燹后皆废,又黄家河每月逢一、

---

[1] 陈赓雅:《西北视察记》,兰州:甘肃人民出版社,2002 年,第 174 页。
[2] 林鹏侠:《西北行》,银川:宁夏人民出版社,2000 年,第 31 页。
[3] 陈赓雅:《西北视察记》,兰州:甘肃人民出版社,2002 年,第 284 页。
[4] 周希武:《宁海纪行》,兰州:甘肃人民出版社,2002 年,第 19 页。
[5] 马鹤天:《青海视察记》,《新亚细亚月刊》1932 年第 6 期。
[6] 王树民:《陇游日记·洮州日记》,中国人民政治协商会议甘肃省委员会文史资料委员会编:《甘肃文史资料选辑》第 28 辑,兰州:甘肃人民出版社,1988 年,第 224 页。
[7] 泾川县志编纂委员会编:《泾川县志》,兰州:甘肃人民出版社,1996 年,第 319 页。
[8] 民国《重修隆德县志》卷 2,1935 年石印本。

五集，亦废于兵燹之余。"① 渭源县除了官保镇"商业发达"，其他集镇均处于萧条状态，如温家川镇"有街市，零星商店只三五家"；蒙八里"同治乱后，市场变成邱虚至今（指 20 世纪 20 年代——引者注）"；北大寨镇"经劫后，商店无多，近来日增繁盛，店户、斗户居多，然较之官保镇则悬殊也。"② 康乐县的果园集在明清时期形成，在民国初年消失；辛家集在明代形成，农历二、五、八日逢集，民国十七年（1928）因"社会动乱，逐渐消失"；高家集清朝一、四、七日逢集，"民国初年消失。"③ 古浪的安远堡"破垣颓墙，触目皆是，盖自回事后已久不成市集矣。"④ 灵台县在民国二十年（1931），兴修灵泾（川）、灵长（武）、灵凤（翔）等车道，外商往来较多，县城市面始见起色，但境内各集仍寥落如昔。⑤ 定西一些集镇也是"因商务衰落，集市荒废"。⑥ 随着集市最一般功能的衰退，因集市而兴起的其他功能也随之消退，如钱铺（钱庄）、当铺——在集市贸易和调节农村金融市场等方面起着重要的作用——或因经济衰退、集市萧条，或因社会动荡而消失。清末至民国初年泾川有钱铺 6 家，民国十八年（1929 年）后"陆续停办。"⑦ 这些钱铺（钱庄）、当铺的消失，对农村集市的发展发展也产生了一定的影响，使一些商贩失去了从事集市贸易借贷资本的源泉。

慈鸿飞先生以 1933 年—1934 年国民政府内政部《内政调查统计》的资料反映出甘、宁、青区域 65 县有集镇 934 个（其中镇 465 个，集 469 个）⑧，似乎集镇有了大幅度的增加，其实，这只是一个虚像。许多地方只有镇名而无市无集，或将几个集市合并为一个，在同时代成书的地方志真实地记录了这一市场现状。如华亭县"各区有镇，镇或有市有集，或有镇名而无市无集、有市无集者……四条镇、高山镇则无市无集，麻庵镇、砚狭镇、九龙镇、窑

---

① 民国《漳县志》卷 2，1935 年石印本。
② 民国《创修渭源县志·舆地志·乡镇》卷 2，1926 年石印本。
③ 康乐县志编纂委员会编：《康乐县志》，北京：生活·读书·新知三联书店，1995 年，第 170 页。
④ 陈万里：《西行日记》，兰州：甘肃人民出版社，2002 年，第 59 页。
⑤ 灵台县志编纂委员会编：《灵台县志》，内部资料，1987 年，第 182 页。
⑥ 定西县志编纂委员会编：《定西县志》，兰州：甘肃人民出版社，1990 年，第 616 页。
⑦ 泾川县志编纂委员会编：《泾川县志》，兰州：甘肃人民出版社，1996 年，第 378 页。
⑧ 慈鸿飞：《近代中国镇、集发展的数量分析》，《中国社会科学》1996 年第 2 期，第 27—39 页。

头镇、主山镇、柴垯镇、新店镇、王天镇均有市无集。亦有此镇无集而与接近之彼镇或彼市合集者，如高山镇、尚武村、麻林村则以月之三、七、十日而合集于下关村，窑头镇则以二、五、九日而合集于红山镇，四条镇则以月之四、八日而合集于上关村。"① 这种现象在 20 世纪 30 年代考察家的笔下也多有记述。同时，在 20 世纪 30—40 年代个别地方的集市也确有一定幅度的增加，如通渭县在 20 世纪 20 年代有集市 20 处，② 20 世纪 40 年代增加到集市 35 处③，导河县（今东乡）在清代中期有集市 6 个，同治后为 5 个，20 世纪 40 年代增加为 13 个。④ 但一些新增加的集市也有因市场萧条而停止的，如陇西县曾在 1944 年后在原有 8 个集市的基础上在"高塄、汪家坡、何家河、何家门、乔家门等地相继设立集市，终因地区偏僻，当地出产不多，集市萧条，与高窑集陆续停止。"⑤ 因此，笔者认为，尽管局部市场有所增加，但从整个区域的市场状况来看，晚清以来到民国时期这一地区的市场是在走向衰落。

市场盛衰，"当以生齿之繁减，地域之广狭，距离之远近，交通之便否为标准。"⑥ 笔者主要从人口、社会经济和居民生活三个方面讨论造成晚清以来至 20 世纪 30 年代甘、宁、青地区农村市场衰落的原因。

第一，周期性的社会动乱和自然灾害，对人口造成了巨大的损失。发生在 1862 年的西北回民暴动对甘肃人口造成了巨大的损失。清代嘉庆末年，甘肃有 2 208 344 户，15 238 974 人，同治回民暴动后，甘肃的人口大约只有 350 万左右，比嘉庆末减少了 1173.9 万，有 77% 的人口在这次暴动中损失。⑦ 此后，大约每隔 25 年就发生一次大规模的社会动荡，如 1895 年的河湟地区的"乙未事变"有 100 万人口被消耗⑧；1928 年，"河州事变""被杀

---

① 民国《华亭县志·建置志·区村附镇堡寨》第 2 编，1933 年石印本。
② 民国《甘肃通志稿》卷 16《建置一·县市》，中国西北文献丛书编委会编：《中国西北文献丛书》第一辑《西北稀见方志文献》第 27—29 卷，兰州：兰州古籍书店，1990 年，第 557 页。
③ 通渭县志编纂委员会：《通渭县志》，兰州：兰州大学出版社，1990 年，第 336 页。
④ 本书编写组：《东乡族简史》，兰州：甘肃人民出版社，1984 年，第 59 页。
⑤ 陇西县志编纂委员会：《陇西县志》，兰州：甘肃人民出版社，1990 年，第 360 页。
⑥ 民国《华亭县志·建置志·区村附镇堡寨》第 2 编，1933 年石印本。
⑦ 石志新：《清末甘肃地区经济凋敝和人口锐减》，《中国经济史研究》2000 年第 2 期，第 79—86 页。
⑧ 石志新：《清末甘肃地区经济凋敝和人口锐减》，《中国经济史研究》2000 年第 2 期，第 79—86 页。

者，达50余万"①。另外，自然灾害也造成人口损失，如1920年12月16日发生在海原的8.5级大地震，波及周围十数县，约有246 000人丧生。②因此，甘肃人口恢复是十分缓慢的，光绪末年才达509万，只是嘉庆末年的33.4%。③民国十七年（1928）666.5万④，是嘉庆末年的43.7%。嘉庆末年时，甘肃每平方千米40人，1928年时，每平方千米17.8人，减少了55.5%。按照施坚雅的观点，基层市场体系大小与人口密度呈反方向变化。在人口稀疏分布的地区，市场区域必须大一点，以便有足够的需求来维持这一市场。⑤这一论点结合我们对近代甘肃人口及其密度的分析，正好能够说明晚清以来西北集市减少和市场衰落的原因。

第二，周期性的社会动荡和自然灾害都伴随着社会经济的严重破坏。如1862年回民暴动后，清政府办理剿抚的官吏张集馨从陕西进入陇东所看到的是："村镇皆瓦砾，田亩悉荆榛。城中尚有未烬之屋，为兵勇难民所占住，满街瓦砾，断井颓垣，不堪言状。"⑥镇压回民暴动的清政府大员左宗棠所看到的景象是："平（凉）、庆（阳）、泾（州）、固（原）之间，千里荒芜，弥望白骨黄茅，炊烟断绝，被货之惨，实为天下所无。"⑦1928—1929年的大旱灾波及65县，受灾人口达2 440 800人。⑧一位外国传教士在给华洋义赈会的信函中说："甘肃遍地皆旱，因历次歉收，饥馑死亡甚众，即以灾情较轻之兰州而论，每日饿死达三百人。"⑨河西饥民遍地，无以为食，"掘草根，剥树皮，与皮革共煮，勉以果腹。"⑩整个社会系统在动荡中几乎完全紊乱了，原有的行政、防灾等系统完全瘫痪，既不能有效地控制社会秩序和防止灾害的

---

① 《冯逆玉祥蹂躏下的西北》，河北大学图书馆藏残本，据内容判断写于1930年，第5页。
② 杨钟健：《甘肃地震情形》，《晨报》1921年9月15日，第7版。
③ 石志新：《清末甘肃地区经济凋敝和人口锐减》，《中国经济史研究》2000年第2期，第79—86页。
④ 民国《甘肃通志稿》卷25《民族五·户口》，中国西北文献丛书编委会编：《中国西北文献丛书》第一辑《西北稀见方志文献》第27—29卷，兰州：兰州古籍书店，1990年影印本，第198页。
⑤ （美）施坚雅：《中国农村的市场和社会结构》，史建云、徐秀丽译，北京：中国社会科学出版社，1998年，第42页。
⑥ （清）张集馨：《咸道宦海见闻录》附录《日记》，北京：中华书局，1981年，第353页。
⑦ 转引自石志新《清末甘肃地区经济凋敝和人口锐减》，《中国经济史研究》2000年第2期，第79—86页。
⑧ 《冯逆玉祥蹂躏下的西北》，河北大学图书馆藏残本，据内容判断写于1930年，第10页。
⑨ 《上海华羊义赈会披露豫陕甘大旱之奇缘》，《申报》1929年4月28日，第2版。
⑩ 陈赓雅：《西北视察记》，兰州：甘肃人民出版社，2002年，第266页。

发生，更无法做到战后或灾后重建。因此，在这种周期性的动荡和灾害的打击下，晚清以来西北农村经济日益凋敝，市场难以复苏。

第三，地方军阀横征暴敛，农民贫困到极点，许多农民丧失了购买力。特别是20世纪20至30年代军阀混战期间，居民遭殃最大。如冯玉祥国民军入甘时仅一师人马，但他"不计民生物力，积极扩充军队，增编师旅十数，兵源给用，悉数取自民间。"① 使军费超过了甘肃全年财政收入的大半，如1925年，财政支出334万多元，其中军费支出177万元，占53％；1926年，财政支出498万元，其中军费支出347万元，占70％；1927年，财政支出755万元，其中军费支出521万元，占69％。② 冯玉祥国民军在甘期间，各种捐费有34种之多。③ 在苛捐杂税的重压之下，许多农民入不敷出，如敦煌南湖村有居民60余家，500余口，1932年负担12 688元，每户约528元，但当年每户收获谷物约64石，以最高价格计算，不过256元。④ 许多农民因此而家徒四壁，一贫如洗。一位旅行家在青海湟源考察后这样写道："耕者多系佃农，年纳租额约十分之六，而复供给各寺之柴草，并有捐税等等之剥削，农民终年血汗，所得且有不能自给者。沿途所见，有天灾、兵灾、官灾、匪灾及寺、地主之灾，民之生机亦几微矣！"⑤ 一位《申报》的记者在宁夏中卫营盘水的投宿之家看到，家中陈设，"一目了然，计有土灶一个，粪草一堆，沙缸一对，中置发菜数卷，并无鼠耗之粮，缺角土炕一个，置破麻袋二条、小黄羊皮三张，是即居停之卧具，余无长物。""另至一家，房顶洞穿，瓦椽拆毁，徒有四壁。询乃大军过境时，取为燃料，露天住宿，实不得已也。"⑥ 许多农民的衣服"冬不能御寒，夏不能蔽体，甚至无裹身者，比比皆是"，吃

---

① 曹之杰：《冯玉祥部国民军入甘记略》，中国人民政治协商会议全国委员会文史资料研究委员会编：《文史资料选辑》第27辑，北京：中国文史出版社，1994年，第32页。
② 王劲：《甘宁青民国人物》，兰州：兰州大学出版社，1995年，第48页。
③ 民国《漳县志》卷4《田赋志》，1934年。该志记载民国十五年（1926）征收的各种捐费包括：清乡费、紧急借款、大借款、小借款、征兵费、开拔费、特别借款、购械捐、修械捐、皮袄捐、柴草捐、临时捐、接济捐、军服费、袜子费、麻鞋费、富户捐、被褥捐、改装捐、官骡捐、官车捐、特别大借款、公债捐、树木捐、交济捐、麦麸捐、临时借粮、临时摊面、马料费、清油费、锅捐、善后捐、补助费、维持费。
④ 明驼：《河西见闻录》，兰州：甘肃人民出版社，2002年，第100—101页。
⑤ 林鹏侠：《西北行》，银川：宁夏人民出版社，2000年，第97页。
⑥ 陈赓雅：《西北视察记》，兰州：甘肃人民出版社，2002年，第101页。

"非用树皮充饥,即用草根糊口",住则以"草屋茅舍,为栖身之所"。[①] 由于灾害、社会动荡和军阀的盘剥,相当一部分农户完全丧失了购买力。一个地区市场的繁荣程度与居民的购买力有很大关系,购买力的大小取决于居民在经济生活中依赖市场的程度。而民国时期西北许多农民因贫困而丧失了购买力,他们的经济生活和市场的联系不再是为了扩大再生产(如购买耕畜、农具和种子等),而是以低廉的价格卖掉自己的农产品(大量的是鸦片)来完成各种捐税。总之,由于以上三个方面的因素,使得需求降到了最低程度,导致了近代西北农村市场的衰退和萧条。

通过对近代甘、宁、青地区农村市场的论述,我们认为由于地理环境、经济结构、生产方式和生活方式的不同,甘、宁、青市场有自己的地域特点。皮毛、药材、水烟的输出在西北乃至全国市场上占有极为重要的地位。但自清朝同治以来,由于周期性的社会动荡、自然灾害和军阀横征暴敛,甘宁青市场的数量和规模都是在走向衰退,这种状况直到20世纪40年代末中共取得政权前夕也没有多大改观。因此,一个地区社会政治的稳定程度和农民负担的轻重程度,极大地影响着这一地区的经济和市场的繁荣。

*原载(《近代史研究》2004年第4期)*

---

[①] 顾执中、陆诒:《到青海去》,上海:商务印书馆,1934年,第261、262页。

# 延续与革新：近代甘肃手工业问题研究

在关于中国近代经济史的研究中，家庭手工业是学者关注的主要内容，而且随着研究的不断深化，人们关于家庭手工业研究的内容、角度和关注的问题也在不断地变化。如 20 世纪 80 年代以前，受革命史观和领袖经典论著的指导，"学术界较多强调外国商品倾销对乡村手工业破坏的一面，以证明帝国主义经济侵略的恶果和农村经济的危机"。[①] 这种观念在 20 世纪二三十年就已经出现，一些左翼经济学家和革命领袖在对农村经济的研究中，农村手工业的衰落是最基本的判断。20 世纪 80 年代以来，关于中国传统手工业的研究发生了变化，最基本的认识是手工业并不是完全没落与衰败，就手工业行业而言，有的衰落了，有的发展了，是"兴衰互见"；有的地方保持了强劲的生命力，在农村经济中占有重要的地位，甚至出现了"半工业化"的现象。[②] 在当下的研究中，学者用更新的视角来研究农村手工业的问题，对手工业延续与发展的动力进行更为有说服力的解释。[③]

---

[①] 李金铮、邹晓昇：《二十年来中国近代乡村经济史的新探索》，《历史研究》2003 年第 4 期，第 169—182 页。

[②] 李金铮、邹晓昇：《二十年来中国近代乡村经济史的新探索》，《历史研究》2003 年第 4 期，第 169—182 页；李金铮：《中国近代乡村经济史研究的十大论争》，《历史研究》2012 年第 1 期，第 171—189 页；彭南生：《半工业化：近代乡村手工业发展进程的一种描述》《史学月刊》2003 年第 7 期，第 97—108 页。

[③] 李金铮：《传统与现代的主辅合力：从冀中定县看近代中国家庭手工业之存续》，中西交汇中的近代中国都市和乡村国际学术研讨会论文，杭州，2013 年 10 月，第 1—17 页。

近代中国社会处在一个转型时期，农村经济也发生了较大的变化，作为农村经济的主要组成部分手工业也发生了变化。在内陆地区，手工业发生了那些变化？变化程度如何？本文以甘肃为例，主要探讨传统手工业的延续与发展、新兴手工业的出现、手工业经营方式的多元化及手工业延续与发展的诸因素等问题，以便对当下学术界关于近代手工业研究的诸多问题进行回应。

## 一、手工业的延续与发展

根据地方志的记载和清末时期调查，甘肃是一个传统手工业的地区。如清末对甘肃手工业有一次粗略的调查，内容包括产地、销售地和产值。品种有粗瓷器、纸、烧酒、皮货、滩羊皮货、栽绒毯、褐布、毛毡、毛口袋、皮胶、草帽、粗麻布、麻鞋、毡鞋、木器、皮器具、竹器、水磨镫、折花刀、药香、丝线、铁器、各种食品、屏石等。大部分销售地在本省和周边省份，产值也不高，只有少数特产进入全国市场，如水烟年产值40余万两，皮货年产值20余万两，销售四川、陕西、汉口、浙闽、上海等地，其他均在本地市场或川陕市场出售。[①] 此项调查说，传统手工业受原料和传统生产方式的限制，有什么原料才有什么手工业，本省不产的原料则没有该项手工业，如家庭棉纺织业，"甘省河东、河西多不种棉，民间所用棉絮俱自西安转贩而来"。[②] 地方志也有同样的记载，张掖"布絮，其来自中州，帛其来自荆、扬"[③]，榆中县"女不纺织"。[④] 仅有陇南、敦煌少数产棉花的县才有棉纺织业，全省的棉布主要依赖于外省，"甘肃地方瘠苦，当变乱之先，居民十室九贫，无论寒暑，皆衣毛褐毡袄之类，甚至隆冬严寒，尚有十余岁男女小儿，赤身露体者。自光绪初年平定之后，陕西各布商渐次运布来甘销售，计最旺之年，约销十余万卷"。[⑤] 手工业发展比较滞后。晚清时期又有调查指出：

奇技淫巧，盛世不取。自海禁大开，洋货输入，精良实用，为古来

---

[①] （清）彭英甲：《陇右纪实录》卷8《办理农工商矿总局》，兰州：甘肃官书局，1911年。
[②] 葛全胜：《清代奏折汇编——农业·环境》，北京：商务印书馆，2005年，第85页。
[③] （清）钟庚起：《甘州府志》卷6，乾隆四十四年（1779）刻本。
[④] （清）恩福、冒巽：《重修金县志》卷7，道光二十四年（1844）刻本。
[⑤] （清）彭英甲：《陇右纪实录》卷8《办理农工商矿总局》，兰州：甘肃官书局，1911年。

所未有。人情日趋奢靡，众好所归不胫而走，各省讲求制造，依法改良，新益求新，奇外出奇，并力相争，希图抵制。甘肃僻远，风气未开，日用所需，皆仰给予外省。值此商战，若不亟图自立，保我利权，亦财政届之大障碍也。惟土广人稀，乡民得食甚易，执艺者少。光绪三十二年开办劝工厂，分设各科，征各属农民聪颖子弟，入厂学习，月给口食，学成以后各归各属，提倡推广。复设农林矿两学堂，官绅商民子弟，均准入堂肄业。数年以来，渐著成效，有依旧制造而改良者，如栽绒科之织毛毯，铜器科之打造器具，铁器科之改良农具是也。为旧日所无而创造者，除玻璃科因销路不畅现已停制外，卤漆科之制造什物，制革科之制造皮包、洋式皮靴及零星货品，织布厂之纺织外来大布、花布，绸缎厂之制造各色宁绸、摹本库纱、天锦缎及各样花辫丝带，蒲苇科、纸盒科之制造各项用品，木器科之制造机关水枪、螺丝水龙之类是也。①

上述文献说明，第一，甘肃传统手工业几乎都是以地方出产原料为基础进行生产，产品以农家生产与生活用品为主，只有水烟、皮货产值比较高，而且进入了全国市场。第二，甘肃政府开始注意手工业的发展，设立农林矿学堂，培养手工业人才；第三，手工业生产发生了变化，一是对旧有的手工业进行改良，二是"旧日所无"的手工制造业和产品开始出现。也就是说，近代甘肃手工业的变化是从晚清时期开始的。

20世纪三四十年代，甘肃手工业有了较快的发展，表现在两个方面，一是传统手工业有了较快的发展，二是出现了新兴手工业。

## （一）传统手工业的发展

毛纺织业是甘肃最悠久的手工业，清代各县地方志都有关于"织褐"或"褐"的记载，据民国初年调查，甘肃有毛纺织户211家，从业者680人，年产值38 899元。② 到抗战时期已经发生了比较大的变化，甘肃全省每年产毛

---

① 经济学会：《甘肃全省财政说明书·初编下》，北京：经济学会，1915年，第10页。
② 农商部总务厅统计科编：《中华民国三年第三次农商统计表》，上海：中华书局，1916年，第173—175页。

褐在35万匹左右。① 而且形成了毛纺织业中心,市场也在扩大。如秦安、临夏是甘肃毛褐生产最为集中之地,形成了规模生产。秦安为甘肃生产毛褐的中心,全县有织褐木机5000架,直接工人5000人,间接工人1000人。② 兰州、天水、汉中、广元、西安等地市场上出售的毛褐,大半为秦安所产。临夏毛褐从1939年开始增产,原因是"纺织毛褐之农民,因感织褐之利益,于是积极经营,遂使蓬蓬勃勃之现象",年产1.1万匹。③ 20世纪40年代是毛纺织业发展比较好的时期,全省有毛纺织工厂135家。④ 毛纺织业技术比过去有较大改进,如秦安乡村纺纱织布"各纺织合作社间有用手拉梭者,对幅面密度疋头,均有不少改良",⑤ 该县还出现了半机器工业。⑥

在传统农村社会生活中,因食用和照明有大量需求,榨油业成为传统手工业,也是地方杂税的一项重要收入,在旧地方志中以"油梁"数量为收税标准。据1914年统计,甘肃有榨油户2944家,从业人员6.1万余人,年产麻油120万斤,产值10.4万元;年产菜油616.4万斤,产值65万元;另有桐油、棉油等,各种油总计产量739.2万斤,产值75.7万元。⑦ 据20世纪40年代调查,甘肃"榨油坊有三千二百家,从业者有五千人,大半数为农民兼营"⑧,甘肃年产清油5600万斤,胡麻油及其他杂油1850万斤,平均每家作坊年产2.3万斤。⑨

皮革制作也是甘肃传统的手工业,据民国初年统计,甘肃从事皮革户数352户,从业人口1903人(其中男工1452人,女工451人),年产值142 781元。⑩ 据抗战时期调查,除兰州外,甘肃形成了14个皮革制衣中心,包括平

---

① 王树基:《甘肃之工业》,兰州:甘肃省银行总行,1944年,第36—38页。
② 杨志宇:《通渭秦安天水甘谷四县手工纺织业概况》,《甘肃贸易季刊》1944年第10—11期合刊。
③ 王树基:《甘肃之工业》,兰州:甘肃省银行总行,1944年,第36—38页。
④ 夏阳:《甘肃毛纺织业史略》,《甘肃社会科学》1985年第5期,第79—85页。
⑤ 杨志宇:《通渭秦安天水甘谷四县手工纺织业概况》,《甘肃贸易季刊》1944年第10—11期合刊;王树基:《甘肃之工业》,兰州:甘肃省银行总行,1944年,第69页。
⑥ 统计组:《甘肃各县局物产初步调查》,《甘肃贸易季刊》1943年第5—6期合刊。
⑦ 农商部总务厅统计科编:《中华民国三年第三次农商统计表》,上海:中华书局,1916年,第173—175页。
⑧ 甘肃省政府:《甘肃省经济概况》,兰州:甘肃省政府,1944年,第93页。
⑨ 陈鸿胪:《甘肃省之固有手工业及新兴工业》,中央训练委员会西北问题研究室编:《西北问题论丛》第3辑,1943年,第136页。
⑩ 农商部总务厅统计科编:《中华民国三年第三次农商统计表》,上海:中华书局,1916年,第452、454页。

凉、武威、临潭、岷县、秦安、清水、酒泉、景泰、张掖、永昌、临夏、天水等地，产品有皮衣、皮靴、手套等，据统计年产各种皮衣19.1万件，毗邻藏区的临夏年产20万双皮靴；硝皮制革全省有600家，从业2000人，年产硝皮25万张。① 皮革制造技术也有了变化，除了使用原来的水缸、木桶，一些比较大的作坊和工厂开始使用抽水机、磨皮机和缝纫机等。②

20世纪以后，中国已经有了机器面粉业，据有学者研究，1936年，全国面粉总量中机器面粉厂产量占18.4%，机器磨坊及小厂的产量占2.2%，土磨坊产量占25.7%，农家自磨占53.7%。③ 对于比较闭塞的甘肃而言，1940年才有机器面粉加工厂。④ 因此，20世纪三四十年代，本省面粉还是以传统水磨生产为主。有学者根据水磨征捐数量估计了甘肃全省水磨数量，1936年9376座，1937年9424座，1938年9698座，1939年9945座。⑤ 与抗战前相比，甘肃水磨数量有所增加，原因是城市人口增加和面粉需求量的上升，如"兰州人口增加，面粉需要量骤增，而土磨坊供不应求；再者水磨坊的加工效率，无疑较土磨坊为大，是以近年兰州附近的水磨坊有日渐增加的趋势"。⑥

纸是民间祭祀、包装、书写不可或缺的物品，甘肃曾有少量生产。据1914年统计，甘肃有造纸户58家，年产值只有1.7万元，⑦ 平均每家产值不足300元，每户每天产值不足1元。20世纪30年代，甘肃有一些粗糙的纸开始向外输出。如甘肃临洮县南乡唐家集一带，以燕麦草与石灰生产草纸，年

---

① 陈鸿胪：《甘肃省之固有手工业及新兴工业》，中央训练委员会西北问题研究室编：《西北问题论丛》第3辑，1943年，第159页。
② 王树基：《甘肃之工业》，兰州：甘肃省银行总行，1944年，第124页。
③ 巫宝三：《中国国民所得：1933》下册，上海：中华书局，1947年，第128—130页。
④ 甘肃机器面粉工业的情况是："至二十九年，始有西北面粉厂之设，该厂以资本十万元，在萃英门，甘肃机器厂旧址开设，动力用电，洗麦及烘干尚赖人工及阳光，仍非完善之机器工业。三十一年夏，永兴公司兰州面粉厂设立，资金五百万元，经营全部机器面粉，本省方有完善之机（器）粉厂。至三十二年，复有民生电力面粉一家以二万元资本，用电马达牵引石磨磨粉。今日兰州仅以机粉业三家，其他尚未建立。"陈鸿胪：《甘肃省之固有手工业及新兴工业》，中央训练委员会西北问题研究室编：《西北问题论丛》第3辑，1943年，第135页。
⑤ 王新之：《甘肃粮食产销之研究（续）》，《粮政季刊》1947年第5—6期合刊，第105—106页。
⑥ 王新之：《甘肃粮食产销之研究（续）》，《粮政季刊》1947年第5—6期合刊，第106页。
⑦ 农商部总务厅统计科编：《中华民国三年第三次农商统计表》，上海：中华书局，1916年，第240、242页。

产值 1000 元；两当县以谷皮、石灰等为原料造纸，年产值 1.4 万元，运销兰州、新疆、天水、陕西凤翔、兴平等地。① 抗战时期，造纸业的地域和规模都有一定程度的扩大。如临洮的唐家集、清水县第一区的窑洛村、天水县的高桥镇、党家川及花庙子等，延续了 20 世纪 30 年代生产规模。② 华亭以生产麻纸为主，有纸户 30 余家，有纸池 50—60 "瀚"（纸坊特制的水池曰 "瀚"），每瀚每天可出纸 2 千张（长 1 尺 2 寸，宽 8 寸），日可得净利润 50 元。全县日产纸约 10 万—12 万张。③ 康县县治南岸门口造纸户有五六十家、大堡子一带有造纸户二三十家、窑坪等处有 10 余家，以上 3 处共计售价约 40 万元，"其余零星制造之纸均未计入"。④ 兰州的造纸厂在 1941 年前只有 3 家，1943 年增加到 10 家，每年产纸 15 万张，土报纸占半数。⑤ 据 1943 年调查，甘肃新式纸厂及农村纸坊，大小共计 2000 余家，从业者约有 7500 人。⑥ 所产纸有 8 种，年产 201.4 余万刀。⑦ 与抗战前相比，纸的产量和种类都有增加，有了可供书写、记账的白麻纸和印刷书籍的土报纸等。

乾隆时期，甘州就有编制筐、筥、畚、寻等。⑧ 秦安就有草帽、竹席、筐篓、料笼、草墩、草鞋、草扇、窖转等制品，颇为盛兴，有一些村庄普遍从事草帽加工业。⑨ 20 世纪三四十年代，甘肃的草编、竹编、柳条编等有了比较快的发展，尤其是草编和竹编比较发达。如临泽草编有草帽和芦席，草帽年产约 100 000 顶，芦席年产 50 000 页；⑩ 张掖年产苇席 8 万页，民勤年产柳（编）30 万件⑪，甘谷年产草帽 8 万顶。⑫ 嘉陵江、渭河及洮河流域产

---

① 虬：《甘肃手工业之概况》，《开发西北》1935 年第 1—2 期合刊，第 90 页。
② 傅安华：《西北工业概况》，《西北资源》1940 年第 1 期，第 55 页。
③ 王从中：《华亭经济概况》，《甘肃贸易季刊》1943 年第 2—3 期合刊。
④ 王仕敏、吕重祥：《新纂康县县志·工商》卷 10，1936 年铅印本。
⑤ 陈鸿胪：《甘肃省之固有手工业及新兴工业》，中央训练委员会西北问题研究室编：《西北问题论丛》第 3 辑，1943 年，第 170 页。
⑥ 甘肃省政府：《甘肃省经济概况》，兰州：甘肃省政府，1944 年，第 143 页。
⑦ 王树基：《甘肃之工业》，兰州：甘肃省银行总行，1944 年，第 166 页。
⑧ （清）钟庚起：《甘州府志》卷 6，乾隆四十四年（1779）刻本。
⑨ 何增祥：《秦安县草编工艺的流源与发展》，天水市政协文史资料委员会编：《天水文史资料》第 7 辑，内部资料，1994 年，第 169—170 页。
⑩ 王树基：《甘肃之工业》，兰州：甘肃省银行总行，1944 年，第 15 页。
⑪ 陈鸿胪：《甘肃省之固有手工业及新兴工业》，中央训练委员会西北问题研究室编：《西北问题论丛》第 3 辑，1943 年，第 115 页。
⑫ 甘肃省银行经济研究室：《甘肃省各县经济概况》，兰州：甘肃省银行总行，1942 年，第 153 页。

竹，附近农民以编制竹器为副业，产品有竹席、药筐、油篓、酒篓、竹篮、竹筐、竹笼、竹扫帚等，全省从事竹编者超过 3000 人，其中以成县、武山等地最为集中，从业者至少有 1000 人。从事蒸笼和箩的编制 200 余家，编制匠 500 余人，年产蒸笼 13 万件，箩 15 万件。①

据《甘肃通志稿》记载，瓷器出兰州永登、玉门、岷县、华亭等地，产品都是一些日常生活用品。② 20 世纪 30 年代，阿干镇、秦安、武山、渭源 4 处共有窑工 400 余人，年产大小器皿 100 万件，价值 11 万元。③ 华亭瓷业历史比较长，据顺治《华亭县志》记载"安口镇，出瓷器"，④ 但直至 20 世纪二三十年代仍然是家庭副业，即农家"业农而兼营瓷器"，种类有土瓷、砂瓷、琉璃瓷、宜兴瓷、半细瓷、干泥瓷、瓦瓷等。⑤ 抗战期间，国民政府和甘肃政府开始重视华亭瓷器，并进行改良和扩大生产规模，据统计有瓷窑 50 余家，陶瓷贩卖店 34 家，年产值约 400 万元。⑥ 产品有传统的日常生活用品，如缸、盆、碗、罐、碟、茶具、小杂件等；新兴材料如低压电磁、耐火材料等 10 大类 50 余种，年产量达 700 多万件。⑦

乾隆时期，兰州就有了不同与旱烟的一种烟，"铸铜为管，贮水而吸之"，这种烟就是后来所称的水烟。据民国初年调查，甘肃从事烟草生产 918 户，从业 5.7 万余人，其中女工 3.3 万人，占 57.9%；年产旱烟 24.8 万斤，产值 1.6 万元；年产水烟 2096.2 万余斤，产值 75.4 万元。全年烟产值 77 万元，水烟占 97.9%。⑧ 20 世纪二三十年代，水烟制造业是近代以来最为发达的时期。1923 年前后，兰州水烟生产达到极盛时期，当时开厂营业者达到一百三

---

① 陈鸿胪：《甘肃省之固有手工业及新兴工业》，中央训练委员会西北问题研究室编：《西北问题论丛》第 3 辑，1943 年，第 115、137 页。
② 民国《甘肃通志稿》卷 14《物产·货物》，中国西北文献丛书编委会编：《中国西北文献丛书》第一辑《西北稀见方志文献》第 27—29 卷，兰州：兰州古籍书店，1990 年影印本。
③ 铁道部业务司商务科编：《陇海铁路甘肃段经济调查报告书》，沈云龙主编：《近代中国史料丛刊三编》第 51 辑，台北：文海出版社，1989 年，第 48 页。
④ （清）武全文等：《华亭县志》卷上《镇堡》，顺治十六年（1659）抄本。
⑤ 郑震谷等：《华亭县志·经济志·生业》第 5 编，1933 年；郑震谷等：《华亭县志·地理志·物产》第 1 编，1933 年。
⑥ 王从中：《华亭经济概况》，《甘肃贸易季刊》1943 年第 2—3 期合刊，第 71 页。
⑦ 中共华亭县委统战部：《安口的陶瓷业》，中国人民政治协商会议甘肃省华亭县委员会学习文史群体委员会编：《华亭文史资料》第 1 辑，内部资料，1999 年，第 43 页。
⑧ 农商部总务厅统计科编：《中华民国三年第三次农商统计表》，上海：中华书局，1916 年，第 182—183 页。

四十家。① 九一八事变后略有衰退，抗战时期又有所恢复。

传统的铁器手工业被称之为"攻金"或"铁匠"，以制造铁农具和日常生活用品为主。据抗战时期调查，从业人员有4000余人，并出现铁器生产比较集中的地区。武威全县铁器生产不下百余家，全年产量不下70万件，尤以铁锁著名；临潭是藏区铁器的供应地，两当、西河、徽县、成县的铁器业各约在三四十家，出产各种大小铁器不下百万件，除了销售本省外，还销售到川北一带。② 平凉的铁工有70余户，一种是小型铁匠炉子，约30余户，生产各种农具、饰品和日用品；一种是铁掌工，约20余户，专门制作马掌、掌钉；一种是宾铁工，约10余户，生产各种镔铁用品。③ 铁器制造业规模的扩大，推动了冶铁业的增长，各地出现了一些土法冶铁作坊，如皋兰、天水、两当、徽县、成县、西固有土法炼铁厂数十家，"规模小，设备尤数简陋，即以燃料而言，多用木炭代替焦炭。"产量低，年产量只有810吨，就具体铁厂而言，规模最大的铁厂年产量只有150吨，最小的仅年产5吨。④

麻纺织业是衰落后重新发展起来的手工业。如岷、漳两县农家妇女闲时兼织麻布，"系自纺自织，质地颇佳"，岷县年出3万匹，漳县不过700余匹，两县共价值约5万元。⑤ 礼县是甘肃生产麻布最多的县，该县居民普遍穿麻布衣裳，外地人称礼县人为"麻郎"。但"民国二十年（1931）以后，土布及外地各种宽面布不断增多，麻布的生产日减，衣料大部分以棉布代替了"。⑥ 20世纪二三十年代，随着棉布的大量销售和棉花种植的推广，土布成为人们穿衣的来源，麻布生产日益走向衰落。抗战时期，麻布生产有较大提高，据

---

① 姜忠杰、聂丰年：《兰州水烟业概况》，中国人民政治协商会议甘肃省委员会文史资料委员会编：《甘肃文史资料选辑》第2辑，兰州：甘肃人民出版社，1987年，第177页。
② 陈鸿胪：《甘肃省之固有手工业及新兴工业》，中央训练委员会西北问题研究室编：《西北问题论丛》第3辑，1943年，第112页。
③ 张文蔚：《平凉手工业之兴起》，中国人民政治协商会议甘肃省平凉市委员会编：《平凉文史资料》第2辑，内部资料，1991年，第115—116页。
④ 陈鸿胪：《甘肃省之固有手工业及新兴工业》，中央训练委员会西北问题研究室编：《西北问题论丛》第3辑，1943年，第109—110页。
⑤ 铁道部业务司商务科：《陇海铁路甘肃段经济调查报告书》，沈云龙主编：《近代中国史料丛刊三编》第51辑，台北：文海出版社，1989年，第22页。
⑥ 王志轩：《民国时期礼县的行业》，政协礼县委员会编：《礼县文史资料》第2辑，内部资料，1995年，第121页。

调查，全省麻布产量达 150 万丈，其中岷县年产麻布 45 万丈，几乎占 1/3。[①]抗战时期是甘肃麻布发展的小高峰。

除了上述各种手工业，其他手工业也有较大的发展。如酒泉盛产玉器，用来制造笔筒、笔架、鼎、香炉、水盂、花瓶、玩具等，年生产约 84.6 万市斤。天水盛产漆器，年产漆手杖 4000 余个，漆盘 1000 余个，桌椅 500 余件，其他漆器约千余件，销售兰州、陕西、四川一带。髹漆器为临洮独有特产，县城有髹油木器店 50 家，主要盛产桌、椅、木箱、盘、盒等，年产髹油器 8500 多件；[②]木器以临夏最为发达，该县在甘、青、宁三省工作者不下万人；天水、徽县、临洮也是木工比较发达的地方。据抗战时期调查，全省各种木器制造业有 1800 余家，从业者 19 000 余人。张掖以挂面著名，专营者有 15 家，年产 20 万—30 万斤，运销祁连山游牧民族和酒泉、武威、兰州等地。陇西有专营火腿者 15 家，年产约 50 万斤，市场在陕、甘、宁川等地；西峰镇经营火腿十余家，年产 30 万斤。[③]临洮以生产酥糖著名，原料为青稞、大麦、胡桃仁等，全县糖坊不下 70 户，年产 30 万斤，主要运销兰州及附近各县。[④]

当然，不是所有的手工业都发展势头良好，有的则是兴衰互见，如麻布业；有的则完全衰落了，染坊曾是甘肃普遍存在的手工业，如礼县县城和永兴、盐官、罗堡、石家山、石桥等乡镇染坊比较多，原料主要是自种的靛蓝。但到"20 世纪三十年代后用进口（德国）'快靛'，颜色多种。随着外地花色多样的纺织品的增多，四十年代染坊已所剩无几"。[⑤]虽然有几种手工业出现衰落，但并不代表甘肃传统手工业的总体趋势，就总体而言传统手工业处于上升状态。

---

[①] 陈鸿胪：《甘肃省之固有手工业及新兴工业》，中央训练委员会西北问题研究室编：《西北问题论丛》第 3 辑，1943 年，第 143 页。
[②] 王肇仁：《甘肃的小工艺品》，《甘肃贸易季刊》1943 年第 5—6 期合刊。
[③] 陈鸿胪：《甘肃省之固有手工业及新兴工业》，中央训练委员会西北问题研究室编：《西北问题论丛》第 3 辑，1943 年，第 115、55、133—134 页。
[④] 统计组：《甘肃各县局物产初步调查》，《甘肃贸易季刊》1943 年第 5—6 期合刊。
[⑤] 王志轩：《民国时期礼县的行业》，政协礼县委员会编：《礼县文史资料》第 2 辑，内部资料，1995 年，第 123 页。

## （二）新手工业部门的出现

随着西北地区外向型经济的形成及与国际市场往来越来越广泛，甘肃出现了新兴的手工业部门。可以分为4种情况，一是国内有而本省较少或没有，如随着棉花的种植和输入的增多，形成了棉纺织业和弹花业。二是国外的机器工业品引进后，在国内形成以手工业方式生产和经营的手工业，如火柴、玻璃、肥皂、纸烟、水泥等。三是因对外贸易的发展而形成的手工业，如洗毛业、猪鬃、打包业和羊肠衣等。四是以进口原料所进行的手工业，如白铁业等。这些手工业除棉纺、弹花、火柴等外，其余均兴起于抗战时期。

棉纺织业是中国的传统手工业，但对于甘肃来说算是新兴手工业。在古代甘肃，纺织业也有少量存在，如敦煌自"雍乾以来，棉花一种土产甚广，男女互相纺织，俱在本境销售，然花质较细，而布纹太粗，较之陕西客布，各色货低价减，不便外销。"[①] 甘肃提倡棉纺织业肇始于道光元年（1821），皋兰县创办了纺织公所，并造纺车数十架，散布民间劝民织布。[②] 光绪四年（1878），左宗棠在皋兰设立纺织局，给民间妇女传习纺织技术，但收效甚微。[③] 民国建立后，各地创办民生工厂，以发展新式纺织业。1928年，甘肃省政府督饬各县办理贫民工厂，先后有17县办理民生工厂[④]，主要经营新式纺织业。从20世纪二三十年代开始，棉纺织业开始增多起来，如天水的山阳镇与秦安的一些乡镇"农村妇女皆以农闲织棉布，天水每年可产三十六万匹，秦安产七万匹，两共值五十八万元……天水、秦安织布所用之棉纱，或为自纺自织，或专纺不织，或专织不纺，而纱与布相易。而甘谷县各乡村农妇有百分之三十皆以余闲专事纺纱。其所用棉花系由川北或陕南输入天水，而在天水市场购买者；其纺就之纱则以之至天水之沿河镇（纱布市场）易布以归。该县每年可以纺出棉纱二十余万公斤，价值二十四万余元。"[⑤] 天水、秦安、

---

① 民国《敦煌县乡土志·实业》卷2，民国年间抄本。
② 陈鸿胪：《甘肃省之固有手工业及新兴工业》，中央训练委员会西北问题研究室编：《西北问题论丛》第3辑，1943年，第146页。
③ 秦翰才：《左文襄公在西北》，上海：商务印书馆，1947年，第196页。
④ 陈鸿胪：《甘肃省之固有手工业及新兴工业》，中央训练委员会西北问题研究室编：《西北问题论丛》第3辑，1943年，第146页。
⑤ 铁道部业务司商务科：《陇海铁路甘肃段经济调查报告书》，沈云龙主编：《近代中国史料丛刊三编》第51辑，台北：文海出版社，1989年，第44—45页。

甘谷的棉纺织业的商品化程度已经比较高了。又如金塔县盛行棉花纺织业，"一般农户都有手工纺线车，部分有手工织布机，土纺、土织遍及农村……民国三十二年（1943），全县生产土布已达 8 万匹。"① 抗战时期，甘肃土布形成了三个较大的土布生产区：（1）渭河区，包括漳县、渭源、通渭、陇西、武山、甘谷、清水、天水，年产土布 104 万匹，天水、甘谷、秦安土布成为农村最普遍的家庭手工业。（2）甘南区，包括文、徽、成、康、礼、武都、两当、西和、西固等县，年产土布 63.2 万匹。（3）河西区，各县均有棉纺织业，年产土布 56.2 万匹，其中以民勤、张掖为集中地。②

弹花业是随着棉花的输入和种植而新兴的一种手工业。民国建立后，陕西大量生棉花输入后，需要弹成熟棉花方能使用；甘肃推广植棉后，棉花需要榨籽，这两类对棉花的处理均称之为弹花业。据抗战时期调查，甘肃年产 200 万斤棉花需要榨籽，从陕西输入 900 万斤生棉花需要弹熟，因此全省弹花业从业人员有 3200 余人。③

甘肃火柴制造业始于民国初年。1914 年，邓隆等集资 7.6 万元，在兰州黄河北岸设火柴厂，"纯以手工制造"④，这是本区火柴制造业之嚆矢。产品有阴火、阳火、保险火等，年产量达到 7000 余箱。⑤ 随后甘肃一些市镇开始兴起了火柴制造业。1914 年，天水设立了炳兴火柴厂，1929 年，又设立了伏羲火柴生产合作社。1934 年前后，天水年产火柴 500 担，产值 3.5 万元，销售陇南各地。⑥ 1918 年，静宁中和火柴公司成立，地址在城内东街，占地面积约 5 亩，职工 30 人左右，生产过程全是手工操作。⑦ 1921 年，岷县成立了中和火柴公司，"资本定额为十万元，实募为三万元，工友四十余人，计全年可出产火柴七百余担，平均每月可产六十担，均系手工作业"⑧，主要销售岷

---

① 张文质、许汉杰：《民国时期金塔的工业》，中国人民政治协商会议甘肃省金塔县委员会编：《金塔文史资料》第 2 辑，内部资料，1993 年，第 87 页。
② 王玉芬：《土布在甘肃》，《甘肃贸易季刊》1944 年第 10—11 期合刊。
③ 陈鸿胪：《甘肃省之固有手工业及新兴工业》，中央训练委员会西北问题研究室编：《西北问题论丛》第 3 辑，1943 年，第 138 页。
④ 王树基：《甘肃之工业》，兰州：甘肃省银行总行，1944 年，第 79 页。
⑤ 慕寿祺：《甘宁青史略（正编）》卷 29，兰州：俊华印书馆，1939 年。
⑥ 士升：《甘肃天水县概况》，《开发西北》1934 年第 2 期，第 67 页。
⑦ 张悦铭：《静宁县火柴厂史简介》，中国人民政治协商会议甘肃省静宁县委员会文史资料工作委员会编：《静宁文史资料选辑》第 1 辑，内部资料，1990 年。
⑧ 岷县分行：《岷县经济概况》，《甘行月刊》1941 年第 4—5 期合刊，第 30 页。

县、漳县、武山、临潭、卓尼、渭源等县。① 1924年，平凉创办了陇东火柴公司，总厂在平凉东关，分厂在华亭城外，年产销6000余箱。② 1928年，庆阳呈请由商人投资建立振华火柴股份有限公司，总厂设在庆阳县城，外场设在合水县城，资本为1.5万元。③ 1936年，天水县成立了永和火柴两合公司，资本为法币5000元。④ 据抗战时期调查，甘肃有火柴厂7家，即兰州2家，天水3家，静宁1家，临洮1家。另外，火柴的生产量也有所增加，如天水炳兴火柴公司月产火柴50箱，⑤ 1943年调查年产火柴1375箱（每箱240包，每包10盒）。⑥

在新式肥皂尚未出现之前，甘肃洗涤主要用碱胰子和羊胰子，"抗战以前甘肃各地肥皂，几乎全部为沿海各地所输入。"⑦ 抗战以后，工厂内迁给本区肥皂制造带来了技术，兰州、天水、平凉、武威、张掖等地设立了小型工厂，生产肥皂，如时人所言"近一二年来，甘肃之肥皂工业，因厂数之急增，品质等之竞争，大有不可同日而语之势"，⑧ 肥皂业成为抗战时期甘肃增长最快的工业之一。此时，兰州有19家，张掖有8家，其中兰州每年生产肥皂达40万斤。⑨ 平凉肥皂作坊最初只有三四户，后来很快扩大到十四五户。⑩

甘肃纸烟始于20世纪30年代。1933年，兰州商人发起成立了华陇烟草股份有限公司，有小型卷烟机两部，每日可出纸烟10万余支。⑪ 此后，兰州、天水先后兴建了纸烟厂，截至1944年2月，全省有纸烟厂18家，全部为"手工制造"。⑫

---

① 王志文：《甘肃省西南部边区考察记》，兰州：甘肃省银行总行，1942年，第74页。
② 慕寿祺：《甘宁青史略（正编）》卷29，兰州：俊华印书馆，1939年。
③ 《振华火柴股份有限公司》，台北："中研院"近史所档案馆藏，馆藏号：17-23-01-06-10-001。
④ 《天水永和两合火柴公司》，台北："中研院"近史所档案馆藏，馆藏号：17-23-01-10-002。
⑤ 天水分行：《天水县经济概况》，《甘行月刊》1941年第3期。
⑥ 陈鸿胪：《甘肃省之固有手工业及新兴工业》，中央训练委员会西北问题研究室编：《西北问题论丛》第3辑，1943年，第169页。
⑦ 王树基：《甘肃之工业》，兰州：甘肃省银行总行，1944年，第90页。
⑧ 李士春：《甘肃肥皂工业改进刍议》，《甘肃贸易季刊》1943年第7期。
⑨ 陈鸿胪：《甘肃省之固有手工业及新兴工业》，中央训练委员会西北问题研究室编：《西北问题论丛》第3辑，1943年，第166页。
⑩ 张文蔚：《平凉手工业之兴起》，中国人民政治协商会议甘肃省平凉市委员会编：《平凉文史资料》第2辑，内部资料，1991年，第119页。
⑪ 广远：《西北工业一瞥》，《中国工业》1942年第9期。
⑫ 王树基：《甘肃之工业》，兰州：甘肃省银行总行，1944年，第164页。

水泥业主要在甘肃永登，有两家工厂生产，一家是西北公路局在永登窑街设立的洋灰公司，每日仅出 1 桶（每桶 170 千克）。另一家是 1941 年春由资源委员会、中国银行、交通部及甘肃省政府按照 4∶3∶2∶1 的投资比例，在窑街投资兴建的，名称为甘肃省水泥股份有限公司，设计生产能力每日可生产 100 桶。[①]

洗毛、打包、猪鬃和羊肠衣等是随着对外贸易和出口的需要而兴起的手工业。西北羊毛开始运往天津港口出口，因羊毛未经清洗，粪便、泥土、油脂等沾于羊毛之上，影响了羊毛的价格，也不便于运输。因此，随着羊毛出口数量的增加，在一些羊毛集散地出现了洗毛、打包业。1940 年，著名实业家刘鸿生出面与复兴商业公司合资在兰州兴建了西北洗毛厂，从事洗毛和打包，除了洗毛、拖水为机械工作外，其余均是手工业生产，这些手工业生产差不多是招收农民临时工进行的。[②]

猪鬃业也是随着外贸发展而兴起的一个新兴行业。据甘肃贸易公司调查估计，甘肃年产猪鬃约 19 万市斤；又据贸易委员会调查，1938 年产量为 15 万市斤。本省猪鬃除了制造鞋刷，剩余输出，占产量的 90%。[③] 市场集中以兰州、武威、天水、甘谷、陇西、临洮、洮州为最多，其次在夏河、张掖、酒泉、平凉、西峰镇、靖远等地，[④] 被誉为甘肃六大特产之一。猪鬃在输出时要进行梳理，将生鬃通过各种工序进行加工并且打包输出。如甘肃复兴公司每年洗制熟猪鬃 200 余箱（每箱猪鬃净重 100 海关斤）。[⑤]

白铁业即洋铁业，是依靠洋铁皮发展起来的手工业。中国传统的器皿主要以瓷器、木器和各种金银铜器等为主，但自近代以来，随着洋铁的进口，出现了以洋铁为原料的手工业产品，如烟筒、洋铁壶、油灯、油壶、油提、漏斗、喷壶等日用品。抗战以来，随着铁皮来源的断绝，该行业主要利用废弃的煤油、汽油或酒精的铁桶为原料进行生产。因原料来自进口，本区的白铁业主要分

---

[①] 陈鸿胪：《甘肃省之固有手工业及新兴工业》，中央训练委员会西北问题研究室编：《西北问题论丛》第 3 辑，1943 年，第 120 页。
[②] 中国人民政治协商会议甘肃省委员会文史资料委员会编：《西北近代工业》，兰州：甘肃人民出版社，1989 年。
[③] 王世昌：《甘肃的六大特产》，《甘肃贸易季刊》1943 年第 5—6 期合刊。
[④] 李敏斋：《甘肃猪鬃生产及制销情形》，《甘肃贸易季刊》1943 年第 7 期。
[⑤] 王树基：《甘肃之工业》，兰州：甘肃省银行总行，1944 年，第 184 页。

布在都市和较大的市镇里，兰州、天水、岷县、临夏、平凉、武威、张掖、酒泉均有白铁业。据调查甘肃有100余家，从业人员约400余人。①

总之，20世纪初叶到20世纪四十年代，甘肃的传统手工业保持了继续发展的状态，尤其是本省原料比较充足的毛纺织、土布、造纸、皮革等行业显示出了较好的发展势头，上述行业在一些地方从原来的副业发展为主业。特别是抗战时期，由于政府提倡和民众生活需要，不仅旧有的手工业发展很快，还出现了一些新兴手工业，使近代甘肃手工业出现了短暂的"黄金时期"。与华北地区相比②，甘肃手工业因抗战而获得发展机遇。据1947年统计，"在全省普遍推进民生必需品的产值，如土布、毛褐、毛毯、毛衣、皮革、榨油、缝纫、碾米等生产业务，本年度总值97 323 463 420元，占本省全年总产量之13.85%"。③说明手工业在甘肃经济占有一定的地位。

## 二、手工业经营方式的多样化

近代本区手工业经营方式有传统的家庭经营、挑贩经营、作坊经营、官营和合作社经营5种方式，前3种是手工业经营的传统方式，尽管官营手工业在中国历史悠久，但作为基层地方政府新政的一部分是近代才有的。手工业合作社是民国时期在甘肃才兴起的一种手工业经营方式。抗战时期，行政院第八战区经济委员会对甘肃省51家手工业进行了调查，属于公司性质的工厂6家，其中火柴业3家，卷烟、营造、酿酒各1家；合伙经营的手工业22家，大多数属于资金缺乏，规模甚小，"领东一人，往往身兼工头与经理两种职务"；独资经营4家，其中棉纺织1家，针织毛线类1家，印刷业2家；合作社性质的工厂11家，地方政府经营的手工业8家。④可见，民国时期本区手工业经营与投资方式都发生了变化，手工业由家庭、商人投资转变为多方

---

① 铁道部业务司商务科：《陇海铁路甘肃段经济调查报告书》，沈云龙主编：《中国近代史料丛刊三编》第51辑，台北：文海出版社，1989年，第113页。

② 如史建云认为中国近代的手工业在20世纪30年代初期有一个短暂的衰退，随着世界经济危机的结束，手工业再次复苏与发展。如果不是日本全面侵华战争，手工业还会进一步扩大和繁荣。史建云：《论近代中国农村手工业的兴衰问题》，《近代史研究》1996年第3期，第25—43页。

③ 翟大勋：《一年来之甘肃合作事业》，《新甘肃》1948年第2期，第50页。

④ 行政院第八战区经济委员会：《甘肃省手工业之调查》，《西北经济通讯》1941年第4—6期合刊，第89页。

投资，银行资本与手工业相结合，造就了本区经营体制的多元化。

（一）家庭经营

手工业的家庭经营方式主要以农家副业形式存在。河西走廊的手工业，"仅仅限于农家的副业，其中以高台的土布，行销较广，比较重要。此外山丹的陶器，酒泉的石器工业，民乐及张掖的造酒业等"①也较为重要。故这些手工业以家庭内生产为主。一些传统手工业和技术简单、设备简陋的行业，如棉毛纺织业、造纸业、制鞋、食品、酿造等，以家庭经营为主。临泽农民"以农业为主，纺线、织布、织褐、编织毛衣及草帽缏为农村之副业"。②秦安"毛褐系农民于农闲时期，以木机穿梭土法所织"③，即使新兴的土布业，大多也是以家庭经营的方式而存在，如天水民众"大多业农，而以织造土布，为其主要副业。"④造纸技术简单，设备简陋，经营方式多为农村副业，天水"大宗生产，完全为农村经营"；清水"皆系家庭副业"；两当"四乡农民皆有兼营"。⑤一些市镇上的手工业也有许多行业属于家庭经营。如平凉手工业"为本市人民之副业，而若能统计其数字，则当不减各工厂之数字。盖凡居家住户，无论贫富，平均每户至少有纺毛线之手摇机一部，街头巷尾到处都是，足证其手工业之发达矣。皮革类大抵由海原、固原、中宁一带收购而来，经以手工制造始成皮衣、皮箱等，售于来自外出之商贩，以皮衣而论，每年不下万余件"。⑥市镇家庭经营的手工业不同于农村，农村大部分是自产自用，有的是用多少产多少，只有少数运到集市上出售；而市镇家庭手工业生产以供应市场为目的，商品化程度远远高于农村。

（二）挑贩经营

即手工业者利用农闲时间挑着工具到农家去生产，这种经营方式主要存

---

① 邹豹君、刘德生：《甘肃走廊的经济建设和移民问题》，《边政公论》1948年第3期，第18页。
② 王存德等：《创修临泽县志》卷2，兰州：俊华印书馆，1943年铅印本。
③ 杨志宇：《通渭秦安天水甘谷四县手工纺织业概况》，《甘肃贸易季刊》1944年第10—11期合刊。
④ 天水分行：《天水县经济概况》，《甘行月刊》1941年第3期。
⑤ 甘肃省政府：《甘肃省经济概况》，兰州：甘肃省政府，1944年，第139页。
⑥ 梁道庆：《平凉工业概况》，兰州：甘肃省档案馆，案卷号：52/2/302。

在于工具轻巧和技术含量较低的手工业之中，属于家庭雇佣生产的一种方式，大多数是为了满足自己需要而从事生产。如平凉有一些铁匠炉、接铧匠、小炉匠，不设铺面，大多数属于家庭作业或走乡串户，"做一些修修补补的行当"。① 陇南及河西的制箩匠"挑贩较多，固定设铺经营者尚少"。② 陇南是麻纺织业比较集中的地方，有的农家妇女只能纺线不能织布，因此在春季"常有织匠负机下乡专织麻布，细者一角一丈，粗者一角一丈二尺，熟手每人每日能织五丈。"③ 还有一些农家在"农民闲暇之时，捻毛为线，俗称褐线，待织褐匠来时，交给织褐匠"。临洮、渭源、陇西、甘谷等地专门有一些织褐匠走乡串户，甚至远走他乡从事织褐，他们"自己携带简单器械，巡游各地兜揽织褐，或计日付给工资，或计件付给。此种情形以临潭、和政、永靖、洮沙、宁定、皋兰、榆中，尤为普遍。"④ 甘肃"棉工携带弹弓周游农村或市场兜揽工作，以斤计价，今日此处，明日彼处，或三五成群，或一人独行，无固定生产据点，兰州、平凉、天水、武威以及各产棉区，多有此项棉工之足迹"，这种经营方式占60%。⑤ 东乡族农村雇工经营的手工业"无一定工作场所，有时在自己家中，有时在雇主家中。如在雇主家中，则应供应食宿"。⑥ 这种经营实际上是一种挑贩经营的形式。匠人走家串户的经营方式在各地普遍存在，在乡村社会经济中发挥着不可或缺的作用。

（三）作坊经营

中国传统的作坊经营方式有两种，一种是师徒制，即作坊主作为师傅带领学徒从事生产；一种是雇工经营，即作坊主雇佣工人进行生产。这两种经营方式，在甘肃均大量存在。在东乡族的手工业经营中，家庭手工业比较少，主要是作坊手工业，一种是学徒制，"清代已有学徒，民国时增加不多。学徒

---

① 张文蔚：《平凉手工业之兴起》，中国人民政治协商会议甘肃省平凉市委员会编：《平凉文史资料》第2辑，内部资料，1991年，第11页。
② 陈鸿胪：《甘肃省之固有手工业及新兴工业》，中央训练委员会西北问题研究室编：《西北问题论丛》第3辑，1943年，第137页。
③ 傅安华：《西北工业概况》，《西北资源》1940年第1期，第52页。
④ 王树基：《甘肃之工业》，兰州：甘肃省银行总行，1944年，第35—36页。
⑤ 甘肃省政府：《甘肃省经济概况》，兰州：甘肃省政府，1944年，第96页。
⑥ 甘肃省编写组：《裕固族东乡族保安族社会历史调查》，兰州：甘肃民族出版社，1987年，第106页。

一般一家不超过两人，期限为三年，在学徒期内仅供食宿"。一种是雇工经营，"作坊主拥有生产资料，雇佣工人劳动。此种形式清代已有。东家与工人要签订合同，规定工作年限，分红比例等。东家也参加劳动，做些零活。在东乡手工业中，染坊的雇佣关系较普遍"。① 酒泉有一家纺织业，以毛纺织品为主，有木机 4 架，师傅 2 人，学徒 10 余人。② 这家纺织作坊沿袭了手工业作坊师徒制的传统。

从资本构成来看，作坊经营有独资经营，也有合伙制经营。生产工具简单、生产规模比较小的作坊一般是独资经营，在技术、设备比较复杂与生产规模较大的作坊，则采取合伙经营。行政院第八战区经济委员会对 51 家手工业工厂的调查中，独资经营的只有 2 家，而合伙经营的有 22 家，占 43.1%，占到全部调查工厂的五分之三强。调查的 22 家合伙经营的手工业，"大部因资金缺乏，规模甚小，领东一人，往往身兼工头与经理两种职务，合伙经营 22 家，其资金仅占总额 19.66%"。③ 这种合伙制占有较高的比例。

合伙制经营的形式多种多样。有的是商人与商人之间的合伙，如礼县"元生吉酒店"是一家合伙制酒坊，有 5 家股东。最大股东是陈应凯，1924 年当选为礼县商会会长，1940 年创办元生吉酒店，资本 6000 元，其中陈应凯入股 2200 元，崇德堂商号入股 1500 元，独见吉入股 1300 元，张耀宗入股 600 元，张耀祖入股 400 元，年产白酒 1 万余斤，市场在陇南、兰州、河西等地。有的是家族或亲戚之间合伙经营，该县元庆合汾酒局成立于 1944 年 2 月，由李元龙与其姐夫陈庆荃合伙经营，资本 10 万元。④

20 世纪三四十年代，甘肃成立的许多工厂，从表面上看是公司制或工厂体制，但其生产关系包含了职工、雇工、学徒等多种内容，实质上是传统作坊经营与现代经营体制的一种结合。如岷县厚生瓷碳公司，省外工匠 5 名，实行工资制，每月 30 元；本省工匠 10 名，"暂不支薪，俟出品后，以入股报

---

① 甘肃省编写组：《裕固族东乡族保安族社会历史调查》，兰州：甘肃民族出版社，1987 年，第 106 页。
② 之元：《酒泉概况》，《新西北》1942 年第 4—6 期合刊。
③ 行政院第八战区经济委员会：《甘肃省手工业之调查》，《西北经济通讯》1941 年第 4—6 期合刊，第 89 页。
④ 王小一：《礼县酿酒史料拾遗》，政协礼县委员会编：《礼县文史资料》第 1 辑，内部资料，1992 年，第 265、373 页。

酬"。艺徒10名,"每月支零用一元,三年期满,由厂中带给谢师费,每名各七十元",苦工10名。① 这是传统社会向现代社会转型过程中出现的经营方式,即传统的手工业经营方式如学徒制尚未完全褪去,而新的公司制度尚未完全建立的情形下出现的一种经营模式。从生产管理、资本构成来看,一些作坊手工业在工业化方面迈出了一大步,或者是一些新建立的工厂既有作坊手工业的影子,也掺和着现代企业经营的因素。

### (四) 官营手工业

尽管官营手工业在中国历史悠久,但作为地方政府新政的组成部分是近代才有的。光绪三十二年(1906),兰州道彭英甲开办了甘肃劝工局②,是近代甘肃官营手工业的滥觞。除甘肃劝工局外,各地均设立了类似工厂,如甘(州)凉(州)工艺教养局、织布厂,泾州有女工艺所,安化、玉门、镇原、合水、平凉、成县、正宁等县设有工艺局,"至习艺所,则各州县相继设立"。③ 据光绪三十三年(1907)统计,清末各州县组织犯人成立官办工艺所,从事手工业生产,共有71处,犯人1197名,产品多就地取材,以羊毛、麻、草为原料,生产毛织品和草编产品等。④ 这些劝工局、习艺厂、工艺学堂、教养局、工艺所等均为官办,属于官营手工业,也是衙门式管理。

1928年,甘肃省政府督饬各县办理民生工厂,先后有临洮、临夏、洮沙、陇西、渭源、定西、岷县、临潭、天水、秦安、武山、甘谷、清水、西和、庆阳、酒泉、敦煌17县设立民生工厂。⑤ 民生工厂一般由建设局长兼任厂长。如陇西平民工厂,由建设局局长兼任厂长,生产毛织、纺织、栽绒3种,经费由县政府筹拨,1929年改为民生工厂。⑥ 官营手工业工厂,既有生

---

① 赵增礼:《甘肃岷县之瓷业》,《西北问题》1935年第3期。
② 谢学霖:《甘肃实业调查报告(续)》,《劝业丛报》1921年第2期,第48页。
③ 彭泽益:《中国近代手工业史资料 1840—1949》第2卷,北京:中华书局,1962年,第566页。
④ 杨绳信:《清末陕甘概况》,西安:三秦出版社,1997年,第80页。
⑤ 民国《甘肃通志稿》卷28《民族八·实业》,中国西北文献丛书编委会编:《中国西北文献丛书》第一辑《西北稀见方志文献》第27—29卷,兰州:兰州古籍书店,1990年影印本。
⑥ 王振纪:《陇西解放前小手工业的见闻》,政协陇西县委员会文史资料委员会编:《陇西文史资料选辑》第1辑,内部资料,1995年,第61页。

产任务，也有培养手工业人才的任务。

南京国民政府建立后，甘肃建设厅会同民政厅"令饬各县政府认真筹办贫民工厂，关于原料虽云不丰，然毛织与手工业二项，以足为本省中心制造"。根据这一政策，各地先后创办了以毛纺织为主兼及其他的平民（民生）工厂，如清水县设立织布工厂一处，固定基金2000元；组织基金保管委员会，"除县长任当然监督外，另推地方绅耆七人，为保管委员"。张掖民生工厂设毛织、编物两科，制造编织、栽绒、毛毯等，"试办业已数月，成绩甚有可观"。① 古浪县知事张庆瑜为鼓励民间纺纱，设立纺织厂一所，"造机购料，聘工师，招学徒，令其习学纺纱，为人民之模范，复造纺纱车数十具，并棉发给贫民，令其纺纱交厂，以期将来家家纺织，到处有机声为目的。"②

抗战爆发后，甘肃各地相继创办了官营民生工厂，截至1940年开工的有天水第三厂、古浪第四厂第一分厂、酒泉第五厂、安西第五厂第一分厂、鼎新第五厂第二分厂、敦煌第五厂第三分厂、金塔第五厂第二分厂、临夏第六厂、临洮第六厂第一分厂。③ 这些工厂均属于官营手工业，均以羊毛纺织为主业。

官营手工业的经营方式采取工厂制，厂长一般由该县建设局局长兼任，资本来源有政府拨款、税收和银行透支等。官营手工业的提倡和创办，在工业发展中具有示范和引领的作用，生产技术比作坊手工业有很大的提高，部分产品使用机器进行生产，不论资本、生产规模还是产量都大于作坊生产。如1940年成立的岷县平民教养工厂，资本1.6万元，银行透支3000元，有织布铁机2架，木机13架，栽绒机1架，每月可出产毛毯400余条，人字呢60匹，宽白布60匹，毛巾100打。④ 从生产关系来看，以平民工厂或民生工厂面目出现的手工业，既有学徒，又有雇工，如甘肃省第三区难民工厂，全厂工人50人，工资每人每月80元，学徒10人。这种经营模式在各县官办工厂中比较普遍，可以看作是传统手工业经营模式的延续。就资本筹措而言，

---

① 许显时：《两年来甘肃建设之概观》，《中国建设》1936年第1期。
② 李培清、唐海云：《古浪县志》卷6《实业志》，武威：河西印刷局，1939年。
③ 傅安华：《西北工业概况》，《西北资源》1940年第1期，第50页。
④ 岷县分行：《岷县经济概况》，《甘行月刊》1941年第4—5期合刊，第30页。

官营手工业有独资经营,也有官商合办,抗战期间设立的庆阳县民生工厂资本3万元,属于官商合股。① 这种经营方式在农村不是很普遍,但在手工业发展中起了示范和教养作用。

(五) 合作社经营

合作社是近代甘肃手工业经营的一种新方式,有集中经营和分散经营两种方式。集中经营是将多数工人集合在一起,互相协助进行工作,其中有的实行着较科学的分工,有的是单纯的合作。合作社的组织以七人为最低法定名额,社员中推定监理事各一人,全体劳动者在理事主持下进行工作。分散经营是把工作分散,由农家或独立手工业者个别进行,这种往往为集中经营的补充形式。纺织工业很多是采取这种形式,社员多以参加合作社为副业。在本区,分散经营最为普遍,散居各处的农民、手工业者在家内进行操作,合作社是无形的,理事则担任统购原料,收集成品,按工给资的职务;在一些比较独立分散经营的合作社,"理事将贷款平均分给各社员后,自行购办原料,成品是由社员收兑"。② 甘肃一些农村手工业合作社大多数属于分散型,如天水三阳川合作社纺织联合供销处,主要"负担各社员原料之供给,成品之推销,以及改良纺织机具,训练纺织技术等"。该合作社自1941年12月成立以来,先后购买10支纱共85包,发给各个社员作经线之用;另外改良机具多由合作社办理,先后购得木机梭1000个,竹杼1000个,分别发给社员;在推销方面,已收社员生产的白布10 178匹,运销到陇西、岷县等地销售。③ 从事手工业的农家分散各地,独立生产,合作社所做的工作就是提供原料、贷款和收集成品。

手工业合作社集中经营在市镇比较普遍。如平凉在抗战时期是容纳河南难民比较多的市镇,为了安置这些难民,县政府召集难民中有手艺的手工业者,采取自愿组合的办法,办起了各种手工业合作社。最先兴办的有六盘磨、二道渠毛织合作社,入社的大多数是河南巩县、偃师一带难民,

---

① 甘肃省银行经济研究室:《甘肃省各县经济概况》,兰州:甘肃省银行总行,1942年,第95页。
② 田家英:《抗战中的工业合作运动》,《解放日报》1941年12月8日。
③ 常文熙:《天水三阳川合作社标准国布之产销》,《中行农讯》1942年第11期,第252页。

所产毛衣、毛裤、毛背心、毛线毯等，畅销西北各地。接着新办了两所棉织合作社，用脚踏机纺织土布；郑家沟一带难民创办了3个呢帽合作社，主要生产礼帽、毡帽；南河道、北沙石滩一带的河南桑坡难民创办了3个皮毛合作社，另外还有铁器、木器、食品合作社各1个。① 合作社也是救济难民的一种手段。

手工业合作社的组织以保证责任为主，资本来自两个方面，一是银行贷款，一是社员集股。如陇西襄武村生产合作社成立于1940年10月，系保证责任，股份为600股，每股10元。② 秦安有42家生产合作社，均属于保证责任，认购社股47 542 085元，银行贷款192 151元。甘肃省银行调查该县工业时说："本地除合作实验区及工业协会，去年（指1940年——引者注）所举办之几处纺织合作社外，无其他工厂设立，此种合作社之组织，规模狭小，设备简陋，资本最多者七八千元，少至一二千元者，多系中国农民银行贷款。"③ 手工业合作社是银行资本与农村家庭手工业相结合比较好的经营方式。

在各种经营方式中，家庭和挑贩经营依然是农村手工业经营的主要方式，但在近代甘肃手工业中已经不占主要地位，市镇作坊经营、官营工厂和合作社经营方式不论资本、产值、产品质量均高于前两种经营方式。作坊、官营和合作社经营方式逐渐成为民国时期甘肃手工业发展的主流，而且在甘肃经济和农家生活中占有越来越重要的地位。

## 三、手工业延续与革新的诸因素

近代甘肃传统手工业之所以延续下来，有的部门还有了较快的发展，并且还有一些新生的手工业，是由多种因素构成的，概括起来主要有以下几个方面。

第一，由于农家耕地不足，维持生活最低水平必须以手工业等家庭副业

---

① 李云宾等口述：《解放前平凉回民经济发展概述》，中国人民政治协商会议甘肃省平凉市委员会编：《平凉文史资料》第1辑，内部资料，1989年，第30页。
② 甘肃省银行经济研究室：《甘肃省各县经济概况》，兰州：甘肃省银行总行，1942年，第57页。
③ 秦安办事处：《秦安经济概况》，《甘行月刊》1941年第6期。

为补充。据国民政府主计处 1932 年统计,甘肃农家田场面积为 30 亩;①1936 年,李扩清调查河西每户农家田场面积平均为 28.59 亩;② 1941 年,国立西北技艺专科学校农林经济科对平凉、天水、武威三县 155 户农家调查(下文称 155 户农家调查),每户农家平均田场面积为 28.72 市亩,作物面积为 25.91 市亩,作物亩面积为 26.71 市亩。③ 20 世纪 40 年代,陈景山对榆中 36 户农家进行调查,每户农家田场面积平均为 31.4 亩。④ 孙友农估计平均每户为土地 30.32 亩。⑤ 上述各种估计平均值为 29.4 亩,以每农家平均人口 6.87 人计算⑥,每人平均耕地仅有 4.28 亩。农家需要多少土地才能够维持一家生计?据民国时期学者研究,甘肃"各地的情形,尽管不同,但在五十亩以下的农家群,每户平均耕地都不能达到维持温饱生活所需要的土地之标准"。⑦ 以此为标准,甘肃 80% 以上的农户土地不足,依靠种植农作物难以维持温饱。据笔者计算,在抗战时期甘肃粮食收成较好的年份,所产粮食也不够吃,不足部分主要依赖于副业来补充。⑧ 因此,农民要获得生存必须在农业之外选择某种副业才能勉强生存。甘肃农家大部分都从事以手工业为主的副业生产,如渭源"富裕之家,率多兼营商业,抗战以还,谋利尤易,新旧商人,多获厚利,以故富者生计无不优裕,贫穷之家,间有从事手工纺织者,或有伐木、卖柴、采药及佃猎者,因劳役获利,尚可勉维生计"。⑨ 据抗战时期对天水、平凉、武威 3 县调查,"三县农场中兼营农业以外之他业者,占全体农场之成数,以天水最多占 87.76%,几乎全体农场均兼营副业;武威次

---

① 从天生:《西北知识讲话》,《西北向导》1936 年第 16 期;又见实业部中国经济年鉴编纂委员会编:《中国经济年鉴》第 1 册,上海:商务印书馆,1935 年,第 2 页;朱其华:《中国农村经济的透视》,上海:中国研究书店,1936 年,第 303 页;朱壮悔:《中国土地问题的现状(续)》,《农村经济》1934 年第 12 期,第 69 页。
② 李扩清:《甘肃河西农村经济之研究》,萧铮主编:《民国二十年代中国大陆土地问题调查资料》,台北:成文出版社,1977 年,第 26445 页。
③ 卜宪基:《甘肃农家土地利用之分析》,中央训练委员会西北问题研究室编:《西北问题论丛》第 2 辑,1942 年。
④ 陈景山:《甘肃榆中农家田场经营调查之分析》,《西北经济通讯》1941 年第 2 期,第 12 页。
⑤ 孙友农:《甘肃农业问题回顾(一)》,《农业推广通讯》1943 年第 3 期,第 71 页。
⑥ 汤惠荪、雷男、董涵荣:《甘肃省农业调查》,《资源委员会季刊》1942 年第 2 期。
⑦ 李化方:《甘肃农村调查》,兰州:西北新华书店,1950 年,第 38 页。
⑧ 黄正林:《农贷与甘肃农村经济的复苏(1935—1945 年)》,《近代史研究》2012 年第 4 期,第 77—98 页。
⑨ 甘肃省银行经济研究室:《甘肃省各县经济概况》,兰州:甘肃省银行总行,1942 年,第 37 页。

之，占78.43%；平凉最少，占50.91%；三县平均为72.36%。"土地占有越少越需要有副业作为补偿，小农场占76.11%，中等农场占72.22%，大农场占71.69%。[①] 农家经营的副业主要是手工业，如毛纺织、麻纺织、草编与竹编、土纸、烧炭、裁缝、木匠、铁匠、毡匠、银匠等[②]，凡是农家生活、生产需要的，几乎普遍存在。一个合格的农民，不仅仅在耕作方面是一把好手，而且还必须掌握一定的手工业技能，如家用的普通日用品和生产工具大部分都是农民在农闲的时候自己制作，以便为家庭节省不必要的开支。

家庭手工业在多大程度上补充了农家生计？据对保安族调查，农家多数是一半时间经营农业，一半时间经营手工业，农业收入不够全年食用，以手工业收入作补充。如马依不拉，1945—1946年，他全家共7口人，共10.5亩土地。一年收入杂粮和麦子总共1400斤，除去公粮2斗（160斤麦子），种子4斗，学粮5升（40斤）外，还剩850斤，尚缺8个月口粮，必须买进2石多粮食（1斗粮价格是2.5—3元）。当时马依不拉和两个儿子，每年正月到夏河去干活，五月农忙时回，一年打铁收入是80元，用50元买粮食，还剩30元，作为衣服、日用品等费用。[③] 在马依不拉家，手工业的收入占到半数以上。在大部分农家，手工业的收入并没有这么高，如对陇东南5县调查，武山县副业（包括山货如木料、木锨、木叉、木炭、草帽、麻鞋以及蔬菜、过远、牲畜、土盐等）收入占29.4%，甘谷县副业（以毛编物为大宗，其他有草帽、土盐、牲畜等）占11.8%—15.8%，漳县副业（牲畜，蔬菜、编织等）收入占6.8%，礼县副业占20%左右，西和县副业（割卖柴草、纺织土布等）收入占16.7%。[④] 尽管各地手工业在家庭收入中所占比例不同，但有一点是相同的，为了弥补耕地不足的问题，农家生计成为手工业延续与发展的因素之一。

第二，农村有大量的剩余劳动力，为手工业的发展提供了劳动力资源。甘肃地处西北高寒地区，生长季差异较大，如1933年至1941年测定，兰州

---

[①] 李中舒：《甘肃农村经济之研究》，中央训练委员会西北问题研究室编：《西北问题论丛》第3辑，1943年。
[②] 黄正林：《民国时期甘肃农家经济研究（上）》，《中国农史》2009年第1期，第32—46页。
[③] 中国社科院民族研究所、甘肃少数民族社会历史调查组：《保安族调查资料汇集》，内部资料，北京：1963年，第34页。
[④] 李显承：《甘肃武山等五县农村概况》，《农业周报》1935年第12期。

的无霜期平均为205天，靖远为194天，临洮为164天。① 农民每年大致有5—6个月时间属于农闲季节；另外，甘肃土地耕作方式粗放，据调查每位壮年劳动力每年可以耕种土地37亩，大多数能耕种30亩。② 如以每个劳动力耕种30亩土地计算，甘肃有耕地2616.7万亩③，大约需要87.2万个劳动力。20世纪30年代调查，甘肃有农户86.3万户，户均6.87人④，如果每家以2个壮年劳动力计算，就有172.6万人，因而有剩余劳动力85.4万人，几乎占全部劳动力的半数。据当时对甘、宁、青3省18个县雇佣劳动力的调查，农工过剩的县达50%。⑤ 这些都说明甘肃有大量的剩余劳动力。

　　如何消化如此数量庞大的剩余劳动力，是农家经营中必须解决的问题。一方面，农家在劳动力安排上有一部分专门从事手工业生产；另一方面为手工业的发展提供了劳动力。如天水炳兴火柴公司成立后，"一时失业工农，纷纷投入工厂做工。当时除内厂、山厂雇有固定个人外，其余糊盒、排签、装盒、包封等工序均雇佣临时工，其中以女工居多"。⑥ 兰州同生火柴厂也雇佣了一些临时工，其中"装火柴的女工二十余人"，另有糊盒工约六七十人，"西园一带的妇女在家中劳动"。⑦ 静宁中和火柴公司投产后，该县"穷家子女拾火柴、粘纸匣者日辄数百人，借以养家，免致流离失所"。⑧ 烟坊在加工烟叶季节需要大量劳动力，对烟叶进行初期筛选。兰州水烟厂和作坊的工人，"大多是来自农村的农民，由于烟厂开工的季节在冬季和春季，农民便利于这一农闲时间，进城到各烟厂做临时工，一般多在旧历十一月以后到第二年五六月收获以前……此外，有杂工、撕溜工（撕溜工一般是女工和童工，多为烟厂附近的妇女和儿童），是在有活时临时雇佣的。"这些进城打工的农民，

---

① 张宗汉编：《甘肃中部之砂田》，南京：中国农民银行土地金融处，1947年，第4页。
② 陈正谟：《各省农工雇佣习惯之调查研究》，《中山文化教育馆季刊》1934年创刊号。
③ 许道夫：《中国近代农业生产及贸易统计资料》，上海：上海人民出版社，1983年，第10页。
④ 汤惠荪、雷男、董涵荣：《甘肃省农业调查》，《资源委员会季刊》1942年第2期。
⑤ 陈正谟：《各省农工雇佣习惯之调查研究（续）》，《中山文化教育馆季刊》1934年冬季号。
⑥ 张石父：《解放前天水火柴业的概况》，中国人民政治协商会议甘肃省委员会文史资料委员会编：《甘肃文史资料选辑》第4辑，兰州：甘肃人民出版社，1987年，第131页；又见中国人民政治协商会议甘肃省文史资料委员会编：《西北近代工业》，兰州：甘肃人民出版社，1989年，第519页；又见虎客：《甘肃天水妇女的概况》，《申报月刊》1935年第7期，第199页。
⑦ 陆星桥：《同生火柴股份有限公司》，中国人民政治协商会议甘肃省委员会文史资料委员会编：《甘肃文史资料选辑》第4辑，兰州：甘肃人民出版社，1987年，第128—129页。
⑧ 慕寿祺：《甘宁青史略（正编）》卷29，兰州：俊华印书馆，1939年。

来自天水、秦安一带农民叫南路帮,来自兰州、榆中一带的叫本地帮。① 在靖远做这项工作的"大都系女工"。② 兰州西郊一农村纺织合作社组建后,"该村男女老幼一二千人,全能手纺毛线。据说,他们的收入也比过去好得多,这是利用劳力的结果"。③ 此外,农闲时间农民也从事手工业生产,以补农业的不足。如民勤的"手工纺织业,在甘肃农村各县副业中最为发达,平均每户至少有织布机一架",年产土布35万匹。④ 康县岸门口以造纸为业者五六十家,"大都每年三时务农,农隙方事纸业"。⑤ 秦安"毛褐系农民于农闲时期,以木机穿梭土法所织"。⑥ 华亭安口镇的砂器生产多以家庭院落为生产场地。作坊主大多数是农业和手工业兼营,每年八九月至次年的正二月为生产旺季,其余时间为厂家务农季节。⑦ 手工业不仅可以解决因耕地不足所产生的剩余劳动力,而且也使农闲季节农民有事情可做。

第三,手工业产品有广阔的市场需求。市场供求关系是近代手工业生产兴废的基础。如上文所言,一方面,农家耕地不足需要手工业等副业来补充;另一方面,农家有大量剩余劳动力需要消化。如果说这种隐性市场需求,使甘肃传统手工业得以延续下来的话,那么,抗战时期市场的扩大则为手工业发展提供了机遇。抗日战争爆发后,东部主要工业城市相继沦陷,工业品的供应不足,为后方乡村手工业成长提供了市场空间。如时人所言:"自抗战以还,沿海工业城市为敌所据,工厂大都停闭,同时外货因运输不便,不易输入,在此种情况之下,日用品之价值,日高一日,甚至无法购得。如此延长岁月,将影响人民生活甚大。甘肃原有多种小手工业,品质极佳,如阿干镇与安口窑之陶器,秦安之毛褐,甘谷之毛袜,皆其著者。此外如火柴厂、肥皂厂、草帽辫、造纸厂等,为数亦复不小,且此等货品,皆为日用必需者,政府苟能投以资金,助以技术,一面改良,一面扩充,则抗战期间,可以供

---

① 姜忠杰、聂丰年:《兰州水烟业概况》,中国人民政治协商会议甘肃省委员会文史资料委员会编:《甘肃文史资料选辑》第2辑,兰州:甘肃人民出版社,1987年,第184页。
② 李望朝:《甘肃靖远烟叶产销概况》,《西北经济通讯》1941年第3期,第39页。
③ 徐旭:《论西北工业建设》,《中国工业》1942年第5期,第5—8页。
④ 王玉芬:《土布在甘肃》,《甘肃贸易季刊》1944年第10—11期合刊。
⑤ 王仕敏、吕重祥:《新纂康县县志·工商》卷10,1936年铅印本。
⑥ 杨志宇:《通渭秦安天水甘谷四县手工纺织业概况》,《甘肃贸易季刊》1944年第10—11期合刊。
⑦ 易芳口述、冯天言整理:《安口砂石器》,中国人民政治协商会议甘肃省华亭县委员会学习文史群体委员会编:《华亭文史资料》第1辑,内部资料,1999年。

人民之急需，战胜以后，复可作为建立西北轻工业之基础"。① 以土布为例，抗战前甘肃土布主要来自湖北、湖南、河南、河北等省②，据民国时期学者统计，在1932—1934年甘肃贸易中，棉布进口一直高居甘肃对外贸易的第一位。③ 抗战爆发后，上述地区大部分沦陷，甘肃布匹来源减少，而甘肃没有一家机器织布工厂，这就使本地土布发展有了较大的市场空间。如天水土布生产本为农家副业，抗战爆发后"因洋布来源困难，土布业更增繁荣，乡民赖以沾惠者殊不少"。④ 因此，市场需求量的扩大为甘肃手工业的发展带来了机遇。

第四，工合运动促进了甘肃手工业的发展。1938年8月，中国工业合作协会在汉口成立，目的是"要把大批熟练技工，以及转徙四方失业的手工业者组织起来，以资金援助他们，发展地方小型工业，以补工业产品的不足"。⑤ 同月，中国工业合作协会西北办事处在宝鸡成立。天水、陇南成为西北工业合作运动的重点。原因在于：（1）出产丰富，原料来源不成问题。（2）手工业比较发达，尤其是纺织业、造纸业，便于组织而且收效较快。（3）交通比较便利，地接川陕，原料方便取给和成品方便对外运销。（4）地近宝鸡，便于工业合作协会西北办事处的协助。（5）从军事地理上看，这里比较安全。⑥ 正是出于这种考虑，1939年4月，西北工业合作协会在天水成立事务所，截至次年5月，在甘肃建立合作社29处，其中天水21处，秦安4处，甘谷、兰州各2处。⑦ 1939年年底，天水67处，社员516人；兰州35处，社员274人。⑧ 在中国工业合作协会的推动下，甘肃省合作领导机关、农民银行等从1941年开始，先后建立了一些手工业合作社。如榨油合作社推广到5个县，经营榨制清油、香油、植物油等业务；纺织合作社推广到14个县，有177个社，经营棉毛纺织业务；采冶合作社推广到7个县，有7个社，

---

① 陈筮泰：《甘肃人民的生活问题》，《陇铎》1940年第6期。
② 王玉芬：《土布在甘肃》，《甘肃贸易季刊》1944年第10—11期合刊。
③ 朱镜宙：《甘肃最近三年间贸易概况》，《中国实业》1935年第8期。
④ 天水分行：《天水县经济概况》，《甘行月刊》1941年第3期。
⑤ 田家英：《抗战中的工业合作运动》，《解放日报》1941年12月8日。
⑥ 罗子为：《工业合作社之重要与甘肃工业合作社推进之刍议》，《甘肃科学教育馆学报》1939年第1期。
⑦ 郑长家：《西北区工业合作之业务》，《西北工合》1939年第1—2期合刊。
⑧ 卢广锦：《四年来的西北工合》，《工业合作》1942年第1—2期合刊。

经营冶矿业务；皮毛加工合作社推广到 7 个县，有 7 个社，经营制造皮革、服装等业务。1942 年 3 月，有合作社 188 所，社员 5327 人；① 1943 年 12 月，有合作社 229 所，社员 7891 人。② 1944 年 12 月，专营工业合作社 287 社，社员 9107 人，分布在 43 个县，即占全省县数 62.3%。手工业合作社主要分布在农村手工业比较发达的各县，如秦安 51 社，兰州 40 社，天水 37 社，皋兰 21 社，平凉 20 社，徽县 14 社，靖远、通渭各 10 社③，上述各县占全部手工业合作社的 70.7%。合作社成为甘肃手工业生产的新兴力量和组织方式。

合作社的职责之一是把原来分散的手工业者组织起来进行生产。如甘谷传统手工业户"各自为业，毫无组织，自中国工业合作协会甘谷通讯处成立以来，提倡指导各合作工厂……极受社会一般人士之欢迎"，成立了甘谷中心工厂、榨油合作社、北关生产社、机器合作社、裕华合作社、北街合作社、毡帽合作社、明新合作社、中兴工厂、东街合作社等 10 家，生产毛布、土布、豆油、豆饼（肥料）、弹花机、轧花机、毡鞋、毡帽等。④ 1942 年 12 月，岷县工业合作社成立，次年 5 月纺织社、木器社和烛皂社成立，1945 年有 8 个不同的合作社，社员 110 人。⑤ 有学者统计，在工业合作运动中，仅兰州、平凉、天水三地就有毛纺织合作社 60 多家。⑥ 工业合作运动在推动手工业技术变革方面起了至关重要的作用，一些毫无工业的地方发展起了工业。如时人所言："工业合作事业在陇南（只洮岷流域言）说它是沙漠中的一点青草或一股清泉，实在是当之无愧的。洮河流域的资源虽然异常丰富，然在过去'工业'二字根本谈不到，就连手工业也算在内。自中国工业合作协会西北区于岷县设所后，积极提倡手工业以来，在洮河流域才始嗅到一些工业的气息。"⑦ 合作社运动的兴起和工业合作运动的推动，成为抗战时期甘肃手工业

---

① 佚名：《甘肃省合作事业推行概况》，兰州：甘肃省图书馆西北文献阅览室，1945 年手抄本。
② 李中舒：《甘肃农村经济之研究》，中央训练委员会西北问题研究室编：《西北问题论丛》第 3 辑，1943 年。
③ 甘肃省政府：《甘肃省统计年鉴》，兰州：甘肃省政府，1946 年，第 236 页。
④ 甘肃省银行经济研究室：《甘肃省各县经济概况》，兰州：甘肃省银行总行，1942 年，第 103—104 页。
⑤ 陈联佑：《岷县工合简况》，《工业合作》1945 年第 19 期。
⑥ 裴庚辛：《民国甘肃手工纺织业研究》，《西北民族大学学报》（哲学社会科学版）2010 年第 6 期，第 57—62 页。
⑦ 陈联佑：《岷县工合简况》，《工业合作》1945 年第 19 期。

发展与革新的主要因素。

第五，银行资本为手工业发展提供了必要的资金。如果手工业仅仅是为了满足生产者自身消费的需要，不需要太多的资本。但到抗战时期，手工业生产的目的已经由自身消费生产转变成为市场需求而进行生产供应，这就需要大量的资本进行原料、设备的购买和扩大再生产。为求得农村小工业的发展和满足市场需求，1939年2月25日，国民政府经济部颁布了《小工业贷款办法》，规定凡国内人民经营纺织、造纸、金属制造、陶瓷、化学、农村产品等工业，资本总额在1万元以上5万元以下的，其收益额达50%以上的给予贷款。贷款办法是：(1)产品能做军用或运销国外或为民生所必需者。(2)原料全部或大部分为本国产品者。(3)制造用现代方法或已经改良的土法者。(4)设厂计划为切实易行，可于短期内筹备完竣者。(5)营业上确有发展希望者。贷款分年归还，以5年为限，利息为3厘至5厘。[①]国民政府支持农村副业政策出台后，中国工业合作协会、中国农民银行、中国银行以及工业合作组织与银行协商，发放手工业贷款，为本区农村手工业注入资金。

中国银行主要在陇东南地区扶持农村手工业。如天水附近的毛家村农家"多赖纺织副业之收入，维持生计。因限于资金、原料等常感周转不敷"，中国银行便协助村民组织纺织合作社，"各社社员所经营之纺织副业，一律成立纺织部，订定业务规则及土布合销办法，以扩张其生产"。[②]1941年年底，中国银行协助村民成立纺织社12家，社员429人，纺车676台，织机462架，社员家庭纺织980人，共贷款11万元，供销贷款9.8万元。[③]该行还在两当县城区创办机器纺织社，"训练技术人员，以及改良旧式织机"。[④]岷县清水沟等地村民以铸铜器为主要副业，有铜炉12座，中国银行农贷人员帮助成立铜器生产合作社，每座铜炉贷款5000元[⑤]，解决了资金缺乏的问题。秦安的纺织合作社"资本最多者七八千元，少至一二千元者，多系中国农民银行贷款。"[⑥]渭

---

① 陈禾章：《中国战时经济志》，上海：世界书局，1941年，第60—61页。
② 《本行各省农贷工贷业务动态》，《中行农讯》1941年第4期，第80页。
③ 《本行各省农贷工贷业务动态》，《中行农讯》1941年第4期，第80页。
④ 《本行各省农贷工贷业务动态》，《中行农讯》1941年第4期，第80页。
⑤ 《特种农贷》，《中行农讯》1941年第5期，第81页。
⑥ 秦安办事处：《秦安经济概况》，《甘行月刊》1941年第6期。

源县成立纺织合作社后向农行贷款 4 万元。① 1943 年，省合作社通过农行贷出纺织款 380 万元，其中皋兰纺织合作社 50 万元，天水三阳川 300 万元，兰州市 30 万元。② 1945 年，中国农民银行给天水三阳川贷款 3000 余万元，甘谷毛编业贷款 835.5 万元。③ 这些贷款部分地解决了当地土布生产和毛编织业发展的资金问题。

抗战期间，农行与中国工业合作协会联合发放农村副业贷款。1943 年 4 月，农行与中国工业合作协会签订了农村工业合作贷款协议，其中给甘肃兰州、天水、平凉发放毛纺织业贷款，贷款对象是生产合作社。贷款原则是"(1) 利用当地廉价农产品原料者。(2) 利用当地剩余农民劳力者。(3) 生产战时军民必需品者。(4) 生产国际贸易品者"。④ 根据协议，中国农民银行给兰州毛纺织合作社贷款 200 万元，天水毛纺织合作社贷款 100 万元，平凉毛纺织合作社贷款 150 万元。⑤ 1945 年 4 月，双方协议给甘肃毛纺织贷款 2400 万元，其中兰州、天水各 800 万元，平凉、岷县各 400 万元。⑥ 中国农业银行与中国工业合作协会联合推进农村工业的贷款协议生效后，农村副业由双方共同投资。如 1945 年岷县 8 个合作社贷款 215 万元，其中中国工业合作协会贷款 140 万元，占 65.1%；农行贷款 75 万元，占 34.9%。⑦

中国农民银行举办农村副业贷款，扶持了手工业的发展。随着棉花种植的推广，轧花成为一种新兴的农村副业，但农家通过商人购买轧花机每架 16 万余元，远远高于市场价格。因此，1943 年 12 月，中国农民银行派员赴西安购买轧花机 12 部，以每部 8.66 万元（含市场价、运费、贷款利息）贷给靖远各合作社，深受农家欢迎，没有贷到的合作社"纷纷来请，意极恳挚"，故 1945 年，

---

① 渭源县政府合作指导室指导员郭其淦工作总报告，兰州：甘肃省图书馆西北文献阅览室，1943 年手抄本。

② 《合作消息》，《甘肃合作通讯》1943 年第 2 期。

③ 中国农民银行天水分处：《三十四年度天处陇南区农贷报告》，兰州：甘肃省档案馆，案卷号：55/1/46。

④ 《中国工业合作协会（会方）中国农民银行（行方）农村工业合作贷款推进办法协议书》1943 年 4 月 1 日，兰州：甘肃省档案馆，案卷号：46/1/264。

⑤ 《本行三十二年度工业合作贷款区域种类及贷额表》，兰州：甘肃省档案馆，案卷号：46/1/264。

⑥ 《中国工业合作协会（会方）中国农民银行（行方）农村工业合作贷款推进办法协议书》，兰州：甘肃省档案馆，案卷号：46/1/264。

⑦ 陈联佑：《岷县工合简况》，《工业合作》1945 年第 19 期。

农行再购买13部，贷放给靖远各社。① 1944年11月至1945年1月，中国农民银行天水分处收购棉花16337市斤，按照市价9折贷给武都、礼县、西和3县的纺织合作社，该项棉花贷款"每市斤可使农民节省七十元"。② 实物贷款不仅帮助组织了货源、原料，也节省了成本，方便了农家的生产与生活。因此，银行资本投资农村经济，为手工业延续、扩大、革新提供了一定资本支持。

第六，外来移民为手工业发展提供了技术，带动了本地区手工业的发展。近代向甘肃移民大致有三个重要时期，第一次移民是在同治回民起义之后，大量四川、河南等省居民迁移甘肃。③ 第二次是在1928—1930年陕甘大旱灾期间，有大量的陕西关中居民逃荒到甘肃。第三次是在抗战时期，因黄河花园口决堤和1942—1943年河南大饥荒使河南灾民逃荒到甘肃。④ 陕西、河南等省移民中有相当数量的熟练手工业者，把棉纺织、皮革等技术带到甘肃。如泾川县农村棉纺织业兴起于20世纪20年代，一些陕西灾民流入泾川，落居乡间，主要靠纺织土布维持生活，在他们的影响下，该县农村也开始学习纺织土布，尤其南北二原与川区从事纺织的农户占到60%—70%。⑤ 抗战时期，在迁移到平凉的难民中，以河南孟县桑坡回民最多，他们之中有很多人都有鞣制、加工皮裘的技艺，给平凉皮革业的发展带来了大量的劳动力和技术资源，出现了大小皮行30多户，皮毛作坊100多处，以生产皮裘最为出名，市场扩大到北京、天津、上海、武汉等地。⑥ 除了平凉城里的皮革业外，河南桑坡村的回民难民分布在平凉周边的红照壁沟、郑家沟、南北沙石滩、六盘磨等乡村，建立了一些皮革家庭小作坊，为数不下百户。他们具有泡皮、熟皮、制作老羊皮大衣、皮衣、皮帽、皮袜、手套、耳套等成品的熟

---

① 成治田：《甘肃农贷之回顾与前瞻》，《中农月刊》1945年第10期。
② 中国农民银行天水分处：《三十四年度天处陇南区农贷报告》，兰州：甘肃省档案馆，案卷号：55/1/46。
③ （美）罗伯特·斯特林·克拉克等：《穿越陕甘：1908—1909年克拉克考察队华北行纪》，史红帅译，上海：上海科学技术文献出版社，2010年，第61页，其文字与图片说明四川人移居甘肃的事实；笔者曾复制了庆阳一杨姓家族光绪年间从河南移居庆阳购买土地、庄基地的序列契约文书，能够反映同治事变结束后河南移民移居甘肃的情况。
④ 张根福：《抗战时期的人口迁移》，北京：光明日报出版社，2006年。
⑤ 吕建基：《解放前的泾川纺织业》，政协泾川县委员会文史资料委员会编：《泾川县文史资料选辑》第4辑，内部资料，1997年。
⑥ 李云宾等口述：《解放前平凉回民经济发展概述》，中国人民政治协商会议甘肃省平凉市委员会编：《平凉文史资料》第1辑，内部资料，1989年，第30页。

练技术。① 这些具有传统皮革工艺的河南回民难民为平凉的皮革业注入了活力，促进了抗战时期平凉皮革业的发展，使平凉皮革业经营达到空前鼎盛时期。

正因为有市场空间和政府政策、银行资本支持，近代甘肃手工业才能延续与发展，尤其是抗战时期国民政府为了把西北建成坚持长期抗战的后方基地，加大了对甘肃的手工业投入，加之从河南、陕西等地有大量难民移入甘肃，这些因素的合力成为抗战时期甘肃手工业发展的主要因素。

总之，通过对近代甘肃手工业的论述可以看出，延续与革新是近代中国手工业的发展的主要内容。我们可以看出近代甘肃手工业有两个明显的特点，一是传统手工业在延续的基础上有所发展，尤其是与农家日常生活联系最密切的手工业发展较快。二是手工业有革新的一面，表现在新行业的出现，经营方式的变化，银行资本与手工业的结合、生产目的的变化等方面。近代甘肃手工业延续与革新的主要因素是手工业在农家经济生活中仍然占有重要的地位，既可解决农家生活的需求，使手工业产品有广阔的市场空间，又可消化一部分农业生产中剩余的劳动力；国民政府在抗战时期金融政策也是手工业发展不可或缺的因素，银行资本在一定程度上帮助手工业解决了资金困难，外来移民、难民为手工业发展提供了技术支撑，这些都成为手工业延续与发展的原动力。

原载（《青海民族研究》2015 年第 1 期）

---

① 张文蔚：《平凉回民经营皮毛业的状况》，中国人民政治协商会议甘肃省平凉市委员会编：《平凉文史资料》第 3 辑，内部资料，1993 年。

# 近代西北皮毛产地及流通市场研究

本文所说的近代西北，不仅包括陕西、甘肃、宁夏、青海、新疆，还包括当时的绥远和察哈尔。青藏高原、蒙古高原和天山南北是我国最主要的畜牧经济区，黄土高原地区又是农牧兼营的产业结构，畜牧业成为这一地区的主要副业，畜牧产品也是这一地区农牧民的主要收入来源。如近人王公亮所言："畜牧之盛全在西北各区，蒙藏人民所资以生活也。"[①] 比较发达的畜牧业，使西北地区的皮毛市场独具特色。在近代中国市场史的研究中，有学者从不同的角度论述过近代西北皮毛贸易的问题，如樊如森论述了天津开埠后的皮毛运销系统；渠占辉论述了近代中国西北地区的羊毛出口贸易；詹姆斯·艾·米尔沃德和喇琼飞论述了民国时期回民的皮毛生意等[②]。笔者主要根据近代国内外学者的一些调查与研究资料以及地方文史资料，对近代中国西北皮毛产地、皮毛市场的兴起和市场结构进行初步研究。

## 一、西北皮毛的主要产地及数量估计

西北地区皮毛产地主要分布在新疆、青海、甘肃、宁夏、绥远以及察哈

---

[①] 王公亮：《西北地理》，南京：正中书局，1936年，第112页。
[②] 目前仅见的论文有：樊如森：《天津开埠后的皮毛运销系统》，《中国历史地理论丛》2001年第1期，第59—69页；渠占辉：《近代中国西北地区的羊毛出口贸易》，《南开学报》（哲学社会科学版）2004年第3期，第113—116页；詹姆斯·艾·米尔沃德：《1880—1909年回族商人与中国边境地区的羊毛贸易》，《甘肃民族研究》1989年第4期，喇琼飞：《民国时期回民皮毛生意》，《宁夏大学学报》（人文社会科学版）1989年第2期。

尔，此外陕西北部也有一定数量的皮毛出产。西北地区的皮毛可以分为两大类，一类是家畜皮毛；一类是野生动物毛皮。

(一) 家畜皮毛产地及产量估计

西北是中国最主要的畜牧区，也是全国最大的皮毛产地。牧畜以羊、牛、马、骆驼为主；毛绒的种类以羊毛、羊绒、驼毛、驼绒为主，兼有猪毛、猪鬃等；皮以羊皮、牛皮、马皮、驴皮为主，兼有狗皮、猫皮等。主要分布和产量状况是：

新疆的牧场主要分布在天山以北地区，南疆则半农半牧。据载："天山以北准、蒙、哈三部纯为游牧种民，豢扰之术无待深学而皆能。南疆虽半耕半牧，而天方之俗专以牛羊供常馔，是故阡陌之间，讹寝成群，居恒生事，无一不资取于牧。"[①] 因此，牧畜是居民的主要副业，"居民从事畜牧者，约占本省全人口四分之一，以缠头回为最多，约占十分之七"[②]。20 世纪 20 年代末，斐尔德曼估计，新疆有绵羊 1100 万—1200 万只，山羊 100 万—150 万只，牛 100 万头，马 100 万—200 万匹，骆驼 3 万—5 万峰。斐尔德曼根据苏联的统计认为，1926—1927 年由新疆出口苏联的洗毛 5259 公吨，即 870 万斤，如将洗毛换算成油毛，则为 1100 万—1200 万斤。假定省内消费与输出苏联数量相当，则全省一年（指 1926—1927 年）产毛量当为 2500 万斤，即 25 万担（每担以 100 市斤计，下同）；另据统计，1942 年全省毛类（包括山羊毛、驼毛）产量 22 万担；西北兽医处估计新疆羊毛年产量约 20 万担[③]。皮革方面，1932 年"新疆所产皮张共为 90 万张，其中约 55% 为羊皮，目下皮张产量数字不一，大约在 300 万张左右。"[④] 苏联学者克拉米息夫估计，新疆年出口绵羊皮、山羊皮 60 万张，羔羊皮 50 万张，堕胎羔皮 30 万张，牛皮 6 万张，马皮 2 万张[⑤]。这里仅仅是出口量，实际产量则更大。根据各种资料估计，新疆年产毛量在

---

① 钟广生：《新疆志稿》卷 2《畜牧》，哈尔滨：中国印刷局，1930 年，第 35 页。
② 王金绂：《西北地理》，北平：立达书局，1932 年，第 129 页。
③ 张之毅：《新疆之经济》（国立中央研究院西北科学考察团报告），重庆：中华书局，1945 年，第 37 页。
④ 吕敢：《新新疆之建设》，上海：时代出版社，1947 年，第 108 页。
⑤ （苏）克拉米息夫：《中国北部之经济状况》，王正旺译，上海：商务印书馆，1933 年，第 26—27 页。

20万—25万担,各种家畜皮在150万张左右。

青藏高原独特的自然环境使其具有发展畜牧业的独特条件,一是草场面积广大,二是草场类型多,三是在高原自然生态条件下形成了独特的牲畜品种资源①。"在扬子江、黄河、大通河上流,布恰河及青海湖四周之地,海拔一万三千尺以下至一万尺内外之地,河流纵横交错,美草茂生,牧民迁徙往来,天幕糜集,所养之马、驼、牛、羊特别繁殖。柴达木盆地,海拔在一万尺以下,土地湿润,芦苇、茸草生长特茂,更适于马、驼、牛、羊之繁殖。"②生活在环青海湖、黄河南北两岸及玉树地区的藏族、蒙古族都以牧畜为业,畜牧种类繁多,有马、骡、黄牛、犏牛(黄牛与牦牛的杂交品种)、牦牛、驴、山羊(有黑白二种)、驼、绵羊、猪等③。据20世纪30年代青海建设厅调查,每年出口羊毛500万斤,驼毛100万斤,羊皮约50万张,羔皮约百万张,牛皮约7000张④。这里统计的只是皮毛的出口数量。关于皮毛的实际产量,高长柱通过对七县(西宁、湟源、循化、大通、贵德、都兰、玉树)羊毛产量进行统计之后,认为青海每年出产羊毛1040万斤⑤。据1942—1943年国民经济部调查,青海"蒙藏人民所畜之牛马羊,全省合计在一千万头左右,唯因气候较冷,羊毛仅每年六月剪一次,产量约八百万斤……平时年产牛皮三万张。"⑥粗略估计,青海年产毛10万—15万担,家畜皮在150万张左右。

甘肃是一个农牧兼营的地区,牲畜主要为羊、牛、马、骆驼等。牧畜是甘肃农民的主要副业,皮毛是许多地方的主要出产。如1935年铁道部陇海铁路西兰段甘肃调查队的调查,陇海路沿线"每年可产牛羊皮十余万张,羊毛十余万斤"⑦据20世纪30年代中期刘友琛的估计,全省产绵羊毛25万担,

---

① 萧正洪:《环境与技术选择:清代中国西部地区农业技术地理研究》,北京:中国社会科学出版社,1998年,第91页。
② 许公武:《青海志略》,重庆:商务印书馆,1943年,第60页。
③ 周希武:《玉树土司调查记(卷下)》,上海:商务印书馆,1920年,第26页。
④ 马鹤天:《甘青藏边区考察记》,兰州:甘肃人民出版社,2003年,第282—283页。
⑤ 高长柱:《开发青海之意见》,《西北问题》1934年创刊号。
⑥ 胡元民:《经济部西北工业考察通讯(上)》,《民国档案》1995年第4期,第54—64页。
⑦ 铁道部业务司商务科编:《陇海铁路甘肃段经济调查报告书》,沈云龙主编:《近代中国史料丛刊三编》第51辑,台北:文海出版社,1989年,第35页。

各种羊皮 40 万张，驼毛 1 万担，牛皮 1.2 万张①。从甘肃畜牧的实际看，显然年产绵羊毛 25 万担是一个过高的估计，可能包含了由青海经过甘肃的羊毛。据国民经济部调查统计，甘肃年产牛皮 14 万张，山羊板皮 41 万张，白小毛皮 36 万张，紫黑二毛羔皮 8.5 万张，紫黑羔皮 8.8 万张，白二毛羔皮 52 万张；年产山羊毛 93 万斤，绵羊毛 1000 万斤，猪鬃 6 万斤②。估计甘肃年产毛 8 万—10 万担，家畜皮 100 万张左右。

民国时期的宁夏省不仅包括银川平原地区，还包括阿拉善旗和额济纳旗。时人称："宁夏因有黄河贯穿南北，沿岸沃野，水草丰茂，实为天然之大牧场。所产马、牛、骆驼，品种极佳，宁羊尤为特色。吾人冬季所服西口滩皮，即为宁夏、洪广羊皮所制成。"③ 在宁夏西蒙，"畜牧实系蒙民唯一生命线，凡中等以上之家，多雇用（佣）汉人放牧"④。因此，"羊毛、羊皮、牛皮，为西蒙两旗输出之大宗"⑤。宁夏建设厅 1933 年根据各县（不包括阿拉善、额济纳两旗）呈报统计，皮毛产量为：羊毛 565 800 斤，羊皮 175 300 张，羔皮 19 000 张，牛皮 3187 张，驼毛 66 700 斤，驼绒 3500 斤⑥。20 世纪 40 年代前期，宁夏的各种毛年产量一直在 130 万—155 万斤（如果包括西蒙两旗，宁夏的羊毛年产量当在 3 万担左右），各种皮张年产量在 40 万张左右⑦。

察哈尔、绥远两省也是我国北方地区的畜牧和皮毛产区。绥远"所牧牲畜，以牛、羊、马、驼为主。羊最多，牛马次之，骆驼又次之"⑧。察哈尔、绥远的牲畜数量，根据民国六年（1917）农商部的统计，马 137 935 匹，牛 222 565 头，羊 1 422 231 只，驴 39 539 头⑨。畜牧是察哈尔、绥远的主要产业，故皮毛成为出产的大宗。据 20 世纪 30 年代一些调查和研究者的统计，

---

① 刘友琛：《开发西北与中国经济之前途》，《西北问题》1935 年第 3 期。
② 中国第二历史档案馆：《经济部西北工业考察通讯（下）》，《民国档案》1996 年第 1 期，第 49—58 页。
③ 傅作霖：《宁夏省考察记》，上海：中正书局，1935 年，第 124 页。
④ 陈国钧：《阿拉善旗经济状况》，《经济汇报》1944 年第 11 期。
⑤ 孙翰文：《宁夏额、阿两旗的危局》，《国闻周报》1936 年第 40 期。
⑥ 张中岳：《宁夏调查三则·宁夏出产调查》，《开发西北》1934 年第 4 期。
⑦ 根据《宁夏省农政七年》相关统计表估算，详见宁夏省农林处编：《宁夏省农政七年》，银川：宁夏省农林处，1946 年，第 103 页。
⑧ 绥远省政府编：《绥远概况》上册第六编《牧畜》，绥远：绥远省政府，1933 年。
⑨ 贺扬灵：《察绥蒙民经济的解剖》，上海：商务印书馆，1935 年，第 75 页。

绥远各种家畜皮毛产量大约为：羊毛3万担，马毛3000斤，绵羊、山羊皮10万张，羔羊皮10万张，牛皮10万张，马皮2万张①。察哈尔的皮毛产量虽没有确切统计，但"锡林郭勒盟及察哈尔旗郡的皮毛产量，亦可以用张多关十九年、二十年、二十一年的进口皮毛数量统计以代表之"②。根据1930—1932年统计，张多关年平均进口马皮11 000余张，牛皮25 000余张，羊皮40余万张，驼毛78.7万余斤，羊毛237万余斤，羊绒"66万余斤，猪毛2.8万余斤，马鬃约2万斤，猪鬃1.7万斤"③。这些皮毛绝大多数产于察哈尔省。

陕西省北部地区"素重畜牧，盖山势连绵，荒地辽阔，宜于此业也"。民国初年以来，"皮毛昂腾，养户利倍寻常，故牧者恒多。边外伙盘居民，水草便利，大半以畜牧牛、马为生活上主要营业焉。"④陕北"羊毛多产于榆林区，如中部洛川、富县、甘泉、肤施、延长、宜川、韩城一带，年产数十万斤"⑤。除羊毛外，还有羊皮、生牛皮、马皮等。据20世纪30年代初期学者的调查研究，陕西年产羊毛5万担，马毛5000担，绵羊、山羊皮40万张，羔羊皮30万张，牛皮20万张，马皮1万张⑥。这些皮毛中大部分出自陕北地区。

## （二）野生动物毛皮产地

凡是森林茂密、水草丰美的草原地区，畜牧业就比较发达，有足够的食物（肉食和草食）供给，具有野生动物繁殖和生存的条件。因此，由于食物链的关系，野生动物和毛皮产地与家畜及皮毛产地基本上是一致的。中国北方野生动物及毛皮主要生产于牧区和农牧兼营的地区。

新疆"山脉纵横，森林茂密，野生动物，种类繁多。麋鹿、旱獭、野马、彪虎、豹、熊、狼、猞猁、狐、野猪、羚羊、狒狒、鼹鼠、骡驹、人狷、貂、獭、犯、野牛、犁牛、犛牛、黄羊、大头羊等皆有。"⑦由于有丰富的野生动

---

① 张人鉴：《开发西北实业计划》，北平：著者书店，1934年，第42、43、44页。
② 贺扬灵：《察绥蒙民经济的解剖》，上海：商务印书馆，1935年，第77页。
③ 贺扬灵：《察绥蒙民经济的解剖》，上海：商务印书馆，1935年，第78—79页。
④ 民国《横山县志·实业志·畜牧》卷3，1930年石印本。
⑤ 陕西实业考察团编：《陕西实业考察》，郑州：陇海铁路管理局，1933年，第420、419页。
⑥ 张人鉴：《开发西北实业计划》，北平：著者书店，1934年，第42、43、44页。
⑦ 王金绂：《西北地理》，北平：立达书局，1932年，第131—133页。

物资源，野生毛皮成为新疆出口货物的大宗。根据近人研究，新疆年出口野生毛皮数量为，旱獭皮 45 万张，狐皮 3000 张，狼皮 4000 张，貂皮 3000 张，扫雪皮 7000 张，灰鼠皮 3 万张，猞猁皮 1000 张，野狸皮 2500 张，野猴皮 3 张①。这只是出口贸易的数量，如果加上猎户自身消费和内地市场的消费，产量当更多些。

青海属高寒大陆性气候，有很多地方灌木丛生，草原广袤，具有生物多样性的特点，野生动物种类繁多，数量较大，毛皮产量也较大。"进入市场的野牲皮张，主要有狐狸皮、沙狐皮、狼皮、猞猁皮、旱獭皮、豹皮、狗皮、野猫皮、熊皮、臭狗皮、野兔皮等。"②其中，猞猁皮和西狐皮为青海特产，猞猁产"海南一带草地中，状较狐为大……闻每年仅产数百张"；西狐皮在"西宁、贵德、循化等均产之，年产十数万张以上"③。据陆亭林估计，青海各种野生毛皮产量为，猞猁 2500 张，狐皮 12 000 张，狼皮 5000 张，熊皮 300 张，草猞猁皮 5000 张，沙狐皮 3000 张，哈拉皮 6000 张，川猪皮 3500 张，艾叶豹皮 2000 张，水獭皮 200 张，崖獭皮 550 张，黄羊皮 8000 张；此外还有少量的虎、豹等大型动物毛皮④。甘肃"野牲皮每年由猎户捕获者不下 15 万余张，以哈尔皮又名獭皮为最多，占 123 000 张，多来自民乐及夏河。次为狐皮，约 14 000 张，以清水、民乐、夏河、临潭、靖远等县为多。黄鼠狼皮 5000 张，多来自清水及临潭，狼皮 4000 余张，产自民乐及夏河，獾皮 2000 张，均产于夏河"⑤。据克拉米息夫的估计，甘、青两省通过甘肃省出口毛皮的总和约达 1000 万元⑥。

另外，宁夏、绥远、察哈尔、陕西等地出产以羊、鸡等小型动物为食的食肉动物及食草动物的毛皮为主，大型食肉动物毛皮很少出产。如根据 1930 年统计，归化城、绥远各种毛皮产量是：猞猁皮 277 张，狼皮 229 张，狐皮

---

① 王醒民：《新疆之商业与金融》，《新亚细亚》1935 年第 4 期。
② 任景民：《西宁皮货琐谈》，青海省政协学习和文史资料委员会编：《青海文史资料集萃·工商经济卷》，内部资料，2001 年，第 478 页。
③ 《青海皮业调查》，《中行月刊》1934 年第 6 期，第 99 页。
④ 陆亭林：《青海皮毛事业之研究》，《拓荒》1935 年第 1 期。
⑤ 中国第二历史档案馆：《经济部西北工业考察通讯（下）》，《民国档案》1996 年第 1 期，第 49—58 页。
⑥ （苏）克拉米息夫：《中国北部之经济状况》，王正旺译，上海：商务印书馆，1933 年，第 33 页。

7092张，沙狐皮1783张，獭皮2452张，灰鼠皮5410张，扫雪皮306张，狸子皮16 582张，貂皮66张，包庚皮20 010张，夜猴皮5张，兔狲皮7张，狢子皮12730张，盘羊皮320张①，总计各种野生毛皮年产量达76 000余张。1930年至1932年三年内，张多关平均年进口毛皮数量是，獭皮18.72万余张，狼皮6千余张，獾皮2.2万余张，狐皮近3万张，灰鼠皮近8万张②。这些毛皮主要从察哈尔省输入张多的。

从上面的论述中我们可以看出，西北地区是我国最主要的皮毛产地，皮毛产量占有重要的地位。以羊毛为例，根据20世纪30年代的调查和估计，中国的羊毛总产量为54万担（包括外蒙古，但新疆、东北没有统计），其中青海16.6万担，甘肃8万担，绥远及察哈尔6.4万担，宁夏3万担，山西及陕西2.6万担③，占全国羊毛产量的67.85%，如果加上新疆的产量，比例可达到70%以上。丰富的皮毛资源，为近代北方皮毛市场的兴起奠定了基础。

## 二、近代西北皮毛市场的兴起

近代西北皮毛市场的兴起是多种因素综合的结果。

第一，近代西北皮毛市场是随着天津的开埠而兴起的。自咸丰十年（1860）天津开埠后，至民国初年，北方内陆地区先后开放的城市有天津、北平、大沽、秦皇岛、嘉峪关、归化城、张家口、多伦诺尔、赤峰、蒙古各处、乌鲁木齐、吐鲁番、天山南北路各城、伊犁、塔城、喀什噶尔等④。随着这些城市的陆续开放，带动了西北皮毛市场的兴起。天津的开埠，打开了中国皮毛进入国际市场的通道，加之国际皮毛市场对中国皮毛有很大的需求量，特别是美国的地毯制造业成为"中国内陆地区羊毛的主要市场"后⑤，洋行、买办乃至国内商人大量介入皮毛流通领域，使西北皮毛通过天津港口源源不

---

① 民国《归绥县志·产业志·野业》，1935年铅印本，第11—12页。
② 贺扬灵：《察绥蒙民经济的解剖》，上海：商务印书馆，1935年，第77—78页。
③ 《我国羊毛产量调查》，《中行月刊》1934年第4期。
④ 《商业地理》，上海：中华书局，1933年，第265—270页。
⑤ （美）詹姆斯·艾·米尔沃德：《1880—1909年回族商人与中国边境地区的羊毛贸易》，《甘肃民族研究》1989年第4期。

断地进入国际市场。这不但推动了西北皮毛市场的勃兴，也使西北皮毛市场与国际市场发生了紧密的联系。因此，天津开埠对西北皮毛市场的兴起起了重要作用。

第二，铁路、公路向西北延伸为近代西北皮毛市场的运输提供了现代化的交通手段。1909年和1923年，京张铁路的通车以及分别延伸到绥远和包头，以京津为中心的铁路运输网把西北地区与东部沿海地区及口岸连接起来，为皮毛的运输提供了便利。京张铁路通车和京包线贯通后，越来越多的外商和京津晋商人到西北设行、庄，收购皮毛。"迨民国九年（1920）平绥路通集宁时，则有英商新泰兴、仁记、平和、聚利等洋行来兰（州）设庄。同时，又有山（西）帮毛商，如德生合及同顺合在临夏收购羊毛，德兴旺、世诚和、义成昌、瑞凝霞、天德玉、协成裕等商家在西宁、贵德等处收购羊毛，利用洋行所发之子口税票，运兰转售洋（行）。此外，普通钱庄亦在兰州收售羊毛者。兰州羊毛市场至是盛极一时。青海（指青海湖边附近地区而言）、西宁、临夏等地之羊毛经毛商收购运兰转包头者，每年春秋两季约在二百筏左右。设每筏以三万斤计，每年亦达六百万斤左右。"[①] 1930年，苏联土西铁路建成，"其大部路线与我新疆边境适成平行，故亦为俄国对我新疆交通及贸易之利器焉"[②]。1935年，新疆长途汽车公司成立，绥远至哈密、兰州至哈密、绥远至肃州（今酒泉）、哈密至迪化（今乌鲁木齐）各线相继通车，"而新疆与内地之商务，因运输之便利而一变"[③]。总之，铁路、公路的兴建，为皮毛提供了长距离、快捷的陆路交通运输手段，极大地降低了皮毛的运输成本和运输风险，对西北皮毛市场的兴盛起了至关重要的作用。

第三，外商、洋行和买办在近代西北皮毛市场的兴起过程中起了先导作用。近代中国是一个半殖民地半封建的社会，中外贸易的主要特点是西方列强利用不平等条约对中国原料的掠夺。因此，在西北皮毛市场兴起的过程中，外商、洋行、买办起了先导作用。咸丰十年（1860），清政府与沙俄签定了《北京条约》的续约后，俄国商人首先到张家口经营皮毛。光绪十年（1884），英、美、法等国商人到张家口收购皮毛，并陆续开设洋行的分支机构。光绪

---

① 李屏唐：《兰州羊毛市场之调查》，《贸易月刊》1943年第3期。
② 李寰：《新疆研究》，重庆：安庆印书局，1944年，第87页。
③ 李寰：《新疆研究》，重庆：安庆印书局，1944年，第158页。

十八年（1892），英商仁记洋行派员到包头，当年就收购抓毛二三十万斤，随后俄、英、日和德国的洋行十数家在包头设立了分支机构[1]。据《清外务部商埠通商档》记载，1902年"各国在张家口买卖的洋行有四十余家"[2]。20世纪初，张家口已经成为华北地区最大的皮毛交易市场，"商贾辐辏，市面繁荣"[3]。

光绪初年，外国洋行就深入甘、宁、青地区收购皮毛。河州是甘肃皮毛产地最主要的中心市场，光绪初年，英、德洋行陆续到河州设巷收购皮毛[4]。据《丹噶尔厅志》记载，到青海收购皮毛的商人"皆标英商、德商等名号"[5]。日本人编的《天津志》也记载，天津出口的羊毛主要来源于甘肃省的宁夏府、兰州府、西宁府、甘州（今张掖）、凉州（今武威）和归化、包头一带[6]。20世纪初期，洋行商人已经遍及西北皮毛产地市场，据当时甘肃官报记载，英国商人深入到宁夏、海城、平远、巩昌等地，德国商人深入到临夏等地购买皮毛[7]。

早在清代中期，俄国商人就深入新疆进行非正式贸易，从新疆输出的主要是皮毛[8]。1881年《中俄伊犁条约》签订后，在不平等条约的保护下，俄商势力渗透到新疆各个市场，"直到世界大战（指第一次世界大战——引者注，下同），中国此部（指西部），尤其新疆省，完全在俄国经济势力之下。俄人收买其全部原料，原料品之出口，年年增加"[9]。俄商运进新疆的商品主要是生铁、五金器具、火柴、石油、布匹、杂货等，输出的原料主要是皮毛、

---

[1] 中国人民政治协商会议内蒙古自治区委员会文史资料委员会编：《内蒙古工商史料》，内部资料，1990年，第220页。

[2] 转引自高学忠：《张垣蒙汉贸易史》，中国人民政治协商会议张家口委员会文史资料委员会编：《张家口文史资料》第21辑，内部资料，1992年，第82页。

[3] 马清傲：《张家口皮毛业的由来及其兴衰》，中国人民政治协商会议张家口委员会文史资料委员会编：《张家口文史资料》第13辑，内部资料，1988年，第1页。

[4] 王致中：《明清西北社会经济史研究》，西安：三秦出版社，1989年，第389—390页。

[5] 光绪《丹噶尔厅志》卷5《商务出产类》，兰州：甘肃省官报书局，1910年排印本。

[6] 日本中国驻屯军司令部编：《二十世纪初的天津概况》，侯振彤译，天津：天津市地方志编码委员会总编室，1986年，第291—292页。

[7] 甘肃官书局：《甘肃官报》第50册，兰州：甘肃官书局，光绪三十一年（1905），第5—6页。

[8] 王致中：《明清西北社会经济史研究》，西安：三秦出版社，1989年，第384—395页。

[9] （苏）克拉米息夫《中国北部之经济状况》，王正旺译，上海：商务印书馆，1933年，第25页。

肠衣、棉花、牲畜等①。新疆既是皮毛的主要产地市场，也是近代中国一个主要的皮毛出口市场。

总之，由于天津开埠通商以及经济腹地逐步向西北延伸，国际市场对中国皮毛的需求，京张铁路、平绥铁路以及苏联的土西铁路的通车，为皮毛的运输提供了方便等因素的影响，推动了近代西北皮毛市场的兴起。近代西北皮毛市场的发展大致经历了三个阶段：从晚清时期到20世纪初期，是西北皮毛市场兴起阶段，西北皮毛开始进入国际市场。20世纪二三十年代中期（抗战爆发前），是近代西北皮毛市场最繁荣的时期。尽管曾受到第一次世界大战、国内战争和1929—1933年世界经济危机的影响，西北的皮毛市场发展不稳定，但就总的趋势而言呈增长态势②。抗战爆发后为第三个阶段，随着天津的沦陷，对外贸易受到阻遏，北方皮毛市场顿受挫折。1938年3月，国民政府财政部贸易委员会在兰州设立西北办事处，开始收购皮毛，主要对苏贸易。同年7月间，又与苏联订立售货合同，开始统筹收购各种皮毛，运往星星峡交货，"停顿年余之羊毛交易，至是乃得复苏。毛商亦因而接踵兴起，纷赴各产区收购转售"③。但毕竟内陆交通不便，运输困难，西北皮毛市场不及抗战前繁荣。

## 三、近代西北皮毛市场系统

近代西北皮毛从产地到输出地主要有四条运输路线。一条是从青海产地通过水运（主要是黄河上皮筏运输）到包头；一条从新疆、河西产地用骆驼运输，经过北草地到达包头。这两条运输线是抗战前西北皮毛的主要通道，在包头汇合后，皮毛经过简单的加工处理后再通过铁路运往天津。另外两条，一条是从甘肃东部产地庆阳、平凉、天水运输到西安，然后被分流到天津、汉口或上海等地；一条是青海、河西等产地皮毛在酒泉（肃州）汇集后，通过星星峡运输到新疆，从新疆各口岸出口。近代西北皮毛运销体现出了不同特色的市场结构，"（1）生产羊毛的游牧民（或甘肃东部农区的羊毛生产

---

① 王致中：《明清西北社会经济史研究》，西安：三秦出版社，1989年，第394页。
② 渠占辉：《近代中国西北地区的羊毛出口贸易》，《南开学报》（哲学社会科学版）2004年第3期，第113—116页。
③ 李屏唐：《兰州羊毛市场之调查》，《贸易月刊》1943年第3期。

者）可以在他们各自的城镇和市场直接和商人做交易。（2）商贩们将大批量的皮毛从生产者的城镇买来，然后再转卖给另外一些商人。（3）作为收购和转运中心的西宁、石嘴山和包头则不同。包头、西宁、石嘴山不仅位于主要的东西水路运输线上，同时羊毛在转运之前在一定程度上能够被加工。（4）天津是个出口城市，既有收购和出口羊毛的外国公司，也有中国自己的毛纺厂"[1]。可见，皮毛产地周围以及通往皮毛产地的水陆交通要道上的市镇和区域性都市，在近代西北皮毛交易中扮演着各自的角色。根据角色的不同，我们把近代西北皮毛流通市场划分为三个不同的层级，即产地市场、中转市场和出口市场。

（一）产地市场

农牧民的集居点、寺庙会集以及产地附近的集镇是皮毛交易的产地市场。皮毛产地市场属于"地方小市场"，在交易形式上大多数是物物交换，"这种交换，虽采取商品形式，却是为买而卖，实际上是使用价值的直接交换。"[2] 天津及北方各城市开埠后，随着皮毛市场的兴起，各中心市场洋行的雇员、国内商人和小商贩也深入到牧民集居点进行皮毛交易。如常驻包头的洋行"常在二三月间就将货款（购皮毛款）预付给皮毛店和皮庄，他们除自己直接收购皮毛外，又'支垫'一部分给旅蒙商跑乌、伊两盟的行商以及当地小手工业毡房、毛毯社等，由他们去抓剪羊绒、毛和购皮张"[3]。在蒙古草原上，"每年归绥商贩运砖茶、棉花、米面等物，分赴各蒙旗，交易驼、马、牛、羊、皮张、绒毛等，春夏而去，秋冬而归"[4]。活动在蒙古草原牧民集居点上的商人主要有两种：一是各市场商庄，投资数十万元，使役店员百数十人，分头深入蒙古内地，以物或货币掠取蒙古人的皮毛产料[5]；一是被察绥人民称之为"出拨子"的小贩。他们长年累月在牧区游动

---

[1] （美）詹姆斯·艾·米尔沃德：《1880年—1909年回族商人与中国边境地区的羊毛贸易》，《甘肃民族研究》1989年第4期。

[2] 吴承明：《中国的现代化：市场与社会》，北京：生活·读书·新知三联书店，2001年，第112页。

[3] 中国人民政治协商会议内蒙古自治区委员会文史资料委员会编：《内蒙古工商史料》，内部资料，1990年，第221页。

[4] 王公亮：《西北地理》，南京：正中书局，1936年，第211页。

[5] 贺扬灵：《察绥蒙民经济的解剖》，上海：商务印书馆，1935年，第54—55页。

经商,"绝大部分牧民生活用品经'出拨子'之手销售,而绝大部分畜产品也经'出拨子'转销出去"[1]。在青海牧区,"羊毛多半先由本地商人用茶、布等物与牧民交换,即在收毛前一年或数月前,将布、茶先交于牧民,俟届剪毛之期,商人即前往收毛,然后再转卖与直接运往天津之大商。"[2] 此外,还活动着一些叫做"刁郎子"的小商贩,他们事先从中心市场的店铺赊买一些蒙、藏民需要的杂货,如藏刀、珠串、木碗、鼻烟、腰带等,带到牧民集居区,换取皮毛和其他土产[3]。

在蒙藏少数民族集居的牧区,寺庙会集具有盛大的贸易活动的功能。届时,蒙、藏牧民带上积攒下的皮毛去换回日用品,如青海"南部番人(指藏民)会市多聚集于寺院,凡会期将届,商贩不速而来,所市皆番地土产,皮张、茶、糖、布匹尤为大宗"[4]。游牧在黄河南岸的"果洛番每年运牛、羊、酥油、羊毛、牛皮等物,前往卡布恰、郭密、丹噶尔、塔尔寺等处贸易,回运青稞、布匹等物"[5]。一些在皮毛中心市场的皮毛庄在寺院会集时赶去收购或交换皮毛,"每于寺庙会期为交易之地,平津皮商前来坐庄收货者,年数十起。牧地人民,多以皮易粮,及日用物,价值甚廉,制成之裘,每超过原值数倍"[6]。蒙古草原上的庙会一般分散在农历一、三、六、九月,与牧民在农历三月剪羊绒、五月剪第一次毛、九月剪第二次毛的时间大体吻合,牧民也乘庙会期间出售绒毛,因此,庙会期间是皮毛交易的旺季[7]。

集镇广泛地分布在西北皮毛产地,成为皮毛交易最主要的初级市场。在绥远、察哈尔两省,据20世纪30年代初国民政府内政部调查统计,人口在千人以上的市镇察哈尔省有315个(其中县城16个,市镇299个);绥远省有362个(其中县城17个,市镇345个)[8]。黄河上游的甘、宁、青地区,在

---

[1] 中国人民政治协商会议赤峰市委员会文史资料委员会:《赤峰市文史资料选辑》第3辑,内部资料,1985年,第5页。
[2] 安汉、李昌发:《西北农业考察》,武功:西北农林专科学校,1936年,第129页。
[3] 中国人民政治协商会议青海省委员会文史资料委员会:《青海文史资料选辑》第8辑,内部资料,1981年,第37页。
[4] 黎小苏:《青海之经济概况》,《新亚细亚月刊》1934年第2期,第24页。
[5] 周希武:《宁海纪行》,兰州:甘肃人民出版社,2002年,第38页。
[6] 《青海皮业调查》,《中行月刊》1934年第6期,第100页。
[7] 吉村忠山:《内蒙古——地理·产业·文化》,东京:中央公论社,1935年,第429页。
[8] 贺扬灵:《察绥蒙民经济的解剖》附录二《察绥各县城及镇市村落调查表》,上海:商务印书馆,1935年,第69—71页。

民国时期农村集镇有570多个[①]。这些分布在皮毛产地及其周围的集镇，是皮毛交易的主要场所。生产皮毛的农牧民，在集日带上皮毛从四面八方来到集镇，出售皮毛，或用皮毛换回他们需要的日用品。在皮毛产区，通往皮毛产地的交通要道上的集镇还形成了专门的皮毛市场，或称之为产地中心市场。产地中心市场有行庄和皮毛店以及必备的场地和仓库，在产地市场起着皮毛中转的功能。这种市场在皮毛产地颇多，如河西"一县最多者有三处，最少者亦有一处"[②]。清末到20世纪30年代，这些产地中心市场的皮毛贸易盛极一时，如绥远临河县城"本地汉、蒙交易以粮米、布、茶、糖及牲畜、绒毛、皮张为大宗"，皮张、绒毛、牲畜"销数岁值约在四百万元左右"[③]。察哈尔省的多仑"输出多为牛羊皮毛骨角毡毯等，而马尤著名，沪上洋商多派员来此贩运，贸易总额年达数百万"[④]。据20世纪30年代调查，青海各皮毛产地兼中转市场的羊毛年输出量为：

> 湟源销售者每年约计350多万斤（每百斤约值银15两至20余两）；自循化、同仁、保安等处销售者每年约有150多万斤；自鲁沙尔、上五庄二处销售者每年约有200多万斤；自亹源、永安、俄博一带运出者每年约有150多万斤；自贵德、鲁仓、拉加寺一带运出者每年约有200多万斤；自郭密、恰布恰、大河坝一带运出者每年约有100多万斤；自永昌、黄城滩等处运出者每年约有50万斤；自肃州、敦煌等处运出者每年约有150多万斤；玉树一带羊毛，南出西康、康定者，在5万驮左右（每驮重240斤，值银20余两，每年输出西康者约有1000万斤，其余多由西宁输出）；在西部之台吉乃尔及柴达木一带之羊毛，多售于新疆之缠回，约有数百万斤。次为羊羔皮，多为行庄收买，运售于甘肃、西康、四川、天津、绥远、上海各地，驼毛及大羊皮、山羊皮亦有客商收买，其数亦巨，牛马皮及野牛马皮运销于甘州一带者甚多。[⑤]

---

[①] 黄正林：《近代甘宁青农村市场研究》，《近代史研究》2004年第4期，第123—156页。
[②] 甘肃省银行经济研究室：《甘肃之特产》，兰州：甘肃省银行总行，1944年，第78页。
[③] 吕咸等修、王文犀等纂：《临河县志·纪略·商业》卷中，民国三十年（1931）铅印本。
[④] 黄奋生编：《蒙藏新志》，上海：中华书局，1938年，第56页。
[⑤] 黎小苏：《青海之经济概况》，《新亚细亚月刊》1934年第2期，第25—26页。

甘肃南部皮毛主要通过临潭、夏河、卓尼等市场输出，如当地特税局根据1939年的税收量推算出临潭旧城皮毛的交易量，哈尔皮7万张，水獭皮200张，羔羊皮20万张，狐皮4000张，狼皮2000张，狗皮3000张，黄鼠皮5000张，川猪皮8000张，肚剖皮8000张，猪鬃2万斤，在当地输出商品中，皮毛占57.47%[①]。夏河市场1940年交易的皮毛数量是：羊毛150 324斤，牛毛1494斤，生牛皮880张，老羊皮16 024张，马皮124张，哈尔皮6434张，狗皮1811张，狼皮554张，雌狐皮1332张，沙狐皮146张，山羊羔皮100张，獾皮100张，猞猁皮10张，猪鬃850斤；1941年1—9月输出的皮毛数量是：羊毛911 696斤，牛毛2691斤，马尾476斤，白羔皮9471张，老羊皮2523张，生皮1511张，马皮1800张，狗皮1105张，狐皮918张，哈尔皮9876张，狼皮28张，皮毛输出价值占全部输出的92.15%[②]。可见，在西北地区，皮毛输出在产地中心市场占有很重要的地位。

　　活跃在产地市场及产地中心市场的主要是农牧民、小商贩和大商行、洋行的雇员以及经纪人。牧民是皮毛的主要生产者，也是产地市场上的主要交易者。在察哈尔、绥远交易主要在两个季节，"一是初夏（旧历三四月）为补添历冬所缺乏的物质，如糜子、粟、杂货等，不得不将其牧畜和皮革送到市场换卖；一是初冬（旧历八月至十二月）利用牧畜的秋肥及其皮毛等物产，以交易谷类杂货，准备迎年以过冬之用。"[③] 阿拉善旗"沙漠中蒙民，常用骆驼载酥油、皮毛等来城交换米、面、茶叶等物"[④]。青海蒙、藏牧民"每年秋、冬、春三季（即阳历七月至翌年三月底）将羊毛运至附近集市如贵德、湟源、大通、夏河、临夏等地，与汉民交换获茶、布匹、青稞等生活用品"[⑤]。除农牧民外，活跃市场上的主要是各类商人，如甘肃河西皮毛市场活跃的有毛贩、毛客、兼营毛商、行商、歇家、跑合（私人性质的牙人，从中抽取佣金）、皮毛经纪行、公庄、分庄、洋行庄口等不同类型的皮毛商人[⑥]。小贩是皮毛产地市场上最活跃的分子，他们架起了生产者与市场关系的桥梁。以经营猪鬃

---

[①] 王志文：《甘肃省西南部边区考察记》，兰州：甘肃省银行总行，1942年，第387、389页。
[②] 王志文：《甘肃省西南部边区考察记》，兰州：甘肃省银行总行，1942年，第395—399页。
[③] 贺扬灵：《察绥蒙民经济的解剖》，上海：商务印书馆，1935年，第64—65页。
[④] 叶祖灏：《宁夏纪要》，南京：正论出版社，1947年，第87页。
[⑤] 李屏唐：《兰州羊毛市场之调查》，《贸易月刊》1943年3月号。
[⑥] 许道夫：《中国农业生产及贸易统计资料》，上海：上海人民出版社，1983年，第316页。

为例,"小贩多系挑运杂货,往来四乡,或以杂货换取猪鬃,或以金钱收买,为数零星,随地交易"①。在皮毛产地市场上,回民商人十分活跃,有小贩,也有大商。在循化,一些回民商贩将粮食运往附近藏民聚落,"易换羊毛、羊皮、羊只等物"②;夏河拉卜楞寺皮毛商人中"占十分之八"的是回民商人③;在临潭活跃着一支回民商队,"每年春秋二季,西道堂商队一批批向草地进发,到处都有他们活动的市场,商队归来时,就是洮州旧城皮毛市场最活跃的时候"④。在蒙古草原和庙会上收购皮毛的主要是杂货部和皮庄的商人。皮庄俗称"皮窝子","资本要比杂货行丰富,一方(面)依据所在的市场,直接向蒙古人购其皮毛产品,另一(方)面又将出拨子从蒙旗中换得的皮毛产品收买过来,每年探取某种时间的市场需要,输送到内地大市场或国外去"⑤。"歇家"是活跃在青海皮毛产地市场上的经纪人,"洋行离开'歇家'的联系,难以直接收购大宗羊毛和皮张;牧民没有'歇家'也更无法与外商成交。于是牧民和洋行都要依靠'歇家'。这样,'歇家'的身价随之提高。那时洋行外商为交结'歇家',时常登门拜访,请客送礼。……凡蒙、藏牧民驮运来的羊毛、皮张等,除零星出售少许外,全部卖给自己住处的'歇家',其他'歇家'也不能过问,成为'歇家'彼此间遵守这一条行规。牧民们将羊毛、皮张出售后,又托原'歇家'买回一年所需的青稞、面粉、挂面、茶叶、馍馍等生活资料。"⑥因此,在青海"羊毛进口之处,均有歇家。"⑦在察哈尔、绥远皮毛牲畜的产地市场上,经纪人也十分活跃,或寻访于各市场之间,或开设栈房和牛马店,从中获得很丰厚的利益。

皮毛产地市场的交易方式主要有两种。一种是预购交易,即"每届旧历三四月间毛客与牧民订立预购交易合同,按毛价先付 40% 订金;也可以布匹、茶叶折价抵付订金,价格分两种办法计算:一是按交货时市价结算,二是按预先约定的价格清算"。另一种是现货交易,也包括两种,"一种是通过

---

① 甘肃省银行经济研究室:《甘肃之特产》,兰州:甘肃省银行总行,1944年,第110页。
② 谢再善编:《甘肃回族五次反清斗争资料》,内部资料,1981年,第24页。
③ 丁德明:《拉卜楞之商务》,《方志》1936年第3—4期。
④ 明驼:《卓尼之过去与未来》,《边政公论》1941年第1期。
⑤ 贺扬灵:《察绥蒙民经济的解剖》,上海:商务印书馆,1935年,第57、56页。
⑥ 蒲涵文:《湟源的"歇家"和"刁郎子"》,中国人民政治协商会议青海省委员会文史资料委员会编:《青海文史资料选辑》第8辑,内部资料,1981年,第37页。
⑦ 周希武:《宁海纪行》,兰州:甘肃人民出版社,2002年,第20页。

跑合或经纪人介绍，一种是直接向牧民收购零星羊毛"。设在产地中心市场的公庄与外帮毛商之间的交易"均系先付款后交货，买卖双方事先签订合同，规定数量、价格及交货地点"①。近代皮毛产地市场往往是不等价交换，使皮毛的直接生产者农牧民蒙受很大的损失。如在甘青藏区皮毛产地市场上，"其大量羊毛，则向寺院喇嘛以硬币收购，唯毛商与牧民每因买卖价格之差异，蒙受重大损失，而喇嘛则赖以中饱取利。"② 在蒙古草原的皮毛市场上，商业完全操于汉商之手，"营业利息常有一倍，更以与蒙人交易，辄获十倍之利益。"③ 在皮毛期货交易中，"洋行代理商向大贩预买之价格，约为市价十分之七至十分之八之间，大贩向小贩预买之价格则稍低，小贩向牧户预买之价格即无一定，有仅及市价十分之五者"④。平凉海城县"小户于春季期取洋行之银，夏季以羊毛相抵，每斤值百文之毛，被洋行以五六十文得取"⑤。可见，洋行与皮毛商往往以低于市场50%—60%的价格从生产者手中购买皮毛。在皮毛交易中，高利贷者也十分活跃，一些皮毛商或高利贷商人，"在牧户需款孔急之时，贷以款项，议定毛价，于将来收毛时，即以羊毛抵偿债务，其利率之高，有达月息百分之十至十二者。亦有牧户向羊毛商贩先期购进布匹等日用品，俟羊毛上市时，按购货时之毛价，将欠款折成定量羊毛，以之清偿前债"⑥。不论是牧户预先贷款还是预先购买日用品，在皮毛交易中吃亏的，都是皮毛直接生产者农牧民。

（二）中转市场

商贩们将大量的皮毛从生产者的市场买来，然后再转卖给另外一些商人，这一过程要在中转市场完成。中转市场是皮毛的收购和运输中心，主要功能有：(1) 皮毛转运。即把皮毛从产地市场输送到出口市场和其他市场（如皮毛加工）上去。(2) 皮毛交易。和产地市场不同，很少有皮毛生产者同商人交易，主要是中小商人与大商人之间的交易。(3) 皮毛整理。在皮毛流通领

---

① 许道夫：《中国农业生产及贸易统计资料》，上海：上海人民出版社，1983年，第316页。
② 李屏唐：《兰州羊毛市场之调查》，《贸易月刊》1943年3月号。
③ 《包头调查述略》，《西北》1924年第9号。
④ 甘肃省银行经济研究室：《甘肃之特产》，兰州：甘肃省银行总行，1944年，第85页。
⑤ 杨金赓纂修：《海城县志·风俗志·实业》卷七，光绪三十四年（1908）铅印本。
⑥ 甘肃省银行经济研究室：《甘肃之特产》，兰州：甘肃省银行总行，1944年，第86页。

域，对皮毛分类、洗净、包装，皮张的鞣制、加工等工作主要在中转市场进行。因此，皮毛中转市场"大都在有一定规模和重大经济作用的城镇和城市，不仅要靠近羊毛产地，而且最重要的是，它必须坐落在连接边疆和内地的陆路和水路运输线"①。在近代西北皮毛市场上，兰州、包头、张家口、归绥和一些产地中心市场集镇担任了中转市场的职责。

兰州是西北甘、宁、青区域最大的商业都市，明清以来形成了五条商路："东通秦豫为东路；南达巴蜀为南路；北通宁夏、包头、归绥为北路；西通新疆、俄领地为口外；西南通青海、西藏为西路。"② 这些商路把兰州与全国市场紧密联系起来。在西北皮毛市场体系中，兰州是甘、宁、青最大的皮毛中转市场。据统计，1932—1934年，甘肃皮毛输出总值分别是 7 088 670 元、6 640 272 元和 10 058 197 元，分别占三年出口总值的 48.37%、43.08% 和 52.01%③。其中，绝大部皮毛分是从兰州市场上输出的。据统计，20 世纪 30 年代，兰州资本在 5 千元到 1 万元的皮商有 12 家，各皮行每年在皮毛上市季节，"挟巨资赴各产地办货，所办之货，均系生货，剥割未久，血污狼藉，且极坚硬，此项生货运归兰州，即开始硝制"④。抗战时期，随着西北皮毛出口市场的转移，兰州在皮毛市场上的地位突显出来。据调查，抗战时期在兰州经营皮毛的商家有 20 家，有皮商兼营毛业、杂货兼营毛业、驼行兼营毛业、钱庄兼营毛业、过载行兼营毛业，甘省银行也兼营皮毛，估计资本在 45 万元至 60 万元的 5 家，在 10 万元至 45 万元的 7 家，在 1 万元至 10 万元的 5 家，1 万元以下的 1 家，2 家资本不详⑤。兰州承担了西北皮毛转运到新疆然后出口苏联的主要任务。

包头在清朝道光、咸丰年间尚是"极小之市镇，隶萨拉齐厅"⑥。随着近代西北皮毛市场的兴起和铁路的开通，包头发展成为西北著名的商业重镇。从道光年间山西商人开设的第一家皮毛店"公义店"开始，到光绪年间发展

---

① （美）詹姆斯·艾·米尔沃德：《1880—1909 年回族商人与中国边境地区的羊毛贸易》，《甘肃民族研究》1989 年第 4 期。
② 王金绂：《西北地理》，北平：立达书局，1932 年，第 417—418 页。
③ 朱镜宙：《甘肃最近三年间贸易》，《开发西北》1935 年第 5 期。
④ 潘益民：《兰州之工商业与金融》，上海：商务印书馆，1936 年，第 68—69 页。
⑤ 李屏唐：《兰州羊毛市场之调查》，《贸易月刊》1943 年 3 月号。
⑥ 王公亮：《西北地理》，南京：正中书局，1936 年，第 213 页。

到 20 多家①，一战前夕发展到 30 个羊毛商行②。在包头通火车的前一年，其"周围地区和青、甘、宁以及新疆、外蒙的皮毛纷纷集中到包头，待期外运。这一年经过包头的羊毛达 2100 万斤，驼毛 800 万斤，羊绒 430 万斤，狐、狼、狗、羊皮等 245 000 张"③。1923 年，铁路通车后，包头"成为蒙、甘、新、青、宁夏等地货物吐出之巨口"，"凡新疆、青海、甘肃等省之皮毛，阿拉善旗、吉兰泰之食盐，额济纳、鄂尔多斯、乌兰察布盟西南部之牲畜皮毛与农产，多依黄河舟运至此起卸，再由火车运销绥、察、平津"④。包头成为平绥线西端最大的皮毛购买和运输中心，"大约西进（来）货物的 70%，由这里经铁路转运到京、津地区"⑤。抗战前包头的皮毛转运十分繁荣，"每年从五月份起每天都有装羊毛的平板船、牛皮筏子络绎不绝地从甘肃、兰州、西宁到来。阿拉善旗、后山、外蒙古的运皮毛的骆驼队，一来就是几十峰。到旧历七月十五办的'盂兰会'的前几天，南海子码头停满了木船和皮筏子，上下排列长达十里左右，约有三四百只，其中三分之一都是装满皮的。包头城的大街小巷，500 多辆搞短途运输的骡马车都出动，大多数拉的是皮毛"⑥。20 世纪 30 年代，包头专门从事皮毛运输业的 9 家，皮毛业的 15 家，生皮业的 18 家⑦。作为中转市场，包头的皮毛吞吐量是很大的，据 1925 年统计，羊毛 1100 万斤，羊绒 150 万斤，驼毛 800 万斤，各类皮 31 万张；世界经济危机前的 1928 年，包头转运羊毛 1600 万斤，羊绒 55 万斤，驼毛 600 万斤，各类皮 20 万张；抗战前的 1935 年，包头转运羊毛 2600 万斤，驼毛 200 万斤，各类皮张 400 吨⑧。由于皮毛市场发展的需要，包头出现了专门以做皮

---

① 中国人民政治协商会议内蒙古自治区委员会文史资料委员会编：《内蒙古工商史料》，内部资料，1990 年，第 219 页。

② （美）詹姆斯·艾·米尔沃德：《1880—1909 年回族商人与中国边境地区的羊毛贸易》，《甘肃民族研究》1989 年第 4 期。

③ 中国人民政治协商会议内蒙古自治区委员会文史资料委员会：《内蒙古工商史料》，内部资料，1990 年，第 222 页。

④ 黄奋生编：《蒙藏新志》，上海：中华书局，1938 年，第 57、58 页。

⑤ 中国人民政治协商会议包头市委员会文史资料研究委员会编：《包头文史资料选编》第 5 辑，内部资料，1984 年，第 101—102 页。

⑥ 中国人民政治协商会议内蒙古自治区委员会文史资料委员会：《内蒙古工商史料》，内部资料，1990 年，第 216 页。

⑦ 杨瑞春：《包头市现状概述》，《开发西北》1935 年第 1—2 期（察绥专号）。

⑧ 中国人民政治协商会议内蒙古自治区委员会文史资料委员会：《内蒙古工商史料》，内部资料，1990 年，第 216 页。

毛为业务的劳动力市场，在皮毛收购的旺季每天需要皮毛工人有约 1000 到 1500 人①。运到包头的皮毛经过筛选、整理、洗净、打包后，再由铁路运往天津出口，或流向河北、北平等地的皮毛加工市场。包头是一个皮毛商人聚会的城市，在近代西北皮毛流通的过程中，到 20 世纪 30 年代，包头的"皮毛店已经达到了高度专业化的程序，它们专门在西边来的专卖羊毛的西路客及东边来的专买羊毛的东路客之间起调节作用"②。说明包头在西北皮毛流通过程中发挥着巨大的作用。

张家口"为商货转运总汇之地，北通内外蒙旗及库仑、乌里雅苏台、科布多等处，西通绥远、宁夏、新疆，为近边西北之咽喉。"③ 近代以来随着天津以及北方市场的开放，到 20 世纪初，张家口成为西北地区最大的商品集散地，特别是 1909 年京张铁路通车后，西北的皮毛、药材集中到张家口后再由铁路输送到天津口岸和其他市场。在张家口市场上，出口货物以皮毛、牲畜为大宗。每年"农历八月至年底，是畜牧产品集中上市的时候，'外管'市场，各种皮毛货栈里皮毛堆积如山，中间只留一条车道，十里长街为之闭塞"④。1925 年至 1929 年是张家口皮毛市场最繁荣的时期。据统计 1925 年输入张家口的各种皮张 839 万张，其中羔皮 300 万张，老羊皮 150 万张，山羊皮 100 万张，灰鼠皮 50 万张，狐狸皮 20 万张，狼皮 10 万张，獾子皮 50 万张，牛皮 150 万张，马皮 9 万张。各类毛 1100 万斤，其中羊毛 900 万斤，羊绒 20 万斤，驼毛 150 万斤，猪鬃 30 万斤。据 1929 年统计，张家口经营皮毛的有 769 家行店，从业多达 3.2 万余人⑤。

归绥位于张家口与包头之间，"西经后套以通甘、新，北越蒙古而至库仑，为西北交通总汇"⑥。在清朝时期，归化就是蒙古草原上的牲畜和皮张交

---

① 中国人民政治协商会议内蒙古自治区委员会文史资料委员会：《内蒙古工商史料》，内部资料，1990 年，第 246—247 页。

② （美）詹姆斯·艾·米尔沃德：《1880—1909 年回族商人与中国边境地区的羊毛贸易》，《甘肃民族研究》1989 年第 4 期。

③ 王金绂：《西北地理》，北平：立达书局，1932 年，第 193 页。

④ 高学忠：《张垣蒙汉贸易史》，中国人民政治协商会议张家口市委员会文史资料委员会编：《张家口文史资料》第 21 辑，内部资料，1992 年，第 99 页。

⑤ 马清傲：《张家口皮毛业的由来及其兴衰》，中国人民政治协商会议张家口市委员会文史资料委员会编：《张家口文史资料》第 13 辑，内部资料，1988 年，第 3 页。

⑥ 王公亮：《西北地理》，南京：正中书局，1936 年，第 210 页。

易中心，"归化称牲畜交易约有数处。其马市在绥远城，曰马桥。驼市在副都统署前，曰驼桥。牛市在城北门外，曰牛桥。羊市在北茶坊外，曰羊桥。其屠宰牲畜，剥皮取革，就近硝数，分大小皮货行交易，在城南门外十字街，俗呼为皮十字"[1]。天津开埠后，各国洋行在天津设庄收购皮毛，归绥成为蒙古草原上主要的皮毛市场。皮商、毛商纷纷在归绥设立庄、店，经营皮毛生意，如1876年天津驼毛的95%来自归化城[2]。1921年5月，平绥铁路通车后，归绥转运市场的地位日渐突显。据20世纪30年代调查，归绥从事牲畜皮毛业90家，皮货业75家[3]。作为转运市场，以皮毛为大宗，以毛为例，归绥市场年销售西宁毛130万斤，归绥附近毛40万斤，套毛150万斤，羊绒160万斤[4]。

除了上述大型中转市场外，许多产地的中心市场兼有中转市场的职能，负责向上级市场提供皮毛货源。如青海的西宁、湟源、玉树、鲁沙尔镇等，甘肃的肃州、夏河、张掖、河州、张家川镇，宁夏的石嘴子、磴口、定远营，陕北的榆林，新疆的哈密、奇台等地是皮毛产地的中转市场。在青海，"羊毛之聚散，多由蒙藏人民用牦（耗）牛、骆驼运输于各大集聚地，如大通、俄博、永安、玉树、鲁沙尔、上五庄、贵德、循化、湟源、隆武等地后，再行以骡车、骆驼、皮筏等运输于甘肃、绥远、天津各大地，运售于洋商，或国内商家"[5]。湟源位于"青海蒙番出入之大道，故虽小县而商务颇盛"。据周希武在民国初期的调查，每年经湟源出口的皮毛数量为，羊毛220万斤，骆驼毛2万斤，羔皮16万张，大羊皮1.5万张，牛皮1.5万张，野牲皮5000张，马皮5000张，野马皮5000张，野牛皮5000张[6]。宁夏石嘴子（今石嘴山市）"为阿拉善蒙古与宁夏道属平罗交界之地，黄河纵贯南北，大山回抱东西，形势一束，诚要隘也"。此处清朝时期就是蒙汉贸易之地，乾隆二十五年（1780）勒碑记载："蒙古一二月出卖皮张，三四月卖绒毛，五六月羊，七八

---

[1] 钟秀、张曾纂：《古丰识略·市集》卷20，咸丰十年（1860）手抄本。
[2] 姚贤镐编：《中国近代对外贸易史资料（1840—1895）》，北京：中华书局，1962年，第1117页。
[3] 杨增之等编：《绥远省调查概要》，绥远：民众教育馆，1934年，第105、108页。
[4] 贺扬灵：《察绥蒙民经济的解剖》，上海：商务印书馆，1935年，第45页。
[5] 陆亭林：《青海皮毛事业之研究》，《拓荒》1935年第1期。
[6] 周希武：《宁海纪行》，兰州：甘肃人民出版社，2002年，第17—18页。

月牛马，九月茶马毕，岁以为常。"① 近代以来，因扼居交通要道仍居有皮毛集散市场的地位，洋行和国内商人在这里设有行店，"各行专在甘、青一带收买皮毛，集中于此，待梳净后包装，以骆驼或木船载赴包头。岁约皮百万张，毛三千万斤左右"②。作为中转市场，皮毛集中到石嘴山后要经过简单的加工。为此，1915年，石嘴山的新泰和仁记外国公司联合开办了皮毛加工包装工厂，雇用1500多个工人，专事清理污物及冲洗和晒干羊毛③。这些产地中心市场是沟通大型中转市场与居民点、集市等产地市场的枢纽。

（三）出口市场

出口市场是西北皮毛在国内流通过程中的终点市场。近代西北地区的皮毛有两大主要出口市场：一是从天津出口到欧美和日本，一是从新疆出口到俄罗斯及其他国家。此外，西北皮毛还通过汉口、上海、广州等口岸进入国际市场，但在整个西北皮毛的出口贸易中并不占主要地位。

近代以来，随着中国北方地区外向型经济的兴起，天津成为西北皮毛最主要的出口市场，"至1909年京张铁路通车以前，以天津为终点市场的皮毛运销体系已初具规模"④。京张铁路以及平绥铁路的通车，加强了西北皮毛产地市场与天津出口市场之间的联系，西北皮毛运销"最末的市场就是天津，由此再合流于世界经济的大动脉上"⑤。1925年前后，"天津输出之羊毛，青海、甘肃居其五成，山陕居其成半，蒙古居其二成半，直鲁约居一成"⑥。1930—1952年，新疆经绥远转运到天津出口的皮毛产品总计16种，价值4 616 700元⑦。据近人的相关研究，估计每年运销到天津的羊毛约3858万

---

① 林竞：《西北丛编》，上海：神州国光社，1931年，第74页。
② 林竞：《西北丛编》，上海：神州国光社，1931年，第73—74页。
③ （美）詹姆斯·艾·米尔沃德：《1880—1909年回族商人与中国边境地区的羊毛贸易》，《甘肃民族研究》1989年第4期。
④ 樊如森：《天津开埠后的皮毛运销系统》，《中国历史地理论丛》2001年第1期，第59—69页。
⑤ 李洛之、聂汤谷：《天津的经济地位》，天津：经济部冀热察绥区特派员办公处驻津办事处，1948年，第36—37页。
⑥ 转引自樊如森：《天津开埠后的皮毛运销系统》，《中国历史地理论丛》2001年第1期，第59—69页。
⑦ 陈赓雅：《西北视察记》，兰州：甘肃人民出版社，2002年，第14—16页。

斤，大多数来自西北皮毛市场①。据1937年抗战爆发前夕的统计，天津羊毛市场交易量约为40万担，其中来自青海、甘肃、宁夏、新疆20万担，内蒙古10万担，山西、陕西6万担，河北、山东、河南4万担②。可见，在天津羊毛市场，西北羊毛占70%左右的市场份额。近代西北羊毛经天津口岸出口后，主要销往美、日、英、德等国，而美国占有80%以上的份额。渠占辉根据《海关贸易报告》1895—1936年各卷的统计，1911年经天津口岸出口的西北羊毛235 016担，其中出口美国222 400担，占94.63%；1915年经天津出口的西北羊毛270 330担，其中出口美国228 800担，占84.64%；1925—1929年占80%以上；1930—1934年达90%③。抗战时期天津沦陷后，西北皮毛市场与天津出口市场的联系基本中断。

西北皮毛的另一个主要出口市场是新疆的各开放口岸。近代新疆一部分皮毛经过北草地商路驼运到包头、绥远转运到天津出口，大部分皮毛则在本地通商口岸直接出口到俄国和中亚各国及印度。同时，青海的"西宁毛"和甘肃"平番毛"的一部分，经肃州转运到新疆市场出口。新疆对外贸易的出口市场主要有乌鲁木齐、伊犁、塔尔巴哈台、喀什噶尔等地。以光绪末年乌鲁木齐为例，根据"俄国商务代表记载，镇迪道属皮毛出口数目，计羊毛五十一万六千卢布，羊皮、山羊皮、羔皮桶等共十九万六千九百卢布，驼毛二万八千七百卢布，牛马皮一万二千七百卢布，其余驼、马、牛、羊各牲畜约十万卢布"④。俄国十月革命期间，新疆出口市场受到严重影响，1917年底比1916年下降30%—50%⑤。苏联新经济政策实行后，对新疆出口苏联的皮毛等原料实行免税政策，推动了新疆皮毛出口市场的恢复和发展，根据李寰的研究统计，1923年到1932年的皮毛贸易额达到了5163.1万卢布⑥。

---

① 李洛之、聂汤谷：《天津的经济地位》，天津：经济部冀热察绥特派员办公处驻津办事处，1948年，第36—37页第32表。
② 李洛之、聂汤谷：《天津的经济地位》，天津：经济部冀热察绥特派员办公处驻津办事处，1948年，第36页第31表。
③ 渠占辉：《近代中国西北地区的羊毛出口贸易》，《南开学报》（哲学社会科学版）2004年第3期，第113—116页。
④ 钟广生：《新疆志稿》卷2《畜牧》，台北：学生书局，1967年影印本，第36页。
⑤ 王少平：《20年代新疆同苏联的贸易》，《史学集刊》1990年第4期，第69—72页。
⑥ 李寰：《新疆研究》，重庆：安庆印书局，1944年，第153页。

抗日战争爆发后，包括天津在内的东南沿海口岸被日军占领，中国几乎丧失了所有的海上运输线，从而中断了西北皮毛市场与天津等出口市场之间的联系，如时人针对甘肃羊毛市场状况所说："抗战以后，天津沦陷，本省羊毛，一度改销汉口、广州，旋以广州、汉口又相继失守，羊毛随陷于滞销状态。"[①] 1938年3月，国民政府财政部贸易委员会西北办事处成立后，西北皮毛市场开始恢复。同时，1937年和1938年，国民政府经济委员会和交通部分别在兰州成立了陕甘运输处（1938年改为交通部西北公路运输局）和陕甘车驼运输所，兰州成为西北最大的转运市场，苏联援华的战略物资以及中国的土产大都通过兰州转运新疆出口。新疆成为中国对外贸易的主要口岸，也是西北皮毛最大的出口市场。从1938年秋起，陕、甘、宁、青、绥的畜牧农产品，江南的丝、茶、桐油以及金属矿产品都是经过新疆口岸出口[②]。经新疆出口的皮毛主要运销苏联。从1938年开始，截止到1942年10月中国出口苏联皮毛数量是，羊毛339 600关担，山羊绒6156关担，驼毛16 056关担，猪鬃7104关担，羔皮1 450 000张，胎羔皮9000张，旱獭皮349 755张，老羊皮30 902张，山羊皮3 740 693张，山羊猾皮126 665张，狐皮12 650张，黄鼠狼皮7000张，黄牛皮28 441张，水牛皮8321张[③]。这些皮毛绝大多数是通过西北交通运输线从新疆市场出口的。

总之，西北地区的甘肃、宁夏、青海、新疆、绥远、察哈尔以及陕西的北部位于我国农牧分界线以北地区，是我国主要的皮毛产地，近代中国70%以上的皮毛产于这一地区。近代以来，随着天津以及北方其他城市开埠，中国逐渐成为列强掠夺原料的市场，西北皮毛成为列强在中国掠夺的原料之一，由此皮毛作为出口商品通过天津和新疆各口岸运销到欧美、日本、俄罗斯等国。在西北皮毛的市场链中，以产地市场为基础，以中转市场为枢纽，以出口市场为尾闾，形成了比较完整的市场体系。通过对西北皮毛市场链的研究，我们可以看出皮毛市场的兴起对西北区域市场与国际市场的联系产生了至关重要的作用。随着西北皮毛市场体系的形成，使西北经济结构"由传统的封

---

[①] 甘肃省银行经济研究室：《甘肃之特产》，兰州：甘肃省银行总行，1944年，第84—85页夹页。
[②] 徐万民：《八年抗战时期的中苏贸易》，《近代史研究》1988年第6期，第185—207页。
[③] 国民政府行政院：《国民政府年鉴》，重庆：国民政府行政院，1943年，第98页。

闭型牧畜生产结构逐步地向近现代化的外向型生产结构转化过程之中"[1]，增加了西北地区经济发展的现代化因素。尽管如此，近代中国毕竟是一个丧失了多种主权的国家，在国际贸易中处于劣势地位，这种处境就决定了西北皮毛在国际市场上的被动地位，即西北皮毛市场随着国际市场的兴衰和需求而发生波动。

原载（《史学月刊》2007年第3期）

---

[1] 樊如森：《论近代中国北方外向型经济的兴起》，《史学月刊》2003年第6期，第42—49页。

# 清朝至民国时期甘宁青地区的典当业

典当业是我国最古老的一种民间借贷组织，是以动产如物品，或不动产如土地、房屋等作为质押的一种民间借贷。在传统借贷关系中，"典"与"当"是有区别的，既有内涵的不同，又有形式上的不同，如"典"对质物的价值与价格，不论其大小，"典铺决不能以财力不及，拒而不收"；"当"对于质贷物品的价格是有限制的，"愈其额限之数，虽值多数倍，当铺可婉言却质"。在利息高低与期限长短也有区别，"凡二分取息，二十个月满当者，为典；其余取息稍重，即称当"。到了近代以来，两者统称为"典当"。[1] 本文的讨论不再区分"典"与"当"以及不同类型的问题。典当业是传统借贷关系中的主要组成部分，关于甘、宁、青地区的传统借贷关系中的典当业，学术界鲜有涉猎。本文通过对清朝至民国时期甘、宁、青地区典当业的论述，来看传统借贷关系的演变情形。

## 一、典当业的一般状况

（一）清朝时期的典当业

由于资料的限制，笔者无法对甘、宁、青地区典当业及当铺数量做系统的考证，仅从典当业的一些事例来反映当时乡村借贷关系。从现有的资料来

---

[1] 中国联合准备银行：《北京典当业之概况》，1940年，第6页。

看，甘、宁、青地区的典当业在清朝初期并不发达，顺治时期编修的方志在"赋税"项下很少有关于当铺或当税的记载，到了康熙、乾隆时期编修的方志多有该项记载。如狄道"原报当铺一座，每年额征税银五两"。[1] 肃州（今酒泉）"当税，原额当铺六十座。自雍正八年（1730）起，至乾隆元年（1736）止，陆续新增一十九座，共当铺七十九座，每座每岁额征税银五两，共征税银三百九十五两"。[2] 甘州府"当税每帖税银五两"[3]；高台"额征当税银二十二两"；[4] 庄浪县"当税，十两"，[5] 静宁州"当税银五两"。[6] 金县（榆中）年征收"当税银一百五两"，[7] 秦安县征收"当税银一百六十五两"，[8] 华亭"当税银十两"，[9] 乾隆年间平番（今永登）县城和集镇有当铺31家。[10] 根据地方志关于当税的记载，每座当铺征银5两计算，上述各地当铺数量是：高台4处，庄浪2处，静宁1处，金县21处，秦安33处，华亭2处。在西宁，清代嘉庆初年山西商人在城北朝阳村开设当铺1家，一直到光绪年间歇业。[11] 道光时期，河湟谷地有当铺30余家。[12] 乾隆时期，"宁夏县现在当铺四十四座，岁收课银二百二十两。宁朔县现在当铺四十八座，岁收课银二百四十两。平罗县现在当铺二十二座，岁收课银一百一十两。灵州现在当铺五十座，岁收课银二百五十两。中卫县现在当铺四十一座，岁收课银二百五两"。[13] 清朝中期，宁夏府共有当铺200余座。据道光《兰州府志》记载，当税银皋兰县660两，狄道（今临洮）县460两，渭源县55两，河州（今临夏）195两，靖远县275两。[14] 以每座当铺征银5两计，道光时期兰州府各县当铺数量分别为

---

[1]（清）李观我纂修：《狄道县志·食货考》卷一，康熙二十七年（1688）刻本。
[2]（清）黄文炜、沈清崖纂修：《重修肃州新志·食货》第三册，道光十五年（1835）刻本。
[3]（清）钟庚起纂修：《甘州府志》卷六，乾隆四十四年（1779）刻本。
[4]（清）黄文炜、沈清崖纂修：《重修肃州新志·田赋》第2册，道光十五年（1835）刻本。
[5]（清）邵陆纂修：《庄浪县志》卷七，乾隆三十四年（1769）抄本。
[6]（清）王烜纂修：《静宁州志》卷三，乾隆十一年（1746）刻本。
[7]（清）耿喻、郭殿邦纂修：《金县志》卷六，康熙二十六年（1687）刻本。
[8]（清）严长宦、刘德熙纂修：《秦安县志》，道光十八年（1838）刻本。
[9]（清）赵先甲纂修：《华亭县志》卷四，嘉庆元年（1796）刻本。
[10] 永登县志编纂委员会编：《永登县志》，兰州：甘肃人民出版社，1993年，第328页。
[11] 陈邦彦：《西宁的典当业》，青海省政协学习与文史委员会编：《青海文史资料集粹·工商经济卷》，内部资料，2001年，第254页。
[12]（清）邓承伟等纂修：《西宁府续志》卷十，西宁：青海印刷局，1938年铅印本。
[13]（清）张金城等纂修：《宁夏府志》卷七，陈大猷点校，银川：宁夏人民出版社，1992年。
[14]（清）陈士桢、涂鸿仪纂修：《兰州府志》卷五，道光十二年（1832）刻本。

132座,92座,11座,39座和55座。从各地县志的记载来看,康、雍、乾、嘉四朝,甘、宁、青地区的典当业有了很大的发展,在一些商业比较发达的县当铺多达50余座。上述资料说明,随着社会经济的复苏,清朝康熙、雍正时期,甘宁青地区的典当业开始增加,到乾隆、嘉庆时当铺数量已经相当可观。说明清朝中期当铺是农村的主要借贷机构。

同治回民事变后,社会经济遭到巨大的破坏,当铺大半歇业。如在河湟谷地,"父老相传,道光年间城乡当商共有三十余家,经同治兵燹,城关及威远堡尚剩八九家。"[①] 晚清时期的当铺比道光以前减少了20余处。光绪时期,随着社会经济的复苏,各地又陆续建立了一些当铺,光绪十六年(1890),陇西分县武阳城设"德胜当","每年征税银二十五两"。[②] 临泽"前清时全县共领当帖八张"。[③] 西宁开设当铺2处,一处在官井街(今民主街),为山西董姓商人开设,光绪年间歇业;一处在仓门街,光绪年间开业,清末歇业。[④] 静宁在清朝末年县城设有2家当铺,"一曰'六兴当'(秦安人经营),在县城东街;一曰'中兴当'(也称党家当铺,系威戎党志振家开办),在后街,经营金银首饰、珠宝、衣物、文物字画、工艺美术品、家具器皿、古董玩物等的典当。"[⑤] 固原亦有大当1处和中小当多家。[⑥] 湟中在光绪末年开设当铺1家。[⑦] 宣统年间调查统计,甘、宁、青地区有当铺424座。[⑧] 甘肃西南藏族地区商业比较发达的市镇在晚清时期也兴起了典当业,如临潭县在光绪年间建有当铺4家。[⑨] 另外,从清末《甘肃全省调查民事习惯问题报告册》的相关

---

[①] (清)邓承伟等纂修:《西宁府续志》卷十,青海印刷局1938年铅印本。
[②] 光绪《陇西分县武阳志》卷一,影印光绪三十四年(1908)序本。
[③] 民国《创修临泽县志》附录《临泽县志采访录·财赋类》,张志纯等校点,兰州:甘肃文化出版社,2001年。
[④] 陈邦彦:《西宁当铺业简况》,西宁市政协文史资料研究委员会编:《西宁文史资料》第5辑,内部资料,1988年。
[⑤] 戴谦恭:《静宁县金融业的诞生及发展》,中国人民政治协商会议甘肃省静宁县委员文史资料委员会编:《静宁县文史资料选辑》第2辑,内部资料,1992年。
[⑥] 赵振汉:《解放前固原的金融概况》,中国人民政治协商会议宁夏固原县委员会文史资料研究委员会编:《固原文史资料》第4辑,内部资料,1992年。
[⑦] 张生右、赵永年:《建国前鲁沙尔镇的工商业》,中国人民政治协商会议青海省湟中县委员会文史资料组编:《湟中文史资料选》第1辑,内部资料,1989年。
[⑧] 经济学会:《甘肃全省财政说明书(次编上)》,经济学会1915年铅印本,第71页。
[⑨] 临潭县志编纂委员会编:《临潭县志》,兰州:甘肃民族出版社,1997年,第341—342页。

内容来看，本区域大多数县都有当铺，典当业比较普遍。光绪时期甘、宁、青地区的典当业稍有恢复。

（二）民国时期的典当业

民国建立以后，甘、宁、青地区的当铺继续增加。青海"民国初年起，西宁当铺开始处于全盛时期，当时西宁当铺业前后共六处"[①]；湟中鲁沙尔镇缙绅汪玉才开设德胜当[②]，化隆县先后有"积福当"、"三顺当"、"永兴当"3家当铺。[③] 1915年，兰州有典当行22家。[④] 1922年，西峰镇最大的商号"永城店"开办"永和当"，经营典当业10余年。[⑤] 高台"城乡当商四家"。[⑥] 临泽县有"丙等当商三家，年纳税共法币一百二十元，又领乙等当帖者一家"。[⑦] 如渭源的清源、会川、莲峰三地共有典当业5户。[⑧] 礼县1926年以前县城有"恒丰当"、"世顺当"、"致远秀"，盐官有"渊源当"等当铺。[⑨] 宁夏平罗"县属当铺贰拾座，岁收课银一百两"。[⑩] 宁夏瞿靖镇（今属青铜峡市）有"清泰当"和"吉星当"2处。[⑪]

民国时期，一些地方还活跃着小押当。如礼县有资本数百千元的小押当[⑫]，

---

① 陈邦彦：《西宁当铺业简况》，西宁市政协文史资料研究委员会编：《西宁文史资料》第5辑，内部资料，1988年。
② 赵珍：《近代青海的商业、城镇与金融》，《青海社会科学》2002年第5期，第88—90页。
③ 赵继贤：《化隆的当铺》，中国人民政治协商会议青海省委员会文史资料研究委员会编：《青海文史资料选辑》第16辑，内部资料，1987年。
④ 赵继贤：《化隆的当铺》，中国人民政治协商会议青海省委员会文史资料研究委员会编：《青海文史资料选辑》第16辑，内部资料，1987年。
⑤ 武汇东、武骥：《调查员武汇东、武骥调查甘肃省垣经济情形报告书》，《中国银行业务会计通信录》1915年第12期。
⑥ 徐家瑞：《新纂高台县志》卷三，1925年铅印本。
⑦ 高继良总纂：《创修临泽县志》卷七，1943年铅印本。
⑧ 温让：《清末民初的渭源典当业》，中国人民政治协商会议甘肃省渭源市委员会：《渭源文史资料选辑》第1辑，内部资料，1999年。
⑨ 王志轩：《民国时期礼县的行业》，政协礼县委员会编：《礼县文史资料》第2辑，内部资料，1995年。
⑩ 《平罗县志·杂赋》，国立：北平图书馆，1932年抄本。
⑪ 吴兴安、刘天福口述：《瞿靖当铺》，中国人民政治协商会议宁夏青铜峡市文史资料研究委员会编：《青铜峡市文史资料》第1辑，内部资料，1988年。
⑫ 王志轩：《民国时期礼县的行业》，政协礼县委员会编：《礼县文史资料》第2辑，内部资料，1995年。

兰州有小押当1家①，1921年前后，西宁有小押当10余家②，乐都先后有小押当五六家。这种小押当与当铺不同之处在于，当铺是经过政府登记并颁给"帖"（类似营业执照）后方可经营，而小押当政府不给"帖"，政府只要备案就可以经营。小押当在当期、利息等方面也与当铺有所不同。一些小押当依附于大当铺，做"代当"生意。如西宁有一批依附于积成当的小押当，"他们利息高、当期短，往往利用地域性天灾，上门收押，预扣利息，当期一个月。小押当票，期满不赎当，转押给积成当，由积成当开给当票，付给当价。小押当将当票转给当户，换回小当票，当户迳向积成当赎当"。③

20世纪二三十年代，甘、宁、青地区典当业走向了衰落。如泾川县城的"永积当"1922年开业，1924年歇业；"两益当"1924年开业，1926年停业。④即使商业都市兰州，典当业也大不如前，1927—1928年兰州典当业减少至14家。⑤固原"典当业于民国十二年（1923）后陆续歇业，至民国二十年（1931）已无典当业"。⑥西宁当铺大部分在1930年以后歇业。⑦1934年调查时，甘肃只有7个县有当铺，酒泉3家，临夏3家，永登县4家，敦煌3家，武威1家，天水4家，张掖10家⑧。其中天水4家均为小押当，张掖有5家为小押当。⑨该调查与《甘肃省志》的记载相吻合，即甘肃全省仅有7县有当铺共计28家，加上兰州当铺10家，共计不过38家⑩，尚不及清末的1/10。20世纪30年代以后，典当业不再是农村的主要借贷机关，如据抗战时期对甘、宁、青地区农家借贷来源调查，甘肃、青海在当铺借贷只占4％，

---

① 赵景亨：《对兰州当铺的回忆》，兰州市政协文史委员会、中国民主建国会兰州市委员会编：《兰州文史资料选辑》第11辑，内部资料，1990年。
② 陈邦彦：《西宁当铺业简况》，西宁市政协文史资料研究委员会编：《西宁文史资料》第5辑，内部资料，1988年。
③ 滕继河：《乐都的估货业和积成号当铺》，青海省政协学习与文史委员会编：《青海文史资料集萃·工商业卷》，内部资料，2001年。
④ 泾川县志编纂委员会编：《泾川县志》，兰州：甘肃人民出版社，1996年，第378页。
⑤ 《皋兰农业之概况》，《农村经济》1935年第6期。
⑥ 赵振汉：《解放前固原的金融概况》，中国人民政治协商会议宁夏固原县委员会文史资料研究委员会编：《固原文史资料》第4辑，内部资料，1992年。
⑦ 陈邦彦：《西宁当铺业简况》，西宁市政协文史资料研究委员会编：《西宁文史资料》第5辑，内部资料，1988年。
⑧ 《甘肃各县典当业》，《中国农村》1934年第3期。
⑨ 宓公干：《典当论》，上海：商务印书馆，1936年，第252页。
⑩ 甘肃省地方史志编纂委员会编：《甘肃省志》第44卷《金融志》，兰州：甘肃文化出版社，1996年，第57页。

宁夏则无当铺借贷。① 当铺衰落的原因多种多样，归纳起来有如下原因。

（1）经营不善导致当铺停业。化隆的积福当成立于1902年，东家贾玉山是当地著名的缙绅，经营当铺得法，生意兴隆，当铺先后延续20余年。到20世纪20年代贾玉山去世后，其子不善经营，管理不善，账房先生吸食鸦片，店员赌博酗酒，使当铺失去信用，最后破产停业。②

（2）币制不稳定与货币贬值导致当铺停业。如渭源的元亨当，清光绪时期开业，1923年甘肃将麻钱改为砂元后币值贬值而倒闭。③ 武威当铺"昔以钱为主，近年用银元。银贵钱贱，资本大耗，加之生活过高，入不敷出，十余家大当相继倒闭，仅存一家"；兰州当铺也因受西北银行纸币的影响大部分倒闭④；青海"制钱改铜元以来，民国十五（1926）、十六（1927）两年，银价日昂，各家私人资本化为乌有，不能支持。因将各项公款全数归还，前后相继歇业。"⑤

（3）宗教原因导致当铺停业。青海"三顺当"系闻氏、冶氏、孟氏三姓回民在化隆西关开设的当铺。1927年，由于马麟推行"伊赫瓦尼"新教，阿訇马禄认为回民开设当铺与伊斯兰教义不合，作为穆斯林放账吃利是"亥拉木"（使不得），故勒令停业。⑥ 因此，甘宁青地区回民商人开设当铺者甚少。

（4）自然灾害与社会动荡导致当铺停业。1920年，发生了海原大地震，导致了一些当铺的停业，如静宁县中兴当于1920年海源大地震后倒闭。⑦ 1929年，西北发生了百年不遇的大旱灾，导致了大量的当铺歇业。如渭源县"典当业一蹶不振，彻底倒闭"。⑧ 1928年，马仲英在临夏起事，马氏在反对

---

① 《民国三十一年各省农村放款机关及放款期限统计》，《中农经济统计》1943年第4—5期。
② 《民国三十一年各省农村放款机关及放款期限统计》，《中农经济统计》1943年第4—5期。
③ 王子安口述：《莲峰解放前三十余年工商业兴衰情况》，中国人民政治协商会议甘肃省渭源市委员会编：《渭源文史资料选辑》第1辑，内部资料，1999年。
④ 宓公干：《典当论》，上海：商务印书馆，1936年，第252页。
⑤ （清）邓承伟等纂修：《西宁府续志》卷十，青海印刷局1938年铅印本。
⑥ 赵继贤：《化隆的当铺》，中国人民政治协商会议青海省委员会文史资料研究委员会编：《青海文史资料选辑》第16辑，内部资料，1987年。
⑦ 戴谦恭：《静宁县金融业的诞生及发展》，中国人民政治协商会议甘肃省静宁县委员会文史资料委员会编：《静宁县文史资料选辑》第2辑，内部资料，1992年。
⑧ 温让：《清末民初的渭源典当业》，中国人民政治协商会议甘肃渭源市委员会编：《渭源文史资料选辑》第1辑，内部资料，1999年。

国民军的旗帜下洗劫了甘肃、宁夏、青海的许多市镇，同一时期，西北发生了百年不遇的大旱灾，社会经济遭到了严重的破坏，这些天灾人祸导致了典当业的衰落。正所谓"在民国十八年（1929）前，各县所设立之典当甚多，嗣因频遭兵燹，益以灾侵，浩劫迭来，民生凋敝，而典当之倒闭者遂多，今仅存者，已无几矣。"①所谓甘肃典当业"在民国十八年（1929）前，各县设立尚多，后因频遭匪害，多数倒闭"。② 因此，20世纪二三十年代之交，是甘、宁、青地区典当业的分水岭。此后，大部分地方当铺彻底绝迹了。

典当业的衰落不仅表现在数量上，而且还表现在资本的减少。晚清至民国初年，一些新开张的当铺资本比较充足，如渭源天心当，1919年开业，资本2万元；义盛当，民国初年开业，资本7万元；元亨当，清光绪时期开业，资本2万元。③青海当铺"资本雄厚，皆为银币万元上下"。④ 在20世纪二三十年代，一些大的当铺资本差不多都在万元以上，但到20世纪30年代之后，当铺的资本减少了许多，据1934年调查，兰州13家典当业中，资本5000元1家，3000元2家，2000元10家。⑤ 兰州典当业尚且如此，各县典当业亦可见一斑。新中国成立前夕，甘肃仅有当铺15家，资本也很小，最多不超过5000元。⑥可见，即使生存下来的当铺资本严重不足。

## 二、典当业的经营

### （一）抵押物

典当业在经营中主要以动产抵押，发生借贷关系。动产主要以衣物、金银首饰、珠宝、农具以及日常用品等作为抵押换取现金，不动产主要是以土

---

① 潘益民：《兰州之工商业与金融》，上海：商务印书馆，1936年，第72页。
② 《甘肃各县典当业》，《中国农村》1934年第3期。
③ 赵振汉：《解放前固原的金融概况》，中国人民政治协商会议宁夏固原县委员会文史资料研究委员会编：《固原文史资料》第4辑，内部资料，1992年。
④ 陈邦彦：《西宁当铺业简况》，西宁市政协文史资料研究委员会编：《西宁文史资料》第5辑，内部资料，1988年。
⑤ 《兰州之金融与货币》，《新亚细亚》1934年第6期。
⑥ 甘肃省地方史志编纂委员会编：《甘肃省志》第44卷《金融志》，兰州：甘肃文化出版社，1996年，第57页。

地和房屋为抵押换取现金。如泾川的典当有两种形式：一是不动产典当，以土地、房屋等作质押换取现金，可不付利息，到期还款，收回原物。一是动产典当，当铺"抵当什物上至珠宝古玩、狐裘羔褂，下至农具炊器、匠工器具"等换取现金，要付利息，到期还款、清息、还物。①青海当铺的抵押品主要是衣物、首饰之类。②湟中鲁沙尔镇缙绅汪玉才开设德胜当，资本白银1000多两，经营家具、农具、衣物等。③临泽当铺"典当的物品大部为日用器具、农具、较值钱的衣服等。金银首饰及其他大件物品间或也有，但为数不多。故春夏季当得多为铜、铁制的火盆、皮袄、棉袍等，秋冬当的多为生铁犁铧等。有时开销紧了，有的农民不得已还将吃饭锅也拿来当掉，以解燃眉之急"。④临潭当铺动产质押有衣物、玉器、古董、器皿等。⑤据20世纪30年代调查，各地当品天水为"农器、衣服等物"，永登为"货物、衣服、日用器物"，武威为"衣服、各种铁器农具等"，张掖为"衣服、农器什物"，酒泉为"衣服、银器、首饰、铁器、农器各物"，临夏为"衣服、被褥、布匹、铜铁银器及各项什物"。⑥从以上调查来看，农家典当物品主业为日用生活品与农闲时期闲置的农具。

由于农村贫困，抵押物品中大部分为普通衣物，很少有贵重物品作抵押。如兰州市"当业组织简单，规模甚小，与东南各省迥殊。盖西北风俗简朴，衣裳多系布制，皮衣价亦不昂，故普通可入质库之物不多，珍贵饰品如珠、钻、翠、宝石之属，殊不易见。各典当每月上架之货，多系破烂不堪之物。"⑦兰州尚且如此，其他地方贵重物品就更少见了。在距离市镇较远的农村，粪土也可以作为抵押品进行借贷，在青海，山西商人董氏在开设的当铺在西宁郊区农村，"该当铺除收当一般衣物、农具、生活器具外，还收当农民生产资料——粪土（肥料），粪土在原地内不动，成交之后，当铺在粪堆上插一木牌，上写已收当字样，另外给一'当票'为据，俟春耕时，农民将粪土

---

① 泾川县志编纂委员会编：《泾川县志》，兰州：甘肃人民出版社，1996年，第683页。
② 周振鹤：《青海》，上海：商务印书馆，1938年，第151页。
③ 赵珍：《近代青海的商业、城镇与金融》，《青海社会科学》2002年第5期，第88—90页。
④ 马丰林：《"集义当"兴衰记》，政协临泽县文史资料委员会编：《临泽文史资料》第2辑，内部资料，1993年。
⑤ 临潭县志编纂委员会编：《临潭县志》，兰州：甘肃民族出版社，1997年，第341—342页。
⑥ 宓公干：《典当论》，上海：商务印书馆，1936年，第252页。
⑦ 潘益民：《兰州之工商业与金融》，上海：商务印书馆，1936年，第71页。

再赎回"。①

在抵押物品中，有一定的限制。如西宁当铺在柜台的牌子上书写"军器不当，裕国便民"八个字②，拒绝兵军用品作为当物。甘肃华亭、隆德、甘谷等县军装是不能作为抵押品的，也就是说军用品是在禁止之列。但也有一些地方的小押当有违规行为，如灵武、张掖"无论军装、爆发物、动物、植物均得抵押，然皆小押当所为，亦习惯也"。③民国时期，军装、爆炸物等作为抵押品出现在小押当，说明地方军人在借贷关系中扮演着重要的角色。

(二) 当票

典当业是以物品抵押为基础建立借贷关系，当户将物品质押于当铺时，当铺通过如查验、估价等程序后，要出具当票。当票是当铺给予当户的凭证，以便当户赎取抵押物品，为典当的主要证据，类似有价证券。

中国各地当票的格式以及书写内容包括典当业的招牌、地址、抵押期限、利息计算以及虫蛀霉烂各安天命等语。我们通过一些当票格式来解读甘宁青地区当票的内容（原当票格式中的空白处用"×"表示）。

金县（今榆中县）当票格式是横书"金邑×当"，下竖写"宣统×年×月×日将自己某物若干当本钱（银）若干，照例三分行息，二十四个月为满，如过期任铺折卖。论月不论日，认票不认人，虫蛀鼠咬，各听天命，来路不明，与当无干"。

河州（今临夏县）当票格式是横书"河州某当"，下竖写"今收到某人抵押某物借去钱×文（银×两），当面交付清楚，其钱（银）若干，议定按月（周年）分起息，限×年（×月）内算还本息，亲手取赎原物，此交某人收执为凭。"

海城（今西吉县）横书"海城中街义合当"，下竖写"某字第×号，某

---

① 陈邦彦：《西宁当铺业简况》，西宁市政协文史资料研究委员会编：《西宁文史资料》第5辑，内部资料，1988年。
② 陈邦彦：《西宁的典当业》，青海省政协学习与文史委员会编：《青海文史资料集粹·工商经济卷》，内部资料，2001年，第254页。
③ 《甘肃全省调查民事习惯问题报告册》，《中国西北文献丛书》编辑委员会编：《中国西北文献丛书》第四辑《西北民俗文献》卷120，兰州：兰州古籍书店，1990年影印本，第63页。

姓，今将旧物何名目若干件数，当本钱××文整，尊部利三分行息，三十月为满，虫伤鼠咬，各听天命云云。"

陇西县丞当票格式是横书"某当"。下竖写"某姓将自己破烂旧物某几件，当净大钱若干，照例二分五行息，二年为满，过期不赎，任铺售价。论月不论日，认票不认人，虫伤鼠咬，各按天命，来路不明，与当铺无干"。

宁夏县当票格式横书"某当"，下竖写"某字第×号，旧破物件，当垧钱××文，照例三分行息，三年为满，过期由本号变卖，倘有来历不明，鼠咬虫伤，与本号无干；认票不认人，此票存照"。①

化隆的当票长约3寸4分（市制），用木板雕刻，手工打印蓝色的字迹，上横书"××当号"的字样，下面自左至右的内容是："本当票认票不认人，每月三分行息，过三不过五，二十四个月为满，过期拆卖，丝绸衣服，鼠噬虫蛀，本号概不负责，特此注明"。②

从上述6县当票格式来看，作为典当的凭证，必须写明的内容包括：(1) 当铺的名称，有的写明具体地址，如街号等，有的则只写明所属县。(2) 当户与物件。当户有的写在前面，有的写在后面，还要写明所当物品。(3) 当价，或为为制钱，货位为银两，当票要写清楚。(4) 当票均要写明利息多少，有的当票还写"过三不过五"，即超过3天不加利息，超过5天收1月的利息。(5) 抵押的期限，为了计算期限，当票上要写明日期。(6) 避免风险，保存期间或被"鼠咬虫伤"的物件，或"来路不明"的物件与当铺"无干"，以及当铺"认票不认人"等，都是当铺为了避免承担风险。

当票如果丢失，当户要立即到当铺挂失，即所谓"打失票"，否则被他人拾取冒赎，当铺概不负责。尽管许多当票写明"认票不认人"，但在实际运作中，还形成了一些地方习惯，如安西习惯是当户票据遗失后及时向当铺说明，"俟拾票者持票来取时，专业主对质，以辨真伪"；岷州（岷县）习惯是当票遗失后，当户找一个信誉比较好的人作保，叫做"掛缉票"。③这种习惯减少

---

① 《甘肃全省调查民事习惯问题报告册》，《中国西北文献丛书》编辑委员会：《中国西北文献丛书》第四辑《西北民俗文献》卷120，兰州：兰州古籍书店，1990年影印本，第64—66页。

② 赵继贤：《化隆的当铺》，中国人民政治协商会议青海省委员会文史资料研究委员会编：《青海文史资料选辑》第16辑，内部资料，1987年。

③ 《甘肃全省调查民事习惯问题报告册》，《中国西北文献丛书》编辑委员会：《中国西北文献丛书》第四辑《西北民俗文献》卷120，内部资料，1990年，第66页。

了当户遗失票据所带来的风险。

（三）当期

当期是典当业的主要内容，直接反映了当铺与当户利益，"典当的满当期限，关系到典当的利息，关系到当户的赎取及其生产生活"。[①] 甘、宁、青地区各地当期有所不同，也随着时代的变化而变化。在清末民事习惯调查中，大多数地方"典当以二十个月或三年为度，不赎则变卖，此通例也。物主于期满时，须将利银还清，换票转当。若不转当，未有能出三年外者，自余抵押皆得展缓，年期不必与当典一例"。[②] 也就是说，在甘、宁、青地区当期通例是24个月，但若不能赎当，可以换票转当，延长当期。根据民事习惯调查，各地当期如表1。

表1　清末甘、宁、青地区典当期限调查表[③]

| 典当期限 | 流行县份 | 数量 |
| --- | --- | --- |
| 3年 | 河州、海城、徽县、阶州、成县、武威、镇番、永昌、安西、肃州 | 10 |
| 4年 | 渭源、狄道、靖远、静宁、安化、宁州、崇信、化平、正宁、通渭、西河、宁远、安定、会宁、洮州、秦州、清水、秦安、文县、宁夏、宁灵、灵州、循化、张掖、董志、陇西、花马池、沙泥、王子庄 | 29 |
| 5—6年 | 固原、红水 | 2 |
| 7—8年 | 西宁、碾伯、玉门 | 2 |
| 10年 | 皋兰、金县、隆德、环县、伏羌、宁朔 | 6 |
| 15年 | 庄浪 | 1 |
| 20年 | 泾州、灵台 | 2 |

从表1来看，在清末民事习惯调查中，甘、宁、青地区当期最长年限以3年为期的有10个州县，占19.2%；以4年为期的有29个州县，占55.8%；以5—6年为期的2个州县，占3.8%；以7—8年为期的2个县，占3.8%；以10年为期的6个县，占11.6%；以15年为期的1个县，占2%；以20年

---

① 李金铮：《民国乡村借贷关系研究》，北京：人民出版社，2003年，第283页。
② 《甘肃全省调查民事习惯问题报告册》，《中国西北文献丛书》编辑委员会编：《中国西北文献丛书》第四辑《西北民俗文献》卷120，兰州：兰州古籍书店，1990年影印本，第70页。
③ 《甘肃全省调查民事习惯问题报告册》，《中国西北文献丛书》编辑委员会编：《中国西北文献丛书》第四辑《西北民俗文献》卷120，兰州：兰州古籍书店，1990年影印本，第71—72页。

为期的2个县，占3.8%。从清末的调查来看，本区域当期在3—4年的县占到75%，只有25%的县当期超过5年。此外岷县的期限更长，"岷州之抵押物无一定年期，不动产有至四五年取赎者"。[①] 这种现象至少说明在甘、宁、青地区的借贷关系中，因农村贫困，很多农民无力清偿债务，赎回自己的物品，只好一再展期。另外，西北地区地瘠民贫缺少珠宝与较为值钱的衣物，以不动产作为当物的比较多，也是典期长的一个原因，如临潭"以房屋、土地、店铺、水磨等固定资产为主，典期一般较长"。[②]

民国初年，当期延续了清朝24个月的成例，如兰州[③]、化隆[④]、武威[⑤]等以24个月为满，也有比较长的，如礼县[⑥]、泾川[⑦] 30个月出当。但随着典当业的衰落，当期越来越短，民国时期甘肃典当业"满当期限，有三月、一年、二年三种。过此期限，当户不赎取其当品，则由典当没收"。[⑧] 据1934年的调查中，酒泉10个月出当，临夏县18个月出当，永登县12个月出当，敦煌县10个月或12月出当，天水县12个月出当，张掖县12个月出当。[⑨] 一些小押当，当期更短，礼县的小押当3至7个月出当，[⑩] 兰州的小押当10个月出当。[⑪] 在典当业中，当价由当铺决定，当价只及当品的一半或三分之一，如果当户无力赎取，则由当铺变卖。因此，当期的缩短，有利于当铺而不利于当户。

满当后如何处理当物是典当业的主要内容。在清末民事习惯调查中，甘、

---

① 《甘肃全省调查民事习惯问题报告册》，《中国西北文献丛书》编辑委员会编：《中国西北文献丛书》第四辑《西北民俗文献》卷120，兰州：兰州古籍书店，1990年影印本，第72页。
② 临潭县志编纂委员会编：《临潭县志》，兰州：甘肃民族出版社，1997年，第341—342页。
③ 赵继贤：《化隆的当铺》，中国人民政治协商会议青海省委员会文史资料研究委员会编：《青海文史资料选辑》第16辑，内部资料，1987年。
④ 赵继贤：《化隆的当铺》，中国人民政治协商会议青海省委员会文史资料研究委员会编：《青海文史资料选辑》第16辑，内部资料，1987年。
⑤ 《甘肃各县典当业》，《中国农村》1934年第3期。
⑥ 王志轩：《民国时期礼县的行业》，政协礼县委员会编：《礼县文史资料》第2辑，内部资料，1995年。
⑦ 泾川县志编纂委员会编：《泾川县志》，兰州：甘肃人民出版社，1996年，第683页。
⑧ 杨允康：《甘肃金融建设论》，《陇铎》1942年第2期。
⑨ 《甘肃各县典当业》，《中国农村》1934年第3期。
⑩ 王志轩：《民国时期礼县的行业》，政协礼县委员会编：《礼县文史资料》第2辑，内部资料，1995年。
⑪ 赵景亨：《对兰州当铺的回忆》，兰州市政协文史委员会、中国民主建国会兰州市委员会编：《兰州文史资料选辑》第11辑，内部资料，1990年。

宁、青地区满当后如何处理当物各地有不同的习惯，如靖远、河州、平凉、伏羌（甘谷）"皆不能变卖，俟有力时再赎"；宁州（宁县）、泾州（泾川）、西和、环县"皆以至期无力赎取，或由业主亲族取赎，否则押主以原价转押他人，但不得擅自变卖"；固原、渭源的习惯是"至期无力取赎，有卖于押主者，有卖与他人者而付清押主本利者，有央人求押主展期者"。①但大部分还是按照当票内容约定，如满当不赎取任凭当铺折卖，被称之为"打当"。青海积成当在"临街面有5间用作撤当之物销售拍卖的……这个铺面一般也称之为估衣铺或估货铺，实际是一个小型旧货市场。"②因当物的议价时往往只有实际价格的一般甚至更低，而满当出卖时则按照原价出赎。因此，"打当"也是当商赚钱的主要手段。

（四）典当利率

利息是典当业获得收益的主要途径之一，当息是典当业的核心内容。下面是清末甘、宁、青地区各地抵押借贷利率调查情况。

高兰县，每年每两息银至少一钱二分，至多三钱，平准二钱一分；金县，每年每两息银至少一钱二分，至多三钱六分，平准二钱四分；渭源县，每年至少一分，至多三分，平准二分；沙泥州判，照官例每月以三分为率，冬腊月减一分，则以二分为率矣；红水县丞，每月二分，亦有二分五者，平准一分二厘五；狄道州，每年至少八厘，多至二分，平准一分四厘；靖远县，每年至少一钱二分，至多三钱六分，平准二钱四分；河州，至多三分，至少一分二厘，平准一分二厘；平凉县，每年至少一分，至多三分，平准二分；隆德县，每年至少二分，至多四分，平准三分；庄浪县丞，每年至少一分五厘，至多三分，平准二分二厘五毫；静宁州，每月至少二分，至多五分，平准三分五，此小押习惯，大当不然；安化县，少则一分，多则三分，平准二分；董志县丞，每年至少二

---

① 《甘肃全省调查民事习惯问题报告册》，《中国西北文献丛书》编辑委员会编：《中国西北文献丛书》第四辑《西北民俗文献》卷120，兰州：兰州古籍书店，1990年影印本，第73—74页。

② 滕继河：《乐都的估货业和积成号当铺》，青海省政协学习与文史委员会编：《青海文史资料集萃·工商业卷》，内部资料，2001年。

分四厘,多则三分六厘,平准三分;宁州,每年至少二分四厘,至多三分六厘,平准三分;环县,每年至多三分,至少一分五厘,平准二分二厘五毫;泾州,每年至多三分六厘,至少一分二厘,平准二分四厘;灵台县,每年三分六厘,至少一分二厘,平准二分四厘;崇信县,每年至少一分,至多三分六厘,平准二分三厘;固原州,至少一分,至多三分五厘,平准二分二厘五;化平厅,无一定规则;海城县,每年至多三分,至少一分,平准二分;正宁县,满年多则三分,少则二分,平准二分五厘;通渭县,每年至少二分,至多三分半,平准二分半厘五;岷州,利息极重,普通习惯按月三分;伏羌县,每月一分,多者三分,平准二分;宁远县,与伏羌同;安定县,每月三分为率,至冬月减去一分,平准二分;洮州厅,至少二分,至多三分,平准二分五厘;清水县,每年每两三分为率;秦安县,至少一分,至多三分,平准二分;阶州,每月至少二分,至多三分,平准二分半;文县,每年有一分五厘者,有二分、三分者;灵州,每年二分三分不等;花马池同州,至多不过五分,至少二分,平准三分五;宁灵厅,至少二分,至多三分,平准二分五厘;循化厅,至少二分,至多三分,平准二分五厘;西宁县,至少一分,至多二分五厘,平准一分七厘五;碾伯县,至少二分,至多三分,平准二分五厘;武威县,每年利息与碾伯同;镇番县,至少二分,至多四分,平准三分;永昌县,至少二分四厘,至多三分六厘,平准三分;抚彝厅,每年至少一分,至多三分,平准二分;张掖县,每年至少七八厘,至多五分,平准二分五厘;王子庄州司,至少一分,至多二分,平准一分五厘;肃州,至少一分,至多二分,平准一分五厘;玉门县,至少二分,至多三分,平准二分五厘。①

通过上述调查看出,清代甘宁青地区典当借贷利率月利在 2%—3%,但也有个别地方利率比较高,有的小押当利率最高有达 30%—50%。每至年关是当铺年终结账之时,为了加快当铺资金周转,一般放宽行息利率。上述民

---

① 《甘肃全省调查民事习惯问题报告册》,《中国西北文献丛书》编辑委员会编:《中国西北文献丛书》第四辑《西北民俗文献》卷120,兰州:兰州古籍书店,1990年影印本,第74—78页。

事习惯调查中，有的地方冬腊月减1分，以2分行息。但也有一些地方违令加息，正如当年调查者所言："甘肃利息颇重，违禁过取之事亦所时有，市侩以此居奇，乡曲因而垄断，民间鲜有攻讦者，习惯使然。"① 也就是说，高利贷已经成为民间习惯。

民国时期，典当利率已经超过了晚清时期的利率。如化隆县每月3分行息②，年利率达到36%；西宁的当铺月息均在当价的3.3%③；礼县当价月息8—10分，最高30分④；在1934年的调查中，各县当铺利率有增无减，酒泉月利息6分，临夏月利息5分，永登月利息6分或8分，敦煌月利息6分或8分，武威月利息3分，天水月利息2分，张掖月利息5分。⑤在上述各县中，只有天水、武威2县典当业月利息为2分，其余均在5分以上。除了利息外，有的典当行还有其他费用，如临夏的当铺要贴印花税票，"每三元贴用二分"。⑥ 民国时期典当利率超过清朝，是农村金融枯竭的结果。

总之，在中国传统借贷关系中，当铺曾发挥过重要的作用，有利于农村经济和农民生活，当铺经营有一定规范，利率有定额，当物有期限，信用可靠，当赎方便，尤其在青黄不接和遭遇天灾人祸之际，当铺可以解决农家的燃眉之急。因此，不论是近代还是当代研究典当业的学者均给予比较高的评价。⑦ 经济学家马寅初认为典当利率月息在2%—3%有其学理与事实上的根据。⑧ 以此观之，清朝时期典当业利率大致属于民众可以接受的范围，但到民国时期利率一路攀升，如时人所言："典当业之在今日，显

---

① 《甘肃全省调查民事习惯问题报告册》，《中国西北文献丛书》编辑委员会编：《中国西北文献丛书》第四辑《西北民俗文献》卷120，兰州：兰州古籍书店，1990年影印本，第78页。
② 赵继贤：《化隆的当铺》，中国人民政治协商会议青海省委员会文史资料研究委员会编：《青海文史资料选辑》第16辑，内部资料，1987年。
③ 陈邦彦：《西宁当铺业简况》，西宁市政协文史资料研究委员会编：《西宁文史资料》第5辑，内部资料，1988年。
④ 王志轩：《民国时期礼县的行业》，政协礼县委员会编：《礼县文史资料》第2辑，内部资料，1995年。
⑤ 《甘肃各县典当业》，《中国农村》1934年第3期。
⑥ 宓公干：《典当论》，上海：商务印书馆，1936年，第252页。
⑦ 李金铮：《民国乡村借贷关系研究》，北京：人民出版社，2003年，第257页。
⑧ 宓公干：《典当论·马序》，上海：商务印书馆，1936年。

为高利贷之一种,因其利息最普通者,以月利二分起,甚至有月利六分者。"[1] 使其完全演变成为高利贷的性质,甚至有的地方典当业利率高到让民众难以活命的地步。这是当时一些学者呼吁改进典当业和革命者痛斥典当业的主要根源所在。

原载(《西夏研究》2012 年第 4 期)

---

[1] 杨允康:《甘肃金融建设论》,《陇铎》1942 年第 2 期。

# 同治回民事变后黄河上游区域的人口与社会经济

本文所说的黄河上游区域主要是指清朝时期的甘肃和1929年甘肃分治后的甘肃、宁夏、青海三省。同治元年（1862），当中国南方太平天国运动接近尾声的时候，在西北爆发了以回民为核心的反清事变，这次反清斗争的中心在陕西和甘肃（包括甘肃所属的宁夏府、西宁府）。关于这次反清斗争，由于受"革命范式"的影响，长期以来，学术界对这次回民事变研究的重点主要在两个方面，一是对事变本身的研究，如事变的原因、经过、性质、人物等[1]；一是对左宗棠镇压这次事变及在西北作为的研究[2]。但同治回民反清事变对黄河上游区域社会经济所产生的深刻影响却鲜有专门研究。本文不再描述回民反清的过程，只对回民事变后黄河上游区域人口、回民人口及居住环

---

[1] 代表性的成果有：马长寿：《同治年间陕西回民事变的历史调查——兼论陕西回民运动的性质》，《西北大学学报》1957年第4期，第51—70页；吴廷桢、何玉畴：《论清代同治年间回民事变的性质》，《西北师院学报》1982年第2期，第52—59页；马汝珩：《试谈清咸丰年间回民反清运动与领袖人物评价问题》，《民族研究》1984年第1期，第29—36页；关连吉：《清代陕甘回民事变的"求抚"问题及领袖人物评价》，《甘肃社会科学》1984年第3期，第69—74页；霍维洮：《同治年间甘肃回民反清运动性质再认识》，《近代史研究》1990年第4期，第49—63页；霍维洮：《清代西北回民反清斗争中的抚局》，《回民研究》1998年第1期，第29—35页；丁焕章：《中国西北回民事变斗争史》，北京：中国科学文化出版社，2003年等。

[2] 代表性的成果有：杨东梁：《试评左宗棠对陕甘回军的镇压》，《湖南师范大学学报》（哲学社会科学版）1985年第2期，第108—112页；王天奖：《也谈左宗棠对陕甘回军的镇压》，《湖南师范大学学报》（哲学社会科学版）1985年第6期；彭大成：《左宗棠开发西北的战略举措与深远影响》，《湖南师范大学学报》（哲学社会科学版）2001年第1期，第46—57页；马啸：《左宗棠在甘肃》，兰州：甘肃人民出版社，2005年。

境与社会经济的影响等几个主要问题进行论述。

## 一、黄河上游区域人口锐减

我们先来看这次回民事变前的甘肃人口情况。乾隆年间是甘肃人口的发展高峰，乾隆十四年（1749），甘肃人口是570.9万；乾隆三十二年（1767）是1153.7万；乾隆四十一年（1776）是1506.8万。此后，甘肃人口增长出现了低迷或停滞，直到同治元年（1862）回民反清事变前夕甘肃的人口为1547.6万[①]。曹树基的研究对此进行了修正，他"以嘉庆二十五年（1820）的数据为基础，根据2.5‰的速度回溯"，得出乾隆四十一年（1776）人口为1591.8万（比清朝政府统计数字多了85.2万），嘉庆二十五年（1820）为1781.6万（比嘉庆二十五年的户部清册多了248.7万）。按照曹氏的修正，同治元年甘肃的人口达到1945.9万[②]。本文涉及黄河上游区域的人口数字仍然以清中央政府的统计或地方志的记载为参考。

发生在同治年间的回民反清事变，一个最严重的后果就是甘肃人口锐减。同治年间西北的回民事变和东南地区的太平天国起义有所不同，它夹杂着十分复杂的民族矛盾，因此这场战争在某种程度上演变为回汉两个民族之间的大屠杀，即在同治期间黄河上游区域发生了许多回汉两个民族之间报复性的屠城、屠堡、屠村事件。

平凉城位于甘肃东部，是著名市镇，有甘肃"旱码头"之称，也是回民集聚区。陕西回民事变后，在籍巡抚团练大臣张芾被杀，其孙子张某在平凉任职，趁机报复，"他借口御回，就调动左近团练。而团练惑于'见回不留'之谚语，于是就大杀没罪的回回"[③]，导致了回汉两个民族在平凉的大规模冲突。回汉之间大规模的冲突发生后，平凉回民投靠了宁夏回民领袖马化龙。同治二年（1863）八月，回民再次攻破平凉府城，"官员死者百余，士民死者数十万"[④]，

---

[①] 甘肃省档案馆：《甘肃历史人口资料汇编》，兰州：甘肃人民出版社，1997年，第135、136、150页。

[②] 曹树基：《中国人口史》第5卷《清时期》，上海：复旦大学出版社，2001年，第431—432页。

[③] 单化普：《陕甘劫余录》，《禹贡》1936年第11期，第95—102页。

[④] （清）升允、长庚修，安维峻纂：《甘肃新通志》卷47，宣统元年（1909）石印本。

这次劫难后，"平凉数万户仅存百四十七户"①，死者既有回民，也有汉民。

固原位于平凉至宁夏的交通要道上，是一个回汉杂居的地方，同治元年（1862）正月初一被屠城。事变发生在大年初一，回民将城内"汉人全行杀尽，尸皆以火烧化"②。这次屠城，固原"城内官民男妇共死者二十余万人"③。同治二年（1863）十月二十四日晚，宁夏府城被屠④。这次屠城，宁夏府城"汉民十余万被屠殆尽"⑤。在回民军被镇压后，宁夏地方乡绅调查在回民事变期间宁夏府"前后殉难官绅商民人等约有三十万之多"⑥。

这样的屠城事件在甘肃各地都有发生，特别是清军进入陕西后，迫使数万陕西回军及家属进入甘肃，加剧了甘肃的回汉民族冲突，许多府、州、县城被屠。同治二年（1863）八月，狄道城被回民攻破，"居民逃避不及，多被残杀"⑦，有资料表明，被屠居民达十余万之众⑧。陕西回民起事后，华亭当地回民"尚爱家乡，不甚残毒"，但"同治二年（1863）十一月……及陕回入境，无所顾惜，焚杀残于土回十倍。华亭从此丘墟"。同治七年（1868）春夏期间，回民军"北来攻城四次，乡镇民屋焚杀殆尽，遗民数百悉逃莲花台"⑨。同治二年（1863）十月，马化龙率回军攻打灵州城，"城回内应，城遂陷，屠戮二万余人"⑩。同年，巩昌府"城内回民二千余人，俱为汉民杀尽"⑪。同治四年（1865），肃州"士民遇害者万余"⑫。同治五年（1866）八月，回民军攻陷巩昌府城，"大肆焚杀，而陇西十余万生灵尽作釜中之鱼"⑬。同年，陕西回民军与靖远回民里应外合，攻陷县城，"汉人死者男妇约十万"⑭。同治六年（1867）四月十二日合水县城被回军攻破，"人民杀毙饿死

---

① 慕寿祺：《甘宁青史略（正编）》卷20，兰州：俊华印书馆，1936年。
② （清）张集馨：《道咸宦海见闻录》，北京：中华书局，1981年，第374页。
③ 慕寿祺：《甘宁青史略（正编）》卷20，兰州：俊华印书馆，1936年。
④ 白寿彝：《回民事变（三）》，上海：上海人民出版社、上海书店出版社，2000年，第112页。
⑤ 马福祥等主修、王之臣总纂：《朔方道志》卷31，天津：华泰书局，1927年。
⑥ 慕寿祺：《甘宁青史略（正编）》卷23，兰州：俊华印书馆，1936年。
⑦ 白寿彝：《回民事变（三）》，上海：上海人民出版社、上海书店出版社，2000年，第11页。
⑧ （清）升允、长庚修，安维俊纂：《甘肃新通志》卷47，宣统元年（1909）石印本。
⑨ 郑震谷等修，幸邦隆纂：《增修华亭县志》卷9，1933年石印本。
⑩ 马福祥等主修、王之臣总纂：《朔方道志》卷31，天津：华泰书局，1927年。
⑪ （清）张集馨：《道咸宦海见闻录》，北京：中华书局，1981年，第366页。
⑫ 慕寿祺：《甘宁青史略（正编）》卷21，兰州：俊华印书馆，1936年。
⑬ 慕寿祺：《甘宁青史略（正编）》卷21，兰州：俊华印书馆，1936年。
⑭ 慕寿祺：《甘宁青史略（正编）》卷21，兰州：俊华印书馆，1936年。

者十有六七，是年七月十二日城又陷，贼由东城壕入，人民逃尽，止余空城。八年七月知县廖绍铨到任，多方招集，城内只有二三十家。"① 在回民事变中，一些乡村民众到县城避难，在城破后一同被屠杀，如在渭源，回民曾两次攻掠渭源，但都没有敢攻打县城，老百姓以为县城是安全所在，"可徙居之。城中骤增居民万千，市巷充闐"。同治三年（1864）二月，县城被破，"荼毒生灵以数万计，满城官员皆死之"②。同治七年（1868），镇原"四乡堡寨攻陷无遗，而县城独全，盖四乡之人逃出虎口者，生后入城避难，其守城最得力，其历时亦最久，久则怠矣"。同年三月初九，县城也被回民军攻陷，"全城糜烂，死者不知其数"③，城内逃难人口大部分被杀戮。

除府、州、县城外，凡被回民军攻陷的市镇、村堡，也无不遭到杀戮，同时一些地方汉民也进行报复性杀戮。皋兰县羊寨、贡马营、新营、甘草店等处为交通要道，被回民军控制后，"其间村堡自三年来，尽遭焚毁"，如同治四年（1865）九月，陕西回民军马士彦部攻陷"镇虏堡，杀千有余人，遂据堡为窟穴，四出劫掠"④；次年四月，陕西回民军攻陷皋兰县红水堡，"士民殉难者二千一百四十余人"⑤。在秦州（天水）"自杨家市至口河镇，破堡三十余所，人民死伤无数"⑥。在渭源"清同治初迭遭回变，搜括财物，惨杀人命，动辄数万，言之发指"⑦。这样的事例多不胜举。有的回民乘机对有矛盾的汉民村庄进行了报复性屠杀，如狄道洮河沿"有甘崔二姓，家口数百，好强武庄，当回出入要冲。每河州大东乡回行劫归，两家辄率佃丁邀截。回畏其强，不敢抗。至是乘陕西回乱，阑入陕境行劫，过洮河沿，二家复劫夺之。回遂约大东乡回数百来复仇。二家不能敌，遂攻破其庄，杀男女数百口"，此事发生在同治元年（1862）十月。次年汉民也对其进行了报复性杀戮，"六月甲午夜，狄道州民围放心，烧城内礼拜寺及回民屋宇五百余

---

① 光绪《合水县志（卷下）》，北京：全国图书馆缩微文献复制中心，1994年影印本。
② 张兆钾修、陈鸿宝纂，《创修渭源县志》卷6，平凉：新陇书社，1926年石印本。
③ 民国《重修镇原县志》卷17—18，兰州：俊华印书馆，1935年铅印本。
④ 张国常纂修，《重修皋兰县志》卷17，兰州：陇右乐善书局，1917年石印本。
⑤ （清）升允、长庚修，安维峻纂：《甘肃新通志》卷42，宣统元年（1909）石印本。
⑥ （清）升允、长庚修，安维峻纂：《甘肃新通志》卷42，宣统元年（1909）石印本。
⑦ 张兆钾修、陈鸿宝纂：《创修渭源县志》卷3，平凉：新陇书社，1926年石印本。

户，家小四千余口，焚杀尽净。于是各乡回众麇集城外，意图报复"①。同治二年（1863），"丹噶尔南川营等处花寺回子，复勾结撒拉并米拉沟奸回各数千之众，烧杀洮较及汉民各村庄"②。同治三年（1864）二月，古浪"大堡民团夜屠回且尽，于是，古浪、永昌、山丹、甘州继之"③。同年三月，"丙申朔，高台县马家庄回聚众烧汉民村庄……是时，抚彝厅黄家湾回起事，焚杀汉民"④。同治十年（1871）十月，回民军攻击高台黑泉堡，"堡内男妇死者三千一百余人"⑤。这种回民村庄与汉民村庄之间的杀戮或回民军对汉民村堡的洗劫在史志中屡见不鲜，造成整庄、整社、整堡的回汉两个民族人口死亡。

　　回民事变发生后，社会经济遭到了巨大破坏，原有的社会秩序、各种福利设施如义仓、常平仓等遭到了毁坏。如西宁府"自同治元年（1862）以后，兵燹屡起，城乡社仓，为贼焚掠，迄今盖无一存矣"⑥。凡回民军所到之处，府、县基层政权的官吏或逃跑、或被杀，行政系统完全瘫痪，甚至处于真空状态，如隆德县"城空无主者五年"⑦。社会经济的破坏以及社会秩序的混乱，政府和社会都失去了救助能力，使许多人口在饥饿、瘟疫、自然灾害中无法自救，导致大量人口死亡。甘肃向来是个贫瘠之区，地理环境恶劣，大多数地方农作物只能一年一收，农村人家没有隔年之粮，经济与社会保障十分脆弱。回民事变发生后，不仅回民攻城掠地，抢掠民食与财物，而且前来镇压回民军的清军及溃勇也参与了抢掠，与民争食，出现了"甘肃之民，初困与贼，继困于兵，居不能安，逃无可人"的局面⑧。在固原、平凉等地镇压回民的清军"借口无饷，奸掠烧杀。而溃勇窜扰东路，自隆（德）静（宁）至省六七百里，居民日夕屋惊，仓皇奔徙，文报梗塞"⑨。因此，凡是回民军或清军攻略之地，都发生了饥荒，如同治六年（1867）回民军攻略镇原后，

---

① 白寿彝：《回民事变（三）》，上海：上海人民出版社、上海书店出版社，2000年，第108、111页。
② 《清穆宗实录》卷68，北京：中华书局，1986年。
③ （清）升允、长庚修，安维俊纂：《甘肃新通志》卷42，宣统元年（1909）石印本。
④ 白寿彝：《回民事变（三）》，上海：上海人民出版社、上海书店出版社，2000年，第121—122页。
⑤ 《高台县志辑校》卷5，张志纯等点校，兰州：甘肃人民出版社，1998年。
⑥ （清）邓承伟修、张价卿纂：《西宁府续志》卷9，西宁：青海人民出版社，1985年。
⑦ 民国《重修隆德县志》卷4，1935年石印本。
⑧ 白寿彝：《回民事变（三）》，上海：上海人民出版社、上海书店出版社，2000年，第32页。
⑨ 白寿彝：《回民事变（三）》，上海：上海人民出版社、上海书店出版社，2000年，第27页。

"七年，岁大饥，人相食，斗麦价三十余串"①。同治三年（1864）六月，兰州变乱发生后，"粮价昂数倍，饥民至杀人而食。携持子女投黄河死者，不绝于路"②。另一文献记载，兰州"粮价益贵，斗至三四十金无粜者，道殣相望。饥民割死人肉食之，继乃杀人而食。携持男女赴河者，官至不能禁。城中生灵存者不能十一二。"③

回民事变期间各地不同程度发生了瘟疫，造成人口大量死亡。根据袁林的不完全统计，1863年（同治二年）到1872年（同治十一年）十年甘肃18个州县发生了瘟疫④，每次瘟疫都伴随着大量人口死亡。如同治五年（1866）五月，永昌"疫大作，死者无算"⑤；同治六年（1867），合水"兵乱房抢殆尽，人有相食者，加之瘟疫甚行，十死三四"⑥；镇原"时疫大作，伤人甚重"⑦；崇信"瘟疫流行，城乡传染殆遍，棺木俱穷，多以芦席卷埋"⑧。天水、泾州、秦安、通渭、甘谷、武山、临泽等地都有瘟疫发生和人口死亡。另外，战争期间发生的自然灾害及战争本身也导致了大量的人口死亡，限于篇幅，不再赘述。

总之，回民事变期间发生的冲突、战争、饥饿、瘟疫、自然灾害造成了甘肃人口的锐减，所谓"民不死于回，即死于勇，不死于回与勇，即死于瘟疫、饥饿、虎狼"⑨。据人口史专家的推算，甘肃人口"1862年到1874年每年平均减损九十万，期间同治九年（1870）战争较烈，估计减二百万，其余各年均减八十一万"，到回民事变被镇压的次年即1874年甘肃人口为466.6万⑩，比事变前减少了1 081万，即有69.9%的人口在这次战争中消耗⑪。各

---

① 民国《重修镇原县志》卷18，兰州：俊华印书馆，1935年铅印本。
② 白寿彝：《回民事变（三）》上海：上海人民出版社、上海书店出版社，2000年，第28页。
③ 白寿彝：《回民事变（三）》，上海：上海人民出版社、上海书店出版社，2000年，第126页。
④ 袁林：《西北灾荒史》，兰州：甘肃人民出版社，1994年，第1517—1518页。
⑤ 袁林：《西北灾荒史》，兰州：甘肃人民出版社，1994年，第1517页。
⑥ 光绪《合水县志（卷下）》，北京：全国图书馆缩微文献复制中心，1994年影印本。
⑦ 民国《重修镇原县志》卷18，兰州：俊华印书馆，1935年铅印本。
⑧ 民国《重修崇信县志》卷4，泾川：复盛印书馆，1928年石印本。
⑨ 光绪《洮州厅志》卷18，光绪三十三年（1907）刻本。
⑩ 赵文林、谢淑君：《中国人口史》，北京：人民出版社，1988年，第414页。
⑪ 关于同治回民事变甘肃（包括宁夏、西宁两府）丧失了多少人口，目前学术界说法不一，石志新的研究认为"锐减绝对数为1 173.9万余，减少了77%"（石志新：《清末甘肃地区经济凋敝和人口锐减》，《中国经济史研究》2000年第2期，第79—86页）。曹树基认为"人口损失1 455.5万，损失比例为74.5%"（曹树基：《中国人口史》第5卷《清时期》，上海：复旦大学出版社，2001年，第635页）。本文采用的是赵文林、谢淑君的研究结果。

地出现人烟断绝的景象,如隆德"人民杀毙饿死十有八九,老弱逃尽,全县无二三十人家"①。宁夏因灌溉农业发达,人口稠密,自"道咸以降,迭遭兵燹,同治回变,十室九空"②。经过这次战争的消耗后,黄河上游区域人口直到1953年都没有恢复到1862年(同治元年)的水平,表1反映的是1861—1953年甘肃(包括原属甘肃的青海和宁夏)的人口发展状况。

表1　1861—1953年甘肃人口变化统计表　　（单位：万人）

| 年份 | 1861 | 1874 | 1908 | 1912 | 1921 | 1931 | 1936 | 1949 | 1953 |
| --- | --- | --- | --- | --- | --- | --- | --- | --- | --- |
| 数量 | 1547.6 | 466.6 | 494.6 | 499.0 | 594.6 | 736.3 | 884.3 | 1236 | 1415 |

资料来源:甘肃省档案馆,《甘肃历史人口资料汇编》,兰州:甘肃人民出版社,1997年,第150、158页;赵文林、谢淑君:《中国人口史》,北京:人民出版社,1988年,第414页;侯杨方:《中国人口史》第6卷,上海:复旦大学出版社,2001年,第134—138页

从表1来看,经过同治回民事变之后,直到民国建立的1912年经历了40余年,甘肃人口尚未突破500万,到新中国成立前夕才突破1000万;1953年,新中国成立后的第一次人口普查时,甘肃(包括宁夏、青海)的人口还未赶上同治元年的数量,足见这次事变对甘肃人口生产影响之大。

## 二、对黄河上游区域回族的影响

发生在同治年间西北回民事变,最终被左宗棠率领清军所镇压,而回民是这次事变的最大受害者,一是回民人口锐减,一是回民居住格局和生活环境发生了很大的变化。

回族先祖定居到黄河上游区域最早可以追溯到唐朝时期,当时一些来自大食的穆斯林商人定居在河西、河湟地区。唐末时期,回族的先祖已散布在黄河上游区域从事农业、商业活动,即"终唐之世,惟甘、凉、灵州有回族"③。十三世纪以降,迁移到黄河上游区域的回回人日益增多,各市镇都有回回人经商,有"元时回回遍天下,及是居甘肃者甚多"的说法④。明朝时期,黄河上游区域各地回族成为最主要的民族,甘肃的北部及庆阳、平凉等

---

① 民国《重修隆德县志》,1935年石印本。
② 马福祥等主修、王之臣总纂:《朔方道志》卷9,天津:华泰书局,1927年。
③ 慕寿祺:《甘宁青史略(副编)》卷3,兰州:俊华印书馆,1936年。
④ 《明史》卷332《西域传》,北京:中华书局,1974年。

府都有回回人居住，也有"大批回回以归附土达的身份被安插在灵州、固原一带，这里后来发展成为回民聚集区"①，形成了所谓"甘肃在明代，几乎为回民全部区域"②。清代前期回族人口和社会经济继续发展，聚居范围也在不断扩大。雍正时期，又修建了大通、白塔、永安三处城堡，先后从山西、陕西、甘肃、北京等地迁来大批回民实边，雍正、乾隆时期西宁府回民达到了12万人口，西宁、民和、贵德、化隆、大通、门源等地许多川水地带已成为回族集聚的主要地区③。回族社会经济得到比较快的发展，回民商户、农户已遍及黄河上游区域各市镇和农村。如"西宁城内外皆辐辏，而城东为最。黑番强半食力为人役，回回皆拥资为商贾，以及马贩、屠宰之类"④。甘肃的河州、张家川、龙山镇、平凉等市镇形成以回商为主体的皮毛集散市场⑤。乾隆时期，甘肃东部"宁夏至平凉千里，尽系回庄"（乾隆四十六年陕西巡抚毕沅奏稿语），自天水、秦安、通渭、渭源、临洮、临夏、西宁，以至甘肃西部的张掖、酒泉也都是回民聚居的地方⑥。黄河上游区域回族村落分布更为密集，人口鼎盛，"盖自乾隆以来，重熙累洽，关陇腹地不睹兵革者近百年。回民以生以息，户口之蕃亦臻极盛"⑦，回民成为甘肃的主体民族，所谓甘肃"回民聚族而居，倍多于陕"⑧。乾隆时期宁夏知府张金城在其一则《告示》中说："宁夏郡各属山村，多有回民杂处。"⑨咸、同以前河西地区是甘肃回族的主要聚居区⑩。清末有人估计甘肃人口结构是"民三回七"⑪，即回民占到甘肃全部人口的70%，这里的"回民"还包括信仰伊斯兰教的其他少数民族如撒拉族、土族等。如果我们在此基础上将此比例下调20%，以1861年全省人口1 547.6万的数量计算，现代民族学意义上的甘肃回民人口应在

---

① 本书编写组：《回族简史》，宁夏人民出版社，1987年，第130页。
② 高占福：《丝绸之路上的甘肃回族》，《宁夏社会科学》1986年第2期，第51—57页。
③ 马学贤：《回族在青海》，《宁夏社会科学》1987年第4期，第32—38页。
④ （清）梁份：《秦边纪略》卷1，赵世盛等校注，西宁：青海人民出版社，1987年。
⑤ 高占福：《回族商业经济的历史变迁与发展》，《宁夏社会科学》1994年第4期，第51 57页。
⑥ 本书编写组：《回族简史》，宁夏人民出版社，1987年，第22页。
⑦ 白寿彝：《回民事变（三）》，上海：上海人民出版社、上海书店出版社，2000年，第247页。
⑧ 《清穆宗实录》卷38，北京：中华书局，1986年。
⑨ （清）张金诚等修：《宁夏府志》，陈明猷点校，银川：宁夏人民出版社，1992年，第792页。
⑩ 高占福：《丝绸之路上的甘肃回族》，《宁夏社会科学》1986年第2期，第47—55页。
⑪ 白寿彝：《回民事变（四）》，上海：上海人民出版社、上海书店出版社，2000年，第247页。

773.8万人左右。

回民人口的锐减的因素主要有三个方面。

一是在回汉互相杀戮或回族内部因教派之争，造成大量回民死亡。除了上文提到的屠杀事件外，又如同治三年（1864），巩昌府"城内回民两千余人，俱为汉民（指地主团练，引者注）杀尽"①。同时回民新老教派的互相残杀也导致人口大量死亡，如同治二年（1863）三月，"西宁、大通新、老两教争杀。初九日，马桂源等因郡城东北关暨城内后街老教民众不从，诱至东关清真寺内，捆缚千人，杀于东郊外南沟壕"②，此事《清实录》也有记载③。回民与汉民村庄之间的杀戮以及回民不同教派之间的杀戮都大量消耗了回民人口。

二是在战场上死亡。在清军镇压回民的过程中，成百上千乃至数万回民被杀戮，在《平回志》、《西征纪略》、《平定关陇纪略》及《左文襄公奏稿》等文献中多有记载，仅举数例说明之。同治三年（1864）四月辛卯，清军"于平凉近城米家沟，复追至太和沟、纸坊沟，共毙贼七八千，生擒百二三十人"；同年八月，清军"攻克张家川贼巢，毙贼万余"④；同治八年（1869），左宗棠攻击回民集结在甘肃董志原的十八大营，回民军及家属死亡数万人。二十二日至二十五日"追杀悍回实一万数千名……由白马铺越蔡店，追杀至庆阳府，沿途贼尸枕藉，人马之坠崖倒毙，粮尽饿死者不可数计"⑤；二十六日至二十九日又进行追杀。两次大规模追杀，"杀毙、饿毙之贼及坠崖而死者，实不止二三万人"⑥ 同治九年（1870），在平远县"自夏徂秋，攻土回堡寨殆尽。虽穷乡僻壤，如箆如剃，杀戮尤惨。土回之凋敝以此"⑦。同治十年（1871），清军在宁夏王家疃"歼毙逆酋多名，悍贼八九千名"⑧。清军不仅在

---

① （清）张集馨：《道咸宦海见闻录》，北京：中华书局，1981年，第366页。
② （清）邓承伟修、张价卿纂：《西宁府续志》卷8，西宁：青海人民出版社，1985年。
③ 《清穆宗实录》卷68，北京：中华书局，1986年。
④ 白寿彝：《回民事变（三）》，上海：上海人民出版社、上海书店出版社，2000年，第113、114页。
⑤ （清）左宗棠：《左文襄公奏稿》卷31《追剿逆回荡平董志原贼巢果军叛勇戕害统将业经歼除大略情形折》，《左宗棠全集》第6册，上海：上海书店，1986年。
⑥ （清）左宗棠：《左文襄公奏稿》卷31《追剿逆回大胜荡平泾董志原庆各属一律肃清折》，《左宗棠全集》第6册，上海：上海书店，1986年。
⑦ 光绪《平远县志》卷10，银川：宁夏人民出版社，1993年。
⑧ （清）左宗棠：《左文襄公奏稿》卷38《上谕》，《左宗棠全集》第7册，上海：上海书店，1986年。

战场上杀戮回民,对放下武器的回民士兵和回族平民也进行了残酷的屠杀。在宁夏金积堡回族首领马化龙乞降后,清军将领刘锦棠以在金积堡内搜获"洋枪洋炮千二百余杆"为口实,不仅杀了马化龙本人,其亲族、党友八十余人,部众一千八百余名"盖予骈诛,无一漏网"①。清军攻占肃州城后,回军首领马四"亲诣左宗棠大营,泥首乞命"。左宗棠要求马四"宜缴马械,造土客各回户口清册,听候审辨安插,并令各将悍目赴大营听谕。马四唯唯听命。于是陆续款营,呈缴枪炮刀矛二千有奇,战马大半饿死,或宰充食粮,仅缴七十余匹。于是点验各回,于附近废堡安置"。也就是说回民已经投降了。但夜晚有数十名回民从北门逃跑,于是清军"将各凶悍客回千五百七十三人悉数骈诛。城中土回,拨出老弱妇女九百余人,其壮丁五千四百余人,夜中诸军入城纵火,枪轰矛刺,剿除尽净,肃州遂平。其老幼男女递解兰州设局留养,俟择地安插。"②清军一次就屠杀放下武器的回民士兵和平民达七千人。这种屠城式的杀戮和在战争中的残杀,是回民人口减少的主要原因。

三是回民在饥饿、疾病中死亡。大多数回民事变后往往携家带口离开了原住地,除了抢掠市镇、村庄获得补给外,几乎没有食物来源,因此饥饿与疾病使不少老弱病残的回民丧命。如同治八年(1869),静宁、盐关营等地回民军九万六千二百余人投诚,其中汉民胁从者三万一千五百余人,剩余回民当有六万七千四百余人,但"回众因饥病死亡,尚存三万一千余"③,也就是说有三万三千七百余回民在饥饿和疾病中死亡。同治九年(1870),在清军的包围下,回民受困于金积堡,"粮且尽,城中煮草、麦根、杂牛皮、死尸为食"④。因此,饥饿、疾病是回族人口死亡的主要原因之一。

总之,屠杀、战争、饥病导致了数百万回族人口死亡,这是很悲惨的,就连镇压回民的左宗棠也不无感慨地说,这是"回族千数百年未有之浩劫"⑤。一些回族聚居区没有回族居民,如河西走廊本是回族最早定居的地

---

① (清)左宗棠:《左文襄公奏稿》卷38《平毁金积各巢首要各逆伏诛宁灵肃清折》,《左宗棠全集》第7册,上海:上海书店,1986年。
② 白寿彝:《回民事变(三)》,上海:上海人民出版社、上海书店出版社,2000年,第193页。
③ 白寿彝:《回民事变(三)》,上海:上海人民出版社、上海书店出版社,2000年,第140页。
④ 白寿彝:《回民事变(三)》,上海:上海人民出版社、上海书店出版社,2000年,第36页。
⑤ (清)左宗棠:《左文襄公奏稿》卷36《收抚回民安插耕垦片》,《左宗棠全集》第7册,上海:上海书店,1986年。

区，许多绿洲上都有回族村堡，经过这次战争期间的杀戮和战后的强迫迁徙，"可说河西就没有一个回民"①。古浪县直到民国时期才有少量回民居住，"至于回族，同治以后概无土著，间有贸易往来，亦旋去。今则渐有寄居此间者，亦不过少数之户口而已"②。

究竟有多少回民在这次变乱中丧生？清代没有资料来说明这一问题，我们只有通过民国时期一些零星的资料来估算回民在事变中损失的数量。据民国时期一些资料记载，"1934年青海有回民11.8万人，1938年12.1万人"③；宁夏"回民散居各县，而以河东金（积）灵（武）两县为中心……总数在十五万以上"④。又根据近人对甘肃伊斯兰教寺院及教徒的调查，信仰伊斯兰教人口在一万以上的县份包括皋兰1.6万人，康乐3.6万人，平凉2.7万人，固原5.1万人，隆德2.6万人，化平2.4万人，秦安近1万人，清水4.1万人，临夏9.9万人，宁定6.4万人，永靖2万人，和政3.7万人，海原3.9万人，包括其他县零星分布，共有57.4万人⑤。从这几种资料来看，民国时期甘肃、宁夏、青海的回民总共仅有85万人左右。这时离同治回民事变结束已经有五六十年的时间，黄河上游区域的回民仅及同治事变前的1/9。通过民国时期这一区域回族人口数量来看，我们认为清代同治年间的事变，黄河上游区域至少有650万—700万回族人口丧生。因此，同治回民事变后，在黄河上游区域回族由主体民族变为非主体民族。

黄河上游区域回族分布格局也发生了巨大的变化。左宗棠镇压了西北回民反清运动后，为了便于管理，强迫回民迁移是其"善后"的一个重要举措。左宗棠认为，回族"与汉民积仇既深，婚姻不同，气类各别，彼此相见辄起杀机，断难孚洽。又种族攸分，状貌亦异杂，一回民于稠众中，令土人遍识必能认别，百不一爽。回民中岂绝无稍知极思自拔来归者，然久处贼巢，既苦头目之侵凌迫胁，甫离巢穴，又畏汉民之报复寻仇，当生死莫卜之时，靡

---

① 秦翰才：《左文襄公在西北》，上海：商务印书馆，1946年，第78页。
② 民国《古浪县志》卷5，凉州：河西印刷局，1939年铅印本。
③ 青海省编写组：《青海省回族撒拉族哈萨克族社会历史调查》，西宁：青海人民出版社，1985年，第1页。
④ 叶祖灏：《宁夏纪要》，南京：正论出版社，1947年，第33页。
⑤ 甘肃省图书馆编：《西北民族宗教史料文摘·甘肃分册》，内部资料，1984年，第145—153页。

不依违其间，以求苟免，此解散之难也。陕回人数计之，从前无事时，散处各州县地方，丁口奚啻数十万，见计除西安城中土著两三万外，余则尽族西行，陕西别无花门遗种。即合金积、河（州）狄（道）、西宁、凉州等处见剩陕回计之丁口亦不过数万，其死于兵戈、疾疫、饥饿者十之九……既无归陕之望，就甘地安插，而甘民痛定思痛又不免他族逼处之虞，此安插之难也……因于经理屯垦之余，划出荒绝地亩稍成片段者，以处求抚之陕回"①。在对回民迁徙中，他认为安插回族居住地有三不宜，即"近城驿非所宜，近汉庄非所宜，并聚一处非所宜"②，也就是说回民不能居住在都市附近、汉民村庄周围，也不能集中居住在一起。因此，左宗棠对安置回民地方有三个选择标准："一要荒绝地亩，有水可资灌溉。二要自成一个片段，可使聚族而居，不和汉民相杂。三要是一片平原，没有多大的山河之险，距离大道不过远又不过近，可便管理。"③根据上述三个标准，左宗棠选择了化平川、张家川等地作为安置回民之地。化平川"地在华亭县西北一百七十余里，东南距平凉百里，南连崆峒，西北均高阜严壑环峙。两水萦绕，一为化平川，一为圣女川，合流汇白面河入清水县界。川中横宽五六里，长三十余里，似亦前代安置降人之地"④。张家川地理环境与化平川有相似之处，位于甘肃秦安、华亭、清水、庄浪和陕西陇县的交界处，发源于卧龙山西南的北川河与发源于陇阳坡南麓的东川河在张家川镇汇合后形成一片平川。对安置回民地的选择，集中反映了左宗棠在处理西北回汉民族问题上的"回汉隔离"的思想。这种办法在处理民族关系上可收一时之效，但绝非长久之计。

左宗棠安置的回民主要有两个部分，一是对反清运动中进入甘肃的陕西回民进行安置。"陕西回民在事变发生前，有七八十万。自事变发生，有的死于兵，有的死于疫，有的死于饥饿，剩下十分之一二。在这剩下的十分之一二中，只有二三万，还留居西安省城（即未参加反清运动者，引者

---

① （清）左宗棠：《左文襄公奏稿》卷36《收抚回民安插耕垦片》，《左宗棠全集》第7册，上海：上海书店，1986年。
② （清）左宗棠：《左文襄公奏稿》卷41《收复河州安插回众办理善后事宜折》，《左宗棠全集》第8册，上海：上海书店，1986年。
③ 秦翰才：《左文襄公在西北》，上海：商务印书馆，1946年，第78页。
④ （清）左宗棠：《左文襄公奏稿》卷38《安插就抚回众请增设通判都司折》，《左宗棠全集》第7册，上海：上海书店，1986年。

注），其余五六万都流亡在甘肃的宁灵和河湟等地。"对于这部分陕西回民的安置情况是："固原的陕西回民数千人，安顿在平凉的大岔沟一带；金积堡的陕西回民一万余人，安顿在平凉的化平川一带；河州的陕西回民一万余人，安顿在平凉、会宁、静宁和安定等处；西宁的陕西回民二万余人，安顿在平凉、秦安和清水（主要在张家川，引者注）等处。"① 一是对甘肃回民的安置，其主要政策是"强制回族分散，按照指定地点迁移，并且禁止他们靠近城市居住，也不得靠近汉族居住"②。在这样的政策下，许多原来居住在富庶的宁夏平原和河西绿洲上的回民迁移到偏僻荒凉的山村，如平定宁夏金积堡后，"其贸易侨居之客民及被掳被胁之甘回三千余名，解赴平凉安插；金积堡老弱妇女一万二千余名口解赴固原州附城数十里地方，分拨荒地安插"③。在河西走廊，左宗棠把在战乱后剩余无多的回族人口全部迁移到内地，"把肃州收复后的回民二千余人，全部先移到兰州，后来安顿在金县（今榆中县）。其时，甘州和凉州的回民早已死的死、逃的逃，如今再把肃州的回民赶走，可说河西就没有一个回民"④。总之，咸、同之后，黄河上游区域回民聚居区的地理分布发生了很大的变化，由原来的广泛分布转变为四个大回族聚居区：一是宁夏地区，主要分布在"罗山的谢家段头和纳家闸、广武、石空、牛家营、韦州、红沟窑、田家沟等处，以及固原、茶盐一带"⑤。二是河州地区。清代以来，西北各地回民事变失败后，大量的回民避难于河州，河州回族人口不断增加，使河州成为回民商务中心，即所谓"盖八方（坊）为回民商务聚集之地，富甲省垣，居民三万余人，全系回族"⑥。三是青海河湟地区，西宁、大通、化隆、循化、民和、湟源、贵德等地是回民聚居地⑦。四是张家川地区，同治回民反清斗争失败后，回民军的李得仓部3.1万余人、崔伟部9 000余人、毕大才部3 400余人被安置在张家川各地，以后又有河南

---

① 秦翰才：《左文襄公在西北》，上海：商务印书馆，1946年，第77—78页。
② 民族问题研究会编：《回回民族问题》，北京：民族出版社，1958年，第38页。
③ （清）左宗棠：《左文襄公奏稿》卷38《平毁金积各巢首要各逆伏诛宁灵肃清折》，《左宗棠全集》第7册，上海：上海书店，1986年。
④ 秦翰才：《左文襄公在西北》，上海：商务印书馆，1946年，第78页。
⑤ 吴忠礼：《宁夏近代历史纪年》，银川：宁夏人民出版社，1987年，第73页。
⑥ 慕寿祺：《甘宁青史略（副编）》卷31，兰州：俊华印书馆，1939年。
⑦ 青海省编写组：《青海省回族撒拉族哈萨克族社会历史调查》，西宁：青海人民出版社，1985年，第1页。

等地部分回民陆续移民张家川,使张家川形成了回族聚居区①。晚清时期四大回民聚居区的形成,基本上奠定了现代黄河上游区域回民聚居区的分布格局。

在回汉民杂居的市镇上,回民的居住格局也发生了变化。由于清政府实行回民、汉民分离的政策,不允许回民在城内居住,于是回民就选择了在市镇边缘居住。这样,在同一座市镇,形成回民住城外,汉民住城内的分布格局。如在陇西县城回民住北关苏家堡子,"苏家堡子一名回回城,在北关东北隅,乃左宗棠西征时,为归附之教民苏某等指定之处所也"②。临潭"城关居民约三百户,城内偏于东南一隅,均汉民,以十字街为繁华中心。城外麇集于南关,均回民,原为商业中心……今行于其地,残壁颓垣,触目荒凉之态"③。临夏(原河州)"大致城内所居者为汉民,南关为回民……同治年间地方事变平定后,重筑城垣,清统治者为划定居住区,相沿至今"④。和政"城关居民共约八百户,回民不及十分之一,集中于关西一带,城内所居者皆汉民"⑤。由于受清朝传统的影响,民国时期迁徙到肃州的数十家回民,"均集在东关"⑥。有一句民谣真切地反映了同治以后回民的居住格局,即"回回不是住关就是住山"⑦。可见,回民事变被镇压后,回民居住的大格局和小环境都发生了变化,而且这种变化的影响是长远的。据1990年第三次全国人口普查统计,宁夏回族自治区回族人口"居住在城镇的有172 805人,占11.3%,居住在乡村的有1 351 643人,占88.7%。甘肃回族社区除少数分布于兰州、临夏等城镇外,大部分分布于乡村之中。青海回族社区除少数分布于西宁等城镇外,大部分分布于乡村之中"⑧。

---

① 李忱:《张家川的回族》,《宁夏社会科学》1993年第3期,第62—65页。
② 王树民:《陇游日记·陇岷日记》,中国人民政治协商会议甘肃省委员会文史资料委员会编:《甘肃文史资料选辑》第28辑,兰州:甘肃人民出版社,1988年。
③ 王树民:《陇游日记·河州日记·临潭城关》,中国人民政治协商会议甘肃省委员会文史资料委员会编:《甘肃文史资料选辑》第28辑,兰州:甘肃人民出版社,1988年。
④ 王树民:《陇游日记·河州日记·临夏之城关》,中国人民政治协商会议甘肃省委员会文史资料委员会编:《甘肃文史资料选辑》第28辑,兰州:甘肃人民出版社,1988年。
⑤ 王树民:《陇游日记·河州日记·和政县概况》,中国人民政治协商会议甘肃省委员会文史资料委员会编:《甘肃文史资料选辑》第28辑,兰州:甘肃人民出版社,1988年。
⑥ 林竞:《西北丛编》,上海:神州国光社,1931年,第192页。
⑦ 南文渊:《伊斯兰教与西北穆斯林社会生活》,西宁:青海人民出版社,1994年,第114页。
⑧ 刘天明:《西北回族社区地域分布和自然环境》,《青海社会科学》2000年第1期,第90—95页。

通过左宗棠的安插，回民居住区的生态环境发生了很大的变化。原来回民居住的河西走廊绿洲和宁夏平原不仅交通方便，而且农业灌溉系统发达，在西北是人居环境比较理想之地。而化平川、张家川不仅交通闭塞，而且自然环境恶劣，如化平川"土地荆蒿满地，根本不能种植。山里狼豹野猪蛇蝎很多，人命时有危险"[①]。化平川水质不良，当地有一句流行语"吃了出山水，粗了脖子细了腿"，使迁移到这里的回民长期受甲病（即甲状腺病）的折磨，直到新中国成立后才有所改善[②]。其他一些安插回民地如金县（榆中）、固原、盐茶（海原）等地气候寒冷，降雨量稀少，水土流失严重，物产贫乏，迁移而来的回民生活处于极度艰难的状态，即使在今天也是西北最贫困的地区，被称之为苦甲天下。回族是一个善于经营商业的民族，被迁移到各地的回民受到了极为严格的控制，如化平厅《安插回民告示》中规定：不许和汉民在同一地方杂居；不得迁移，陕西回民不得回陕，甘肃回民不得回原籍；不许回民随意远处行走，如有需要，要报请官府发给"路票"，并限期返回等[③]。所有这些都限制了回族经济社会的发展，正如有的学者所说，同治期间对回民的屠杀和强制性迁移，"使西北回族穆斯林居住区更加缩小，也更加分散。而打击更大的是穆斯林的商业城镇被瓦解，经商的穆斯林被分散于各贫困山区，成为农民。比如处于丝绸之路上的商业城镇肃州、陇西等地，自唐代以来就有穆斯林在此经商，元明时期已形成较大规模的穆斯林商业城镇。但经过清代同治年间对穆斯林的屠杀、迁移，这里再也找不到穆斯林商人了。对穆斯林商业城镇的摧毁，导致了西北穆斯林长期以来囿于贫困的小农经济"[④]。

### 三、对黄河上游区域经济的影响

过去对同治时期西北回民事变的研究，在"革命范式"或"阶级斗争范式"的引导下，研究者只注意到或只强调其反清的"革命性"一面，而对社

---

① 马长寿：《同治年间陕西回民事变历史调查记录》，西安：陕西人民出版社，1993年，第454页。
② 丁明俊：《回族迁居泾源120周年纪》，《宁夏社会科学》1994年第4期，第63—68、96页。
③ 丁明俊：《回族迁居泾源120周年纪》，《宁夏社会科学》1994年第4期，第63—68、96页。
④ 南文渊：《伊斯兰教与西北穆斯林社会生活》，西宁：青海人民出版社，1994年，第108页。

会、经济产生的负面影响注意不够。陕甘回民运动所引发的战争持续了12年之久,背井离乡的回民为了生存,不得不攻掠市镇、村庄,大量的青壮年劳动力在战乱中被消耗,给社会、经济带来了毁灭性的打击。加之黄河上游区域自然条件恶劣,生态环境脆弱,生产方式落后,由于这些长时段因素的影响,社会、经济重建与恢复的周期很长,一些地区"百年以内,难复元气"[1]。

耕地大面积荒芜,农业生产呈停滞状态,农村经济出现了大萧条。根据梁方仲的统计,咸丰元年(1851)甘肃的耕地面积为2353.7万亩,光绪十三年(1887)为1677.5万亩[2],即在战争结束后14年,甘肃仍有近700万亩耕地荒芜。如果我们以乾隆时期人均耕地2.05亩计算[3],战争中甘肃人口消耗了1081万,那么在战争结束时有2216万亩土地因无人耕种而荒芜。战争使黄河上游区域呈现出一片荒凉景象,所谓"同治初元,兵事纷纭,甘肃一带,半成焦土"[4]。位于董志原、泾河谷地的庆阳府、平凉府和泾州直隶州,清朝中期人口稠密,战前平凉府人口密度是黄河上游区域最高的,达230.03人/平方千米,泾州直隶州为98.80人/平方千米,庆阳府也达到了41.08人/平方千米[5],是甘肃东部主要农业经济区,而战后,这里一片破败景象。同治三年(1864)张集馨"奉旨赴甘",在从西安到平凉的路上所见"泾州至平凉百五十里,村镇皆瓦砾,田亩悉荆榛。城内尚有未烬之屋,为兵勇难民所占住,满街瓦砾,断井颓垣,不堪言状"[6]。左宗棠在给清政府的奏折中反映了战后陇东的情况,"远近城邑寨堡惨遭杀掠,民靡孑遗,平(凉)庆(阳)泾(州)固(原)之间,千里荒芜,弥望白骨黄茅,炊烟断绝,被祸之惨,实为天下所无",以至于回民和清军在这里都得不到粮饷,"师行所至,井邑俱荒,水涸草枯,贼因此而多所丧亡,官军亦因此而艰于追逐"[7]。足见战争给陇东经济带来的破坏之严重,导致了陇东各地一片萧条景象。如董志

---

[1] 民国《重修隆德县志》卷4,1935年石印本。
[2] 梁方仲:《中国历代户口、田地、田赋统计》,上海:上海人民出版社,1980年,第380页。
[3] 梁方仲:《中国历代户口、田地、田赋统计》,上海:上海人民出版社,1980年,第396页。
[4] 民国《高台县志辑校》序一,张志纯等点校,兰州:甘肃人民出版社,1998年。
[5] 梁方仲:《中国历代户口、田地、田赋统计》,上海:上海人民出版社,1980年,第275页。
[6] (清)张集馨:《道咸宦海见闻录》,北京:中华书局,1981年,第486、353页。
[7] (清)左宗棠:《左文襄公奏稿》卷31《追剿逆回大胜荡平董志原庆泾各属一律肃清折》,《左宗棠全集》第6册,上海:上海书店,1986年。

原是黄土高原最大的残原之一,"水土肥美,是产粮之区;四达通衢,也是贸易之区……自经文襄公驱走了陕回的十八大营,蒿莱满目,鸡犬无声"①。同治九年(1870)二月,华亭新任知县"蒋顺达莅任,传谕招安,逃民始庆还生。斯时土住(著)归居城关者仅七十余人,总计是乱前后十年,城堡屡陷,田荒粮尽,四境人烟完全断绝,川原熟地变成茂林,男女老幼死亡数万,为流贼后罕有之浩劫"②。镇原"同治兵燹后,土著寥寥,田亩荒芜,募人耕种"③。崇信"同治兵燹后,土著凋零,客籍居十分之三,结草为屋,陶穴以居,朝来暮去,求一殷实人家而不可得"④,这种情况在回民事变结束数十年都得不到复苏,"虽乱后休息时近四十年,然凋敝已甚,民业未获猝复,降及今,而政益窳,民益弊,因之饥馑,师旅、官吏、士民日交困于艰难险阻中"⑤。泾州"道光、咸丰年间,户口虽非殷富而人民乐业,生齿繁育,在陇东颇称小康……同治初,关中花门倡乱,继以陇回肇衅,泾当孔道,戎马蹂躏,村社为墟,烟户半就逃亡"⑥。隆德在变乱结束后"荒林满目,村村焦土,招集离散,十庄九空"⑦。这就是战争结束后的陇东农村面貌。

灌溉系统是宁夏平原农业的命脉所在,但"经过十年的变乱,破坏很多,特别因为双方都曾利用渠水灌决敌人"⑧,严重破坏了农业灌溉系统。同治八年(1869)九月初四日半夜,回民军"于吴忠堡南决开秦渠,逼水东流,辰初,吴忠堡东南一带平陆成川",清军也"乘势将水漫沟坝头决开"⑨;清军在进攻灵州附近低洼回民堡寨时,也采取堵塞河渠"筑坝蓄水灌之"的战术打击回民军⑩。同治九年(1870)四月,"北路金积回决秦渠,灌湘军。湘军筑长堤拒之。会风涛大作,冲啮堤岸,势汹涌。军士列桩护堤,昼夜囊土巡

---

① 秦翰才:《左文襄公在西北》,上海:商务印书馆,1946年,第80页。
② 民国《增修华亭县志》卷3,兰州:俊华印书馆,1935年铅印本。
③ 民国《重修镇原县志》卷3,兰州:俊华印书馆,1935年铅印本。
④ 民国《重修崇信县志》卷4,泾川:复盛印书馆,1928年石印本。
⑤ 民国《重修崇信县志》序,泾川:复盛印书馆,1928年石印本。
⑥ 光绪《泾州乡土志》户口第六,光绪三十三年(1907)抄本。
⑦ 民国《重修隆德县志》卷4,1935年石印本。
⑧ 宁夏省建设厅:《宁夏水利专刊》,银川:宁夏水利厅,1936年,第187页。
⑨ (清)左宗棠:《左文襄公奏稿》卷33《刘松山续获大胜折》,《左宗棠全集》第6册,上海:上海书店,1986年。
⑩ (清)左宗棠:《左文襄公奏稿》卷33《北路官军收复灵州攻克坚寨折》,《左宗棠全集》第6册,上海:上海书店,1986年。

防，堵塞决坏。越三日，风水消息，贼不得逞。"后来，清军也"决渠，反灌回营，回亦修堤堵之。"① 就这样，秦渠的灌溉系统被破坏了，有的被堵塞，有的堤坝被决口，或使水渠两旁的农田大面积被淹没，或使渠尾无水灌溉。宁夏其他水利工程都遭到同样的厄运，如惠农渠"同治年间因地方变乱，居民流徙，渠工废弛，口亦沦没"②；汉渠"同治年间，地方不靖，渠务因之废弛"③。宁夏平原干旱少雨，年降雨量仅为148.5毫米④，无灌溉则无农业。水利设施的破坏，加之人口的减少，使宁夏平原失去了往日的繁富，史载"宁夏在同治兵燹以前，人烟辐辏，商旅往来，塞北江南，为甘肃第一繁盛也。自经兵劫，化为丘墟，周余黎民，靡有孑遗"⑤，昔日富庶的宁夏平原，变成"往往数十里村落寥落，人烟绝无"的荒凉之地⑥。

河西走廊农村经济破坏严重。如前文所述，河西走廊的回民被杀戮殆尽，剩余数量极少的回族人口被左宗棠迁移到榆中等地，大量汉民又在冲突中死亡。因此经过这次变乱后，"民人存者不过十之三四，地亩荒废，居其大半"⑦；"凉州、甘州和肃州三地人民死亡既多，川原之地耕种不过十之三四，旱地更没有人过问。玉门和安西一带，孑遗之民力能自耕的，不过十之一二。敦煌人民存者不过十之三四，地亩荒废大半"⑧。左宗棠初到河西所见"沿途惟平番、古浪、武威、永昌近城一带秋稼可观，余均荒土……村堡颓废，杳无人迹"⑨，"甘、凉与肃，向称腴郡，乱后人少地荒，物产消耗，关外安、玉、敦尤甚焉"⑩。可见只有离府、州、县城较近的耕地才有人耕种，远离市镇的农村土地基本上是荒芜的。河西地区以绿洲灌溉农业为主，水利设施也

---

① 白寿彝：《回民事变（三）》，上海：上海人民出版社、上海书店出版社，2000年，第35、36页。
② 宁夏省建设厅：《宁夏水利专刊》，银川：宁夏水利厅，1936年，第53页。
③ 宁夏省建设厅：《宁夏水利专刊》，银川：宁夏水利厅，1936年，第127页。
④ 程纯枢：《黄土高原及西北之气候》，《地理学报》1943年10月。
⑤ 慕寿祺：《甘宁青史略（正编）》卷23，兰州：俊华印书馆，1939年。
⑥ 马福祥等主修、王之臣总纂：《朔方道志》卷9，天津：华泰书局，1927年。
⑦ 罗正钧：《左宗棠年谱》，长沙：岳麓书社，1983年，第257页。
⑧ 秦翰才：《左文襄公在西北》，上海：商务印书馆，1946年，第189页。
⑨ （清）左宗棠：《左文襄公书牍》卷13《与崇峻峰方伯》，《左宗棠全集》第3册，上海：上海书店，1986年。
⑩ （清）左宗棠：《左文襄公奏稿》卷46《复陈海防塞防及关外剿抚粮运情形折》，《左宗棠全集》第9册，上海：上海书店，1986年。

在战争中被破坏。"自垒口、武胜、镇羌，抵乌稍岭，南水流经河口入大河，岭北之水会雪山之水经镇番入大河，计程七八百里，两水分流，漫布田野"①。镇番（今永登县）的灌溉系统也被破坏，左宗棠所见水没有流入河道与渠道而是"漫布田野"。从地方志的记载中也可得到印证，"同治间逆回惊陇，民苦杀掠，堵御为艰，河患因之益剧。"② 由于水利设施在战争中不是被破坏就是失修，即使到了民国时期，许多地方都不能恢复。如1925年一旅行者在武威"所过村堡往往仅有二三家者，荒凉可掬"；在永昌，"出永昌西门……二十里水磨关，居户数家，荒凉满目。自此傍右山麓行，社升土坡，荒碛弥望，数十里内，杳无人居，遍地惟黄草萋萋，相接于耳目"，该县水泉驿，回民事变前"堡内居民有三百余户，今仅四十余户耳"③。此时离回民事变结束已有半个世纪之久，河西地区农村经济仍不能恢复。

　　黄河上游区域的陇右、陇南和西宁等地农业和农村经济也遭到了巨大破坏。如靖远"同治之乱，人民避难，农业停顿，沿河渠坝，一任河水冲刷，乱后重事修筑，然水势已蔓延，不可复制。自是年复一年，上下游两岸剥蚀之地，殆过半数"④。狄道（临洮）在回民事变结束数年后，城中依然是"瓦砾成堆，蒿与城齐，环城数十里无烟火"⑤。西宁府也是"千里萧条，中外道梗"，"郡无完土，遂使二百余年生齿之繁，如草木之零落"⑥。20世纪初，一位俄国人到甘肃看到的仍然是贫困和饥饿，他们这样描述所见的一个村庄："高家窝铺滩繁华的生活很久以前就开始沉寂了，东干人的事变（指回民事变——引者注）使务农的汉人破产，沉重地打击了这片山谷和平繁荣的经济生活，后来连续不断的干旱缺水又使幸免于难的居民完全丧失了元气"⑦。可见，黄河上游区域农业和农村经济遭到破坏的情况在农业经济区无一地能够幸免，而且恢复的周期很长。

---

　　① （清）左宗棠：《左文襄公书牍》卷13《与崇峻峰方伯》，《左宗棠全集》第3册，上海：上海书店，1986年。
　　② 民国《续修镇番县志》卷4，民国九年（1920）刻本。
　　③ 陈万里：《西行日记》，兰州：甘肃人民出版社，2002年，第62、63页。
　　④ 甘肃省图书馆：《甘肃中部干旱地区物产资源资料汇编》，内部资料，1986年，第152页。
　　⑤ 慕寿祺：《甘宁青史略（正编）》卷22，兰州：俊华印书馆，1939年。
　　⑥ 民国《高台县志辑校》卷9，张志纯等点校，兰州：甘肃人民出版社，1998年。
　　⑦ （俄）彼·库·柯兹洛夫：《蒙古、安多和死城哈喇浩特》，王希隆、丁淑琴译，兰州：兰州大学出版社，2002年，第157页。

人口的锐减，农业的破坏，市镇遭到劫掠，使黄河上游区域的商业也出现了大萧条。关于近代甘宁青农村市场的状况笔者已有所论述①。经过这次回民事变的打击，一些市镇在战后数十年都不能恢复。如光绪时期人们描述合水市镇情况时说："斗大山城，何堪屡破，计回匪之乱距今已近四十年矣，而市镇萧条，人烟稀少，旷土犹多，而招垦不易，元气之复，究何日哉？"②泾州位于陕甘交界处，本是"陇东一大都会"，经回民事变打击到光绪时期"乃市井萧条，富商大贾渺焉，无闻常年贸易者，仅寻常日用之需，无奇货，无殊品"③。镇原县城"自同治兵燹后，城内一片焦土，所有东西街商肆皆乱后复兴建筑，几经建筑，垂六十年，元气稍复"④。平凉是陇东地区的集散市场，既是这次事变的中心，也是遭到破坏最严重的府城之一，"商贾裹足，农村破产，商务遂一落千丈"⑤，直到20世纪二三十年代仍然赶不上同治元年以前的水平。

河西走廊一些市镇遭到巨大破坏，商业萧条，至光绪晚期还不能复苏。肃州在回民事变前"城内街市宏敞，车马骈阗，胡贾华商鳞集，縻至毂击肩摩，五音嘈杂，每登鼓楼四望，但见比屋鳞次，炊烟簇聚，货泉繁盛，人物殷富，边地一大都会也"⑥。因此，"市集商贾"被列为肃州"后八景"之一（名胜，后八景）。但同治回民事变后破坏很大，昔日豪华之地竟成瓦砾之场，战争结束后商业恢复缓慢，即所谓"大难之后，骤难复原"⑦。临水战前"为过往商旅歇脚之处，客民千余家，贸贩亦盛"，战后唯余一片焦土，今虽复业日众，而旷尚多，欲如曩时之盛，非数年休养不能；嘉峪关战前"凡仕宦、商旅出口入关，必宿于此。铺户、栈房、茶寮、酒肆、旅店、牙行约千余户，军民数千家"，战后"庐舍零落，仅存十余椽。近来关门已启，客路畅通，西域行旅络绎不绝，列市陈货者仅渐来集，但未能如旧耳"；金塔战前"凡北草地大库仑以及包头、归化城等处远贩入内，必以此为住栈，故货殖充，生意

---

① 黄正林：《近代甘宁青农村市场研究》，《近代史研究》2004年第4期，第123—156页。
② 光绪《合水县志（卷下）》，北京：全国图书馆缩微文献复制中心，1994年影印本。
③ 光绪《泾州乡土志·商务》第十五，光绪三十三年（1907）抄本。
④ 民国《重修镇原县志》卷3，兰州：俊华印书馆，1935年铅印本。
⑤ 林鹏侠：《西北行》，银川：宁夏人民出版社，2000年，第31页。
⑥ 光绪《肃州新志·名胜·街市》，北京：全国图书馆缩微文献复制中心，1994年影印本。
⑦ 光绪《肃州新志·名胜·街市》，北京：全国图书馆缩微文献复制中心，1994年影印本。

畅旺，权子母操其赢者不下千余家"，战后"城虽幸保，而关厢荡为平地，惟存颓墙数堵而已。近来有兵戈已息，招聚者只有流民三四余家，以败堵寄寓，作小贸贩。元气大丧，一时难望兴复矣"。一些初级市场和战前相比更为冷清，如清水、下清河、红水坝、天仓、红沙滩、柴门、野麻湾、双井、盐池、河西坝、红崖、毛目等市镇在光绪时期仍十分萧条，有的"无街道与居民，交易铺户十余家"，有的"铺户十余家"，有的"旅店二三家，商人三四家"①。

西宁地方的民族贸易市场也受到了很大的冲击。如丹噶尔是河湟谷地的商业重镇，在清朝"嘉庆、道光之际，以丹地商业特盛，青海、西藏番货云集，内地各省客商辐辏。每年进口货价至百二十万两之多，故当时奏请改主簿为同知，为理商也"。但"至咸丰、同治，久经戎马，番货委积，顾问无人，丹地商业之衰，未有甚于当时者也……每年进口之货，推其报数约四十余万，较之曩昔，仅三分之一耳。"② 即民国初年的贸易额只有嘉庆、道光时期的 33.3%。

有的市镇在战争中消失后再也没有恢复起来，特别是受回民事变打击比较严重的地区。如同治年间陕西回民军于同治二年（1863）底至三年初进入甘肃董志原建立了十八大营，到同治八年（1869）二月败退，期间长达 5 年多，其军队及家属共约 20 万之众③，主要依靠攻掠周围市镇、农村维持军队给养和家属生计，对市镇的破坏可以想象。乾隆时期庆阳府安化（庆阳）有村市 11 处，环县有村市 16 处，宁州（宁县）有村市 15 处，正宁有村市 10 处④，而民国时期庆阳有市集 7 处，环县仅有 4 处，宁县 9 处，正宁 5 处⑤。即没有恢复的市集庆阳 4 处，环县 11 处，宁县 6 处，正宁 5 处。其他地方也有许多市集在回民事变后没有恢复，如河西平番的安远堡"破垣颓墙，触目皆是，盖自回事后久已不成市集矣"⑥。漳县"东南旧有青瓦寺、漯沙镇等

---

① 光绪《肃州新志·名胜·街市》，北京：全国图书馆缩微文献复制中心，1994 年影印本。
② 民国《丹噶尔厅志》卷 5，西宁：青海人民出版社，1989 年。
③ 丁焕章：《中国西北回民事变斗争史》，北京：中国科学文化出版社，2003 年，第 344 页。
④ 乾隆《庆阳府志》卷 5，乾隆二十六年（1762）刻本。
⑤ 民国《甘肃通志稿》卷 16，中国西北文献丛书编委会编：《中国西北文献丛书》第一辑《西北稀见方志文献》第 27—29 卷，兰州：兰州古籍书店，1990 年影印本。
⑥ 陈万里：《西行日记》，兰州：甘肃人民出版社，2002 年，第 56 页。

集,自清同治兵燹后皆废。又黄家河每月逢一、五日集,以废于兵燹之余"[1]。渭源县蒙八里"同治回乱后,市场变成丘墟",民国时期"犹未恢复"[2]。如武阳分县原有集市9处,光绪时有6处(其中1处为光绪二十九年设),"旧有马莲滩、草滩河、青瓦寺、南寺川等集市,今皆废"[3]。总之,回民事变后,由于人口锐减,农业经济的破坏,使黄河上游区域商业贸易也受到了严重破坏,直到民国时期大多数地区仍处于萧条状态。

## 四、结　语

由于清政府狭隘的民族政策所引发的同治时期陕甘回民大事变,对近代黄河上游区域社会经济产生了极大的影响,造成了这一区域的人口锐减,社会长期处于动荡状态,农村经济遭到了严重破坏。由于自然环境、气候、生态等因素的制约,在这样的大破坏后,黄河上游区域社会经济直到民国时期都不能恢复元气。而在这次事变中受害最深的是回族同胞,人口减少、居住环境和社会地位都发生了根本性的变化,把回民迁移到环境恶劣的山区,"影响了回族人口在社会组织、价值观念、人际交往以及精神生活等方面的进一步发展,这也是西北地区回族经济发展迟缓的重要原因"[4]。清军在镇压回民事变过程中不仅对回民实施了大屠杀,而且对回民进行侮辱,使回民心灵受到了极大的创伤,如各地回民反清事变发生后,西北地方一些文人故意把回民"回"加上"犬"字偏旁,写成"狪民"[5],旨在对回族同胞进行人格上的侮辱。固原城被清军占领后,"回民四散无遗,反籍者甚少。城内六坊街有回教礼拜寺一所,久为官兵驻扎地,因仇回心理未退,故常购猪肉挂在寺殿之柱上,藉以污之也。"[6]。西宁回民事变被镇压后,清军将领刘锦棠将城内小北街回民全部迁出城外,而将回族的礼拜寺改为刘松山纪念祠[7]。清军将领

---

[1] 民国《漳县志》卷2,台北:学生书局,1967年影印本。
[2] 民国《创修渭源县志》卷2,平凉:新陇书社,1926年石印本。
[3] 光绪《陇西分县武阳志》卷1,影印光绪三十四年(1908)序本。
[4] 郑传斌:《清代西北回民事变中的人地关系》,《文史哲》2003年第6期,第87—91页。
[5] 马石霄:《西北回汉民族关系之探讨》,《拓荒》1933年第3期。
[6] 单化普:《陕甘劫余录》,《禹贡》1936年第11期,第95—102页。
[7] 马志荣:《左宗棠镇压陕甘回民事变方略及善后措施评述》,《回族研究》1991年第4期,第8—14页。

的这种极端行为和狭隘大汉族主义思想导致了社会矛盾和民族关系的日益紧张，成为近代黄河上游区域陷入周期性社会动荡的主要成因之一。

通过本文我们看到同治回民事变期间黄河上游区域社会经济破坏之严重，影响之深远，使我们认识到社会稳定对一个民族、一个地区乃至一个国家经济发展和繁荣有着极为重要的意义。黄河上游区域自古就是一个多民族集居的地区，各民族对这一区域社会经济和文化的发展都做出了很大的贡献。因此，国家在制定各项政治、经济、文化及社会政策时，一定要尊重各民族的传统、宗教信仰和生活习俗，各民族之间也要互相尊重、互相理解和互相学习，取长补短，共同发展，共同进步，只有这样才能创造一个稳定和谐的社会环境，才有利于社会经济的发展和繁荣，才符合各民族人民的共同利益。

*原载（《史学月刊》2008年第10期）*

# 近代黄河上游区域地权问题研究

本文所说的黄河上游区域，指的是甘肃、青海、宁夏三省区，该区域在1929年青海、宁夏建省前长期属于同一行政辖区，有着共同的政治、经济和文化认同，在经济、社会、文化结构上与农业发达地区有着很大的差异，这是一个多民族的地区，宗教信仰在社会经济中占有重要地位，农牧业是经济结构的核心。土地问题一直是近代农村经济研究的主要内容，与相关的地权和租佃关系是研究土地问题的核心，因为这两个方面决定着农村生产关系、利益关系和社会关系的基本面貌。长期以来，在不同时期有不同的看法和观点。如受传统的革命话语影响，认为在旧社会地权十分集中，即占乡村人口不到10%的地主、富农占有80%的土地，而占90%的农民阶层仅占20%左右的土地。这一观点为中共进行土地革命提供了有力的"证据"。但自20世纪80年代以来，上述传统观点开始受到挑战，一些学者通过实证研究提出了新的看法，如章有义认为抗战前地主富农占有土地大约为60%左右，中农、贫农占有土地约40%左右。[1] 但这些研究基本上都以农业经济比较发达的地区为例，较少涉及农业经济欠发达的西北地区。因此，本文以甘肃、宁夏、青海为中心，来探讨多民族地区和传统农牧区地权关系问题。

---

[1] 章有义：《本世纪二三十年代我国地权分配的再估计》，《中国社会经济史研究》1988年第2期，第3—10页。

## 一、甘肃农业区的地权关系

甘肃是黄河上游区域的主要农业区，居民以汉族为主体，农业文明历史悠久，反映在地权关系方面，自耕农占有主要地位。1934 年，资源委员会对陇中（皋兰、靖远、临夏、榆中）、陇东（静宁、平凉）、陇南（徽县、天水、武都、岷县、临潭）、河西（酒泉、敦煌）等 13 个县农家进行调查，陇中地区自耕农占 58.15%，自耕农兼佃农占 29.79%，佃农占 12.06%；陇东自耕农占 59.21%，自耕农兼佃农占 31.58%，佃农占 9.21%；陇南自耕农占 44.0%，自耕农兼佃农占 34.0%，佃农占 22.0%；河西自耕农占 62.86%，自耕农兼佃农占 17.14%，佃农占 20.0%。[①] 从这份调查中来看，陇南、河西佃农所占比例比较高，均在 20% 以上，而在冬小麦向春小麦过渡地带的佃农比例则比较低，大约 10%。在另一个调查中也反映了这种情形的存在，如抗战时期李仲舒对天水、武威、平凉 3 县 150 户农家调查来看，自耕农平凉占 94.5%，武威占 82.4%，天水占 12.2%；半自耕农天水占 75.5%，武威次之，平凉最少；佃农以天水最多，武威次之；就 3 县而言，自耕农占 63%，半自耕农占 32.2%，佃农占 4.7%。[②] 从上述两种文献来看，在农业条件比较好的地区，地权比较集中，而在农业生产条件比较差的地区，地权比较分散。我们再来看表1。

表 1　农户比例统计表（1931—1944 年）

| 年份<br>项目 | 1931年 | 1932年 | 1933年 | 1934年 | 1935年 | 1936 | 1937年 | 1944年 |
|---|---|---|---|---|---|---|---|---|
| 报告县数 | 13 | 13 | 15 | 21 | 23 | 29 | 28 | 67 |
| 佃农（%） | 21 | 24 | 28 | 20 | 19 | 18 | 19 | 12.06 |
| 半自耕农（%） | 20 | 20 | 19 | 18 | 20 | 18 | 20 | 14.31 |
| 自耕农（%） | 59 | 56 | 53 | 62 | 61 | 64 | 61 | 73.63 |

资料来源：1931—1935 年资料来自《农情报告》1937 年第 1 期，第 8 页；1936—1937 年资料来自国民政府主计处统计局编：《中国租佃制度之统计分析》，南京：正中书局，1941 年，第 6—7 页；1944 年资料来自甘肃省政府：《甘肃统计年鉴》，兰州：甘肃省政府，1946 年，第 95 页

---

　　① 汤惠荪、雷男、陆年青：《甘肃省农业调查》，《资源委员会季刊》1942 年第 2 期。
　　② 李仲舒：《甘肃农村经济之研究》，中央训练委员会西北问题研究室编：《西北问题论丛》第 3 辑，1943 年，第 46 页。

表1是根据国民经济部中央农业试验所和甘肃省政府不同时期对甘肃地权的调查所制成的。从表1可知，20世纪三四十年代，甘肃佃农在农户比例中基本上处于下降的态势。1931—1933年，佃农所占比例是20%—25%，主要原因是本省"自民国十七八年凶荒而后，地方富户，利地价之低落，巧为金钱之操纵，廉价收买，遂使坐食之人，变为地主，力田啬夫，大多转为佃农矣。"①也就是说，甘肃原本是一个自耕农社会，1928—1929年西北大旱和马仲英事件，导致了甘肃社会动荡不安的局面，农民流离失所，一些富户乘机廉价购买土地，增加了佃农的比例。但1934年之后，佃农所占比例呈下降趋势，直到抗战结束前夕佃农比例下降为12.06%。据1931年中央农业试验所调查，全国自耕农占53.0%，半自耕农占19.7%，佃农占23.3%②，甘肃佃农比例为21%，低于全国水平；1935年时，全国佃农占29%，自耕农占47%，半自耕农占24%，③而甘肃佃农比例低于全国10个百分点。20世纪三四十年代，甘肃佃农发展的趋势和华北地区有些相似。④

20世纪三四十年代的一些调查资料也反映了甘肃佃农变化的趋势。铁道部业务司商务科对陇海铁路甘肃段的调查，"沿线十五县地方平均计之，自耕农约占百分之六十六强，半自耕农约占百分之九强，两（项）共占百分之七十五强，至于佃农仅占百分之十七弱，雇农仅占百分之八弱，两项共占百分之二十五弱而已。"该调查的县份分布在兰州以东的陇中和陇东南地区，是甘肃的冬小麦区和春小麦区，佃农占17%。甘肃东部一些地区，佃农比例低于10%，如渭源8%，岷县3%，定西7%，榆中4%。⑤据对155户农家调查，"就各类农户所占比例来看，与各种地权之分配大致相同"，三县平均，自耕农占63%，半自耕农占23.2%，佃农占4.7%；在155户农家耕种的土地中，

---

① 汤惠荪、雷男、陆年青：《甘肃省农业调查》，《资源委员会季刊》1942年第2期。
② 李仲舒：《甘肃农村经济之研究》，中央训练委员会西北问题研究室编：《西北问题论丛》第3辑，1943年，第46页。
③ 《民国二十四年各省佃农之分布及其近年来之变化》，《农情报告》1937年第1期。
④ 史建云认为，华北地区在近代直到1937年以前，佃农比例有逐步下降的趋势（史建云：《近代华北平原自耕农初探》，《中国经济史研究》1994年第1期）。
⑤ 铁道部业务司商务科：《陇海铁路甘肃段经济调查报告书》，沈云龙主编：《近代中国史料丛刊三编》第51辑，台北：文海出版社，1989年，第15页。

自有的土地占76.8%，租进的土地占16.5%，当进的土地占6.7%。① 又据1944年甘肃对全省68个县的统计，佃农比例超过20%的有6个县，占8.82%；佃农比例在10%—20%的有29个县，占42.65%；佃农比例低于10%的有33个县，占48.53%。② 有约半数县的佃农比例低于10%。这些均说明甘肃传统农业区是一个以自耕农为主的社会，土地租佃在甘肃的传统农业经济区并不发达。

为什么甘肃传统农业区域的佃农所占比例比较低？我们从农业生态环境入手来看这个问题。甘肃是一个雨量稀少，土地贫瘠，农家租种或出租土地所获得的报酬很低，故土地租佃很少。会宁县是有名的土地贫瘠、苦甲天下的地区，1948年对韩家集进行调查，该村142户农家中，其中地主18户，占总农户的12.7%；自耕农61户，占43%；半自耕农28户，占19.7%；佃农16户，占11.3%，雇农15户，占10.6%，佃农的比例比较低。因此，当时的调查者认为："大凡土地生产力低的地方，除开了工作者的消费外，土地是的生产剩余有限，既养活了佃农，便再没多的剩余去养活地主……既然会宁县的地理条件，适合于自耕农的存在，于是自耕农的比例上占最多数，佃农居于少数，便是以各很自然的现象了。"③ 陇海铁路沿线调查者也认为甘肃除了"利益优厚之水田以外，大都不适宜于地主佃户合作分利之制。故各地自耕农及半自耕农之比例较高，而佃农与雇农之比例较低。"④ 在河西山丹县的调查中，甲村126户农家，只有1户为佃农；乙村64户农家"全为自耕农"。因此，随着河西农业生态环境恶化（表现在森林砍伐、水利失修等方面），"由于土地报酬太低微，以土地作为剥削工具的租佃关系并不太占重要地位。"⑤ 由于生态环境恶化，土地报酬低廉，地价降低，导致地权也呈分散趋势。

农业生态环境比较好的地区佃农所占比例比较高，如清水县小泉峡两

---

① 李仲舒：《甘肃农村经济之研究》，中央训练委员会西北问题研究室编：《西北问题论丛》第3辑，1943年，第45—46页。
② 甘肃省政府：《甘肃统计年鉴》，兰州：甘肃省政府，1946年，第95—96页。
③ 谷苞：《会宁县农家经济概述》，《西北论坛》1949年第7期。
④ 铁道部业务司商务科：《陇海铁路甘肃段经济调查报告书》，沈云龙主编：《近代中国史料丛刊三编》第51辑，台北：文海出版社，1989年，第15页。
⑤ 高杰：《河西农村一角》，《西北论坛》1949年第7期。

岸，地势较低，气候温暖，土地肥沃，适宜种植水稻。"村民大半佃种稻田，熟田则佃户、业主不论丰歉，两方均分其利。如系沙滩初坝，首次利归佃户，业主无与；次岁或二八或三七，佃户所得较多；三年之后，佃户始交地于业主，利率以递增至平分而止。通例开坝三年之后，佃户始行交地于业主，照交情继续佃耕，均分其利。这段稻田大约共有二三百亩，佃耕者多，自耕农少。因为此段旱田太少，村户多半缺田之故。"① 陇南某个村子（调查者隐去了村名）以水地与川地为主，雨量充足，土地肥沃，"就是河北大平原上的土地，与之相较，也有逊色"。该村有85户农家，自耕农占21.42%，半自耕农占28.57%，佃农占29.76%，赤贫无产者占20.23%。② 可见农业生态环境的好坏与土地租佃关系发达与否有很大的关系。因此，从农业生态环境的角度和土地报酬的多少来解释甘肃佃农经济不发达的原因是比较合理的。

## 二、宁夏灌溉农业区地权关系

宁夏建省后，在地权问题上，省政府颁布的《修正宁夏省荒地承垦暂行办法》从地价方面做了限制大土地所有者的规定："（1）每一农户原有田在十亩以下者，承领田地不收地价，惟不准变卖典当……（2）每一农户耕地，在十亩以上一百亩以下者，每人领生荒一亩，收价八角，熟荒一亩收价三元。（3）一百亩以上之农家，承领荒地，不分生熟，按一百亩为一级，地价累进增加，其标准表如左：①10—100亩，生0.5元，熟6元。②100—200亩，生1.6元，熟6.0元。③200—300亩，生2.4元，熟9元。④300—400亩，生3.2元，熟12元。⑤400—500亩，生4元，熟15元。（4）五百亩田地之农户，停止其承领荒地权"。③ 由于政府试图通过颁布法令，以征收高地价来限制土地的集中，因此土地集中的问题并不是十分严重。1934年，资源委员会对中卫、金积、宁朔、平罗等4县的调查中，自耕农占89.74%，半自耕

---

① 刘福祥等：《清水县志》卷4，1948年石印本。
② 李化芳：《陇南一隅的佃农》，《西北论坛》1949第7期。
③ 宁夏省政府秘书处：《十年来宁夏省政述要》第6册《地政篇》，银川：宁夏省政府秘书处，1942年，第190页。

农兼佃农占 7.69%，佃农占 2.57%。① 如表 2 所示。

表 2  20 世纪 30 年代宁夏土地所有权分配统计表

| 耕地面积 | 户口数量 ||||||||| 百分比 | 土地数量(亩)[注] | 百分比 |
|---|---|---|---|---|---|---|---|---|---|---|---|---|
| | 宁夏 | 宁朔 | 中卫 | 平罗 | 灵武 | 金积 | 盐池 | 豫旺 | 合计 | | | |
| ≤10 亩 | 3138 | 2994 | 4459 | 3325 | 2235 | 1594 | 1129 | 1119 | 19 993 | 25.6% | 37 457 | 7.7% |
| 10 亩以上 | 3766 | 3593 | 2973 | 3950 | 2682 | 1913 | 903 | 896 | 20 676 | 26.5% | 150 000 | 13.3% |
| 20 亩以上 | 3264 | 3114 | 4310 | 3457 | 2324 | 1658 | 1626 | 1612 | 21 365 | 27.4% | 350 000 | 31% |
| 50 亩以上 | 2197 | 2096 | 2678 | 2327 | 2564 | 1116 | 813 | 806 | 14 597 | 18.7% | 450 000 | 40% |
| 100 亩以上 | 188 | 180 | 446 | 239 | 134 | 97 | 45 | 45 | 1374 | 1.8% | 900 000 | 8% |
| 合计 | 12 553 | 11 977 | 14 866 | 13 298 | 9939 | 6378 | 4516 | 4478 | 78 005 | 100% | 1 127 457 | 100% |

注：此表耕地的分配统计是指熟地，实额地内的荒芜淤冲田在外

资料来源：徐西农：《宁夏农村经济之现状》，《文化建设月刊》1934 年第 2、3 期

从表 2 所反映的内容来看，(1) 20 世纪 30 年代，宁夏地权分配存在着不均衡的问题，不足 20 亩土地的农户占农户总数的 52.1%，只占有全部耕地的 21%，而拥有 100 亩以上土地的大中地主仅占农户总数的 1.8%，却占有全部耕地的 8%。(2) 宁夏的地主主要分布在中卫、平罗、宁夏、宁朔、灵武一带灌溉农业发达的地方。此外，在水利较为发达的地方，半自耕农和佃农所占比重较大，如中卫、中宁自耕农占 63.41%，半自耕农兼佃农占 31.71%，佃农占 4.88%。② 宁夏 32.5% 的地主是在中卫，中卫拥有百亩以上耕地的农户有 446 家，"自然其中不一定都是纯农，也许兼商人，或更兼高利贷主。"③ 而灌溉农业不发达的盐池、豫旺地主较少。(3) 宁夏小农经济占绝对优势，100 亩以下耕地的小农占全部农户的 98.2%，他们拥有的土地占全部耕地的 92%。此外，磴口是宁夏租佃关系较为发达的地方，原因是"该区因原系蒙民游牧之所，虽经开辟，地权全操在阿拉善旗旗政府之手，故该县农民全系长期佃农，资额极轻，每顷纳三九砖茶（即湘鄂产茶于羊楼洞、羊楼司厘制砖茶，每箱三十九块，每块老秤五十九两——原文注）四块，粮一石，租金四十元"④，这是 20 世纪 40 年代宁夏租佃关系最为发达的地区。

---

① 汤惠荪、雷男、陆年青：《宁夏省农业调查》，《资源委员会季刊》1942 年第 2 期。
② 汤惠荪、雷男、陆年青：《宁夏省农业调查》，《资源委员会季刊》1942 年第 2 期。
③ 徐西农：《宁夏农村经济之现状》，《文化建设月刊》1934 年第 2—3 期。
④ 董正钧：《宁夏农业经济概况（上）》，《中农月刊》1947 年第 2 期。

我们再看 1940 年关于宁夏地权关系的调查，如表 3。

表 3　1940 年宁夏土地所有权分配概况表

| 田地数（亩） | 户数（户） | 百分比 | 备考 |
| --- | --- | --- | --- |
| ≤10 | 46 149 | 45.7% | |
| 10—30 | 33 607 | 33.3% | |
| 30—50 | 16 662 | 16.5% | |
| 50—100 | 3387 | 3.8% | 30 亩以下者占 79%，50 亩以下者占 95.5%，100 亩以上占 0.7% |
| 100—200 | 606 | 0.6% | |
| 200—300 | 50 | 0.05% | |
| 300—400 | 16 | 0.015% | |
| 400—500 | 20 | 0.02% | |
| 500 亩以上 | 16 | 0.015% | |

资料来源：董正钧：《宁夏农业经济概况（上）》，《中农月刊》1947 年第 2 期

对表 3 和表 2 进行比较之后，我们看出宁夏的地权关系发生了较大的变化。20 世纪 30 年代初期，有 10 亩以下土地的农家只占 7.7%，到 1940 年调查中占到了 45.7%，户数由原来的 1.9 万户增加到 4.6 万户，几乎占全部农户的半数；10—50 亩在 20 世纪 30 年代为 44.3%，1940 年为 49.8%，增长幅度不是很大，户数由 4.2 万户增加到 5.1 万户；50—100 亩在 20 世纪 30 年代为 40%，1940 年下降为 3.8%，由原来的 1.5 万户减少到 0.3 万户；100 亩以上在 20 世纪 30 年为 8%，1940 年下降为 0.7%，由原来的 1374 户减少到 708 户。1942 年对永宁、贺兰两县的调查也反映了同样的问题。永宁县自耕农占 82.93%，半自耕农占 9.69%，佃农占 7.38%；贺兰县自耕农占 92.80%，半自耕农占 3.1%，佃农占 4.4%。

从上面的论述中可以看宁夏地权逐渐趋于分散。地权趋于分散的原因，一方面，政府从法律上限制大土地所有者的发展；另一方面，更为重要的是农产品价格过低，尤其是 1940 年以来，"农产价格落后之剪形差过巨，致经营农业入不敷出，自有农田土质稍差者，因耕种收入不够成本，多弃植不种，即较肥良田，亦因人力畜力及资本投入土地，不如经营他业，而听其荒废者，亦数见不鲜，衡之李嘉图地租原理，宁夏省耕地大都在边际一下，自然地租已无存在之余地，契约地租自无容身之所，故宁夏原有之少数租佃事实久已悄然匿迹矣，今在乡间可能见其遗迹者，即少数无地或地少农民，无他业可

营,则向地多农家借地经营,仅代地主缴纳租税,外无负担,即有地租亦极微。复有少数贫农选地主特肥土地数亩,种植西瓜,经营收入均分者,凡此种种为量既微又皆为经营一季之临时口约,在租佃制度立场观之,殊不足重视。"正因为这样,一些有土地的"地主因入不敷出而放弃多余之土地",而没有土地的农民,以经营其他为业,"殊少大量购买土地者。"① 这也是抗战以来,宁夏地权区域分散的主要原因。

### 三、甘青民族聚居区地权关系

青海和甘肃西南是青稞畜牧区,是多民族、农牧交错的地区,土司、寺院在社会经济中有着很大的影响,因此,地权关系表现出不同的特点。近代青海的地权情形比较复杂,不同地方的地权状况有所不同。据资源委员会1934年对互助、循化、化隆、贵德、湟源5个县的调查,自耕农占47.62%,自耕农兼佃农占40.95%,佃农占11.43%。② 另据调查,一些县自耕农所占比例比较低,如贵德自耕农占40%强,半自耕农占10%强,雇农占50%弱。③ 湟源地主64户,占2%;自耕农1045户,占37%;自耕农兼佃农1341户,占47%;佃农384户,占14%。④ 有的地方自耕农所占比例较低,如民和县,自耕农占80%,半自耕农占10%,佃农占5%,雇农占5%。⑤ 之所以出现这样的情形,与社会传统和宗教土地占有量有较大的关系。如"西宁、乐都、大通等县多系屯田,共和、都兰、门源、湟源等县,多系寺产或为蒙古王公及藏族千百户所有,故从产权言之,自耕农并不甚多"。⑥ 也就是在土司、寺院土地所有制占统治地位的地区,自耕农比较较低,如河湟谷地就有一种土地类型是寺院土地占有制,以佑宁寺为代表。佑宁寺占有大量的土地,据土改前调查,佑宁寺占有土地77251亩,其中旱地约48 670余亩,水地28 581亩。一些高级僧侣不仅在互助县占有大量土地,而且在其他县也

---

① 董正钧:《宁夏农业经济概况(上)》,《中农月刊》1947年第2期。
② 汤惠荪、雷男、陆年青:《青海省农业调查》,《资源委员会季刊》1942年第2期。
③ 《青海贵德县之社会概况》,《新青海》1934年第5期。
④ 董涵荣:《青海湟源县》,《新青海》1936年第1—2期合刊。
⑤ 《青海民和县之社会概况》,《新青海》1934年第5期。
⑥ 汤惠荪、雷男、陆年青:《青海省农业调查》,《资源委员会季刊》1942年第2期。

有土地，如土观昂共占有旱地 16 749 亩，水地 262 亩，土地分布遍及附近以及乐都、大通和湟中一带；松布昂在互助、乐都有土地 3267 亩，在大通有耕地 300 余石（约合 12 000 亩以上）。① 在这些地方，农民占有土地数量十分有限，成为寺院或土司的佃农。而在寺院与宗教势力比较薄弱的地方，地权比较分散。如互助县东沟大庄一带土族区各阶层土地占有状况是：(1) 土地比较集中于地主阶级，每人平均占有的土地比贫农多两倍，比雇农多 54 倍。而且地主占有大量的好地，东沟大庄五个村共有平旱地 2081 亩，地主占有 677 亩，占 32%。(2) 中农占有的土地与其人口比例相当，人均土地 8.7 亩，比贫农多一倍，比雇农多 33 倍。(3) 贫农占东沟大庄总人口的 37%，占有的土地仅有 21.6%；雇农占总人口的 4.5%，占有的土地仅有 2.2%。(4) 寺院占有土地比例很小，只有 0.8%。② 互助县红崖子沟土地占有情况是：地主 3 户，占总户数的 1.7%，占耕地总面积的 20%；富农 6 户，占总户数的 3.4%，占耕地总面积的 20%；中农 90 户，占总户数的 60%，占耕地总面积的 50%；贫雇农 50 余户，约占总户数的 34.9%，仅占耕地总面积的 10%。③ 而民和县三川土族居住区，"土地集中程度不如互助县土族区。寺院占有土地也不突出，并且多属个别喇嘛所有，这和在外地（如塔尔寺）擅长经商的三川喇嘛可能有关系。三川的土族喇嘛寺规模都很小，远不及互助县佑宁寺，因而经济力量并不突出。三川土族地主也不多，共约二十余户，最大的地主占地不过二三百亩，普通的不过百亩。一般土民都有几亩或十几亩地，十亩左右的最多，尚可维持生活，因此佃农不多。"④ 显然，三川地权分配没有其他土族区集中，普通地主占有土地每户不过百亩，实际上和自耕农没有多大区别。

青稞畜牧区是黄河上游区域民族比较集中的地区，地权关系有所不同。如撒拉族主要分布在循化县、化隆县甘都乡和临夏县的大河家，地权主要集中在官僚地主手中。循化县占农村人口 7.87% 的地主、富农占有 43.98% 的土地（以水地计算），全县人均耕地占有数量是地主 10.7 亩，富农 3.36 亩，

---

① 青海省编写组：《青海土族社会历史调查》，西宁：青海人民出版社，1985 年，第 101 页。
② 青海省编写组：《青海土族社会历史调查》，西宁：青海人民出版社，1985 年，第 70 页。
③ 青海省编写组：《青海土族社会历史调查》，西宁：青海人民出版社，1985 年，第 101 页。
④ 青海省编写组：《青海土族社会历史调查》，西宁：青海人民出版社，1985 年，第 19 页。

中农 1.94 亩，贫农 0.9 亩。街子村地主韩热木赞占有土地 246 亩，等于全村 64 户贫农的占地总数。临夏大河家四堡子村有"八大家"地主，人口只占全村总人口的 2.35%，却占有全村土地的 91.6%。可见撒拉族居住区的土地集中程度比世俗土族区要高得多，为什么会产生这样的情形？撒拉族是一个信仰伊斯兰教的民族，地方实力派马步芳吸收信仰伊斯兰教的撒拉族地主和宗教领袖参加到马家军队和政权机关中，他们成为中下级军官或地方政权官员，因此在撒拉族区大土地所有者的特点是地主、官僚和宗教上层分子"一身兼三任"，"在土地兼并过程中，官僚地主土地集中最为迅速。"[1]

甘肃西南边区的岷县、卓尼、临潭属于杨土司的辖区，地权也很集中。"地权属于杨土司，由土司衙门发给各番民耕种，没有租税，唯每家平常备一兵一马，听候调遣，作战时粮草亦由士兵自备。"[2] 表面上土司的属民不交租，但实质上耕种的属民都是土司的佃农。如 20 世纪 40 年代，"据岷县、临潭、卓尼、夏河等县三百七十户农家经济调查之结果，自耕农占 34.55%，半自耕农占 24.7%，租耕农占 31.75%。"[3] 各县的具体又有很大差别，如表 4。

表 4 甘肃西南边区地权状况调查表

| 县　　别 | 自耕农比例 | 半自耕农比例 | 租耕农比例 |
| --- | --- | --- | --- |
| 岷县 | 42.0% | 37.5% | 20.5% |
| 临潭 | 72.2% | 25.3% | 2.5% |
| 卓尼 | 57.3% | 32.9% | 9.8% |
| 夏河 | 2.7% | 3.1% | 94.2% |

资料来源：王志文：《甘肃省西南部边区考察记》，兰州：甘肃省银行总行，1942 年，第 54 页

岷县、临潭、卓尼三地大多为杨土司统治范围，土司制度被废除后，自耕农和半自耕农占有一定的比例，而租耕农比例相对较少一些。20 世纪 30—40 年代，黄河上游区域农业区的大量汉族人口来到卓尼，居住在洮河主流与支流两岸各村落"尕房子"的汉人大约占到耕种兵马田人家总户数的五分之一。"所种的田地都是向着兵马田地的人家租来的，这种人不但对土司没有任

---

[1] 中国科学院民族研究所等：《撒拉族简史简志合编》，内部资料，1963 年，第 42 页。
[2] 王匡一：《甘肃西南边区之农业》，《西北经济通讯》1942 年第 7—8 期合刊。
[3] 王志文：《甘肃省西南部边区考察记》，兰州：甘肃省银行总行，1942 年，第 54 页。

何力役与财赋的义务，而且还是吃番民兵马田地的等候人。……汉人吃番民的兵马田地，表面上虽很简单，但是背后却有两套不同文化背景在主使着，一方面使番民放弃兵马田地，一方面又使汉人由尕房子取得兵马田地。"① 这些初来住在"尕房子"的汉人取得藏民不允许买卖的兵马田地的过程，实质上是土司土地私有化的过程，这种土地私有化的加剧，使自耕农的比例逐渐提高。这可能是岷县、临潭、卓尼自耕农和半自耕农比例高的原因。

表 4 反映出夏河的佃农占到 94.2%，这在黄河上游区域是十分特殊的。这种特殊的土地占有关系与政教合一的制度有密切的关系。"当地土地，悉为寺院所有（拉卜楞原为黄河南亲王牧地，1708 年，黄河南亲王为了迎嘉木样建寺弘法，乃将属地布施，故当地土地所有权，均归寺院统辖。）农民自力开垦而不归寺院者，仅属少数也。"② 拉卜楞寺所在地夏河"土地很少一部分是土官头目所有外，其余概为寺院所有"。③ 另外，依附寺院的民众的私人土地，"死后无嗣，布施给寺院的，所以寺院的土地一年比一年多起来，老百姓的土地一年比一年少下去。现在寺院的所有权，当占附近'十三庄'所有土地的百分之九十以上。"④ 即寺院的教民如死后无人继承就将土地财物布施给寺院，使地权有向寺院集中的趋势。从以上的分析中我们看出，近代黄河上游区域地权关系表现出来的特征是：原属土司辖区的地权开始表现出分散的趋势，而寺院直接统治的地方地权依然是比较集中的。

回民聚居区的地权状况如何？我们选择民和、化隆、门源中华人民共和国成立后土改时期的调查资料进行分析。民和的地权状况是：地主 98 户，占总人口的 0.7%，人均占有土地 10.82 亩；富农 370 户，占总人口的 2.57%，人均占有耕地 9.5 亩；中农 5184 户，占总人口 36%，人均耕地 4.7 亩；贫农 7651 户，占总人口的 53.14%，人均耕地 3.2 亩；雇农 1094 户，占总人口的 7.59%，人均耕地 1.6 亩。占总人口 2.57% 的地主、富农，占耕地总面积的 71.14%；而占总人口 96.73% 的中农和贫雇农，只占总耕地面积的 28.86%。⑤ 单从各阶层土地占有比例来看，似乎耕地的集中程度很高。但从

---

① 谷苞：《汉人是怎样定居于卓尼番区》，《西北论坛》1947 年创刊号。
② 王志文：《甘肃省西南部边区考察记》，兰州：甘肃省银行总行，1942 年，第 54—55 页。
③ 王匡一：《甘肃西南边区之农业》，《西北经济通讯》1942 年第 7—8 期合刊。
④ 李宅安：《拉卜楞寺概况》，《边政公论》1941 年第 2 期。
⑤ 本书编写组：《民和回族土族自治县概况》，西宁：青海人民出版社，1986 年，第 61 页。

人均占有耕地的状况来看，土地的集中程度并不高。因为该调查是中华人民共和国成立后土地改革时期的资料，可能把一部分中农划为富农或地主成分，或把富农划为地主成分。在那个特定的时期，这是完全可能的。

临夏是回民聚居区，也是西北马氏军阀的发源地，先后出任国民党政府西北行政长官1人，省主席6人，军长9人，师旅长39人，厅长、专员、县长22人。官僚地主又很强的势力，因此临夏的地权比较集中，"占全县总户数0.86%的地主，即占有全县耕地的29.3%。在抱罕乡，占总户数0.8%的地主，即占有全乡耕地的87%，而占总户数89%的贫雇中农，却只占有8%的耕地。"① 这里的大多数农民是马家官僚地主的佃户和雇工。同时在门宦制度下，权力掌握在"老人家"（乡绅）手中，土地也比较集中，如"大河家某氏竟有地三四万亩，窖藏现银达三四万两，富者在经济上既居绝对优势地位，在政治上亦有取得为霸一方之便利，于是小民生活乃陷于绝境矣。"② 可见，民国时期在宗教、土司和官僚势力统治比较强的地区，地权相对集中，佃农比例也高。

保安族主要居住在临夏大河家一带，也是一个信仰伊斯兰教的民族。保安族三庄有地主18户，占总户数的2.7%，占有耕地总数的20.8%；富农27户，占总户数的4%，占有耕地总数的12.6%；中农247户，占总户数的36.3%，占耕地总数的41%；贫雇农占总户数的56%，仅占耕地总数的17.5%；清真寺占有耕地6.7%，寺院、小土地出租者（5户）和工商者（2户）占耕地1.2%。从人均土地来看，地主10.94亩，中农1.98亩，贫雇农0.78亩。③ 就总体而言，在保安族三庄，地主、富农占总户数的6.7%，而占全部耕地的33.4%；中农、贫雇农占总户数的92.3%，仅占全部耕地的58.5%。可见，在保安族聚居区地权主要集中在地主、富农手中。

东乡族主要分布在临夏的东部，信仰伊斯兰教。土地占有状况是：地主、富农占总人口的2.3%，占有9%的耕地；中农占总人口的54.2%，占有

---

① 中国科学院民族研究所、甘肃少数民族社会历史调查组：《甘肃回族调查资料汇集》，内部资料，1964年，第25页。

② 王树民：《陇游日记·河州日记》，中国人民政治协商会议甘肃省委员会文史资料委员会编：《甘肃文史资料选辑》第28辑，兰州：甘肃人民出版社，1988年，第282页。

③ 中国科学院民族研究所等：《保安族简史简志合编》，内部资料，1963年，第10页。

69.4%的耕地；贫、雇农占总人口的 42.5%，占有 20%的土地。[①] 从东乡族的整体情况来看，土地集中程度不高，自耕农在东乡族中占有很大的优势。但就个别乡村而言，特别是自然条件比较好的村子，地主占有土地的份额还是很大的，如东乡族那勒寺村占总户数 6%的地主、富农，占有 60%以上的土地；范家村、金杨庄、王家庄三村的土地，90%以上都为地主占有。[②] 因此，在东乡族聚居区地权分配关系与生态环境有很大的关系，生态环境好的村子，地权高度集中；生态环境较差的村子，地权比较分散。

总之，通过对黄河上游区域各地地权状况的分析，我们可以得出这样的结论：黄河上游区域的地权状况与生态环境、宗教等有密切的关系，即在宗教势力占绝对优势的地区，地权主要集中在寺院和高级僧侣手中；生态环境优越的地区地权比较集中，而生态环境脆弱的地区地权较分散；另外，近代黄河上游区域地权关系表现出一定的不平衡，占人口 10%—20%的地主、富农约占耕地的 30%—40%，而占农村人口 80%的自耕农和贫雇农占有土地约 60%—70%。大致 5%—10%的人口没有耕地，10%—20%的人口耕地不足。和全国地权状况相比，黄河上游区域大部分地区地权比较分散。尽管地权关系表现并非十分集中，但占广大农村 20%—30%的人口没有耕地或者耕地不足，仍然是农村经济发展面临的问题。

原载（《青海民族研究》2010 年第 3 期）

---

[①] 中国科学院民族研究所等：《东乡族简史简志合编》，内部资料，1963 年，第 30 页。
[②] 中国科学院民族研究所等：《东乡族简史简志合编》，内部资料，1963 年，第 29 页。

# 农贷与甘肃农村经济的复苏（1935—1945年）

关于近代中国农业和农村经济发展与衰落的问题，学术界曾有过热烈的讨论，大致形成两种不同的观点，一种观点认为近代以来直到民国时期，中国农业和农村经济完全处于破产状态；一种观点认为农业和农村经济有一定的发展。[1]且在以往的讨论中，学术界关注的是经济较发达的"中心"地区，对欠发达的"边缘"地区则缺乏讨论。因此，笔者以1935—1945年国民政府对甘肃的农贷为中心，探讨"边缘"地区农业与农村经济问题，抑或对探讨相关问题有所借鉴。

1935年5月，中国农民银行兰州支行建立后，国民政府的农贷政策开始惠及甘肃。抗战期间，按照国民政府的要求，四联总处在甘肃铺设金融网，建立银行分支机构、合作社和合作金库，为农贷在甘肃的推行奠定了基础。关于国民政府的农贷问题，学术界已有比较多的研究，大体形成3种不同观点：一是对农贷基本持否定态度，如有学者认为南京国民政府推行农贷"不是为了培植农村经济，而是为了宣泄垄断金融资本的过剩资金"[2]；农贷不但没有消除高利贷对农民的剥削作用，反而"助长了农村高利贷与商业投机的作用"，为"帝国主义、官僚资本主义和农村封建势力开辟了剥削中国农民的

---

[1] 李金铮：《20年来中国近代乡村经济史研究的新探索》，《历史研究》2003年第4期，第169—182页。

[2] 姚会元：《国民党政府"改进农村金融"的措施与结局》，《江汉论坛》1987年第3期，第67页。

新途径"①；新式农贷在地方豪绅的把持下，"异化成集团高利贷的基金，成为掠夺农民的新手段了"。②二是有贬有褒，如于治民等学者一方面肯定银行资本"在农村的某些地方产生了积极影响"；另一方面则强调地主豪绅把持农贷，使农贷的实际效果大打折扣。③ 易棉阳论述了抗战时期四联总处的农贷，认为农贷促进了后方农业生产的发展，但真正需要农贷资金的广大贫苦农民却得利甚微。④ 这种观点可以概括为农贷"过大于功"。三是对农贷的作用充分肯定，认为农贷发挥了应有的作用。如李金铮从新式借贷关系的角度探讨了农贷的意义，认为农贷在一定程度上冲击了高利贷剥削资本，救济了农民生活，刺激了生产，增加了农民收入。同时指出，新式借贷业显示出许多不足，尚未形成一个有效的借贷系统，远不能满足农民的生产生活需要，未能取代传统借贷尤其是高利贷的优势地位，借贷过程的种种弊端也大大影响了农贷的效果。⑤ 游海华通过对闽浙赣边区农贷的研究，认为农贷对于当地社会经济复苏发挥了"显著的积极作用"。⑥ 从学界研究的情形来看，国民政府的农贷还有进一步探讨的余地。本文主要利用近代报刊与甘肃省档案馆馆藏资料，试图通过对民国时期甘肃的农贷与农村经济问题进行实证研究，一方面，讨论民国时期农贷的绩效问题⑦；另一方面，讨论近代"边缘"地区农业与农村经济发展还是衰落的问题。

---

① 韩德章、詹玉荣：《民国时期新式农业金融》，《中国农史》1989年第3期，第82页。
② 侯德础：《中国合作运动的缘起与初试》，《档案史料与研究》1995年第2期，第62页。
③ 于治民：《十年内战期间中国农村金融状况》，《民国档案》1992年第2期，第77—84页；黄立人：《抗战时期国统区的农贷》，《近代史研究》1997年第6期，第135页。
④ 易棉阳：《抗战时期四联总处农贷研究》，《中国农史》2010年第4期，第77—87页。
⑤ 李金铮：《民国乡村借贷关系研究》，北京：人民出版社，2003年，第369—374、394页。
⑥ 游海华：《农村合作与金融"下乡"——1934—1937年赣闽边区农村经济复苏考察》，《近代史研究》2008年第1期，第82页。
⑦ 关于民国时期甘肃农贷，裴庚辛利用档案资料对甘肃农贷进行了论述，其对农贷的评价不高（裴庚辛：《民国时期甘肃小额农贷与农业生产》，《甘肃社会科学》2009年第3期，第222—225页）；高石钢认为西北新式农贷机构分布不均匀，一些农贷机构被地主、富农操纵，农贷所产生的积极作用相当有限（《高石钢：民国时期新式金融在西北的农贷活动绩效评价》，《中国农史》2009年第3期，第81页）；陈正卿、赵刚论述了抗战时期国民政府对西北的投资活动，认为后期投资"成为掠夺人民的工具"（陈正卿、赵刚：《抗战时期国民党政府西北投资活动述论》，《历史档案》1989年第1期，第115—119页）。

## 一、农贷系统的建立与实施

民国时期，甘肃农贷系统主要由新式银行、合作社及合作金库[①]构成。

早在 1933 年 10 月，蒋介石就过问四省农民银行在甘肃设立分行之事[②]，次年 12 月开始筹备兰州分行。[③] 1935 年 5 月，中国农民银行兰州支行成立后，随之在皋兰、榆中两县设立合作社，这是国民政府在甘肃发放农业贷款，设立新式金融机构的滥觞。抗战前夕，甘肃只有 1 家中央银行和 3 家中国农民银行的分支机构。抗日战争爆发后，国民政府为充实基层金融机构起见，责成四联总处就西南和西北各省重要地方建立金融机构。[④] 由于国民政府的努力推动，国家金融机关逐步在甘肃主要市镇建立，截至到 1941 年年底，中国农民银行在甘肃设立分行 1 家，办事处 3 家，在 16 县设立了分理处。[⑤] 除中国农民银行外，中国银行、交通银行也在甘肃设立了分支机构，据 1943 年 6 月统计，甘肃有中央银行 6 家，中国银行 9 家，交通银行 5 家。[⑥] 通过各家银行铺设，国家银行在甘肃的分支机构达到了 40 家，是抗战前的 13 倍。除了国家银行外，本省银行在各地设立了分支机构，据 1945 年统计，各地有 8 家分行，65 家办事处[⑦]，除了中共政权控制的地区（即陕甘宁边区控制区），各地均有省行的分支机构。国家和地方银行相互配合，甘肃金融机关共 110 多家，基本上实现了国民政府在西北建立金融网的目标。

银行在农村推行农贷，主要依靠在乡村组建合作社来实施。甘肃省乡村合作社从创立、普及到转型，大致经历了三个阶段。

第一阶段从 1935 年 5 月至 1937 年 9 月，是合作社的创立阶段。1935 年 5 月，中国农民银行兰州支行成立后，农行农贷员孙友农和亢复汉开始动员和指导皋兰、榆中农村建立合作社，1935 年年底，在两县建立合作社 50 所，

---

[①] 因合作金库在甘肃农贷中所占份额不大，作用不明显，本文不作讨论。
[②] 中国人民银行金融研究所：《中国农民银行》，北京：中国财政经济出版社，1980 年，第 50 页。
[③] 《中国农民银行成立后增设各分行处》，《中国农民银行月刊》1936 年第 1 期，第 139 页。
[④] 戴铭礼：《十年来之中国金融》，《经济汇报》1943 年第 9—10 期合刊，第 91 页。
[⑤] 姚公振：《十年来之中国农民银行》，《经济汇报》1941 年第 11 期，第 35 页。
[⑥] 李京生：《论西北金融网之建立》，《经济建设季刊》1944 年第 4 期，第 156 页。
[⑦] 《甘肃省统计总报告》，兰州：甘肃省档案馆，案卷号：4/3/72/193。

社员3078人。① 以此为开端,"合作种籽,已在西北边疆发芽,而引起一般农民之欢迎与社会人士的注意"。② 1936年3月28日,甘肃省农村合作社事业委员成立,直属省政府,1939年改组为甘肃省合作委员会,由省政府主席任主任,建设厅长任常务委员。甘肃省合作委员会一面配合银行发放农贷组建合作社,一面培养合作人才。同年,省合作委员会与农行相互配合,将合作社推广到陇西等8个县,与上年合计共10个县,组建合作社229所,社员13 207人。③ 合作社已经覆盖了全省东西南北与中部各地,远至河西走廊的酒泉、金塔也建立了合作社。④ 1937年,国民政府决定大规模推广农贷,第一期以岷县等15县为区域⑤,合作委员会派往各地的指导员"负调查组社责任",中国农民银行派往各地人员"负调查放款责任"。该项工作从6月开始至9月底结束,组织合作社409个,社员增至18 205人。⑥ 本阶段以组建信用社为主,如在上述合作社中,只有皋兰有水利、住宅合作社各1所,"其余皆为信用合作社"。⑦

第二阶段从1937年10月至1941年4月,合作社普及到除中共政权外的全省各县。为推动合作事业的发展,农行和合委会做出了相应的政策调整。一是制定了《扩大甘肃农村合作事业纲要》,以推动和规范合作社⑧。二是调整了组社办法,决定"合作推行暂时停止,开始建成互助社,普遍各县救济贷款"。⑨ 农民没有缴纳股金的顾虑,提高了入社积极性,"纷请组贷"⑩,推动了甘肃互助社的普及。1938年1月,中国农民银行举办第二期农贷,3月份完成组社工作,在41个县组建互助社926所,社员50 815人。⑪ 1938年5

---

① 中国农业银行:《中国农民银行民国二十四年度各省农村合作事业》,《农村合作月报》1936年第6期,第147页。
② 顾祖德:《甘肃省合作事业与农业金融》,《中农月刊》1940年第4期,第127页。
③ 杨子厚:《对甘肃农贷之实质建议》,《新西北月刊》甲刊,1942年第1—3期合刊,第178页。
④ 熊子固:《甘肃合作事业发展的现状》,《农友》1936年第9期,第7页。
⑤ 林崃:《七年来中国农民银行之农贷》,《中农月刊》1940年创刊号,第98—99页。
⑥ 顾祖德:《甘肃省合作事业与农业金融》,《中农月刊》1940年第4期,第127页。
⑦ 邹枋:《进展之中陕甘合作事业》,《实业部月刊》1936年第7期,第114页。
⑧ 敬之:《最近农贷情报》,《农友》1938年第3—4期合刊,第19页。
⑨ 顾祖德:《甘肃省合作事业与农业金融》,《中农月刊》1940年第4期,第128页。
⑩ 甘肃省合作委员会:《甘肃合作事业》,兰州:甘肃省乡村合作社,1942年,第5页。
⑪ 甘肃省合作委员会:《甘肃合作事业》,兰州:甘肃省乡村合作社,1942年,第5页。

月，举办第三期农贷，分两批进行。第一批仍在第二期的 41 县进行，1938 年 9 月底结束，组建合作社 1160 所，社员 77 696 人；第二批举办剩余的 26 县，从 1938 年 8 月开始到年底结束，共组社 1160 所，社员 53 421 人①；第三期农贷后，到 1938 年年底，甘肃省"除环县及肃北设治局情形特殊，未能举办外，全省各县局，均已办理"。② 参加合作社的农家几乎占到全省户数的 1/4③；农贷举办比较早的榆中县参加合作社的农户占总农户的 45.12％。④ 互助社在普及方面取得了比较好的效果。

第三个阶段从 1941 年 5 月至抗战结束，合作社业务以国民经济建设为中心。1941 年，国民政府的农贷政策由原来的救济性贷款转变为国民经济建设贷款。随着国家农贷政策的转变，甘肃省合作社委员会"推行产销合作，使由金融疏通阶段与新县制配合，实施国民经济建设"。⑤ 按照省合作管理处的部署，共派出视察员 5 人，督导员 10 人，各级指导员 342 人，银行农贷员 50 人⑥，分赴各地指导整顿合作社。从现有的资料来看，各县整顿均促进了合作社的转变。如通渭在"一旬之内整理旧合作社 77 处，指导组织新社 35 处，新旧社员共 4800 余人，贷款总额 40 万元"。⑦ 镇原在合作社整顿中，充实各级合作社的社务与业务；加强对合作社职员的训练；侧重在各地组建生产合作社。⑧ 经过整顿，合作社由比较单一的信用社向专营社、综合社发展，合作社的组织层次也发生了变化。1944 年 12 月，甘肃省不同层次的合作社有 10 种，其中省联社 1 社，县联社 41 社，乡镇社 454 社，保社 2628 社，运销社 17 社，供给社 1 社，消费社 125 社，公用社 2 社，生产社 739 社，信用社

---

① 顾祖德：《甘肃省合作事业与农业金融》，《中农月刊》1940 年第 4 期，第 128 页。
② 陈永寿：《甘肃合作事业之过去与将来》，《陇铎》1941 年第 3 期，第 12 页。
③ 李中舒：《甘肃合作事业之过去，现在和将来》，《西北经济通讯》1941 年第 4—6 期合刊，第 18 页。
④ 洪谨载：《榆中县信用合作社及社员经济状况调查》，《甘肃科学教育馆学报》1940 年第 2 期，第 106 页。
⑤ 甘肃省合作委员会：《甘肃合作事业》，兰州：甘肃省乡村合作社，1942 年，第 7 页。
⑥ 李中舒：《甘肃合作事业之过去，现在和将来》，《西北经济通讯》1941 年第 4—6 期合刊，第 24 页。
⑦ 《通渭农贷工作进展甚速》，《甘行月刊》1941 年第 3 期，第 61 页。
⑧ 《甘肃省镇原县合作事业报告书》，兰州：甘肃省图书馆西北文献阅览室，1943 年手抄本。

1720 社。① 各类合作社共计 5728 社，其中信用社只占 30%。说明合作社成功地实现了职能转变。

值得一提的是，在合作社普及的过程中，少数民族各县也建立了合作社。如夏河县组织了 31 所，"其中纯番民（藏民）组织的有 12 社，社员有 594 人，大多是沿大夏河的农耕番民"②，占该县合作社的 38.7%。临潭 1937 年 10 月开始举办合作事业，截至 1940 年年底，共组建合作社 69 所，社员 2900 人，共发放农贷 13.83 万元。③ 截至 1942 年 7 月，夏河、临潭、卓尼、西固（今舟曲）四县，组织藏民合作社 45 所，社员 1401 户，贷款 12 万多元。另在回族比较集中的固原、化平（今泾源）、静宁、华亭、临夏等地组社时，"特别将回教徒与汉民合组合作社"。④ 合作社也普及到了少数民族地区。

由此可见，随着甘肃金融与农贷体系的建立，形成了"政府—银行—合作社—农户"的农贷模式，政府为农贷政策的制定者，银行为农贷资金的提供者，合作社为农贷的实施者，农户居于终端，是农贷的受益者。

甘肃农贷始于 1935 年，以 1941 年为界可分为前后两个阶段，第一个阶段（1935—1940）属于农村救济贷款；第二个阶段（1941—1945）属于国民经济建设贷款。⑤

第一阶段（1935—1940），主要由中国农民银行与甘肃合作行政机关相互配合，组社放贷，以农村救济贷款为中心。20 世纪 30 年代初期的西北社会，一方面，各地灾害频仍，社会动荡不安，农民流离失所，农业萧条和农村经济破产；另一方面，九一八事变东北沦陷后，西北社会与经济建设开始受到政府和民间人士的关注。针对西北农村面临的问题，社会普遍认为解决的主要办法是组建农村合作社，改善农村金融环境，以谋求社会、经济发展。因

---

① 《甘肃省合作事业推行概况》，兰州：甘肃省图书馆西北文献阅览室，成书年不详（根据内容大约 1945 年成书）。
② 李京生：《论西北金融网之建立》，《经济建设季刊》1944 年第 4 期，第 159 页。
③ 陆俊光：《临潭之生产概况与合作事业》，《新西北月刊》1942 年第 1—3 期合刊，第 205 页。
④ 李中舒：《甘肃农村经济之研究》，中央训练委员会西北问题研究室编：《西北问题论丛》第 3 辑，1943 年，第 85 页。
⑤ 甘肃农贷最初只有农行 1 家办理，1940 年有甘肃省银行和农民银行 2 家，1941 年交通银行、中国银行、中央信托局也参加到农贷中来，共有 5 家金融机构发放农贷，同年 9 月根据政府规定，农贷又归中国农民银行统一办理。

此，1935年5月，中国农民银行总行派农贷员孙友农等到甘肃组建合作社[①]，孙友农等人选择距离兰州较近的皋兰、榆中指导农民组建合作社50所，贷款35 976元（法币，下同）。[②] 这是农行在甘肃发放的第一批农业贷款。

1936年，甘肃发生旱灾后，农村备受灾害，在10个县发放农贷25.2万元，这是发放的第二批救济贷款。1937年，国民政府决定扩大救济贷款额度和范围，分三期发放，获得贷款的地区也逐渐由局部扩大到全省。第一期"拨款50万元，作为救济贷款……利息月息7厘，还期以27年（指1938——引者注）大收为限"，规定每社员借款最高不得超过50元，平均不得超过30元。[③] 实际放出农贷49.5万元，有15个县获得了救济贷款[④]，占全省总县数的22%。第二期救济农贷始于1938年1月，国民政府拨付甘肃农贷100万元，"贷款利率月息7厘（互助社贷于社员月息1分），还期为28年（指1939年——引者注）年底"。[⑤] 此次农贷工作从1938年12月份开始组建互助社，次年3月结束，贷款98.8万元。[⑥] 农贷覆盖全省41县，占总县数的58%。第三期始于1938年5月，国民政府令银行发放农贷350万元，农贷数量较大，中国农民银行与甘肃省合作社委员会商定分两次贷放。第一次分配地区为41县（与第二期农贷县同），贷款额为190.5万元。[⑦] 第二次农贷区域为剩余的26县（局），8月开始到年底结束，实际放贷145.9万元。[⑧] 到1938年底，实际贷款额340.9万元，受益社员13.3万户[⑨]，占全省总农户的15.8%。1939年，在农贷推行过程中，甘肃省决定"互助社还款后之改组信用社，同时并注重社员之训练工作，以企质量之日臻健全，而发扬合作之真精神"。[⑩] 截至当年10月底，所有互助社改组为信用社。当年组建新社1224

---

① 佚名：《甘肃推进农村合作》，《农友》1935年第6期，第26页。
② 成治田：《甘肃农贷之回顾与前瞻》，《中农月刊》1945年第10期，第30页。
③ 林嵘：《七年来中国农民银行之农贷》，《中农月刊》1940年创刊号，第97、99页。
④ 成治田：《甘肃农贷之回顾与前瞻》，《中农月刊》1945年第10期，第31页。
⑤ 林嵘：《七年来中国农民银行之农贷》，《中农月刊》1940年创刊号，第99页。
⑥ 顾祖德：《甘肃省合作事业与农业金融》，《中农月刊》1940年第4期，第128页。
⑦ 林嵘：《七年来中国农民银行之农贷》，《中农月刊》1940年创刊号，第100页。
⑧ 顾祖德：《甘肃省合作事业与农业金融》，《中农月刊》1940年第4期，第128页。
⑨ 成治田：《甘肃农贷之回顾与前瞻》，《中农月刊》1945年第10期，第31页。
⑩ 顾祖德：《甘肃省合作事业与农业金融》，《中农月刊》1940年第4期，第128页。

所，社员 12.9 万人，发放农贷 710.7 万元。①

因此，1935 年至 1939 年，中国农民银行在甘肃发放农贷的主旨在于救济农村社会，通过合作社、互助社的组织方式把农民动员起来，使农民对农贷及合作社有了新的认识，为进一步推行国民经济建设贷款奠定了基础。

第二阶段（1941—1945），农贷以国民经济建设为中心。国民政府迁都重庆后，改变了以往农村救济为主的农贷政策，开始转向国民经济建设。1940 年 1 月 4 日，四联总处规定农贷包括 8 种：农业生产贷款、农业供销贷款、农产储押贷款、农田水利贷款、农村运输工具贷款、佃农购置耕地贷款、农村副业贷款、农业推广贷款。② 农贷重点已转至国民经济建设方面，标志着"我国农贷事业遂步入统一正规"。③ 1941 年，太平洋战争爆发后，国民政府颁布的《政府对日宣战后处理金融办法》规定："农业贷款，以举办农田水利工程，及能直接增加必需农产者为主，对于农村之一般信用贷款，应切实紧缩"。④ 据此，1942 年，农贷政策以"紧缩放款"与"直接增加农业生产"为原则，取消"农村消费"、"农村公用"两种贷款。⑤ 1943 年的农贷政策是"注重农田水利及农业推广贷款，以增加粮食生产及战时各种所需为中心"。⑥ 1944 年农贷以农田水利和农业推广贷款为中心。⑦ 从各年政策来看，增加粮食生产成为 1941 年以后农贷的中心，农田水利、农村副业、农业推广等贷款都是围绕这个中心进行的。

据不完全统计，在以国民经济建设为中心这一阶段，甘肃农业贷款的大致情形是：1940 年 12 月 31 日，省政府与四联总处签订了贷款合约，贷款 2000 万元，其中合作贷款 1400 万元，农田水利贷款 400 万元，农业推广贷

---

① 成治田：《甘肃农贷之回顾与前瞻》，《中农月刊》1945 年第 10 期，第 31 页。
② 《各种农贷暂行准则》，《中农月刊》1940 年第 4 期，第 137—138 页。
③ 翟克：《中国农贷之发展与问题》，《中农月刊》1946 年第 9—10 期合刊，第 89 页。
④ 中中交农四行联合办事总处秘书处：《四联总处文献选辑》，南京：中中交农四行联合办事总处，1948 年，第 54 页。
⑤ 中中交农四行联合办事总处农业金融处编：《中中交农四行联合办事总处三十年度农贷报告》附件《中中交农四行局三十一年办理农贷方针》，重庆：中中交农四行联合办事总处农业金融处，1942 年。
⑥ 《四联总处三十二年农贷方针》，《农贷消息》1943 年第 9—10 期合刊，第 87 页。
⑦ 郭荣生：《我国近年来之农贷》，《经济汇报》1944 年第 9 期，第 76 页。

款200万元。① 关于1941年增粮贷款，省政府联合中央银行、中国银行、交通银行、中国农民银行与省银行"组成增粮贷款团，共同投资于农村增粮事业"。第一次共投资850万元，其中，中央银行、交通银行各投资127.5万元，各占15%；中国银行投资212.5万元，占25%；中国农民银行投资382.5万元，占45%。第二次共投资1150万元，其中，甘肃省银行投资300万元，占26.09%；中国银行投资250万元，占21.74%；交通银行投资150万元，占13.04%；中国农民银行投资450万元，占39.13%。第三次投资1000万元，中央、交通银行各投资150万元，各占15%；中国银行投资250万元，占25%；中国农民银行投资450万元，占45%。以上三次贷款，共计3000万元。② 增粮贷款共发放36个县，"增产粮食以小麦为主，其次为各种杂粮，贷款时，按照合作社社员田亩多寡，每亩贷予十元至十五元，秋收登场时，每亩交粮三市斗至五市斗，再由政府介绍收粮机关，按市价收买"。③ 1942年，甘肃省与金融机关签约贷款6108万元，年底实际贷款额分别为：农业及副业贷款2900余万元；农田水利贷款1500余万元；农业推广100万元；边区贷款113万元，共计4600余万元。④ 1943年，四联总处给甘肃的农贷定额为8468万元，其中，农田水利贷款7768万元，农业推广贷款700万元；贷款余额分别是农业生产贷款3084.2万元，农田水利贷款8776.7万元，农业推广贷款63.4万元，农产运销贷款290.6万元，农村副业贷款1065.6万元。⑤ 截止1945年底，甘肃各种贷款余额79891.6万元，其中，农业生产贷款12450.7万元，大型农田水利53580.8万元，小型农田水利3595.9万元，农业推广107.1万元，农业运销2913.9万元，农村副业5663万元，边区贷款305.9万元，农业投资1143.7万元。⑥ 从各年农贷看出，农业生产、

---

① 中中交农四行联合办事总处农业金融处编：《中中交农四行联合办事总处三十年度农贷报告》，重庆：中中交农四行联合办事处农业金融处，1942年，第21—22页。
② 成治田：《甘肃农贷之回顾与前瞻》，《中农月刊》1945年第10期，第33页。
③ 中中交农四行联合办事总处农业金融处编：《中中交农四行联合办事处三十年度农贷报告》，重庆：中中交农四行联合办事总处农业金融处，1942年，第22页。
④ 中中交农四行联合办事总处秘书处：《四联总处三十一年度办理农业金融报告》，1942年，第86—89页。
⑤ 郭荣生：《我国近年来之农贷》，《经济汇报》1944年第9期，第82—83页。
⑥ 《甘肃省统计总报告》（1945年），兰州：甘肃省档案馆，案卷号：4/3/72/196—197。

农田水利和农村副业是农贷重点,如1941年增粮贷款占60%;1942年,农业及副业贷款、农田水利贷款占75.7%;1943年,农田水利贷款占91.7%;1945年,农贷余额中,农业生产贷款占15.6%,大型农田水利贷款占67.1%。

## 二、农贷与农村经济建设

### (一) 农贷与农业生产

甘肃农贷能否起到推动农业生产的作用,主要看农贷用途是否按照政府的要求用于农业生产。甘肃首批农贷发出后,"社员借款,皆能用于生产"。① 另一调查也说"社员借款,又都能用于生产,这是很庆幸的"。② 表1是1937—1940年甘肃农贷用途情形的统计。

表1　1937—1940年甘肃各县合作社社员借款用途统计表

| 项目 | 牲畜 | 籽种 | 土地 | 农具 | 食粮 | 肥料 | 小贩 | 还债 | 纳款 | 付工钱 | 其他 |
| --- | --- | --- | --- | --- | --- | --- | --- | --- | --- | --- | --- |
| 甘肃统计季报 | 36.96% | 5.62% | 2.26% | 2.86% | 20.28% | 0.29% | 1.21% | 4.60% | 4.67% | 17.5% | 3.75% |
| 顾祖德统计 | 30.2% | 20.0% | — | 8.2% | 1.2% | 10% | 15% | 9.4% | 6.0% | — | — |
| 李中舒统计 | 44.4% | 13.7% | 5.72% | 4.96% | 17.1% | 3.48% | | | | | 9.88% |

注:李中舒一栏,其他指还债和婚丧。

资料来源:《甘肃省第一期陇西等十五县贷款用途百分表》,《甘肃统计季报》1938年第1—4期,第20页;顾祖德:《甘肃省合作事业与农业金融》,《中农月刊》1940年第4期,第133页;李中舒:《甘肃合作事业之过去、现在和将来》,《西北经济通讯》1941年第4—6期合刊,第19页

从表1统计中可知,《甘肃统计季报》是对1937年15县农户贷款用途的统计,顾氏和李氏是对1939年前后的统计。从表1中可以看出,购买牲畜、籽种等是农贷的主要用途,分别占到农贷的半数以上。直接用于生产的款项(包括牲畜、籽种、农具、购买土地、肥料、小贩等),甘肃统计季报占49.2%,顾氏占84.6%,李氏占72.26%;用于非生产性贷款(如购买食粮、还债、纳款、婚丧等),甘肃统计季报占50.6%,顾氏占16.6%,李氏占26.98%。从上述3家统计来看,从1937年到1940年,农贷用于农业生产的

---

① 中国农民银行:《中国农民银行民国二十四年度各省之农村合作事业》,《农村合作月报》1936年第6期,第147页。

② 孙友农:《甘肃之农村合作事业》,《农友》1936年第1期,第73页。

比例有了较大的提高。又如对临潭69个合作社的13.83万元农业贷款的调查中，用于生产（购牲畜、籽种、农具、土地、建筑）9.5万元，占68.7%；用于副业（小工业、小商业、洮石林业）1.5万元，占10.8%；用于消费等（购粮、还债、婚丧、纳公款）2.83万元，占20.5%[1]，前两项共占79.5%。说明随着甘肃农贷的普及，70%—80%以上的农贷能够用于农业和副业生产。

1941年，农贷转为以国民经济建设为中心后，增进粮食生产成为农贷的主要目的。甘肃省增产的方向是：（1）扩充食粮作物面积，如垦殖荒隙地，利用冬夏季休闲田地种植小麦杂粮，限制非必要的作物增种食粮作物。（2）增加单位面积之产量，如推广改良品种，增施肥料与兴修水利以及各种农业技术改良。（3）防除灾害以减少损耗，如防治病虫害、防除水患，推广防旱作物等。[2] 抗战时期，甘肃增粮普及全省66县（局），占全省总县数的94%。表2是根据有关资料对本省增粮成效的估算。

表2　1941—1943年甘肃农业增产工作成效统计表

| 项目\年份 | 1941年 面积 | 1941年 增产 | 1942年 面积 | 1942年 增产 | 1943年 面积 | 1943年 增产 | 备考 |
|---|---|---|---|---|---|---|---|
| 推广优良麦种 | 49 949亩 | 14 985担 | 17 371亩 | 5211担 | 51 673亩 | 11 502担 | 每亩增产3市斗 |
| 鉴定各县优良麦种 | 13种 | — | 14种 | — | 3种 | — | — |
| 利用休闲地 | 8000亩 | 8000担 | 108 465亩 | 108 465担 | 712 285亩 | 712 285担 | 每亩增产1市担 |
| 利用隙地、荒地 | — | — | 11 216亩 | 11 216担 | 34 075亩 | 34 075担 | 每亩增产1市担 |
| 减少非必须作物 | — | — | 52 871亩 | 79 306.5担 | 20 862亩 | 31 023担 | 每亩增产1.5市担 |
| 推广杂粮良种 | 1600亩 | 1600担 | 24 466亩 | 7340担 | 99 255亩 | 29 776担 | 每亩增产3市斗 |
| 防治麦类黑穗病 | 2 736 109亩 | 820 833担 | 2 188 422亩 | 656 526担 | 2 168 693亩 | 650 608担 | 每亩减少损失3市斗 |

---

[1] 陆俊光：《临潭之生产概况与合作事业》，《新西北月刊》1942年第1—3期合刊，第205页。
[2] 孙福绥：《陕甘豫三省之粮食增产》，《农业推广通讯》1944年第12期，第17页。

续表

| 年份<br>项目 | 1941年 面积 | 1941年 增产 | 1942年 面积 | 1942年 增产 | 1943年 面积 | 1943年 增产 | 备考 |
|---|---|---|---|---|---|---|---|
| 改良马铃薯储藏窖 | 1948个 | 1948担 | 2980个 | 2980担 | 960个 | 960担 | 每窖减少损失1市担 |
| 防治杂粮病害 | — | — | 1 172 523亩 | 251 757担 | 1 590 853亩 | 477 256担 | 每亩减少损失3市斗 |
| 增施肥料 | — | — | 32 942亩 | 16 471担 | 26 016亩 | 13 008担 | 每亩增产5市斗 |
| 兴修农田水利 | — | — | 1400亩 | 1400担 | 3679亩 | 3679担 | 每亩增产1市担 |
| 繁殖耕牛 | — | — | 332头 | — | — | — | — |
| 防治牛瘟 | — | — | 2273头 | 11 365担 | 5082头 | 25 410担 | 每头增产5市担 |
| 推广优良农具 | — | — | 71件 | — | — | — | — |
| 扩大冬耕 | — | — | 319 348亩 | — | — | — | — |

资料来源：李中舒：《甘肃农村经济之研究》，中央训练委员会西北问题研究室编：《西北问题论丛》第3辑，1943年，第104—105页。

从表2可以计算得知，1941年，共计推广279.6万亩，可增粮84.7万担；1942年，共计推广392.9万亩，可增粮115.2万担；1943年，共计推广470万亩，可增粮199万担。另外，1944年（截至8月）推广203万亩，增产82.5万担。[①] 可见1941—1944年农贷增粮工作取得了比较好的成绩。

为了推广小麦优良品种，中国农民银行与地方政府合作发放小麦种子实物贷款，放贷办法是"由中国农民银行农贷人员协同技术及推广机关人员，预期购买，至贷放期则于低于市价贷于农民团体，以需要量多寡，分配于各农户，中国农民银行自负盈亏之责"。[②] 此项农贷开始于1943年，试办区域包括皋兰等12县。表3是1943年小麦种子贷款统计表。

---

① 孙福绥：《陕甘豫三省之粮食增产》，《农业推广通讯》1944年第12期，第18页。
② 成治田：《甘肃农贷之回顾与前瞻》，《中农月刊》1945年第10期，第45页。

表3  1943年中国农民银行与甘肃省增粮督导团贷放种子统计表

| 县名 | 品种 | 数量（石） | 金额（元） | 种植面积（亩） |
| --- | --- | --- | --- | --- |
| 岷县 | 蓝麦 | 198 | 119 808 | 1817 |
| 皋兰 | 半截芒、长芒 | 232 | 163 199 | 1833 |
| 天水 | 蚂蚁麦、白齐麦 | 136 | 160 000 | 1281 |
| 榆中 | 红芒、白芒 | 106 | 79 999 | 1063 |
| 临洮 | 红麦、齐头 | 160 | 80 000 | 1153 |
| 靖远 | 同上 | 175 | 80 000 | 1314 |
| 张掖 | 白麦 | 165 | 80 058 | 830 |
| 武威 | 红光头 | 51 | 20 400 | 510 |
| 永登 | 白芒、红芒 | 155 | 80 000 | 775 |
| 小计1 | — | 1378 | 863 465 | 10 576 |
| 武威 | — | 575 | 461 500 | 6000 |
| 张掖 | — | 309 | 180 250 | 3610 |
| 陇西 | — | 300 | 183 884 | 3000 |
| 定西 | — | 470 | 269 860 | 3525 |
| 临洮 | — | 441 | 253 771 | 4466 |
| 酒泉 | — | 732 | 707 141 | 7180 |
| 敦煌 | — | 425 | 390 000 | 3400 |
| 小计2 | — | 3252 | 2 446 406 | 31 181 |

注：1. 农行与甘肃省增粮督导团共同购买放贷种子的统计。
2. 农行独立购买放贷种子的统计
资料来源：成治田：《甘肃农贷之回顾与前瞻》，《中农月刊》1945年第10期，第46页

从表3可知，1943年，中国农民银行在甘肃小麦种子贷款分两部分，一部分是农行与地方政府共同进行，在9县购买种子1378石，贷出后播种面积10 576亩；一部分是农行独立进行，在7个县购买种子3252石，贷出后播种面积为31 181亩。麦种实物借贷，既解决了农民拿到贷款买不到种子的问题，也可杜绝农家将农贷挪作他用。

砂田是黄河上游谷地的一种传统农作技术，土地铺砂具有保墒、保热、保肥、抗碱、抗风的作用。土地铺砂周期为二三十年至五六十年不等[1]，20世纪三四十年代所使用的砂地大多是左宗棠经营西北时期所铺[2]，已经

---

[1] 陈赓雅：《西北考察记》，兰州：甘肃人民出版社，2002年，第105页。
[2] 秦翰才：《左文襄公在西北》，上海：商务印书馆，1947年，第195页。

老化,需铺新砂。1942年冬,中国农民银行开始在甘肃举办土地改良铺砂放款。[①] 关于铺砂贷款,中国农民银行规定:(1)放款区域主要集中在甘肃中部干旱少雨,有砂田传统的皋兰、靖远、榆中、永登、临洮、洮沙、景泰、兰州市及湟惠渠特种乡公所等地。(2)放款以农民组织的信用合作社为对象。(3)贷款办法规定凡申请贷款的社员,"须以改良之土地,交由合作社作为向农行申请贷款之抵押担保"。[②] 1943年年底,组建112社,贷款1043.2万元,改良砂田13547亩。[③] 1944年贷款3300万元,区域扩大至9个县市,截至7月底止已贷出2000余万元,铺新砂地2万余亩。[④] 抗战时期,甘肃铺砂贷款举办了4年,截止1945年6月底,共计组建土地信用合作社288个,社员9820人,发放贷款7691.4万元,改良砂田4.7万亩。[⑤] 土地经过铺砂改良后,土地生产力得到了提高,以小麦亩产量为例,据1944年调查,甘肃旱地小麦常年亩产量为0.78市担[⑥],新铺砂地亩产量达到2市担[⑦],比旱地增加1.22市担。可见,铺砂贷款获得的成效比较显著。

## (二) 农贷与农田水利建设

甘肃农贷兴办农田水利工程始于1941年,"各渠工款,均取给于农田水利贷款,由省政府向中中交农(指中央银行、中国银行、交通银行、中国农民银行——引者注)四行联合办事处洽借"。[⑧] 甘肃农田水利贷款分大型农田水利和小型农田水利两种贷款。大型农田水利因工程浩大,费资较多,同时横跨数个乡村乃至数县,由政府与银行组成的"甘肃水利林牧公司"来承担,该公司成立于1941年4月,资金1000万元,省政府承担30%,中行募集70%,"以兴办农田水利为主要业务……农田水利事业费,不得少于投资额之

---

[①] 李中舒:《甘肃农村经济之研究》,中央训练委员会西北问题研究室编:《西北问题论丛》第3辑,1943年,第73页。
[②] 张宗汉:《甘肃中部之砂田》,南京:中国农民银行土地金融处,1947年,第34—36页。
[③] 李中舒:《甘肃农村经济之研究》,中央训练委员会西北问题研究室编:《西北问题论丛》第3辑,1943年,第88页。
[④] 张华民:《二年来之甘肃土地金融业务》,《甘肃地政》1944年第1期,第19页。
[⑤] 张宗汉:《甘肃中部之砂田》,南京:中国农民银行土地金融处,1947年,第33—35页。
[⑥] 甘肃省政府:《甘肃省统计年鉴》,兰州:甘肃省政府,1946年,第99页。
[⑦] 张宗汉:《甘肃中部之砂田》,南京:中国农民银行土地金融处,1947年,第38页。
[⑧] 赵宗晋:《甘肃农田水利概述》,《新甘肃》1947年第1期,第42页。

七成。"① 表4是1941—1945年兴办大型农田水利贷款统计表。

表4 甘肃省兴办大型水利贷款一览表 （单位：万元）

| 年度 | 贷款额 | 省政府配套 | 利率 | 期限 | 备注 |
| --- | --- | --- | --- | --- | --- |
| 1941 | 400 | 100 | 0.08 | 5年 | 渠成放水利用后之次年起，于5年内清偿贷款本息 |
| 1942 | 2 000 | 500 | 0.08 | 5年 | — |
| 1943 | 3 960 | 440 | 0.12 | 7年 | 所列条款中，虽列有按所列年限摊还本息及提前归还本息之一部或全部之规定，因实际不可能，现在电请欠照渠成利用后次年起规定逐年摊还 |
| 追加 | 2 700 | 300 | 0.15 | 7年 | |
| 1944 | 4 860 | 540 | 0.25 | 5年 | 渠成放水利用后之次年起，于5年内清偿贷款本息 |
| 追加 | 2 610 | 290 | 0.25 | 5年 | |
| 1945 | 25 650 | 2 850 | 0.25 | 5年 | |
| 追加 | 702.6 | 60 | 0.25 | 5年 | |

资料来源：《农田水利工程概要》，兰州：甘肃省档案馆，案卷号：38/1/11

由于获得国家银行农贷和政府拨款的支持，1941年甘肃省政府计划修建水利工程20项②，其中大型水利工程11项，办理情形如表5。

表5 1941年8月—1946年甘肃兴办大型农田水利工程统计表

| 名称 | 所在地 | 水源 | 渠长（千米） | 实际贷款（万元） | 开工时间 | 办理情形 | 灌溉面积（市亩） |
| --- | --- | --- | --- | --- | --- | --- | --- |
| 洮惠渠 | 临洮 | 洮河 | 28.30 | 819.97 | 1942年4月 | 1943年春竣工 | 27 000 |
| 湟惠渠 | 湟惠乡 | 湟水 | 31.27 | 663.27 | 1939年3月 | 1942年5月竣工 | 25 000 |
| 溥济渠 | 临洮 | 洮河 | 19.29 | 525.42 | 1939年11月 | 1945年5月 | 35 000 |
| 汭丰渠 | 泾川 | 汭河 | 13.14 | 808.00 | 1942年5月 | 1944年4月竣工 | 10 000 |
| 永丰渠 | 永靖 | 黄河 | 25.02 | 2 030.00 | 1942年1月 | 1944年竣工 | 23 000 |
| 永乐渠 | 永靖 | 大夏河 | 25.00 | 991.93 | 1942年1月 | 1943年5月竣工 | 46 000 |
| 靖丰渠 | 靖远 | 黄河 | 18.00 | 1 975.00 | 1942年1月 | 1846年7月竣工 | 20 000 |
| 兰丰渠 | 皋兰 | 黄河 | 75 010 | 2 131.00 | 1942年1月 | 1946年停工 | — |
| 平丰渠 | 平凉 | 泾河 | 83 053 | 165.84 | 1942年春 | 1942年停工 | — |
| 登丰渠 | 永登 | 大通河 | 7.55 | 56.00 | 1945年复工 | 1946年春竣工 | 4 500 |
| 鸳鸯池水库（肃丰渠） | 酒泉及金塔 | 讨赖河及洪河 | — | 3 410.00 | 1942年7月 | 1946年5月竣工 | 70 000 |

注：实际贷款数是指四行局水利贷款的实际数（即1944年11月15日实际贷款的累计数额）
资料来源：甘肃省政府：《甘肃省统计年鉴》兰州：甘肃省政府，1946年，第143、147页；赵宗晋：《甘肃农田水利概述》，《新甘肃》1947年第1期，第40—42页

---

① 沈怡：《甘肃水利林牧公司概述》，《中农月刊》1941年第12期，第84页。
② 刘克让：《甘肃农林水利概况》，《西北论衡》1941年第3期，第21—22页。

从表5来看，1941年至1944年12月，甘肃通过农贷完成的大型水利工程6项，抗战结束后竣工3项，停办2项，抗战时期完成的水利工程占54.5%。各渠获得了较大的收益，地价也有提高，如永乐渠灌溉4.6万市亩，"每市亩可增收小麦3斗6升，每斗以民国三十一年（1942）市价50元合算，则每年总计之收益值为828万元之谱……至地价之增益，尤为可观。"① 洮惠渠"受益田亩为2.7万市亩，若尽种小麦，每亩增收以6斗计，全渠可增产粮食1.62万余市石"。② 湟惠渠原设计灌溉面积1.5万市亩，渠成后实际灌田2.5万市亩③，比设计灌田多1万市亩。1945年夏全省苦旱，"满目枯槁，而本渠灌溉范围，禾苗挺秀，其产量且有增加"。④ 该渠地价也有了大幅度的增加。⑤ 为解决酒泉、金塔两县民众争水械斗和诉讼，1942年7月，甘肃省水利农牧公司筹划修建鸳鸯池蓄水库，1943年6月开工，省政府与中国农民银行投资7251.7万元（截止1944年12月）⑥，1946年5月底竣工，该水库蓄水量1400万立方米。不仅可灌溉两县农田7万市亩，且"未再酿成斗争"。⑦ 说明大型水利贷款发挥了较好的经济与社会效益，达到了预期的目的。

抗战时期，中国农民银行秉承国民政府旨意，在甘肃省积极推进小型水利。小型水利贷款的对象是"（1）合法登记之合作社或专营水利合作社。（2）专办农田水利事业之农民组织，如水利协会等。（3）农民个人。"⑧ 据统计，1941年9—12月，皋兰、靖远、临洮组成水利合作社（下同）7社，贷款14.75万元；1942年，兰州等5县市组建合作社57所，贷款122.46万元⑨；1943年，皋兰等17县市组建合作社120个，贷款436万元。⑩ 1944年1—4

---

① 王树基：《甘肃之水利建设》，兰州：甘肃省银行印刷厂，1945年，第66页。
② 甘肃省银行经济研究室：《甘肃之水利》，兰州：甘肃省1945年，第40页。
③ 《湟惠渠工程》，兰州：甘肃省档案馆，案卷号：38/1/11。
④ 赵宗晋：《甘肃农田水利概述》，《新甘肃》1947年第1期，第40页。
⑤ 黄汉泽：《湟惠渠灌溉区域扶植自耕农之实施》，《甘肃地政》1944年第1期，第28页，表3《二十八年湟惠渠灌溉区内地价之调查》；黄汉泽：《湟惠渠灌溉区域扶植自耕农之实施》，《甘肃地政》1944年第1期，第29页，表4《三十一年三月及六月份地价变动比较表》。
⑥ 甘肃省政府：《甘肃省统计年鉴》，兰州：甘肃省政府，1946年，第147页。
⑦ 赵宗晋：《甘肃农田水利概述》，《新甘肃》1947年第1期，第42页。
⑧ 《中中交农四行局办理各县小型水利贷款暂行办法》，《中行农讯》1942年第10期，第21页。
⑨ 成治田：《战时甘肃省小型农田水利概述》，《中农月刊》1944年第9—10期，第42页。
⑩ 李中舒：《甘肃农村经济之研究》，中央训练委员会西北问题研究室编：《西北问题论丛》第3辑，1943年，第89页。

月，上述17县市组建合作社134个，贷款640.98万元。① 小型水利贷款主要用于修建小型渠道、淤地、凿井、筑堤、护滩、水车等，主要包括（1）小型渠道。1941年以来利用农贷兴建的小型水渠有泾川的阮陵渠，甘谷的渭济渠，天水的三阳川渠，宁定的三家集、石那奴渠，临洮的新民渠，靖远的复兴新渠，康乐的义磨滩、古龙沟渠，高台的三清渠，永昌的金龙坝渠，张掖的永兴渠，共计实际灌溉面积12.4万亩。② 其中1945年，中国农民银行贷款1300万元兴修渭济渠，半年完成，渠长14.7千米，灌溉面8000市亩；武山东顺渠、天水三阳川渠均在当年完成，两渠灌溉7000余市亩。③（2）滩地。如靖远县城东10千米黄河东岸的广海滩，原有耕地5000亩，1937年河身变迁，将堤坝冲毁，"该滩食粮，遂而锐减"。当地农民利用小型水利贷款，修筑堤坝，恢复滩地5000亩。1941年，中国农民银行农贷员在临洮地方绅士的配合下，贷款6万元，新修滩地2000余亩。（3）利用地下水灌溉。一是泉水利用。如敦煌西南70千米南湖附近农民申请，贷款13万元，筑坝一座，除灌溉周围农田外，还可灌溉新垦耕地1500亩。二是凿井。1942年11月，中国农民银行贷款1万元，在靖远大坝渠凿井6处，利用辘轳汲水灌溉，灌田460余亩。④（4）水车灌溉。水车灌溉是甘肃黄河谷地的传统，抗战时期开通过合作社发放水车贷款，发展农田水利。如1942年春，甘肃农业推广所雁滩推广试验区指导农民组织合作社2处，贷款2万余元，修建水车两座，共灌溉1100亩。⑤ 1941年11月至1944年3月，中国农民银行向皋兰、靖远、永靖3县贷予农民小额贷款，用于新建和修理水车，共计贷款525 500元，受益农田1.3万余亩。⑥ 这些都说明，抗战时期甘肃小型水利贷款收到了应有的效果。

（三）农贷与农村副业

甘肃农村副业贷款始于抗战时期。1939年4月，中国工业合作协会天水

---

① 成治田：《战时甘肃省小型农田水利概述》，《中农月刊》1944年第9—10期，第42页。
② 《农田水利工程概要》，兰州：甘肃省档案馆，案卷号：38/1/11。
③ 中国农民银行天水分处：《三十四年度天处陇南区农贷报告》，兰州：甘肃省档案馆，案件号：55/1/46。
④ 成治田：《战时甘肃省小型农田水利概述》，《中农月刊》1944年第9—10期，第45—46页。
⑤ 《黄河上游水利之一》，《甘肃农推通讯》1942年第2期，第5页。
⑥ 成治田：《甘肃农贷之回顾与前瞻》，《中农月刊》1945年第10期，第40页。

事务所成立，以此为开端推动了甘肃工业合作社的勃兴与发展。据1939年5月统计，甘肃成立工业合作社71家，共计社员824人[①]，涉及纺织、榨油、制鞋、毛巾、造纸、面粉、制革等行业。1941年，农贷政策变化后，通过中国工业合作协会与中国农民银行的推动，以发展农村纺织业为中心的生产合作社在甘肃省各地建立起来。如1941年，在17个县组成纺纱合作社57所，织布合作社26家[②]；1942年3月，有社188所，社员5327人[③]；1944年12月，专营工业合作社287社，社员9107社，分布在43各县，即占全省县数62.3%。[④]

国民政府支持农村副业政策出台后，国家银行主要选择一些副业前景好的农村，发放副业贷款。如天水毛家村一带，人稠地狭，年产粮食不足半年食用，"村民多赖纺织副业之收入，维持生计。因限于资金、原料等常感周转不敷"，中国银行便协助村民组织纺织合作社，"各社社员所经营之纺织副业，一律成立纺织部，订定业务规则及土布合销办法，以扩张其生产"。[⑤] 该县三阳川在中国银行农贷的帮助下，1941年底成立纺织社12家，社员429人，纺车676台，织机462架，社员家庭纺织980人，共贷款11万元，供销贷款9.8万元。[⑥] 该行还在两当县城区创办机器纺织社，"训练技术人员，以及改良旧式织机"。[⑦] 岷县清水沟等地村民以铸铜器为主要副业，有铜炉12座，1941年，中国银行农贷人员帮助成立铜器生产合作社，每座铜炉贷款5000元[⑧]，解决了资金缺乏的问题。秦安的纺织合作社"资本最多者七八千元，少至一二千元者，多系中国农民银行贷款。"[⑨] 渭源县成立纺织合作社后向中

---

[①] 根据《西北区工业合作之回顾与前瞻》，《西北工合》1939年第1—2期合刊，第16—17页表统计。

[②] 董正钧：《兰州市及其附近花纱布之生产情况》，《经济汇报》1944年第7期，第93—96页表格统计。

[③] 《甘肃省合作事业推行概况》，兰州：甘肃省图书馆西北文献阅览室藏，成书年不详（根据内容大约1945年成书）。

[④] 甘肃省政府：《甘肃省统计年鉴》兰州：甘肃省政府，1946年，第236页。

[⑤] 《本行各省农贷工贷业务动态》，《中行农讯》1941年第4期，第22页。

[⑥] 《本行各省农贷工贷业务动态》，《中行农讯》1942年第9期，第21页。

[⑦] 《本行各省农贷工贷业务动态》，《中行农讯》1941年第4期，第22页。

[⑧] 《特种农贷》，《中行农讯》1941年第5期，第22页。

[⑨] 秦安办事处：《秦安经济概况》，《甘行月刊》1941年第6期，第41页。

国农民银行贷款 4 万元。① 1943 年，省合作社通过中国农民银行贷出纺织款 380 万元，其中皋兰纺织合作社 50 万元，天水三阳川 300 万元，兰州市 30 万元。② 1945 年，中国农民银行给天水三阳川贷款 3000 余万元，甘谷毛编业贷款 835.5 万元。③ 这些贷款部分地解决了当地土布生产和毛编织业发展的资金问题。

抗战期间，中国农民银行还与中国工业合作协会联合发放农村副业贷款。1943 年 4 月，中国农民银行与中国工业合作协会签订了农村工业合作贷款协议，其中给甘肃兰州、天水、平凉发放毛纺织业贷款，贷款对象是生产合作社。贷款原则是：（1）利用当地廉价农产品原料者。（2）利用当地剩余农民劳力者。（3）生产战时军民必需品者。（4）生产国际贸易品者。④ 根据协议，中国农民银行给兰州毛纺织合作社贷款 200 万元，天水毛纺织合作社贷款 100 万元，平凉毛纺织合作社贷款 150 万元。⑤ 1945 年 4 月，双方协议给甘肃毛纺织贷款 2400 万元，其中兰州、天水各 800 万元，平凉、岷县各 400 万元。⑥ 中国农民银行与中国工业合作协会联合推进农村工业的贷款协议生效后，农村副业由双方共同投资。如 1945 年岷县合作社贷款 215 万元，其中中国工业合作协会贷款 140 万元，占 65.1%；中国农民银行贷款 75 万元，占 34.9%。⑦

为推进农村副业，中国农民银行还举办实物借贷。随着棉花种植的推广，轧花成为一种新兴的农村副业，但农家通过商人购买轧花机每架 16 万余元，远远高于市场价格。因此，1943 年 12 月，中国农民银行派人赴西安购买扎

---

① 《渭源县政府合作指导室指导员郭其淦工作总报告》（1943 年 8 月），兰州：甘肃省图书馆西北文献阅览室。

② 《合作消息》，《甘肃合作通讯》1943 年第 2 期，第 7 页。

③ 中国农民银行天水分处：《三十四年度天处陇南区农贷报告》，兰州：甘肃省档案馆，案卷号：55/1/46。

④ 《中国工业合作协会（会方）中国农民银行（行方）农村工业合作贷款推进办法协议书》（1943 年 4 月 1 日），甘肃省档案馆藏，案卷号：46/1/264。

⑤ 《本行三十二年度工业合作贷款区域种类及贷额表》，兰州：甘肃省档案馆，案卷号：46/1/264。

⑥ 《中国工业合作协会（会方）中国农民银行（行方）农村工业合作贷款推进办法协议书》（1945 年 4 月 1 日），甘肃省档案馆，案卷号：46/1/198。

⑦ 陈联佑：《岷县工合简介》，《工业合作》1945 年第 19 期，第 7 页表计算。

花机 12 部，以每部 8.66 万元（含市场价、运费、贷款利息）贷给靖远各合作社，深受农家欢迎，故"未贷各社，纷纷来请，意极恳挚"，故 1945 年，中国农民银行再购买 13 部，贷放给靖远各社。① 1944 年 11 月至次年 1 月，中国农民银行天水分处收购棉花 16 337 市斤，按照市价 9 折贷给武都、礼县、西和 3 县的纺织合作社，该项棉花贷款"每市斤可使农民节省七十元"。② 实物贷款不仅帮助农家副业组织了货源、原料，也节省了成本，方便了农家的生产与生活。

为推进甘肃畜牧业的发展，发放畜牧贷款是农贷的主要内容。1941 年，四联总处兰州分处与夏河拉卜楞寺保安司令部合作，在拉卜楞寺管辖的范围内发放"畜牧贷款"，到期以蒙藏牧民所出皮毛和各种土产作价归还。③ 8 月，中国银行在该县撒合儿庄组建合作社，"纯系藏民"，贷款 2100 元，用于购买牛、马、羊等。④ 同年，岷县组织畜牧合作社，向中国银行申请贷款，购买母牛 19 头，母羊 300 只。⑤ 1941 年春，中国银行在祁连山藏区组建合作社，"借款 1600 元以作繁殖牛羊之需，至期本利清偿，恪守信用，去年冬天该社欣然来本行继续申请贷款，当予 2500 元，以协助其牛羊之繁殖"。⑥ 1943 年，甘肃省合作处选定岷县、海原作为畜牧贷款县，分别发放贷款 30 万元和 50 万元。⑦ 据不完全统计（截止 1944 年 10 月），抗战时期，中国农民银行在甘肃 20 县举办畜牧放款，占全省县数的 29%。贷款对象为合作社与畜牧经营会、农会小组、畜牧改进所等单位，其中合作社 83 所，畜牧经营会 8 个，共计贷款 1203.2 万元。⑧ 畜牧合作社饲养羊、牛、马、猪等 106 249 头，总值 7744 万元⑨，产值是贷款额的 6.4 倍。

---

① 成治田：《甘肃农贷之回顾与前瞻》，《中农月刊》1945 年第 10 期，第 47 页。
② 中国农民银行天水分处：《三十四年度天处陇南区农贷报告》，兰州：甘肃省档案馆，案卷号：55/1/46。
③ 《四联农贷简讯》，《中行农讯》1941 年第 2 期，第 17 页。
④ 《特种农贷》，《中行农讯》1941 年第 4 期，第 23 页。
⑤ 《特种农贷》，《中行农讯》1941 年第 3 期，第 21 页。
⑥ 《特种农贷》，《中行农讯》1942 年第 9 期，第 21 页。
⑦ 《合作消息》，《甘肃合作通讯》1943 年第 2 期，第 7 页。
⑧ 成治田：《甘肃农贷之回顾与前瞻》，《中农月刊》1945 年第 10 期，第 44—45 页。
⑨ 《甘肃省合作事业推行概况》，兰州：甘肃省图书馆西北文献阅览室，成书年不详（根据内容大约 1945 年成书）。

农贷支持甘肃经济建设是多方面的，上述数端只是举其要者。仅从这几个方面就可以看出，1935—1945 年，甘肃农贷发放的这 10 年，在支持甘肃农村经济建设方面是比较积极的。如果甘肃农村经济呈上升态势，农贷应是重要推动因素之一。

## 三、甘肃农村经济的复苏

增加农业生产、充实农村金融与改善农民生活，是国民政府农贷的主要目的。下面主要从粮食产量、农村副业和农村社会变化等方面出发，考察1935—1945 年甘肃农村经济问题。

### （一）粮食产量有所提高

粮食产量是考察农业生产水平的主要标志。据许道夫的统计，1932—1946 年，甘肃耕地面积为 2351 万—2616.7 万市亩，其中小麦、玉米、大麦、高粱、谷子、糜子、水稻（包括籼稻与粳稻）、燕麦、蚕豆、豌豆等 10 种作物种植面积为 1803.2 万—2076.4 万市亩[①]，占 76.7%—79.4%。因此，表 6 中关于 1931—1945 年的 10 种粮食产量的统计，基本上能代表甘肃的粮食生产水平。

表 6　1931—1945 年甘肃主要粮食作物产量统计表　　（单位：千市石）

| 年份 | 小麦 | 玉米 | 大麦 | 高粱 | 谷子 | 糜子 | 水稻 | 燕麦 | 蚕豆 | 豌豆 | 合计 | 指数 1 | 指数 2 |
| --- | --- | --- | --- | --- | --- | --- | --- | --- | --- | --- | --- | --- | --- |
| 1916 | 4976 | 684 | 420 | 402 | — | 399 | 523 | 718 | 970 | — | 9092 | 100.0 | — |
| 1932 | 5744 | 1310 | 815 | 1411 | 3863 | 3963 | 143 | 731 | 208 | 1163 | 19 351 | 212.8 | 100.0 |
| 1933 | 5799 | 3099 | 894 | 2195 | 4497 | 5062 | 169 | 831 | 229 | 809 | 23 584 | 259.4 | 121.9 |
| 1934 | 9761 | 2487 | 1 586 | 2534 | 3985 | 4721 | 131 | 685 | 173 | 1236 | 27 299 | 300.3 | 141.1 |
| 1935 | 8918 | 3015 | 1740 | 2706 | 4426 | 4833 | 132 | 678 | 223 | 1444 | 28 115 | 309.2 | 145.3 |
| 1936 | 7887 | 3079 | 2006 | 2484 | 4327 | 5505 | 130 | 504 | 441 | 1591 | 27 954 | 307.5 | 144.5 |
| 1937 | 8328 | 2706 | 1939 | 1989 | 3297 | 4517 | 135 | 674 | 434 | 1465 | 25 484 | 280.3 | 131.7 |

---

① 许道夫：《中国近代农业生产及贸易统计资料》，上海：上海人民出版社，1983 年，第 9、66—69 页。

续表

| 年份 | 小麦 | 玉米 | 大麦 | 高粱 | 谷子 | 糜子 | 水稻 | 燕麦 | 蚕豆 | 豌豆 | 合计 | 指数1 | 指数2 |
|---|---|---|---|---|---|---|---|---|---|---|---|---|---|
| 1938 | 10 331 | 3039 | 1823 | 2583 | 3667 | 5419 | 146 | 724 | 520 | 1539 | 29 791 | 327.7 | 154.0 |
| 1942 | 9077 | 2889 | 1922 | 1980 | 2888 | 5348 | 170 | 601 | 430 | 1264 | 26 569 | 292.5 | 137.3 |
| 1944 | 10 830 | 3217 | 1988 | 2062 | 3072 | 5262 | 170 | 714 | 417 | 1162 | 28 894 | 317.8 | 149.3 |
| 1945 | 7580 | 2292 | 1282 | 1502 | 2263 | 4808 | 178 | 465 | 271 | 769 | 21 410 | 235.5 | 110.6 |

注：1.1916年产量中蚕豆970千市担指的是豆类的产量。

2. 在许道夫的统计中，1939年至1941年缺玉米、水稻、燕麦的产量；1943年产缺大麦、燕麦、蚕豆、豌豆的产量。故将上述年份未列入表内

资料来源：1916年总产量数据来源于农商部总务厅统计科编：《中华民国五年第五次农商统计》，上海：中华书局，1919年，第44—58页。其余年份总产量数据来自许道夫：《中国近代农业生产及贸易统计资料》，上海：上海人民出版社，1983年，第66—69页；1934—1938年产量，见国民政府主计处统计局：《中华民国统计提要》，1940年，第35—44页；1932年水稻、豌豆、蚕豆、燕麦的产量，见宋仲福主编：《西北通史》第5卷，兰州：兰州大学出版社，2005年，第322页。指数为笔者所加，指数1以1916年为100，指数2以1932年为100进行计算。

抗战时期，政府对甘肃粮食产量有过两次调查，一次是1938年夏秋之交，调查区域包括全省66个县，227个区，4239个村庄，是中国农民银行"组社贷款后直接向社员们询问出来的，他们的关系相当密切，瞒报的地方比较少"。[①]说明这次调查是可信的。中国农民银行农贷员孙友农对这次调查做了细致的研究，15种粮食作物产量是509 870.2万斤，其中，马铃薯149 322.5万斤，其余粮食产量是360 547.7万斤[②]，折合2842.6万市担，与表6中1938年的粮食产量基本接近。另一次调查是在1943年秋至1944年3月，在调查前，"各县建设人员103人在兰（州）受训之便，将调查方法讲授各员，并由主办人员领导实习后，令其回县后亲履各县每保，切实调查。"这次调查也是比较可信的。通过对调查的17种粮食作物统计，总产量为3422.3万石[③]，折合391 507.1万市斤。其中，马铃薯产量为760.4万石，剩余粮食产量为2661.9万石，接近表6中1942年的统计。这两次调查印证了表6的统计能够反映甘肃粮食产量的真实水平。

通过表6的指数1可以看出，20世纪三四十年代，甘肃粮食生产总量超过了1916年的水平。指数2说明，1932—1945年，甘肃的粮食产量有增有减，但总趋势呈上升状态，1938年与1944年超过了抗战前的总产量。1941—1943

---

① 孙友农：《甘肃农业问题回顾（一）》，《农业推广通讯》1943年第3期，第64页。
② 孙友农：《甘肃农业问题回顾（三）》，《农业推广通讯》1943年第5期，第42页。
③ 张心一：《甘肃农业概况估计》（1945年9月），兰州：甘肃省档案馆，案卷号：38/1/10。

年是北方发生灾害比较频繁的时期,甘肃 1941 年受灾 47 个县,1942 年和 1943 年受灾均为 57 个县①,粮食有比较大的减产,但还是超过 20 世纪 30 年代早期的产量。就人均粮食产量而言,1916 年,全省粮食总产量 909.2 万石,马铃薯 283.4 万市担②,共计 1192.6 万市担,折合共计 13 3315.3 万市斤。③以 1912 年甘肃 499 万人口计算④,人均粮食产量为 267.2 市斤。在 1938 年的调查中,人均粮食生产量为 761.2 斤;在 1943 年至 1944 年粮食总量调查中,以 1944 年甘肃 655.4 万人口计算,人均生产粮食 597.4 市斤,也就是说 20 世纪 30 年代至抗战时期,人均粮食产量已远远超过民国初年的水平。

随着粮食总产量的增加,抗战时期,甘肃有了余粮。1938 年的调查者指出,如果以"每人每日消费粮食平均照 1.5 斤,全年照 365 日折合,每人平均年应消费粮食 547.5 斤。甘肃全省 66 县局人口推算总数为 6 698 219 人……全省每年消费粮食 3 667 274 902 斤,全省每年余粮总量 1 421 427 593 斤。"⑤一些县还有了余粮出售,如武威"小麦、大麦除供给本县食用"外,还向民勤县输出 4.6 万石;渭源"除供本县食用外",向邻县销售 16.9 万石;清水"食粮除供自食外,尚可向邻县输出十余万石";镇原"除供本县食用外",余粮销往平凉、西峰镇、固原等地约 6.4 万石;华亭以生产杂粮为主,每年有玉米 5.6 万石、杂粮 1.2 万石运销陕西、平凉等地;临夏"食粮颇有剩余",每年"销兰州、夏河之小麦,皆有数万石";临洮"食粮生产足敷全县需要而有余",每年向"兰州及附近各县输出不下 100 万石左右";康县"食粮生产

---

① 甘肃省政府:《甘肃省政府三年来重要工作报告》(1940 年 12 月 6 日—1944 年 4 月 15 日),兰州:甘肃省政府,1944 年,第 51 页。
② 民国时期粮食产量增加,马铃薯的推广种植是一个很重要的因素。马铃薯在甘肃推广是在嘉、道之后,之前的地方志鲜有记载,晚清、民国的地方志对马铃薯记载比较普遍。随着马铃薯的推广和大面积种植,成为居民主要辅助食物。皋兰"马铃薯年产约 640 000 石,帮助食料非浅";靖远"洋芋年产约 15 000 石,为贫民之辅助食品";固原"马铃薯年产 98 000 石,可为贫民之补助食料";静宁马铃薯年产约 156.4 万斤,"可为人民之辅助食料";华亭马铃薯年产 4 万石,"为贫民辅助食料"(统计组:《甘肃各县局物产初步调查》,《甘肃贸易季刊》1943 年第 5—6 期合刊)。
③ 市石与市斤之间换算关系是:水稻 1 石=108 市斤;玉米、小米、高粱、黍子、糜子 1 石=150 市斤;小麦、大麦 1 石=115 市斤;豆类 1 石=154 市斤(见许道夫:《中国近代农业生产及贸易统计资料》,上海:上海人民出版社,1983 年,第 344 页)。马铃薯按照 100 市斤为 1 市石计算。下文市斤、市石的折合都是按照上述计算方法换算的。
④ 侯杨方:《中国人口史》第 6 卷,上海:复旦大学出版社,2001 年,第 134 页。
⑤ 孙友农:《甘肃农业问题回顾(3)》,《农业推广通讯》1943 年第 5 期,第 42 页。

尚丰"，每年向陕南输出粮食 1.75 万石①；天水每年约产粮食 81 万石，除本县消费外，外销 11 万石。② 张掖 1942 年粮食产量 185.4 万石，除人畜消费外，输出外县 76.9 万石，③ 占 41.5%。定西粮食"除供自给外，尚可输出一部至兰州"。④ 据 20 世纪 40 年代调查，定西年产各种主要食粮约 58.9 万石，除供本县食用外，年可销往兰州及甘草店 17.7 万石⑤，占总产量的 30.1%。酒泉年产粮食 40 万市担，年消费量为 30 万市担，"尚有十万石剩余，粮食足够敷用，可无问题"。⑥ 临潭西路"地方经济，很足自给，如果再能集约经营，富裕可立致"；东北路"农村食粮足以自给而有余"。⑦ 从以上论述来看，从南京国民政府到抗战时期，甘肃农业有所恢复，某些方面还有所发展。

（二）农村副业有了变化

由于中国工业合作协会与银行、合作社发放副业贷款，促使甘肃农村副业有了比较大的变化。

第一，农村传统副业复苏，并得到一定程度发展。甘肃农村传统副业包括小手工业、小矿山、农家负贩、小型运输、工匠、畜牧和园艺采集等⑧，涵盖了社会生活的各个方面。近代以来，甘肃经历了 1962—1873 年的回民事变、1920 年海原大地震和 1928—1929 年西北大旱灾，社会经济遭到了严重破坏，农村副业也一蹶不振。抗战时期，沿海工业城市相继沦陷，工业产品出现短缺，给农村手工业的发展带来了机遇。特别是 1938 年工业合作运动的兴起和 1941 年开始发放副业、运销等贷款后，农村传统副业逐渐发展起来。

---

① 统计组：《甘肃各县局物产初步调查》，《甘肃贸易季刊》1943 年第 5—6 期合刊，第 11、32、41、53、59、66、73、87 页。
② 中国农民银行天水分行：《天水县经济概况》，《甘行月刊》1941 年第 3 期，第 33 页。
③ 王兴荣：《张掖经济概况》，《甘肃贸易季刊》1943 年第 2—3 期合刊，第 53 页。
④ 《甘肃省定西县金融市场调查》，兰州：甘肃省档案馆，案卷号：7/3/284。
⑤ 甘肃省银行经济研究室：《甘肃省各县经济概况》，甘肃省银行经济研究室，出版年不详，第 19 页。
⑥ 之元：《酒泉概况》，《新西北月刊》1942 年第 4—6 期，第 133 页。
⑦ 陆俊光：《临潭之生产概况与合作事业》，《新西北月刊》1942 年第 1—3 期合刊，第 203 页。
⑧ 陈鸿胪：《发展甘肃农村副业》，《农村月刊》1948 年第 7 期，第 44 页。

如陇西县因有"中国农民银行的贷款和支持,还有省社的指导和扶助",使"手工业生产合作事业得以较快的发展"。① 如天水三阳川以生产土布为传统副业,"嗣因洋布输入,土布之生产曾经中衰。自七七事变发生后,洋布输入较前困难,而后方需要又复增加,故土布生产之农家副业又渐兴起。仅就三阳川之石佛镇、雷家集、熊棋寨三市镇而言,隔日一集,每集土布产销量即达千匹以上。"② 近代以来,农家使用的胰子"因受化学香皂之竞争,营业以大不如前",抗战以来,外来肥皂减少,使"羊胰子一跃而为肥皂之唯一代替品,销路日广,制造者益众,大有一日千里之势"。③ "估计全省以造胰为生活者,至少有 4000 人,每年生产各式旧式肥皂,不下 100 万斤"。④ 织褐是临夏农家的传统,从 1939 年开始增产,原因是"纺织毛褐之农民,因感织褐之利益,于是积极经营,遂使蓬蓬勃勃之现象"。⑤ 说明抗战时期部分家庭手工业得到了恢复,而且生产规模有了扩大。

毛纺织业、土布业是甘肃农村最普遍的传统副业,关系到居民穿衣问题,抗战时期推广农村副业"以棉毛纺织业为中心"。⑥ 因此,在各种农村传统副业中,毛棉纺织业的恢复与发展最为突出。如 1941 年,天水县纺手约 3 万人,织手约 8 千人,纺车约 2.9 万架,纺机约 6 千架。每日可生产纱 2300 余斤,布 1100 余匹;甘谷县纺手约 1.8 万人,织手 2500 人,纺车 1.5 万架,织机 1000 架,全县每日生产量纱 2800 余斤,布 900 匹;秦安县纺手 5.05 万人,织手 3.62 万人,纺车 4 万架,织机 2.1 万架,每日全县产量纱约 1 万斤,布 5 千匹。⑦ 通渭县平壤镇 970 户,4316 人,家家户户从事毛纺织业,"每户约有木板钩针一具或二具不等,不论男女老幼,商店学徒,纸烟摊贩,卖饼小儿,亦各手执木板钩针,工作异常兴奋……平壤镇及其他各乡镇操是

---

① 王振纪:《关于陇西解放前小手工业的见闻》,政协陇西县委员会文史资料委员会编:《陇西文史资料选辑》第 1 辑,内部资料,1995 年,第 61 页。
② 常文熙:《天水农家纺织副业之促进》,《中行农讯》1941 年第 4 期,第 7 页。
③ 王树基:《甘肃之工业》,兰州:甘肃省银行总行,1944 年,第 89 页。
④ 甘肃省政府:《甘肃省经济概况》,兰州:甘肃省政府,1944 年,第 133 页。
⑤ 王树基:《甘肃之工业》,兰州:甘肃省银行总行,1944 年,第 36—37 页。
⑥ 《甘肃省合作事业推行概况》,兰州:甘肃省图书馆西北文献阅览室藏,成书年不详(根据内容大约 1945 年成书)。
⑦ 薛瑞华:《陇南天水甘谷秦安三县手纺调查》,《农本》1941 年第 35 期,第 21 页。

项副业者，共以 4000 人计，每日可出毛衣 1000 件，全年以十月计，每年约计 30 万件"。① 在兰州、天水、秦安等地毛纺织副业的影响下，河西、陇东以及一些偏远地方的毛纺织业也得到了恢复。据统计，抗战时期全省年产大小毛编织物 130 万件，毛褐布 29.7 万匹。②

在副业贷款的支持下，甘肃土布业也得到了长足发展。据 1944 年调查，天水有"有纺织合作社 56 所，在甘肃各县农村副业中最为发达，平均每户至少有织布机 1 架，纺纱机 2 架"，年产土布约 35 万匹；武都县抗战前因洋布畅销，土布"几于绝迹"，抗战后各"乡村副业，以纺织布为主，平均每户有纺纱机 1 架，10 户有织布机 1 架"，年产土布约 50 万匹；张掖家庭纺织业因鸦片种植和洋布输入而中断，但抗战时期重新兴起，"农民于农闲时，以土机纺织各种土布"，全县从业农家 2000 户，纺纱机 2000 架，织机 1600 架，年产土布 9 万匹。另外，土布年产量超过 2 万匹的县还有：文县年产 7 万匹，靖远 6 万匹，庆阳 4 万匹，武威 3 万匹，临泽、礼县 2.5 万匹，金塔 2 万匹，其余各县数千至万匹不等，全省年产土布 236.4 万匹。农村副业纺织的土布能满足全省布匹需要量的 25%。③

第二，新的手工业种类的出现，为农家提供了新的副业。近代以来随着工业品的输入和对外贸易的发展，兴起了一些新的手工业种类，如弹花、轧花、火柴、肥皂、洗毛、打包等。如随着棉花的种植和纺织业的发展，弹花成为农村的一项副业，一些棉工"携带弹弓周游农村或市场兜揽工作，以斤计价，今日此处，明日彼处，或三五成群，或一人独行，无固定生产据点，兰州、平凉、天水、武威以及各产棉区，多有此项棉工之足迹，估计全省约有二千人"。④ 火柴厂建立后，与火柴生产相关的新的副业出现了。天水炳兴火柴公司成立后，除了部分固定工人外，"糊盒、排签、装盒、包封等工序均

---

① 杨志宇：《通渭秦安天水甘谷四县手工纺织业概况》，《甘肃贸易季刊》1944 年第 10—11 期合刊，第 67 页。
② 陈鸿胪：《甘肃省之固有手工业及其新兴工业》，中央训练委员会西北问题研究室编：《西北问题论丛》第 3 辑，1943 年，第 142 页。
③ 王玉芬：《土布在甘肃》，《甘肃贸易季刊》1944 年第 10—11 期合刊，第 38—40 页。
④ 陈鸿胪：《甘肃省之固有手工业及其新兴工业》，中央训练委员会西北问题研究室编：《西北问题论丛》第 3 辑，1943 年，第 138 页。

雇佣临时工,其中以女工居多"。① 兰州同生火柴厂也雇佣了一些临时工,装火柴的女工20余人,另有糊盒工约六七十人,"西园一带的妇女在家中劳动"。② 新型工业的兴起也带动了农村副业的发展,为农民带来了新的就业机会。

第三,农家副业经营方式与生产水平有了提升。甘肃农村传统副业经营完全是以单个家庭为生产单位,自产自销或自用,不论生产还是销售都是十分分散,资金与原料供应困难,生产规模小。抗战时期中国工业合作协会与银行资本的介入,使合作社成为农村副业一种新的经营方式。四联总处在推行副业贷款时,规定主要对象是"合作社或各级联合社、农民团体及个人"。③ 凡农贷和中国工业合作协会支持的农村副业,均以合作社为经营方式。合作社成为农家副业经营的新方式,且提高了农家副业的生产规模与产品的质量,如"甘肃陇南各县纺织手工业……经中国工业合作协会,及农民、中国等银行,先后组设纺织生产合作社,贷放资金,改进技术,出品已获不少改良。"④ 1941年12月,天水三阳川合作社纺织联合供销处,"担负各社员社原料之供给,成品之推销,以及改良纺织机具,训练纺织技术等工作"。该社成立的最初5个月时间内,就购买十支纱计65包,分发给各社员使用;为更新设备,购买钢线20.85万根,木机梭1000个,竹杼1000个,分别供给各社员;在推销方面,收受社员所织白布10 578匹,已销售5010匹。合作社成立后,还推行生产标准,以提高质量,"以十支机纱为经,土纱为纬,较其他各地土布成色为高,故颇获各方客商之赞许,接洽订货者日多"。⑤ 另外,商品化程度也有了提升,如三阳川土布年产量为45万匹,自用2万匹,销售43万匹,⑥ 商品率占95.6%。以合作社方式经营农家副业,不仅解决了

---

① 张石父:《解放前天水火柴业的概况》,中国人民政治协商会议甘肃省委员会文史资料委员会编:《甘肃文史资料选辑》第4辑,兰州:甘肃人民出版社,1987年,第131页。
② 陆星桥:《同生火柴股份有限公司》,中国人民政治协商会议甘肃省委员会文史资料委员会编:《甘肃文史资料选辑》第4辑,兰州:甘肃人民出版社,1987年,第128—129页。
③ 四联总处秘书处编:《四联总处各种农贷暂行准则》,《中农月刊》1940年第4期,第137—138页。
④ 杨志宇:《通渭秦安天水甘谷四县手工纺织业概况》,《甘肃贸易季刊》1944年第10—11期合刊,第66页。
⑤ 常文熙:《天水三阳川合作社标准国布之产销》,《中行农讯》1942年第11期,第6页。
⑥ 杨志宇:《通渭秦安天水甘谷四县手工纺织业概况》,《甘肃贸易季刊》1944年第10—11期合刊,第75页。

资金问题,改进了技术,生产规模也有所扩大,商品化程度也有了提高。

(三)农村社会经济有了变化

20世纪二三十年代之交的甘肃,因自然灾害、战争和社会动荡不安,在记者、考察者和一些社会调查者的笔下,甘肃农村社会完全是一种衰败的景象。但随着农贷制度的建立和推行,甘肃农村社会经济发生了一些变化,主要表现在以下几个方面。

第一,农村借贷关系发生了变化。在农贷发放以前,甘肃的传统借贷关系中,借贷来源以商店、富户、军人阶层、当铺、银号和寺院等为主。根据汤惠荪等人的调查,甘肃借贷商号占51.68%,富户占32.69%,其他占15.63%[1];《申报年鉴》对甘肃21县统计,农家借款来源地主占3.2%,富农占43.6%,商家占17.8%,钱局占4.8%,其他占30.4%;粮食借贷亲友占8.5%,地主占5.1%,富农占56.3%,商家占13.5%,其他占13.6%[2]。此外,寺院也放债,如拉卜楞寺,一般小商人"每以重利向寺中喇嘛借贷"[3]。随着新式金融机关的建立,甘肃农村的借贷关系发生了变化。据抗战初期调查,甘肃的借贷主要有5种:即私人借贷、土地抵押借贷、店铺赊账、当铺质典和信用合作社借贷[4]。银行与合作社成为新的借贷关系,据1942年调查,甘肃借贷来源中银行占24%,合作社占48%,钱庄、典当、商店、私人占28%[5],新式金融机关的贷款占借贷来源的比例超过70%。据1945年统计,本省的借贷来源中,银行贷款占44%,合作社占27%,政府机关占5%,钱庄、典当、商店和私人占24%[6],新式借贷关系占76%。可见,银行、合作社在借贷关系中占有越来越重要的地位。抗战时期对一些县借贷关系的调查也反映出这种变化,如榆中1934年私人、商店借贷占96%以上,

---

[1] 汤惠荪、雷男、董涵容:《甘肃省农业调查》,《资源委员会季刊》1942年第2期,第169页。
[2] 上海申报年鉴社编:《民国二十四年申报年鉴》,上海:美华书馆,1935年,第45页。
[3] 马鹤天:《甘青藏边区考察记》第1册,上海:商务印书馆,1947年,第68页。
[4] 钟圭一:《抗战期中甘肃省狭义的经济设施之管见》,《新西北月刊》1939年第5—6期合刊,第122页。
[5] 《民国三十一年各省农村放款机关及放款期限统计》,《中农经济统计》1943年第4—5期,第16页。
[6] 《民国三十四年各省农村放款机关及放款期限统计》,《中农月刊》1946年第7—8期合刊,第148页。

抗战时期合作社借款上升到 24.33%。[1] 平凉、武威、天水 3 个县农家借贷来源，按贷人次数说，平凉以合作社为第一，占 80%；商店占 15%，富户占 5%；天水以富户为第一，占 73.69%，合作社占 18.42%，商店占 7.89%；武威也以合作社为第一，占 53.13%，富户占 40.61%，商店占 6.13%。[2] 如果将 3 个县借贷来源平均计算，合作社借款占 50.18%，富户占 39.77%，商店占 9.67%。因此，随着农贷的发放，农村借贷关系发生了比较大的变化，新式银行与合作社成为农家借贷的主要来源之一。

第二，农村地权分配趋于分散。农贷对地权分配趋向有无影响？从农贷用途来看，一部分贷款用于购买土地，如定西"农民借得款项，多用之于购买田地或农具"。[3] 临潭 1937—1940 年的农贷用于购买土地 34 355 元，占全部农贷的 24.8%。[4] 有调查表明，1938 年陇西等 15 个县的农户贷款用于赎地占 2.26%，用于买地占 0.06%[5]；1940 年农贷用于购买土地占全部贷款的 5.72%[6]，说明农贷用于赎回或购买土地的现象存在。随着农贷政策的转变，扶持自耕农贷款成为农行土地金融业务的主要内容之一，用于政府为创设自耕农征购土地、农民购买或赎回土地等。[7] 1941 年，甘肃省政府决定将湟惠渠灌区划为扶持自耕农示范区，办法是由政府征收土地，划分若干农场，供给自耕农耕种。[8] 由省政府与中国农民银行商贷 1600 万元（其中现金 1280 万元，土地债券 320 万元），利率月息 2 分 3 厘至 2 分 5 厘，期限为 4 年或 5 年。[9] 截止 1945 年 8 月，该项工作共进行三期，第一期在 1944 年 11 月完成，

---

[1] 洪谨载：《榆中县信用合作社及社员经济状况调查》，《甘肃科学教育馆学报》第 2 期，1940 年 5 月，表 4。

[2] 李中舒：《甘肃农村经济之研究》，中央训练委员会西北问题研究室编：《西北问题论丛》第 3 辑，1943 年，第 47 页。

[3] 甘肃省银行经济研究室：《甘肃省各县经济概况》，兰州：甘肃省银行总行，1942 年，第 27 页。

[4] 陆俊光：《临潭之生产概况与合作事业》，《新西北月刊》1942 年第 1—3 期合刊，第 205 页。

[5] 《甘肃省第一期陇西等十五县贷款用途百分表》，《甘肃统计季报》1938 年第 1—4 期，第 20 页。

[6] 李中舒：《甘肃合作事业之过去，现在和将来》，《西北经济通讯》1941 年第 4—6 期合刊，第 19 页。

[7] 国民政府行政院：《中国农民银行兼办土地金融业务条例》，《经济汇报》1941 年第 7 期，第 129 页。

[8] 魏宝珪：《湟惠渠灌溉渠之扶持自耕农》，《人与地》1943 年第 7—8 期合刊，第 64 页；黄汉泽：《湟惠渠灌溉区域扶植自耕农之实施》，《甘肃地政》1944 年第 1 期，第 29 页。

[9] 甘肃省政府：《甘肃省统计年鉴》，兰州：甘肃省政府，1946 年，第 45 页。

征购不在地主及未依法登记土地 5036 亩；第二期在 1945 年 1 月完成，征购荒地、老砂地和公用地 5822 亩；第三期在 1945 年 8 月完成，征购水地及新砂地 14 786 亩。共计征购土地 25 644 亩，其中 500 亩分配农业改进所使用，256 亩举办合作农场，新住宅地 382 亩，其余土地划分为 1162 个自耕农农场。① 另外，靖丰渠建成后，淤地 10 858 亩，共放给无地农户 1383 户，"农场地价，视筑渠放淤总工程费而定，分五年由承领人缴清"。② 通过扶持自耕农贷款，湟惠渠灌区地权集中的问题得到解决。1940 年，湟惠渠有 541 户，其中占有 100 亩以上的农家有 65 户，占总户数的 12%；有土地 13 500 亩，占全部土地的 55.1%，显然地权比较集中。建立扶持自耕农示范区后，灌区有农户 1162 户，有土地 5—10 亩有 4 户，占 0.3%；10—15 亩 367 户，占 31.6%；15—30 亩 791 户③，占 68.1%。这就说明通过农贷扶持自耕农，解决了地权集中的问题。我们再来看 20 世纪 30 年代至抗战时期甘肃地权分配变化的情形。据 1931 年至 1934 年调查，佃农所占比例在 20%—25%，自耕农在 53%—62%。④ 又据 1937 年统计，甘肃佃农所占比例为 19%，自耕农占 61%，半自耕农占 20%⑤；1944 年对全省 67 县（局）的统计，佃农占 12.1%，半自耕农占 14.3%，自耕农占 73.6%。⑥ 从上述调查来看，1944 年甘肃佃农比抗战初期降低近 7 个百分点，比 20 世纪 30 年代初降低了 8—13 个百分点，说明甘肃地权分配趋于分散。地权趋向分散，农贷政策的实施是其原因之一，应是毋庸置疑的。

第三，农家生活有了改善。先看农家粮食剩余的问题，缴纳田赋是农家的主要赋税，以 1943 年为例，甘肃征实田赋 160 万石⑦，人均征粮为 0.24 石，约折合 36 市斤；当年调查人均粮食产量 597.4 市斤（见前文）计算，除

---

① 甘肃省政府编：《甘肃省试办扶植自耕农初步成效报告》，兰州：甘肃省政府，1946 年，第 9—11 页。
② 甘肃省政府编：《甘肃省试办扶植自耕农初步成效报告》，兰州：甘肃省政府，1946 年，第 16 页。
③ 甘肃省政府：《甘肃统计年鉴》，兰州：甘肃省政府，1946 年，第 46—47 页。
④ 《民国二十四年各省农佃之分布及其近年来之变迁》，《农情报告》1937 年第 1 期，第 8 页。
⑤ 国民政府农本局编：《中华民国二十七年农本局业务报告》，重庆：国民政府农本局，1939 年，第 9 页。
⑥ 甘肃省政府：《甘肃统计年鉴》，兰州：甘肃省政府，1946 年，第 95 页。
⑦ 甘肃省政府：《甘肃省政府三年来重要工作报告》（1940 年 12 月 6 日—1944 年 4 月 15 日），兰州：甘肃省政府，1944 年，第 31 页。

缴纳赋税外，尚余551.4斤。据1942年调查，甘肃人均常年粮食消费量是627.4市斤[1]，以此计算，尚缺76市斤。也就是说农业产量的增加能够解决农民粮食需求量的87.9%。不足部分主要通过农家副业来补充，如20世纪40年代陇西"手工业生产合作事业的发展，促进了地方经济的发展，给一些贫穷家庭的男女劳动力开辟了一条出卖劳动以谋生的门路"[2]。渭源"抗战以还，谋利尤易，新旧商人多获厚利，故富者生计无不优裕，贫穷之家，间有从事手工纺织者，尚可勉维生计"。临夏"本地人民使用简单，衣服朴素，住房简陋，虽产品无多，而生活尚称裕□。所有市面之繁荣，农村经济之发展，实赖民风之崇尚勤俭，强力经营之所致。"[3] 兰州西郊一个农村"因工业纺织合作社之组织，该村男女老幼一二千人，全能手纺毛线。据说，他们的收入也比过去好得多。"[4] 农贷发放后，各地农家生活趋于稳定，即"自民国廿五年（1936）政府举办农贷以来，农村生产渐形恢复，人民生活日趋稳定"[5]。永登县"农村经济颇能因而调剂，农民亦多额手称庆"[6]。也就是说，通过十年农贷和农村经济建设，农业和农村副业都有了一定程度的恢复与发展，尽管农村尚未摆脱贫困，但农民的生活有了改善，绝大多数农家已经过上比较稳定的生活，甘肃农村至少已经不是以前饿殍遍地的状况了。

## 四、余　论

关于近代以来中国农村经济发展与不发展的问题，吴承明指出，20世纪以来中国粮食总产量是增长的，到1936年达于高峰，1937年以后急剧衰退，只有解放区和大后方"颇有发展"[7]。抗战爆发后，甘肃农业和农村经济在此

---

[1] 根据《民国三十一年各省食粮消费概况》，《农报》1943年第7—12期合刊，第140页表计算。
[2] 王振纪：《关于陇西解放前小手工业的见闻》，政协陇西县委员会文史资料委员会编：《陇西文史资料选辑》第1辑，内部资料，1995年，第64页。
[3] 甘肃省银行经济研究室：《甘肃省各县经济概况》，兰州：甘肃省银行总行，1942年，第37页。
[4] 徐旭：《论西北工业建设》，《中国工业》1942年第5期，第7页。
[5] 甘肃省银行经济研究室：《甘肃省各县经济概况》，兰州：甘肃省银行总行，1942年，第37页。
[6] 永登办事处：《永登》，《甘行月刊》1941年第2期，第53页。
[7] 吴承明：《中国近代农业生产力的考察》，《中国经济史研究》1989年第2期，第73页。

基础上继续发展,成为农业继续增长的一个范例。因此,综合粮食总产量、农村副业的恢复与发展以及农村社会变化等方面的情形,笔者认为抗战时期是近代以来甘肃农业和农村经济发展状况最好的时期,并针对农贷中的一些问题谈谈自己的看法。

第一,关于地主、富农是否把持农贷的问题。地主、富农把持农贷是学术界对国民政府农贷批评的主要问题之一。甘肃情形如何?1935年6—12月,皋兰县最初创办合作社时,"社员的成分自耕农占60%,佃农占36%,地主仅占4%"[1];1936年组建的合作社中,通过对皋兰等7个县的调查,社员中佃农占2.05%,半自耕农占11.92%,自耕农占82.43%,半地主占1.08%,地主0.45%,其他(包括工人、商人、学者)占1.43%,不明身份占0.64%[2];1938年,第一期农贷发放后,通过对陇西等15个县的调查,社员中自耕农占68.9%,半自耕农占20.32%,半地主占4.75%,佃农占4.45%,雇农占0.4%,地主占0.15%,其他占1.03%[3];1939年,政府对甘肃全省调查之后,社员中自耕农占56%,半自耕农占34%,佃农占7.7%,半地主占1.4%,雇农占0.6%,地主占0.3%[4]。1940年,政府对全省21918户农贷社员调查之后,自耕农占82.27%,半自耕农占11.24%,佃农占4.26%,半地主占1.55%,地主占0.12%,其他(指小商人、小手工业者等)占0.56%。[5]其中,自耕农和半自耕农占93.52%。1941年,合作社经济处调查结果是自耕农约占82.27%,半自耕农11.24%,佃农占4.26%,半地主占1.55%,地主占0.22%,其他(包括商人、工匠、教师、学生等)占0.36%。[6]从上述历年的调查来看,地主在合作社中所占比例极低,主要是自耕农和佃农。另外,皋兰、榆中两县首次举办互助社,"颇少发现土劣之操纵"。[7]主持两县合作社的孙友农也说:"照过去组织的情形,很

---

[1] 孙友农:《甘肃之农村合作事业》,《农友》1936年第1期,第73页。
[2] 罗子为:《甘肃省农村合作运动之回顾与前瞻》,《农友》1937年第1期,第21页。
[3] 《甘肃省第一期陇西等十五县社员分级百分表》,《甘肃统计季报》1938年第1—4期,第20页。
[4] 顾祖德:《甘肃省合作事业与农业金融》,《中农月刊》1940年第4期,第132页。
[5] 李中舒:《甘肃合作事业之过去,现在和将来》,《西北经济月刊》1941年第4—6期合刊,第18页。
[6] 甘肃省合作委员会:《甘肃省合作事业》,兰州:甘肃省乡村合作社,1942年,第8页。
[7] 中国农民银行:《中国农民银行民国二十四年度各省之农村合作事业》,《农村合作月报》1936年第6期,第147页。

少发现土劣的操纵。"① 有些地方曾出现土豪干扰合作社的事情,如固原县合作社成立初期,曾出现"农民受土豪煽惑,不肯踊跃参加"的现象,但合作社组织起来之后,"社内负责人,以少有资产而为众人所推崇者,如保长、大地主很少成为社内职员"。② 地主对农民的行为及合作社影响力比较小。当然,也不排除存在地主成为农贷受益者的现象,如文县合作社社员中,自耕农占60%,半自耕农占25%,佃农占6%,雇农占4%,地主占5%。③ 不能因为有地主参加了合作社,就断定合作社为地主所把持。从甘肃的情形看,合作社并不完全由地主、富农把持。

第二,关于农民是否受益于农贷的问题。有学者指出"1945年甘肃省有合作社社员54.3783万人,占全省农业总人口292.4251万人的18.6%,那么其余81.4%的农民就不能享受低息农贷款了"。并认为"大量的农贷被土劣获得,而贫苦农民则获得贷款甚少"。④ 上述关于农贷获益农民比例的算法本身就是错误的。合作社社员并不是所有农民都可以参加,而是以家庭为单位,也就是说每户农家不管人口多寡,只有1人成为社员。因此,计算农贷受益比例,应以农户为单位。如1941年全省总户数是109.1万户⑤,以甘肃农户占全部户数的77.1%计算⑥,农户数量为84.1万人,当年社员数为35.1万人,合作社社员占全部农户应为41.7%。1944年,甘肃农户总数为79.3万户⑦,合作社社员为54.4万人,占全部农户的68.6%。也就是说,在甘肃农贷中,至少有半数以上农家参加了合作社,成为农贷的受益者。另外,如果仔细研究农贷的过程,以1941年为界限,之前国民政府发放农贷主要属于农村救济贷款,以信用借款为主,全部贷款通过合作社贷于农家。而此后的贷款主要是进行国民经济建设,尽管大型农田水利贷款并不针对农家,但获益的农田仍是农家的土地,从本文对甘肃农贷的研究中可以看出,小型水利、

---

① 孙友农:《甘肃之农村合作事业》,《农友》1936年第1期,第73页。
② 固原办事处:《固原经济概况》,《甘行月刊》1941年第3期,第46页。
③ 李秉璋、韩建笃:《文县要览》,经济合作组织,1947年石印本,第13页B。
④ 裴庚辛:《民国时期甘肃小额农贷与农业生产》,《甘肃社会科学》2009年第3期,第224页。
⑤ 甘肃省档案馆:《甘肃历史人口资料汇编》第2辑,兰州:甘肃人民出版社,1998年,第310页。
⑥ 汤惠荪、雷男、董涵容:《甘肃省农业调查》,《资源委员会季刊》1942年第2期,第135页。
⑦ 国民政府主计处统计局编:《中华民国统计提要》,南京:国民政府主计处统计局,1945年,第15页。

土地改良和副业等贷款,主要还是以合作社为基础,受益的主要是农家,由此才有农业经济的复苏与农村社会的变化。

第三,关于农贷是否助长了高利贷的问题。我们先看中国农民银行对农贷利息的规定,银行贷款给合作社月息7厘,合作社贷给社员月息1分。① 抗战初期,中国银行在酒泉发放农贷,"利息甚低,仅有年息八厘左右"。② 1941年以后,农贷利息增加,中国农民银行规定,合作社贷款1年以内者月息8厘,2年以内者月息9厘,3年以内者月息1分;合作社贷款给社员,利息1年以内者不得超过1分2厘,3年以内者不得超过1分3厘。③ 据1942年调查,甘肃的各种借贷中,合作社的利率最低。④ 这种低息贷款,不仅活跃了农村金融,也在某种程度上抵制了高利贷资本。如陇南的白龙镇、荔川镇"向无金融机关之组织,所有出口货款之调拨,除少数由入口货款抵冲外,多到岷县调剂。乡村利率每月每百元利息十元,自我行来岷进行农放后,乡村利率已逐渐减低"。⑤ 在河西地区,农贷对遏制高利贷"尤见成效"。⑥ 农贷对寺院高利贷也是一个打击。如卓尼禅定寺有1万多元的公积金,"这笔钱常常放贷到穷苦的藏人佃农牧户中,利率没有一定,每年的利润亦非局外人所能确切地计算出来的,不过自去年(指1940年——引者注)卓尼举办了两万元农贷之后,这1万多元的寺院贷金很受了些影响"。⑦ 中国银行在夏河办理农贷后,"一部分半农业,半游牧之人民,经贷款后已经减轻了高利贷之剥削"。⑧ 由此看出,农贷并非助长了高利贷资本,而实际情形是凡农贷所及之处,高利贷资本都受到了一定程度的遏制。

第四,关于农贷绩效不足的问题。绩效不足是学术界对国民政府农贷的共同认识,甘肃农贷同样也存在绩效不足的问题,如农贷数量有限,距离农

---

① 林嵘:《七年来中国农民银行之农贷》,《中农月刊》1941年创刊号,第99页。
② 之元:《酒泉概况》,《新西北月刊》1942年第4—6期合刊,第132页。
③ 姚公振:《十年来之中国农民银行(续)》,《经济汇报》1942年第12期,第69页。
④ 《民国三十一年各省农村放款利率统计》,《中农经济统计》1943年第4—5期,第18页。
⑤ 中国银行岷县办事处:《白龙镇荔川镇商业调查报告》,兰州:甘肃省档案馆,案卷号:56/1/42。
⑥ 甘肃省第七区行政专员兼保安司令公署:《甘肃七区纪要》,天津:天津古籍出版社,1987年,第65页。
⑦ 明驼:《卓尼之过去与未来(续)》,《边政公论》1941年第2期,第53页。
⑧ 柴希曾:《推进番区农贷的初步设施》,《中行农讯》1942年第5期,第7页。

民的需求尚远，一些地方农村高利贷还在活跃，抗战时期的定西"历年合作贷款逐渐增加，农村经济稍感宽裕，而高利贷仍然盛行"。① 前文所述，国民政府在甘肃举办的 11 项大型水利工程，有 2 项停办，主要原因是物价上涨过快，原贷款不足以完成建设项目。这些都说明甘肃农贷存在绩效不足的问题。② 是什么原因导致了甘肃农贷绩效不足？笔者认为主要有两个原因。一是战时环境下物价上涨过快，影响了农贷的绩效。在农贷初创时期，农民对农贷充满了希望和信心，1937 年贷款发放后，虽然数量不多，但以当时物价，农贷虽少，尚能解决一些问题；但太平洋战争爆发后，中国战略物资短缺，物价上涨速度远远超过了国民政府农贷的增长速度，导致农贷绩效不足。二是对于甘肃而言，农贷毕竟是新生事物，建立适合农村社会的农贷体系需要解决很多问题，如农业金融资本市场的建立、合作思想的普及与合作制度的完善、农贷人才的培养和农民的文化知识需要提高等，这些均是影响农贷绩效的重要因素。

原载（《近代史研究》2014 年第 4 期）

---

① 甘肃省银行经济研究室：《甘肃省各县经济概况》，兰州：甘肃省银行总行，1942 年，第 131 页。
② 关于农贷绩效不足的问题，李金铮教授已经有了很好的研究（李金铮：《绩效与不足：民国时期现代农业金融与农村社会之关系》，《中国农史》2003 年第 1 期，第 92—98 页），本文不再赘述。

# 论抗战时期甘肃的农业改良与推广

抗日战争时期，国民政府为了把西北建设成为坚持持久抗战的基地，开始重视和加强西北地区的经济建设，发放农贷，推动甘肃农田水利、农业生产和农村副业的发展。尤其是1941年国民政府农贷以原来"救济农村"为中心转变为以"国民经济建设"为中心后，增加粮食生产是复兴农村经济的主要内容，而农业改良与推广是增加农业生产的途径之一。[①] 从1941年开始，在中央政府和国家银行的帮助下，甘肃进行了较大规模的农业改良与推广工作。

自清末新政后，农业技术改良一直是历届政府所主张和推广的一项农业政策，其绩效如何？学术界对不同时期的技术改良和推广有不同的评价，如对晚清时期与北洋政府时期的农业技术改良普遍评价不高，认为其在推动中国农业近代化和维护农民利益方面的作用是十分有限的[②]。关于抗战时期的农业改良问题，学术界的研究有了许多肯定，如庄维民对近代山东农业科技的推广给予了中肯的评价，农业改良和推广使得传统农业具备了某些近代化的色彩，但却未能使传统农业实现近代化[③]。但对其绩效评价并不高，如徐凯希认为尽管战时国民政府在湖北进行了农业技术改良，然而并没有改变农

---

[①] 相关研究参看黄正林：《农贷与甘肃农村经济的复苏（1935—1945年）》，《近代史研究》2012年第4期，第77—98页。

[②] 如谢国兴在谈到安徽省从清末到抗战前的农业技术改良问题时指出："皖省在清末至抗战前，先后设立过不少农事试验场，种类包括农、林、畜牧、垦殖，层级涵盖中央、省、县，部分不无成就，多数形式意义甚于实质贡献。"（谢国兴：《中国现代化的区域研究：安徽省，1860—1937》，台北："中央研究院"近代史研究所，1991年，第323页）

[③] 庄维民：《近代山东农业科技的推广及其评价》，《近代史研究》1993年第2期，第80页。

村经济的困境，他认为是"农村封建剥削关系依然存在，以及战事不断，天灾频仍，农民生活异常的痛苦"阻碍了国统区农业生产力的进一步发展①。大后方是抗战时期农业改良的重点，有学者研究认为，一方面，大后方的农业改良取得了巨大的成就，促使农业经济获得了重要的发展，为抗战胜利做出了重要的贡献；另一方面，农业改良和农业发展并未给农民带来多少利益②。但目前尚无研究抗战时期甘肃农业改良与推广的专文。笔者在前人研究的基础上，对抗战时期甘肃农业技术改良与推广的资料进行挖掘与梳理，对抗战时期甘肃农业改良问题进行较为系统的研究，请学界朋友批评指正。

## 一、农业改良与推广机关及其经费来源

抗战时期，甘肃省政府在农业改良与推广系统建立方面，整合了原来的机构，增设了新的机构，尤其是中央机关在甘肃设立了相关部门，使农业改良与推广系统更加完整。

1938年秋，甘肃省政府将原经济部西北种畜场、甘肃省第一农事试验场和兰州小西湖苗圃等机构合并改组，成立了甘肃省农业改进所，由建设厅厅长陈体诚兼任所长、杨著诚任副所长，该所内部组织分为5股，即农业股、植物病虫害股、森林股、畜牧兽医股、农政股，"专从事有关农业之研究"。③1940年，该所在陇南、陇东、天水、河西成立了4个农林试验场，试验内容包括区域试验、栽培管理试验、纯系育种试验、引种国内外园艺作物、作物病虫害试验等。④同年11月，甘肃省农业推广处成立，中心工作是推广小麦及杂粮良种，防治谷类黑穗病，改良薯窖，利用休闲地，开垦荒地，种植麦

---

① 徐凯希、张苹：《抗战时期湖北国统区的农业改良与农村经济》，《中国农史》1994年第3期，第71页。

② 郑起东：《抗战时期大后方的农业改良》，《古今农业》2006年第1期，第52—66页；吴伟荣：《论抗战期间后方农业的发展》，《近代史研究》1191年第1期，第221—243页；陆和健等：《西部开发的先声：抗战时期西部农业科技之推广》，《中国矿业大学学报》（社会科学版）2005年第3期，第119—123页。

③ 李丛泌：《西北农业概况》，《新西北月刊》1941年第5期，第29页。

④ 《农业改进所两年来工作报告》，《甘肃建设年刊》，1940年，第93—95页。

类、豆类，减少非必要作物，改种食粮，推广肥料等。[①] 1942年4月，甘肃农业推广所建立了雁滩农业推广实验区，"以此为根据地，一切农林良种良法的推广，和农村社会农民生活的改进"，都是先从雁滩试验区做起。[②] 该实验区在农业改良和基层社会改进中具有示范意义。

1942年，甘肃省政府还对基层农业改良与推广机构进行了调整，将榆中推广试验县办事处（由省农业改进所与中央农业推进委员会合办）改为普通推广所，试验县改为天水；天水、临洮两个推广所改为中心推广所；张掖、平凉为本省农业重点地区，各增设中心推广所1处；徽县、靖远为本省植棉重要地区，各增设普通推广所1处。中心推广所的职责是："（1）健全本身组织，努力充实业务。（2）派员办理附近县份推广工作。（3）巡回辅导辖区各县推广所。（4）繁殖优良种苗，供辖区各县推广材料。"在人事配备上，中心推广所设主任、技佐、技术员、练习生各1人，助理技术员3人；普通推广所设主任、技术员、练习生各1人，助理技术员2人。[③] 县农业推广所的职责是：粮食作物及园艺作物的增产，优良种子、树苗、种畜、鱼苗、农具、肥料的繁殖示范与推广，植物虫害及兽疫防治的推进，水土保持、旱灾防治及其他农业改进方法的推进，造林保林及公共造产的推进，农村金融及农业副业的指导，农会组织和农村合作社的倡导，农业仓库及农产运销、调剂的提倡，农场经营小型农田水利、作物与耕畜保险的提倡等。[④] 为了加强农业推广力度，甘肃省还确立了督导制度，将全省划分为3个督导区和8个视导区。1942年春季，甘肃省派督导人员赴陇南建立县农业推广和辅导植棉，派员赴洮岷区督导增粮；8月，派员赴陇东、陇南及洮岷等区"巡回督导各增粮县份及推广所"。[⑤] 督导制度的建立，有利于农业改良与推广工作的进行。

为了加强农业改良与推广，国民政府农林部在各省设立推广繁殖站，目的在于"集中农林部驻省各附属机关之人力、财力，协助省农业改进机关由

---

① 蒋杰：《一年来之省县农业推广》，《农业推广通讯》1944年第1期，第24页。
② 刘犁青：《半年来甘肃农推工作掠影（下）》，《甘肃农推通讯》1942年第2期，第16页。
③ 刘犁青：《半年来甘肃农推工作掠影（上）》，《甘肃农推通讯》1942年创刊号，第11页。
④ 《县农业推广所组织规程》，《农业推广通讯》1945年第2期，第67页。
⑤ 刘犁青：《半年来甘肃农推工作掠影（下）》，《甘肃农推通讯》1942年第2期，第11—12页。

分区供应推广材料入手，借以普遍策动增产事业"。在此背景下，1942年5月，农林部甘肃推广繁殖站在兰州成立，中心工作是"小麦育种与良种繁殖，马铃薯育种与栽培试验及良种繁殖，果苗良种繁殖与推广，甜菜良种繁殖及作物重要害虫之研究与防治示范等"。据1944年统计，该站有技术人员16人，事务人员9人；场地5000亩，其中自有3000亩，租用2000亩；经费102万元。① 农林部甘肃繁殖站成为指导和参与本省农业改良与推广的重要机关。

1940年，黄河水利委员会林垦组改组为林垦设计委员会，该委员会对黄河上游区域水土流失比较严重的甘肃、陕西进行了考察，计划将黄河上游划分为6个水土保持试验区，其中，甘肃有5个区，包括兰山区，以兰州为中心，范围是兰州附近黄河支流域，进行园艺及水利改进试验；陇南区，以天水为中心，范围是甘肃境内渭河干支流域，进行水土保持改善河道及农场管理的改进试验；陇东区，以平凉为中心，范围是泾河干支流域，进行土壤冲刷的防治与水利改进试验；洮西区，以岷县为中心，范围是洮河及大夏河流域，主要进行天然林的合法管理与畜牧事业改进试验；河西区，以永登为中心，范围是庄浪河及大通河流域，主要进行水利改善与森林的保护管理试验。在上述区域"分期成立水土保持试验区，除由黄河水利委员会之林垦与工程人员负责技术工作外，更联合各当地之行政建设、教育、金融及人民团体等，本着建教合一原则，在保持水土之共同目标下合作推动之"。② 为此，1942年8月，国民政府中央农林试验所与甘肃农业改进所洽商，设立天水水土保持试验区，面积约3328市亩，主要进行水土保持试验。试验区向天水县政府租借河北苗圃，用作牧草试验与苗木繁殖；试验区还向甘肃农业推进所借藉河南岸旱地30亩，专司牧草繁殖。1943年，试验区进行的工作主要是保持水土、采集植物种子及苗木，选购应用农具，定购试验材料，举办水土保持训练班，组织附近3个村庄的农民，成立保持水土委员会。1944年的工作"举凡径流小区试验，梯田沟洫，沟冲控制，柳篱掛淤，河滩造林，气象观测，地形测绘，以及保土植物之育种与繁殖"。1945年，试验区"工作范围，逐

---

① 何家泌：《三年来之各省推广繁殖站》，《农业推广通讯》1945年第5期，第44页。
② 任承统：《黄河上游天水水土保持实验区三十年度工作计划大纲》，《农林新报》1941年第10—12期合刊，第2页。

渐扩大，复承各农林机关予以经费补助，或技术合作，三年以来稍具成果"。在农业推广方面，该试验区做出了较大的贡献，1944—1945 年，试验区搜集各农事试验场的优良品种，"冀求得适于天水山田之优良品种，以便普遍推广，增加产量。"①

1944 年，试验区设立了兰山工作站，主要进行三项试验工作：（1）保持水土试验与繁殖。在全家山播种牧草 24 种，每种一小区，观察生长情形以资繁殖，并于皋兰山四墩坪播种苜蓿，同时在中正山协助甘肃省农业改进所设计种植牧草试验。（2）农田水利。在皋兰山四墩坪一带开掘梯田水平沟 430 丈，树穴 540 个。协助甘省建设厅督导兰州市、皋兰、榆中、定西等县利用义务劳动试验水土保持工作，共计开掘水平沟 2250 丈。（3）农作物保持水土试验。在全家山试验场内举行耕作方法、轮作试验，耕作方法分普通斜坡、上下坡、等高种等三区；轮作方法分马铃薯及小米、小麦等试验。② 1945 年，试验区已经初具规模，其中，河北苗圃水地 1 公顷，专司牧草育种试验与果苗栽培；河南苗圃 2 公顷，用作繁殖牧草与苗木栽培；南山试验场 221.9 公顷，用以日常试验；兰山工作站百余公顷，作为永久试验场地；改黄河水源林管理处为平凉工作站，有苗圃水旱地 4.7 公顷，进行牧草繁殖试验。③

农业改良与推广最基层的组织是农会与合作社。农会是国民政府从事乡村建设的基本单位，即"一切发展农村经济，推行农业建设的计划，都可以通过农会来切实施行"。④ 如灵台县农会"办农事试验场，兼派场长，以资提倡"。⑤ 张掖农会"以图农业改良为宗旨"。⑥ 1942 年 4 月，天水划为农业推广试验县后，农业推广员与县农会接洽"合作办理乡农会事业的办法"，农业推广所与县农会签订了《合作推行乡农会事业暂行办法》，内容是"由县党部、

---

① 甘肃天水农林部水土保持试验区：《三年来之天水水土保持试验区》，天水：甘肃天水农林部水土保持试验区，1946 年，第 1—2、6 页。
② 傅焕光：《傅焕光文集》，北京：中国林业出版社，2008 年，第 314 页。
③ 杨红伟：《1940 年代的天水水土保持试验区述论》，《水土保持研究》2010 年第 6 期，第 278 页。
④ 乔启明：《农会与农业推广》，《农业推广通讯》1939 年第 4 期，第 3 页。
⑤ 杨渠统等：《重修灵台县志》卷 3《风土志·庶政·农林》，1935 年铅印本。
⑥ 白册侯、余炳元：《张掖县志·建置志·民国新建置》，1949 年油印本。

县农会授权推广人员执行训练农会之任务"。① 合作社是银行和政府建立的以农贷为职志的基层组织。甘肃省合作社始建于1935年，到抗战时期已经普及到全省。② 合作社不仅是乡村的农贷机关，也是农业改良与推广的基层组织。如张掖在举办农业推广时，"由合作主管机关及有关机关，力行调整，使所有合作社逐渐健全起来，以做推广之基层机构"。③ 皋兰等县砂田改良，以农民组织的信用合作社为对象，共有土地合作社288所，参加社员9820人。④ 合作社在进行砂田改良中发挥了应有的作用。

  农业改良与推广经费主要来源于农贷与政府的补助款。1941年后，农贷是国民政府发展农村经济的重要政策。四联总处规定农贷包括8种：农业生产贷款、农业供销贷款、农产储押贷款、农田水利贷款、农村运输工具贷款、佃农购置耕地贷款、农村副业贷款、农业推广贷款。⑤ 1943年的农贷政策是"注重农田水利及农业推广贷款，以增加粮食生产及战时各种所需为中心"。⑥ 1944年农贷以农田水利和农业推广贷款为中心。⑦ 从农贷政策来看，农业改良与推广是农贷需要支持的主要对象之一。据统计，1941年，甘肃省政府联合中央银行、中国银行、交通银行、中国农民银行与省银行"组成增粮贷款团，共同投资于农村增粮事业"，共计3000万元（法币，下同）⑧，主要用于农业改良。1942年，金融机关向甘肃省发放农贷4600万元，其中农业推广100万元。⑨ 1943年，四联总处给甘肃的农贷定额为8468万元，其中农业推广贷款700万元。⑩ 1942年冬季，中国农民银行开始举办土地改良铺砂放款，历年发放的数量是：1942年 114 750元，1943年

---

  ① 郭普：《天水农推工作的"新攻势"》，《甘肃农推通讯》1942年创刊号，第13页。
  ② 黄正林：《农贷与甘肃农村经济的复苏（1935—1945年）》，《近代史研究》2012年第4期，第79页。
  ③ 国光：《张掖农村工作之联系》，《甘肃农推通讯》1942年创刊号，第14页。
  ④ 张宗汉：《甘肃中部之砂田》，南京：中国农业银行土地金融处，1947年，第33页。
  ⑤ 《各种农贷暂行准则》，《农业推广通讯》1940年第4期，第45—47页。
  ⑥ 《四联总处三十二年农贷方针》，《农贷消息》1943年第9—10期合刊，第87页。
  ⑦ 郭荣生：《我国近年来之农贷》，《经济汇报》1944年第9期，第76页。
  ⑧ 成治田：《甘肃农贷之回顾与前瞻》，《中农月刊》1945年第10期，第33页。
  ⑨ 中中交农四行联合办事总处秘书处：《四联总处三十一年度办理农业金融报告》，1942年，第86—89页。
  ⑩ 郭荣生：《我国近年来之农贷》，《经济汇报》1944年第9期，第83页，表1。

10 317 468 元，1944 年 39 426 834 元，1945 年 76 913 551 元。① 除农贷外，国民政府农产促进委员会②也给予一定数量的补助。1942 年，在中央农产促进会的协助下，核定了甘肃省级、县级农业推广机关植棉、小麦棉花病虫害防治、县农业推广试验等经费 78 000 元；此外请准留用上年结余 1.5 万元，成县棉业试验场及手纺训练经费 1.5 万元。使甘肃省通过农促会获得补助费居全国第四位。③ 可见，在甘肃农业推广系统建立过程中，国民政府给予了较多的关注。天水水土保持协会的经费来源由 3 部分构成：一是中央机关协款，二是省政府协款，三是银行贷款——以所兴办工程获得的公有土地、公共财产及公营事业的收入为抵押，向金融机构贷款。④ 在各种经费来源中，银行农贷占主要地位。

以上论述说明，抗战时期是近代以来甘肃改良农业技术，进行农业推广最良好的时期。甘肃省设立了农事试验场和农业推广所（中心），农林部在本省建立了推广繁殖站，中央农林试验所在天水设立水土保持试验区，形成了以省农业改进所为中心，农林部和中央农产促进委员会督导，省农业推广委员会领导和县农业推广所（中心）具体负责，由农会和合作社与农家相联系，建立比较完善的农业改良与推广系统。银行农贷与中央机关、省政府的补助款项，成为农业改良与推广经费的主要来源。

## 二、农业改良与推广

### （一）小麦优良品种的试验与推广

小麦是甘肃种植的主要农作物，栽培面积及产量在全省农作物中占首位，因此，成为抗战时期农业试验和推广的主要作物。为了检定小麦优良品种，甘肃省增粮督导团制定了《甘肃省检定麦作地方品种纲要》，作为选育优良品种的基本操作规则。根据上述规定，1941 年，甘肃省在岷县、临

---

① 张宗汉：《甘肃中部之砂田》，南京：中国农业银行土地金融处，1947 年，第 35 页。
② 农促会成立于 1938 年 5 月，是抗战时期国民政府设立的农业经济机构，主要负责统筹战时农业推广事宜和帮助后方各省设立农业推广机构，1939 年创办了《农业推广通讯》。
③ 编者：《最近四月》，《甘肃农推通讯》1942 年创刊号，第 21 页。
④ 《甘肃天水区水土保持协进会组织章程草案》，《农业推广通讯》1941 年第 3 期，第 82 页。

洮、皋兰、天水、榆中、平凉、泾川、徽县等8县进行小麦品种检定，共选出地方优良品种28个。1942年，甘肃省粮食增产督导团制定了《四十一年度推广检定小麦品种暂行办法》。一方面，在张掖、靖远两县继续进行小麦优良品种检定；另一方面，对1941年检定的28个小麦品种进行复查，检查其分布面积、品种特性、亩产量、成熟期、病害种类及抗旱能力。① 在划定的县份，检定人员按照检定办法，做了比较细致的工作。如泾川县农业推广所首先选定检定范围和麦田，按照公布的检定办法，进行询问和田间调查，对全县早熟、中熟、晚熟的12个小麦品种的特征、优点、缺点、分布进行了仔细观察和记录。根据当地气候和地理环境，选出老筋麦和白麦为本地适宜推广的品种。② 张掖增粮指导团对本地8个乡的小麦做了检定，选出白大麦子、白小麦子、火穗子3个品种，并进行采穗购种和推广工作。"在各乡同品种之若干田中央采集无病害、茎秆坚韧，籽粒不自由脱落，成熟期适宜，及在同等环境下穗形较饱满的单穗共600个，每块田所采的15—20个单穗捆成一束，系一小牌，记以名称、采地、日期及麦田号数。同时在各乡选择纯而生长良好者，向其预约，在收获时，每种收买一市斗，一并分送甘农所及张掖农场试验。并指导特约农户15家，换种繁殖，繁殖亩数共180亩，以谋麦穗逐渐单纯化、优良化"。③ 张掖边检定边推广的做法，是一种行之有效办法。

为了增加粮食产量，甘肃粮产增进委员会成立后，一项重要工作就是推广鉴定优良小麦品种。根据该会《推广检定优良小麦品种工作专门报告》，各县检定优良品种，均采取换种方式，由检定员与农家约定存留时期自行换种，并由粮产增进委员会通知农业改进所所属各区农场及各县农业推广所进行比

---

① 《三十一年度推广鉴定小麦品种暂行办法》，《甘肃农推通讯》1942年创刊号。

② 农技人员在泾川检定与选育优良品种时，考虑了当地地理环境与居民生活、生产习惯等因素：一是地形地貌，老筋麦适合在原地种植，白麦适合川地种植。二是生活习惯，本地居民吃饭以面食和馒头为主，老筋麦适合做馒头，白麦适合做面条。三是农制，早熟、晚熟都需要种植，早熟小麦适宜种植在原地、川地，既可避免雨季的影响，还可种植小糜子；晚熟小麦种植可以调剂人工，即在小麦收割季节，本地农民组成"麦客"到陕西关中"赶场"，关中小麦收割后，正好本地小麦可以收割。综合了这些因素之后，决定选老筋麦和白麦为本地优良品种。（张清海：《泾川农家小麦品种检定报告》，《甘肃农推通讯》1942年第2期，第15页）

③ 张掖增粮指导团：《张掖县小麦品种检定初步报告》，《甘肃农推通讯》1942年第3期，第11—12页。

较试验，并在特约农家繁殖。如岷县的蓝麦在1941年冬季推广种植5575亩，春麦可推广2500亩。在粮产增进会指导员的指导下，农家自行混留种共计49 943亩，其中洮沙县约12 040亩，临洮3420亩，岷县约26 408亩。① 1941年，甘肃粮产增进委员会指导皋兰等9县农家采集健全麦种，另行储藏，以备下年播种。各县情况如表1。

表1  1941年皋兰等9县采选健全麦种统计表

| 县别 | 留种农户 | 选留种子数量（担） | 约定播种亩数 |
| --- | --- | --- | --- |
| 皋兰县 | 61 | 700 | 586 |
| 榆中县 | 8043 | 84 250 | 70 217 |
| 定西县 | 4370 | 78 660 | 65 550 |
| 永登县 | 1505 | 36 110 | 30 090 |
| 张掖县 | 2426 | 34 960 | 29 137 |
| 武威县 | 3917 | 64 320 | 53 600 |
| 洮沙县 | 3092 | 38 400 | 32 000 |
| 临洮县 | 4080 | 57 100 | 47 580 |
| 岷县 | 17 990 | 22 162 | 184 685 |
| 合计 | 45 484 | 416 662 | 513 445 |

资料来源：王新之：《甘肃粮食产量之研究》，《粮政季刊》1947年第4期，第115—116页

在甘肃粮产增进委员会的指导下，1941年，皋兰等9县共有4.5万多户农家选留健全小麦种子41.7万担，约定播种小麦51.3万多亩。通过对本省小麦品种的鉴定，对各地选出的产量高、抗病害强、抗倒伏较好的小麦进行育种和推广。如1942年，张掖特约3户农家繁殖大穗子小麦品种，共计18亩；平凉推广长穗小麦12亩，红筋麦10亩；徽县推广老旱麦种10545市石，红麦27市石；岷县指导农民自动调换优良麦种蓝麦及洋麦；泾川引进"陕农廿七号（蚂蚱麦）"20千克，分发特约农户种植，同时引种老筋麦等210亩；榆中推广白麦147市亩。② 1941—1942年，甘肃农业推广所与平凉农场鉴定，平凉比较优良的小麦品种是红筋麦、白金麦，其优点是"不脱粒、不倒伏、产量较高、品质较优"。③ 1943—1945年，陇东农林试验场先后在平凉、泾

---

① 王新之：《甘肃粮食产销之研究》，《粮政季刊》1947年第4期，第115页。
② 匡时：《推广活动点滴》，《甘肃农推通讯》1942年第5期，第13—14页。
③ 高文耀：《平凉农业推广工作的开展（续）》，《甘肃农推通讯》1942年第2期，第16页。

川、镇原、崇信、宁县、庆阳、化平、华亭、灵台等 9 县进行小麦优良品种鉴定，检定出一长条、红筋麦两个品种，并于 1944 年开始推广，"由平凉中国农民银行出款收购本场繁殖及经检定合格之纯种，以折价贷款方式贷给特约农户种植，每年示范推广时间，均由六月间开始进行决定地点、登记田亩、运粮、贷种、指导、调查、收获等工作"。截至 1946 年，甘肃省共示范推广 16 905 亩，种植农户 611 户，种植良种 1690 石。以每亩产量超过当地其他品种 40 斤计算，可增加产量 67.62 万斤；以每斗 15 斤计算，合计 508 石，可增加农民收益 9016 万元。[①] 足见，在本地小麦优良品种检定和推广中，甘肃各地农林场都做了大量的工作，也取得了良好的成绩。

1943 年后，甘肃省小麦选育与试验以引种省外优良品种为主。通过三年的试验，1945 年选出适宜本地生长的小麦品种 18 个。特别是引进品种中的武功 27、金大（即金陵大学）泾阳 129、蓝芒麦泾阳 302、泾阳 60、陕农 7 号等 6 个品种"较当地品种确有产量高，品质佳，成熟早，脱粒易"的优越性，但除泾阳 302 外，其他小麦与当地红筋麦比较，产量较低而且抗寒力差。[②] 1944 年后，甘肃的小麦试验与推广的重点是泾阳 302 麦。

泾阳 302 小麦是 1923 年由"金陵大学西北农事试验场在陕西渭南农田中选择之单穗"进行试验，截至 1936 年达 13 年之久。泾阳 302 麦的优点是："（1）茎干坚硬，不易倒伏。（2）成熟期早，产力均强。（3）抗寒力、抗霜力均强。（4）抗病虫害力大。（5）籽粒大面色白。（6）出粉率高。（7）受市场欢迎"。[③] 该小麦具备的这些优点，非常适合甘肃干旱、高寒地区种植。1942 年，农林部中央农林试验所与各省合作办理"优良麦种及当地小麦比较示范试验"。1943 年，甘肃农业改进所"征集国内外优良麦种于本所河西、洮泯、陇东、陇南各区农林试验场，分别举行区域试验，四年来之结果以泾阳 302 小麦在天水陇南区农林试验场试验之成效最显著，较当地品种不但年产高、品质佳，而且具有成熟早、病虫少、茎秆不倒伏及籽粒大等逐项优点。农民极为欢迎，在适应区域上，陇南除天水区场举行试验外，并分别于秦安、清

---

[①] 罗绪、郭世杰：《陇东冬小麦之检定与推广》，《农业通讯》1947 年第 5 期，第 23 页。
[②] 侯同文：《泾阳三〇二小麦在甘肃之适应与推广》，《农业通讯》1947 年第 2 期，第 27 页。
[③] 侯同文：《泾阳三〇二小麦在甘肃之适应与推广》，《农业通讯》1947 年第 2 期，第 28 页。

水、徽县、西河等县举行风土适应试验"。① 在各种对比试验中，泾阳302麦显示出优良品质。如1945年天水特约繁殖及示范结果，平均每亩产量为1.68市石，同时调查3个乡镇18户农家平坦肥沃的土地，种植其他小麦平均每亩产量1.42市石，低于302麦0.26市石；1944年，陇东冬季气候寒冷，"外来麦种均受冻害，唯泾阳302麦未受冻害"；1946年，甘肃小麦普遍发生锈病，但在天水推广的302麦"受病害较轻，每亩收量约为1.5市石，而当地青熟麦因遭锈病甚剧，每亩产量不及1.3市石"。② 清水农业推广所试验的小麦品种有15个，产量以"泾阳302麦居首位，每亩合321.9市斤，超出本地青熟麦、蚂蚱麦、火麦"；秦安试验302小麦"亦较当地品种生长为优"；徽县试验的结果"泾阳302麦除次于当地老旱麦外，较其他品种均优"。③ 这些均说明泾阳302麦具有产量高、抗病虫害和抗冻性能强的特点。泾阳302麦在甘肃各地试验产量比较统计如表2。

表2 泾阳302麦与本省优良冬麦三年试验产量比较表

| 品种名称 | 3年平均亩产量（斤） | 泾阳302麦超过各品种之产量 | | |
|---|---|---|---|---|
| | | 每亩斤数 | 每亩斗数 | 百分数 |
| 泾阳302麦 | 271.9 | | | |
| 镇原一长条 | 243.5 | 28.8 | 1.87 | 11.8% |
| 平凉红筋麦 | 241.5 | 30.0 | 2.00 | 12.4% |
| 天水青熟麦 | 220.8 | 58.7 | 3.38 | 26.6% |
| 泾川红齐麦 | 211.3 | 60.2 | 4.01 | 28.5% |
| 岷县蓝麦 | 200.4 | 71.1 | 4.74 | 35.5% |
| 镇原青蚂蚱 | 183.4 | 88.1 | 5.87 | 40.0% |
| 泾川白筋麦 | 182.4 | 89.1 | 5.94 | 48.8% |
| 平凉白忙麦 | 180.2 | 91.8 | 6.07 | 50.7% |
| 平凉红急麦 | 176.7 | 94.8 | 6.32 | 53.7% |
| 庆阳红忙麦 | 171.1 | 97.6 | 6.64 | 57.0% |
| 平凉360 | 169.1 | 102.4 | 6.83 | 60.6% |
| 宁县和尚头 | 157.6 | 103.9 | 6.73 | 65.9% |

资料来源：侯同文：《泾阳三〇二小麦在甘肃之适应与推广》，《农业通讯》1947年第2期，第28页

从表2来看，泾阳302小麦产量均高于各地原来小麦亩产量的10%—

---

① 侯同文：《泾阳三〇二小麦在甘肃之适应与推广》，《农业通讯》1947年第2期，第26页。
② 侯同文：《泾阳三〇二小麦在甘肃之适应与推广》，《农业通讯》1947年第2期，第30页。
③ 侯同文：《泾阳三〇二小麦在甘肃之适应与推广》，《农业通讯》1947年第2期，第27—28页。

39%，极具推广价值。为了推广泾阳 302 小麦，必须有一定数量的品种，甘肃农业推广所采取两种繁殖品种办法。一是由农林试验场自己繁殖。1944—1945 年，由陇南区农林试验场种植 90.96 市亩，用种量 9.2 市石，选种量 126 市石。二是特约农户繁殖。为扩大种植面积以便大量推广，1944 年秋季，甘肃农业推广所开始物色良种示范农家及特约农家举行示范栽培与繁殖，农业推广所与陇南农林试验场拟定推广繁殖办法，规定"一切须受农场及农业推广所之指导，农家所收获之麦，除自留种者外，陇南辅导区与中国农民银行得按市价加一成收买，作为推广材料"。① 表 3 是特约示范农家小麦繁殖数量统计表。

表 3　1944—1945 年度特约农家小麦繁殖数量统计表

| 类别 | 乡镇数 | 户数 | 繁殖面积（市亩） | 收获量（市石） | 自行留种（市石） | 拨给附近农家（市石） | 农行收购量（市石） | 其他用量（市石） |
|---|---|---|---|---|---|---|---|---|
| 特约繁殖农家 | 7 | 14 | 312.7 | 532.2 | 168.6 | 77.5 | 46.09 | 320.81 |
| 特约示范农家 | 7 | 42 | 42.0 | 72.7 | 36.6 | 26.6 | 4.20 | 5.50 |
| 合计 | 14 | 56 | 354.7 | 604.9 | 205.2 | 104.1 | 50.29 | 326.31 |

资料来源：侯同文：《泾阳三〇二小麦在甘肃之适应与推广》，《农业通讯》1947 年第 2 期，第 29 页

特约繁殖农家与示范农家涉及陇南 14 个乡镇，共种植泾阳 302 麦面积 354.7 亩，收获量为 604.9 市石。在两种繁殖办法中，特约农家是泾阳 302 麦的主要繁殖者。按照事先约定，除了自行留种外，79.8% 的品种或供给附近农家种植，或被中国农民银行收购，或用作推广。

泾阳 302 麦推广方法也有两种。一种是贷种。此种办法通过中国农民银行办理，即以实物贷款的形式把泾阳 302 麦种贷放给农民，次年麦收后加 1 成或加 2 成归还。1944 年，在 7 个乡镇 96 家农户，贷放籽种 35.47 市石，播种面积 354.7 市亩，收回籽种 39.02 市石。麦种由中国农民银行陇南分站及陕西泾阳购置，次年按加 1 成收回种息。1945 年，在 10 个乡镇 107 户农家，贷放籽种 68.84 市石，播种面积 688.4 市亩，收回籽种 86.05 市石。籽种由中国农民银行向陇南农林场和陇南分站购买，次年按二成收回种息。二是换

---

① 侯同文：《泾阳三〇二小麦在甘肃之适应与推广》，《农业通讯》1947 年第 2 期，第 28—29 页。

种。由农业推广所负责倡导农民向特约农家或示范农家换种,以普通小麦 1 市石 1 斗换泾阳 302 麦种 1 市石,同时"指导农民仿照办理民国三十四至三十五年(1945—1946)度约定特种农家以二分之一面积作为特约繁殖种子田,加工管理以备收获后供给农家换种,以达农业推广之目的"。据统计 1945 年陇南有 4 个乡镇换种 21.76 市石,播种面积 217.6 市亩,估计收获量为 326 市石。1944—1945 年,陇南区场推广 10 个乡镇,共计 834 户,播种面积 4501.9 市亩,以每亩平均收获 1.5 市石计算,可收获小麦 6752.85 市石。① 自 1943 年泾阳 302 在甘肃试验推广以来,至 1946 年共推广 1037 户,共计 5763 市亩。"按四年试验结果,平均泾阳 302 麦较当地农家良种,青熟麦每亩多 4.2 市斗。兹仅以多收 4 市斗计算,则四年来本品种在天水一带之实际增产,系为 2400 多市石,若于陇南各县大规模举行区域试验及扩大推广区域,则可达增产之目的,并实惠农民,借达促进农村经济繁荣之鹄的。"② 可见,在甘肃小麦优良品种试验与推广中,泾阳 302 麦具有广阔的前景,对推动农业生产和农村经济有很大的意义。

(二)推广植棉

抗战爆发后,除河南豫西、陕西关中外,我国其他主要棉田均被日本军队所占领,原棉供应急剧减少。就甘肃而言,棉花、棉布长期依赖于河南、陕西输入,此时颇感紧张,棉价飞涨,民衣维艰。据 1941 年全省户口统计,甘肃全省人口为 615.6 万人,以平均每人每年需要棉花 7.8 市斤(英国人托德估计数量),全省年需要棉花量为 53.58 万市担,但当时全省棉花产量不足 3 万市担,相差 50 多万市担。③ 因此,抗战时期,甘肃省政府在适宜棉花种植的地区引进和试验棉花品种,进行大面积推广。

1938 年,甘肃省农产改进所先后在天水、成县、徽县发放棉籽 1.7 万斤,种植 1300 多亩,每亩产棉可达 55 斤以上。次年,又于甘谷、武山等 10 县发放棉籽 4000 余斤,"令其试种,成绩尚佳"。该年陇南区有上好棉田

---

① 侯同文:《泾阳三〇二小麦在甘肃之适应与推广》,《农业通讯》1947 年第 2 期,第 30 页。
② 侯同文:《泾阳三〇二小麦在甘肃之适应与推广》,《农业通讯》1947 年第 2 期,第 26 页。
③ 刘渊浚:《甘肃省植棉推广问题之探讨》,《甘肃农推通讯》1942 年第 5 期,第 3 页。

1500余亩，总产量9万余斤。① 1939年，甘肃省农业改进所在皋兰区、陇南区、陇东区进行植棉试验，取得了成绩，如在皋兰试验的脱字棉、斯字棉、德字棉3种，"试验结果，以成熟较早之脱字棉生长最佳，每亩产量约皮棉35斤"；在天水等13个县发放棉籽17 000斤，"成绩较佳之棉田，天水约600亩，徽县约500亩，成县约200亩，平均每亩产棉可达55斤以上"。② 1940年，甘肃省在农业促进委员会、中国银行和合作委员会的努力下，"在陇东、陇南推广棉种8.3万余斤，植棉0.97万余亩"。③ 这次推广植棉面积地域虽广，但有的地方效果并不显著，如武山"试种结果，未获成棉一斤，故乡人十分疑惑，大部乃改种他物，棉田顿减"。④ 1941年3月，全国经济委员会与甘肃省政府建设厅会商，由双方共同投资，成立甘肃省棉业推广委员会，并邀请省农业改进所、合作事业管理局、四联办事处兰州分处等机关参加甘肃棉业推广事宜，分全省为河西、陇南、陇东三大推广区域，需要经费44万元，由全国经济委员会担任半数。在天水、泾川、徽县、成县、武都、靖远、灵台、张掖、临泽、高台等12个县区设立推广植棉办事处，共植棉6.5万亩。⑤ 1942年，甘肃植棉推广办法是在规定的各重要棉区，"分别设置特约示范棉田，依规定条件，选约适当棉农，从事栽培美棉示范及繁殖良种"。植棉推广以"集中人力、集中区域"为原则，选定天水、徽县、成县、武都、泾川、靖远为推广区域，直接发放棉种推广4119亩，指导棉农自留种推广18 984亩，共计23 103亩。⑥

甘肃推广的棉花品种有亚洲棉、美棉与非洲棉。如"皋兰、榆中等沿黄河各县，多植脱字棉，系由前甘肃省植棉推广指导所推广者。天水、秦安、陇南产棉各县，多脱字棉或退化洋棉。高台、临泽等县，为一矮形之亚洲棉。

---

① 陈通哉：《陇南物产志略》，《西北论衡》1942年第6期，第20页。
② 《农业改进所植棉工作报告》（1939年度），甘肃省政府建设厅编：《甘肃建设年刊》，兰州：甘肃省政府建设厅，1940年，第106页。
③ 《农业改进所植棉推广报告》（1940年度），甘肃省政府建设厅编：《甘肃省建设年刊》，兰州：甘肃省政府建设厅，1940年，第112—113页。
④ 统计组：《甘肃各县局物产初步调查》，《甘肃贸易季刊》1943年第5—6期合刊，第35页。
⑤ 黎小苏：《甘肃棉业概况》，《经济汇报》1943年第3期，第88—89页。
⑥ 刘犁青：《半年来甘肃农推工作掠影（上）》，《甘肃农推通讯》1942年创刊号，第11页。

至敦煌县种植之洋棉，系新疆吐鲁番输入，康县之洋棉系陕西输入。"① 河西以亚洲棉最占优势，东至民勤，西至敦煌，都有种植；非洲棉在金塔县有纯种植区，在安西、鼎新、敦煌等县与中棉混种；美洲棉是抗战时期引进，在金塔、安西郊区有种植。②

通过推广和种植，甘肃形成了河西、陇南、靖远等棉花主要产地。河西棉花主要产于敦煌、高台、张掖等县，据调查敦煌"棉花产于黑河中游，敦煌县城附近，此流域约占河西棉田之半数"，全县棉区共有5400亩，年产棉花52.1万斤。高台"棉花产于城周附近及四维乡"，年产50万斤，在河西各县棉产中处于第二位。张掖年产12万斤，临泽年产14.4万斤，金塔年产19.5万斤。陇南棉花主要产于武都、成县、天水、两当等地，如武都"棉花生产，不但在甘南首屈一指，即在全省亦有相当地位，棉田约21 000市亩，每年可产棉800 000市斤，纤维细长，光泽洁白，多脱字棉和斯字棉，品质不亚于陕棉"；成县在抗战时期棉花种植普及全县，1942年统计棉田9600亩，年产棉花28.8万斤；另外，天水年产49万斤，徽县年产18.8万斤，两当年产10万斤，文县年产5万斤，西和年产3万斤，康县年产1.5万市斤。陇东也有棉花出产，但数量比较少，如崇信棉田约120亩，产额2400斤；灵台植棉700亩，产额1.4万斤。③ 又据民国《靖远县志》记载年种植棉花1.6万亩，产棉50万斤。④ 又据甘肃省贸易公司、甘肃省农业改进所全省对28县植棉调查，植棉面积17.7万亩，年产棉花422.3万斤，"棉田数目，以敦煌为最大，武都、高台、天水、靖远、金塔、临泽、成县、徽县、泾川等县亦属可观。"⑤ 抗战时期甘肃棉花产量有所增加，1943年是6.5万市担，1944年为5.3万市担，1945年为6.7万市担。⑥ 尽管所产棉花距离需求尚远，但甘肃棉花引进、试验和推广所取得的成绩应当得到肯定。

---

① 农林部棉产改进咨询委员会：《中国棉产统计》，1947年，第15页。
② 俞启葆：《河西植棉考察记（二）》，《农业推广通讯》1940年第10期，第20页。
③ 统计组：《甘肃各县局物产初步调查》，《甘肃贸易季刊》1943年第5—6期合刊，第30、23、85、92、39、90、47、63页。
④ 范振绪：《靖远县新志》第4编《农业略》；李金财，白天星，张美泉总校注：《靖远旧志集校》，兰州：甘肃文化出版社，2004年。
⑤ 王兴荣：《甘肃的棉麻生产》，《甘肃贸易季刊》1943年第5—6期合刊。
⑥ 许道夫：《中国近代农业生产及贸易统计资料》，上海：上海人民出版社，1983年，第208页

## (三) 改良砂田

砂田是甘肃中部干旱地区使用比较多的一种农业技术。[①] 从学理上看，砂田对农业耕作的意义是："(1) 凡土层上面铺有砂粒之田，虽受烈风酷日之吹晒，而土壤水分永可保存；盖地面砂有疏松碎砂一层，破坏黄壤之毛细管，阻止土壤水分之蒸发，作物赖以滋养，繁殖蓬勃。故压砂可以抗旱，以济雨量之不足，并可调剂其不匀。(2) 压砂之田吸热极易，能接收日光之温度，介入土中，增高地底之温度，有改良气候之功效，故寒冷之地一经铺砂，诸物可植矣。(3) 甘肃土壤带有碱性，危害作物……压砂制止碱盐之上升，在同一地带（皋兰古城川），土壤里层之可溶性盐类砂田与水田相差20多倍，（砂田土壤之可溶性盐类总量为0.095%，计氯化钠0.042%，碳酸钠0.013%，硫酸钠0.040%；水田土壤可溶性盐类总量为0.220%，氯化钠0.098%，硫酸钠0.122%），故砂田有解消土壤碱性之力。(4) 压砂之田，土层湿润，不因霪雨而地表板滞，虽甘肃省秋雨连绵，无补农时，但因地面压有砂石，雨滴注入土内，固为封存，以备不时之需，故一经播种，发育早而且速。(5) 农田能保持肥分不至流失，且能稳固作物根茎，加强抵抗风灾力。(6) 压砂之田，少生杂草。"[②] 即土地铺砂有保墒、保热、保肥、抗碱、抗风等作用。据言"砂田蓄水力特强，得一次足雨来年即可丰收，如明春能再得雨一二次，则麦产每亩可得二市石之多"。[③] 铺砂的砂粒是有选择性的，

---

[①] 据张波等人考证，砂田起源与明朝中期，距今大约四五百年的历史（张波：《不可斋农史文集》，西安：陕西人民出版社，1997年，第173页）。又据记载，康熙年间，"甘省大旱，赤地千里，草木具枯，偶有田鼠做穴土中，带出砂石，滩于地面，而此砂之上，竟有绿色作物生长，引起农民之注意，乃试为仿行，竟有成效。嗣复经改良，遂渐次推广。"（张宗汉：《甘肃中部之砂田》，南京：中国农业银行土地金融处，1947年，第9页）尽管属于传言，但自康熙以来，砂田逐渐成为黄河上游河谷从事干旱农业耕作的一种技术，使一些不毛之地可以开垦为农田，"兰州北山秦王川，昔称五谷不生者，近则产粮最多，省会民食取给于此"。（左宗棠：《左宗棠全集·书信三》第12册，上海：上海书店，1986年，第610页）同光年间，左宗棠镇压回民反清斗争后，在恢复和重建甘肃农村经济的过程中，提倡仿照兰州北山秦王川方法推广砂田，"贷出协饷库银，令民旱地铺砂，改良土地。于是各地流行，成为甘肃特有之砂田。盛行于皋兰、景泰、永靖、永登、洮沙、靖远等县。利用荒滩僻壤，铺砂耕种。化不毛之地，成为良田。"（秦翰才：《左文襄公在西北》，上海：商务印书馆，1947年，第195页）

[②] 魏宝珪：《甘肃之碱地铺砂》，《中农月刊》1943年第2期，第67页。

[③] 章元羲：《陕甘青等省保水保土及水利视察报告》，南京：中国历史第二档案馆，案卷号：277/56/(2)。

甘肃农民对如何选择砂粒积累了比较丰富的经验。"他们看了附近的山势和河流的情形，可以判断以往的山沟和河道的流向，和所挟带砂砾应冲击在什么地方，以及品质的好坏，一经挖取出来都不大错"。取砂的地方可分为3种，一是山砂，是从山根内挖取的砂粒。二是河砂，是从河边滩地挖取的砂砾。三是井砂，是从平地向下挖取的砂粒。① 砂田是黄河上游干旱区比较成熟的一种农业技术。但砂田是有一定的使用年限，"水砂田的寿命不到六年，旱砂田不到二十年"即必须要重新铺砂，故甘肃砂田地区有"苦死爷爷，富死儿子，穷死孙子"的农谚。② 也就是说祖父一辈辛辛苦苦铺砂，儿子坐享其成，孙子时代砂田已经老化。

　　1935 年，中国农民银行兰州分行成立后，农行组织相关人员对砂田进行调查，主要分布在皋兰、景泰、永登、永靖、榆中、靖远等县，共约 80 余万亩，其中皋兰最多达 24.6 万余亩，约占 1/3。③ 在另一调查中，甘肃砂田分布在兰州、皋兰、榆中、靖远、景泰、永登、永靖、临夏、会宁、海源、固原、湟惠渠特种乡等地，砂田在有的县份农田中所占比例很高，如皋兰占 22.5%，永登占 14.4%，景泰占 26.1%，靖远占 4.1%。④ 按照砂田的使用寿命，光绪初年改良的砂田⑤到 20 世纪二三十年代已有五六十年，砂田已经老化。如 1934 年调查，甘肃"原有砂田荒废半数"⑥，省城附近中山村合作社"社员数百人，全赖砂田为生，而砂田衰老之程度"占75% 以上。⑦ 砂田的老化程度已经十分严重。究其原因：一是自北洋政府以来，尤其国民军入甘后，苛捐杂税繁重，导致农村经济破产。二是社会

---

①　李清堂：《西北的砂田》，《水利委员会季刊》1946 年第 2 期，第 56 页。
②　王达文：《甘肃省农产畜牧概况》，《国际贸易导报》1936 年第 12 号，第 165 页。这句农谚还有一个版本是："父劳死，子饱死，孙饿死"，即砂田是"十年经营，十年收获，再十年则地力尽矣"。（范揖唐：《甘肃耕田与肥料调查》，《西北论衡》1941 年第 4 期，第 49 页）
③　孙友农：《甘肃砂田之研究》，《中国农民银行月刊》1936 年第 2 期。
④　张宗汉：《甘肃中部之砂田》，南京：中国农业银行土地金融处，1947 年，第 10 页。
⑤　光绪年间，左宗棠镇压回民反清斗争后，恢复和重建甘肃农村经济时，"贷出协饷库银，令民旱地铺砂，改良土地。于是各地流行，成为甘肃特有之砂田。盛行于皋兰、景泰、永靖、永登、洮沙、靖远等县。利用荒滩僻壤，铺砂耕种。化不毛之地，成为良田。"（秦翰才：《左文襄公在西北》，上海：商务印书馆，1947 年，第 195 页）
⑥　汤惠荪、雷男、董涵荣：《甘肃省农业调查》，《资源委员会季刊》1942 年第 2 期，第 155 页。
⑦　孙友农：《甘肃砂田之研究》，《地政月刊》1936 年第 1 期，第 91 页。

动荡不安，农民不能安居乐业。三是砂田改良成本高，"更换新砂需成本浩大，农民本身无能力。"① 一些有识之士提出了投资改良砂田的办法，但没有落实。

抗战时期，在中国农民银行的支持下，甘肃省对老化砂田进行改良。1942年冬季，中国农民银行开始举办土地改良铺砂放款，协助"皋兰一带农民铺换新砂四千余亩，贷数二百万元，甚为农民所欢迎，于民国三十二年（1943）度更扩大之兰州、靖远、洮沙等县市，贷数总额达一千余万元，迨本年度（1944年——引者注）开始更增加为三千三百万元，区域亦扩大至兰州、皋兰、榆中、永登、靖远、景泰、临洮、洮沙、永靖等九县市，计截至七月底止已贷出二千余万元，铺成新砂地二万余亩。"② 甘肃铺砂贷款工作进行了4年（截至1945年6月）。举办的具体情形如下：（1）放款区域。主要集中在甘肃中部干旱少雨，有砂田传统的皋兰、靖远、榆中、永登、临洮、洮沙、景泰、兰州市及湟惠渠特种乡公所等地。（2）放款对象。以农民组织的信用合作社为对象，申请贷款的农民为参加合作社的社员。（3）贷款办法。凡申请贷款的社员，"须以改良之土地，交由合作社为向农行申请贷款之抵押担保"，银行向社员发放贷款的条件是："①借款社员须为忠实勤恳并无不良嗜好之自耕农民。②为顾及农民之资金及劳力供应起见，每位社员每次最多得申请改良土地五市亩。经调查属实，始行贷放，并派员监察各社分别贷给各社员。"放款期限为2—3年，以分年平均等额的办法归还贷款，不同年份利息分别是：1942年月息8厘，1943年月息1分，1944年月息2分5厘。（4）放款数量。由于抗战时期通货膨胀，法币贬值，不同年份每亩放款数量不同，1942年每亩400元；1943年上半年800元，下半年1200元；1944年上半年1600元，下半年2000元；1945年上半年2500—3000元。各年贷款总额为：1942年114 750元，1943年10 317 468元，1944年39 426 834元，1945年76 913 551元。从1942年冬季至1945年6月，砂田改良共举办4年，改良土地46 781.54亩。各县砂田改良亩数如表4。

---

① 汤惠荪、雷男、董涵荣：《甘肃省农业调查》，《资源委员会季刊》1942年第2期，第155页。

② 张华民：《二年来之甘肃土地金融业务》，《甘肃地政》1944年第3期，第19页。

表4  1945年甘肃各县贷款铺砂统计表

| 县份 | 土地信用合作社数 | 社员数 | 铺砂改良土地亩数（市亩） | 贷款金额（元） |
| --- | --- | --- | --- | --- |
| 皋兰 | 99 | 3428 | 17 624.31 | 24 753 811.00 |
| 靖远 | 77 | 3089 | 14 416.50 | 25 917 000.00 |
| 榆中 | 24 | 799 | 4 796.30 | 10 787 100.00 |
| 永登 | 27 | 587 | 2 613.30 | 3 409 800.00 |
| 洮沙 | 21 | 538 | 1 689.00 | 2 798 000.00 |
| 永靖 | 12 | 264 | 1 080.00 | 2 095 200.00 |
| 景泰 | 15 | 403 | 2 595.00 | 4 154 600.00 |
| 临洮 | 8 | 384 | 1 124.74 | 1 325 800.00 |
| 兰州市 | 4 | 232 | 682.39 | 1 192 240.00 |
| 湟惠渠特种乡 | 1 | 88 | 160.00 | 480 000.00 |
| 合计 | 288 | 9 812 | 46 781.54 | 76 913 551.00 |

资料来源：张宗汉：《甘肃中部之砂田》，南京：中国农民银行土地金融处，1947年，第34、39页

从表4看，1945年中国农民银行在甘肃10个行政区组建了288个土地改良信用合作社，参加社员9812人，贷款7691.3万元，共计改良土地4.68万亩。根据当时调查，有83个社2489名社员将第一次借款偿清后，续贷第二次借款；有6个社227名社员还清两次借款，已借第三次贷款。合计放款次数累计377个社，社员14 579人次。以此计算，每亩平均放款1744.08元，每社每次贷放204 014.73元，每个社员平均贷放5275.63元，每个社员平均铺砂亩数3.208市亩。[①]

（四）病虫害防治

防治农作物病虫害是抗战时期农业改良和增加粮食生产的主要内容。甘肃常见的农作物病虫害主要有：小麦、高粱、糜子、大麦、燕麦、玉米等的黑穗病，小麦黄锈病、麦秆蝇、小麦、豌豆、水稻的麦象虫等，棉花角斑病、炭疽病、枯萎病、棉蚜虫等，马铃薯疫病；园艺作物病虫害有黄筋菜虫、猿叶虫、鹅绒金龟子、瓜守、豆金龟子、梨虫、栗色金龟子、跛虫、蝼蛄、苹果巢虫、卷叶虫等。这些病虫害对农作物威胁很大，一旦发生病虫害，最直

---

① 张宗汉：《甘肃中部之砂田》，南京：中国农民银行土地金融处，1947年，第33—40页。

接的后果是导致农作物减产。如小麦一旦患有黑穗病，轻则叶发黄，重则全部枯死，受害麦株90%以上不抽穗，即便有穗也呈畸形。黑穗病是甘肃主要病害，一旦发生必然导致农业减产。据本省粮食委员会估计，麦类的黑穗病使每年的麦产量损失平均在22%以上。① 据当时临洮农校调查，黑穗病导致该县小麦平均年损失达20%。② 1941年全省14县发生黑穗病，平均损失17%，折合法币1亿5千万元。③ 抗战期间，天水、徽县、成县、平凉、泾川等地发生豆象虫害，导致豌豆减产50%左右；甘谷麦蛾虫导致小麦减产70%；漳县麦秆蝇侵害麦苗，受灾重者损失60%以上。④

1939年，甘肃省农业推广所投资经费12万元，在陇南进行了蚜虫的防治，取得较好的效果。⑤ 因小麦黑穗病危害最大，故1941年甘肃把防治黑穗病当做粮食增产的中心工作，选择14个县作为重点，自6月1日开始到7月1日结束，根据工作报告，取得的成效如表5。

表5 1941年甘肃防治小麦病虫害统计表

| 项目<br>县份 | 实际防治亩数（亩） |  |  |  | 实际减少损失<br>（市担） |
| --- | --- | --- | --- | --- | --- |
|  | 小麦 | 大麦 | 燕麦 | 合计 |  |
| 皋兰 | 6710 | 2620 | — | 9330 | 462 |
| 榆中 | 385 500 | 82 500 | — | 468 000 | 23 400 |
| 定西 | 305 278 | 41 205 | 7420 | 353 903 | 23 295 |
| 永登 | 165 000 | 3500 | — | 168 500 | 8425 |
| 张掖 | 128 551 | 31 163 | — | 159 714 | 7985 |
| 武威 | 273 433 | — | — | 273 433 | 13 622 |
| 平凉 | 2013 | 44 552 | 31 613 | 78 178 | 2815 |
| 泾川 | 26 080 | 5590 | — | 31 670 | 1584 |
| 天水 | 3221 | 779 | — | 4000 | 200 |
| 秦安 | 36 812 | 357 | 2960 | 40 129 | 2006 |

---

① 李清堂：《西北的砂田》，《水利委员会季刊》1946年第2期，第55页。
② 李茂：《陇南农作物病虫害调查报告》，甘肃省政府建设厅编：《甘肃建设年刊》，兰州：甘肃省政府建设厅，1940年，第118页。
③ 刘犁青：《半年来甘肃农推工作掠影（上）》，《甘肃农推通讯》1942年创刊号，第12页。
④ 郭海峰：《甘肃省粮食作物之四种重要害虫及其防治方法》，《甘肃农推通讯》1942年第3期，第5页。
⑤ 《农业改进所陇南治蚜报告》，甘肃省政府建设厅编：《甘肃建设年刊》，兰州：甘肃省政府建设厅，1940年，第115—116页。

续表

| 县份\项目 | 实际防治亩数（亩） |  |  |  | 实际减少损失（市担） |
|---|---|---|---|---|---|
|  | 小麦 | 大麦 | 燕麦 | 合计 |  |
| 徽县 | 58 552 | 1680 | — | 60 232 | 3012 |
| 洮沙 | 60 955 | 15 105 | 5941 | 82 001 | 4100 |
| 临洮 | 452 363 | 182 550 | 7809 | 642 722 | 31 186 |
| 岷县 | 308 082 | 6095 | — | 314 177 | 15 708 |
| 合计 | 2 212 550 | 417 696 | 55 743 | 2 685 989 | 137 800 |

资料来源：王新之：《甘肃粮食产销之研究》，《粮政季刊》1947年第4期，第112—114页

1941年，甘肃防治黑穗病268.6万余亩，以平均减少麦产损失5%、本省常年平均产量1市担计算，被防治的14县共可减少粮食损失137800市担。但时人认为："这次拔出黑穗病实未达到增产的目的，最大的效果是使农民知道了黑穗病的名词，或是他们对黑穗病之为害多一层认识"。[1] 尽管通过防治病虫害未必能达到目的，但增进了农民对病害的认识。

1942年，甘肃省以防治黑穗病为主要工作，以兰州、皋兰、岷县、天水、临洮、张掖、平凉、徽县、泾川、榆中、靖远11县市为重点防治区域。在当时的技术条件下，防治的办法有两种：一是教农民"实施温汤浸种与碳酸铜拌种"。二是技术人员到田间动员农民"拔穗选种，拔穗防治散黑穗，选种防治腥黑穗"。[2] 平凉秋季作物高粱、燕麦、大麦的主要病害为黑穗病，其次是高粱絮黑穗病，预防黑穗病20万亩，"以拔穗、选种为主要防治方法"。[3] 为防治小麦黑穗病，张掖增粮指导团选择54户农家作为示范户，158亩示范田，通过"碳酸铜拌种"的方法防治黑穗病，试验的结果小麦发病率降低到8.9%，比1941年减少近20%。[4] 1942年，泾川县防治病虫害取得了如下成效：(1)拔除大麦坚黑穗。1942年4月，农业推广人员在泾川一个庙会上拿着大麦坚黑穗让赶庙会的农民看，使农民知道什么是大麦坚黑穗及其危害。经过宣传"农民均能自动去拔除，共焚烧了三千余穗"。(2)防止小麦旱杆蝇。1942年5月中旬，该县阮陵乡发生了旱杆蝇，农业推广人员前去宣

---

[1] 王新之《甘肃粮食产销之研究》，《粮政季刊》1947年第4期，第117页。
[2] 刘犁青：《半年来甘肃农推工作掠影（上）》，《甘肃农推通讯》1942年创刊号，第12页。
[3] 高文耀：《平凉农业推广工作的开展》，《甘肃农推通讯》1942年第2期，第9页。
[4] 张掖增粮指导团：《碳酸铜粉拌种效果报告》，《甘肃农推通讯》1942年第4期。

传，动员农民拔除 500 亩，焚毁 5 万株，使其危害程都降低到 1%—2.5%。(3) 防止豌豆象虫。(4) 拔除高粱黑穗。由于 1942 年雨水不调，泾川高粱黑穗病达 6.6%—30%，最严重的每亩要拔除 200 余株，从 6 月下旬到 7 月，集中全部精力指导农民防治该病害。① 临洮县玉井等乡镇 98 户农家的 2000 余亩麦田，经防治后，每亩比往年平均增收小麦 0.15—0.2 市斗。另有 55 户农家的 110.5 亩大麦防治竖黑穗，每亩平均增收 0.17 市斗。② 据统计，1942 年全省防治麦病 200 万亩，防治高粱、小米、糜子等黑穗病 84 万亩。农技人员在防治病虫害方面发挥了应有的作用，被农民亲切地称呼为"麦病先生"。农民赞扬他们说："麦病先生到咱家，不吸烟来不喝茶，下田寻着麦灰穗，口口声声喊着拔"。③

《甘肃农推通讯》发表一些防治农作物病虫害的知识、经验和预防的文章，普及防治农作物病虫害知识。1942 年 8 月出版的《甘肃农推通讯》第 1 卷第 2 期发表了《作物害虫之普通防治方法》，介绍了 11 种方法：(1) 保护并利用天敌侵杀害虫。(2) 勤于田间耕锄、除草、清洁、冬耕等，使害虫减少潜伏的机会。(3) 灌水泡田以溺死土中和作物根部的害虫。(4) 应用遮蔽法以隔绝害虫的聚集，如纸套、笼束果实，以胶质物涂在树干下部阻止害虫爬攀等。(5) 徒手或利用器械扑打害虫。(6) 寻找害虫群集的地方用火烧杀。(7) 在树干周围用草束诱杀越冬的害虫，或刮除果树粗裂外皮，减少害虫越冬潜伏机会。(8) 利用害虫的习性，分别施以光、色、食物、作物、气味或声音引诱害虫，以扑杀害虫。(9) 采用药剂喷洒以窒息或毒杀害虫。(10) 利用日光曝晒收获物（如储粮），使其充分晒干，以防侵入或生虫。(11) 修建合理仓库，进行科学管理，以防潮、防热、放害虫和防雀、防鼠等。④ 有的以信箱的形式问答，如该期到第 1 卷第 2 期的《答复洋芋疫病防治法》、《答复豆象防治法》；第 1 卷第 5 期的《小麦黄锈病防治法——答临洮孙威君》、《栗春橡之防治方法——答靖远增粮指导团》等。这些都有利于防治农作物病

---

① 张清海：《半年来的泾川农业推广》，《甘肃农推通讯》1942 年第 4 期，第 14—15 页。
② 匡时：《农推活动点滴》，《甘肃农推通讯》1942 年第 4 期，第 15 页。
③ 刘犁青：《半年来甘肃农推工作掠影（上）》，《甘肃农推通讯》1942 年创刊号，第 12 页。
④ 郭海峰：《作物害虫之普通防治方法》，《甘肃农推通讯》1942 年第 2 期，第 7 页。

虫害知识的普及。

(五) 推广肥料

农作物生长所需要的养分大部分取之于土壤,只要作物栽培一次土壤里的养分就会消耗一部分,地力也随之减退。因此,如何恢复地力,是进行农业再生产的主要问题。传统农业经营者,恢复地力的方法有两种:一是采取休闲办法以恢复地力,一是给土地补充肥料以增强土地生产能力。土地利用程度,除了受环境因素影响外,肥料的应用成为主要因素之一。

甘肃传统的肥料主要包括土粪、厩肥、人粪饼、油渣、毛渣、野灰(草木灰)等。每年栽培农作物面积3937.9万亩,保证农作物生长所需要的肥料三要素需要量是:氮肥26 697.9万市斤,磷肥23 539.1万斤,钾肥26 170.7万斤,本省肥料来源主要来源于粪便和植物如油菜粕、亚麻粕、棉籽粕等,每年可出产之肥料三要素量及所含有三要素的成分推算估计:约为氮肥(N) 18 820万市斤,磷肥($P_2O_5$) 5540多万市斤,加里($K_2O$) 13 180。[①] 肥料实际产量与农业生产的需要量相比,肥料缺口较大,每年缺氮肥为7877.9万市斤,占需要量的29.5%;磷肥17 999.1余万市斤,占需要量的76.5%;钾肥12 990.7余万市斤,占需要量的49.6%。有关研究表明,甘肃农田每亩作物仅有肥料37.1斤,购进肥料每亩仅有0.02元,仅及中国北部省份平均数的1/5。[②] 说明肥料的缺口十分巨大,投入也不足。

造成肥料缺乏的原因主要在于两个方面:一是燃料缺乏,大量可以做肥料的原料用作燃料,导致肥料减少。如甘肃"除森林地区外,普遍缺乏薪炭,燃料不足,又加冬季寒冷的时间较长,燃料的需要加多,因此凡可以做燃料的,均用作燃料,杂草、落叶、田禾蒿杆,以及马、骡、驴等之畜粪,都做煮饭、煨炕之用,而夺取优良有机肥料的来源"。[③] 养羊的地方,有大量的羊粪,羊牧放时可供选择吃的饲草很多,其粪含有肥料的各种元素很多,是质

---

① 侯同文:《甘肃农田肥料改进的商榷》,《新甘肃》1947年第1期,第48页。
② 李中舒:《甘肃农村经济之研究》,中央训练委员会西北问题研究室编:《西北问题论丛》第3辑,1943年,第33页。
③ 侯同文:《甘肃农田肥料改进的商榷》,《新甘肃》1947年第1期,第52页。

量较高的农家肥。但"在燃料甚感缺乏之农村,则用作燃料,以便煮饭或煨烙(炕)取暖,使用纯粹之羊粪于田间者,通常甚少。"① 燃料缺乏,使农家将大量可做肥料的原料用作燃料,导致肥料减少。二是农业耕作的粗放经营,农家很少注意肥料收集和储藏的习惯。如河西农家不讲求厩肥的贮藏,堆肥的利用②;由于农家不知如何利用、使用和储藏肥料,严重地影响了土地利用和土地生产力,正如时人所言:甘肃"可垦而未垦之荒地,迄未开垦利用,其缘故不只一端,但肥料问题,恐占大部成分。农家已耕之地,常以肥料不足,地力衰退,施行轮流休闲,甚或放弃,对于土地面积之不能充分利用而增加生产,使地尽其利,实因肥料缺乏之所致。"③

抗战时期,为了增加粮食生产,政府开始倡导和制造肥料,进行肥料的推广和使用。甘肃省颁布的《甘肃省各县推广冬耕实施办法草案》中规定:"凡地力瘠薄,肥料缺乏,须一律督饬种植绿肥,代替空白休闲"。④ 根据以上规定,各县农业推广所"指导农家,自制堆肥,种植绿肥,购用枯饼、骨粉,增施肥料,以增加食粮食产。"⑤ 1942年,平凉农业推广所曾试制骨粉,以便在农家推广⑥;徽县农业推广所"指导利用稻田休闲地,种植苜蓿、黑豌豆,备作来年绿肥";榆中推广所指导农民在"冬耕之际,将八月份种植之苜蓿耕翻土内,以增地力";张掖推广所"于各乡设置绿肥特约农户十户,经常指导,以资提倡"。⑦ 1947年,皋兰等5个推广所指导农家利用杂草、禾干制造堆肥4765市担,大约可施2500市亩耕地;并划定天水、张掖、徽县为绿肥示范推广区,3个县参加示范的农户有39户,种植绿肥作物103亩。⑧

---

① 陈希平:《甘肃之农业》,中央训练委员会西北问题研究室编:《西北问题论丛》第3辑,1943年,第311页。
② 李廓清:《甘肃河西农村经济之研究》,萧铮主编:《民国二十年代中国大陆土地问题资料》,台北:成文出版社,1977年,第26430页。
③ 侯同文:《甘肃农田肥料改进的商榷》,《新甘肃》1947年第1期,第47页。
④ 《甘肃省各县推广冬耕实施办法草案》,《甘肃农推通讯》1942年第5期,第17页。
⑤ 李中舒:《甘肃农村经济之研究》,中央训练委员会西北问题研究室编:《西北问题论丛》第3辑,1943年,第101页。
⑥ 高文耀:《平凉农业推广工作的开展》,《甘肃农推通讯》1942年创刊号,第14页。
⑦ 匡时:《推广活动点滴》,《甘肃农推通讯》1942年第5期,第13—14页。
⑧ 张桂海:《一年来之甘肃农业改进工作述要》,《新甘肃》1948年第2期,第73页。

农林部在天水进行的水土保持试验中，也进行了绿肥的试验，其方法是："种植绿肥在夏季多雨季节，可做地面覆被物以减少风雨之侵蚀而免水土流失，翻压后可使土壤多孔松，并易使雨水渗透入土。西北一带肥料缺乏，如能广种绿肥作物，肥料问题亦得解决。本项试验，冀求得适宜于天水之绿肥作物，以作推广之用"。① 这项试验既有利于水土保持，又可以增加肥料。从上述资料来看，黄河上游各地农事试验场、农业推广所等积极倡导试制各种传统肥料，尚无化学肥料的引进和制造。即使传统肥料，大部分尚处于提倡和推广阶段，并没有完全被农家所接受。因此，抗战时期甘肃省的肥料推广，只是一个开端。

## 三、农业改良的绩效问题

农业改良与推广的最终目的是要增加粮食生产。因此，农业改良与推广的绩效如何，最终还是要落实在农业生产的发展与否的问题上。抗战时期甘肃粮食生产水平如何？与抗战前相比是增加还是减少，是思考农业改良绩效的一个重要因素。具体情况详见表6。

表6 1916—1945年甘肃主要粮食作物产量统计表　　　（单位：千市石）

| 年份 | 小麦 | 玉米 | 大麦 | 高粱 | 谷子 | 糜子 | 水稻 | 燕麦 | 蚕豆 | 豌豆 | 合计 | 指数1 | 指数2 |
|---|---|---|---|---|---|---|---|---|---|---|---|---|---|
| 1916 | 4976 | 684 | 420 | 402 | — | 399 | 523 | 718 | 970 | — | 9092 | 100.0 | — |
| 1932 | 5744 | 1310 | 815 | 1411 | 3863 | 3963 | 143 | 731 | 208 | 1163 | 19 351 | 212.8 | 100.0 |
| 1933 | 5799 | 3099 | 894 | 2195 | 4497 | 5062 | 169 | 831 | 229 | 809 | 23 584 | 259.4 | 121.9 |
| 1934 | 9761 | 2487 | 1586 | 2534 | 3985 | 4721 | 131 | 685 | 173 | 1236 | 27 299 | 300.3 | 141.1 |
| 1935 | 8918 | 3015 | 1740 | 2706 | 4426 | 4833 | 132 | 678 | 223 | 1444 | 28 115 | 309.2 | 145.3 |
| 1936 | 7887 | 3079 | 2006 | 2484 | 4327 | 5505 | 130 | 504 | 441 | 1591 | 27 954 | 307.5 | 144.5 |
| 1937 | 8328 | 2706 | 1939 | 1989 | 3297 | 4517 | 135 | 674 | 434 | 1465 | 25 484 | 280.3 | 131.7 |
| 1938 | 10 331 | 3039 | 1823 | 2583 | 3667 | 5419 | 146 | 724 | 520 | 1539 | 29 791 | 327.7 | 154.0 |

---

① 甘肃天水农林部水土保持实验区：《三年来之天水水土保持实验区》，天水：甘肃天水农林部水土保持实验区，1946年，第6页。

续表

| 年份 | 小麦 | 玉米 | 大麦 | 高粱 | 谷子 | 糜子 | 水稻 | 燕麦 | 蚕豆 | 豌豆 | 合计 | 指数1 | 指数2 |
|---|---|---|---|---|---|---|---|---|---|---|---|---|---|
| 1942 | 9077 | 2889 | 1922 | 1980 | 2888 | 5348 | 170 | 601 | 430 | 1264 | 26 569 | 292.5 | 137.3 |
| 1944 | 10 830 | 3217 | 1988 | 2062 | 3072 | 5262 | 170 | 714 | 417 | 1162 | 28 894 | 317.8 | 149.3 |
| 1945 | 7580 | 2292 | 1282 | 1502 | 2263 | 4808 | 178 | 465 | 271 | 769 | 21 410 | 235.5 | 110.6 |

注：1.1916年产量中蚕豆970千市担指的是豆类的产量。

2. 在许道夫的统计中，1939年至1941年缺玉米、水稻、燕麦的产量；1943年产缺大麦、燕麦、蚕豆、豌豆的产量。故将上述年份未列入表内

资料来源：1916年总产量数据来源于农商部总务厅统计科编：《中华民国五年第五次农商统计》，上海：中华书局，1919年，第44—58页。其余年份总产量数据来自许道夫：《中国近代农业生产及贸易统计资料》，上海：上海人民出版社，1983年，第66—69页；1934—1938年产量，见国民政府主计处统计局：《中华民国统计提要》，1940年，第35—44页；1932年水稻、豌豆、蚕豆、燕麦的产量，见宋仲福主编：《西北通史》第5卷，兰州：兰州大学出版社，2005年，第322页。指数为笔者所加，指数1以1916年为100，指数2以1932年为100进行计算

通过表6指数1看出，20世纪30—40年代，甘肃粮食生产总量超过了1916年的水平。指数2说明，1932—1945年，甘肃的粮食产量有增有减，但总趋势呈上升状态，1938年与1944年的粮食产量超过了抗战前的总产量。1941年至1943年是北方发生灾害比较频繁的时期，甘肃1941年受灾47县，1942年和1943年受灾均为57县[1]，粮食有比较大的减产，但还是超过20世纪30年代早期的产量。就人均粮食产量而言，1916年，全省粮食总产量909.2万石，马铃薯283.4万市担，共计1192.6万市担，折合共计133 315.3万市斤。[2] 以1912年甘肃499万人口计算[3]，人均粮食产量为267.2市斤。在1938年的调查中，人均粮食生产量为761.2斤；在1943年至1944年调查的粮食总量中，以1944年甘肃有655.4万人口计算，人均生产粮食597.4市斤。也就是说20世纪30年代初至抗战时期，甘肃粮食总产量和人均粮食产量已远远超过民国初年的水平。抗战时期，甘肃粮食产量增加的因素比较多，但至少应当承认，农业改良与推广是其原因之一。

黄河谷地的土地含碱较大，砂田改良后，使一些不毛之地变成粮食生产

---

[1] 甘肃省政府：《甘肃省政府三年来重要工作报告》，兰州：甘肃省政府，1944年，第51页。

[2] 市石与市斤之间换算关系是：水稻1石=108市斤；玉米、小米、高粱、黍子、糜子1石=150市斤；小麦、大麦1石=115市斤；豆类1石=154市斤（见许道夫《中国近代农业生产及贸易统计资料》，上海：上海人民出版社，1983年，第344页），马铃薯按照100市斤为1市石计算。下文市斤、市石的折合都是按照上述计算方法换算的。

[3] 侯杨方：《中国人口史》第6卷，上海：复旦大学出版社，2001年，第134页。

肥沃的土地。其效果主要表现在两个方面，第一，土地铺砂后，土地收益有所增加。据言"砂田蓄水力特强，得一次足雨来年即可丰收，如明春能再得雨一二次，则麦产每亩可得二市石之多"。① 表7是甘肃各县市铺砂作物面积统计表。

**表7　甘肃各县市贷款铺砂土地作物面积统计表（截至1945年6月）**

| 作物 | 小麦（市亩） | 西瓜（市亩） | 棉花（市亩） | 蔬菜（市亩） | 合计（市亩） |
| --- | --- | --- | --- | --- | --- |
| 兰州市 | — | 341.19 |  | 341.19 | 682.38 |
| 皋兰 | 8812.15 | 4406.08 | 4406.08 | — | 17 624.31 |
| 靖远 | 4324.95 | 2883.30 | 7208.25 |  | 14 416.50 |
| 洮沙 | 1689.00 | — |  |  | 1689.00 |
| 临洮 |  | 663.00 |  | 662.00 | 1325.00 |
| 永登 | 2613.30 |  |  |  | 2613.30 |
| 榆中 | 2398.15 | 959.26 | 479.63 | 959.26 | 4796.30 |
| 景泰 | 2595.50 |  |  |  | 2595.50 |
| 永靖 | 1080.00 |  |  |  | 1080.00 |
| 湟惠渠特种乡 | — | — | 160.00 |  | 160.00 |
| 合计 | 23 513.05 | 9252.83 | 12 253.96 | 1962.45 | 47 782.29 |
| 每亩产量 | 2市担 | 320个 | 30市斤皮花 | — |  |
| 总产量 | 47 026.1市担 | 2 960 905.6个 | 367 618市斤 |  |  |
| 单位价格（元） | 7500.00 | 200.00 | 500.00 | 估计每季10万元 |  |
| 总价值（万元） | 35 269.6 | 59 218.1 | 18 380.9 | 估计19 620.0 | 132 486.0 |

注：价格以1945年7月价格计算
资料来源：张宗汉《甘肃中部之砂田》，南京：中国农民银行土地金融处，1947年，第37—38页

根据1942年7月调查，上述地区小麦常年亩产量是：皋兰是1.02市担，靖远是1.59市担，洮沙是1.03市担，临洮是0.97市担，永登是1.22市担，榆中是0.7市担，景泰是0.93市担，永靖是0.86市担。② 经过改良后的砂田，粮食亩产量有了较大幅度的增高，如表7统计各县砂田小麦亩产量平均达2市担。说明铺砂后的砂田取得了很好的绩效。

第二，地价增加。砂田改良前，一些老砂田"几无生产可言，遇雨水较多年份，仅能产糜谷四斗，且无地价，因此自田赋改征实物后，赋税负担已

---

① 章元羲：《陕甘青等省保水保土及水利视察报告》，南京：中国历史第二档案馆，案卷号：277/56/（2）。
② 根据《甘肃统计年鉴》表63《主要农作物面积与产量估计》，1946年，第100—106页中相关数据计算。

重,复有各种摊派,以率多以土地为标准,旱地或老砂地所有人收入不抵支出,致使农民望之生畏,甚且任其荒芜或抛弃其所有权,以避服役。"经过改良后,情形发生了很大的变化,"农民将其土地铺砂后,多不愿出卖",地价也随之增长,"估计在兰州附近者,每亩可值三万元至四万元,其他各区亦值万元以上,如以平均二万五千元计,贷款铺砂土地之总价值,当在百亿元以上。"[1] 砂田改良后,地价大增,农民由原来"任其荒芜或抛弃其所有权"到地价很高也"不愿意出卖"。可见,砂田经过改良后成为比较好的耕地,不仅地价有所上升,粮食亩产量有了很大的提高。

抗战时期,甘肃各种农业改良与推广仅仅是一个起步,没有完全展开,影响了改良的绩效。如引进适合甘肃种植的泾阳302小麦,在抗战时期和抗战后,只是陇南和陇东地区小面积种植,涉及农户只有1000余家,推广面积只有5000余市亩;在棉花推广中,最高年份年产棉花6.7万市担,仅能满足全省需要量的12%;甘肃砂田面积80余万亩,抗战时期改良面积不足10万亩,仅占12.5%;肥料推广和病虫害防治也处于起步阶段。因此,抗战时期甘肃农业改良与推广存在绩效不足的问题。

是什么原因造成抗战时期甘肃农业技术改良与推广绩效不足?笔者以为有以下四个方面的原因。(1)农业改良时间短。尽管从晚清以来,甘肃农业改良工作已经开始,但一直处于"自生自灭"的状态。直到抗战进入相持阶段后,1941年,中央政府为了把西北建成坚持长期抗战的后方基地,把各种农业改良才提上日程,到抗战结束,短短四年时间,一些技术尚在试验阶段,无法全面推开。如泾阳302小麦优良品种,处于试验和特约农户种植状态,尚未在全省冬小麦区全面种植。(2)农业改良经费投入不足。抗战时期农业改良资金主要来源于国家银行的农贷和政府的补贴,因投入不足,难以形成大规模的经济效益。如砂田技术改良,以1945年货币值计算,改良1亩砂田需要1744元(法币),将剩余的70万亩砂田全部改良,需要122 080万元,当年银行投资仅有7691万元,仅占需要量的6.3%。投资不足,影响了农业改良的效益。(3)农民农业技术知识不足。农业改良针对农民进行,而"农民的知识水准低,脑筋简单而固执,尤其对于农业□地是几千年来的传统习

---

[1] 张宗汉:《甘肃中部之砂田》,南京:中国农民银行土地金融处,1947年,第36页。

惯方法,如果有人对他经营的农业种子、技术、农具有所改变,他一定会惊起怀疑的目光,好奇的心理和藐视的态度"。[①] 农民的农业技术知识薄弱,在某种程度上影响了农业改良与推广的进行。(4) 部分地方存在农业推广与农贷两个系统配合不默契。1942年10月,皋兰粮食增产指导团与王家台等5家合作社商议收购小麦种124.5石,拟贷款47139元,可播种小麦853亩。但中国农民银行以合作社"保证责任贷款,超出保证金额"为由,不予放贷[②],导致收购麦种搁浅,影响了来年小麦推广事业。

总之,抗战时期国民政府在建设抗日后方基地和西北开发的口号下,加大了对甘肃农业投入的力度,进行农业改良和推广,并取得了一定的成绩。正如魏宏运先生所言:"甘肃农业经济在战时的发展,是引人注目的,它走出了旧有的轨道"。[③] 尽管农业改良与推广存在绩效不足的问题,但毕竟使甘肃农业"走出了旧有的轨道",开始了由传统农业向现代农业转型,这是值得肯定的。

原载(《史学月刊》2014年第9期)

---

[①] 董涵荣:《农业推广成功的第一个条件——人》,《甘肃农推通讯》1942年第5期,第15页。
[②] 匡时:《推广活动点滴》,《甘肃农推通讯》1942年第5期,第14页。
[③] 魏宏运:《抗日战争时期中国西北地区的农业开发》,《史学月刊》2001年第1期,第75页。

# 民国时期甘肃农家经济研究——以20世纪30—40年代为中心

本文选择甘肃农家经济作为研究对象，除了本人的学术旨趣外，主要在于两个方面，一是以往的相关研究主要关注的是农村经济比较发达的地区，如江南、华北等地区[①]，而对农村经济欠发达的西北地区关注比较少。就西北地区而言，学者考察农村经济史的重点又在陕西[②]，而甘肃农村经济史研究成果很少，有很大的研究空间，尤其是农家经济问题，尚未有人专文讨论。二是甘肃位于黄河上游地区，其地理环境、经济结构、民族结构和生产方式都有其特殊性。首先，甘肃地域狭长，地形地貌复杂，从陇南到河西走廊气候差异很大，自然环境比较特殊，对农村经济影响很大。卜凯把中国划分为八大农区，即春麦区、冬麦小米区、冬麦高粱区、杨子水稻小麦区、水稻茶区、四川水稻区、水稻两获区、西南水稻区[③]。而甘肃"陇南文县一带，划归四川水稻区，陇东南及陇东划归冬麦小米区，陇东北、陇中、陇西南、河

---

① 1980年代以来中国农村经济研究取得的成就，可参看李金铮：《20年来中国近代乡村经济史研究的新探索》，《历史研究》2003年第4期，第169—182页。

② 如秦晖：《封建社会的"关中模式"——土改前关中农村经济研究之一》，《中国经济史研究》1993年第1期，第73—84页；秦晖《"关中模式"的社会历史渊源：清初至民国》，《中国经济史研究》1995年第1期，第52—69页；钞晓鸿：《本世纪前期陕西农业雇佣、租佃关系比较研究》，《中国经济史研究》1999年第3期，第19—37页；郑磊：《民国时期关中地区生态环境与社会经济结构变迁(1928—1949)》，《中国经济史研究》2001年第3期，第62—76页等。

③ （美）卜凯主编：《中国土地利用》，金陵大学农业经济系译，南京：金陵大学农业经济系，1941年，第23页。

西等部分，则均归于春麦区"。① 甘肃处在多个农区的交错地带。由于地理环境和传统经济结构的影响，农牧业在农村经济都占有相当地位，"农牧业生产面积相差无几（四十九与四十三之比）"②。其次，甘肃是一个多民族聚居的地区，除汉族外，还有回族、藏族、蒙古族、东乡族、裕固族、保安族、撒拉族等，有的民族从事农业生产，有的民族从事牧业生产，形成了不同的生产方式和生活方式。尤其是藏族地区，寺院和宗教对农村经济有很大的影响，"藏民对于寺院，有其经济上之义务，如租税之交纳，税募之应征，以及对活佛之贡献等。此外诉讼、医药、婚丧等，亦十之八九求诸于寺院。藏民如需告贷，亦只向喇嘛通融，故寺院不独为藏民信仰之目标，抑且为经济金融之中心也。"③ 正因为这样，甘肃的农家经济是一个值得研究的课题。限于篇幅，本文仅从农家田场、土地租佃关系、农村副业和农家收支与生活等几个方面对民国时期甘肃的农家经济进行粗浅的研究。

## 一、农家田场

关于民国时期甘肃农家田场面积的大小，20世纪30—40年代曾经有多次调查和统计，有的调查是局部的，有的调查是个案的；有的是学术单位或学者进行的，有的是政府部门做出的统计。在各种调查和统计中，甘肃农家田场面积大小有所不同，如国民政府实业部的1930年代统计每户农家田场面积为30亩④；1936年李扩清调查河西每户农家田场面积平均为28.59亩⑤；1941年国立西北技艺专科学校农林经济科对平凉、天水、武威三县155户农家调查（下文称155户农家调查），每户农家平均田场面积为28.72市亩，作

---

① 李中舒：《甘肃农村经济之研究》，中央训练委员会西北问题研究室编：《西北问题论丛》第3辑，1943年，第19页。
② 赵从显：《甘肃经济建设原则之商榷》，《新甘肃》1947年第1期，第32页。
③ 王志文：《甘肃省西南部边区考察记》，兰州：甘肃省银行总行，1942年，第42页。
④ 实业部中国经济年鉴纂委员会：《中国经济年鉴》第1册，上海：商务印书馆，1935年，(F) 第2页。
⑤ 李扩清：《甘肃河西农村经济之研究》，萧铮主编：《民国二十年代中国大陆土地问题调查资料》，台北：成文出版社，1977年，第26445页。

物面积为25.91市亩，作物亩面积为26.71市亩[①]；20世纪40年代陈景山对榆中36户农家调查，每户农家田场面积平均为31.4亩[②]；甘肃西南藏族地区田场面积也不是很大，夏河农场面积最大50—60亩，最小10余亩[③]，普通约35.45亩[④]。根据这些调查，民国时期甘肃农家田场面积平均大致在25—35亩，基本上符合甘肃的实际状况。下面以李扩清对河西的调查、国立西北技艺专科学校农林经济科对155户农家调查和陈景山对榆中36户农家的调查来分析民国时期甘肃农家的田场面积，具体情况见表1。

表1 1936年河西走廊农家田场面积调查 （单位：亩）表

| 县名 | 农田总亩数 | 农户总数 | 平均每个农户所占亩数 |
| --- | --- | --- | --- |
| 永登 | 304 030 | 22 059 | 13.78 |
| 古浪 | 372 485 | 6865 | 54.26 |
| 武威 | 1 878 627 | 31 825 | 59.03 |
| 永昌 | 311 867 | 9789 | 31.86 |
| 民勤 | 139 506 | 14 833 | 9.41 |
| 山丹 | 269 572 | 5694 | 47.34 |
| 民乐 | 128 942 | 9722 | 13.26 |
| 张掖 | 532 746 | 14 916 | 35.72 |
| 临泽 | 120 077 | 7317 | 16.41 |
| 高台 | 148 117 | 6603 | 22.43 |
| 酒泉 | 146 813 | 15 831 | 9.27 |
| 鼎新 | 5445 | 1216 | 4.48 |
| 玉门 | 34 456 | 3380 | 10.19 |
| 金塔 | 60 844 | 4849 | 12.55 |
| 安西 | 36 996 | 2605 | 14.20 |
| 敦煌 | 103 600 | 3150 | 32.89 |
| 总计 | 4 594 123 | 160 654 | 28.60 |

注：原资料平均数武威、民勤、民乐、鼎新、金塔、敦煌计算有误差，笔者经重新计算后更正
资料来源：李扩清：《甘肃河西农村经济之研究》，萧铮主编：《民国二十年代中国大陆土地问题调查资料》，台北：成文出版社，1977年，第26444—26445页

---

① 卜宪基：《甘肃农家土地利用之分析》，中央训练委员会西北问题研究室编：《西北问题论丛》第2辑，1942年，第107—109页。
② 陈景山：《甘肃榆中农家田场经营调查之分析》，《西北经济通讯》1941年第2期，第12页。
③ 马鹤天：《甘青藏边区考察记》第1编，上海：商务印书馆，1947年，第159页。
④ 陈圣者：《拉卜楞经济概况》，《甘肃贸易》1943年第2—3期合刊，第61页。

从表1可知，河西走廊16县农家田场面积最大的是武威，平均每个农户为59.03亩，最小的是鼎新仅有4.48亩。在该调查中，农家平均田场面积在35亩以上者有4个县，占25%；有农家59 300户，占36.9%。面积在20—35亩的有3个县，占18.75%；有农家19 542户，占12.2%。面积在10—20亩者6个县，占37.5%；有农家49 932户，占31.1%。面积不足10亩者3个县，占18.75%，有农家31 880户，占19.8%。

1941年对155户农家经济的调查，涉及农家农地面积的三个指标，即农场面积（将农家所有土地完全包括在内）、作物面积（专指农家栽培作物所占面积）和作物亩面积（全年所栽培各种作物的总亩数）。155户农家的农地面积见表2。

表2 平凉、天水、武威155户农家的农地面积 （单位：市亩）

| 名称 | 平凉 | 天水 | 武威 | 平均 |
| --- | --- | --- | --- | --- |
| 农场面积 | 41.79 | 20.17 | 25.50 | 29.15 |
| 作物面积 | 38.87 | 19.20 | 19.64 | 25.90 |
| 作物亩面积 | 38.36 | 21.79 | 19.97 | 26.71 |

资料来源：卜宪基：《甘肃农家土地利用之分析》，中央训练委员会西北问题研究室编：《西北问题论丛》第2辑，1942年，第107—109页。

从表2可知，每户农家的农场面积三县平均为29.15市亩，其中，平凉41.79市亩，天水20.17市亩，武威25.50市亩；每户农家的作物面积三县平均为25.91市亩，其中，平凉38.87市亩，天水19.20市亩，武威19.64市亩；每户农家作物亩面积三县平均为26.71市亩，其中，平凉38.36市亩，天水21.79市亩，武威19.97市亩。从作物亩面积的大小来看，因气候原因，天水的复种指数比平凉、武威都高。

表1、表2反映的是各县的农家田场面积的平均情况，但反映在具体农家又有很大的差别。如对上述155户农家的调查中，农场面积在25市亩以下者，占农家总数的56.8%；25—50市亩者，占29.3%；50市亩以上者，仅占13.9%。若以各县分别来看，田场面积在25市亩以下者，平凉占30.9%，天水占71.4%，武威占70.6%；25—50市亩者，平凉占41.8%，天水占24.5%，武威占19.6%；50市亩以上者，平凉占27.3%，天水占4.1%，武威占9.8%[1]。又如

---

[1] 卜宪基：《甘肃农家土地利用之分析》，中央训练委员会西北问题研究室编：《西北问题论丛》第2辑，1942年，第107—109页。

20 世纪 40 年代对甘肃榆中 36 户农家的调查，具体情况见表 3。

表 3　榆中县 36 农家经营面积大小之分布

| 耕地面积（亩） | 户数 | 百分比（%） |
| --- | --- | --- |
| ≤5 | 4 | 11.1 |
| 5—9.9 | 3 | 8.33 |
| 10—14.9 | 1 | 2.78 |
| 15—19.9 | 8 | 22.22 |
| 20—24.9 | 3 | 8.33 |
| 25—29.9 | 3 | 8.33 |
| 30—34.9 | 3 | 8.33 |
| 35—39.9 | 2 | 5.56 |
| 40—49.9 | 1 | 2.78 |
| 50—59.9 | 2 | 5.56 |
| 60—69.9 | 1 | 2.78 |
| 70—79.9 | 2 | 5.56 |
| 80—89.9 | 1 | 2.78 |
| 90—99.9 | 1 | 2.78 |
| 100 亩以上 | 1 | 2.78 |
| 合计 | 36 | 100 |

资料来源：陈景山：《甘肃榆中农家田场经营调查之分析》，《西北经济通讯》1941 年第 2 期，第 13 页

在表 3 的 36 户农家中，土地不足 25 亩的有 19 家，占 52.8%；25—50 亩的有 9 家，占 25%；50—90 亩的有 6 家，占 16.7%；90 亩以上的有 2 家，占 5.5%。说明该县农村耕地存在不足的问题。

通过表 1、2、3 并结合其他资料，我们可以对甘肃农家田场与农家经济关系得出以下两点基本认识。第一，甘肃农家田场面积狭小。第二，甘肃农家耕地严重不足。表 4 是甘肃与冬小麦地带、春小麦地带及北方的比较。

表 4　甘肃与全国每户农家平均利用土地面积之比较（单位：市亩）

| 项目 | 冬小麦地带 | 春小麦地带 | 中国北部 | 河北 26 县 51 村 | 甘肃 |
| --- | --- | --- | --- | --- | --- |
| 农场面积 | 34.20 | 48.75 | 53.55 | 26.9 | 28.72 |
| 作物面积 | 30.75 | 44.40 | 50.70 | —— | 25.91 |
| 作物亩面积 | 36.75 | 41.40 | 70.65 | —— | 26.71 |

资料来源：卜宪基：《甘肃农家土地利用之分析》，中央训练委员会西北问题研究室编：《西北问题论丛》第 2 辑，1942 年，第 107—109 页；杨汝南：《河北省二十六县五十一村农地概况调查》，《农学月刊》1936 年第 5 期，第 99 页

通过表 4 的比较，可以看出甘肃农家田场的面积低于冬小麦地带和春小

麦地带，更远远低于中国北部农家面积，仅仅略高于河北。因此，"以甘肃气候条件之局限，即此寥寥之数，尚不能充分发挥其地力，故甘肃每户农家所利用之土地面积，无论就绝对或相对的意义上说，实属过小。"① 因此，农家耕地明显存在着不足的问题。表1中河西16县，农家平均田场面积不足20亩的有9县，占56.3%；农户占50.9%。155户农家调查中，土地不足25市亩的农家占56.8%。榆中36户农家调查中，不足25亩的农家占52.8%。据内政部1932年的调查，甘肃耕地在30亩以下的农户占62.67%②。表明甘肃有半数以上农家存着在耕地不足的问题。甘肃生态环境决定了传统农业的一个主要特征是广种薄收，而田场面积过于狭小，对农家经济发展显然不利，容易导致边际效益递减的"过密化"现象出现。第二，农家田场土地散碎。在对平凉、天水、武威155户农家调查中，"每农家所利用之土地面积，非但过小，而且更零碎分散"③，如表5。

表5 平均每农家之地块数目、大小及最远距离

| 项目<br>地区 | 地块数目 | 地块大小（市亩） |  |  | 距离农舍<br>最远里数 |
|---|---|---|---|---|---|
|  |  | 平均 | 最小 | 最大 |  |
| 平凉 | 9.5 | 4.4 | 4.1 | 8.9 | 3.3 |
| 天水 | 6.4 | 3.2 | 2.3 | 5.5 | 2.9 |
| 武威 | 8.3 | 2.9 | 1.6 | 4.9 | 1.2 |
| 平均 | 8.1 | 3.5 | 2.7 | 6.4 | 2.5 |

资料来源：卜宪基：《甘肃农家土地利用之分析》，中央训练委员会西北问题研究室编：《西北问题论丛》第2辑，1942年，第107—109页

卜凯指出："土地散碎为中国农业最重要之特征。每田场平均有田五六块，每田场有田一至五块者，占所有田场三分之二，每田场有五至十块者，超过五分之一。"④ 对平凉、天水、武威155户农家调查表明，甘肃土地散碎

---

① 卜宪基：《甘肃农家土地利用之分析》，中央训练委员会西北问题研究室编：《西北问题论丛》第2辑，1942年，第107—109页。
② 国民政府主计处统计局：《中国土地问题之统计分析》，南京：正中书局，1946年，第72—74页。
③ 卜宪基：《甘肃农家土地利用之分析》，中央训练委员会西北问题研究室编：《西北问题论丛》第2辑，1942年，第107—109页。
④ （美）卜凯主编：《中国土地利用》，金陵大学农业经济系译，南京：金陵大学农业经济系，1941年，第216页。

问题表现得更为突出。如表 5 所示，农家田场平均由 8.1 块组成，每块平均大小 3.5 亩，平均最大 6.4 亩，最小 2.7 亩。距离农舍最远达 3.3 里，平均距离为 2.5 里。在其他相关的调查中，中国 22 省每户农家平均地块 5.6 块，小麦地带 5.7 块，中国北部 6.6 块，江苏无锡 5.6 块，均少于甘肃。中国 22 省平均地块的大小为 5.7 市亩，小麦地带为 7.1 市亩，中国北部为 6.6 市亩，无锡 1.7 市亩，甘肃仅高于无锡，而低于其他各处的平均数①。甘肃土地散碎的主要原因是沟壑纵横的自然环境所造成的。土地散碎对农家经济负面影响极大，诚如卜凯所言，土地散碎，"限制改良农具使用之范围，且田场四散，管理困难，盖以各种作物须防迷途牲畜、小偷及践踏等损害。中国田场围篱少见者，以土地散碎，灌溉极感困难，尤以引用私井或私有水源为最，灌溉水道必须经过邻田，经行甚远，各田块间狭条田地，任其荒废者也不少。"② 土地散碎增加了农家生产成本，如甘肃习惯规定："土地所有权人为灌溉便利，欲由他人地内经过者，须得其地主之允许，并须予以相当之报酬。"而且是"甘肃通省所公认之惯例，亦为法律之当然。"③ 又据对平凉、天水、武威 155 户农家调查，农家田场面积大小和土地块数的大小与土地收益、工作报酬、家庭收益等的多少成正向关系④。说明土地过于散碎是制约甘肃农家经济发展的主要因素之一。

## 二、农家副业

如前文所言，民国时期甘肃农家经济存在着土地不足和土地过于散碎的问题，单靠土地无法满足农民生存的需求。就劳动力而言，据对平凉、天水、武威 155 户农家的调查，农家每个人等数所完成的人工单位平均为 71.56 天，"换言之，一周年内每个人所完成之生产工作量仅此七十二天的十小时工作，

---

① 卜宪基：《甘肃农家土地利用之分析》，中央训练委员会西北问题研究室编：《西北问题论丛》第 2 辑，1942 年，第 107—109 页。
② （美）卜凯主编：《中国土地利用》，金陵大学农业经济系译，南京：金陵大学农业经济系，1941 年，第 223—224 页。
③ 南京国民政府司法行政部：《民事习惯调查报告录（上）》，北京：中国政法大学出版社，2000 年，第 387—388 页。
④ 李中舒：《甘肃农村经济之研究》，中央训练委员会西北问题研究室编：《西北问题论丛》第 3 辑，1943 年，第 44 页。

一年内五分之四的时间,除一部分用到副业以外,大部分是被完全浪费了。"① 农家不仅有剩余劳动力,而且甘肃大部分地区生长季短,农闲时间多,劳动力存在着季节性失业。因此,为弥补土地不足,提高农家经济收入和消解剩余劳动力,从事副业成为主要的途径。"甘肃农田生产微薄,农作大都粗放,而农民每有余闲,率皆从事副业。"② 兰州"崔家崖有住户三百余家,人多地少,每人平均只占半亩,每亩约收一斗(每斗重一百市斤),不敷食用,皆以做工、划筏,或做小贩,以调剂农困。"③ 在对平凉、天水、武威155户农家调查中,"农场中兼营农业以外的其他职业者",天水占78.76%,武威占78.43%,平凉占50.91%,三县平均为69.37%④,说明甘肃约有2/3的农家从事副业生产。甘肃是一个农牧兼营的地区,因此副业以养殖业、毛织业和采集业为主,同时兼营其他副业。

## (一) 养殖业

甘肃的畜牧、家禽养殖与养蜂是农村副业的大宗。甘肃的农业经济区,农田所需的肥料、耕地、运输等多赖畜力,因此家畜几乎无家不养,尤其在农牧交错地区,畜牧养殖更是家庭主要副业。农家养殖的牲畜分为役畜和生产畜,役畜主要是马、牛、驴、骡,生产畜主要有绵羊、山羊、猪、鸡、鸭、鹅等。如陇东17个县地处冬麦区向春麦区的过渡地带,需要大量的羊粪做肥料,因此养羊是主要副业。据1941年统计,甘肃省有羊184.18万头,其中农牧区(即有一部分是半主业)88.7万头,农业区(完全是家庭副业)95.48万头;生产各种羊毛350万斤,其中农业区占1/3;各种羊皮达95.2万张⑤。陇海铁路甘肃段沿线15县养殖业为农家主要副业,其中"以养羊最为

---

① 李中舒:《甘肃农村经济之研究》,中央训练委员会西北问题研究室编:《西北问题论丛》第3辑,1943年,第34页。
② 铁道部业务司商务科:《陇海铁路甘肃段经济调查报告书》,沈云龙主编:《近代中国史料丛刊三编》第51辑,台北:文海出版社,1989年,第28页。
③ 陈赓雅:《西北视察记》,兰州:甘肃人民出版社,2002年,第121页。该书是作者担任上海《申报》记者期间,于1934年3月至1935年5月对西部各省作考察采访的通讯录。
④ 李中舒:《甘肃农村经济之研究》,中央训练委员会西北问题研究室编:《西北问题论丛》第3辑,1943年,第40页。
⑤ 顾少白:《甘肃陇东羊毛皮货初步调查报告》,《西北经济通讯》1941年第4—6期合刊,第42、49、52页。

普遍，各县皆有相当数量，全线每年共可增殖二十四万余头，故各地肉食概以羊肉为主。其次为猪，全线共产七万余头。再次为牛，共产八千余头。……再次为驴骡马之属，三项共产一万三千余匹。"沿线每年可产牛羊皮10.6万张，羊毛10.4万斤，猪鬃3.3万斤[1]。养殖业是"为河西通行之副业，以蓄养绵羊及山羊者最多，牛驴（马）骆驼次之，猪及鸡又次之。"[2] 家禽养殖中，有鸡、鸭、鹅三种，其中"饲鸡为农村副业，在冬季或饲以食粮，在春、夏、秋，皆任其在自然界取食。"每只母鸡年产蛋约40至90枚，平均65枚。农家用以换火柴、麻纸、油、豆腐等[3]。除畜牧、家禽养殖外，黄河以南各县均养蜂，年产蜂蜜在1万市斤以上的有固原、海原、镇原、华亭、泾川、临夏、武都、两当、西固、岷县、文县等[4]，除岷县有1家专门养蜂公司外，其他均为农家副业。

（二）编织业

包括毛编织业、草编织业、麻编织业和竹编业等。毛编是甘肃十分普及的农家手工业，"因为毛编是轻便之工作，大都以手捻纱，用手合股，以合股毛线，编织毛衣、毛裤、毛背心、毛围巾、毛帽、毛袜、毛手套、童子毛袜，皆是轻而易举，如旅行乡间，随时随地均可见到妇孺商贩，手不停地在捻纱、在织物。"[5] 这种工作简单轻巧，是农家最为普遍的副业。如通渭"出产之毛衣毛线，全系农村副业，不论男妇老幼，均于暇时为之"[6]；山丹农闲时将羊毛捻成线后，编成毛衣、毛裤、小件毛编物等，"由生产者零星向城内销售"；临泽毛编为"普通人家利用闲时之副业"，甘谷"妇女多从事织布、毛编、草麻编等"；定西毛编"多为农民副业……产品有毛线、毛裤、毛衣、毛背心、

---

[1] 铁道部业务司商务科：《陇海铁路甘肃段经济调查报告书》，沈云龙主编：《近代中国史料丛刊三编》第51辑，台北：文海出版社，1989年，第33、35页。
[2] 施忠允：《西北屯垦研究（上）》，萧铮主编：《民国二十年代中国大陆土地问题调查资料》，台北：成文出版社，1977年，第36560页。
[3] 陈鸿肤：《甘肃省的资源市场》，中央训练委员会西北问题研究室编：《西北问题论丛》第2辑，1942年，第72页。
[4] 甘肃省银行经济研究室：《甘肃之特产》，兰州：甘肃省银行总行，1944年，第135、136页。
[5] 王树基：《甘肃之工业》，兰州：甘肃省银行总行，1944年，第49页。
[6] 杨志宇：《通渭秦安天水甘谷四县手工纺织业概况》，《甘肃贸易季刊》1944年第10—11期合刊，第66页。

毛袜子、毛手套、毛鞋等";海原"有少数毛织品之出产,多系农民在农暇时编制",多供本县之用①。据20世纪40年代对毛编最盛行的24个县的调查,每年生产大件(指毛衣、毛裤、毛背心)毛编物59.2万件,小件(指围巾、手套、毛袜、毛帽和童子袜等)毛编物71.2万件②。各县的毛编织品大部分为家庭自用,只有一部分剩余产品运到附近集市上出售。甘肃各地草编也很普遍,如河西农家暇时,"打草绳、毛绳、麻绳,扎扫帚、笤帚、草刷等。其中,以用芨芨草编制器皿,如筐、篚、篓、篮、簸箕、箱、笼、粪箕、桃筐等物最普遍,除自用外,并销售市场"③。张掖"附近多水,地气潮湿,故有大量苇子繁殖。……人民于农暇时亦多以为副业,甚为普遍。计每人每日可出三页至五页,全年所产在六万页以上,大部均销于凉州、肃州、青海等地。"④临泽草帽业"所用原料为小麦麦秆,秋收后开始编制,年产10万顶";"编席所用原料为芦苇杆,农民秋收后编制,年产5万页。"⑤武山"农间妇女,多用麦秆编织草帽"⑥。麻种植业主要分布在黄河以南的陇东、陇南各地,当地以"麻鞋之制造乃农村副业",清水、天水、华亭、秦安、武山、西峰镇出产极多,各在数十万双,"估计全省全年可产麻鞋三百万双。"在麻产地,制作麻绳也是农家副业,全省从事麻生产者"八百余人,大多为农民兼营,年产粗细麻绳约有四百万斤,清水一县即可达十五万斤。"⑦另外,嘉陵江上游和洮河流域是细竹产地,附近农民以编制各种竹器为副业,如武山农民"在农闲时间在南大山一带,伐木编小竹器、竹席等,年约产二万件"⑧。全省从事竹编的农民约有3000人⑨。

---

① 统计组:《甘肃各县局物产初步调查》,《甘肃贸易季刊》1943年第5—6期合刊,第20、22、36、37—38、39、49、51页。
② 陈鸿肤:《甘肃省之固有手工业及新兴工业》,中央训练委员会西北问题研究室编:《西北问题论丛》第3辑,1943年,第140页。
③ 施忠允:《西北屯垦研究(上)》,台北:成文出版社,1977年,第36564页。
④ 工兴荣:《张掖经济概况》,《甘肃贸易季刊》1943年第2—3期合刊,第55页。
⑤ 统计组:《甘肃各县局物产初步调查》,《甘肃贸易季刊》1943年第5—6期合刊,第22页。
⑥ 王树基:《甘肃之工业》,兰州:甘肃省银行总行,1944年,第19页。
⑦ 陈鸿肤:《甘肃省之固有手工业及新兴工业》,中央训练委员会西北问题研究室编:《西北问题论丛》第3辑,1943年,第162、137页。
⑧ 统计组:《甘肃各县局物产初步调查》,《甘肃贸易季刊》1943年第5—6期合刊,第36页。
⑨ 陈鸿肤:《甘肃省之固有手工业及新兴工业》,中央训练委员会西北问题研究室编:《西北问题论丛》第3辑,1943年,第115页。

（三）纺织业

包括棉纺织业、毛纺织业和麻织业。农家妇女纺织是甘肃农村传统副业，全省各地均有。如陇海路沿线，"岷、漳二县之农家妇女闲时多织麻布"，"天水之山阳川及秦安之若干乡村农妇皆以余闲织棉布"，"甘谷各乡村之农妇有百分之三十皆以余闲专事纺纱。"① 近代以来，随着洋布、洋纱的输入，甘肃农家纺织业曾一度衰退，"但至战后，以物价高涨，疋头昂贵，一般乡民不得不将数年前之旧业，而重新复兴，故今日本省棉纺织业，虽以原料购买困难，但仍与日俱进。"② 棉纺织业在农村由抗战前的衰退到抗战时期重新恢复起来。抗战期间"甘肃各县农村妇女常于农暇时手工纺织土布，年产约二百万匹。"以武都所产居首，年产45万匹，临潭11.5万匹，天水11万匹，秦安9.8万匹，成县9.1万匹，甘谷8万匹，文县7万匹，靖远6.5万匹③。渭河流域的秦安、甘谷等地，纺毛线是农家妇女最主要的副业之一，为工厂提供大量的毛线，如兰州、天水等毛纺厂所用毛线"大部分由秦安、通渭、甘谷等县农村零星收购，此种毛线多系乡村妇女利用余暇纺成。"④ 织毛褐几乎甘肃每县都有，"农民闲暇之时，捻毛为线，俗称褐线，待织褐匠来时，交给织褐匠，织褐多是临洮、陇西、渭源、甘谷人，自己携带简单器械，巡游各地兜揽织褐，或计日付给工资，或计件付给。此种情形以临潭、和政、永靖、洮沙、宁定、皋兰、榆中，尤为普遍。"⑤ 渭河流域多为自家生产，生产设备较为简单，如秦安"毛褐系农民于农闲时期，以木机用手穿梭，式样品质，改进甚微。"⑥ 据对30县的调查，从事毛褐业的有5千人，年产29万匹⑦。

---

① 铁道部业务司商务科：《陇海铁路甘肃段经济调查报告书》，沈云龙主编：《近代中国史料丛刊三编》第51辑，台北：文海出版社，1989年，第44、45页。
② 王树基：《甘肃之工业》，兰州：甘肃省银行总行，1944年，第58页。
③ 薛觉民：《专号编辑导言——从经济建设的观点看甘肃资源》，《甘肃贸易季刊》1943年第5—6期合刊，第2页。
④ 行政院第八战区经济委员会：《甘肃省手工业之调查》，《西北经济通讯》1941年第4—6期，第84页。
⑤ 王树基：《甘肃之工业》，兰州：甘肃省银行总行，1944年，第35—36页。
⑥ 杨志宇：《通渭秦安天水甘谷四县手工纺织业概况》，《甘肃贸易季刊》1944年第10—11期合刊，第69页。
⑦ 陈鸿肤：《甘肃省之固有手工业及新兴工业》，中央训练委员会西北问题研究室编：《西北问题论丛》第3辑，1943年，第142页。

黄河以南各县麻布生产"纯为农村中之纺织副业，以洮河流域及陇南各县较发达，麻布为制麻袋之原料，亦为包装货品（如面粉、红枣、瓜子、蘑菇等）之材料，乡村农民，用以缝制衣服者亦甚多。"据对以麻布为副业的23县调查，甘肃农村年产麻布112.1万匹[①]。

（四）采集业

包括中药、林产品、发菜、蘑菇等的采集。药材是甘肃主要土产，"举凡当归、大黄、党参、甘草等，药材出产不下二百种。"[②] 因此采集野生中草药是一种农村副业。如当归、党参等除了岷县、武都、临潭一带多栽培外，"其他产区，则多野生，每年秋后采挖之"；秦艽"大都野生于山谷中，农民于七八月采之"[③]。镇原药材"采集多由农民于农暇时为之"；平凉药材"产于六盘山一带，多由农民农暇时采集"；庆阳药材"多由农民于农暇时采集经整理后，售予商人。"[④] 文县"大宗副业厥为采药一项，每年在冬季农闲时，上山采药。统计年产党归、大黄约一万包左右，价值在百万元以上"，该县"农民专靠采药为生者，几占半数。"[⑤] 渭源"从事采药者较夥"[⑥]。此外，农家闲时还采集发菜、蘑菇、林产品等，如河西"居民经济窘迫者，常赴沙漠中采集沙□、沙枣、沙梨及发菜、甘草等，前者用以补足食粮，后者供外销。"[⑦] 野生蘑菇和发菜是河西特产，各地农民均有采集。据统计，古浪年采集发菜约1.4万斤，蘑菇5千斤；武威年采集蘑菇2.3万斤，发菜年产2600斤；永昌年产蘑菇5.4万斤，发菜3千斤；山丹年产发菜1万斤；张掖年产蘑菇1.8万斤，发菜7万斤[⑧]。甘肃还出产各种林产品如杏仁、桃仁、花椒、板栗、

---

① 陈鸿肤：《甘肃省之固有手工业及新兴工业》，中央训练委员会西北问题研究室编：《西北问题论丛》第3辑，1943年，第143页。

② 王肇仁：《甘肃药材产制销运概况》，《甘肃贸易季刊》1944年第10—11期合刊，第22页。

③ 王肇仁：《甘肃药材产制销运概况》，《甘肃贸易季刊》1944年第10—11期合刊，第23、24页。

④ 统计组：《甘肃各县局物产初步调查》，《甘肃贸易季刊》1943年第5—6期合刊，第53、54、56页。

⑤ 甘肃省银行经济研究室：《甘肃省各县经济概况》，兰州：甘肃省银行总行，1944年，第144页。

⑥ 统计组：《甘肃各县局物产初步调查》，《甘肃贸易季刊》1943年第5—6期合刊，第32页。

⑦ 施忠允：《西北屯垦研究（上）》，台北：成文出版社，1977年，第36563—36564页。

⑧ 统计组：《甘肃各县局物产初步调查》，《甘肃贸易季刊》1943年第5—6期合刊，第10、12、14、18、19、20页。

生漆、木材等，农家在这些产品成熟期或农闲时采集，或自用，或出售，以补家用不足。

以上种种是甘肃各地比较普遍的农家副业，其他副业尚多，有土纸、贩运、烧炭、园艺种植（蔬菜、瓜果等）、工匠（裁缝、木、铁、银、铜、毡、土等）、苦力（如当雇工等）、食品与粮食加工、酿造、手工艺品等。许多地方经济落后，没有形成独立的工业经济，日用品只有以家庭副业的形式来生产，如庆阳"工业品，多为农民副业"。[1]张掖土纸"由农民农闲制作，原料为大麻"；固原"有小本纸坊二家，系农民兼营，大都于农闲时从事制纸。"[2]甘肃民间的许多手工艺品如天水的漆器、临洮的鬃油器、药香、临夏的木碗，皋兰的小葫芦等，几乎都是农民利用闲暇之余制作出售的[3]。限于篇幅，不再一一举例。民国时期，甘肃农家副业分布不均衡，而且大多数农村副业不发达，或者很少。如漳县"农村副业及小手工业均不发达"[4]。许多副业只能省"钱"，不能变"钱"，如武山的纺织、榨油"为数甚少，产品亦微，多供自用"[5]。武山的现象表明甘肃农家所从事的完全是一种自给型的副业。

尽管如此，副业作为民国时期甘肃农家经济的主要组成部分，在农家生活中占有重要地位。据调查，在藏族聚居的农业区，岷县农家全部收入2501元，牲畜及其副产品收入990元，占39.58%；临潭县农家收入2200元，牲畜及副产品900元，占40.9%；卓尼农家收入2115元，牲畜及其副产品之收入915元，占43.26%；夏河农家收入2290元，牲畜及副产收入1250元，占54.60%[6]。甘谷农村妇女衣服，"全赖操作草帽、麻鞋、毛衣、毛线、毛袜等副业，以资维持。"[7]渭源"贫穷之家，间有从事手工纺织者，或有伐木卖柴采药及田猎者，因劳役获益，尚可勉维生计。"[8]秦安农家编织业较发

---

[1] 统计组：《甘肃各县局物产初步调查》，《甘肃贸易季刊》1943年第5—6期合刊，第57页。
[2] 王玉芬：《甘肃的土纸生产》，《甘肃贸易季刊》1943年第5—6期合刊，第155、157页。
[3] 王肇仁：《甘肃的小工艺品》，《甘肃贸易季刊》1943年第5—6期合刊，第170—172页。
[4] 统计组：《甘肃各县局物产初步调查》，《甘肃贸易季刊》1943年第5—6期合刊，第34页。
[5] 统计组：《甘肃各县局物产初步调查》，《甘肃贸易季刊》1943年第5—6期合刊，第36页。
[6] 王志文：《甘肃省西南部边区考察记》，兰州：甘肃省银行研究室，1942年，第68页。
[7] 杨志宇：《通渭秦安天水甘谷四县手工纺织业概况》，《甘肃贸易季刊》1943年第10—11期合刊，第76页。
[8] 甘肃省银行经济研究室：《甘肃省各县经济概况》，兰州：甘肃省银行总行，1944年，第37页。

达，有许多产品销往邻县，但其"食粮仅敷自给，若逢歉年，还待静宁、庄浪、隆德、通渭等县接济"。而周边邻县农村副业不如秦安，如庄浪"手工业及农村副业，亦不甚发达……铜器、铁器、木器等，均需外县供给。"庄浪每年向秦安供应小麦5万石，胡麻油0.7万斤，向陇南供应糜子10万石[1]，换回的是所需要的手工业品。西峰"居东部者近山，全恃畜牧，衣履冠盖非毡即皮，居西南部平原者，率以农为业，间畜鸡鸭以为副业。"[2]临夏"东西乡人种植蔬菜，南乡人之赶脚砍柴，北乡人之负贩养猪，均为农村副业，所得之资，以供日用及衣服之需。"[3] 礼县农民"多靠副业，在农闲时，恒长途贩运，由成（县）康（县）背纸，以及陕西西乡、紫阳各地贩茶，运销陇西、兰州、临洮等处，返回时又负水烟、食盐等物。"[4] 可见，副业可解决农家经济面临的诸如食粮不足、劳动力剩余和农民季节性失业等问题。说明在某种程度上，如果有了比较发达的农家副业，可以分流出农家剩余的劳动力。如对平凉、天水、武威155户农家调查中，农家副业所占比例小农场为76.11%，中农场为72.22%，大农场为71.69%。反映出在农家经济中，"农场愈小，牲畜及其产品所占之成数愈大；农场愈大，其所占之成数反愈小。作物及其产品之所占成数，与农场大小成正比例。杂项收入亦随农场之增大而减少。盖小农场耕地面积有限，而劳力过剩，故多以蓄养牲畜，并由其他农场内之杂入，以补家用之不足。"[5] 榆中36户农家调查中也发现，"农家经营之田场面积，大都均小，其劳力多不能充分使用于田场范围，故从事田场经营者每于农事之余多从事砍柴工作，仅供家用于出售，并利用家庭妇女与儿童编制筐子、篓子、扫帚、以及其他农用器具等，此亦为农家副业一小部分之收入。"[6] 由此可以看出，农家并不是把全部劳动力都投资到有限的土地

---

[1] 统计组：《甘肃各县局物产初步调查》，《甘肃贸易季刊》1943年第5—6期合刊，第38、61页。

[2] 甘肃省银行经济研究室：《甘肃省各县经济概况》，兰州：甘肃省银行总行，1944年，第92页。

[3] 甘肃省银行经济研究室：《甘肃省各县经济概况》，兰州：甘肃省银行总行，1944年，第131页。

[4] 甘肃省银行经济研究室：《甘肃省各县经济概况》，兰州：甘肃省银行总行，1944年，第156页。

[5] 李中舒：《甘肃农村经济之研究》，中央训练委员会西北问题研究室编：《西北问题论丛》第3辑，1943年，第40页。

[6] 陈景山：《甘肃榆中农家田场经营调查之分析》，《西北经济通讯》1941年第2期，第16页。

上去，而是进行了合理的分流。农家越是土地不足，自我分解剩余劳动力的能力越强，在很大程度上可以舒缓人地关系紧张所带来的矛盾。从一个侧面反映出"过密化"理论并不适应所有地区。

## 三、土地租佃关系

土地租佃关系的建立是地权分配不平衡的结果，即部分农民由于没有土地或土地不足，靠租种他人的土地进行农业生产以维持生计。而农民中的佃农比例一方面反映了地权是否分散或集中；另一方面也是租佃制度是否发达的标志。关于佃农在农民中的比例，是学术界研究农村经济中讨论的主要话题之一，民国时期甘肃佃农比例如何？表6是国民政府经济部中央农业试验所对1912—1935年甘肃各种农户的统计。

表6 甘肃佃农、半自耕农、自耕农占农户比例统计表（1912—1937年）

| 年份 | 1931 | 1932 | 1933 | 1934 | 1935 | 1936 | 1937 | 1944 |
|---|---|---|---|---|---|---|---|---|
| 报告县数 | 13 | 13 | 15 | 21 | 23 | 29 | 28 | 67 |
| 佃农（%） | 21 | 24 | 28 | 20 | 19 | 18 | 19 | 12.06 |
| 半自耕农（%） | 20 | 20 | 19 | 18 | 20 | 18 | 20 | 14.31 |
| 自耕农（%） | 59 | 56 | 53 | 62 | 61 | 64 | 61 | 73.63 |

资料来源：1931—1935年资料来自《农情报告》1937年第1期，第8页；1936—1937年资料来自国民政府主计处统计局编：《中国租佃制度之统计分析》，南京：正中书局，1947年，第6—7页；1944年资料来自甘肃省政府：《甘肃统计年鉴》，兰州：甘肃省政府，1946年，第95页

从表6来看，20世纪30—40年代，甘肃佃农在农户比例中基本处于下降的态势，1931年，佃农占到1/4弱，1932—1933年有所上升，但1934年之后呈下降趋势，直到抗战结束前夕，佃农比例下降为12.06%。据1931年中央农业试验所调查，全国自耕农占53.0%，半自耕农占19.7%，佃农占23.3%[1]，甘肃佃农比例为21%，低于全国水平；据1935年调查，全国佃农占29%，自耕农占47%，半自耕农占24%[2]，而甘肃佃农比例低于全国10个百分点。从20世纪30年代到40年代，甘肃佃农发展的趋势和华北地区有些相似[3]。

---

[1] 转引自李中舒：《甘肃农村经济之研究》，中央训练委员会西北问题研究室编：《西北问题论丛》第3辑，1943年，第46页。

[2] 《民国二十四年各省佃农之分布及其近年来之变化》，《农情报告》1937年第1期，第7页。

[3] 史建云认为，华北地区在近代直到1937年以前，佃农比例有逐步下降的趋势。史建云：《近代华北平原自耕农初探》，《中国经济史研究》1994年第1期，第92—104页。

20世纪30—40年代的一些调查资料也反映了甘肃佃农情况。铁道部业务司商务科对陇海铁路甘肃段的调查，"沿线15县地方平均计之，自耕农约占66%，半自耕农约占9%，两（项）共占75%，至于佃农仅占17%，雇农仅占8%，两项共占25%而已。"该调查的县份分布在兰州以东的陇中和陇东南地区，是甘肃的冬小麦区和春小麦区。甘肃东部一些地区，佃农比例低于10%，如渭源8%，岷县3%，定西7%，榆中4%[①]。据对155户农家调查，"就各类农户所占比例来看，与各种地权之分配大致相同"，三县平均，自耕农占63%，半自耕农占23.2%，佃农占4.7%；在平凉、天水、武威155户农家耕种的土地中，自有的土地占76.8%，租进的土地占16.5%，当进的土地占6.7%[②]。又据1944年对全省67县的统计，佃农比例超过20%的有6县，占8.96%；佃农比例在10%—20%的有27县，占40.30%；佃农比例低于10%的有31县，占46.27%[③]。有约半数县的佃农比例低于10%。这些均说明甘肃传统农业区是一个以自耕农为主的社会，土地租佃在甘肃的传统农业经济区并不发达。

　　为什么甘肃传统农业区域的佃农所占比例比较低？我们从农业生态环境入手来看这个问题。甘肃是一个雨量稀少，土地贫瘠，农家租种或出租土地所获得的报酬很低，故土地租佃很少。会宁县是有名的土地贫瘠，苦甲天下的地区，1948年对韩家集调查，该村142户农家中，其中地主18户，占总农户的12.7%；自耕农61户，占43%；半自耕农28户，占19.7%；佃农16户，占11.3%，雇农15户，占10.6%，佃农的比例比较低。因此，当时的调查者认为："大凡土地生产力低的地方，除开了工作者的消费外，土地的生产剩余有限，既养活了佃农，便再没多的剩余去养活地主……既然会宁县的地理条件，适合于自耕农的存在，于是自耕农的比例上占最多数，佃农居于少数，便是以后很自然的现象了。"[④] 陇海铁路沿线调查者也认为甘肃除了"利益优厚之水田以外，大都不适宜于地主佃户合作分利之制。故各地自耕农

---

　　① 铁道部业务司商务科：《陇海铁路甘肃段经济调查报告书》，沈云龙主编：《近代中国史料丛刊三编》第51辑，台北：文海出版社，1989年，第15页。
　　② 李中舒：《甘肃农村经济之研究》，中央训练委员会西北问题研究室编：《西北问题论丛》第3辑，1943年，第45—46页。
　　③ 甘肃省政府：《甘肃统计年鉴》，兰州：甘肃省政府，1946年，第95—96页。
　　④ 谷苞：《会宁县农家经济概述》，《西北论坛》1949年第7期，第9页。

及半自耕农之比例较高，而佃农与雇农之比例较低。"① 在河西山丹县的调查中，甲村 126 户农家，只有 1 户为佃农；乙村 64 户农家"全为自耕农"。因此，随着河西农业生态环境恶化（表现在森林砍伐、水利失修等方面），"由于土地报酬太低微，以土地作为剥削工具的租佃关系并不太占重要地位。"② 同时，农业生态环境比较好的地区佃农所占比例比较高，如陇南某个村子（调查者隐去了村名）以水地与川地为主，雨量充足，土地肥沃，"就是河北大平原上的土地与之相较，也有逊色"。该村有 85 户农家，自耕农占 21.42%，半自耕农占 28.57%，佃农占 29.76%，赤贫无产者占 20.23%③。可见农业生态环境的好坏与土地租佃关系发达与否有很大的关系。因此，从农业生态环境的角度和土地报酬的多少来解释甘肃佃农经济不发达的原因是比较合理的。

但一些调查资料表明，甘肃民族地区的佃农比例比传统农业区要高出许多。如甘肃西南藏族聚居地区的宗教和土官制度对社会经济生活影响很大，土地制度与传统农业区相比有很大的差异。如拉卜楞寺所在地夏河"土地很少一部分是土官头目所有外，其余概为寺院所有"④，而且"寺院原有地产，再加上私人土地死后无嗣，布施给寺院的，所以寺院的土地一年比一年多起来，老百姓的土地一年比一年少下去。现在寺院的所有权，当占附近'13 庄'所有土地的 90% 以上。"⑤ 即寺院的教民如死后无人继承就将土地财物布施给寺院，使地权有向寺院集中的趋势。寺院土地则由"农民耕种，每年按期纳租，并无土地所有权，故农民俱为佃户。"⑥ 所以，夏河的佃农比例很高，据 20 世纪 40 年代调查，夏河县自耕农占 2.7%，半自耕农占 3.1%，租耕农占 94.2%。岷县、卓尼、临潭属于杨土司的辖区，地权也很集中。"地权属于杨土司，由土司衙门发给各番民耕种，没有租税，唯每家平常备一兵一马，听候调遣，作战时粮草亦由士兵自备。"⑦ 表面上土司的属民不交租，

---

① 铁道部业务司商务科：《陇海铁路甘肃段经济调查报告书》，沈云龙主编：《近代中国史料丛刊三编》第 51 辑，台北：文海出版社，1989 年，第 15 页。
② 高杰：《河西农村一角》，《西北论坛》1949 年第 7 期，第 20 页。
③ 李化方：《陇南一隅的佃农》，《西北论坛》1949 年第 7 期，第 16 页。
④ 王匡一：《甘肃西南边区之农业》，《西北经济通讯》1942 年第 7—8 期合刊，第 14—24 页。
⑤ 李宅安：《拉卜楞寺概况》，《边政公论》1941 年第 2 期，第 35 页。
⑥ 马无忌：《甘肃夏河藏民调查记》，贵阳：文通书局，1947 年，第 22 页。
⑦ 王匡一：《甘肃西南边区之农业》，《西北经济通讯》1942 年第 7—8 期合刊，第 14—24 页。

但实质上耕种的属民都是土司的佃农。这种现象只有在宗教和土官势力比较强的地区存在，其他地区罕有。另外，甘肃临夏是回民聚居区，也是西北马氏军阀的发源地，先后出任国民党政府西北行政长官1人，省主席6人，军长9人，师旅长39人，厅长、专员、县长22人。官僚地主有很强的势力，因此临夏的地权比较集中，"占全县总户数0.86%的地主，即占有全县耕地的29.3%。在抱罕乡，占总户数0.8%的地主，即占有全乡耕地的87%，而占总户数89%的贫雇中农，却只占有8%的耕地。"[①] 这里的大多数农民是马家官僚地主的佃户和雇工。同时在门宦制度下，权力掌握在"老人家"（乡绅）手中，土地也比较集中，如"大河家某氏竟有地3万—4万亩，窖藏现银达3万—4万两，富者在经济上既居绝对优势地位，在政治上亦有取得为霸一方之便利，于是小民生活乃陷于绝境矣。"[②] 可见，民国时期在甘肃宗教、土司和官僚势力统治比较强的地区，地权相对集中，佃农比例也高。这是甘肃地权与租佃关系的一个主要特点。

甘肃的佃农比例与全国尤其是北方既有相似性，也有特殊性，反映在租佃关系方面也是这样。传统农业区的租佃形态有分租、谷租、钱租三种，与中国其他地区基本上是相同的。如定西县的租佃方式有"（1）分租，租额由主佃预先议定，按若干成数分取粮食，多为主三佃七，间亦有主四佃六者。每届收获之时，佃户约同地主当场分用。（2）包租，佃户向地主缴纳定额之租谷，无论年岁丰歉，不得短少，普通每垧纳租谷2斗（一垧合2.5亩）。（3）钱租，主佃事先约定不论粮价高低，每垧纳钱若干，采用此种办法者，多因地主离土地遥远，或系庙田、学田与同类性质之公田，按地之好坏，每垧五角至二三元不等，县城内外菜园，每垧纳10元至15元不等。"[③] 会宁县韩家集的地租有两种形式，"一为'死租子'，一为'分份头'。所谓死租子是不论年成的好坏，均照双方议定的租额交付地租，小麦与糜谷各半。所谓分份头，是按照一定的比例分成。"在会宁的28户半自耕农建立的31个租佃关

---

① 中国科学院民族研究所、甘肃少数民族社会历史调查组：《甘肃回族调查资料汇集》，内部资料，1964年，第25页。
② 王树民：《陇游日记·河州日记》，中国人民政治协商会议甘肃省委员会文史资料委员会编：《甘肃文史资料选辑》第28辑，兰州：甘肃人民出版社，1988年，第282页。
③ 甘肃省银行经济研究室：《甘肃省各县经济概况》，兰州：甘肃省银行总行，1944年，第22页。

系中,"分份头"24个;"死租子"7个。在16户佃农建立的17个租佃关系中,"分份头"15个;"死租子"2个①,韩家集没有钱租,在物租中分租占主要地位。据1934年对甘肃21县的租佃形态统计表明,谷租占51.2%,钱租占14.3%,分租占34.5%②。又据王智调查,"河西一带,行纳租谷法者最多,粮食分租法者次之,纳租金法者甚少。陇东、陇南、洮河流域、及旧兰山道属一带,纳租谷法与粮食分租法相埒,皋兰一县,间有纳租金法者,但除城郊外,他处无之。"③皋兰、临洮城郊"最好水地亦有每年纳租洋10元至15元者。"④即在城郊种植蔬菜等上好的土地出租时,才实行钱租。又如对平凉、天水、武威155户农家调查中,"地租形态,及全部为物租,虽有钱租但所占成数微不足道。"⑤可以看出,在租佃形态方面,甘肃以物租为主,钱租所占比重不大,除了城市郊区土地肥沃的菜地,而其他土地很少有钱租。这种情况与中国其他地方的地租形态差不多,如20世纪30年代调查,河南谷租13%,分租占79%,帮工占8%,钱租比例极小;湖北谷租占78%,分租占9%,钱租占13%;安徽谷租占68%,分租占26%,钱租占6%;江西谷租占63%,分租占29%,钱租占7%⑥。可见,甘肃传统农业区与这些省份的地租形态与各种形态的分布方面有很多相似性。

地租率不仅反映在租佃关系中业佃双方所获得的报酬,也反映出地主对农民的剥削程度。民国时期甘肃农村"普通规例,山地一亩年缴租子一斗至二斗,原地约三斗,川地约四斗至六斗(水田较多,每坰不过二石)。尚有三七成或四六成分束捆者,即收获后将根茎叶颗束为小捆,地主分三成或四成,佃农占七成或六成。"⑦全省如此,各地又有很大的差别,如泾川"佃农对于

---

① 谷苞:《会宁县农家经济概述》,《西北论坛》1949年第7期,第12页。
② 实业部中央农业试验所:《中国各省佃农纳租方法及租额概况》,《农情报告》1935年第4期,第90页。
③ 王智:《甘肃农村经济现状的解剖(续)》,《西北杂志》1936年4期,第40页。
④ 《甘肃农业概况》,甘肃省政府建设厅:《甘肃省建设季刊》1934年7月至12月汇刊,第5页。
⑤ 李中舒:《甘肃农村经济之研究》,中央训练委员会西北问题研究室编:《西北问题论丛》第3辑,1943年,第46页。
⑥ 金陵大学农学院农业经济系:《鄂豫皖赣四省之租佃制度》,南京:金陵大学农业经济系,1936年,第40—42页。
⑦ 《甘肃农业概况》,甘肃省政府建设厅:《甘肃省建设季刊》1934年7月至12月会刊,第5页。

地主每年每亩纳租麦一斗二斗不等";平凉"佃农每年纳租夏禾一斗,秋禾2斗。"① 金塔"佃农租种地主之地,视地之肥瘠为出租之多寡,普通每年每亩地租麦2斗至3斗不等,粮草由佃户承纳,其他一切款项由地主承纳,与佃户无涉。"② 固原"全系谷租,每亩麦或豌豆,最高纳8斤,最低纳4斤,普通纳6斤。荞麦或莜、燕麦,最高纳6斤,最低纳3斤,普通4.5斤。以上系平原旱地,若山坡旱地,则普通每亩麦或豆纳4斤,荞麦或莜麦纳3斤。"③ 从上述各县地租情况来看,甘肃地租普遍比较低。表7是对甘肃12个县地租率的统计表。

表7　甘肃12县地租率表统计表　　　（单位：斗）

| 县名 | 皋兰 | 隆德 | 化平川 | 化平山 | 平凉夏 | 平凉秋 | 静宁 | 固原 | 榆中 | 景泰 | 靖远 | 定西 | 秦安 | 徽县 | 平均 |
|---|---|---|---|---|---|---|---|---|---|---|---|---|---|---|---|
| 纳租谷法地主所得 | 3.0 | 0.5 | 1.5 | 0.5 | 1.0 | 2.0 | 1.0 | 0.1 | — | — | — | — | — | — | — |
| 分租法地主所得（%）| 75 | 12.5 | — | — | — | — | — | — | 30 | 20 | 40 | 30 | 30 | 50 | 35.3 |
| 分租法佃户所得（%）| 25 | 87.5 | — | — | — | — | — | — | 70 | 80 | 60 | 70 | 70 | 50 | 64.7 |

资料来源：王智：《甘肃农村经济现状的解剖（续）》,《西北杂志》1936年第4期,第42页

表7中关于纳谷租法的统计数据,笔者曾根据各地农作物的亩产量进行地租率的计算,但所得结果无法说明地租轻重的真相,以计算失败而告终。诚如前人所言："在纳谷租法下,地租高低似相差甚大。但如云轻重,尚须明了土地之类别,升斗之大小及生产量等等。否则轻率从事,错误殊多。"④ 但从表7及前面的论述来看,纳租谷的地租率显然低于分租法的地租率。而至于分租法的地租率,皋兰地租率最高,地主要获得收获物的75%,隆德最低,地主只获得收获物的12.5%,各地平均地租率为35.3%。由此可以看出,甘肃的分租法的地租率平均水平略低于卜凯所调查的11处40.5%的平均线⑤。这也说明甘肃大部分地区地主对佃农的剥削程度比中国东部地区稍轻一些。

地租率的高低与许多因素有关,卜凯指出："各地地租率的高低,大都由于风俗习惯的不同,地价的高低,土地的肥瘠,栽培作物的种类,耕耘方法

---

① 陈言：《陕甘调查（下）》,北京：北方杂志社,1937年,第77—79页。
② 周志拯：《甘肃金塔县概况》,《开发西北》1934年第4期,第65页。
③ 民国《固原县志（上册）》,1948年手抄本,第198—199页。
④ 王智：《甘肃农村经济现状的解剖（续）》,《西北杂志》1936年第4期,第42页。
⑤ （美）卜凯：《中国农家经济》,张履鸾译,商务印书馆,1937年,第198页。

的精粗，歉年减租的规定，地主供给资本的多寡，及地主能否因土地所有权而增高社会上的地位等，而大有区别。"① 在卜凯列举的这些因素中，对甘肃地租率影响最大的因素包括两个方面：一是与土地肥瘠有关系。甘肃习惯是"上地地主六成佃户四成，中地地主与佃户各得五成，下地地主三成佃户七成。"② 表7分租法中"仅景泰一县，因土地过瘠，尚行二八制外"③，其他各县分别为三七制、四六制或五五制。又如会宁县的分租制中川地"四六分是最普遍的"，"租山地的个案共有四十二个"，其中35个是分租制，"三七分者占十八个，二八分者占十一个，超过三七分者五个。"④ 二是与业佃双方对土地的投资多少有关。如果业主不仅投资了土地，而且还投资了种子等部分生产资料，分成比例一般是对半分；业主只投资了土地，其他生产资料由佃户投资，其分成的比例大多数是主四佃六。平凉和武威的一般情况是"农具、肥料、种子等均由佃种者自行负担，由佃方承地主完粮者，亦极多，庄家收获后，按收获量分给地主三分之一。"天水是农具、肥料等由佃户承担，种子由业佃双方均摊，"租额按收获量平分。"⑤ 固原"佃农多系外县客民佃田耕种，年租多寡不等，由地主给牛及种籽，收获粮食，各半均分。"⑥ 河西分租的方法是"地主供给土地，负担田赋及捐税，佃户供给耕牛、劳力、种籽及生产工具，并无额外差徭，生产结果除去种籽其余对分，或主四佃六之分配，亦无押租及其他之苛扰。"⑦ 正如卜凯所言："对于分成租的制度，在中国北部，最为普通，但有时亦因地主是否借给种子肥料或房屋等而稍有差异。"⑧ 在笔者看到的材料中，地主给佃户提供耕牛、种子、农具的情况很少，五五分成在甘肃所占比例极小。因此，我们可以得出这样的结论，如果地主没有投资种子、耕牛、农具等生产资料，地租率大约在30%左右；如果地主投资了种子、耕

---

① （美）卜凯：《中国农家经济》，张履鸾译，商务印书馆，1937年，第200页。
② 南京国民政府司法行政部：《民事习惯调查报告录（上）》，北京：中国政法大学出版社，2000年，第401页。
③ 王智：《甘肃农村经济现状的解剖（续）》，《西北杂志》1936年4期，第43页。
④ 谷苞：《会宁县农家经济概述》，《西北论坛》1949年第7期，第12页。
⑤ 李中舒：《甘肃农村经济之研究》，中央训练委员会西北问题研究室编：《西北问题论丛》第3辑，1943年，第46页。
⑥ 陈言：《陕甘调查（下）》，北京：北方杂志社，1937年，第78页。
⑦ 施忠允：《西北屯垦研究（上）》，萧铮主编：《民国二十年代中国大陆土地问题调查资料》，台北：成文出版社，1977年，第36528页。
⑧ （美）卜凯：《中国农家经济》，张履鸾译，商务印书馆，1937年，第197页。

牛和农具等，地租率则达40%以上，超过50%的极少。

甘肃地租手续与地租期限长短有关，"大概租期在三年以上者，多觅保立约，短期租户，则只需请人作口头担保而已。如佃户诚实可靠，不荒废田地，则可年复一年，无形中变为长期佃户，亦不取立约手续。若就土地而言，水地多短期，旱地多长期，故履行立约手续者，多在旱地。"① 即租期比较长的写书面契约，租期短的用口头契约，一般旱地租期较长，订立书面契约，一些诚实的佃户即使长期租种，也不用写书面契约。河西"由业佃双方预先以书面契约或口头契约，言明缴纳生产物之种类与数量，按契约规定交租。"张掖"农民向地主租种田地，或为永久或系年限者，必须预先同人书写契约，以为凭据"。② 甘肃的租佃习惯只要佃户按期缴纳地租，地主不得夺佃。如陇西习惯规定："凡租种田地者，所纳之租名曰'团租'。按年送纳团租，或秋或夏，必有一定之时，且有一定之色，均（均之色）注明于约据内，佃户不得稍有更移。其纳团租能年年如约者，业主不得夺回其田，佃户之退与否，则可自由；若佃户有拖欠等事，业主始得夺之。其习惯已久，不能更易。"③ 这种"不能更易"的习惯实际上保护了农民的佃权，即农民在按时交纳租子的情况下对土地有长期使用权。即使业佃双方要解除租佃关系，也都要事先告知对方，一般地，"普通短期租户每年于秋天请地主分租田地若干，得允许后，即行翻犁，翌年下种。如地主不愿继续出租时，应于夏末通知佃户，如佃户不愿继续耕种时，亦须于夏末通知地主。至于'押租'之说，则各地均无。"④ 从这些习惯来看，佃户与地主之间完全是一种契约关系，而无强迫之事，甚至有的习惯对佃户长期租种土地是有利的。当然，也不排除个别地区地主对佃农剥削很重，如清水县地主"多为不劳而获之人，粮食燃料，皆为佃农供给，劳役亦由佃农代行，若有婚丧建筑之事，佃农则携猪带羊，担米挑柴，疾趋而至，供其驱使。"⑤ 在笔者翻检的关于民国时期甘肃租佃资料

---

① 王智：《甘肃农村经济现状的解剖（续）》，《西北杂志》1936年第4期，第41页。
② 李扩清：《甘肃省县实习调查日记》，萧铮主编：《民国二十年代中国大陆土地问题调查资料》，台北：成文出版社，1977年，第93490页。
③ 南京国民政府司法行政部：《民事习惯调查报告录（上）》，北京：中国政法大学出版社，2000年，第401页。
④ 王智：《甘肃农村经济现状的解剖（续）》，《西北杂志》1936年第4期，第41页。
⑤ 甘肃省银行经济研究室：《甘肃省各县经济概况》，兰州：甘肃省银行总行，1944年，第160页。

中，在汉族农业区地主额外役使佃农，像清水这样的情况是十分少见。总的看来，在民国时期甘肃的租佃关系中，佃户对地主的人身依附关系十分淡薄，与章有义对徽州、史建云对华北地区租佃关系的研究所得出的结论十分相似，佃户对地主只有"单纯纳租义务"，租佃关系基本上契约化了[①]。说明民国时期甘肃传统农业区的租佃关系已经摆脱了租佃关系中地主与佃农之间人身依附关系的因素。

在甘肃西南地区，租佃关系与汉族农业区有很大的差异。以拉卜楞寺为中心的夏河，土地属于寺院，生活在寺院周围的农民以租种寺院的土地为生。这里的租佃关系的特点是：（1）实行永佃制。凡是和寺院建立了租佃关系的农家，只要按时给寺院缴纳地租，就可以长期耕种，所以"拉卜楞之土地，若以地权论，是为寺院所有，若以制度言，实为永佃制。"至于佃农如何利用土地，寺院并不干涉。租子是每年农作物收获后，佃户直接送给寺院，佃农与寺院很少发生租佃纠纷。（2）地租形态有物租和力租两种。拉卜楞寺土地面积和租子都是以斗来计算，所谓1斗地就是可以下1斗（当地每斗约合15市斗）种子的土地，约合6市亩。地租是斗地斗粮或斗地半斗粮[②]，即租1斗地交1斗粮或半斗粮的租子。藏民地区农作物产量以种子的倍数来计算，几种重要的作物种子与产量的倍数是青稞5倍，马铃薯7倍，小麦3倍，豆类2倍，平均为4.25倍[③]。因此，如以斗地斗粮计算，地租率为23.5%；如以斗地半斗粮来计算，地租率为11.8%。另据马鹤天1936年5月25日与夏河喳喳滩寺（音）附近数家回民、汉民交谈，"据云系由河州避难而来，所种之田，系租自寺中，每斗地每年可收青稞3—4斗，纳租青稞面20斤（每斗可得面60斤）。"[④]如果以斗地产量3—4斗计算，可磨青稞面180—240斤，而纳租只有20斤，每斗地的租率只有8.33%—11.1%。单从地租来看，寺院对佃户的剥削率是很低的。但是，凡租种寺院土地的佃户，还要为寺院负担各种劳役，即力租，寺院的修建、喇嘛的出行等都是由佃农当差。如果是寺院公差，佃农要自备一切；

---

[①] 章有义：《近代徽州租佃关系案例研究》，北京：中国社会科学出版社，1988年，第320页。史建云：《近代华北平原地租形态研究》，《近代史研究》1997年第3期，第168—184页。
[②] 陈圣后：《拉卜楞经济概况》，《甘肃贸易季刊》1943年第2—3期合刊，第61页。
[③] 王匡一：《甘肃西南边区之农业》，《西北经济通讯》1942年第7—8期合刊，第17、19页。
[④] 马鹤天：《甘青藏边区考察记》，兰州：甘肃人民出版社，2003年，第22页。

如果是昂欠与活佛的私差，"可管老百姓的吃食"①。可见，在以寺院经济为核心的地区，佃农不仅要缴纳实物地租，而且还有劳役地租。

土司辖区的土地所有权属于土司和寺院，租佃关系也有其特殊性。如卓尼的"兵马田"制度和"僧田"制度规定，"所耕之田，主权属于土司，人民耕其田而服其役，准耕不准卖，不续耕者则还之于土司，另授他人。"②"杨土司治下每一住民需当兵才领种一份兵田，或是舍身喇嘛寺院，才可领得一份僧田，无论兵田或僧田，每份均在十亩左右，视土地肥瘠增损之，僧田只准转佃不准佃卖。人死了，土地就应还给土司。"③ 从制度上来说，这种"兵马田"和"僧田"亦是永佃制的一种形式。凡是耕种"兵马田"的佃户，对土司负有"力役与财赋上的种种义务，比如纳粮、纳钱、纳柴草、当兵、当乌拉等。"④ 租种"兵马田"的佃农，一是要自己准备兵马，随时"以供调遣服役"，这是力租形态的表现。二是每个农户要缴纳1斗粮、1车草，这是物租形态的表现。三是每户缴纳300文制钱，这是钱租形态的表现。因此，在卓尼的租佃关系中，"是具备了地租的各种形态——力租、物租与钱租。"⑤ 临潭藏民耕种的土地，也是属于土司的，他们出租土地给藏民和汉民耕种。"佃户以藏民为主，但回汉人民亦有，因为土司只求佃农按期纳租，没有民族的歧视。每斗地租额3市斗青稞。这些佃户对土司只有种地纳租的义务，对政府没有田赋的负担，但其他差徭，和汉回民是一例的。佃农的住所，由地主供给，牲畜有时佃户自备，有时也由地主供给，其他用具，概系佃户自己提供。于此有一点需当注意，临潭境内几个土司所属佃户的数目，历代鲜有变动，原来的佃户退佃或死而无后，另招一家来承租。每户的农场面积，不再分割或合并，多少年来他们就维持着这种制度，并靠着这种制度维持着他们（土司）的生活。"⑥ 临潭租佃关系与卓尼的共性在于均为永佃制；不同在于因临潭土司的权力比较小，佃农负担比卓尼小，只有物租与力租，没有钱

---

① 李宅安：《拉卜楞寺概况》，《边政公论》1941年第2期，第35页。
② 王树民：《陇游日记·洮州日记》，中国人民政治协商会议甘肃省委员会文史资料委员会编：《甘肃文史资料选辑》第28辑，兰州：甘肃人民出版社，1988年，第174页。
③ 明驼：《卓尼之过去与未来》，《边政公论》1941年第1期，第92页。
④ 谷包：《汉人怎样的定居于卓尼番区》，《西北论坛》1947年创刊号，第13页。
⑤ 王匡一：《甘肃西南边区之农业》，《西北经济通讯》1942年第7—8期合刊，第17页。
⑥ 王匡一：《甘肃西南边区之农业》，《西北经济通讯》1942年第7—8期合刊，第17—18页。

租；地主还给佃农提供住所和部分牲畜；如果每斗地合6市亩，每亩产青稞10.5市斗计算①，每斗地的地租率仅有4.8%，是很低的。如果加上力租等其他差徭，地租率还是较卓尼低一些。总之，甘肃西南边区与汉族农业区不同，佃农不仅和寺院、土司有着较强的人身依附关系，而且佃农除了缴纳租税外，还要承担寺院和土司额外的各种应酬和劳役。因此，夏河、卓尼、临潭租佃制度反映了民国时期甘肃藏族地区寺院和土司经济占中心地位的租佃关系的传统特征。

## 四、农家的收支与生活

据对平凉、天水、武威155户农家的调查，平均每户农场周年收入是：武威524.79元，天水492.71元，平凉399.62元，平均472.37元。田场的收入由现金和非现金收入构成，在上述155户农家调查中，非现金收入占2/3，现金收入占1/3。农场的非现金收入平凉占80.79%，天水占66.4%，武威占55.92%②。结合表2来看，在农场收入中，农家田场面积越大，非现金收入的比重越高。对榆中农家的调查中，每个场主平均的作物收入为304.78元，每个地主平均收入16.25元，合计每个农场收入为321.03元③。农家除了田场收入外，还有副业收入。在上述被调查的155户农家中，副业收入平均为123.50元④，加上作物收入，平均每户农家收入为576.54元，副业收入占21.4%，作物收入占78.6%。榆中农家除了作物收入外，还有牲畜产品如鸡蛋、肉、皮、毛、乳、肥料等收入，据有记载的31户农家，家用部分和出售部分合计平均每个农家为16.77元；农场杂项（包括作物秸秆、水果、树木、柴草、家庭工业等）平均每个农家为67.23元（其中出售部分为32.1元，家用部分为35.13元）⑤，两项合计为84元。加上作物收入，榆中每个

---

① 王志文：《甘肃省西南部边区考察记》，兰州：甘肃省银行研究室，1942年，第49页。
② 李中舒：《甘肃农村经济之研究》，中央训练委员会西北问题研究室编：《西北问题论丛》第3辑，1943年，第39、40页。
③ 陈景山：《甘肃榆中农家田场经营调查之分析》，《西北经济通讯》1941年第2期，第14页。
④ 李中舒：《甘肃农村经济之研究》，中央训练委员会西北问题研究室编：《西北问题论丛》第3辑，1943年，第40页。
⑤ 陈景山：《甘肃榆中农家田场经营调查之分析》，《西北经济通讯》1941年第2期，第15—16页。

农家总收入为405.03元,副业占20.7%,作物占79.3%。因此,以农业生产为主的地区,农家生活收入的80%左右依靠作物的收入,20%依靠副业收入。

在农家经济中,佃农与自耕农的收入有很大的差距,在上述155户农家调查中,自耕农收入最多为480.81元,半自耕农为414.03元,佃农为126.74元①。佃农经营的农场收入只是半自耕农的30.61%,自耕农的26.36%。这还只是毛收入,在租佃制度之下,佃农的纯收益与自耕农和半自耕农相比少得可怜,在上述155户农家中,自耕农平均为176元,半自耕农为152.6元,佃农仅为12.74元,"自耕农较佃农高出14倍,各县虽有差异,但自耕农优于佃农则均一致。"② 表8是自耕农与佃农经营每亩耕地的支出和收入的比照表。

**表8 甘肃农田使用成本与收益比较表** (单位:亩③)

| 田别 | 支出 | 收益 | 价值 | 实益 | 备考 |
|---|---|---|---|---|---|
| 水地 | 种籽:1.5元<br>肥料:5.0元<br>田租:10.0元<br>粮食:3.7升(折洋1.58元)<br>粮赋:2.15元<br>统计:自耕农8.65元<br>佃农18.65元 | 麦:32.0升<br>稻:20.0升<br>杂粮:45.0升 | 麦:16.0元<br>稻:28.0元<br>杂粮:15.75元<br>平均:19.92元 | 自耕农:11.27元<br>佃农:1.27元 | 1. 本表各项数目字以省会所在地皋兰县委标准。<br>2. 粮赋系根据赋役全书规定之等折中填注。<br>3. 肥料价就仅皋兰附近农村购施情形而言,实则大多数普通农家均系自营,用钱购买者不多见也 |
| 旱地 | 种籽:1.0元<br>肥料:4.0元<br>田租:3.5元<br>粮食:2.7升(折洋1.35元)<br>粮赋:1.55元<br>统计:自耕农6.55元<br>佃农10.05元 | 麦:20.0升<br>杂粮:35.0升 | 麦:10.0元<br>杂粮:3.25元<br>平均:6.625元 | 自耕农:4.605元<br>佃农:0.655元 | |

资料来源:甘肃省政府建设厅:《甘肃农业概况》,《甘肃省建设季刊》1934年7月至12月会刊,第4页。

从表8来看,每亩水地支出中,自耕农为8.65元,佃农的支出为18.65

---

① 李中舒:《甘肃农村经济之研究》,中央训练委员会西北问题研究室编:《西北问题论丛》第3辑,1943年,第39页。

② 李中舒:《甘肃农村经济之研究》,中央训练委员会西北问题研究室编:《西北问题论丛》第3辑,1943年,第44页。

③ 此亩为旧制亩数。

元，收获价值平均为19.92元，自耕农获益为11.27元，佃农获益为1.27元，佃农获益只是自耕农的11.27%；每亩旱地支出中，自耕农为6.55元，佃农的支出为10.05元，收获价值平均为6.625元，自耕农获益为4.605元，佃农获益为0.655元，佃农获益仅是自耕农的14.22%。但该表把粮赋算在佃农支出中，实际上在甘肃的租佃关系惯例中，粮赋一般是由地主承担的，因此表8佃农支出很高，获益很低。如果把粮赋从佃农的支出中减去，那么佃农的获益水地为3.42元，旱地为2.21元，这样佃农获益水地是自耕农的30.35%，旱地是47.99%。笔者认为该比例与上述155户农家调查比较接近，也符合甘肃的租佃关系惯例。总之，在农场收入中，佃农的收入只是自耕农收入1/4到1/3，旱地佃农收获比例达到1/2弱。在租佃关系中，无论地主如何仁慈，地租率多低，佃农的劳动总是有一部分被地主所剥削，这是毫无疑问的。

下面我们来分析农家收支问题。农家收入有两种最基本的途径，一是作物收入，一是副业收入；农家支出也是两部分，一是生产过程中的成本投入（包括赋税），一是家庭日常生活中的开销。表9是以河西地区有50亩耕地的农家为例，来分析农家的收支状况。

**表9 河西地区农家收支状况统计表**

| 农家收入 | 农业支出 | 家庭支出 |
| --- | --- | --- |
| (1) 麦收24石，每石8元，值洋192元 | 肥料：20元 | 饮食：84元 |
| (2) 谷收5石，每石5元，值洋25元 | 农具：12元 | 衣服：21元 |
| (3) 糜收4石，每石5元，值洋20元 | 家畜：8元 | 燃料：12元 |
| (4) 马铃薯540斤，每百斤1元，值洋5.4元 | 饲料：12元 | 医药：3元 |
| (5) 鸦片收30两，每两0.3元，值洋9元 | 种籽：20元 | 交际：2元 |
| | 工资：24元 | 其他：1元 |
| | 田赋及捐税：90元 | |
| | 合计：186元 | 合计：123元 |
| 合计：251.4元 | 共计：309元 ||

资料来源：李扩清：《甘肃河西农村经济之研究》，萧铮主编：《民国二十年代中国大陆土地问题调查资料》，台北：成文出版社，1977年，第26453—26455页

表9反映一个拥有50亩田场的自耕农的收支情况。该农家每年作物的收入为251.4元。农家支出由两部分组成，一部分是农业支出，包括肥料、

农具、家畜、饲料、种籽等生产资料以及工资、田赋和捐税，计186元；一部分是家庭支出，包括饮食、衣服、燃料等生活资料和医药、交际等费用的支出，计123元，合计为309元。仅从农场收入来看，拥有50亩耕地的农家单凭作物的收入满足不了生活的需要，尚缺57.6元，缺额为18.6%。如果以前文155户农家和榆中农家副业占农家收入的20%为例来计算，该农家副业收入应为62.9元，总收入为314.3元。因此，拥有50亩耕地的自耕农如果加上家庭副业是可以勉强维持生活的。又如武威县南乡一农户种地1石（土地面积单位，下文"斗"亦同），家有5口人，其收支情况如表10。

表10 武威县南乡一户半自耕农家庭收支统计表

| 收入 | 农业支出 | 赋捐支出 | 家庭消费支出 |
| --- | --- | --- | --- |
| 小麦：种5斗，收3石，值24元 | 小麦种：7.2元， | 赋粮：4.5元 | 食费：70元 |
| 谷子：种2.5斗，收7.5石，值2.3元 | 谷种：0.375元， | 赋草：1.05元 | 衣料：7元 |
| 大烟：种1.5斗，收烟50两，值30元 | 马铃薯种：4.5元， | 烟亩罚款：15元 | 杂用：5元 |
| 马铃薯：种1斗，收1000斤，值5元 | 肥料：10元 | 粮草串粟小帖：0.1元 | |
| 麦草：收60束，值3元 | 青工：7.5元 | 警察司法费：0.3元 | |
| 谷草：收50束，值5元 | 收工：12元 | 县差费：1.3元 | |
| 烟子：收5斗，值4元 | 畜料：10元 | 乡约杂费：0.4元 | |
| | | 车马差役：0.56元 | |
| | | 乡区公所费：2.5元 | |
| | | 其他杂项：9元 | |
| | 合计：51.6元 | 合计：34.7元 | 合计：82元 |
| 合计：73.3元 | 总支出合计：168.3元 | | |

资料来源：国立暨南大学西北教育考察团：《西北教育考察报告》，1936年印行，佚名：《中国西部开发文献》第8卷，北京：全国图书馆文献缩微复制中心，2004年，第256—258页

表10是一个半自耕农的收支情况，该农家各种收入为73.3元，有3项大的支出，即农业支出51.6元，赋捐支出34.7元，家庭支出82元，共计168.3元。该农家收支相抵后尚缺95元，占总支出的56.4%，一年的收入不足家庭支出的半数需要，即使有一定的副业收入也很难维持温饱。我们再看甘肃西南边区民族地区农家的收支状况，见表11。

表 11 岷县、临潭、卓尼、夏河农户收支统计表

| 项目<br>县别 | 收入(元) |  |  |  | | 农场支出(元) |  |  |  |  |  | | 家庭支出(元) |  |  |  |  | |
|---|---|---|---|---|---|---|---|---|---|---|---|---|---|---|---|---|---|---|
|  | 作物 | 副业 | 牲畜 | 合计 | | 肥料 | 种籽 | 农具 | 饲料 | 田捐 | 合计 | | 饮食 | 衣服 | 婚丧 | 教育 | 其他 | 合计(元) |
| 岷县 | 1057.0 | 455.0 | 990.0 | 2502.0 | | 174.0 | 103.0 | 75.0 | 391.0 | 199.0 | | | 1250.0 | 370.0 | 12.0 | 7.0 | 85.0 | 2666.0 |
| 百分比(%) | 42.2 | 18.2 | 39.6 | 100 | | 6.5 | 3.8 | 2.8 | 14.8 | 7.5 | | | 46.8 | 13.8 | 0.5 | 0.3 | 3.2 | 100 |
| 临潭 | 912.0 | 388.0 | 900.0 | 2200 | | 150.0 | 100.0 | 50.0 | 350.0 | 200.0 | | | 1000.0 | 350.0 | 10.0 | 5.0 | 70.0 | 2285.0 |
| 百分比(%) | 41.5 | 17.6 | 40.9 | 100 | | 6.6 | 4.4 | 2.2 | 15.3 | 8.8 | | | 43.8 | 15.3 | 0.4 | 0.2 | 3.1 | 100 |
| 卓尼 | 950.0 | 250.0 | 915.0 | 2115 | | 102.0 | 121.0 | 41.0 | 405.0 | 120.0 | | | 1105.0 | 240.0 | 50.0 | — | 50.0 | 2234.0 |
| 百分比(%) | 44.9 | 11.8 | 43.3 | 100 | | 4.6 | 5.4 | 1.8 | 18.1 | 5.4 | | | 49.5 | 10.8 | 2.2 | 0 | 2.2 | 100 |
| 夏河 | 920.0 | 120.0 | 1250.0 | 2290.0 | | 95.0 | 157.0 | 35.0 | 440.0 | 135.0 | | | 1150.0 | 120.0 | 50.0 | — | 70.0 | 2252.0 |
| 百分比(%) | 40.2 | 5.2 | 54.6 | 100 | | 4.2 | 7.0 | 1.6 | 19.5 | 6.0 | | | 51.1 | 5.3 | 2.2 | 0 | 3.1 | 100 |
| 平均 | 959.8 | 303.3 | 1013.8 | 2276.8 | | 130.3 | 120.2 | 50.3 | 396.5 | 163.5 | | | 1126.3 | 270.0 | 30.5 | 3.0 | 68.7 | 2359.3 |
| 百分比(%) | 42.2 | 13.3 | 44.5 | 100 | | 5.5 | 5.1 | 2.1 | 16.9 | 7.0 | | | 47.9 | 11.5 | 1.3 | 0.3 | 2.9 | 100 |

注：1. 收入中的"牲畜"包括牲畜及副产品。

2. 农场支出中的"田捐"是指田赋及捐税。

3. 家庭支出中的"其他"包括杂费及其他。

4. 各县百分比，各县平均值与总百分比均由笔者计算

资料来源：王志文《甘肃省西南部边区考察记》，兰州：甘肃省银行研究室，1942年，第55—61页

甘肃西南边区是一个农牧兼营的地区，农家经济收入主要来源于作物、副业与牲畜及副产品，四县平均收入为2276.8元，其中，作物占42.2%，副业占13.3%，牲畜及副产占44.5%。可见，在甘肃西南边区农家收入主要来源于作物与牲畜养殖。作物收入卓尼最高占44.9%，夏河最低占40.2%；副业收入岷县最高占18.2%，夏河最低占5.2%；牲畜及其副产夏河最高占54.6%，岷县最低占39.6%。在各县农家的收入和支出中，除了夏河略有盈余外，其他各县都是入不敷出，各县差额卓尼为5.6%，临潭为3.9%，岷县为6.1%。尽管西南边区农家支出与收入不敷的差额很小，但教民消费有其特殊性。甘肃西南边区是一个宗教信仰十分盛行的地区，当地藏族农家还有一项支出，即农牧民家有疾病和死亡后无不花大量的钱财央请寺院喇嘛念经，宗教活动是该地农牧民家庭的一项主要支出，但在该项统计中没有。因此，如果加上各种宗教活动的支出，这里的农家收入与支出的差额会更大。

通过表9、10、11来看，民国时期甘肃农家支出中，家庭生活消费支出高于农业生产投资，表9的自耕农生活消费为123元，农业投资（除赋税外）为96元，分别占总支出的39.8%和31.1%。表10的半自耕农家庭消费支出为82元，农业生产支出为51.6元，分别占家庭总支出的52.4%和30.7%。表11中西南边区民族地区4县的饮食和服装平均为1396.3元，占支出总量的59.2%，农业投资697.4元，占29.6%。如果对表9、10的农家支出平均计算，家庭支出中，农业投资和税收占57.5%，家庭支出只占42.5%。因此，农家生活消费支出高于农业投资支出是民国时期甘肃农家消费的主要特点，说明民国时期甘肃农家生活维持在一个非常低的水平。关于农家生活低水平生活状况，文献多有记载，如岷县农家"生活至为简单，食则以山芋、青稞等杂粮充饥。御寒之衣则为土产之麻布及毛毡一袭，故常年烧炕，藉资取暖"；定西农民"衣服食住多不讲求，但求衣蔽体、食果腹而已"；陇西"农民经济生活极为艰苦。"秦安"全县多佃农、半自耕农，且无论贫富，食则高粱淡饭，衣则土布粗服"；甘谷是甘肃编织副业比较发达的县，从年轻妇女到龙钟老太"手不停编"，但生活依然维艰，"一般农民终年劳动，仅得粗食布衣，生活之艰苦宛如其他县份之一般农民也"；文县碧口"往往一年之经营，不足供半载之所需，其生活困苦之情况，概可知矣"；抗战爆发后，文县药材卖不出去，"农村经济亦随之顿形枯竭，农民生活寒苦万状，每日食用一次者，比比皆是"；泾川农民"生活状况甚为疾苦"。① 抗战时期平凉"物价飞涨，农业收入多不富足，兼之各种负担较重，故生活均极贫苦。"② 固原农民"终年辛苦所得，除供给纳款外，其所余不敷应用。"③ 榆中"大部分农家所入不敷所出，能自给自足者即为小康之家。"④ 风调雨顺的年景农家生活尚且如此维艰，一旦遇上灾年，其情景可以想象。

在入不敷出的情况下，农家不得不举债以维持生计。据20世纪30年代对酒泉1754户农家调查，不负债者仅占0.5%，不能负债者占12.5%，负债者87.0%；负债数量在10—50元者占60%，50—100元者占30%，100—200元者占7%，200—300元者占3%；负债原因50%为缴纳税款，40%为口粮，10%为杂用⑤。另据实业部1933年12月对甘肃21个县的调查，农家负债率为63%⑥。在对平凉、天水、武威155户农家调查中，平凉农家负债率为73.08%，天水为54.3%，武威为63.83%，平均为63.74%，与实业部的调查几无差别；155户农家负债用于日常生活的占56.81%，农业生产的占28.47%，纳税占4.54%，还债占3.52%⑦。可见，民国时期甘肃农家的负债率是很高的，平均达63%，比全国农家平均负债率高出7个百分点（据1933年的调查全国农家负债率平均为56%），仅次于哈尔滨、浙江和陕西⑧，居第4位。民国时期甘肃农家的负债用于日常生活和纳税达60%以上，河西高达90%。生活拮据的农家不得不借债维持生活和缴纳赋税，一旦举债，犹如掉进黑洞，沉重的债务将使农家生活陷入更加贫困的境地。

## 五、农村贫困的根源

在以往的观念和革命范式的框架下，把农村破产和农民生活贫困的

---

① 甘肃省银行经济研究室：《甘肃省各县经济概况》，兰州：甘肃省银行总行，1944年，第11、21、57、66、103、139、144、153页。

② 《平凉经济调查》，《陕行会刊》1943年第3期，第55页。

③ 陈言：《陕甘调查（下）》，北京：北方杂志社，1937年，第78页。

④ 陈景山：《甘肃榆中农家田场经营调查之分析》，《西北经济通讯》1941年第2期，第22页。

⑤ 李扩清：《甘肃河西农村经济之研究》，萧铮主编：《民国二十年代中国大陆土地问题调查资料》，台北：成文出版社，1977年，第26484—26485页。

⑥ 《各省农民借贷调查》，《农情报告》1934年第4期，第30页。

⑦ 李中舒：《甘肃农村经济之研究》，中央训练委员会西北问题研究室编：《西北问题论丛》第3辑，1943年，第48页。

⑧ 《各省农民借贷调查》，《农情报告》1934年第4期，第30页。

主因归结于地权分配不均、人地关系紧张和租佃关系等方面。民国时期甘肃农村经济破产和农家生活贫困是没有疑问的,但农家生活贫困化的主要原因是什么?是人地关系紧张问题,抑或是租佃关系问题,还是另有原因?

如前文所言,甘肃农家有半数以上存在耕地不足的问题,但耕地不足与农村经济破产和农家生活的贫困是否一定有决定性的因果关系?其实,1949年以前甘肃人地关系最紧张之时并不在民国,而在清代乾嘉时期。乾隆初年,由于人口大幅度增长,甘肃农家因土地缺少时有争讼发生,"丁口愈盛,食指愈繁,田地贵少,寸土寸金,奸民觊觎,借端争控,哓哓不已。"[①] 嘉庆二十五年(1820),甘肃(包括今宁夏和青海)实有耕地为 3414 万亩,人口为 1523.9 万,人均耕地仅有 2.24 亩,而兰州、巩昌、庆阳、阶州、肃州的人均耕地还不足 1.5 亩,这是甘肃人地关系最紧张的时候,农家生活虽然贫困,但还不像民国时期那样严重[②]。但经过了同治年间甘肃社会大动荡后,到光绪三十四年(1908)实有耕地为 2747.6 万亩,人口为 509.4 万,人均耕地为 5.39 亩[③],是嘉庆时期人均耕地的 2.4 倍。由于人口锐减,人地关系紧张的矛盾得到缓解,但社会频繁动荡,农家的日子并不因人均耕地成倍地增加而有所好转,反而日益贫困化。据 20 世纪 30 年代统计,甘肃的耕地面积为 2351 万亩[④],人口为 607.5 万人[⑤],人均耕地为 3.9 亩,仍比嘉庆时期高 1.66 亩。经过国民政府西部开发后,甘肃的耕地面积有了很大的增加,1944 年耕地面积为 3819.1 万亩,人口为 656.5 万[⑥],人均耕地 5.8 亩,是嘉庆时期的 2.4 倍。尽管 1944 年甘肃耕地面积的统计可能偏高,但至少能够说明民国时期甘肃人地关系比乾嘉时期减轻了许多。再从人均粮食消费上来看,据

---

① 《清高宗实录》卷 175,北京:中华书局,1985 年。
② 高杰:《河西农村一角》,《西北论坛》1949 年第 7 期,第 18 页。
③ 石志新:《清代后期甘宁青地区人口与耕地变量分析》,《中国农史》2000 年第 1 期,第 72—79 页。
④ 实业部中国经济年鉴编纂委员会:《中国经济年鉴》第 1 卷,上海:商务印书馆,1936 年,(F)第 2 页。
⑤ 侯杨方:《中国人口史》第 6 卷,上海:复旦大学出版社,2001 年,第 134 页。
⑥ 甘肃省政府:《甘肃统计年鉴》,兰州:甘肃省政府,1946 年,第 97、51 页。

1944年统计，甘肃小麦、糜子、谷子、荞麦、燕麦、青稞、玉米、水稻等常年总产量为2232.8万市担，人均产量为3.4市担，即340市斤，人均每天可供消费的粮食为0.93市斤。如果加上马铃薯常年产量760.4万市担，其他作物（有豌豆、扁豆、大麦、胡麻、洋麦、黑豆、黄豆、蚕豆、黑豆等，不包括棉花、大麻、烟草等经济作物）常年产量为566.7万市担[1]，合计为1328.1万市担，人均为2.0市担，可补主食之不足。前后两项合计可供人均消费的粮食为5.4市担，即540市斤，每天平均消费1.48市斤。又据河西15个县人均粮食产量调查，每人每年可供消费的粮食大米8市斤，小麦406.3市斤，杂粮411.1市斤，合计为825.4市斤[2]，农民每天可供消费的粮食为2.26市斤。从全省和河西的人均粮食产量来看，如果加上20%的农家副业收入，足以说明尽管农家耕地不足，但维持最低生活水平是没有太大的问题。正如李金铮对定县人地关系研究后认为，不论从维持最低粮食消费还是从最低生活的角度看，现有的耕地也能够满足农民需要，再加上副业农民生存是没有多大问题，因此"农民生活的贫困主要不是人口压力"，而是另有原因[3]。

从土地租佃关系的视角来看，地主对佃农的剥削是不争的事实，但是否足以导致农村经济破产和农家贫困？就甘肃而言，如前文所述，地租率是比较低的，地主收过地租后，在正常年景佃农尚可维持最低生活水平。如清水是甘肃少有的地主对农民剥削较重的地区，佃农"每年地租支出，为其最重负担，终年碌碌，仅足糊口，故丰年尚勉能仰事俯畜，凶年则难免冻饿之忧。"[4] 佃农只有在凶年才有"冻馁之忧"。固原地主对佃农剥削稍轻，小麦每亩平均纳租6斤，杂粮每亩普通纳租4.5斤。小麦以亩产70市斤计，租率为8.6%；杂粮以每亩70市斤计，租率为6.4%。固原地主不仅地租率较低，

---

[1] 甘肃省政府：《甘肃统计年鉴》，兰州：甘肃省政府，1946年，第99页。
[2] 施忠允：《西北屯垦研究（上）》，萧铮主编：《民国二十年代中国大陆土地问题调查资料》，台北：成文出版社，1977年，第36543页。
[3] 李金铮：《也论近代人口压力：冀中定县人地比例关系考》，《晚清以降的经济与社会——第二届中国近代社会史国际学术讨论会论文集》上册，乌鲁木齐，2007年8月，第275—284页。
[4] 甘肃省银行经济研究室：《甘肃省各县经济概况》，兰州：甘肃省银行总行，1944年，第160页。

而且地主与雇工之间"有一种习惯，乡间大地主，往往招致丁壮，使其力耕，将来分给田地，以酬其劳。"因此该县"西乡有自静宁迁来者，初为人佣，数年之后如自开垦，又数年即成富有。"① 这虽属于特例，不能代表普遍现象，但作为一个例证说明地主对农民的剥削程度是有限度的。河西的租佃关系不发达，"其租佃者仅限于鳏寡孤独及少数不在地主，故河西租佃问题并不严重。"地主对佃农的剥削仅限于收租，"无其他义务"，而且"河西一带之定额物租，因年成丰歉而有伸缩之余地，租额每亩普通为五市斗，歉年则可请业主按田地实产量均分或酌减租额。"② 这些都说明在租佃关系中，虽然地主对农民进行剥削，但还没有到使农家经济濒临破产的地步，也不是导致农家生活贫困的主要原因。因此有学者指出："在河西若仅从土地的再分配上着眼，即使达到了'耕者有其田'的目的，仍然是解决不了农村问题的。"③ 可谓一语中的。

那么，导致民国时期甘肃农家经济贫困的主因是什么？我们从农家支出中来寻造成农家生活贫困的原因。表9反映自耕农全家的总支出为309元，其中，田赋和税收为90元，占总支出的29.1%，而占总收入的35.8%。表10反映半自耕农全家总支出为168.3元，其中，田赋和税收为34.7元，占总支出的20.6%，而占总收入的47.3%。又据1933年调查，临泽县沙河镇有土地10亩的农家，收入只有92元，而支出有28项，计166元。其中，农业和家庭支出8项，计115元；其所有收入全部维持生产和生活尚且困难，缺额达23元。此外还要负担田赋和捐税达20项之多，共计51元④，占总支出的30.7%，占家庭全部收入的55.4%。从上述农家的支出来看，所承担的田赋和捐税占到农家收入1/3多或超过半数之多，农家焉能不贫困！农家负担从何而来？我们先看表12。

---

① 甘肃省银行经济研究室：《甘肃省各县经济概况》，兰州：甘肃省银行总行，1944年，第47页。
② 施忠允：《西北屯垦研究（上）》，萧铮主编：《民国二十年代中国大陆土地问题调查资料》，台北：成文出版社，1977年，第36527—36529页。
③ 高杰：《河西农村一角》，《西北论坛》1949年第7期，第20页。
④ 李扩清：《甘肃河西农村经济之研究》，萧铮主编：《民国二十年代中国大陆土地问题调查资料》，台北：成文出版社，1977年，第26463—26465页。

表12　河西金塔大坝村、敦煌南湖村、临泽县沙河村农家负担统计表（单位：元）

| 村别 | 敦煌南湖村 | 金塔县大坝村 | 临泽县沙河村杂款 |
|---|---|---|---|
| 项目 | 36师军马9匹：360.00<br>差车死牛16头：500.00<br>来往军队吃羊235只：400.00<br>粮秣供应56担：1 500.00<br>军装费：717.00<br>军粮、棉花、洋铁：280.00<br>征兵价、补官价：1 040.00<br>烟土（军用）1 800两：1 260.00<br>军用牛羊皮：153.00<br>军用品人情杂项：820.00<br>本色折粮64石：1 560.00<br>指粮借价：120.00<br>金库卷：320.00<br>种烟罚金：2 300.00 | 36师借款：725.82<br>雇兵费：30.00<br>烟亩罚款：2 924.00<br>提头借款：320.00<br>三成借款：291.00<br>金库卷：540.00<br>军用车价：166.00<br>7个月警费：151.20<br>印花摊款：40.00<br>报存烟土摊款：264.00<br>区公所补助费：40.00<br>夏季警装费及兵站费：229.0<br>司法经费及师校经费：620.0<br>欢迎9师旅长费及粮价：143.0<br>建训所学员旅费：13.40<br>采买军粮：32.8担<br>9师军粮：20.52担<br>9师马料：5.20担 | 请客海参席24桌：384.00<br>赏厨子：10.00<br>请邵县长与戏班子茶资：8.00<br>宋代表张家戏班子定钱：20.00<br>宋代表在甘费用：20.00<br>各界代表赴甘送德政旅费：49.15<br>各界代表赴高台旅费：5.00<br>委员借旅费：100.00<br>骑2师康副官旅费：10.00<br>送礼茶叶44箱：88.00<br>送礼罐头36罐：44.00<br>送礼糖果36罐：79.20<br>送礼洋蜡20箱：25.00<br>送礼绵羊30只：150.00<br>送礼山羊42只：147.00<br>送礼黄鱼10对：20.00<br>送礼包杏仁30斤：27.00<br>送礼白葡萄30斤：21.00<br>送礼大红缎1.5丈：39.20<br>送礼青迴绒1丈：15.00<br>送礼桃红布1.5丈：5.00<br>派员赴甘来往旅费：15.00<br>零用：3.00 |
| 合计 | 11 330.00 | 钱：6497.43元；粮：53.32石；料：5.20石 | 1284.55 |

资料来源：明驼：《河西见闻记》，顾颉刚：《西北考察日记》，兰州：甘肃人民出版社，2002年，第101、126、138页

从表12反映的情况，我们可以看出1932年敦煌南湖村和1934年1—7月金塔大坝村的农家负担。敦煌南湖村共有农户60余家，1932年，全村"有账可稽的支应项目"包括军队10种、政府4种，共计11 300元，平均每户188.8元。实际上有支应能力的只有24户，平均每户472.1元，而每户土地的收获量不过谷物64石左右，其总价值以最高价格计算，亦不过256元左右。所以，农家在"饭可以不吃，款不可不缴"的情况下，"只能种几亩鸦片烟来应付款项，而没有出产鸦片烟的人家，那就倒霉，非借债便卖身、卖物以相偿。总之，没有特殊势力可以不缴款的，便只好由中人之产，慢慢地变

为贫家,等而下之,贫家的结果便是家破人亡!"大坝村 1934 年 1—7 月的负担种类为 18 种,其中地方政府 10 种、驻军 8 种。而该村前 7 个月的负担分摊在每亩地上已经是钱 6.126 元,粮 5.68 升,料 0.53 升,合计达 8 元之多,"可是此间老百姓全年每亩谷物的收获量总价值,最多亦换不上 8 元。"[①] 又如对酒泉 1754 户农家负担调查,各种捐税为 48 139 元,其中田赋 14 798 元,占 30.7%;烟亩罚款 11 377 元,23.6%;杂款 12 268 元,占 25.5%;驻军费 9696 元,占 20.2%[②]。除田赋外,其他 3 项占各种摊派的 69.3%。因此,河西"农民最感痛苦之负担,不在田赋,而在摊派。摊派之款可分'烟亩罚款'、'杂款'和'驻军派款'。"首先,烟亩罚款。该款是民国时期甘肃最大的苛政,如时人所言:"照名词解释,烟亩罚款者,乃政府认为种植鸦片之不当,故'罚'之以'款',使之不敢再种。而此之所谓罚款却大为不然,政府先视财政支出及各种税收不足各有多少,然后定一主观上的总额。根据此种总额,分配于各县,必令县长如数征收,并不一定要种烟而后始有烟亩罚款也。如高台县前二三年,农民因烟亩罚款之压迫,曾请求政府自动禁种鸦片,而政府非但不允许,且强迫征收烟亩罚款。"[③] 甘肃省财政厅规定,"张掖每年缴将近 20 万元的'烟亩罚款',不管你种烟不种烟,政府非要这笔款子不可。并且给作县长一种'提成'的办法,就是县长收到罚款,可以有百分之五的报酬,收数多些,提成的实数也随着大些,自然当县长的乐于努力。"[④] 这就是烟亩罚款的实质,完全是政府为解决财政收入强加给农民的一种负担。其次,驻军摊派。主要是各种接连不断的支应,除表 12 事之外,又如 1933 年马仲英部往返酒泉、新疆 3 次,军队粮秣全靠途径之地农家负担,最后一次经过安西县时民间支应粮食 2000 余石,骆驼 700 只,牛车 500 余辆,马 300 余匹,驴 600 余头,骡 200 余匹,羊 800 余只,购买各种物资费用亦在 5000 元以上,"以一万五千之人口,供同数军队之粮秣"[⑤],农家负担之重,

---

① 明驼:《河西见闻记》,顾颉刚:《西北考察日记》,兰州:甘肃人民出版社,2002 年,第 100—101、125—126 页。
② 李扩清:《甘肃河西农村经济之研究》,萧铮主编:《民国二十年代中国大陆土地问题调查资料》,台北:成文出版社,1977 年,第 26460 页。
③ 李扩清:《甘肃河西农村经济之研究》,萧铮主编:《民国二十年代中国大陆土地问题调查资料》,台北:成文出版社,1977 年,第 26457—26458 页。
④ 范长江:《中国的西北角》,天津:天津大公报馆,1936 年,第 199 页。
⑤ 陈赓雅:《西北视察记》,兰州:甘肃人民出版社,2002 年,第 187 页。

不难想象。再次,杂款。随时可能出现,各级政权机关接待来往官员、官僚之间来往送礼之摊派都随时派给农家。表12所反映的临泽县沙河村有杂款22种,是该县原任县长离任前以杂费名义向老百姓征收的各种杂款。从上述事例中我们看出,民国时期,地方政府经费不足,一切费用均摊派于农民;当地驻军和过往军队的军粮、费用乃至运输等,也均由农家负担。这些因素是导致农民贫困的根本原因。

从农民离村的原因来看,赋税过重是造成农民离村的主要原因之一。20世纪30年代,河西农民离村已成普遍现象,如安西"近年天灾人祸,纷至沓来,农村经济破产,农民日见逃亡",如布隆吉原有"居民700—800户,今仅残余1/10。农商负担日增,逃户时有所闻,盖皆不胜捐税之剥削。"小湾子村"水丰土沃,农户向来甚多,今因捐款繁重,亦多弃耕而逃。今春有一王姓中户,携眷图逃。村长恐加重未逃者之负担,将彼追回。王云无种子、耕牛,村长原为大户,慨然借之,勉强支撑至秋,又复星夜潜逃。"二工村"民国十六年(1927)前,有农民50户,去岁尚有11户,现在仅剩5户。此逃亡者之田地,完全荒芜,其所应负担之粮款,一半摊于他村,一半由此5户负担。"① 该村不堪各种捐税,有90%的农户逃亡了。八工村"最近数年来逃跑了64家,抛下来任其荒芜的田地1320亩。"六工村"最近数年来逃跑了31家,抛下来任其荒芜的田有837亩"②。从抛荒面积来看,八工村逃亡农家平均有土地20.6亩,六工村逃亡农家平均每家有土地27亩。可见,农家离村并不是没有土地耕种,而是忍受不了苛捐杂税的盘剥。另外,1935年10月,中央农业试验所对甘肃省25个县的调查显示,全家离村的农家达41 875户,占报告县农户的10.5%。从离家农户的性质来看,地主占21.0%,自耕农占42%,佃农占23.6%,其他占13.4%,地主和自耕农占63%,说明农家离村并不完全是由土地分配不均造成的。从离村农家的去向来看,到城市工作和住家的只占26.3%,而到城市逃难、到城市谋生、到别村逃难、到别村务农、迁居别村占66.7%。因寻找新职业或改变居住环境的所占不足1/3,而在原住地无法生存另谋生路的占到2/3。在农家离村的原因中,农村经济

---

① 陈赓雅:《西北视察记》,兰州:甘肃人民出版社,2002年,第182、188页。
② 明驼:《河西见闻记》,顾颉刚:《西北考察日记》,兰州:甘肃人民出版社,2002年,第114页。

破产占1.7%,水灾占7.6%,旱灾占18.5%,匪灾占15.1%,贫穷而生计困难者占11.7%,捐税苛重占19.3%,农产歉收占10.1%,农产价格低廉占1.7%,求学占1.7%,改营商业或其他职业占0.8%,其他灾患占5.9%,其他原因占5.9%。没有因"耕地面积过小"、"乡村人口过密"、"租佃率过高"、"副业衰落"而逃亡的。在各种离村原因中,"捐税苛重"所占比例是最高的[①]。即农民"在捐款繁重之苦况中,农民无法应对,只有逃亡之一途。"[②] 从农民离村的原因来看,找不到关于土地分配不均、耕地不足与地租率过重的"罪证",主要是苛捐杂税和其他原因造成农村贫困,导致了农民的离村。

可见,民国时期导致甘肃农家贫困原因除了土地分配不均、人地关系紧张、租佃关系中地主对农民的剥削以及各种自然灾害而外,主要是苛捐杂税。通过对甘肃农家经济的研究,我们认为尽管农家经济自身存在着各种各样的制约因素,如土地面积狭小、租佃关系中地主对佃户的剥削及农家副业发达与不发达等问题,甚至有各种自然灾害,但这些只是制约农家经济和影响农民生活最表面化的东西。也就是说,民国时期的甘肃,地主与农民矛盾、土地与人口的矛盾还不足以导致农民贫困。而代表国家权威的地方政府与农民的矛盾才是农村社会的主要矛盾,国家征收了农家收入的30%—50%的财富,这才是造成农村经济破产和农家生活贫困的真正"元凶"。正如郑起东所言:近代中国国家实行的是"损下益上"的财政政策,而国民政府制定的公共造产政策,推动地方政府"创收","这就更直接地把财政负担转嫁到农民头上,使损下益上达到了高峰。"[③] 正是这种政策使地方政府权力无限膨胀,苛捐杂税孕育而生,使农家经济和农民生活蒙上了很大的阴影,导致了民国时期农村经济破产和农民生活日益贫困化。

总之,本文对民国时期甘肃农家田场面积、农家副业、土地租佃关系、农家的收支与生活以及造成农村贫困的根源进行了粗浅的研究。通过研究,我们认为甘肃虽然土地广袤、地广人稀,但农家田场面积依然狭小,而且土地十分散碎,成为制约甘肃农家经济发展的主要因素之一。由于田场面积狭

---

[①] 《各省农民离村调查》,《农情报告》1936年第7期,第190—196页。
[②] 陈赓雅:《西北视察记》,兰州:甘肃人民出版社,2002年,第188页。
[③] 郑起东:《近代中国国家与农民的关系》,http://economy.guoxue.com/article.php/11063 (2009-04-30)。

小和散碎，单靠土地无法满足农家生活需求，副业就成为农家分解剩余劳动力、补充家庭生活不足的重要手段，而且农家土地越是不足，分流剩余劳动力的能力越强，说明"过密化"理论并不是适合所有地区。在地权分配中，甘肃传统的农业区域土地并不十分集中，以自耕农经济为主；在宗教、土司、官僚势力比较强的地区，地权相对集中，佃农比例也较高。与全国相比，甘肃的租佃关系既有共性，也有其特殊性。甘肃农家收入由作物生产和副业构成，两者分别占80%和20%左右。民国时期甘肃农家经济十分贫困，造成的原因多种多样，除了土地不足、地权分配不平衡，地主对农民的剥削和各种灾害等因素外，主要是地方政权与军阀的苛捐杂税，即农家要将30%—50%的收入用来缴纳各种捐税。因此，民国时期构成甘肃农村社会的主要矛盾并不是地主与农民之间的矛盾，而地方政府、军阀与农民的矛盾才是当时农村社会的主要矛盾。

*原载（《中国农史》2009年第1—2期）*

# 民国时期甘肃农田水利研究

甘肃属于典型的温带大陆性气候，年降水量稀少，而且分布不均匀，严重地制约了这一区域农业和农村经济的发展。因此，兴修农田水利是发展甘肃农村经济的关键。从水资源利用来看，甘肃农业灌溉用水主要是开发利用地表水发展灌溉农业，一是对黄河及其支流水资源的利用，一是利用祁连山冰雪融水形成地表河流用水。从地域分布来看，甘肃农田灌溉主要分布在河西走廊、黄河流域及其支流渭河、泾河、洮河、祖历河等谷地。在关于近代西北社会经济史的研究中，民国时期甘肃水利是以份额设计比较少的问题，本文拟就这一问题进行研究。

## 一、河西走廊水利

河西走廊的水资源主要来源于祁连山脉的冰雪融水。从水系来看，河西走廊地区农田水利设施主要有四大流域系统，即凉州府的三岔河（即石羊河）流域、甘州府的黑河（又称张掖河）流域、肃州的北大河流域、关西地区的布隆吉尔河（即疏勒河）流域。清朝时期在四大流域修建了渠、坝、沟、闸、渡槽、隧道、桥梁等水利设施，不仅四大流域形成了完整的灌溉系统，而且利用小河流、泉水进行农田灌溉，使河西走廊水利事业达到了"历史上前所未有的水平"。[①] 但同治回民事变期间，河西走廊是起义的中心之一，由于社

---

① 王致中、魏丽英：《明清西北社会经济史研究》，西安：三秦出版社，1989年，第169页。

会动乱、人口减少，水利设施遭到了巨大的破坏，渠道失修，堤岸坍塌使水渠淤塞。①水利设施的破坏和生态环境的恶化，使河西农村经济处于萧条状态，一些地方直到民国时期仍不能恢复到同治元年以前的水平，如酒泉的灌溉面积"在昔盛时曾达 147 万亩，现在常年所灌者不及早年的 1/7"。②据 20 世纪 30 年代中期调查统计，河西走廊灌溉面积仅有 125.8 万亩。③许多耕地因得不到灌溉而抛荒，如酒泉"熟荒一望无际，长行 15—20 千米，往往渺无人烟"。④大量水田得不到灌溉或被抛荒，或变为旱地，使河西水田仅占 1/3，旱地却占 2/3。⑤耕地面积也大大减少，由于水利失修使河西农田面积还赶不上清朝中期的水平。

抗战时期，河西水利建设颇受重视，1942 年秋，国民政府主席蒋介石视察西北，"对于河西水利，尤为重视。"由此甘肃省政府拟定了《甘肃开发河西水利十年计划》，分两期建设河西水利，第一期 4 年（1943—1946）以整理旧渠，举办开辟新渠为基本工作，而已查勘测量及水文气象之测验等为副；第二期 6 年（1947—1952 年全力开辟新渠工程），达到"扩大灌溉面积，增加食粮生产，保持现有人口，招徕外来移民"。1944 年 5 月，在国民党第五届中央执行委员会第十二次会议上，由朱绍良、谷正伦、沈鸿烈等联名提出，大会通过了《拟请确认开发甘肃河西农田水利为国家事业，所需经费由中央指拨，尽十二年加速完成案》，接着甘肃水利林牧公司制定了《甘肃河西水利十二年计划》，目标是在 12 年内整理旧灌区 370 万亩，开发新灌区 500 万亩，"全部经费由国库负担"。⑥为了实现上述计划，1943 年在河西设立了武威、张掖、酒泉、安西等 4 个工作站，从渠道临时整理与前期基础工作。抗战时期，中国农民银行在甘肃举办小型农田水利，甘肃省政府也"迭次发给公帑，分配各县，责其兴修'小型水利'，其大部均用之疏浚工作"。酒泉、高台、金塔、鼎新、玉门、安西、敦煌等县参与了这一工作，各县主要动员民工义

---

① 黄正林：《同治回民事变后黄河上游区域的人口与社会经济》，《史学月刊》2008 年第 10 期，第 78—87 页。
② 王成敬：《西北的农田水利》，上海：中华书局，1950 年，第 47 页。
③ 《甘肃水利过去情形及将来计划》，《新亚细亚月刊》1934 年第 5 期。
④ 陈赓雅：《西北视察记》，兰州：甘肃人民出版社，2002 年，第 172 页。
⑤ 陈正祥：《西北区域地理》，上海：商务印书馆，1947 年，第 25 页。
⑥ 赵宗晋：《甘肃农田水利概述》，《新甘肃》1947 年第 1 期。

务参加修浚渠道工程，如1943年动员75 835人工，1944年动员374 180人工，1945年动员195 339人工。[①] 在整理旧渠方面取得较大的成绩，如1944年，先后完成整理旧渠74条，收益农田67万亩；1945年整理旧渠11条，收益农田面积149 980市亩。[②] 为了救济金塔荒旱，解决酒泉、金塔争水纠纷，在河西修建了鸳鸯池水库，"系蓄酒泉县讨赖河冬夏两季之剩水于佳山峡，以救济其北邻金塔县之荒旱。蓄水量为1200万立方米，受益田亩约10万市亩。为甘肃省近年较大型之水利工程，亦河西水利工程中首先完成之唯一大型工程。"该工程1942年9月测量，次年6月动工，1947年5月竣工，经费主要通过河西水利经费挪用和农业贷款解决。[③] 该蓄水库建成后"酒金两县均沾灌溉之利，未再酿成斗争"。[④] 表1是民国时期河西各地河渠、耕地、人口等情况统计。

表1　民国时期河西走廊水利、耕地、人口统计表[⑤]

| 项目县名 | 主要河川 | 沟渠数 | 耕地面积（平方千米） | 耕地占土地总面积比例 | 耕地人口密度（平方千米） | 水田面积（平方千米） | 水田占耕地比例 |
| --- | --- | --- | --- | --- | --- | --- | --- |
| 民勤 | 白亭河 | 16渠 | 204 | 2.1% | 554 | 101 | 49% |
| 古浪 | 古浪河 | 3渠17沟 | 292 | 9.6% | 148 | 51 | 17% |
| 永昌 | 郭河 | 3渠35沟 | 415 | 3.4% | 110 | 135 | 32% |
| 武威 | 沙河 | 10渠41沟 | 698 | 9.9% | 464 | 172 | 25% |
| 山丹 | 山丹河（弱水支流） | 8渠17沟 | 302 | 4.9% | 133 | 93 | 31% |
| 民乐 | 洪水（弱水支流） | 8渠 | 388 | 24.4% | 60 | 111 | 29% |
| 张掖 | 弱水（张掖河） | 54渠 | 446 | 12.0% | 384 | 179 | 40% |
| 临泽 | 弱水 | 10渠 | 223 | 9.4% | 227 | 73 | 33% |
| 高台 | 弱水 | 6渠25沟 | 113 | 1.8% | 493 | 95 | 84% |
| 鼎新 | 弱水及临水 | — | 19 | 1.2% | 609 | 15 | 79% |
| 金塔 | 临水（北大河） | 8沟 | 61 | 1.0% | 403 | 34 | 56% |
| 酒泉 | 临水 | 6渠48沟 | 441 | 5.0% | 262 | 135 | 31% |
| 玉门 | 疏勒河 | 6渠 | 15 | 1.4% | 132 | 9 | 4% |

---

① 甘肃省第七区行政督察专员公署：《甘肃七区纪要》，天津：天津古籍出版社，1987年，第40页。
② 行政院新闻局：《河西水利》，南京：国民政府行政院，1947年，第12页。
③ 行政院新闻局：《河西水利》，南京：国民政府行政院，1947年，第13页。
④ 赵宗晋：《甘肃农田水利概述》，《新甘肃》1947年第1期。
⑤ 陈正祥：《西北区域地理》，上海：商务印书馆，1947年，第25—26页。

续表

| 项目<br>县名 | 主要河川 | 沟渠数 | 耕地面积<br>(平方千米) | 耕地占土地<br>总面积比例 | 耕地人口密度(平方千米) | 水田面积<br>(平方千米) | 水田占<br>耕地比例 |
|---|---|---|---|---|---|---|---|
| 安西 | 疏勒河 | 6渠 | 105 | 0.3% | 197 | 22 | 21% |
| 敦煌 | 党河（疏勒河支流） | 10渠 | 125 | 0.2% | 216 | 88 | 70% |
| 平均 | — | 146渠183沟 | 4047 | 2.2% | 270 | 1313 | 32% |

表1反映出河西地区水利与农村经济的密切关系。首先，河西地区虽然幅员广袤，但耕地在土地面积中所占比例极小，从水系来看，关西的疏勒河流域最小，张掖河流域最大。水田仅占总耕地面积的32%，反映出民国时期河西地区农田水利处于萎缩状态，特别是玉门县，水地仅占耕地的4%。其次，众所周知，河西是黄河上游区域人口密度较小的地区，如清朝嘉庆年间甘肃人口最高峰值时期，甘州府为23.54，凉州府为5.99，肃州为10.15，安西州为0.71。[1] 但事实上，耕地上的人口密度要大得多，平均达到了每平方千米270人，最高民勤灌溉农业区达550余人，比近代经济发达的华北、江南某些地方还要高些。为什么会出现这样的情形？耕地区人口密度增加与灌溉面积萎缩有直接的原因。河西地区"十地九沙，非灌不殖"，[2] 水利和农业、人口有着直接关系。民国时期水利失修，或渠口堵塞、进水不畅；或渠身被沙碛埋没，"渠水所经之处，往往不是原来的渠道，常可流到大车路上去。即使水流在渠道中，也因渠身宽浅，多有沙砾，蒸发、渗漏者为量至大。据估计这种牺牲约占全水量的5/6，实际用于灌溉者约占1/6。所以河西这些渠道常年都是苦于水量不足，尤以近年为甚，因此已经开垦的耕地往往无水可用"。[3] 致使干、支渠下游农田无水灌溉，抛荒现象严重。下游农田抛荒后，居民就沿河向上游迁移，使河西"人口分布有一种沿河向上游迁移的趋势"。[4] 这种趋势导致的结果，人口越来越集中，密度越来越大，造成了灌溉区域人地关系紧张。水利失修是民国时期河西农村经济发展面临的主要问题。

---

[1] 梁方仲：《中国历代户口、田地、田赋统计》，上海：上海人民出版社，1980年，第275页。
[2] （清）许协修、谢集成纂：《重修镇番县志》卷3《水利考》，道光五年（1825）刻本。
[3] 王成敬：《西北的农田水利》，上海：中华书局，1950年，第47页。
[4] 王成敬：《西北的农田水利》，上海：中华书局，1950年，第44页。

## 二、黄土高原沟壑区小型水利

黄土高原沟壑区包括的农业区域有陇东、陇南、陇中、陇西南等地域。黄土高原沟壑纵横，建立大型农田灌溉系统成本极高，因此，历代只是在黄河及其支流的河谷地带修建小型农田水利灌溉农田。如皋兰县利用阿干水、水磨沟等河流修建小型水利工程近20处，灌溉田园约2万余亩；并利用泉水进行灌溉，有的灌溉数亩到数十亩，有的泉水灌溉达到500余亩。[1] 河州"乾隆三年（1738），引广通河水开渠七道，灌田两万余亩"。[2] 洮河谷地是清朝时期陇中黄土高原灌溉农业最发达的地方，乾隆时期洮河及其支流谷地有干渠16条，支渠24条，共灌田7万余亩。[3] 黄河支流大夏河、祖历河、泾河流域的河谷地也有一些小型农田水利。近代回民反清斗争期间，这些水利设施大部分遭到破坏。左宗棠治甘期间，在泾河流域、抹邦河等地兴建了一些水利工程。尤其在开凿抹邦河工程取得了显著成效，引抹邦河水入临洮南北川，"在南川一带，开挖支渠十一道；北川一带，开挖支渠七道。所有南北两川民田，均可以资灌溉。"[4] 这一水利工程不仅在晚清时期，而且在甘肃水利史上都有重要的地位。这些传统的水利设施为民国时期水利兴建奠定了基础。

民国时期黄河上游区域水利事业有一定程度的进展。尤其在国民政府开发西北的过程中，甘肃兴建和完成了一些水利工程，其中以临洮县最有成就，修筑12条渠：（1）德远渠。1925年，甘肃省政府拨款1万元，赈务会1000元，地方筹措4000元，不足之数300元由地方摊派。引抹邦河水，渠长2.4万米，宽3—6米，灌溉农田1.5万余亩。（2）工赈渠。引洮河水灌溉，由地方发起人担保借款2万元，"由受益田亩摊收归还"。渠长1.2万米，灌田1.2万余亩。（3）永宁渠。引洮河水，由该县河工局主办，经费源于拍卖水磨5000元解决，渠长1.8万米，灌田1.5万余亩。（4）富民渠。引洮河水，由绅民发起和建设局协助，由灌溉区域按照地亩摊派5000元完成，灌田

---

[1] 张国常纂修：《重修皋兰县志》卷11《舆地下》，兰州：陇右善乐书局，1917年石印本。
[2] （清）陈士祯、涂鸿仪纂修：《兰州府志》卷2《地理下》，道光十三年（1833）刻本。
[3] 乾隆《狄道州志》卷6《水利》，中国西北文献丛书编辑委员会编：《中国西北文献丛书》第一辑《西北稀见方志文献》卷42，兰州：兰州古籍书店，1990年影印本。
[4] 秦翰才：《左文襄公在西北》，上海：商务印书馆，1947年，第188页。

1000余亩。(5)新民渠。引洮河水,有新添铺绅民发起,由灌区按照受益地亩摊派1万元,渠长1.2万亩,灌田6000亩。(6)洮惠渠。引洮河水,由地方筹办,工程费用按地亩摊派,渠长9000米,灌田2200亩。(7)柳林渠。引柳林沟水,由地方民众筹办,费用按地亩摊派,渠长420米,灌田1000余亩。(8)好水渠。引好水沟水,由地方民众筹办,费用按地亩摊派,渠长3000米,灌田1000余亩。(9)结河渠。引结河水,由地方民众筹办,费用按地亩摊派,渠长3000米,灌田1000余亩。(10)改河渠。引改河水,由地方绅发起兴修,费用按地亩摊派,渠长3100余米,灌田2000余亩。(11)八洋渠。引八洋河水,由地方民众推选公正绅士开筑,费用由需水民众承担,渠长6000米,灌田1000余亩。(12)崔湾渠。引洮河水,有地方集资修建,渠长3000米,灌田500余亩。全县12条水渠,灌溉面积5.77余万亩。洮河流域灌溉是20世纪20—30年代甘肃农田水利取得成就最显著的地区,地方士绅在修建水利方面起了重要作用,经费由受益农家按照灌田面积集资或摊派,只有小部分经费由政府投资。经过水利工程的兴建,"全县旱地20余万亩,引开渠而培成良田者,实据1/3。该县农民咸诵泄卤稻粱之歌,收获之宏,可为明证。"另据统计,20世纪30年代各县完成的水利情况是:皋兰13条,灌田3.63万亩;红水1条,灌田2880亩;洮沙2条,灌田2400亩;榆中2条,1300亩;临夏4条,11.2万亩;靖远9条,灌田2.1万亩,陇西6条,灌田5000亩;定西2条,灌田1000亩;漳县1条,灌田2万亩;会宁4条,灌田1500亩;秦安8条,灌田3000亩;徽县1条,灌田3000亩;武都5条,灌田1万亩;文县5条,灌田11万亩;平凉6条,灌田32万亩;正宁2条,灌田20万亩;海源7条,灌田1.22万亩。[①] 甘肃黄河土高原沟壑区川道狭小,沟深河浅,修渠困难,每条渠道灌溉面积多者上千亩,少者数百亩甚至几十亩,灌溉上万亩的水渠十分稀少。又据1934年资源委员会对全省33个县的调查,灌溉面积约337万余亩,其中,陇中区36.4万亩,占10.8%;陇东区53.6万亩,占15.9%;陇南区15.3万亩,占4.5%;河西区232.1万亩,占68.8%。可见,甘肃灌溉农田主要分布在河西区,黄土高原沟壑区灌溉仅占31.2%。从各渠道的修建来看,"率多由各地绅民视力所

---

[①]《甘肃水利过去情形及将来计划》,《新亚细亚月刊》1934年第5期。

及,由政府加以协助,开渠浚沟谋一方之利。"①也就是说,在抗战以前,甘肃水利修建以民间力量为主,政府投资很少。

抗战时期,由四联总处划拨专门贷款用于农田水利的兴修,在黄土高原河谷地区修建了一系列新式水利工程。如1941年给甘肃划拨农田水利贷款400万元;②1942年,甘肃农田水利贷款2708万元,宁夏20万元。③这些贷款和地方自筹资金相结合,修建了一批新式灌溉工程。1941年甘肃省从国民政府贷款400万元,省政府自筹资金100万元,修建湟惠、博济水利工程,次年5月先后完工放水。1942年,除了国民政府的贷款1000万元外,省政府自筹资金500万元,兴修永乐、永丰、靖丰、平丰、登丰、肃丰、汭丰、洮惠、兰丰等九项大中型水利工程,预计可灌溉农田44.65万亩。④据1941年调查,抗战时期兴修、勘察和拟修建的水利工程19项,如表2。

表2 抗战时期计划修建的水利工程统计表⑤

| 项目<br>渠名 | 起讫地点 | 长度<br>(千米) | 灌溉区域<br>或面积(亩) | 备考 |
| --- | --- | --- | --- | --- |
| 新兰渠 | 自新城西上漩村至东岗镇 | 75 | 13 000 | 预计1941年动工 |
| 庄浪河蓄水库 | 永登县界牌地方 | 90 | 永登、皋兰两县600 000亩 | 预计1942年完工 |
| 泾水渠 | 自平凉城西北至泾川五十里铺 | | 平凉泾川县境150 000亩 | 同上 |
| 汭水渠 | 自龙王村至泾川县西关 | 13 | 平凉泾川县境150 000亩 | 同上 |
| 苦水河渠 | 自静宁北峡口至村子河 | 13 | 静宁县境20 000亩 | 在勘测中 |
| 沙塘川渠 | 自隆德夏河子至王恒庄 | 20 | 3 000亩 | 同上 |
| 北湾堤渠 | 靖远县属黄河北岸 | 20 | 靖远县境30 000亩 | 预计1942年完工 |
| 洮惠渠 | 伙户李家村起至城北二十里铺 | 28 | 临洮县境35 000亩 | 1938年干渠完成<br>1940年支渠完成 |
| 洮沙千户渠 | 洮沙县属 | 10 | 6 000亩 | 拟勘测中 |

---

① 汤惠荪、雷男、路年青:《甘肃省农业调查》,《资源委员会季刊》1942年第2期。
② 中国第二历史档案馆:《中华民国史档案资料汇编》第5辑第3编《财政经济(四)》,南京:江苏古籍出版社,1997年,第53页。
③ 中国第二历史档案馆:《中华民国史档案资料汇编》第5辑第3编《财政经济(四)》,南京:江苏古籍出版社,1997年,第196页。
④ 中国第二历史档案馆:《中华民国史档案资料汇编》第5辑第3编《财政经济(四)》,南京:江苏古籍出版社,1997年,第242页。
⑤ 刘克让:《甘肃农林水利概况》,《西北论衡》1941年第2期。

续表

| 项目渠名 | 起讫地点 | 长度（千米） | 灌溉区域或面积（亩） | 备考 |
|---|---|---|---|---|
| 陇西南渠 | — | 12 | 10 000 亩 | 拟勘测中 |
| 淘蜡砚洮河 | — | 30 | 110 000 亩 | 拟勘测中 |
| 溥济渠 | 自临洮锁林峡至红道峪沟 | 20 | 临洮县境 35 000 亩 | 干渠 1940 年底可完成，支渠 1941 年 4 月完成 |
| 渭源等蓄水库 | 渭源县渭河、清水河、刘家河、鸳鸯河等山峡 | — | 渭源、武山、甘谷 100 000 亩 | 正勘测中 |
| □□川渠 | 自白家漩至大沟门 | 17 | 永靖县境 50 000 亩 | 预计 1942 年完成 |
| 永登川渠 | 自潘家川至姬家川 | 25 | 永靖县境 23 000 亩 | 预计 1941 年完成 |
| 大夏筑堤 | 临夏城附近 | 10.8 | 5 000 | 预计 1942 年完成 |
| 湟惠渠 | 自永登至皋兰 | 31 | 永登、皋兰 15 000 亩 | 未详 |
| 酒金蓄水库 | 酒泉、金塔两县交界之鸳鸯池 | — | 酒泉金塔两县 100 000 亩 | 预计 1942 年完成 |
| 敦煌钓鱼沟坝工 | 距敦煌约 500 华里 | — | 35 000 亩 | 拟勘测中 |
| 湟惠渠 | 自永登至皋兰 | 31 | 15 000 | 未详 |

抗战开始后到 1941 年，甘肃完成水利工程 4 项，即湟惠渠、溥济渠和永登川渠，可灌溉面积 9.3 万亩；预计在 1941—1942 年开工或建成的水利工程有 8 个，可灌田 109.8 万亩；正在勘测中的水利工程 6 项，预计可灌田 18.4 万亩。这些正在修建的水渠和计划勘测的水渠，部分在抗战期间或抗战后陆续完成。如湟惠渠在 1942 年 4 月完成，实际灌田 2.5 万亩，比设计灌田多 1 万亩。1945 年夏，全省苦旱，"满目枯槁，而本渠灌溉范围，禾苗挺秀，其产量且有增加"。溥济渠于 1945 年 4 月完成，5 月 28 日举行放水典礼，灌田 3.5 万亩。洮惠渠干渠完成后，之后修建支渠，1943 年春竣工。汭丰（汭水）渠 1942 年 5 月开工，1944 年 4 月 23 日举行放水典礼，灌田 1 万亩，比实际灌田减少 0.5 万亩，是甘肃水利林牧公司承办的第一条水渠，"各方注视，颇多好评"。永丰渠在 1942 年 1 月开工，1944 年建成，渠灌田 2.3 万亩。永乐（永靖）渠在 1942 年 1 月开工，1943 年 12 月竣工，灌田 4.8 万亩，"放水灌溉，成效卓著"。靖丰（靖远）在 1942 年 1 月开工，1946 年 7 月竣工，渠灌田 2 万亩，"本渠工程复杂，与其他各渠情

形不同,于扩大灌溉之中,兼作垦荒作用,全工告成,可供黄河沿岸整理淤滩之参考"。登丰(永登)渠于1946年春竣工,灌田4500亩。还有一些水利工程因各种原因停止修建,如兰丰渠于1942年11月开工,但因工程需款巨大,1946年5月停工;平丰渠于1942年春筹备施工,后因"物价高涨,工款无措,未能施工";另有临丰渠(临夏境内)、永康渠(永靖境)"均经设计,因工款无着,未能兴办"。[①] 可见,抗战初期计划兴办的水利工程大部分都完成了,而且收到了预期效果,也有少数工程因工程巨大,需款无法解决或中途停办,或未能兴办。

抗战时期甘肃兴办小型水利工程卓有成效。抗战时期,中国农民银行"秉承中央政府命令,负开发西北,发展农村经济之任务,故视察环境需要,采择时贤卓见,在甘肃省积极推进小型水利。"该行投资的小型水利,主要包括凿塘浚塘、凿井淘井、开挖或整理沟渠、修建闸坝涵洞、修建堤圩、修治沟洫、保持农田表土及各种防冲过程、堵水蓄水工程、放淤成田、去碱或其他改善土壤工程、涸地排水工程、购置及建修汲水农具、拦蓄潜流及泉水和其他有开展农田水利工程。贷款主要以农村登记的专营水利合作社及农民团体为对象,"社员以自耕农及业主为限"。[②] 表3是中国农民银行从1941年9月至1944年4月底在甘肃举办小型农田水利贷款统计表。

**表3 抗战时期甘肃小型农田水利贷款统计表**[③]

| 年份 | 县别 | 合作社数 | 工程种类 | 受益田亩 | 贷款累计 | 收回累计 | 结余 |
| --- | --- | --- | --- | --- | --- | --- | --- |
| 1941年 | 皋兰 | 4 | 水车 | 535 | 107 460 | — | 107 460 |
| | 靖远 | 2 | 水车 | 800 | 10 000 | — | 10 000 |
| | 临洮 | 1 | 放淤 | 9000 | 30 000 | — | 30 000 |
| 1942年 | 兰州市 | 7 | 水车 | 3874 | 106 000 | — | 106 000 |
| | 靖远 | 17 | 水车、开渠 | 11 616 | 492 700 | 9 575 | 483 125 |
| | 临洮 | 6 | 开渠、淤地 | 10 981 | 191 200 | | 191 200 |
| | 洮沙 | 1 | 开渠 | 1112 | 20 000 | | 20 000 |
| | 皋兰 | 26 | 水车、淤地 | 9542 | 414 660 | — | 414 660 |

---

① 赵宗晋:《甘肃农田水利概述》,《新甘肃》1947年第1期。
② 成治田:《战时甘肃省小型农田水利概述》,《中农月刊》1944年第9—10期合刊。
③ 成治田:《战时甘肃省小型农田水利概述》,《中农月刊》1944年第9—10期合刊。

续表

| 年份 | 县别 | 合作社数 | 工程种类 | 受益田亩 | 贷款累计 | 收回累计 | 结余 |
|---|---|---|---|---|---|---|---|
| 1943年 | 皋兰 | 36 | 水车、开渠、淤地 | 14 746 | 949 160 | 260 368 | 688 792 |
| | 兰州市 | 13 | 水车 | 6974 | 366 000 | 29 900 | 336 100 |
| | 靖远 | 24 | 水车、开渠、淤地 | 19 120 | 922 925 | 19 970 | 902 955 |
| | 永靖 | 15 | 水车、开渠 | 6488.3 | 576 000 | — | 576 000 |
| | 天水 | 4 | 修渠 | 1559.6 | 207 488 | — | 207 488 |
| | 榆中 | 2 | 修渠 | 1674 | 120 000 | — | 120 000 |
| | 临洮 | 6 | 修渠、淤地 | 17 150 | 297 491 | — | 297 491 |
| | 洮沙 | 2 | 修渠 | 2070 | 40 546 | — | 40 546 |
| | 泾川 | 1 | 修渠 | 5000 | 28 000 | — | 28 000 |
| | 张掖 | 1 | 整渠 | 20 000 | 12 000 | — | 12 000 |
| | 高台 | 4 | 整渠 | 4860 | 61 000 | — | 61 000 |
| | 山丹 | 1 | 整渠 | 2500 | 64 000 | — | 64 000 |
| | 敦煌 | 1 | 修渠、凿井 | 1300 | 130 000 | — | 130 000 |
| | 武威 | 1 | 修渠、凿井 | 4200 | 70 000 | — | 70 000 |
| | 安西 | 6 | 修渠 | 5750 | 173 000 | — | 173 000 |
| | 宁定 | 1 | 淤地 | 3000 | 30 000 | — | 30 000 |
| | 甘谷 | 2 | 筑堤、护滩 | 323 | 60 000 | — | 60 000 |
| 1944年（截至4月底） | 皋兰 | 36 | 水车、开渠、淤地 | 17 299 | 1 697 160 | 230 928 | 1 466 232 |
| | 兰州市 | 16 | 水车、开渠 | 3924 | 841 000 | 136 800 | 704 200 |
| | 靖远 | 25 | 水车、开渠、淤地 | 19 000 | 989 925 | 155 693 | 834 232 |
| | 永靖 | 18 | 水车、开渠 | 8400 | 736 000 | 207 000 | 529 000 |
| | 天水 | 4 | 修渠 | 1559 | 207 488 | 91 800 | 115 688 |
| | 榆中 | 2 | 修渠 | 1674 | 120 000 | — | 120 000 |
| | 临洮 | 8 | 修渠、淤地 | 39 550 | 552 852 | 14 997 | 537 855 |
| | 洮沙 | 4 | 修渠 | 3112 | 95 368 | — | 95 368 |
| | 泾川 | 1 | 修渠 | 5000 | 450 000 | — | 450 000 |
| | 张掖 | 2 | 整渠 | 21 004 | 62 000 | — | 62 000 |
| | 高台 | 4 | 整渠 | 4360 | 61 000 | — | 61 000 |
| | 山丹 | 1 | 整渠 | 2500 | 64 000 | — | 64 000 |
| | 敦煌 | 2 | 修渠、凿井 | 2600 | 130 000 | — | 130 000 |
| | 武威 | 2 | 修渠、凿井 | 2500 | 40 000 | 8100 | 31 900 |
| | 安西 | 6 | 修渠 | 5750 | 173 000 | — | 173 000 |
| | 宁定 | 1 | 淤地 | 3000 | 30 000 | — | 30 000 |
| | 甘谷 | 2 | 筑堤、护滩 | 858 | 160 000 | 30 000 | 130 000 |

从表3来看，1941年9—12月，中国农民银行共贷出小型水利款147 460元，受益农田10 335亩；1942年，中国农民银行全年贷出1 224 560元，受益农田37 125亩；1943年，中国农民银行全年贷出4 107610元，受益农田116 714.9亩；1944年1—4月底，中国农民银行贷出6 409 793元，受益农田142 090亩。小型水利主要修建小型渠道、淤地、凿井、筑堤、护滩、水车等方面。(1) 小型渠道。泾川阮陵渠，全长6.2千米，灌溉面积5000亩，可增收2500市石。又可利用水力"发展农村副业——如纺织业、制革业、造纸业、面粉业等——利益亦必丰厚"。另外还有临洮城南的德远渠，长度超过15千米；该县西南乡的济生渠，渠长18千米，灌地1万余亩。(2) 滩地。修建的滩地有两处，一处是靖远的广海滩。在县城东10千米黄河东岸，滩上原有耕地5000亩。1937年河身变迁，将堤坝冲毁，"半数良田，颓入水中。该滩食粮，遂而锐减"。当地农民利用中国农民银行办理小型水利贷款，修筑堤坝，修滩地5000亩。另一处滩地是临洮城北的三十里铺。1941年，中国农行农贷员在临洮地方绅士的配合下，贷款6万元，修筑滩地2000余亩。(3) 利用地下水灌溉。一是泉水利用，敦煌西南70千米南湖附近农民申请，贷款13万元，筑坝一座，除灌溉周围农田外，还可灌溉新垦耕地1500亩。一是凿井，1942年11月，农行贷款1万元，在靖远大坝渠凿井6处，利用辘轳汲水灌溉，灌田460余亩。(4) 水车灌溉，下文专门论述。此外，在中国农民银行投资的小型水利还有河西的小型蓄水库、利用雪水灌溉以及沟洫整理、改良荒地等。[①] 这些都说明，抗战时期甘肃小型水利收到了应有的效果。

由于地理环境的影响，甘肃中东部沟壑纵横，一方面，水资源不足；另一方面，可供灌溉农田面积狭小，适合发展小型农田水利。抗战时期在中国农民银行的投资下，兴修小型水利取得较好的成绩。因此，发展小型农田水利是在黄土高原沟壑区灌溉农业的主要模式，这种模式为后来的小流域治理提供了借鉴。

## 三、黄河谷地水车灌溉

黄河流经兰州、靖远等峡谷地带，因河水冲刷，河床较深，在当时的技

---

[①] 成治田：《战时甘肃省小型农田水利概述》，《中农月刊》1944年第9—10期合刊。

术条件下，修渠因黄河水灌溉两岸农田十分困难，"大渠水须由上游迎水至数十里，切非得有坚固渠口不能兴修，岁修石□及挖挑渠身，亦非数百名工夫不能藏事"。① 修渠成本高，且又十分困难，因此在无法修建水渠的情况下，明清以来在兰州、靖远黄河谷地两岸推广水车，灌溉农田。关于黄河水车的记载颇多，如"明以前未能利用灌溉，嘉靖时州人段续创为翻车，倒挽河流灌田，沿河农民皆仿效为之。水车一轮，灌田多者 200 亩，最少亦数十亩。车有大小，水势有缓急，故灌田亦有多寡，由是河南北岸上下百余里，无不有水车。"② 黄河上游沿岸利用水车灌田始于明朝嘉靖年间。清同光年间，左宗棠督陕甘时，在"黄河两岸，制造水车，汲水灌田，至为便利"。③ 故这一时期推动了水车灌溉的发展。民国时期，据记载如"黄河两岸不能开渠之处，又有水车，其车形如轮，辐二三丈至四五丈不等，轮经小者四五丈，大者八九丈。用二木夹轴，高擎下入河溜，上出河干，轮周围斜挂木桶，水激轮转，顺承倒泻，空中高架木槽，承水引入河干，分灌陇亩，计一轮可灌田 700—800 亩，虽系人力，亦一水利也。惜开沟修轮，工料较多，大者动需千金，小者亦数百金。"④ 尽管制造成本比较高，但对于干旱的黄河两岸居民来说十分实用。水车大小不同，灌溉面积各异，"最大水车最高供水量为 500 亩，其次 400 亩，300 以至 80 亩不等"。⑤

利用水车灌溉，"自青海之贵德起，至甘肃之靖远止，经甘青两省十数县。至洮口以下，出刘家峡而诗盛。"⑥ 水车灌田，主要集中在靖远、皋兰、永靖 3 个县。如晚清时期，皋兰县黄河南岸有水车 82 轮，灌田 8400 余亩；北岸有水车 23 轮，灌田 2900 余亩；一条城有水车 14 轮，灌田 4250 余亩；黄河上游诸滩有水车 4 轮，灌田 400 余亩；下游诸滩有水车 28 轮，灌田 3900 余亩。⑦ 兰州黄河两岸共计有水车 150 余轮，灌溉园圃 19 850 余亩，平均每轮灌田 130 余亩。民国初年统计，"河南凡八十四轮，河北凡四十一轮，上下

---

① 李金财、白天星、张美泉总校注：《靖远旧志集校》，兰州：甘肃文化出版社，2004 年。
② 张维：《兰州古今注》，兰州：兰州古籍书店，1987 年影印本，第 17 页。
③ 成治田：《战时甘肃省小型农田水利概述》，《中农月刊》1944 年第 9—10 期合刊。
④ 慕寿祺：《甘宁青史略》卷 30，兰州：兰州古籍书店，1990 年影印本。
⑤ 孙友农：《甘肃黄河沿岸水车之调查与研究》，《中国农民银行月刊》1936 年第 2 期。
⑥ 陈明绍：《黄河上游之水车初步研究》，《中农月刊》1941 年第 12 期。
⑦ 张国常纂修：《重修皋兰县志》卷 11《舆地下》，兰州：陇右善乐书局，1917 年石印本。

流诸河凡三十三轮。"① 黄河流经之地无法引渠灌溉者也采用水车灌田，如金县"北山之北，除什川堡、一条城数处用翻车引灌外，其余不能沾其涓滴"，② 也就是说金县对黄河水的利用主要是用水车灌溉农田。靖远"黄河沿岸各滩地率较河为高，多恃挑车灌溉，创始于卫守备房贵，贵系安徽庐州人，其当地有挑车，因仿造于靖，今县城北犹有房家车可征"。挑车即水车，民国时期靖远黄河两岸尚有 60 余轮，灌溉 15 500 余亩。③ 据 20 世纪 30 年调查，黄河两岸水车数量是：皋兰县 176 架，灌田 29 710 亩；永靖县 53 架，灌田 9639 亩；靖远县 24 架，官田 10 800 亩；洮沙县 1 架，灌田 100 亩，合计水车 254 架，可灌田 50 249 亩。④ 尽管各种统计不一，但水车在黄河两岸农村经济发挥着巨大的作用，根据时人估算：以车数 254 架标准，每车平均以 3000 元计算，共值 76 200 元；以灌田 50 249 亩为标准，每亩以 100 元计算，共值 5 024 900 元。以田亩农产物价为标准，每亩以年产 20 元计算，共 1 004 980 元；若以人口计算，当有 50 万人赖此水车为养生之源。⑤ 可见，水车在黄河两岸农业与农村经济中有重要的地位。另外，水车浇灌面积较小，主要用来浇灌园圃，因此，兰州附近农民以种植蔬菜为主，所谓"环郡城之东西南北，为圃者什九，为田者什一，几百顷之灌溉，附郭之居民饔飧饮食，咸仰给焉"。⑥ 园圃种植业逐渐成为近代黄河沿岸农村支柱型产业。时人评价兰州社会经济说："地滨黄河，土质肥沃，四郊阡陌如绣，村落点点，水车罗列，引渠灌溉，农事之盛，甲于全省。"⑦ 虽有溢美之嫌，也说明水车对兰州农村经济的重要意义。

抗战时期，在发展甘肃小型农田水利过程中，中国农民银行通过合作社发放农贷，在皋兰、靖远、永靖等县市发放水车贷款，发展小型农田水利。如甘肃农业推广所雁滩推广试验区 1942 年春指导农民组织合作社 2 处，贷款

---

① 张维：《兰州古今注》，兰州：兰州古籍书店，1987 年影印本，第 17 页。
② 恩福修：《重修金县志》卷 3《地理志》，北京：中华全国图书馆缩微复制中心，1997 年影印本。
③ 李金财、白天星、张美泉总校注：《靖远旧志集校》，兰州：甘肃文化出版社，2004 年。
④ 《甘肃水利过去情形及将来计划》，《新亚细亚月刊》1934 年第 5 期。
⑤ 孙友农：《甘肃黄河沿岸水车之调查与研究》，《中国农民银行月刊》1936 年第 2 期。
⑥ 陈士祯、涂鸿仪纂修：《兰州府志》卷 2《地理下》，道光十三年（1833）刻本。
⑦ 高良佐：《西北随轺记》，兰州：甘肃人民出版社，2003 年，第 48 页。

2万余元，修建水车两座，共能灌溉1100亩。① 表4是抗战时期农民银行投资水车统计表。

表4　抗战时期甘肃水车工程统计表②

| 合作社名称 | 工程概况 | 受益田亩 | 贷放金额 | 贷放日期 | 每亩工价 |
|---|---|---|---|---|---|
| 皋兰陈家营 | 新建水车 | 375 | 30 000元 | 1941年11月 | 80元 |
| 皋兰李家庄 | 新建水车、修理水车 | 1077 | 40 000元 | 1942年5月 | 37.2元 |
| 皋兰翟家营 | 修理水车3辆 | 2757 | 16 000元 | 1942年5月 | 5.8元 |
| 皋兰河家乡 | 修理水车1辆 | 500 | 4500元 | 1942年8月 | 9元 |
| 靖远营陵滩 | 新建水车1辆，修理1辆 | 2000 | 30 000元 | 1942年9月 | 15元 |
| 靖远尚志村 | 新建水车1辆 | 1000 | 15 000元 | 1942年11月 | 15元 |
| 皋兰蒋家河 | 新建水车2辆 | 1473 | 120 000元 | 1943年5月 | 81元 |
| 皋兰吴家河 | 新建水车 | 1400 | 150 000元 | 1943年2月 | 107元 |
| 靖远王家滩 | 新建水车1辆 | 800 | 40 000元 | 1943年3月 | 50元 |
| 永靖冯堡村 | 新建水车1辆 | 600 | 40 000元 | 1943年3月 | 66元 |
| 永靖配塔村 | 修理水车1辆 | 1100 | 40 000元 | 1943年3月 | 36.4元 |
| 合计 | — | 13 082 | 525 500元 | — | — |

由表4可知，抗战时期，中国农民银行共向皋兰、靖远、永靖3个县投资52.55万元，受益田亩13 082亩。据当时甘肃水利林木公司统计，沿黄河4个县有水车163座，以"平均每座水车约可灌溉五百亩"计③，水车可灌溉面积达到8.15万亩。水车是甘肃小型水利的一部分，在中国农民银行的资金支持下，这种传统灌溉技术发挥了应有的作用。

## 四、余　论

本文主要分区域和类型对民国时期甘肃农田水利进行了论述。从总体上来看，20世纪30—40年代，国民政府对甘肃水利建设是积极的，而且取得了一定的成效，尤其是发展小型水利工程，适合甘肃的地理环境与经济发展水平，是值得肯定的。在兴修水利过程中，国家金融机构、地方政府和民间

---

① 《黄河上游水利之一》，《甘肃农推通讯》1942年第2期。
② 成治田：《战时甘肃省小型农田水利概述》，《中农月刊》1944年第9—10期。
③ 《黄河上游水利之一》，《甘肃农推通讯》1942年第2期。

社会等多个投资渠道,成为水利工程经费的主要来源。这些都为后来者从事地区水利的兴修和水土保持工作有着重要的借鉴意义。同时,农田水利的兴修与农村经济有着密切的联系,主要表现在以下几个方面。

第一,农田水利影响着黄河上游区域的土地利用率。黄河上游农田水利主要分布在宁夏平原和河西走廊的绿洲上,因此宁夏与河西走廊主要是"靠河吃饭"。在河西走廊"河川水量的多寡,可以决定耕地面积的广狭"[1],祁连山雪水融化后形成河流流入河西走廊形成了绿洲,居民沿河"拦截引渠,灌溉农田,到河水用尽为止"[2],即有河水才能开垦农田。黄土高原广大地区除了分布在河谷的耕地外,主要是"靠天吃饭",特别是黄土高原丘陵沟壑区,只有极小部分河谷有狭小的灌溉,而大多数地区则不能灌溉。历史上每逢干旱天气,黄土高原地区的农业和农村经济都面临一次沉重的打击。在每次旱灾发生后,土地利用率大为下降,甚至土地无法耕种,农作物绝收,粮价飞涨,饿殍遍野,农村经济凋敝。故大力提倡兴修农田水利,是提高黄河上游区域土地利用率的关键所在。

第二,农田水利对农村人口的分布产生了很大的影响。尽管黄河上游区域土地广袤,但适宜人居的环境并不是很多,而适宜于发展灌溉农业的地区是该区域生态环境好的地区,也是该区域人居环境比较好的地区。因此,黄河上游区域人口主要集中分布在农田水利条件较好的地区。如洮沙"人口最密之地约在沿洮河流域,水田较多,出产略丰,人民谋生较易,故户口极密"[3]。河西走廊十地九沙,平均人口密度不足 10 人,但是这一地区的人口主要分布在有灌溉农业的绿洲上,因此耕地人口密度极大,如表1所示,每平方千米人口密度鼎新 609 人,民勤 554 人,高台 493 人,武威 464 人,金塔 403 人,张掖 384 人,临泽 227 人,酒泉 262 人,敦煌 216 人。就全河西地区而言,耕地人口密度平均达到了每平方千米 270 人。而同时中国经济比较发达地区的人口密度:江苏为 373.7 人,浙江 204.1 人,湖北 236.9 人,湖南 138.8 人,四川 122.2 人,河北 222.8 人,山东 263.4 人,河南 211.2

---

[1] 陈正祥:《西北区域地理》,上海:商务印书馆,1947年,第24页。
[2] 王成敬:《西北的农田水利》,上海:中华书局,1950年,第44页。
[3] 张慎微纂修:《洮沙县志》卷3,1943年油印本。

人，广东164.6人。[①] 黄河上游区域农田水利耕作区的人口密度远远超过了一些经济发达的省份。随着近代河西地区生态环境的恶化，人口分布存在逐渐沿黄河向上游迁移的趋势，这种趋势导致的结果是河西绿洲农田水利耕作区人口密度越来越大，人地矛盾尖锐。

第三，农田水利的兴废影响了黄河上游区域农村经济的兴衰。水利是农业经济的命脉，凡是水利得到发展、水利设施保护完整并得到及时修复的时期，农作物得到及时灌溉，黄河上游区域农业和农村经济就得到发展。如清代康熙、乾隆时期黄河上游区域农业、人口之所以得到迅速发展，就是因为各地兴建和修复了大量的农田水利设施，形成了比较完善的水资源使用和管理制度。晚清以来，农村经济凋敝，农民离村严重（特别是河西走廊），水利设施失修，农田得不到灌溉是主要因素之一，20世纪30年代中期，黄河上游区域各地相继修复了一些农田水利设施，农村经济才得以缓慢地恢复。可见，农田水利是黄河上游区域农业和农村经济发展和繁荣的保障。

原载（《宁夏大学学报》2011年第2期）

---

[①] 国民政府主计处统计局：《中国人口问题之统计分析》，南京：正中书局，1946年，第10页。

# 民国时期甘宁青畜牧业的现代化问题

位于黄河上游区域的甘肃、宁夏、青海是我国畜牧业较为发达的地区。诚如近人所言:"我国畜牧区域以西北为最重要,如陇、青、绥、宁诸省莫不以畜牧为主要作业,其自然环境与社会形态亦最宜畜牧。畜牧之经营,即在适宜于农业之区域,亦有非常重要之地位,农人于其种作物之余,每兼事饲畜,以裕经济,以维富源,若在一切条件不宜农作之区域,如我国之西北者,则牧业之重要,更自毋庸申述。"① 在传统经济中,"或者以农为主,农牧并重;或者以牧为主,农牧并举。"② 因此,在甘、宁、青经济史的研究中,畜牧业是学术界关注的主要话题,学者对明清以来该地区畜牧业与农业彼消此长的关系,民国时期西北地区畜牧业等问题都有一些探讨。③ 在前人研究的基础上,本文主要论述国民政府在西北开发的过程中,促进甘、宁、青地区畜牧业的现代化问题。

## 一、畜牧业面临的问题

20世纪30—40年代,甘、宁、青地区畜牧业发展面临两个主要问题,

---

① 王栋:《西北牧区之草原问题》,《中国边疆建设集刊》1948年第3期。
② 杜常顺:《明清时期黄河上游地区少数民族经济浅论》,《青海社会科学》1995年第4期,第80—84页。
③ 参看杜常顺:《明清时期黄河上游地区的畜牧业》,《青海师范大学学报》(哲学社会科学版)1994年第3期,第109—113页;毛光远:《论20世纪40年代西北羊毛改进处》,《中国农史》2008年第3期,第58—67页;毛光远:《20世纪三四十年代民国政府对甘宁青畜牧业的开发述论》,《开发研究》2007年第2期,第158—161页;毛光远:《抗战时期甘南藏区畜牧业开发刍议》,《西藏研究》2008年第3期,第27—34页;毛光远:《20世纪40年代甘宁青疫防治析评》,《中国农史》2009年第4期,第23—35页。张天政:《20世纪三四十年代宁夏畜牧业经济述论》,《中国农史》2004年第3期,第69—73页。

一是畜疫频发，牲畜大量死亡；一是牧民畜牧业知识缺乏，导致牲畜种群退化。

20世纪前半期，中国气候出现异常变化，据物候学者研究，1920—1940年气候变暖，升温幅度约为0.5—0.8℃①，气候变暖的直接后果是降雨量的减少。因此，1900—1940年，黄河上游区域出现了大面积的干旱，旱灾频发是这个时期的主要异常天气。② 从1926年开始，旱象已经在甘肃出现，到1927年旱灾继续蔓延，"四五六月之间，则雨水缺少，终日赤日如炽，片云皆无，以致夏禾尽行萎枯，不得收一草一柴"。③ 1927—1929年，连续无雨期（≤5mm）长达260天，1928年的降雨量仅为正常年份的15%—20%。④ 20世纪30—40年代，甘、宁、青三地局部区域时有灾害发生，尤其是水、旱、虫等灾害频发。如据《中国经济年鉴》统计，1934年6月至1935年8月，甘肃有35个县发生灾害；1934年6月至1935年6月，青海有7个县发生灾害；1934年7月至1935年1月，宁夏有8个县发生灾害。⑤ 灾害频发对甘宁青社会经济带来巨大的影响。就畜牧业而言，畜疫频发导致大量牲畜死亡。

受自然环境和旱灾的影响，20世纪30—40年代是甘、宁、青畜疫发生比较频繁的时期。流行于农牧区的畜疫有牛瘟、羊瘟、骡马瘟、骡马黑汗风、骡马结症、骡马黄病、牛漏蹄、牛泻症、羊泻症、炭疽、羊痘、疥癣等多种疫病。⑥ 1932—1935年，西北各地大面积发生炭疽、口蹄疫、羊痘等。1935年，甘、青两省发生畜疫，据有关调查显示，甘肃临洮"死畜达15 000头之多"。青海大通、乐都、同仁、贵德等县畜牧业受到重创，"波及之牲畜，达42 000头"。口蹄疫主要发生在青海门源与甘肃河西，"所遭受此疫之损失，据报已达15 000头"。⑦ 发生疫情的地方，牲畜的感染率与死亡率都比较高，如共和县染口蹄疫的牛占总数的40%—60%，死亡率为5%—10%。羊的口蹄疫流行极广，"所至之处，均为传染区域，每有羊因口蹄疫而不能采食，亦

---

① 秦大河：《中国气候与环境演变（上）》，《资源环境与发展》2007年第3期，第1—4页。
② 王绍武、董光荣：《中国西部环境特征及其演变》，北京：科学出版社，2002年，第49页。
③ 康天国：《西北最近十年来史料》，上海：西北学会，1931年，第96页。
④ 李生秀：《中国旱地农业》，北京：中国农业出版社，2003年，第114页。
⑤ 实业部中国经济年鉴编纂委员会编：《中国经济年鉴》，上海：商务印书馆，1936年，第54—57页。
⑥ 栗显倬：《西北畜牧之调查》，《中国实业杂志》1935年第7期，第2286页。
⑦ 刘行骥：《西北畜牧事业之展望》，《新经济》1940年第3期，第62—63页。

有口蹄疫而晚不能归宿，至跪行采食者触目皆是，总计患羊不下 12 万只，占总数 60% 以上，死亡率 5%，数亦在 6000 余只"。1935 年 6 月在该县新水滩发生羊痘，死亡羔羊约 500 余只，死亡率达 40%。[1] 甘坪寺流行羊下痢，染病羊只死亡率在 10% 以上，泽亲庄有羊约 2000 只，死亡 300 余只，死亡率 15%；酒金滩有羊 4 万余只，死亡 4000 只，死亡率 10%；甘家滩有羊 2 万余只，死亡 3000 余只，死亡率 15%；瓜什济有羊 4 万余只，死亡 5000 余只，死亡率 12.5%。[2] 1938 年，宁夏贺兰发生牛瘟，死亡率达 90%。[3]

1942 年夏，青海东部农业区和环海牧区普遍发生霜冻，秋后有出现早霜，气候异常，导致青海牧区发生牛瘟，先从汪什代海部落发生，蔓延到海北、海东和海南地区，9—10 月间又传染至贵德、同仁、同德以及柴达木、大河坝和祁连山等牧区，10 月份青海蒙古左翼长索诺恩旺济勒电告蒋介石与南京国民政府蒙藏委员会："统计各地数字骇人听闻，截至现在已愈 30 万头"；随后青海省主席电告蒋介石与吴忠信："寻日之内竟毙牛 50 余万头，现仍在蔓延中"。[4] 据当时《青海民国日报》报道，此次牛瘟死亡牛达 110 万头以上。[5] 畜疫的不断发生，导致牲畜大量死亡，尤其是大量母畜的死亡，影响了畜群的扩大。

在传统牧畜生产中，牲畜繁殖完全是自然生息，主要表现是家畜配种过早，死亡率较高。每年春夏季是牲畜繁衍生息的主要时期，"发情牲畜发育完全与否？能否有作种畜之价值，牧民毫不顾问，任其自行交配"。[6] 有调查者说："西北绵羊，千百成群，临时随地，任意交配，牧民既不依据其用途、体型加以限制，复不以年龄、季节而定其交配时期，致羊种庞杂，毛之质量日递，且交配年龄过小，母羊乳稀，羔羊羸弱，所蒙损失，自属难免。又因交配季节不适，母羊多不能于春季生羔，天寒无草，冬羔难育，以致死亡枕藉，目不忍睹。"[7] 这种现象在西北各地比较普遍，阿拉善旗游牧区，"家畜之繁

---

[1] 《青海省共和县兽疫之调查》，《新青海》1936 年第 1—2 期合刊，第 86 页。
[2] 《甘坪寺一带兽疫之调查》，《新青海》1936 年第 1—2 期合刊，第 87 页。
[3] 宁夏省政府：《宁夏资源志》，银川：宁夏省政府，1946 年，第 7 页。
[4] 杨智友：《1942 年青海牛瘟案述评》，《中国藏学》2006 年第 3 期。
[5] 青海省志编纂委员会编：《青海历史纪要》，西宁：青海人民出版社，1987 年，第 44 页。
[6] 乔玉琇：《西北畜牧业之检讨》，《新青海》1936 年第 5 期，第 36 页。
[7] 曾广益：《西北羊毛事业推广之我见》，《农业推广通讯》1943 年第 2 期，第 34 页。

殖，则任其自由交配，且蒙民习惯，多将优良牲畜去势，以供服役，并冀获售高价，因此体质不良者得大量繁殖，故家畜品种日趋退化，数量减少，实为宁夏畜牧之最大危机"。① 甘肃"家畜配种，向不注意，所有牧畜，率多阉之而作为力畜，以其性顺而力大，故农村牧（种）畜，异常缺乏，每遇牲畜发情，极难获良好牝畜交配。所引用之牲畜，非发育不全，即恶劣不堪，故所生之仔代，很少健全矣。亦有投机分子，专备牲畜，以供民间交配，而图营利，唯其品种欠佳，交配太繁，结果不但难得良好之仔畜，且往往传染许多生殖器之病，又如未成年之牝（畜）亦多交配受孕，终致发育不全"。② 任其自由交配繁殖与配种不当，导致牲畜种群退化，据调查，"蒙古马平均体尺尚有四呎四吋，最近体尺平均已减至四呎二吋"。③ 在牲畜繁殖过程中，任其自然繁殖，导致种群日益退化，影响了牲畜数量的增加。

## 二、兽疫防治机构与防疫

20世纪20—30年代，甘、宁、青区域发生了大规模的畜疫和牲畜死亡，对畜牧业和牧民经济生活产生了很大的影响，引起了国民政府的注意。1934年，全国经济委员会常务委员宋子文在考察西北期间，认为发展西北地区畜牧事业的根本问题在防疫，并在经费上给予支持，拨款30万元作为兽医及改良畜牧的经费。④ 1935年，内政部卫生署与全国经济委员会卫生实验处决定在兰州设立西北防疫处，工作范围定在甘肃、宁夏、青海三省。规定了各机关分工合作的原则，即（1）兽用血清疫苗之制造由中央防疫处负责。（2）兽疫之实地调查防治由西北防疫处负责。（3）防治兽疫之推广事宜，由西北卫生机关负责。⑤ 1936年8月1日，西北防疫处在兰州小西湖成立，其职责之一是"掌理兽疫之调查扑灭及兽疫血清疫苗之制造"。⑥ 根据分工原则，该处

---

① 宁夏省农林处编：《宁夏省农政七年》，银川：宁夏省农林处，1947年，第122页。
② 戴亚英：《甘肃畜牧事业之前途》，《陇铎》1940年第4期，第17页。
③ 封志豪：《西北畜牧业改进刍议》，《农学》1937年第2期，第25页。
④ 秦孝仪主编：《革命文献》第88辑《抗战前国家建设史料：西北建设（一）》，台北：中国国民党中央委员会党史史料编纂委员会，1989年，第357页。
⑤ 《西北兽医工作概况》，《卫生半月刊》1935年第8期，第31页。
⑥ 内政部编：《内政法规汇编》第二辑《西北防疫处暂行组织章程》，南京：内政部，1934年，第48页。

成立后，主要做了基本建设与疫情调查工作，中央防疫处拨款 5 万—6 万元，在兰州设立牛马厩舍，准备制造血清应需之器材；西北防疫处成立第二科，杨守绅为兽医科科长，负责兽疫的调查与扑灭。①

截至 1935 年年底，该处的工作成绩如下：(1) 兽医防治工作。1935 年 1 月，西北防疫处在兰州设立兽医门诊部，免费诊治病畜，截止 10 月诊治各种牲畜 1307 头。(2) 马鼻疽病检验与预防。1935 年 1 月，西北防疫处对兰州驻军马匹进行健康检查，共体检马匹 755 匹，发现鼻疽病 20 余匹，进行了隔离等诊治工作；并制造诊治与预防鼻疽菌素 280 公撮，炭疽苗 1600 公撮。(3) 牲畜情况调查。为了调查清楚甘、宁、青的牲畜数量与疫病情况，西北防疫处向各省分发了调查表，截止 1935 年 10 月，甘肃有 37 个县、青海有 3 个县按照要求填写了调查表。(4) 西北防疫处派员赴甘肃、青海、宁夏各县调查，对发生在各地的畜疫进行了摸底。(5) 办理西北畜牧兽医推广人员训练班，在甘、宁、青招收初中毕业生 20 名，培训 1 年，半年在兰州授课，半年在牧场或田间实习。(6) 参加皋兰保甲训练。在省民政厅对乡保长培训期间，为宣传防疫工作，技正杨守绅前去演讲，内容包括个人卫生、公共卫生、人类传染病、兽类传染病等，并组织受训人员到西北防疫处参观学习。②

从成立至 1936 年 9 月，西北防疫处在防疫防治方面取得的成绩包括：(1) 免费检验人医病理材料 5766 件。(2) 免费治疗家畜疾病 3191 头。(3) 1936 年 8—9 月免费治疗乡村病人 555 人。(4) 预防天花免费接种牛痘 7120 人。(5) 预防白喉免费注射白喉毒素 1335 人。(6) 预防马疽免费检验军马 1600 匹，注射疫苗 850 匹。(7) 制造血清疫苗 5 种。③

1936 年对甘宁青各地进行了调查，调查地点包括甘肃省的夏河、永登、临洮三县，宁夏省的宁夏、宁朔、平罗、磴口等县及阿拉善旗，青海省的西宁、湟源、大通、门源、八宝、都兰等 6 县及环海 8 族、蒙古 29 旗。在调查中发现，"三省牛马之疫病死亡率平均达 20%，最烈者达 50%，其死亡原因以牛马炭疽、鼻疽为最多，而牛肺疫流行的八宝县之阿里克族；却是羊及山

---

① 《西北兽医工作概况》，《卫生半月刊》1935 年第 8 期，第 31—32 页。
② 陈宗贤、杨守绅：《西北防疫处之沿革设施及防治兽疫工作》，《中国实业》1935 年第 12 期，第 2255—2226 页。
③ 许显时：《甘肃省经济建设实施概况》，《实业部月刊》1937 年第 2 期，第 198 页。

羊以内寄生虫为最多,其种类有钩虫、肝蛭、肺丝状虫、条虫、胃虫、球虫等,而炭疽、疥癣、羊痘次之,又宁夏之山羊,因肺炎而死者亦不少"。①这次调查基本上摸清了甘、宁、青三地畜疫发生的原因和常发地点。

为了加强畜疫防治,西北防疫处成立了基层机构。(1)甘肃省平城堡兽医防治所。1936年8月1日成立,主要办理松山牧区防疫医疗事宜,当因地方不靖,当年10月底撤回兰州。(2)青海省西宁家畜保育会。1936年8月7日成立,主要办理训练、宣传、防疫、巡回医疗事宜。(3)甘肃省皋兰县乡村建设试验区事务所兽医防疫组。1936年10月1日成立,主要承担兽医防疫责任,但地方不靖,年底撤回。(4)青海省门源兽医防治所。青海南北各蒙藏游牧地区发生畜疫,根据左翼盟长索难木大悉等报告,西北防疫处派兽医师张逢旭5月至青海,到乐都、海南、海北等地进行防治,还到门源阿力拉族防治牛瘟。同年10月15日成立门源兽医防治所。11月,因地方不靖,撤回兰州。(5)宁夏省洪广营兽医防治所。1936年12月1日成立,主要办理宁夏县北乡防疫、医疗事宜。②除了西北防疫处设置的机构外,地方政府也设立了相应的机关,防治畜疫、宣传畜牧知识。1936年,青海省卫生实验处内设兽医诊断室,从牧区、农区采取病料,进行病源分析,鉴定出10余种牲畜病种。1937年,在门源、湟源、共和、贵德4个县设立兽医防治所,每年防治牧畜约3万头。并进行家畜疾病诊断与防治,畜疫防治常识宣传,调查畜疫发病规律和畜病。③尽管部分机构因社会动荡而无法正常工作,但毕竟是国家与地方政府畜牧防疫开始在基层牧区社会建立,是以前不曾有过的。

抗战时期,为了加强西北地区的畜疫的控制与防治,1941年2月,西北防疫处与蒙绥防疫处合并,在兰州成立了西北兽疫防治处,直属国民政府农林部。主要职责是负责调查与防治西北各省的兽疫,制造防止兽疫的血清疫苗,训练兽医人员。④1942年,成立了甘肃省兽疫防治大队,下设洮岷、天水两个分队,巡回治疗畜疫。⑤1942年秋,青海牛瘟蔓延,农林部沈鸿烈奉命去青海游牧区视察,组建了青海省兽疫防治大队,在湟源建立了临时血清

---

① 《西北防疫处二十五年工作概况》,《公共卫生月刊》1937年第9—10期,第735—736页。
② 《西北防疫处二十五年工作概况》,《公共卫生月刊》1937年第9—10期,第736页。
③ 翟松天:《青海经济史(近代卷)》,西宁:青海人民出版社,1998年,第91页。
④ 《西北兽疫防治处组织条例》,《农业推广通讯》1945年第2期,第67页。
⑤ 戴逸、张世明:《中国西部开发与现代化》,广州:广东教育出版社,2006年,第613页。

制造厂，以供防疫需用；1944年1月，青海兽疫防治大队改组为青海兽疫防治处。① 西北兽疫防治处还在甘肃平凉、永登、夏河和宁夏银川、青海湟源设立了5个兽疫防治站；1943年设立兰州、永登、平凉建成了3个血清厂，专门制造防疫药品；设立了宁夏、酒泉、永登等工作站。② 另外，农林部西北羊毛改进处也下设兽疫部，以防治羊病为中心工作。③ 这些机构的设立，使甘、宁、青兽疫防疫系统有了雏形。西北兽疫防治处成立后，在预防和治理畜疫方面做了做出了一定的成绩，如表1。

表1 抗战期间西北兽疫防治处工作成绩统计

| 时间 | 防治牛瘟（头）| 牛瘟脏器苗（CC）| 抗牛瘟血清（CC）| 其他血清（CC）|
| --- | --- | --- | --- | --- |
| 1941.2—1942.8 | 20 942 | 244 713 | 215 685 | — |
| 1942.9—1943.8 | 15 709 | 191 554 | 135 908 | 38 050 |
| 1943.9—1944.9 | 16 694 | — | 744 107 | — |

资料来源：秦孝仪主编《革命文献》第102辑《抗战建国史料——农林建设（一）》，台北：中国国民党中央委员会党史史料编纂委员会，1985年，第164页

从表1可以看出，该处自成立至1944年9月，防治牛瘟53 345头，附设的血清制造厂制造各种血菌苗157万CC。另外在1942年至1943年青海发生牛瘟期间，青海兽疫防治大队组织防疫分队驰往疫区加紧防治，1943年1—8月防治牛瘟7096头，制造血清菌苗136551CC；1943年8月至1944年9月，青海兽疫防治处防治牲畜4934头，制造血清1825CC。④ 由于从中央到地方在牛瘟防治方面互相配合，发生于1942年的青海牛瘟得到了比较妥善的解决，以此为契机，也建立起了青海畜疫防治机构。平凉、宁夏、兰州等兽疫工作站也做了不少工作，尤其是抗战胜利后，这些工作站在帮助农民防治畜疫方面做出了应有的贡献，对此毛光远有比较深入的研究，不再赘述。⑤

西北羊毛改进处主要对羊病进行防治工作。1947年，该处陇南站在岷县

---

① 秦孝仪主编：《革命文献》第102辑《抗战建国史料——农林建设（一）》，台北：中国国民党中央委员会党史史料编纂委员会，1985年，第145、190页。
② 秦孝仪主编：《革命文献》第102辑《抗战建国史料——农林建设（一）》，台北：中国国民党中央委员会党史史料编纂委员会，1985年，第163页。
③ 毛光远：《20世纪40年代甘宁青畜疫防治析评》，《中国农史》2009年第4期，第23—35页。
④ 秦孝仪主编：《革命文献》第102辑《抗战建国史料——农林建设（一）》，台北：中国国民党中央委员会党史史料编纂委员会，1985年，第145、190页。
⑤ 毛光远：《20世纪40年代甘宁青畜疫防治析评》，《中国农史》2009年第4期，第23—35页。

闻井镇一带，为当地居民的羊群进行绵羊炭疽免疫注射，先后接受免疫羊6974 只；各站向民间推广药浴，洗羊 7333 只；宁夏站为中宁居民 7494 只羊进行炭疽免疫注射；陇东站派员在靖远一带推广药浴，防治疥癣羊 4462 只。各站还根据当地羊群发病情况，提出了一些行之有效的防治方法，如宁夏站针对羊寄生虫病的试验研究，提出两种防治办法：（1）预防的方法是用 5% 的硫磺混合液及腌韭菜水。（2）寄生虫病一般发生在冬春二季，故在春秋剪毛后对羊进行药浴，并在冬季以添加饲料，使羊维持最低营养，可避免寄生虫病的发生。① 这些都说明西北羊毛改进处在防治羊病方面的工作是值得肯定的。

### 三、畜牧业的改良

在 20 世纪 30 年代的西部大开发中，一些学者呼吁改良西北畜牧业，并认为改良畜牧业从定牧、调查、设立畜种改良场、牧政、举办畜种比赛、推广、管理、设立兽疫防治所、组织畜产品制造厂、培养畜牧及兽医人才等几个方面着手。② 在有识之士的呼吁下，20 世纪 30 年代，国民政府在甘、宁等地成立的种畜场以及农业改进机关，均参与了畜牧改良事业。

1934 年 6 月，全国经济委员会在甘肃夏河县甘坪寺设立西北畜牧改良场，主要职责是家畜繁殖与改良、家畜纯种的饲养与保护、家畜杂交育种试验、畜种比较试验、饲料营养试验、饲料作物栽培、民间畜配种、种畜推广及指导、畜产调查研究、牲畜产品运销合作等。③ 1936 年 8 月，该场被实业部接管，改名为西北种畜场，重新颁布条例，划定职责，即家畜繁殖与改良、纯种饲养与保护、种畜比较试验、畜产制造、饲料作物栽培、种畜品评、民间牝畜配种、种畜推广及指导、畜产调查、家畜卫生及医疗等。④

---

① 毛光远：《论 20 世纪 40 年代西北羊毛改进处》，《中国农史》2008 年第 3 期，第 58—67 页。
② 王高才：《改良西北畜牧之管见》，《寒圃》1933 年第 3—4 期，第 15—17 页。
③ 全国经济委员会：《全国经济委员会章则汇编》第 3 辑《全国经济委员会农业处西北畜牧改良场暂行章程》，南京：全国经济委员会，1934 年，第 87 页。
④ 《西北种畜场暂行组织条例》，台北："中央研究院"近史所档案馆，馆藏号：17-27-238-01。

该场位于甘肃与青海两省之间的甘坪寺,又称甘坪寺种畜场,西至同仁45千米,北距循化65千米,东距临夏95千米,南距夏河拉卜楞寺约25千米,这里"青山绿水,碧草萋萋,飞鹰走兔,帐篷点点(藏民所居),家畜则黑白相间,逸然自食,偶来此者,不禁别有天地之感。"① 这里是一处良好牧场,也是设立种畜比较理想的地方。西北种畜场的主旨有六端:

(一)改良羊种,就本国原有之滩羊,加以选种改良,使国内冬季普通应用之服装皮料,生产增加,品质改良,并可推销于国内。羊乳为食料中之重要物品,较之牛乳,滋养力尤大,惟因品种不良,产乳不多,国内除蒙番人民外,鲜有有用之者,亟以加以改良,推广用途。羊毛为西北大宗输出品,第以品质恶劣,不能与西洋毛产竞衡,近年本国产出口日渐衰略,而国内毛织业,日见发达,亟宜引用外洋优良羊种,与本国有希望之羊种支[交]配,改良毛质。

(二)改良牛种,以求增加肉用牛、乳用牛之生产,同时注意皮革之改良,使西北所产之牛皮,适合近世制造家之需要。

(三)改良骡马驴种,使农民及军队均得引用拖负力强大之牲畜。

(四)饲料及饲养之方法,均须由切实之改良,方可生产优良之畜种,故牧草种类之增加、耕种培植之方法,与夫青饲干料之储藏,均有改良推广之必要。

(五)欲求畜牧事业之发展,必须有预防治病疫之设施,此项工作,已由卫生试验处通盘筹划,所有畜牧场内,均附有牲畜防疫之设备。

(六)俟畜牧总场筹办确有成绩后,即在甘肃、宁夏、陕西各省,择适宜处所,设立分场,以为繁殖及推广之中心。②

西北畜牧改良场建立后,各项工作逐渐开展起来。1935年,在改良品种方面,该场派员赴觉科选购优良牡马157匹,牝马5匹③;在青海南部选购

---

① 朱桦:《西北的畜牧》,《东方杂志》1940年第6号,第29页。
② 刘景山:《一年来之全国经济委员会西北各项建设事业实施简要状况》,《西北开发》1935年第1—2期,第191页。
③ 《西北畜牧事业之进行》,《政治成绩统计》1935年第8期,第141页。

种牛、种羊，在泾川、平凉、镇原等地选购黄牛、种驴等。① 1936 年，该场在上海何丽园乳牛场购买荷兰乳牛 15 头，在石门山种畜寄养所饲养。② 该场引进的种畜，在为游牧区民间畜牧业服务方面也发挥了一定的效能，从 1941 年至 1946 年，牧民借用种畜场种畜交配母马 323 匹。③

在牧草试验方面，该场选定青海的八角城，甘肃的兰州、平凉、临潭、松山、天水、山丹等作为牧草试验地点。④ 从美国购到牧草种子 15 种，分别在甘坪寺、兰州、松山、宁夏的洪广营等地做比较试验，"以觇各种籽在西北适应之能力，然后再行推广"。⑤ 在甘、青两省设立了两个苜蓿采种园，一个是八角城采种园，位于青海甘家川附近，"将来种籽，可供沿黄之清水县、大夏河、洮河等流域推广之需"；一个是松山采种园，位于甘肃永登，"将来种籽，可供黄河由循化至中卫间之山坡土岭，及沿黄河支流如湟水、大通河、镇羌河、山水河等流域推广之用。"各场所需苜蓿籽种主要来源于秦安、天水一带。⑥ 在抗战前，西北种畜场处于建设阶段，在基础设施建设、种畜购买、牧草繁殖方面取得了初步的成绩。

抗战时期是黄河上游区域畜牧改良的重要阶段，中央、地方政府努力致力于畜牧改良，而且取得了一定的成绩。1940 年 8 月，农林部在甘肃岷县设立了西北羊毛改进处，其主要任务是："（1）关于绵羊品种之选育改良及推广繁殖事项。（2）关于绵羊饲养管理之改进及指导推广事宜。（3）关于绵羊疫病防治方法之研究及指导推广事宜。（4）关于牧草饲料及牧原管理之研究改进事项。（5）关于羊毛剪取、分级包装处理之研究改进及推广事项。（6）关于羊毛贷款之介绍推广事项。（7）关于羊毛改进推广人员训练事项。（8）关于羊毛事业之调查事项"。⑦ 1944 年 9 月，西北羊毛改进处迁至兰州。为了推广良种与防治羊病，西北羊毛改进处选择河西永昌、陇东海原、陇南岷县、夏河、临潭和宁夏中宁成立了 6 处推广站。该处建立那年的秋季，先后采购

---

① 《西北畜牧事业之进行》，《政治成绩统计》1935 年第 5 期，第 160 页。
② 《西北畜牧事业之进行》，《政治成绩统计》1936 年第 5 期，第 115 页。
③ 罗舒群：《民国时期甘肃农林水牧事业开发状况研究》，《甘肃社会科学》1986 年第 3 期。
④ 《西北畜牧事业之进行》，《政治成绩统计》1935 年第 9 期，第 156 页。
⑤ 《西北畜牧事业之进行》，《政治成绩统计》1935 年第 8 期，第 141 页。
⑥ 《西北畜牧事业之进行》，《政治成绩统计》1935 年第 12 期，第 134—135 页。
⑦ 《农林部西北羊毛改进处组织条例》，《农业推广通讯》1946 年第 4 期，第 30 页。

河西大尾巴羊 8000 只,夏河甘加细毛羊 7000 只;1941 年初,以每只 400 元买回澳大利亚美利奴细毛公羊 2 只,开始了优良品种的培育与繁殖工作。1942 年,西北羊毛改进处将实习生分成两组,第一组到申都,第二组到间井的古岭、阳洼等地,每组 1 只公羊进行人工繁殖。所产羊羔一年重量可达 30 斤左右,比当地品种多 10 余斤;毛细,年可产 5—7 斤(羊毛——引者注),比本地羊多产 3—5 斤。① 根据宋仲福、毛光远等人研究,西北羊毛改进处在羊种改良方面取得了不错的成绩。如在总场成立之初,鉴定优良土种羊 5.2 万只,购进新西兰纯种毛用羊 150 只,推广美利奴羊种及达字羊 480 只,"开展蒙藏羊、岷羊等优良土种之纯系育种、杂交育种及繁殖";截止 1942 年年底,该处共指导牧户 11 187 户,改良羊毛 698 140 斤,受益羊只 432 031 只,特约推广示范羊群 931 户;1944 年 1 月,新疆省政府给西北羊毛改进处赠送兰布尔纯种羊及五代改良种羊 110 只,在永昌、岷县推广站分别采用人工授精技术,为民间配种母羊 1748 只;1947 年 7 月,该处以人工授精技术推广良种 221 只,指导牧民保留羔种 48 只;推广药浴受益羊 3514 只,指导牧民改善羊群卫生,受益羊 5300 只。据同年 10 月统计,西北羊毛改进处共饲养成年公羊 202 只,母羊 1300 只;幼年公羊 332 只,母羊 433 只,总计 2267 只。② 另外,西北羊毛改进处先后举办畜牧兽医推广人员训练班 4 期,每期 1 年,招收学员 50—60 人。③ 这些学员毕业后大都去了青海、河西、海原、靖远等地,为这些地区畜牧业的发展发挥了应有的作用。西北羊毛改进处还在牧区建立畜种改进会,指导牧民进行畜种改良,但尚处于试办阶段,效果不显。

抗战以来,宁夏也开展了畜牧改良工作。1939 年 11 月,宁夏畜牧总场成立,负责改进牲畜品种、饲养管理、牧区调查、家畜登记、病畜防治等事宜。贺兰山麓的镇北堡北区水利尚未开发,不宜种植农业,省政府就划定此地为畜牧事业试验场,场地面积广大,东西约 25 千米,南北约 50 多千米。

---

① 马新斋口述:《国民党农林部西北羊毛改进处始末》,中国人民政治协商会议岷县委员会文史资料委员会编:《岷县文史资料选辑》第 2 辑,内部资料,1990 年。
② 宋仲福:《西北通史》第五卷,兰州:兰州大学出版社,2005 年,第 561—562 页。毛光远:《论 20 世纪 40 年代西北羊毛改进处》,《中国农史》2008 年第 3 期,第 58—67 页。
③ 马新斋口述:《国民党农林部西北羊毛改进处始末》,中国人民政治协商会议岷县委员会文史资料委员会编:《岷县文史资料选辑》第 2 辑,内部资料,1990 年。

该场成立之初，在省内及绥远购买牛370余头，从陕西购买种牛18头，省内购买羊5000余只，从西宁、绥西、省内购买马260余匹，从甘、宁、青、绥等地购买种马，进行品种改良试验。在改良饲养方法、防止兽疫传染方面做了一些工作。如改变传统饲养方法，总场"规定放牧时间，限制补助饲料，管理用科学方法，畜舍力求光线充足，空气新鲜清洁"；为保障牲畜健康，编写防疫须知，广为散发，并对总场牧夫和农民进行培训。①

宁夏农林处也参与了宁夏的畜牧改良。1943年，甘肃科学教育馆向宁夏农林处赠与了5只"软不来"种羊，与本地选出200只母羊杂交，先后培育出新种牝羊177只；该处还与西北羊毛改进处合作，在宁夏中宁县成立了宁夏羊毛改进推广站，以中卫、中宁为改良区。②羊毛品质的改良，其实质是通过对羊品种的改良实现出产优质羊毛的目的。在牧草推广方面，通过调查，1941年选择富含营养、生长力强、适宜栽培推广的苜蓿、芨芨草、芦草、施风草、锁木子草、狗尾草、莎鞭、碱蒿、马莲草、红柴和登苏等品种，在八里桥牧场、谢家寨林场和张政桥农场等地栽培试验，面积达150余亩。③

此外，抗战期间，国民党军政部种马场也在岷县落户，进行马匹改良。1934年1月，国民党在广东惠阳成立了"广东第一畜牧团"，1936年11月，"广东第一畜牧团"由国民党军政部接管，更名为"军政部惠阳种马牧场"。抗战爆发后，该场开始内迁，先后迁至广西、贵州和四川等地。1941年3月，该场从成都全部迁至甘肃岷县，次年10月改名为"军政部岷县种马场"，1946年12月又更名为"联合勤务总司令部岷县种马场"。1942年，该场在临洮、临夏、宕昌、徽县、临潭设立了5处民马配种场。此外，该场在岷县的牧场东至岷县巴仁，西至舟曲大介山顶，北至青泥沟，面积83.5平方千米，耕地2300亩。饲养有阿拉伯、洋杂种、半血种、澳洲种、日本杂种、伊犁种等多种马千匹左右，繁殖成活率为46.5%。④通过改良，牲畜的品种有所提高，

---

① 宁夏省政府秘书处：《十年来宁夏省政述要·建设篇》第五卷，银川：宁夏省政府秘书处，1942年，第342页。
② 宁夏省农林处编：《宁夏省农政七年》，银川：宁夏省农林处，1947年，第118、122页。
③ 杨新才：《宁夏农业史》，北京：中国农业出版社，1998年，第262页。
④ 岳兆雄：《甘肃岷县种畜场简史》，中国人民政治协商会议岷县委员会文史资料委员会编：《岷县文史资料选辑》第2辑，内部资料，1990年。

如青海贵德军牧场选种马匹，1946年较1942年体高平均增加1.92厘米。①

从上面的论述来看，本区畜种改良始于20世纪30年代，在抗战时期得到比较多的关怀与重视，也开始注意民间家畜的改良问题，基本上建立了本地区初步的牲畜改良体系，为地区畜牧业的发展培养了一批人才，这是值得肯定的。但因各种因素的影响，畜牧改良的绩效是十分有限的，如西北羊毛改进处在推广细毛羊方面始终没有取得比较好的进展，"从1942年开始，首先将正在申都、闾井等地搞人工配种的两只种公羊调去兰州，人员除负责人外，20个推广员全部随羊调去。同时，夏河、临潭旧城的两个推广站也撤了，夏河站的负责人姚仲吾去兰州自找了工作。临潭的负责人郭生保，由奔直寺马场聘去搞农业。野人沟总场，从河西、夏河采购的15 000只试验羊，因不服水土和管理不善死亡严重，仅剩400多只"。②即种羊和技术人员的不足、水土不服和管理不善等，成为西北羊毛改进处业务难以完成的主要因素。

## 四、畜牧业合作社与畜牧公司

畜牧业是抗战时期西北经济建设的主要内容，1941年，国民政府农贷政策转变后，开始发放畜牧业贷款，以合作社经营畜牧业。1941年，四联总处兰州分处与夏河拉卜楞寺保安司令部合作，在拉卜楞寺管辖的范围内发放"畜牧贷款"，到期以蒙藏牧民所出皮毛和各种土产作价归还。③ 1941年8月，中国银行在该县撒合儿庄组建"纯系藏民"合作社，贷款2100元，用于购买牛马羊等。④ 同年，岷县申都村草场面积7.5平方千米，水草繁茂，适宜畜牧，有牛107头，马3匹，羊100只，该地牧民组织畜牧合作社，向中国银行申请贷款，购买母牛19头，母羊300只。⑤ 居住在祁连山里的藏民，"向营游牧生活，牛羊为其主要财产，畜牧为其主要工作"。1941年春，组建合作社，社员25人，"借款1600元以作繁殖牛羊之需，至期本利清偿，恪守信

---

① 翟松天：《青海经济史（近代卷）》，西宁：青海人民出版社，1998年，第94页。
② 马新斋口述：《国民党农林部西北羊毛改进处始末》，中国人民政治协商会议岷县委员会文史资料委员会编：《岷县文史资料选辑》第2辑，内部资料，1990年。
③ 《四联农贷简讯》，《中行农讯》1941年第2期。
④ 《特种农贷》，《中行农讯》1941年第4期。
⑤ 《特种农贷》，《中行农讯》1941年第3期。

用，去年冬天该社欣然来本行继续申请贷款，当予 2500 元，以协助其牛羊之繁殖"。① 可见，抗战时期国家银行比较重视投资畜牧事业。不仅国家银行投资畜牧实业，甘肃省银行 1943 年也投资畜牧实业。甘肃省合作处选定岷县、海原作为畜牧贷款县，分别发放贷款 30 万元和 50 万元。② 表 2 是抗战期间甘肃各县推进畜牧合作事业概况统计。

表 2　甘肃各县推进畜牧实业概况（截止 1944 年 10 月）

| 县名 | 贷于单位 | 贷款用途 | 金额（元） | 期限 | 备注 |
|---|---|---|---|---|---|
| 皋兰 | 合作社 15 个 | 绵羊生产 | 1 428 000 | 1—2 年 | |
| 靖远 | 农会小组 14 个、经营会 4 个 | 绵羊生产 | 3 890 000 | 1 年 | |
| 永登 | 合作社 6 个 | 牛羊生产 | 561 320 | 1—2 年 | |
| 榆中 | 合作社 1 个 | 牛羊生产 | 150 000 | 1 年 | |
| 岷县 | 经营会 4 个、合作社 2 个 | 绵羊改良 | 339 000 | 12—20 月 | |
| 临泽 | 合作社 4 个 | 牛羊生产 | 110 000 | 1 年 | |
| 卓尼 | 合作社 3 个 | 马牛羊生产 | 70 000 | 1 年 | |
| 临夏 | 合作社 7 个 | 马牛羊生产 | 721 000 | 1 年半 | |
| 和政 | 合作社 9 个 | 马牛羊生产 | 965 000 | 1 年半 | |
| 永靖 | 合作社 3 个 | 马牛羊生产 | 330 000 | 1 年 | 岷县贷款系于西北羊毛改进所合办。 |
| 宁定 | 合作社 1 个 | 马牛羊生产 | 150 000 | 1 年半 | |
| 临洮 | 合作社 8 个 | 绵羊生产 | 854 000 | 1 年半 | |
| 洮沙 | 合作社 2 个 | 绵羊生产 | 100 000 | 1 年半 | |
| 康乐 | 合作社 4 个 | 绵羊生产 | 320 000 | 1 年半 | |
| 渭源 | 合作社 6 个 | 绵羊生产 | 358 000 | 1 年半 | |
| 崇信 | 合作社 1 个 | 耕牛繁殖 | 180 000 | 1 年半 | |
| 海原 | 合作社 4 个 | 绵羊生产 | 500 000 | 1 年半 | |
| 张掖 | 合作社 3 个 | 绵羊生产 | 177 000 | 1 年半 | |
| 山丹 | 合作社 4 个 | 牛羊生产 | 138 000 | 1 年半 | |
| 永昌 | 改进会 1 个 | 耕牛推广 | 700 000 | 1 年半 | |
| 总计 | 105 个单位 | — | 12 041 320 | — | |

资料来源：成治田：《甘肃农贷之回顾与前瞻》，《中农月刊》1945 年第 10 期，第 44—45 页

据表 2 统计（截止 1944 年 10 月），抗战时期中国农民银行在甘肃 20 县

---

① 《特种农贷》，《中行农讯》1942 年第 9 期。
② 《合作消息》，《甘肃合作通讯》1943 年第 2 期。

举办畜牧放款，占全省县数的29%。贷款对象为合作社与畜牧经营会、农会小组、畜牧改进所等单位，其中，合作社83所，畜牧经营会8个，共计贷款1204.1万元。畜牧合作社饲养羊、牛、马、猪等106249头，总值7744万元[①]，产值是贷款额的6.4倍。除甘肃外，1944年3月，青海组织畜牧生产合作社，以改良畜牧品种及制造方法，并借以提倡农村副业。[②]

以公司方式经营畜牧业，在甘、宁、青地区起步比较晚。抗战时期，甘肃水利林牧公司成立后，1942年4月，该公司在岷县成立了陇南牧场，将夏河奶品制造厂、岷县奶牛场、岷县养蜂场均归该公司管理，资金陆续增至500万元，"以繁殖优良杂种奶牛"和收购鲜奶为主。[③] 1946年1月，甘肃民间成立了"昆仑畜牧股份有限公司"，在兰州、永登、靖远3县设立畜牧场，以改良畜牧品种，以经营畜牧产品的加工制造和运销为主要业务。该公司资本总额1000万元，股份总额1万股，每股1000元，一些股东以牲畜做股款加入公司。如刘念祖以牛10头抵作股款15万元，马2匹抵作股款14万元；高尧天以马2匹抵作股款14万元；杨思善以牛12头抵作股款18万元；刘志先以马2匹抵作股款10万元；刘昌祖以骆驼7匹抵作股款42万元；杨清以牛8头抵作股款12万元；金联明以骒马抵作股款24万元；范慎行以骆驼6匹抵作股款36万元，共计235万元，占全部股金的23.5%。该公司成立时，有永登牛场1处，有大小牛30头；靖远马场1处，有马6匹；景泰驼场1处，有骆驼21匹，雇佣牧夫4人放牧。[④] 因物价上涨，1000万元股金难以应付局面，因此，该公司经营十分困难。

## 五、结　语

20世纪30—40年代，西北地区出现了异常天气状况，使甘、宁、青地

---

[①] 《甘肃省合作事业推行概况》，兰州：甘肃省图书馆西北文献阅览室，成书年不详（根据内容大约是1945年成书）。

[②] 罗舒群：《抗日战争时期甘宁青三省农村合作社运动述略》，《开发研究》1987年第3期，第56—58页。

[③] 罗舒群：《民国时期甘肃农林水牧事业开发状况研究》，《甘肃社会科学》1986年第3期，第96—104页。

[④] 《昆仑畜牧股份有限公司》，台北："中央研究院"近史所档案馆藏，馆藏号：18-23-01-06-01-001。

区畜疫呈多发性状态，在此背景下，南京国民政府内政部与全国经济委员会在兰州成立西北防疫处和西北畜牧改良场等机构。这些机构积极谋求畜疫的调查和防治，牲畜改良和牧草的推广，取得了一些成绩。但因本区域畜疫防治起步较晚，而且因经费与人员不足，影响了防疫工作，如1942年青海等地发生牛瘟期间，医治1头瘟牛，需要3元，当时各地发生牛瘟约百万头，即需要300万元。但防治处每年经费56万元，每月约4万余元，尚要划出数千元为宁夏、青海两分处开支，足见经费捉襟见肘。[①] 使民国时期甘宁青农村畜疫问题没有得到彻底解决。

  1941年，国民政府农贷转变为以经济建设为中心后，畜牧业成为甘、宁、青经济建设的主要内容。国家银行与地方银行组建畜牧合作社，成为推动畜牧事业发展新的因素，合作社成为畜牧业经营一种新方式。但银行投资太少，合作社在畜牧业生产方面的作用尚未被认识，故以合作社经营方式带动本地区牧业发展的效果十分有限。尽管如此，畜疫防治、畜种改良和牧草种植与推广、以合作社与公司方式经营畜牧业，是民国时期本地区畜牧业经营与管理走向现代化的主要标志，使本地区畜牧业出现了现代化因素，这一点是值得肯定的。

原载（《青海民族研究》2013年第4期）

---

① 李烛尘：《西北历程》，蒋经国：《伟大的西北》，银川：宁夏人民出版社，2001年，第74页。

# 民国时期宁夏农村经济研究

宁夏位于中国西北地区，黄河从中穿流而过，久而久之冲击形成了宁夏平原，且带来了丰富的水利资源，早在西汉时期，宁夏平原就开始了灌溉农业，经过2000年的发展，形成了比较完整的灌溉系统，是黄河上游区域的主要农业区。同时，宁夏还是西北主要的畜牧业比较发达的地区，畜牧业及其产品在西北地区占有重要的地位。宁夏又位于华北地区与西北地区的交通要道上，特别是天津口岸开埠和京包铁路的建成，使宁夏成为西北皮毛运往天津和洋货输入西北地区的主要通道，带动了这一地区农村市场的活跃。在近代中国经济史的研究中，民国时期宁夏的农村经济，在学术界是一个关注较少的课题[1]。笔者在前人已有成果的基础上，对民国时期宁夏农村经济一些问题进行粗浅的研究。

## 一、耕地问题

有赖于黄河水利资源，宁夏平原形成了良好的灌溉系统，为宁夏农业和农村经济发展提供了良好的生态条件，清朝嘉庆时期宁夏府人口大约139.3万[2]，

---

[1] 仅见的论文有张天政：《20世纪三四十年代宁夏畜牧业经济述论》，《中国农史》2004年第3期，第69—73页；张天政：《20世纪三四十年代宁夏水利建设述论》，《宁夏社会科学》2004年第6期，第92—97页。另外，又见陈育宁主编：《宁夏通史·近代卷》，银川：宁夏人民出版社，1993年；杨新才：《宁夏农业史》，北京：中国农业出版社，1998年。

[2] 石志新：《清末甘肃地区经济凋敝和人口锐减》，《中国经济史研究》2000年第2期，第79-86页。

耕地2 331 707亩①。同治回民起义后，黄河上游区域的农村社会经济破产，宁夏平原也失去了往日的繁富，史载"宁夏在同治兵燹以前，人烟辐辏，商旅往来，塞北江南，为甘肃第一繁盛也。自经兵劫，化为邱墟，周余黎民，靡有孑遗"②，昔日富庶的宁夏平原，变成"往往数十里村落寥落，人烟绝无"的荒凉之地③。由于清末到20世纪20年代黄河上游区域周期性的社会动荡，使宁夏平原社会经济恢复非常缓慢。至1929年建省伊始，宁夏人口约40.3万人④，"迄于民国十八年（1929），全省入赋之川原水田，仅有81.2万亩。"⑤ 人口和耕地仅恢复到嘉庆末年的1/3。因此，人口稀少，耕地荒芜是民国时期制约宁夏农村经济发展的重要因素之一。

　　1929年，新的宁夏省政府建立后，就开始着手增加人口和扩大耕地的工作。宁夏平原黄河两岸"土地肥沃，灌溉便利，唯面积辽阔，人烟稀少，佳壤良土，率多荒芜，加以过去迭经灾侵，遂致以垦之田，因逃亡而废弃，未辟之荒，限财力而未举，向所谓富庶之区，多变成荒凉之区"⑥，即宁夏平原存在着大量可以开辟成良田的耕地。"宁夏原垦地亩为21 733顷，除历经荒芜核减不计外，现在宁夏、宁朔、平罗三县垦种之地亩，仅6534顷，其荒芜者为15 199顷。盖由河渠淤浅，不事疏浚，水流不到，以至废弃。……金积、灵武二县秦渠、汉渠灌溉之地亩，在昔亦2000余顷，今只浇灌数百顷而已"⑦。为此，新宁夏省政府主要作为是：第一，成立垦殖管理机关，颁布相关法规和划定垦殖区。宁夏省政府"以垦荒和清丈，视为本省两大要政"，专门成立了垦殖总局，先后颁布了《宁夏省奖励承领逃绝荒地暂行条例》和《宁夏省募民移垦暂行办法》。对于承领荒地者根据土地荒芜情况的不同给予1—3年免纳赋税的优惠政策；在磴口县的广兴源、中宁县的宁安堡、盐池县的惠安堡设置移民招待处，移民进入本省后经查验无讹，"酌发给养，或借给

---

① 梁方仲：《中国历代户口、田地、田赋统计》上海：上海人民出版社，1981年，第404页。
② 慕寿祺：《甘宁青史略（正编）》卷23，兰州：俊华印书馆，1936年。
③ 马福祥、王之臣：《朔方道志》卷9《贡赋下》，天津：华泰印书馆，1927年铅印本。
④ 侯杨方：《中国人口史》第6卷，上海：复旦大学出版社，2001年，第134页。
⑤ 宁夏省政府秘书处：《十年来宁夏省政述要》第6册《地政篇》，银川：宁夏省政府秘书处，1942年，第1页。
⑥ 宁夏省政府秘书处：《十年来宁夏省政述要》第6册《地政篇》，银川：宁夏省政府秘书处，1942年，第173—175页。
⑦ 王公亮：《西北地理》，南京：正中书局，1935年，第263页。

旅费"。① 省政府"特指定云亭渠、河忠乡、镇朔乡、李刚乡、白马滩、广武、姚伏等地为移民区"②。第二，重建宁夏平原的灌溉系统。宁夏省政府成立后，在重建宁夏平原水利系统方面主要做了12项工作：（1）改革渠制，即废除旧制，组织水利委员会，在28个渠成立了水利委员会。（2）开辟云亭渠，在惠农渠东边荒芜之地开凿了一条新渠，即云亭渠（马鸿逵之父马福祥字云亭），1934年11月动工，1935年5月两期工程全部竣工，主渠长45余千米，另有38条支渠③，可灌田10万亩。（3）剔除积弊。（4）清理账项。（5）渠堤植树，对渠堤上原有之树除严令保护外，在渠堤上植树约50万株，以减少渠堤决口。（6）建筑桥梁，为渠水畅流，不仅修葺了原有的桥梁，而且新建大桥百余座，不仅交通便利，而且渠水流速比以往有了大的提高。（7）整理秦汉两渠渠份，秦汉渠水利委员会会同地方公正绅士，并由建设厅监督按田亩分摊两渠料款。（8）修筑闸口。（9）修理渠口。（10）训练水利人员，即成立宁夏省水利人员训练所，第一期60人，为警察；第二、三期90人，为文牍、会计、书记；第四期280人，为段长管委会首，主要学习现代水利常识等。（11）疏浚各渠渠桶。（12）疏浚北大、西大、中小三沟洞④。通过这些工作，将以往破坏了的水利设施进行了修复和重建，使宁夏平原的水利逐渐恢复了往日的功能。第三，建立移民新村。水利系统建立起来后，宁夏省政府着手建立移民新村，主要在云亭屯垦区进行了试点，"测定屯垦区域三万数千亩，拟先建筑第一、二、三新村三处，以期逐步试验"⑤，截止抗战前夕，宁夏省政府已经完成建立第一批移民新村的计划。

宁夏省政府组织劳动力垦辟耕地的方法主要有三种：一是对于熟荒之地，采取省内募民移垦法，"由人口较稠密之乡，如兄弟众多者，劝导移垦，如两方争执，用抽签法决定，并命携带家属，移住垦区"，并给予多项优惠政策。二是把省外的移民安置在云亭渠移民新村，即划出"一部分为外省移民垦殖

---

① 宁夏省建设厅：《宁夏省建设汇刊》第1期，上海：中华书局，1936年，第2—4页。
② 中央党部国民经济计划委员会：《十年来之中国经济建设》第12章《宁夏省之经济建设》，南京：扶轮日报社，1937年，第7页。
③ 宁夏省建设厅编：《宁夏省水利专刊》，银川：宁夏省建设厅，1936年，第93—98页。
④ 中央党部国民经济计划委员会：《十年来之中国经济建设》第12章《宁夏省之经济建设》，南京：扶轮日报社，1937年，第2—3页。
⑤ 宁夏省建设厅编：《宁夏省水利专刊》，银川：宁夏省建设厅，1936年，第96页。

试办区，由甘肃、山东两省募民屯垦，三年以后，无眷者勒令移眷成家，凡足百户即设新村处"。三是移犯开垦，主要是在灵武县河中堡进行。这些方法在宁夏逐渐得到了实施，尤其是抗战开始后，大量移民来到宁夏，给宁夏垦荒提供了大量的劳动力资源。1938年，"绥包继失，战区扩大，后方难民激增之际，本省收容难民，垦荒实地，并增进后方生产建设，为目前亟要之图，遂依据非常时期难民移垦条例，拟具宁夏省难民垦荒计划大纲，呈奉中央备案，于1938年5月月间即成立宁夏垦荒办事处，开始筹备，划荒田20万亩，分期进行。"第一期移难民500户，平均每户4口；第二期原计划移难民100万，但由于得不到国民政府的支持而中断[①]。尽管如此，宁夏在抗战初期垦荒方面取得了一定的成绩，如表1[②]。

表1　1938年—1940年宁夏省放荒统计表　（单位：亩）

| 年份 | 宁夏县 | 宁朔县 | 平罗县 | 金积县 | 灵武县 | 中卫县 | 中宁县 | 总计 |
| --- | --- | --- | --- | --- | --- | --- | --- | --- |
| 1938 | 14 985.6 | 11 537.26 | 648.81 | 1 414.31 | 11 957.17 | 96.62 | 1 682.04 | 42 321.81 |
| 1939 | 25 875.6 | 32 952.85 | 14 701.84 | 5 898.25 | 5 846.84 | 2 868.41 | 6 868.46 | 95 012.25 |
| 1940 | 17 044.7 | 29 956.31 | 18 160.81 | 7 471.02 | 8 056.39 | 5 503.44 | 8 643.18 | 94 835.85 |
| 合计 | 57 905.9 | 74 446.42 | 33 511.46 | 14 783.58 | 25 860.40 | 8 468.47 | 17 193.68 | 232 169.90 |

从表1来看，1938—1940年宁夏放荒面积达232 169.90亩，平均每年放荒77 389.97亩。由于宁夏省政府历年进行移民和垦荒，耕地面积迅速扩大，表2是宁夏各县人口和耕地的统计[③]。

表2　宁夏省各县耕地人口平均亩数统计表

| 项目 | 耕地面积（亩） | 人口总数（口） | 人均耕地（亩） |
| --- | --- | --- | --- |
| 宁夏县 | 415 336.75 | 95 347 | 4.36 |
| 宁朔县 | 386 781.64 | 84 158 | 4.60 |
| 平罗县 | 466 847.78 | 105 415 | 4.43 |
| 金积县 | 169 012.76 | 41 034 | 4.12 |

---

① 宁夏省政府秘书处：《十年来宁夏省政述要》第6册《地政篇》，银川：宁夏省政府秘书处，1942年，第179页。

② 宁夏省政府秘书处：《十年来宁夏省政述要》第6册《地政篇》，银川：宁夏省政府秘书处，1942年，第179—180页。

③ 宁夏省政府秘书处：《十年来宁夏省政述要》第6册《地政篇》，银川：宁夏省政府秘书处，1942年，第204页。

续表

| 项目 | 耕地面积（亩） | 人口总数（口） | 人均耕地（亩） |
| --- | --- | --- | --- |
| 灵武县 | 214 737.66 | 67 370 | 3.19 |
| 中卫县 | 223 800.16 | 73 738 | 3.04 |
| 中宁县 | 207 823.89 | 64 617 | 3.22 |
| 同心县 | 230 737.29 | 33 435 | 6.90 |
| 合计 | 2 315 077.93 | 565 141 | 4.10 |

表2只统计了宁夏省成立时8县的耕地、人口以及人均占有耕地情况，截止1941年，宁夏省耕地达2 315 077.9亩，人均耕地4.23亩，比宁夏省成立前夕增加耕地150.3余万亩，人口比宁夏省成立前夕增加了16.2万人。

宁夏平原干旱少雨，年降雨量仅为148.5毫米[1]，而且蒸发量大大超过降水量，使宁夏平原"农事全赖灌溉，有水之处为沃壤，无水之处为荒漠"[2]。但有赖于黄河水资源，宁夏平原形成了比较严密的灌溉系统，20世纪40年代末，有学者统计宁夏耕地总面积为270万亩，灌溉农田有160万亩，占农田总面积的59.3%，而同时期甘肃只有15.7%，青海只有9.8%[3]，可见，在黄河上游区域，宁夏是灌溉农田所占比例最高的地区。

## 二、粮食作物种植面积、分布和产量

民国《朔方道志》记载，宁夏粮食作物品种繁多，谷类作物有稻，早稻曰粳，晚稻曰籼，性黏曰糯，各处皆产；黍，黑、白二种；稷，红、黑、白三种；粱，黄、白、青、红、龙爪、羊角、蜡烛、芝麻、长角，凡九种；麦，红、白二色；大麦，荞麦，甜、苦、大棱、小棱四种；小麦，有红、白二种；青稞，有大、小二种；玉蜀黍，有黄、白、红三种；以及粟、沙米、莜麦、燕麦、玉麦等。豆类作物有豌豆、蚕豆、绿豆、黄豆、黑豆、豇豆、脑孩豆、小豆、白豆、赤豆、西番豆、回回豆。经济作物有胡麻、芝麻、苴麻、大麻、荏子等[4]。在各种作物中，"以水稻、小麦、豌豆、高粱、粟、糜等为主要作

---

[1] 程纯枢：《黄土高原及西北之气候》，《地理学报》1943年10月。
[2] 叶祖灏：《宁夏纪要》，南京：正论出版社，1947年，第51页。
[3] 王敬成：《西北的农田水利》，上海：中华书局，1950年，第79页。
[4] 马福祥、王之臣：《朔方道志》卷3《舆地志·物产》，天津：华泰书局，1927年铅印本。

物。荞麦、扁豆、胡麻、油菜、马铃薯、黄豆、黑豆、大麦等为次要作物。"①

宁夏中卫、中宁、灵武、金积、贺兰等地是水稻的主要产区,"产量以中卫最多,约10万担,中宁次之,金积则产糯米最多。如以各县稻田对灌溉面积之比例言之,则中卫、中宁、灵武各县,水田种稻最多,约占30%;金积次之,占20%;贺兰、永宁、宁朔三县最少,仅占10%。至平罗、惠农,则米稻产量甚微"。宁夏水稻耕作时间"大抵于芒种(六月初)播种,夏至后,以人工拔取杂草,至秋分前后(九月终),即可收获"。小麦、糜子、荞、谷子麦属于耐旱作物,主要分布在灌溉不发达的地区。宁夏海拔和纬度较高,气候寒冷,故"本省小麦,均为春麦,清明前下种,夏至后收获"。秋田作物以糜谷荞麦为主,"夏至下种,秋分收获,与大小麦同为本省农民主要食粮。能生长于硗瘠之地,非如小麦之必须肥沃土壤,故各县山地及同心、盐池两县之主要作物"②。我们通过民国时期各县农作物播种面积来分析其地理分布情况(如表3)③。

从表3可以看出,民国时期宁夏种植的粮食作物主要有小麦、水稻、粟、大麦、高粱、豌豆,占全部作物种植面积的87.34%,其他作物仅占12.66%。几种主要作物的产区分布情况是:小麦在宁夏各地都有种植,种植面积435 950亩,是种植面积最大的农作物,占耕地总面积的32.54%,宁夏、宁朔、平罗、中卫、中宁、灵武、金积是主要产区,占小麦播种面积的93.76%。水稻种植208 600亩,占农田总面积的15.57%,宁夏、宁朔、中卫、中宁、灵武、金积是主要产区。粟种植面积201 422亩,占耕地总面积的15.04%,宁夏、宁朔、豫旺、中宁、平罗是主要产区,占播种面积的92.21%。大麦种植面积146 524亩,占耕地总面积的10.94%,中宁、宁夏、平罗、宁朔、金积是主要产区,占播种面积的90.91%。豌豆种植面积9.62万亩,占耕地总面积的7.18%,宁夏、宁朔、平罗是主要产区,占播种面积的70.27%。高粱种植面积83 370万亩,占耕地总面积的6.6%,宁夏、宁朔、平罗、金积、灵武是主要产区,占播种面积的85.98%。

---

① 安汉、李自发:《西北农业考察》,武功:国立西北农林专科学校,1936年,第67页。
② 叶祖灏:《宁夏纪要》,南京:正论出版社,1947年,第51—52页。
③ 宁夏省建设厅:《宁夏省建设汇刊》第1期,上海:中华书局,1936年,第9—12页。

表3 20世纪30年代宁夏普通农作播种面积统计表

(单位：亩)

| 种类 | 宁夏 | 宁朔 | 平罗 | 中卫 | 中宁 | 金积 | 灵武 | 盐池 | 豫旺 | 磴口 | 总面积 | 占农田比例 |
|---|---|---|---|---|---|---|---|---|---|---|---|---|
| 水稻 | 25 600 | 50 000 | — | 33 000 | 50 000 | 20 000 | 30 000 | — | — | — | 208 600 | 15.57% |
| 小麦 | 37 750 | 130 000 | 50 000 | 34 000 | 70 000 | 32 000 | 55 000 | 5000 | 8900 | 13 300 | 435 950 | 32.54% |
| 大麦 | 26 212 | 10 000 | 26 000 | 8000 | 50 000 | 21 000 | 5000 | — | 312 | — | 146 524 | 10.94% |
| 筱麦 | 13 120 | 1000 | — | — | — | — | — | — | 1400 | — | 15 520 | 1.16% |
| 粟 | 24 822 | 100 000 | 13 000 | 9500 | 15 000 | 1200 | 1500 | — | 36 400 | — | 201 422 | 15.04% |
| 高粱 | 17 270 | 20 000 | 24 000 | 7000 | 5000 | 13 000 | 1600 | — | — | 500 | 88 370 | 6.60% |
| 黍 | 2100 | 10 000 | 500 | 1000 | 5000 | 3500 | 5050 | 200 | — | — | 27 350 | 2.04% |
| 稷 | — | — | — | — | 5000 | — | 1000 | 20 000 | — | — | 26 000 | 1.94% |
| 玉米 | 2500 | 200 | 2300 | 3300 | — | 3100 | 500 | — | — | — | 11 900 | 0.89% |
| 大豆 | 2535 | 15 000 | 670 | 3000 | 3000 | 2300 | 100 | — | — | — | 26 605 | 1.99% |
| 蚕豆 | — | — | — | — | — | — | 500 | — | — | — | 500 | 0.04% |
| 豌豆 | 45 600 | 10 000 | 12 000 | 5300 | 10 000 | 1800 | 5000 | 500 | 3400 | 2600 | 96 200 | 7.18% |
| 黑豆 | 400 | 600 | 750 | 1000 | 250 | 200 | 350 | 50 | 500 | 700 | 4800 | 0.35% |
| 黄豆 | 300 | 100 | 180 | 450 | 150 | 150 | 200 | — | 100 | — | 1630 | 0.12% |
| 山药 | 3750 | 100 | 1000 | — | 4000 | 12 000 | — | 1000 | 530 | 800 | 23 180 | 1.73% |
| 其他 | — | — | — | 25 000 | — | — | — | — | — | — | 25 000 | 1.87% |

我们再来看民国时期宁夏的粮食总产量和亩产量。表 4 是 20 世纪 30 年代宁夏主要粮食作物总产量的情况统计。

**表 4　20 世纪 30 年代宁夏主要农作物年总产量统计表**　（单位：担）

| 名称 | 小麦 | 水稻 | 大麦 | 粟 | 高粱 | 豌豆 | 山药 | 粮食作物总产量 |
|---|---|---|---|---|---|---|---|---|
| 产量 | 1 425 040 | 671 720 | 374 633 | 607 930 | 363 520 | 313 180 | 1 468 150 | 5 224 173 |
| 占总产量比例 | 27.3% | 12.9% | 7.1% | 11.6% | 7.0% | 6.0% | 28.1% | 100% |

注：1. 百分比由笔者计算。
2. 1 担＝100 斤

通过表 4 我们看出，民国时期宁夏粮食总产量有 522.42 万担。在主要粮食产量中，山药产量 146.8 万担，占 28.1%；小麦 142.5 万担，占 27.3%；水稻 67.2 万担，占 12.9%；粟 60.8 万担，占 11.6%；大麦 37.5 万担，占 7.1%；高粱 36.4 万担，占 7.0%；豌豆 31.3 万担，占 6.0%。我们如果将粮食总产量折合为 52 242 万市斤，以 1935 年人口数量计算（见前文），人均粮食年产量为 767.5 市斤。

民国时期宁夏农业因赖黄河之利，农作种植颇具特色，即使是粗放经营，也可获得较高亩产量。如时人所言，宁夏"农作物之生产，向极丰富，盖黄河水中挟有多量油沙，肥沃异常，灌田一次，不但可抵降落一次极适当之及时甘霖，并无异于田禾之下加肥一遍，……故土地之肥，尤异寻常，虽不施人工，而产量仍可丰稔。小麦每亩约产三百余斤，豌豆、高粱、大米、谷子每亩约产三百至四百斤之谱。"① 表 5 是民国时期宁夏省粮食作物的亩产量统计②。

**表 5　宁夏各县农作物亩产量调查表**　（单位：斤）

| 种类 | 水稻 | 小麦 | 大麦 | 莜麦 | 粟 | 高粱 | 黍 | 稷 | 玉米 | 大豆 | 蚕豆 | 豌豆 | 黑豆 | 黄豆 | 马铃薯 |
|---|---|---|---|---|---|---|---|---|---|---|---|---|---|---|---|
| 宁夏 | 320 | 240 | 240 | — | 320 | 400 | 300 | — | 240 | 240 | 200 | — | 200 | 200 | 400 |
| 宁朔 | 300 | 400 | 300 | 300 | 400 | 400 | 300 | — | 400 | 400 | — | 400 | 250 | 180 | 1000 |
| 平罗 | — | 370 | 270 | — | 300 | 540 | 250 | — | 390 | 280 | — | 370 | 200 | — | 2400 |
| 中卫 | 260 | 240 | 150 | — | 220 | 300 | 300 | — | 170 | 240 | 300 | 360 | 200 | 200 | — |

---

①　宁夏省建设厅：《宁夏省建设汇刊》第 1 期，上海：中华书局，1936 年，第 9 页。
②　宁夏省建设厅：《宁夏省建设汇刊》第 1 期，上海：中华书局，1936 年，第 12—18 页。

续表

| 种类 | 水稻 | 小麦 | 大麦 | 莜麦 | 粟 | 高粱 | 黍 | 稷 | 玉米 | 大豆 | 蚕豆 | 豌豆 | 黑豆 | 黄豆 | 马铃薯 |
|---|---|---|---|---|---|---|---|---|---|---|---|---|---|---|---|
| 中宁 | 300 | 400 | 300 | — | 300 | 400 | 400 | 400 | — | 400 | — | 400 | 300 | 250 | 700 |
| 金积 | 300 | 350 | 290 | — | 200 | 300 | 200 | — | 300 | 250 | — | 350 | 250 | 200 | 500 |
| 灵武 | 480 | 240 | 240 | — | 200 | 240 | 240 | 240 | 240 | 240 | 240 | 480 | 300 | 250 | — |
| 盐池 | — | 300 | — | — | — | 300 | 300 | — | — | 300 | — | 300 | — | 100 | 600 |
| 豫旺 | — | 130 | 200 | 100 | 50 | — | — | — | — | — | — | 60 | 150 | 80 | 300 |
| 硝口 | — | 160 | — | — | — | 200 | — | — | — | — | — | 160 | 160 | — | 320 |
| 平均 | 326.7 | 283 | 248.8 | 200 | 248.8 | 368.6 | 276.7 | 313.3 | 290 | 292.9 | 246.7 | 320 | 223.3 | 184.4 | 777.5 |

表5比较全面地反映了民国时期宁夏省各地的粮食亩产量，几种主要粮食作物的亩产量的情况是：水稻260—480斤，小麦130—400斤，大麦150—300斤，粟50—400斤，高粱240—540斤，黍200—400斤，豌豆60—480斤，马铃薯300—2400斤。一般地，灌溉比较发达地区的粮食亩产量比干旱地区亩产量要高出许多。因此，即使和邻近地区相比，宁夏的粮食亩产量也是比较高的，如1935年调查甘肃几种主要粮食作物平均亩产量是：糜子250斤，高粱300斤，粟213斤，豌豆275斤，水稻125斤，小麦300斤[①]。和宁夏比较的情况是：糜子低26.7斤，高粱低68.6斤，粟低35.8斤，豌豆低45斤，水稻低201.7斤，只有小麦高出17斤。但是在1935年的调查中，甘肃小麦只统计了河西走廊灌溉农业区的亩产量，如果和宁夏灌溉农业区小麦亩产量（宁夏、宁朔、中卫、中宁、金积、灵武的平均亩产量为326.7斤）比较，仍然低26.7斤。因此，在黄河上游区域宁夏粮食亩产量是比较高的，可见宁夏有着十分良好的农业生产条件和农业发展前景。

## 三、农村地权分配与土地租佃关系

在地权问题上，宁夏省政府颁布的《修正宁夏省荒地承垦暂行办法》从地价方面做了限制大土地所有者的规定："（1）每一农户原有田在10亩以下者，承领田地不收地价，惟不准变卖典当……（2）每一农户耕地，在10亩

---

[①] 安汉、李自发：《西北农业考察》，武功：国立西北农林专科学校，1936年，第85页。

以上100以下者，每人领生荒1亩，收价8角，熟荒一亩收价三元。（3）一百亩以上之农家，承领荒地，不分生熟，按100为一级，地价累进增加，其标准表如左：①10—100亩，生地0.5元，熟地6元。②100—200亩，生1.6元，熟6.0元。③200—300亩，生地2.4元，熟地9元。④300—400亩，生地3.2元，熟地12元。⑤400—500亩，生地4元，熟地15元。（4）500亩田地之农户，停止其承领荒地权"。① 从颁布的法令来看，政府试图以征收高地价来限制土地的集中，但从实际效果并不明显，民国时期宁夏地权分配仍然是不均衡的（如表6）②。

表6　20世纪30年代宁夏土地所有权分配统计表

| 耕地面积 | 户口数量 ||||||||| 土地数量（亩）[注] | 百分比 |
| --- | --- | --- | --- | --- | --- | --- | --- | --- | --- | --- | --- |
| | 宁夏 | 宁朔 | 中卫 | 平罗 | 灵武 | 金积 | 盐池 | 豫旺 | 合计 | 百分比 | | |
| ≤10亩 | 3138 | 2994 | 4459 | 3325 | 2235 | 1594 | 1129 | 1119 | 19 993 | 25.6% | 37 457 | 7.7% |
| 10亩以上 | 3766 | 3593 | 2973 | 3950 | 2682 | 1913 | 903 | 896 | 20 676 | 26.5% | 150 000 | 13.3% |
| 20亩以上 | 3264 | 3114 | 4310 | 3457 | 2324 | 1658 | 1626 | 1612 | 21 365 | 27.4% | 350 000 | 31% |
| 50亩以上 | 2197 | 2096 | 2678 | 2327 | 2564 | 1116 | 813 | 806 | 14 597 | 18.7% | 450 000 | 40% |
| 100亩以上 | 188 | 180 | 446 | 239 | 134 | 97 | 45 | 45 | 1374 | 1.8% | 900 000 | 8% |
| 合计 | 12 553 | 11 977 | 14 866 | 13 298 | 9939 | 6378 | 4516 | 4478 | 78 005 | 100% | 1 127 457 | 100% |

注：此表耕地的分配统计是指熟地，实额地内的荒芜淤冲田在外

从表6所反映的内容来看，（1）20世纪30年代宁夏地权分配存在着严重的不均衡，不足20亩土地的农户占农户总数的52.1%，却占有全部耕地的21%，而拥有100亩以上土地的大中地主仅占农户总数的1.8%，却占有全部耕地的8%。（2）宁夏的地主主要分布在中卫、平罗、宁夏、宁朔、灵武一带灌溉农业发达的地方，宁夏32.5%的地主是在中卫，百亩以上耕地的农户有446家，"自然其中不一定都是纯农，也许兼商人，或更兼高利贷主。"③ 而灌溉农业不发达的盐池、豫旺地主较少。（3）宁夏小农经济占绝对优势，50亩以下耕地的小农占全部农户的79.5%，却占有全部耕地的52%。有资料表明，宁夏地权分配不均的问题在20世纪40年代有所加剧，表7是

---

① 宁夏省政府秘书处：《十年来宁夏省政述要》第6册《地政篇》，银川：宁夏省政府秘书处，1942年，第190页。
② 徐西农：《宁夏农村经济之现状》，《文化建设月刊》1934年第2—3期。
③ 徐西农：《宁夏农村经济之现状》，《文化建设月刊》1934年第2—3期。

20 世纪 40 年代初期宁夏地权分配状况。①

表 7　20 世纪 40 年代初期宁夏土地所有权分配统计表

| 土地等级 | 10 亩以下 | 10 亩以上 | 30 亩以上 | 50 亩以上 | 100 亩以上 | 200 亩以上 | 300 亩以上 | 400 亩以上 | 500 亩以上 | 共计 |
| --- | --- | --- | --- | --- | --- | --- | --- | --- | --- | --- |
| 户数（户） | 46 149 | 33 672 | 16 662 | 3837 | 606 | 50 | 16 | 20 | 16 | 101 028 |
| 户数比例 | 45.67% | 33.33% | 16.49% | 3.80% | 0.6% | 0.05% | 0.02% | 0.02% | 0.02% | 100 |
| 所占田地比例 | 11.54% | 23.63% | 33.33% | 14.83% | 4.55% | 0.63% | 0.28% | 0.45% | 1.22% | 100 |

注：所占田地百分比原资料中百分比计算有误

通过表 6 和表 7 的比较反映出宁夏地权分配状况的变化，一方面，耕地不足的农户增加了，耕地不足 30 亩的农户有 79821 户，占全部农户的 79%，比 20 世纪 30 年代增加了将近 1.8 万户；特别是耕地在 10 亩以下的农户达到了 4.6 万户，比 20 世纪 30 年代增加了 2.6 万余户。另一方面，占有耕地 100 亩以上的地主数量虽然减少了，但占有土地的数量却增加了，拥有 100 亩以上耕地的农户 20 世纪 30 年代有 1374 户，占农户的 1.8%，占全部耕地的 8%；而 20 世纪 40 年代初减少到 708 户，占全部户数的 0.8%，占有全部耕地的 16.76%。通过比较分析说明，在 20 世纪 40 年代初期，80% 的农户只占全部耕地的 35.17%，而户数只占 0.71% 的地主却占有不少的耕地。这充分说明民国时期宁夏地权分配不均的趋势有所加剧。"根据调查本省平均每户人口约 7 人，每人最低限度耕作面积为 5 亩，则应为 35 亩，始足一家之最低限度生活"。②因此，民国时期宁夏大约有 80% 的农户因耕地不足，不得不依靠租种地主的土地生活。

在民国时期的土地租佃中，地主愿意把土地出租给本地人而不愿出租给外地人，这是宁夏的土地租佃关系中的普遍现象，如宁夏县地主"都喜欢本地人作佃户，鲜有外乡人作佃户者"，宁朔县地主"多喜欢本地人作佃户，不喜欢外乡人作佃户"，平罗、金积、中卫"各乡佃户尽系本地人"，灵武、中宁地主"多喜欢本地人作佃户，不欢迎外乡人，作佃户尽系本地人"。地主在

---

① 宁夏省政府秘书处：《十年来宁夏省政述要》第 6 册《地政篇》，银川：宁夏省政府秘书处，1942 年，第 183—184 页。

② 宁夏省政府秘书处：《十年来宁夏省政述要》第 6 册《地政篇》，银川：宁夏省政府秘书处，1942 年，第 184 页。

招徕佃户时一般都是要别人介绍，并且订立租约，有的是口头订立，有的是笔立字据，如果是字据租约，要写明业佃姓名、佃种年限、租额、交租期限、中保人以及地主是否帮助佃户提供耕牛和农具等，在字据上地主、佃户和中保人都得签名。[1]民国时期宁夏租佃关系主要有包租制和粮食分成制两种，货币地租和实物地租兼而有之。各县租佃关系的大致情况是：宁夏县主要实行包租制，佃农交纳实物地租和货币地租各占一半，货币地租水地一般为每亩4元，最高5元，最低3元；旱地每亩一般6元，最高8元，最低4元。实物地租水地一般每亩纳大米2斗，最高3斗，最低1斗；旱地每亩纳小麦一般3斗，最高4斗，最低2斗。宁朔县主要有包租制和收获分成两种，以货币地租为主，约占7成，实物地租约占2成，粮食分租约占1成。货币地租水旱地每亩一般为4元，最高7元，最低3元。实物地租水地每亩一般纳大米2斗，最高4斗，最低1斗；旱地每亩一般纳小麦2斗，最高3斗，最低1斗。平罗实行包租制，货币地租占3成，实物地租占7成。货币地租旱地每亩一般4元，最高6元，最低3元；实物地租旱地每亩一般纳大麦或小麦2斗，最高3斗，最低1斗。金积县实行包租制，实物地租占7成，货币地租占3成。货币地租水地每亩一般4元，最高6元，最低3元；旱地每亩一般5元，最高7元，最低4元。实物地租每亩一般纳租大米3斗，最高4斗，最低2斗；旱地每亩一般纳租小麦4斗，最高5斗，最低2斗。灵武县包租制和收获物分成制各占半数。货币地租每亩一般4元，最高7元，最低3元；旱地每亩一般5元，最高8元，最低4元。实物地租水地每亩一般纳租大米3斗，最高5斗，最低2斗；旱地每亩一般纳租小麦4斗，最高6斗，最低3斗。中卫县主要是包租制，货币地租占8成，实物地租占2成。货币地租水地每亩一般3元，最高4元，最低2元；旱地每亩一般4元，最高5元，最低3元。实物地租水地每亩一般纳租大米2斗，最高4斗，最低1斗；旱地纳租小麦数量与水地相同。中宁县主要实行包租制，交纳实物地租占55.5%，交纳货币地租占3.7%，二者兼而有之者占40.8%。实物地租水地纳租大米一般2斗，最高4斗，最低1斗；旱地每亩纳租小麦一般1斗5升，最高3斗，最低1斗。货币地租水地、旱地每亩一般4元，最高6元，最低3

---

[1] 宁夏省政府秘书处：《十年来宁夏省政述要》第6册《地政篇》，银川：宁夏省政府秘书处，1942年，第234—243页。

元[①]。下面我们以旱地实物地租为例来分析民国时期宁夏的地租率（表8）。

表8 民国时期宁夏地租占收获物比例统计表

| 县别 | | 宁夏县 | 宁朔县 | 平罗县 | 金积县 | 灵武县 | 中卫县 | 中宁县 | 平均 |
|---|---|---|---|---|---|---|---|---|---|
| 亩产量（斗） | | 6 | 6 | 6 | 7 | 6 | 6 | 6 | 6.14 |
| 纳租量 | 最高（斗） | 4 | 3 | 3 | 4 | 6 | 4 | 3 | 3.86 |
| | 占粮食亩产量比例 | 66.7% | 50% | 50% | 57.1% | 100% | 66.7% | 50% | 62.9% |
| | 一般（斗） | 3 | 2 | 2 | 3 | 4 | 2 | 1.5 | 2.5 |
| | 占粮食亩产量比例 | 50% | 33.3% | 33.3% | 42.9% | 66.7% | 50% | 25% | 40.7% |
| | 最小（斗） | 2 | 1 | 1 | 2 | 3 | 1 | 1 | 1.57 |
| | 占粮食亩产量比例 | 33.3% | 16.7% | 16.7% | 28.6% | 50% | 16.7% | 16.7% | 25.6% |

表8反映出民国时期宁夏的地租率普遍是很高的，平均占粮食亩产量的40.7%，平均占粮食亩产量最高达到62.9%，最低也要把粮食亩产量的1/4交给地主。反映在各县又有所不同：灵武、宁夏、中卫的地租较高，地租最高达亩产量的66.7%—100%，特别是灵武最低租率占亩产量的50%，一般在66.7%，可见地主对农民的剥削是十分严重的。地租率相对比较低的是中宁、宁朔、平罗，一般地租率占亩产量的25%—33.3%。从以上论述我们看出，一方面，民国时期宁夏的地权分配是不均衡的，尽管从耕地面积上来看人均耕地达到4.1亩，但实际上有80%的农民耕地不足，依靠佃租地主的土地维持生活。另一方面，民国时期宁夏农村地租率是很高的，一般都占粮食亩产量的40%以上。

民国时期的宁夏农村佃农不仅租地主的土地耕种，而且还要向地主借贷，是宁夏农村租佃关系的一大特点。各地佃户向地主借贷的比例是：宁夏县有4/10、宁朔有5/10、平罗约占4/10、金积约有5/10、灵武约有4/10、中卫约有4/10、中宁约有十分之五。佃户借贷多半用于耕作，利息普遍每月在2—2.5分，也有高达月息3分（如宁夏县），还债方法既有用现金也有用粮

---

① 宁夏省政府秘书处：《十年来宁夏省政述要》第6册《地政篇》，银川：宁夏省政府秘书处，1942年，第234—243页。

食，各地用粮食还贷时"还债粮价普遍低于市价1/10"。① 从这些资料来看，在宁夏农村大约40%—50%的佃户向地主举债，而且利息普遍都很高。可见，在民国时期的宁夏农村农民要受到地主的双重剥削，即除了沉重的地租剥削外，还要受地主高利贷的剥削。这是影响宁夏农村经济发展的主要因素之一。

### 四、农村集镇与专业市场

关于近代甘宁青农村市场问题笔者曾经作过研究②，这里专门就民国时期宁夏农村市场的情况进行论述。就农村市场层级而言，民国时期宁夏农村市场主要由集市（初级市场）和市镇（集散市场）组成，庙会作为农村初级市场的补充形式而存在。

集市是民国时期宁夏最主要的农村市场，是农民出卖农副产品、购买日常生活用品和进行信息交流的主要场所。笔者根据《甘肃通志稿》卷16《建置一·县市》和相关资料的统计得出民国时期宁夏农村集市如下信息：集市数量为37个，每县平均集市数为4.6个，每个集市社区户数为1786户，每个集市社区人口为12157人，每个集市社区面积为965平方千米。从这些信息来看，民国时期宁夏农村集市发育程度是比较低的，不仅远远落后于江南和华北地区，也落后于黄河上游区域的陇东、陇右和陇南地区。就开市的日期而言，宁夏农村的集市主要为常市和定期市两种，常市约占54.1%，定期市约占40.5%，其他约占5.4%。③ 常市每天开市，如宁夏县的杨和堡、许旺堡，宁朔县城，中卫县城和宣和堡、鸣沙洲，平罗县的李刚堡、广洪堡，灵武县的横城，金积县的县城、秦坝堡、忠营堡、汉伯堡，盐池县的县城、宝塔、惠安堡，镇戎县（今同心县）的韦州堡、同心城、豫旺城等集市都是"列市数十处，逐日交易"。定期市开市日期有的一、四、七日交易，如宁朔的瞿靖堡、平罗的头闸、灵武县城等，有的二、五、八日交易，

---

① 宁夏省政府秘书处：《十年来宁夏省政述要》第6册《地政篇》，银川：宁夏省政府秘书处，1942年，第234—43页。
② 黄正林：《近代甘宁青农村市场研究》，《近代史研究》2004年第4期，第123—156页。
③ 黄正林：《近代甘宁青农村市场研究》，《近代史研究》2004年第4期，第123—156页。

如宁朔的李俊堡、中卫的白马滩、灵武的崇兴寨等；有的三、六、九日交易，如宁夏的叶升堡和金贵堡、中卫的恩和堡、平罗的黄渚桥、灵武的吴忠堡、盐池的大水坑、镇戎县城等；有的是双日交易，如平罗县城[①]。可见，宁夏集市的开市周期比较短，没有一旬开市一次的集市。高频度的开市日期，弥补了集市数量不足的弊端。民国时期宁夏农村市场交易的商品主要是农副产品和日常生活用品，"大抵米、面、油、盐、鸡、豚日用之物而已"，布帛、器用等主要在集散市场或处于交通要道的集市上才有交易，这些集市往往比较繁荣，如"灵武之吴忠堡、中卫之宁安堡、平罗之石嘴山、黄渚桥，当孔道，通商贩，虽难于郡城并论，而市集之盛，要亦不在自郐以下矣"[②]。这样的集市具有双重职能，既担负着初级市场的功能，又起着集散市场的作用。

民国时期宁夏各地都有许多寺庙，每有庙会必然有商贩前来贸易，如宁夏县每年3月28日"东门外为东岳庙会，前后三日，市陈百货相贸易，老幼男女晋香游观，道为拥塞"[③]。因此，庙会成为农村市场的主要补充。民国时期宁夏各地庙会分布密集，如中卫城关有保安寺、牛王寺、净土寺、太平寺、准提寺、圆通寺、观音寺等寺庙30余处，每处都会定期举办庙会。中卫城关的各个庙会一般都举行三天，不仅有宗教活动、戏剧演出，而且有商业贸易活动，如城隍庙会"规定清明节这天，又可作为农副产品交易会。届时献戏三天，城乡男女多来逛会，为全县最热闹的庙会"[④]。可见，庙会也发挥着农村初级市场的功能，对活跃农村市场有重要的意义。

民国时期宁夏农村集散市场主要分布在水陆交通要道，活跃在集散市场的主要是商人，他们建有一定规模的商号、仓库、骡马店、钱庄等，主要发挥货物的转运功能。如定远营是阿拉善旗的集散市场，商号"除小本经营摊贩不计外，共有一百十六家"[⑤]，"其中以祥太隆，永合盛，兴太合，万太永，

---

[①] 马福祥、王之臣：《朔方道志》卷5《建置志下》，天津：华泰书局，1927年铅印本。
[②] 马福祥、王之臣：《朔方道志》卷5《建置志下》，天津：华泰书局，1927年铅印本。
[③] 马福祥、王之臣：《朔方道志》卷3《风俗》，天津：华泰书局，1927年铅印本。
[④] 张睿：《解放前中卫县城关寺庙及庙会概况》，中国人民政治协商会议宁夏回族自治区委员会文史资料委员会编：《宁夏文史资料》第19辑，银川：宁夏人民出版社，1990年。
[⑤] 甘肃省图书馆书目参考部：《西北民族宗教史料文摘·宁夏分册》，内部资料，1986年，第161页。

兴太隆等二十七家资本最大"。①吴忠堡为灵武县商业巨镇，"在县城东南四十里，当金（积）灵（武）两县之要冲，地濒黄河，为水陆交通孔道。商业之盛，远过县城，仅次于省城，为本省第二商埠。民国十七年（1928）遭匪抢劫，损失达三百万元以上，十八年后逐渐恢复，抗战以来，益呈繁荣，有凌驾省城而上之势"②。在吴忠"整个商界以山西人最多，资金雄厚"，并建有山西会馆③。

磴口"为宁夏要口，在昔为汉蒙贸易之点。同治之乱，房屋焚毁净尽，乱后渐次招聚，居民约一百六十余家。回教徒居其二，悉由平罗县迁来，有清真寺一座。汉人居其一，皆山西之沁州、府谷、河曲等处来商于此者。市街有商店二十家，皆事蒙古贸易，内有栈房四家，专为运转东西货物者。全市贸易额约二十余万。米、面、油、茶砖、酒、洋布、粗布为大宗。春冬以骆驼载货至牧地，秋令易皮毛以归。乃将皮毛转售于天津，岁以为常"。"磴口有木船，专往来于宁夏包头间，装运皮毛、木料、煤炭、洋货、布匹、粮食之类"④。活跃在磴口的主要是回族商人和山西行商，以转运皮毛为主。石嘴子是宁夏北部最重要的集散市场，"阿拉善蒙古与宁夏道属平罗县交界主地。黄河纵贯南北，大山回抱东西，形势一束，成要隘也。居民七百余家，多来自秦晋。……商店大小二十余家，有巨商三四家，专营蒙古贸易，同于磴口。……洋行记三家，曰仁记、平和、新泰……各行专在甘、青一带，收买皮毛，集中于此，待梳净后包装，以骆驼或木船载运包头。岁约皮百万张，毛三千万斤左右。此间黄河有木船七百余只，往来包头中卫之间。赴中卫，上水十天，下水四天。赴包头，上水十二天，下水八天。其往来包头者，下水多运皮毛、甘草、枸杞、麻之类，上水则运洋货、糖、茶、土瓷等"⑤。另外还有横城、新墩、新城、杨和堡、黄渠桥、宝丰、洪堡等都是宁夏主要的农村集散市场⑥。

民国时期宁夏的农村形成了皮毛、药材等专门市场。宁夏"因有黄河贯

---

① 马成浩：《宁夏阿拉善旗之商业》，《边疆通讯》1945年第3期。
② 叶祖灏：《宁夏纪要》，南京：正论出版社，1947年，第29页。
③ 陈洪勋、张山林：《吴忠地区的庙宇和会馆遗址及建筑格局》，政协宁夏吴忠市文史资料委员会编：《吴忠文史资料》第2辑，内部资料，1989年。
④ 林竞：《西北丛编》，上海：神州国光社，1931年，第66、68页。
⑤ 林竞：《西北丛编》，上海：神州国光社，1931年，第73、74页。
⑥ 叶祖灏：《宁夏纪要》，南京：正论出版社，1947年，第28—29页。

穿南北，沿岸沃野，水草丰茂，实为天然之大牧场。所产马、牛、骆驼，品种极佳，宁羊尤为特色。"①贺兰山以西的阿拉善旗"幅员辽阔，水草丰美，乃系天然之大牧场，故畜牧实系蒙民唯一生命线，凡中等以上之家，多雇用（佣）汉人放牧。"额济纳旗"临近弱水一带，土质肥沃，尚可耕种，草木亦较繁茂，其余各地，荒原无垠，均不适宜耕稼，惟气候土地，颇宜于畜牧"②。因此，羊毛、驼毛、羊皮、牛皮为宁夏畜牧产品的大宗，宁夏建设厅1933年根据各县（不包括阿拉善、额济纳两旗）呈报统计，皮毛产量为：羊毛565 800斤，羊皮175 300张，羔皮19 000张，牛皮3187张，驼毛66 700斤，驼绒3500斤③。据1942年国民政府经济部调查，宁夏羊毛年产量约10万担④。宁夏又位于华北地区与西北地区的交通要道上，特别是天津口岸开埠和京包铁路的建成，使宁夏成为西北皮毛运往天津和洋货输入西北地区的主要通道，刺激了宁夏皮毛专门市场的兴起，如阿拉善旗的定远营是宁夏最著名的皮毛市场之一，"据调查，每年绵羊皮输出量约15 000张，山羊皮约10 000张，羊羔皮约5000张"；又据宁夏省银行驻定远营办事处调查，1939年输出羊毛24.1万斤，驼毛47.7万斤；1940年输出羊毛64.3万斤，驼毛33.6万斤⑤。除定远营外，石嘴子、磴口、吴忠、洪广营等市镇都是宁夏及周围地区的皮毛集散地。

除皮毛外，食盐、药材等也是宁夏特产的大宗，如宁夏"盐产之富，甲于西北"，在抗战前年产30万公担，抗战后产量大增，年产约140万公担，主要产地有察汉池、花马诸池、惠安池、和屯池等；宁夏药材"以枸杞，甘草，苁蓉为最著"，枸杞"以中卫县之宁安堡者为最佳，每年产量约31.2万斤，……大部分销售于天津、香港、四川、湖南、湖北、广东、广西等地"；甘草产于"红广营、花马池等处，岁计72万斤"；苁蓉产于"定远营，岁达48万斤"⑥。因此，宁夏有许多食盐和药材专业市镇，如叶升堡是和屯盐的产

---

① 傅作霖：《宁夏省考察记》，南京：正中书局，1935年，第124页。
② 陈国钧：《阿拉善旗经济状况》，《经济汇报》1944年11月。
③ 张中岳：《宁夏调查三则·宁夏出产调查》，《开发西北》1934年4月。
④ 中国第二历史档案馆：《经济部西北工业考察通讯（上）》，《民国档案》1995年第4期，第54—64页。
⑤ 陈国钧：《阿拉善旗经济状况》，《经济汇报》1944年11月。
⑥ 陈泽湘《宁夏省经济概要》，上海：中国殖边社，1934年，第21—22页。

销市场，惠安堡是惠盐的产销市场，定远营是察汉池盐和苁蓉的产销市场，宁安堡是枸杞的专营市场，花马池和洪广营是甘草的专营市场。这些专业市场在组织农副产品的输出及日用品和生产资料的输入发挥了重要作用，也沟通了宁夏农村市场与国内外市场之间的联系。

## 五、结　语

农村经济是一个涉及多个领域的复杂问题，限于篇幅本文只讨论了民国时期宁夏农村经济中的耕地、粮食作物分布及产量、地权分配与土地租佃关系以及农村市场几个方面的问题。

我们认为：一方面，在黄河上游区域，宁夏具有优越的发展农村经济的生态环境，如土地平坦，水利资源丰富，有着良好的灌溉系统和农村市场网络。另一方面，地权分配不均衡和土地租佃关系的恶化严重影响了农村经济的发展，农民既要受地主高额地租的剥削，又要受地主高利贷的剥削。同时，我们也看到宁夏建省后，新政府在发展宁夏农村经济方面采取了一定的措施，如兴修水利，兴建移民新村等，又如前文所言宁夏人均粮食达到800余市斤，人民生活应该是富裕的，但事实并非如此。时人对宁夏农民生活做了这样的描述："乡间农民，其生活更为困苦，加以捐税之苛杂，高利贷之剥削，负担匪易，于是向日小康之家，渐降而为次贫，次贫则递变而为赤贫矣。逃亡转徙，流离载道，农民离村之惨剧，日演日烈矣。"[1]

是什么原因导致了宁夏农民生活日益贫困化？我们认为最主要的原因有两个：一是苛捐杂税。宁夏建省后，宁夏人民要"负担宁夏全省之军政各费，共约四五百万元之谱，地方款项，尚不在内。以八十万人民言之，此数非同小可！"而宁夏"一共不过十县，比较收入好些的不过七八县，要供给一个省政府，和将近二万的军队"[2] 使宁夏财政捉襟见肘，这些负担最终转嫁到农民身上。据20世纪30年代调查，宁夏农民负担的各种捐税有41种之多[3]，农民耕种1亩土地，除了地租外还要交纳的费用有：清乡费3元5角，田赋

---

[1] 傅作霖：《宁夏省考察记》，南京：正中书局，1935年，第15页。
[2] 范长江：《中国的西北角》，北京：新华出版社，1980年。
[3] 安汉、李自发：《西北农业考察》，武功：国立西北农林专科学校，1936年，第51—49页。

米5升、麦5升（合银3元），草捐1角，坝料2角5分，驼捐4角，义务捐1角7分5厘，学捐3角5分，其他1元5角，合计达9元2角7分5厘。而农民租种地主1亩土地，如果以小麦亩产量6斗计算，按宁夏的平均比例将40％交给地主，农民剩余3.6斗，以每斗3元的价格计算，可卖10.8元，除去每亩负担的各种捐税9.3元外，农民租种1亩地实际只获得1.5元的剩余（各种数据均见前文）；如果是自耕农，农民耕种1亩地也只能获得8.7元的收入。因此，农民在土地上辛勤劳作一年仍难以过上糊口的生活。二是高利贷。民国时期宁夏农村金融枯竭导致高利贷横行，农民借贷主要是为了生存和交纳捐税。由于农村经济凋敝，农民"谋生不易，故不得不出之借贷。加之捐款层出不穷，人民本身生产，自给尚虞不足，益以急如星火之捐项，尚不及时措交，即须身入囹圄，是以有遇紧急需要，虽十倍加利，亦所乐从。再如整个农村经济崩溃，商业纷纷连带倒闭，使城市与农村间，在经济上同成交迫之状，因之商人与农民，均不能不高利借贷，以维持目前现状也。"①因此，高利贷成为导致农民生活贫困化的主要原因。

正是以上两个原因，最终导致宁夏发展农村经济所有的优越条件不抵苛捐杂税和高利贷对农村经济的影响，农村经济走向破产的同时，农民也走上了离村谋生之路。1935年对中卫县渠口村农民离村情况的调查情况是：五年前渠口村有农户96家，耕地2460亩。在五年之内有45家农民先后离村，离村率高达46.9％；五年内有1270亩耕地撂荒，占原有耕地的51.6％②。20世纪30年代，农民离村在宁夏各地农村时有发生，农民"近年来相率逃亡之事，随时发生。其逃亡方向主要有两处：第一，为阿拉善蒙古草地，其中各业皆无捐税，容易生活。第二，逃往石嘴山以北临河以西地方，此处实际上为宁夏、阿拉善、绥远'三不管'地方，亦容易谋生"。③农民离村最直接的后果是人口减少，劳动力缺乏，大量耕地撂荒。这样的恶性循环，最终导致了民国时期宁夏农村经济复苏十分艰难。

原载（《中国农史》2006年第2期）

---

① 安汉、李自发：《西北农业考察》，武功：国立西北农林专科学校，1936年，第51—52页。
② 傅作霖：《宁夏省考察记》，南京：正中书局，1935年，第23—24页。
③ 范长江：《中国的西北角》，北京：新华出版社，1980年。

# 民主改革前安多藏族部落的草山权属与牲畜租佃关系

本文所说的安多藏区是指青海高原、甘肃南部和四川北部的藏族部落集聚的地区[①]。畜牧经济是生活在这里藏族部落的支柱产业，占有草场的多少和水草质量的好坏对生产有很大的影响，而占有牲畜的多少是藏族是否富裕的标志。因此，草山权属、牲畜占有和牲畜租佃关系是研究藏族部落制经济的主要内容。关于这一问题学术界只有一些零星的讨论，如张济民主编的《寻根理枝——藏族部落习惯法通论》，从部落习惯法的角度论述了藏族土地（包括农田与草场）的占有、经营、管理和差税等问题[②]。陈玮的《青海藏族游牧部落社会研究》也涉及藏族部落地权的问题[③]。但就草山权属、牲畜占有及牲畜租佃关系没有专文进行讨论，还有进一步深化的余地。本文主要利用20世纪50—60年代的调查资料，在前人研究成果的基础上，对民主改革前青海、甘肃和四川交汇地区藏族部落的草山权属、牲畜占有关系和牲畜租佃关系问题进行讨论。

---

[①] 传统的安多藏区是指操安多方言的藏族地区（即藏学家习称的东藏方言区），地理范围包括甘肃南部藏区、河西藏区，青海除玉树藏族自治州以外的全部藏区，四川北部阿坝藏区。又根据藏文典籍《塔尔寺志》记载，安多亦称阿垛，系"阿钦岗日伊加日"（指今昆仑山脉中的阿尼玛卿山）和"垛拉仁摩"（指积石山脉）的合音。王继光认为："实际上，安多表示的地域还要更广阔一些。"参见王继光：《安多藏区土司家谱辑录研究》，北京：民族出版社，2000年，第1页。为了研究方便，笔者将青海玉树藏区、四川甘孜藏区都包括在了本文的研究范围之内。

[②] 张济民：《寻根理枝——藏族部落习惯法通论》，西宁：青海人民出版社，2002年。

[③] 陈玮：《青海藏族游牧部落社会研究》，西宁：青海人民出版社，1998年。

## 一、草山的权属问题

藏族部落草山的权属是一个比较复杂的问题，不同地区和不同部落关于草场占有和使用都有不同的习惯。根据部落习惯，民主改革前安多藏族部落草山权属大致有四种情形。

一是属于部落公有。根据部落习惯法规定，部落的草山属于部落公有，部落头人只有优先使用权和支配权，而没有买卖权。每个藏族部落都有属于部落公有的草场，如甘加思柔、仁青部落（今夏河县甘加乡境内）规定"草原归部落所有，凡是本部落的属民都有放牧权；部落头人有优先使用草场的权力。……甘加地区草山由各部落统一轮流放牧，每个部落放牧的地点及时间，由'郭哇'会同'格尔岗吾'组织研究划定，然后由'秋德合'组织通知各户群众。"① 果洛的牧场也"属于占有牧场的部落和寺院公有。然牧场分配权属于部落头人（红保）和寺院上层喇嘛。……部落的牧民，是红保的百姓，他们只有承担向头人交税、支差等义务之后，才能从头人那里获得分到牧场放牧的权利。谚语说：'没有不属部落的土地，没有不属头人的百姓。''牧场的骨头是头人的，牧场的毛是牧民的'。……但是，包括头人在内任何人不许出卖部落的牧场。"② 果洛藏族部落，草场的所有权属于部落和寺院公有，草场的支配权虽然完全掌握在部落头人手里，但他也没有权力买卖属于部落的草山。四川阿坝铁布地区草山属于寨子公有，"各部落都有草山，其所有权分属各寨，没有整个部落或个人所有的草山。草山划为两个部分：（1）常年放牧的牧场。（2）割草的基地（冬草地）。割草之前任何人的牲畜都不能进入冬草地放牧，否则就处以罚款。到了割草的时间，由寨内的'行列'（管理行政事务的人）商量决定后，通知全寨人去割，时间没有限制，也不付代价，愿割多少就割多少，割完了事。"③ 这是一种典型的草场公有制度。若尔盖藏区"民主改革前草场部落'公有'这个概念在

---

① 张济民：《青海藏区部落习惯法资料集》，西宁：青海人民出版社，1993年，第169页。
② 青海省编写组：《青海省藏族蒙古族社会历史调查》，西宁：青海人民出版社，1985年，第83页。
③ 四川省编写组：《四川省阿坝州藏族社会历史调查》，成都：四川省社会科学院出版社，1985年，第115页。

牧民中普遍存在，尤其年老的牧民至今还说：'草场是部落的，不是土官的。'""凡属部落的成员都可以在部落的草场上放牧，也没有什么负担，同时牧民也有保卫草场不受侵犯的义务，任何人，包括土官在内，都不能出卖部落的草场。"① 尽管草山为部落公有，头人除了不能买卖部落的草场外，拥有对草场绝对支配的权力，牧民在草山的生产和生活受到一定的限制。

二是部落草山的权属完全属于部落头人。如四川甘孜色须"全部落的草场，在名义上和法律上是属于德格土司所有，牧民只有占有、使用草场的权利。"② 四川德格境内的玉隆牧区的居民分为四个等级，即头人、及日、尝尼、差户③，不同等级的居民对草场的占有情况不同。"整个玉隆牧区的草场为大头人所有，牧民搬迁牧场的时间、地点皆由夏克家（即部落头人家族——引者注），不能有丝毫违犯，否则要受惩罚。"④ 玉树部落的草山使用法规定："（1）草山牧场由千百户长支配，可任其买卖、出租、赠送、抵偿，并有优先使用权。（2）搬迁四季草场，更换放牧场所，由部落首领择定良辰吉日统一搬迁。如迟搬、早搬或随意落帐，则要受到处罚。处罚方式为罚打、罚款或没收财产。（3）各部落之间草场地界明确，不得逾界放牧，有他处千户错界驻牧，罚犏牛 7 头，百户等罚犏牛 3 头，平民户各罚牛 1 头。"⑤ 清政府在玉树推行土司制度时"就确定了玉树草山和农田为玉树千百户所有的封建领主性质"，因此，千百户不仅有草山的优先使用权和对属民的分配权，而且"对外有买卖、出租、赠送、抵偿等支配权。这些集中到一点，都反映了千百户对本部落草山的所有权。"⑥ 四川阿坝"草场属于土官所有，每年土官以大寨或部落为单位进行分配。牧民可以在草场上放牧，但没有所有权。土

---

① 中国科学院民族研究所、四川少数民族社会历史调查组：《阿坝藏族自治州若尔盖、阿坝、红原调查材料》，内部资料，1963年，第 8 页。

② 四川省编辑组：《四川省甘孜州藏族社会历史调查》，成都：四川省社会科学院出版社，1985年，第 268 页。

③ 及日，是头人任命的村长，由头人任命，在部落有比较大的权力；尝尼，及日的下属，也由头人任命，其职责是催差，通知牧民开会，督促牧民为头人服劳役，是富裕牧民。

④ 中国科学院民族研究所、四川少数民族社会历史调查组：《甘孜藏族自治州德格地区社会调查报告》，内部资料，1963年，第 15 页。

⑤ 张济民：《青海藏区部落习惯法资料集》，西宁：青海人民出版社，1993年，第 47 页。

⑥ 本书编写组：《玉树藏族自治州概况》，西宁：青海人民出版社，1985年，第 42、44 页。

官分配草场不是按各大寨或部落的牲畜多少来分配，而是按基本部落、亲属部落、栓头部落等关系来分配。"① 实际上，这些规定承认了头人对部落草山的所有权。

三是部落属民的私有草场。在藏区的一些部落，除了"公共"草场外，牧民还有一片供冬季割草的私人草场。如四川阿坝、甘孜藏区牧区，夏、秋季牧场属于部落或大行政村（改土归流的藏区），是公有牧场。此外，部落属民有一小块供冬季割草的私人小草场或割冬草的基地，占有者对其有继承、转让和买卖的权利。若尔盖索格藏族部落"草山属于部落所有（实际上属于土官所有），在冬房附近，每家均有一块割草地，可以出卖，但必须取得土官的同意。"② 多玛部落牧民私人占有只有"冬房前约四平方丈的小块草地，牧民只能在自己私有的草场上割冬草。"③ 部落属民的私有草场是可以转卖的，如若尔盖部落"牧民因贫困无法生活等原因可以出卖自己私有的割草基地，价钱由双方面议，不立契约，无需证人，也不必取得土官的同意。热当坝乡俄珍初级牧业社的玉科因家贫，在二十年前（1941）将其冬草地卖给一个喇嘛，得了一头3—4岁的母牦牛（当时约值15元），后来这个喇嘛死了，又将这片草场卖给一个牧民，得了70多元。又如该乡塔哇初级牧业社的贫牧社员德木却原来住在扎窝寨子，30年前因夫死家贫搬到'塔哇'去住，将在扎窝的一部分冬草地卖给一个牧民，另一部分在入社前每年还去割草。"④ 从上面的资料来看，阿坝藏区牧民私有的冬草地是可以买卖的，而且买卖程序比较简单。对于私有的冬季草场，"如果牧民外逃，迁离原住地，或者死绝了人，悉由土官没收。"⑤ 有的土官和贵族甚至可以找各种借口霸占属民的私有草场。如玉隆牧区，在头人彭错朗加时期就"将小块冬季草场划归牧民私人

---

① 中国科学院民族研究所、四川少数民族社会历史调查组：《阿坝藏族自治州若尔盖、阿坝、红原调查材料》，内部资料，1963年，第76页。

② 中国科学院民族研究所、四川少数民族社会历史调查组：《阿坝藏族自治州若尔盖、阿坝、红原调查材料》，内部资料，1963年，第62页。

③ 中国科学院民族研究所、四川少数民族社会历史调查组：《阿坝藏族自治州若尔盖、阿坝、红原调查材料》，内部资料，1963年，第9页。

④ 四川省编写组：《四川省阿坝州藏族社会历史调查》，成都：四川省社会科学院出版社，1985年，第84页。

⑤ 四川省编写组：《四川省阿坝州藏族社会历史调查》，成都：四川省社会科学院出版社，1985年，第83页。

占有，夏秋季草场以自然村或行政大村为单位，由牧民公共放牧。"及日利用其职权霸占私人和公共牧场的事时有发生，如"错巴村及日扎翁霸占了牧民呷线郎加的冬季割草场，日龙村及日更秋绒布强占了该村牧民公共牧场的1/3。"① 说明部落属民对草场的私有权是不牢固的。

四是藏区寺院占有相当数量的草场。藏区的寺院有两种类型，一种是完全的政教合一的寺院，如甘南的拉卜楞寺，不仅有许多下属的寺院，而且有属于寺院的部落，这样的寺院占有大量的耕地和草山，民国时期的"夏河县所有土地权，亦尽归寺院所有"②，也就是说夏河附近的农田和草山所有权均归拉卜楞寺。一种是部落的属寺，这类寺院的土地和草山由部落头人无偿赠送。如阿坝若尔盖部落"喇嘛庙也占有为数不多的草场，一般都是土官赠送的（这种寺院必须受土官管辖），也有的是寺庙直接霸占而来的。"③ 据1954年调查，青海省"有的地方占当地总人口4%的上层僧侣及寺庙，占草场总面积的42%左右，占牲畜的39%以上。"④ 可见，寺院占有青海牧区草场面积达1/3以上，反映了寺院经济在藏区占有很突出的地位。

在藏族牧区，草山权属问题不仅表现在对草山的所有权上，而且还表现在对草山的使用权方面。一方面，头人和贵族占有部落最好的草山，如青海阿曲乎部落"最好的四片草场（措田、都台、三四外、龙哇奴合当），都被切本加（部落头人，千户——引者注）占着，这四片草场都是水好、草好的地方，牧民不能随便进去放牧，否则就要受处罚。除他家的牲畜放牧的范围以外，牧民才能放牧牲畜。"⑤ 甘孜色须部落头人和寺院"占有的都是水草条件好，气候暖和的大草场"，他们占有的草场是"不准牧民的牲畜进入"的。⑥ 青海年乃亥部落在搬迁牧帐时，部落头人的牲畜"都走在前面，占了

---

① 中国科学院民族研究所、四川少数民族社会历史调查组：《阿坝藏族自治州若尔盖、阿坝、红原调查材料》，内部资料，1963年，第16页。
② 马无忌：《甘肃夏河藏民调查记》，贵阳：文通书局，1947年，第10页。
③ 中国科学院民族研究所、四川少数民族社会历史调查组：《阿坝藏族自治州若尔盖、阿坝、红原调查材料》，内部资料，1963年，第10页。
④ 况浩林：《近代藏族地区的寺庙经济》，《中国社会科学》1990年第3期，第133—153页。
⑤ 青海省编写组：《青海省藏族蒙古族社会历史调查》，西宁：青海人民出版社，1985年，第24页。
⑥ 四川省编辑组：《四川省甘孜州藏族社会历史调查》，成都：四川省社会科学院出版社，1985年，第268页。

水草比较丰富的好草场……他们住的草原，均比一般群众的草原距水源近。搬入冬窝子后，牧主友年、郭浪的冬窝子又比其他人的冬窝子好，既适宜养羊，又适宜养牛。"① 汪什代海部落也规定"千百户住地周围别人不得落帐放牧，搬迁帐房由千百户命令统一行动，搬迁的日期和地点由部落头人决定；千百户长拥有大量的牲畜和劳力，按习惯，优先迁帐，使用水草丰美的草场，一般牧民不得入内放牧。"② 青海千卜录部落规定"气候温暖、水草丰美的优质草场为头人牧地，不准牧民进入放牧，凡擅入者要受罚。"③ 青海阿曲乎部落，"千户切本加家族四户，占着全部落最好的冬春草场的三条大沟和夏季草场的一条大沟，约占全部可用草场面积的 1/3 以上。"④ 可见，即使属于部落的公共牧场，部落头人、贵族有优先使用权，而且使用最好的草山。

另一方面，部落头人有进行草山分配的绝对权力。如四川德格玉隆牧区的草场所有权属于夏克家族，夏克家族有权将牧场分配或赏赐与寺庙和忠于夏克家的人。下面是部落头人夏克刀登将部落草山划给吉绒寺的文书：

> 给执据事：吉绒寺的骡马牛放牧地方，按原来草场放牧的地址：吉绒岔呷平、甲得松多、加约山平、益桑扎拉、门各拉青马——学各山谷末处的拉绒和扎绒青等地的水草地永久属吉绒寺，不许任何人干涉侵犯。
>
> 木鸡年夏格格　彭错⑤

果洛部落草场分配权属于"红保"，分配的方式有两种：一种是世袭的草场使用权，如"贡麻仓、康干、康赛、然洛仓等，开始时红保把牧场分到各所属小部落，再分配给各家各户，各户在自己分到的牧场内按季轮放。各家都可以从祖辈承袭固定的牧场使用权。"对于这类草场的"重新分配、没收等权力，都操在红保手中。"一种是无固定草场使用权，如德囊、莫巴、周纪雪

---

① 青海省编写组：《青海省藏族蒙古族社会历史调查》，西宁：青海人民出版社，1985年，第46页。
② 张济民：《青海藏区部落习惯法资料集》，西宁：青海人民出版社，1993年，第89页。
③ 张济民：《青海藏区部落习惯法资料集》，西宁：青海人民出版社，1993年，第60页。
④ 青海省编写组：《青海省藏族蒙古族社会历史调查》，西宁：青海人民出版社，1985年，第10页。
⑤ 中国科学院民族研究所、四川少数民族社会历史调查组：《甘孜藏族自治州德格地区社会调查报告》，内部资料，1963年，第15—16页。

花等部落没有固定的世袭草场。"在这些部落,每到按季轮换牧场时,由红保召集所属小部落头人,宣布迁移的日期和区域。红保自己居住的地方与牧场首先指定,其他小部落用抽签或别的方法各分一定区域。小部落头人又在本部落的区域首先指定自己的居处与牧场,把好的牧场分配给其他牧主和富裕户,剩下偏僻处及不好的草山分配给一般牧民使用。"[1] 色须部落草山的分配首先满足头人和寺院的需要,"剩余草场由全部落的牧民集体使用,凡属本部落牧民的牲畜,均可到草场上放牧。但是,部落内有钱有势的富裕牧民经常贿赂大头人,得到水草好的草场,也不准其他牧民去放牧。实际上,部落牧民集体使用的草场越来越小,而私人占有草场的面积在扩大。"[2] 玉树格吉巴玛部落,有可用草山面积为1260平方千米,其中百户直接使用的冬窝子就为366平方千米,占可用草山面积的29%;杰宗寺使用的草山为243平方千米,占可使用草山面积的19%;剩下83户牧民只使用660平方千米的草山,仅占52%[3]。青海阿曲乎部落有专门管理草原的组织"求换"和"求得合",部落"共计有八个'求换',二十个'求得合',秉承头人意旨,对草原进行具体支配,牧民不遵守规定的,就进行处罚。比如不按规定搬迁帐房的(主要是搬往夏季草场),一般罚牛一头,叫'日秋';对越界放牧的(主要是冬季草场),放牛、放马者罚牛一头,放羊者罚羊一只,叫'扎秋';草原失火者罚牛一头。"这些规定是有利于对草场的管理,但这些法规只适用于牧民,而"头人牲畜可以自由放牧,不受此限制。"[4] 可见,民主改革前,藏区部落头人对草山有绝对的支配权,而且部落草山分配存在着不均衡的问题,部落头人、贵族和富裕户分到最好的草山和最多的草山,而部落属民集体使用的草山质量差而且面积也不大。以上两个方面说明,民主改革前,藏区草山权属部落公有制只是一种表面形式,实际上是部落头人、贵族和权力阶层领有部落草山的制度。

---

[1] 青海省编写组:《青海省藏族蒙古族社会历史调查》,西宁:青海人民出版社,1985年,第83—84页。

[2] 四川省编辑组:《四川省甘孜州藏族社会历史调查》,成都:四川省社会科学院出版社,1985年,第268页。

[3] 本书编写组:《玉树藏族自治州概况》,西宁:青海人民出版社,1985年,第43页。

[4] 青海省编写组:《青海省藏族蒙古族社会历史调查》,西宁:青海人民出版社,1985年,第24页。

另外，随着土司制度的衰落和社会经济的变迁，个别藏区部落公有草场出现了兼并、买卖和私有化的趋势。如据 20 世纪 50 年代调查，"毛垭牧区牧场的所有制，虽然还保存着公有制的形式，但其内容已经发生了变化，即表面上属于公有，实际上为权贵们私人控制；按户占有草场的情况已经发生，因而在户与户之间出现了买卖、出租、霸占草原的现象，但这种现象才在一个'加火'（即一个百户部落——引者注）内萌芽，并不普遍，而又仅限于冬季，缺草的季节。"① 公有草场兼并和买卖的发生，说明藏族部落的传统草场使用习惯已经开始发生变化，农奴制领主经济开始向牧主经济转变。但这种现象在民主改革前的藏族部落里并不多见。

## 二、部落牲畜占有问题

在藏族游牧部落，牲畜是最基本的生产资料，从部落头人到属民大多数都有属于自己的牲畜。牲畜的占有量是藏民富裕与贫穷的象征，和草山使用权一样，藏族部落里牧主与牧民的牲畜所有权也是不平衡的。据 20 世纪 50 年代调查，青海上阿曲乎部落，1949 年有 133 户，牲畜总头数折合绵羊 36384 只，其中折羊 1000 只以上只有 5 户，占部落总户的 3.7%，却占有部落牲畜总数的 47.2%，平均每户占有 3433 只。最大的 5 户牧主均属千户切本加的家族，而千户切本加一家就占有羊 8700 只、牛 2100 头、马 800 匹。有 88 户贫苦属民，占总户数的 66.3%，而占有的牲畜仅有 9.6%，其中有 17 户没有牲畜，有 36 户牧民每户平均只有 13 只绵羊。不富裕牧户 30 家，占总牧户的 22.5%，每户占有牲畜折羊 303 只，每人平均折羊 60 只，比全部落每人平均少 8 只②。上阿曲乎部落，贫困牧民和不富裕牧民占部落总户数的 88.8%，仅占有部落牲畜的 34.6%；而占总户数 11.2% 的部落上层，却占有部落牲畜的 65.4%。青海年乃亥部落有牧主 5 户，占总户数 4.3%；人口 25 人，占总人口的 3.9%；占有牲畜（折合绵羊）7755 头，占总牲畜的

---

① 四川省编辑组：《四川省甘孜州藏族社会历史调查》，成都：四川省社会科学院出版社，1985年，第 238—239 页。

② 青海省编写组：《青海省藏族蒙古族社会历史调查》，西宁：青海人民出版社，1985年，第 11 页。

15%；户均占有牲畜1551头，人均拥有牲畜310头。牧民132户，占总户数的95.7%；人口623人，占总人口的96.1%；占有牲畜（折合绵羊）43 952头，占总牲畜的85%；户均牲畜333头，人均70.5头。① 在年乃亥部落，牧主户均占有牲畜的数量几乎是牧民的4.7倍，人均是牧民的4.4倍。解放初期对果洛部落的调查，"占有牲畜折羊千只以上的户约占总户数的5%，占有牲畜为牲畜总头数60%以上。而占牲畜折羊六百只以下的牧民约占总户数的90%，占有牲畜却不到牲畜总头数30%。其余5%的牧户为富裕户，占有牲畜约为牲畜总头数10%左右。"部落中"将近30%的牧民基本上丧失了生产资料，靠做牧工以至流浪、乞讨维持生活，或者做寺院塔哇与头人的家奴。"② 可见，果洛部落10%的上层和富裕户占有部落牲畜总数的70%以上，而占总户数90%的牧民只占有部落牲畜总数的30%。玉树列驿百户部落有47户，部落百长和活佛两家就占有本部落马匹的53%，牦牛的62.23%，绵羊的57.7%③。在四川阿坝若尔盖牧区，不同阶层占有牲畜的情况如表1所示。

表1 诺尔盖各部落不同阶层牲畜占有情况统计表

| 阶层 | 户数 | 比例 | 人口 | 比例 | 占有牲畜数 | 比例 | 每人平均数 |
|---|---|---|---|---|---|---|---|
| 牧主 | 108 | 3.4% | 599 | 4.4% | 29 312头 | 19.4% | 48.9头 |
| 中等牧民 | 1160 | 36.9% | 5847 | 42.7% | 92 406头 | 61.4% | 15.8头 |
| 贫苦牧民 | 1879 | 59.7% | 7244 | 52.9% | 28 893头 | 19.2% | 3.9头 |
| 合计 | 3147 | 100% | 13 690 | 100% | 150 611头 | 100% | 11头 |

注：为了计算方便起见，把各种牲畜折合成牛，折合的标准是：5只羊折合1头牛，1匹马折合2头牛，2头杂牛折合1头牛，1头犏牛或1头牦牛仍做1头牛。百分比为笔者所加

从表1看，在若尔盖牧区，占总户数3.4%的牧主占有部落牲畜总数的19.4%，占总户数36.9%的中等牧民占有部落牲畜总数的61.4%，占总户数59.7%的贫苦牧民仅占有部落牲畜总数的19.2%。贫苦牧民人口是牧主的12倍之多，而牧主人均占有牲畜量几乎是贫苦牧民的12.5倍。因此，若尔盖牧区"牲畜占有的悬殊是很大的，牲畜集中在以土官为首的牧主阶级（

---

① 青海省编写组：《青海省藏族蒙古族社会历史调查》，西宁：青海人民出版社，1985年，第48页。

② 青海省编写组：《青海省藏族蒙古族社会历史调查》，西宁：青海人民出版社，1985年，第85页。

③ 本书编写组：《玉树藏族自治州概况》，西宁：青海人民出版社，1985年，第66页。

包括宗教上层）的手中，而广大的贫苦牧民只占有少量的牲畜，他们不得不依靠租佃牲畜、当长工过日子。"①

通过上述事例来看，民主改革前藏族部落牲畜分配也不平衡，占部落户口不足10％的牧主（部落头人、寺院）阶层占有部落牲畜总量的20％—50％，有的部落高达60％以上；占部落户口60％以上的贫苦牧民只占有部落牲畜20％左右，甚至许多贫苦牧民不占有牲畜。这些牲畜数量不足或没有牲畜的贫困牧民只有依靠租佃或当牧工来维持生活。

### 三、牲畜租佃关系

民主改革前藏族部落牲畜的占有是不平衡的，正是这种不平衡导致了牲畜租佃关系的发生。占有牲畜的牧主将牲畜出租给牲畜不足或没有牲畜的牧民，而牧民则通过租牲畜的方式来获得少量的生活和生产资料。据1955年中共若尔盖县工委对多玛部落的调查，民主改革前"该部落一等户共有牛1897头，出租1114头，占其全部牛数量的58.7％以上。全部落总户数125户中，佃牧即达45户，占总户数的36％。"② 索格部落"富裕户大量的出租牲畜，收取实物畜租（酥油），出租牲畜成为牧业生产上的主要剥削形式。一等户9户中，共出租牛993头，占其全部牲畜的57.2％，佃户49户（均在四等户以下），佃牧牲畜是贫苦户自有牲畜的2.23倍。"③ 四川甘孜牲畜的租佃关系有三种"：（1）租方为寺院，佃方为牧民。（2）租方为世俗牧主，佃方为牧民。（3）租佃双方都是牧民。前两种占绝大比重，后一种只是个别的。"④ 据1950年调查，阿曲乎部落"一九四七年千户切本加有牲畜羊一万一千余只、牛三千多头、马一千多匹，最高出租过七千多只羊，二千多头牛，解放前夕也还出租羊四千多只，牛一千多头。牧主文本出租的牲畜

---

① 中国科学院民族研究所、四川少数民族社会历史调查组：《阿坝藏族自治州若尔盖、阿坝、红原调查材料》，内部资料，1963年，第10页。
② 四川省编写组：《四川省阿坝州藏族社会历史调查》，成都：四川省社会科学院出版社，1985年，第87页。
③ 四川省编写组：《四川省阿坝州藏族社会历史调查》，成都：四川省社会科学院出版社，1985年，第102—103页。
④ 四川省编辑组：《四川省甘孜州藏族社会历史调查》，成都：四川省社会科学院出版社，1985年，第25页。

也在一千头以上,在其剥削总收入中,畜租收入占 37.96%。"① 阿坝的墨尔玛部落,三、四等户的牧民(有牛 20—50 头、马 15 匹以下或有牛 5—20 头、马 3 匹以下)在部落中"占的比重很大,他们的牲畜不多,一般都要租入牲畜。如木格瓦、绒瓦落的八户中,相当于三等户的即有四户,相当于四等户的有三户,他们都要租入牲畜"来维持生活②。果洛部落把牧主与牧民之间建立的租佃与借贷关系称之为"放收","所谓'放收',即放出收回之租与贷,招来付出之酬劳。"其部落习惯法规定"无论贫富高下,彼此租贷之约皆须遵守。"③ 因此,出租牲畜是藏族游牧部落租佃关系的主要内容,也是牧主对牧民进行剥削的主要方式。下面就其牲畜出租的一些问题进行讨论。

### (一) 牲畜的租佃关系形式

藏族部落通常流行的牲畜租佃形式有两种:一种是"协",一种是"其美"。所谓"协"的租佃形式是租额根据出租牲畜的存栏数量相应地增减,藏语称为"吉约其约"(汉语意为"有生有死")。在这种租佃关系中,"畜主将牲畜(多为母畜)交给承租者,由其放牧,每年根据不同牲畜的产奶量等向畜主交纳一定数量的畜产品及繁殖的全部幼畜。承租期间牲畜一旦死亡,则可在一定范围内和条件下予以注销,不再由经营者赔偿。"所谓"其美"的租佃形式是在承租中,牲畜增减,租额不变,藏语称为"杰美其美"(汉语意为"不生不死")。在这种租佃关系中"畜主将牲畜交给牧户,由其放牧经营,不论牲畜数量增加(繁殖)或减少(死亡),租额固定不变。"④ 两种租佃关系本质的区别在于:一是收获物的分配不同,"协"的租额随着牲畜的增加而增加,繁殖的幼畜一律归牧主;而"其美"的租额与牲畜增加、减少无关,繁殖的幼畜归佃户。二是风险责任的分担不同,"协"在一定的范围内和条件下(如牲畜正常死亡),牲畜死亡后能够注销,并免交牧租,即租佃风险

---

① 青海省编写组:《青海省藏族蒙古族社会历史调查》,西宁:青海人民出版社,1985 年,第 12 页。
② 中国科学院民族研究所、四川少数民族社会历史调查组:《阿坝藏族自治州若尔盖、阿坝、红原调查材料》,内部资料,1963 年,第 94 页。
③ 张济民:《青海藏区部落习惯法资料集》,西宁:青海人民出版社,1993 年,第 31 页。
④ 张济民:《青海藏区部落习惯法资料集》,西宁:青海人民出版社,1993 年,第 255、256 页。

由主佃双方共同承担;"其美"租佃的风险由佃户全部承担,即使出租的牲畜全部死亡,佃户也要按规定缴纳牧租,不得拖欠。两种牲畜租佃形式在藏族部落实行的比例情况,因资料缺乏,尚不清楚。

(二)出租牲畜的种类和年限

酥油是藏族民众不可缺少的生活用品,酥油的生产原料是牛奶,牦乳牛和犏乳牛是青藏高原主要产奶的牲畜,因此,藏族部落出租的牲畜种类以牦乳牛和犏乳牛为主。如阿坝"拥有很多牲畜的寺院主、富裕土官、个别富裕百姓,将母犏牛、母牦牛寄放在牧口少的牧民家里(一般不寄放公牛,因不能生犊、挤奶)。"[1] 若尔盖牧区"出租的牲畜主要是奶牛,其中又以犏母牛占绝大多数,而马和羊一般不出租,主要雇工经营。"[2] 索格部落"出租牲畜以奶牛为主。"[3] 麦洼部落"出租的牲畜主要是母牛。"[4] 四川甘孜"租佃的客体是牛而不是羊和马。"[5] 理塘毛垭牧区"出租的牲畜仅限于牛。"[6] 从上述资料来看,藏族部落出租牲畜以能够产奶的母牦牛和母犏牛为主。在青海藏族部落,除了出租牦乳牛为主,犏乳牛由于数量少而且牧租高出租的很少,此外还公牦牛、羊群等出租。

根据藏族部落的习惯,牲畜不同出租的期限则不同,一般情况下,牛以1年为期,如果洛部落"贷放时间以一年计"[7];莫坝部落出租牲畜"以年度计算,每年春季,牧主租出牲畜由牧民经营管理。"[8] 如果主佃双方还需要租

---

[1] 四川省编写组:《四川省阿坝州藏族社会历史调查》,成都:四川省社会科学院出版社,1985年,第37页。

[2] 中国科学院民族研究所、四川少数民族社会历史调查组:《阿坝藏族自治州若尔盖、阿坝、红原调查材料》,内部资料,1963年,第12页。

[3] 四川省编写组:《四川省阿坝州藏族社会历史调查》,成都:四川省社会科学院出版社,1985年,第103页。

[4] 四川省编写组:《四川省阿坝州藏族社会历史调查》,成都:四川省社会科学院出版社,1985年,第173页。

[5] 四川省编辑组:《四川省甘孜州藏族社会历史调查》,成都:四川省社会科学院出版社,1985年,第25页。

[6] 四川省编辑组:《四川省甘孜州藏族社会历史调查》,成都:四川省社会科学院出版社,1985年,第246页。

[7] 青海省编写组:《青海省藏族蒙古族社会历史调查》,西宁:青海人民出版社,1985年,第95页第95页。

[8] 张济民:《青海藏区部落习惯法资料集》,西宁:青海人民出版社,1993年,第17页。

佃时，再继续租佃关系，商议的时间一般在春季。出租羊群则以3年为期，如阿曲乎部落羊租规定"一般混合群，租羊百只，三年本利交二百五十只或三百只。"① 有学者指出："实行其美租佃，租期多为永久性，一旦承租，子子孙孙，不能退租。也有少数地区其美牧租有一定期限，届满后交清牧租，重新承租。"② 一般佃户与寺院建立的牲畜租佃关系属于"其美"，如对甘孜部落错巴、冻真、雪科寨子的调查，"寺庙给牧民一定数量的牲畜，不管是否死亡，牧民每年照旧缴纳畜租，而且是无期限的。"③ 这种不同期限的规定既与藏族部落的租佃习惯有关，又与牲畜的饲养难易程度、产值和价值有关，牛比较难养，而且产值和价值都比较高，租期一般较短；羊则相对比较好养，产值和价值相对都比较低，租期一般较长。

（三）牧租的租率和其他产品的分配

藏族部落出租牲畜以酥油作为主要牧租，犏乳牛、牦乳牛由于产奶量不同，故牧租不同，犏乳牛牧租高于牦乳牛，不同的部落也有不同的规定。如多玛部落"一头犏母牛每年交租50斤酥油，……一头犏母牛一年约产1000斤奶，酥油含量6%，奶渣含量5.5%，则年产酥油60斤、奶渣55斤，按1958年民主改革时酥油每斤0.88元、奶渣每斤0.2元计算，共折款63.8元，而交50斤酥油折款44元，则所交租金即达总产值的68%以上。"④ 索格部落"每头犏母牛每年可产奶1020斤，酥油含量以6%计算，可产酥油61斤，奶渣含量约为5.48%，可产奶渣55斤，按现价每斤酥油8角、奶渣每斤2角计算，共折价59.8元，交租50斤酥油，折价40元，占产品总值的66.8%，佃户仅约占总产值的33.2%。"⑤ 如果以一头犏乳牛年产60斤酥油、一头牦乳牛年产30斤酥油计算，各部落牧租剥削率大致情况是：阿曲

---

① 青海省编写组：《青海省藏族蒙古族社会历史调查》，西宁：青海人民出版社，1985年，第12页。
② 张济民：《青海藏区部落习惯法资料集》，西宁：青海人民出版社，1993年，第256—257页。
③ 中国科学院民族研究所、四川少数民族社会历史调查组：《甘孜藏族自治州德格地区社会调查报告》，内部资料，1963年，第18页。
④ 四川省编写组：《四川省阿坝州藏族社会历史调查》，成都：四川省社会科学院出版社，1985年，第87页。
⑤ 四川省编写组：《四川省阿坝州藏族社会历史调查》，成都：四川省社会科学院出版社，1985年，第103页。

乎部落规定"每头犏母牛交酥油 30 斤（藏秤，折市秤 45 斤左右）；每头牦母牛年交酥油 20 斤（藏秤，折市秤 30 斤左右）。千户力加本年出租 250—300 头奶牛，年收酥油八千余斤。"[1] 佃户要把所产酥油的 70％以上交给牧主。夏卜浪千户部落"一头犏牛一年交酥油 30—40 斤（年产 50—60 斤），一头牦牛交 20 斤（年产 30 斤左右）。"[2] 佃户要把所产酥油的 60％以上交给牧主。各尔洼部落"一头犏母牛每年由畜主收回租金 40 斤酥油；一头牦母牛每年收 10 斤酥油，如果生了小牛则酥油减半。"[3] 犏乳牛的租率为 66.67％，牦乳牛的租率为 33.33％。拉仓部落"出租一头犏乳牛，年交租酥油 48 斤，一头牦乳牛，年交租酥油 24 斤。"[4] 佃户交给牧主酥油占收获量的 80％以上。有的部落根据牲畜产奶能力规定了不同的牧租，如果洛部落规定："畜租带当年犊的母牦牛，一般收租标准如下：最高交租酥油 15 斤；中等 12 斤；下等 10 斤。产犊已隔一年的牦母牛折半，即 7.5 斤、6 斤、5 斤。若出租牦母牛群，取平均数，一律当年产犊收租油 12 斤，上年产犊母牛收租油 6 斤。出租当年产犊犏母牛，一般收租标准如下：最高标准收租酥油 30 斤；中等收租酥油 25 斤；下等收租油 20 斤。上年产犊母犏牛收租折半，即 15 斤、12 斤、10 斤。"[5] 甘孜租佃的惯例是"所产的酥油 70％左右为畜租交给主人，其余归佃户。"[6] 即牧民只能得到收获物的 30％。

除了交纳牧租酥油外，其他产品如牛犊、皮毛的分配也要进行分配。如青海莫坝部落习惯法规定，牧主向租畜户收取牧租方法有 8 种："（1）酥油、曲拉、牛羊绒等产品 50％归牧民，所繁殖的牛犊、羊羔全部归牧主。（2）酥油、曲拉、牛羊毛、牛羊绒、牛羊皮等产品 70％归牧主，30％归牧民，所繁

---

[1] 青海省编写组：《青海省藏族蒙古族社会历史调查》，西宁：青海人民出版社，1985 年，第 12—13 页。
[2] 青海省编写组：《青海省藏族蒙古族社会历史调查》，西宁：青海人民出版社，1985 年，第 37 页。
[3] 四川省编写组：《四川省阿坝州藏族社会历史调查》，成都：四川省社会科学院出版社，1985 年，第 164 页。
[4] 青海省编写组：《青海省藏族蒙古族社会历史调查》，西宁：青海人民出版社，1985 年，第 59 页。
[5] 青海省编写组：《青海省藏族蒙古族社会历史调查》，西宁：青海人民出版社，1985 年，第 95 页。
[6] 四川省编辑组：《四川省甘孜州藏族社会历史调查》，成都：四川社会科学出版社，1985 年，第 25 页。

殖的牛犊、羊羔全归牧主；(3) 租出当年产犊犏母牛 1 头，收租酥油 30 斤；(4) 租出隔年产犊犏母牛 1 头，收租酥油 15 斤。(5) 租出头胎犏母牛 1 头，收租酥油 25 斤；(6) 租出当年产犊牦母牛 1 头，收租酥油 10 斤。(7) 租出隔年产犊牦母牛 1 头，收租酥油 5 斤；(8) 租出头胎牦母牛 1 头，收租酥油 7—8 斤。"[1] 刚察部落规定租放头人、牧主和寺院的牲畜，租金为"1 头犏牛年交 20 斤酥油；1 群绵羊，年交 15 斤酥油；幼畜及畜产品全部上缴出租者。"[2] 以 1 头犏牛年产 60 斤酥油计，租率为 33.3%，表面上看比其他部落轻一些，但如果佃户要把所有的畜产品交给出租者，估计剥削率也在 50%以上。果洛部落规定"出租公牦牛，有的拔下的牛毛与畜主对半分；有的租畜户仅能留下一少部分，大部分归畜主。牦母牛也可拔毛，一般是由租畜户给牛犊配齐绳具，不再交牛毛给畜主。出租羊群，每 10 只羊，要交 9 只羊的毛给畜主，租畜户仅能留下 1 只羊的毛。"[3] 这些资料表明，牧民租牛收入的 50%—80%都用来交租，而属于佃户获得的只有 20%—50%。而能得到 50%收获物的佃户只占少数，绝大多数佃户只能得到不足 30%的收获物，可见牧主对牧民的剥削是很沉重的。

### （四）牲畜租佃关系中的风险分担办法

青藏高原气候严寒，环境恶劣，经常发生灾害性天气如雪灾牲畜被冻饿死亡、雹灾牲畜被打死、旱灾使牲畜的奶量减少等。藏族部落畜牧医疗条件很差，经常会发生各种牲畜疾病和瘟疫，如口蹄疫等。另外，一些藏族部落习惯法是保护本部落成员劫掠另一个部落的牲畜等财富的，常常会发生牧民牲畜被外部落成员抢劫而导致损失。这些不仅给藏族部落的畜牧业发展带来了很大的危害，而且使牲畜租佃关系存在着很大的风险。主佃双方在牲畜出租中如何分担风险？尽管在租佃关系中"协"和"其美"明确了租佃风险的分担责任，但不同部落有不同的风险分担办法，大致有三种情况：第一种，如果牲畜死亡是客观原因造成的，佃户不负赔偿责任；如果是主观原因造成的，佃户要负赔偿责任。但无论如何，佃户的牧租是不能少的。如阿坝牧区

---

[1] 张济民：《青海藏区部落习惯法资料集》，西宁：青海人民出版社，1993 年，第 18 页。
[2] 张济民：《青海藏区部落习惯法资料集》，西宁：青海人民出版社，1993 年，第 97 页。
[3] 张济民：《青海藏区部落习惯法资料集》，西宁：青海人民出版社，1993 年，第 95 页。

部落在牲畜租佃中规定:"牲口若被窃,或遭兽害,若无事实证明,要负赔偿责任;若是传染病死亡,则不追究,但若一两头牛突然病死,就必须赔偿。无论任何情况下,均不予减租。"① 莫坝部落租户要"承担牲畜病疫和责任事故,凡牛羊非正常死亡者将皮和肉交给牧主,并按牲畜原价折款另行赔偿。"② 甘孜牧区的分担风险的惯例是"牲畜病死或被劫、失窃,无须赔偿;但若牲畜的死亡并非出于上述不可抗拒的因素,而是由于佃户的疏忽,如堕崖跌死和被野兽咬死等,就要赔偿。"③ 第二种,由佃户承担完全责任。如果洛部落"牲畜和母畜所产犊羔都不许伤损死亡,否则一律要赔偿。死一头牦母牛赔60斤酥油;一头牛犊赔30斤酥油。"④ 第三种,牲畜正常死亡,由主佃双方共同承担风险。如多玛部落"如果牲畜死了,佃户一般不负赔偿责任,佃户可得一部分肉,其皮归主人。如果是春天死的可以不交租,夏天死的交一半租,秋后死的则全交。"⑤ 色须部落"出租牛因病或其他原因死亡,承租者一般不负赔偿责任。但须交出牛皮、牛肉等。"⑥ 毛垭牧区规定"如果出租的牛死了,佃户可以不赔,但要将皮及角交去作证,如无牛角及牛皮则须去寺庙内诅咒发誓。"⑦ 这是由主佃双方共同承担风险。不管哪一种分担风险责任的办法,总是对牧主有利的。

(五)工役畜租

在牲畜租佃关系中,还有一种叫做工役畜租,租畜户以工役顶付畜租。如在阿曲乎部落,女牧民哇力家"解放前租千户力加本7头犏乳牛一年,

---

① 四川省编写组:《四川省阿坝州藏族社会历史调查》,成都:四川省社会科学院出版社,1985年,第37页。
② 张济民:《青海藏区部落习惯法资料集》,西宁:青海人民出版社,1993年,第17页。
③ 四川省编辑组:《四川省甘孜州藏族社会历史调查》,成都:四川省社会科学院出版社,1985年,第25页。
④ 青海省编写组:《青海省藏族蒙古族社会历史调查》,西宁:青海人民出版社,1985年,第95页。
⑤ 四川省编写组:《四川省阿坝州藏族社会历史调查》,成都:四川省社会科学院出版社,1985年,第88页。
⑥ 四川省编辑组:《四川省甘孜州藏族社会历史调查》,成都:四川省社会科学院出版社,1985年,第270页。
⑦ 四川省编辑组:《四川省甘孜州藏族社会历史调查》,成都:四川省社会科学院出版社,1985年,第246页。

除交酥油租外，她（13岁）还被力加本老婆仁者要去做了一年苦役，不付任何报酬，说是顶在租额以内了。"① 这实际上是在租佃关系中除了实物牧租外的一种劳役牧租。这种工役畜租的另外一种表现形式是，承租牲畜的牧民几乎都要无偿地为牧主承担一些额外的工役。如玉隆牧区租入牲畜的牧户要为牧主"搬迁帐篷、运输、磨糌粑等，每年要服无偿劳役2—3个月。"② 有的租户如不能足额或按时纳租，也被强迫从事劳役来顶替牧租，如色须部落"牧民汪堆向牧主租入牛20头，因欠10斤酥油两年未付清，牧主即以复利计算，牵去马2匹，牛1头，并强迫本人以两年的劳役来抵债。"③ 租户为了能够租到牧主的牲畜，不得不接受这种额外的剥削。因此，在藏族部落，这种因牲畜租佃关系而产生的劳役是比较普遍的。

（六）租佃关系中的保证

在牧主与佃户建立牲畜租佃关系时，牧主为了保证牧租的获取，要指定保证牲畜。如果洛部落，牧主"往往在出租牲畜时即在租畜户自有牲畜中指定保证的牲畜，若租畜有死亡，即以指定的自有牲畜抵偿。所以完全无牲畜的赤贫户，往往不能租贷牲畜放牧。"④ 这种在租佃中指定保证牲畜的办法实际上是一种抵押租佃制。即使没有指定保证牲畜，牧主也"经常到承租牲畜牧民家中进行检查，如认为牲畜饲养得不好，立即牵走，撕毁契约"，终止租佃关系⑤。可以看出，在藏族部落牲畜租佃关系建立的过程中，贫苦牧民自始至终都处于被动地位，而没有牲畜做保证的赤贫户无法租到牲畜，他们只有依靠当雇工来维持生活。

---

① 青海省编写组：《青海省藏族蒙古族社会历史调查》，西宁：青海人民出版社，1985年，第13页。
② 四川省编辑组：《四川省甘孜州藏族社会历史调查》，成都：四川省社会科学院出版社，1985年，第280页。
③ 四川省编辑组：《四川省甘孜州藏族社会历史调查》，成都：四川省社会科学院出版社，1985年，第271页。
④ 青海省编写组：《青海省藏族蒙古族社会历史调查》，西宁：青海人民出版社，1985年，第95页。
⑤ 四川省编辑组：《四川省甘孜州藏族社会历史调查》，成都：四川省社会科学院出版社，1985年，第270页。

从以上几个方面来看，在藏族部落牲畜租佃关系中，佃户完全处于不利的地位。如果遇上风调雨顺，佃户还可以获得一些曲拉、少量的酥油、喝一些鲜奶。如果遇到灾年，水草不好，影响牛的产奶量或牲畜非正常死亡，佃户还要通过其他途径来完成牧租或者逼迫家破人亡。如青海年乃亥部落"牧民英允租牧主普化牛四头，每头牛租额50斤，共为200斤，因未产够200斤酥油，还赔本40斤，要靠搞副业去归还。"[1] 1941年，阿曲乎部落牧民羊桑租千户文本"羊240只（曲折一岁80只、二岁80只、三岁80只），三年本利交600只。后因繁殖少，只交500多只，被迫黑夜逃跑，文本即将其帐房、财产全部没收。"[2] 阿坝多玛部落牧民阿可，"一家人只有一头杂牛，租进犏母牛20多头，交了租后一年还差两三个月的口粮，靠秋天到附近农区去拣青稞穗子和帮工来补助。"[3] 索格部落"牧民索洲家有5口人，劳动力4人，自有杂牛1头，马1.5匹，租入奶牛22头，其全部收入除了交租和宗教开支外，连最低的生活水平都不能维持，每年尚缺青稞760斤，必须在夏季帮人剪羊毛，秋季帮人赶毡子，冬季帮人割草，来弥补不足的部分。"[4] 佃户如果不能当年交清牧租，剩余部分折算利息来年付清，或转化成为高利贷。如20世纪50年代调查，工贡麻千户部落"出租犏牛的租额仍同解放前一样。如贫牧柔结力去年（指1953年——引者注）租入安木拉两头犏牛，租额酥油100斤，交了80斤，欠20斤，利息8斤，今年7月还本20斤。今年的租额酥油仍是100斤，交了55斤，下欠45斤。因而安木拉以本利53斤酥油，牵去柔结力牦雌牛一头，并找回33元。"[5] 多玛部落规定不论任何原因减产，佃户都要按原数交纳牧租，如果没有能力完成，就把所欠牧租转化为高利贷，佃户"才玛德欠债1000多斤酥油，就是由畜租

---

[1] 青海省编写组：《青海省藏族蒙古族社会历史调查》，西宁：青海人民出版社，1985年，第47页。

[2] 青海省编写组：《青海省藏族蒙古族社会历史调查》，西宁：青海人民出版社，1985年，第12页。

[3] 四川省编写组：《四川省阿坝州藏族社会历史调查》，成都：四川省社会科学院出版社，1985年，第88页。

[4] 四川省编写组：《四川省阿坝州藏族社会历史调查》，成都：四川省社会科学院出版社，1985年，第103页。

[5] 青海省编写组：《青海省藏族蒙古族社会历史调查》，西宁：青海人民出版社，1985年，第44页。

转化成的高利贷。"① 阿坝县的租佃关系中，"佃户如果连续两年交不清畜租，主人就要夺佃，所欠的畜租则用佃户的财产抵偿，如果全部家产还不能抵偿，则将其余的部分转为高利贷。"② 可见，藏族游牧部落的牲畜租佃关系对佃户的剥削是很沉重的，有些佃户因此而倾家荡产，有的甚至沦落为"娃子"（奴隶）。如色须部落"牧民珍格洛因未付清寺庙租金，家里仅有的几头牲口和帐篷家具，都被寺庙夺去，本人亦被迫去给牧主当娃子。"③ 这种现象在藏族游牧部落并非少见。

通过对青海、四川、甘肃藏族部落草山权属、牲畜占有和牲畜租佃关系的论述，可以看出大多数藏族部落实行的是草山所有权与使用权分离的制度，有的部落草场属于公有，牧民对草场只有使用权而没有所有权，甚至部落头人对草场只有支配权和使用权，也没有所有权；有的部落草场属于土司的领地，草场所有权属于土司，属民只有向土司承担一定的义务才能获得草山的使用权；只有少数部落草山的所有权与使用权是一致的。而且在一些部落内部出现了草山权属的流转，使原来属于部落公有的草山变为私有草山。民主改革前藏族部落牲畜分配也不平衡，占部落户口不足10%的牧主（部落头人、寺院）阶层占有部落牲畜总量的20%—50%，有的部落高达60%以上；占部落户口60%以上的贫苦牧民只占有部落牲畜20%左右，甚至许多贫苦牧民不占有牲畜。在藏族部落的牲畜租佃关系中，部落属民处于非常不利的地位。这种农奴制的租佃关系，是导致藏族部落牧民贫困的原因之一。

从草场权属、牲畜占有量和牲畜租佃关系来看，至少反映出两个问题，一是民主改革前的藏族部落是农奴制的社会性质。二是部落土司、头人、贵族和宗教上层通过对草山的占有权和支配权，对部落属民进行经济的和超经济的剥削，是造成藏区农牧民贫困的主要原因之一，这一问题一直到20世纪50年代后期新中国对藏区进行了民主改革后才得以解决。因此，笔者认为新

---

① 四川省编写组：《四川省阿坝州藏族社会历史调查》，成都：四川省社会科学院出版社，1985年，第88页。
② 四川省编写组：《四川省阿坝州藏族社会历史调查》，成都：四川省社会科学院出版社，1985年，第114页。
③ 四川省编辑组：《四川省甘孜州藏族社会历史调查》，成都：四川省社会科学院出版社，1985年，第270—271页。

中国对藏族地区的民主改革是完全必要的。只有废除农奴制度，解决草山权属和牲畜分配问题，废除农奴制度下的租佃关系，使农牧民有了属于自己的草山和牲畜，才是藏族地区广大农牧民获得了真正的解放，才能解放生产力和促进藏族部落社会、经济的发展。

原载（《中国农史》2008 年第 2 期）

# 森林、民生与环境：以民国时期甘肃为例

森林是人类生存不可或缺的组成部分，人类的社会经济活动与森林休戚相关。根据已有的研究来看，历史上甘肃曾是一个森林覆盖率较高的地区。从新石器遗址考古到文献记载，甘肃森林分布广泛，遍布于渭河上游南北诸山和山下的各丘陵，且远及洮河中游和祖厉河的上游。① 公元前2000年前，黄土高原有很多地区，都覆盖着丰茂的森林。② 但随着人类活动的加剧，森林与环境发生了比较大的变化。如发源于甘肃的渭河与泾河，在历史上一段时间是"泾清渭浊"，一段时间是"泾浊渭清"③，这是不同时期人类活动对环境产生影响的最好例证，反映了森林对环境的影响尤为重要。

森林史研究应该是环境史与社会经济史共同关注的问题。但在以往关于森林史的研究中，社会经济史研究者对森林史关注不够，甚至鲜有涉猎。④

---

① 史念海：《黄土高原历史地理研究》，郑州：黄河水利出版社，2001年，第439页。鲜肖威也认为黄土高原古代有大片森林存在。（鲜肖威：《关于历史上黄土高原的环境与森林变迁》，《兰州大学学报》1983年第4期，第17—20页；鲜肖威：《历史时期甘肃黄土高原的环境变迁》，《甘肃社会科学》1982年第2期，第81—84、64页）也有学者认为木材在当时很可能是一种十分缺乏的资源。（孟泽思：《清代森林与土地管理》，赵珍译，中国人民大学出版社，2009年，第17页）

② 邓叔群、周重光：《甘肃林业的基础》，《学艺》1948年第8期，第5页。

③ 史念海：《黄土高原历史地理研究》，第315—328页；又见史念海：《论泾渭清浊的变迁》，《陕西师范大学学报》（哲学社会科学版）1977年第1期，第115—122页。

④ 包茂红在《环境史学的起源和发展》（北京大学出版社，2012年）一书中梳理了中国环境史研究的现状，有一些研究中国社会经济史的学者介入了环境史的研究，但这些学者基本上没有涉猎森林史的研究（包茂红：《环境史学的起源和发展》，北京：北京大学出版社，2012年，第175—176页）。

随着史学研究的深化，多学科交叉研究越来越受到重视，如果能够从社会经济史的视角对森林史进行研究，应该是有意义的。关于近代以降的甘肃森林已有不少成果，涉及的内容包括森林思想、战争对森林的破坏以及森林减少对环境的影响等问题。[1] 笔者在前人研究成果的基础上，以社会经济史为切入点，对民国时期甘肃的森林的分布、面积和材积数量、森林与社会经济、森林与环境等问题进行探讨，进而反映人类社会经济活动与森林、环境之间的互动关系。

## 一、甘肃的森林分布

甘肃位于西北内陆，其地理坐标在东经 92°13′—108°46′与北纬 32°31′—42°57′，经纬度跨度较大，气候与环境差异也较大。民国时期的学者根据自然环境，将甘肃分为四大区，即河东、河西、陇南、洮西。河东地区为黄土高原，海拔在 2000—2500 米，气候干燥，全年降雨量在 400—500 毫米（如 1932—1941 年兰州降雨量平均为 302.5 毫米；1937—1940 年静宁平均为 493 毫米），逐年变化比较大，而且雨水易漏失，地下水位又低，除了六盘山、马衔山等因地形雨比较湿润外，大部分地方比较干燥。河西走廊位于合黎山与祁连山之间，为甘肃最干旱的地区，全年降雨量在 100 毫米以下（如张掖 1937—1941 年降雨量平均 92.1 毫米，同期敦煌只有 37.5 毫米）。陇南为崎岖山地，地势较低，气候暖湿，年均降雨量在 500 毫米以上（如天水 1936—1940 年降雨量平均为 532.9 毫米）。洮西地势高寒，海拔平均在 3000 米以上，气候冷湿（如岷县 1937—1941 年降雨量平均为 606.2 毫米）。[2] 甘肃适

---

[1] 关于民国时期的甘肃林业，有学者曾经做过一些有益的探讨，如冯尕才、严耕：《民国时期甘肃森林生态思想及其历史影响》，《北京林业大学学报》2011 年第 4 期，第 1—6 页；冯尕才：《民国时期战争对甘肃森林资源消耗的影响》，《社科纵横》2007 年第 12 期，第 139—143 页；冯尕才：《民国时期河西地区对祁连山森林资源流失的影响》，《柴达木开发研究》2008 年第 1 期，第 32—34 页；鲜肖威：《历史时期甘肃中部森林——论甘肃中部环境变迁、水土流失的由来》，《甘肃林业科技》1981 年第 2 期，第 1—4 页；罗舒群：《民国时期甘肃农林水牧实业开发状况研究》，《甘肃社会科学》，第 96—104 页；崔永红、张寅生：《明代以来黄河上游地区生态环境与社会变迁史研究》，西宁：青海人民出版社，2008 年，第 68—85 页。

[2] 周映昌、邓叔群：《甘肃森林现况之观察及今后林业推进之方针》，《农林新报》1944 年第 25—30 期合刊，第 21—22 页。

宜森林生长的气候环境并不优越。

从现有的文献来看，民国时期甘肃成规模的森林分布在 8 个地区，即嘉陵江流域、渭河流域、洮河流域、白龙江流域、大夏河流域、甘肃中部、陇东和祁连山地区（如图 1）。

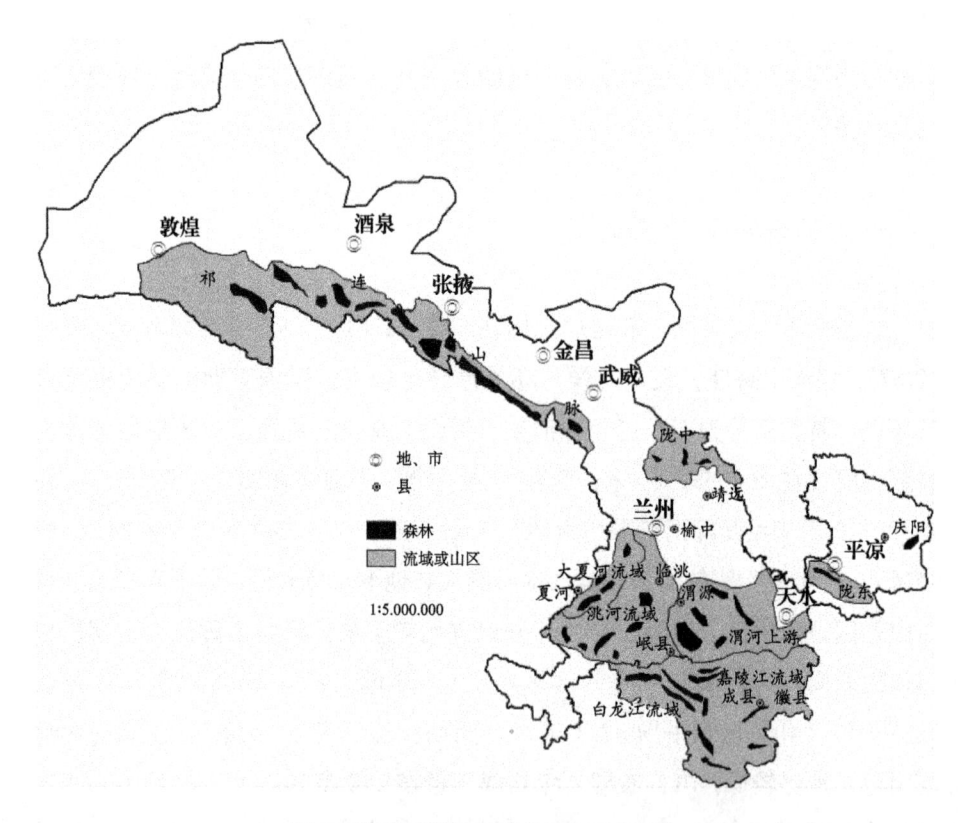

图 1　民国时期甘肃森林分布示意图①

各森林的环境、面积等具体情形如下。

## （一）嘉陵江流域森林

包括天水、两当、徽县、成县、礼县、武都、文县、舟曲等地区，由 6 个林区组成。(1) 辛家山林区。辛家山为秦岭伸入甘肃后的支脉，位于陕西凤县以西和甘肃两当县交界处，以辛家山为中心，东至九龙山、庙儿梁，西

---

① 该示意图为陕西师范大学西北历史环境与经济发展研究院潘威博士绘制，笔者在此向他表示感谢。

至西华岭，北至秦岭主脉，南至唐藏，南北平均长 30 千米，东西宽约 20 千米，森林面积约 600 平方千米，林木极深处约 600 平方千米。①（2）黑山林区。位于两当县南部，包括徽县东南的严家坪、头滩至三滩，林区北起云屏寺，西南至陕西凤、勉两县，面积约 1250 平方千米②。（3）西安山林区。在徽县东南部，北起小地坝，南至云雾山，西至成县，约 750 平方千米。（4）寨子山林区。位于成县南部，是甘肃最南端的林区，面积 1075 余平方千米。（5）月照山林区。位于康县西南部和文县交界处的月照山、松树坝、背主山等地，面积不下 43.75 平方千米。（6）白龙江林区。白龙江为嘉陵江的支流，经舟曲、武都、文县，在流域两岸森林茂密，约 2165 余平方千米。（7）铁岭关林区。位于西和、礼县及成县边界，为岷山支脉，森林面积约 400 平方千米。③

（二）渭河上游森林

渭河是黄河最大的支流，发源于甘肃渭源县，上游流经武山、甘谷、秦安、清水等入陕。在渭河蜿蜒的峡谷与山谷里，分布着茂密的森林，由 6 个林区组成。（1）渭源林区。位于渭源县城南乡的五作寺一带，面积 50 平方千米，以马尾松为主。④（2）小陇山林区。秦岭由陕入甘，在天水南部与徽县、两当县北部统称为小陇山，东西长 50 余千米，南北宽 40 余千米，面积 2000 余平方千米。⑤（3）首阳山林区。包括陇西县西南马鹿山、首阳山一带，面积 37.5 平方千米。（4）甘谷林区。位于甘谷南部与礼县交界处，面积约 50 平方千米。（5）麒麟山林区。包括武山县的麒麟山、漳县南部的黑虎林，面积约 125 平方千米。（6）清水林区。包括县西南龙公山、石洞山等地 20 余平方千米。⑥

---

① 牟希显：《甘肃的森林》，《甘肃贸易季刊》1943 年第 5—6 期合刊，第 137 页；甘肃省政府：《甘肃统计年鉴》，兰州：甘肃省政府，1946 年，第 117 页。
② 原资料为 5000 平方千米，估计有误，根据其他资料，本节认为此处没有如此大面积的森林。
③ 朱允明：《甘肃省乡土志稿》第 6 章《甘肃之森林》，兰州：甘肃省图书馆西北文献阅览室藏手抄本。
④ 统计组：《甘肃各县局物产初步调查》，《甘肃贸易季刊》1943 年第 5—6 期合刊，第 32 页。
⑤ 张兴创：《天水小陇山之森林与社会》，《中农月刊》1944 年第 12 期，第 55—56 页；据朱允明《甘肃省乡土志稿》第 6 章《甘肃之森林》记载，该林区森林面积为 94 万平方千米。
⑥ 牟希显：《甘肃的森林》，《甘肃贸易季刊》1943 年第 5—6 期合刊，第 139 页。

## （三）洮河流域森林

洮河发源于青藏高原西倾山，流经甘肃临潭、岷县、临洮注入黄河，其北为西倾山脉，其南为岷山山脉，地势崇峻，生长季短而雨量丰沛，年降雨量在550—635毫米。① 森林主要分布在阴湿的北坡，坡度在20—40度，其阳坡大部为草原，或偶有油松柏类，杉林较少，大致呈"半有半无之状态"。② 洮河流域林区面积约2540平方千米③，据抗战时期调查森林实际覆盖率为25%，即925余平方千米④，是甘肃最主要的森林，也是"西北唯一扩张甚大，及可供利用之林区"。⑤

洮河流域森林可分为5个林区。（1）叠岷林区。叠岷林区包括两大山脉，横亘在洮河与白龙江之间的是叠山，盘桓于甘青川散生边界的是岷山。森林自洮河南岸起，林区纵距70千米，横距东起拉郎沟，西至桑岔、荀日得寺一带，约100千米⑥，其中以大峪沟、卜峪沟、木耳沟、拉力沟、卡车沟、车巴沟及粒珠沟等"尚保持原始状态"，森林总面积500余平方千米，折合75万市亩。⑦（2）莲花山林区。位于洮河中游，在临潭县东北，毗邻临洮、康乐，莲花山主峰为东缘，东西宽15千米许，自山巅至山麓10余千米，森林面积约175余平方千米（杂木林、灌木丛包括在内）。（3）洋沙河林区。位于莲花山以南，临潭以北，洋沙河自恰盖寺以下，至河口70余里两岸之间的阴坡，断断续续，皆有森林，林区面积约25平方千米，以白桦、山杨为主。（4）冶木河林区。冶木河自黄家山经冶力关一带大山、大坡山、朵巴梁以东有混交杂木林和少数冷杉、云杉纯木林，黄家山以西藏区上下加利一带，"云杉、冷杉

---

① 邓叔群、周重光：《甘肃林业的基础》，《学艺》1948年第8期，第6页。
② 周映昌、邓叔群：《甘肃森林现况之观察及今后林业推进之方针》，《农林新报》1944年第25—30期合刊，第23页。
③ 程景皓：《洮河流域国有林区实施管理第三年》，《西北森林》1944年第2—4期合刊，第276页。
④ 周映昌：《洮河森林现况之观测》，《农业推广通讯》1945年第7期，第26页。
⑤ 芬次尔：《甘宁青三省林政之概况及其改进刍议》，齐敬鑫译，《西北农林》1936年创刊号，第3页。
⑥ 周映昌、邓叔群：《甘肃森林现况之观察及今后林业推进之方针》，《农林新报》1944年第25—30期合刊，第25页。
⑦ 柯炳凡：《陕甘青林区及木材产销概况》，《中农月刊》1944年第8期，第58页。

纯林甚大，连绵四五十里"①，面积 175 平方千米以上。② 甘肃中部木材的需求"皆取给于此区"。③ （5）黑虎河林区。位于岷县、武山与漳县交界的山区，尚有少量残余森林，面积约 18 平方哩④，约合 46.6 平方千米，⑤ "林相为破坏后之再生林，郁闭十之七八破裂"，其中山杨最多，占 85%；沟底生长着华山松、云杉等树木。⑥

（四）白龙江流域森林

位于叠山山脊以南与甘肃、四川交界以北的白龙江流域森林，分为 3 个主要林区。（1）白龙江上游林区。该林区北岸森林东起岷县境内的拉子里河西岸的山脊，西达接近白龙江水源的郎木寺，直线距离 250 市里；江南森林东起罗达里西至达拉沟一带，直线距离 180 市里；森林北起叠山山脊，南至与白水江分水岭，直线距离 100 市里，林区面积 1 万平方千米，森林实占面积 2000 平方千米。⑦（2）白龙江中游林区。该林区分布在拉子里河以东和武都以西各支流的偏僻地区，南迄岔冈岭，北达白龙江与洮河的分水岭，主要森林分布在黑峪沟的毕嘛大林，南河上沟的黄家路沟、池沟、诸冈沟、西番沟，以及拱巴河流域，共计 250 平方哩，约合 647.5 平方千米。该林区"以拱巴河的森林最佳"。（3）白水江林区。白水江发源于甘川交界岷山南端的弓杆岭，在文县白龙江碧口水库。岔冈岭以南甘肃境内全属于白水江森林区，"现有森林，大都残破不堪，重要地区有博峪河，上游各溪沟，白马峪上游的寒林沟、黄土梁及麻子岭与摩天岭等地区"，森林面积约 150 平方哩，约合 388.5 平方千米。⑧ 白龙江流域森林面积共计约 3000 平方千米。

---

① 周映昌、邓叔群：《甘肃森林现况之观察及今后林业推进之方针》，《农林新报》1944 年第 25—30 期合刊，第 23—24 页。
② 周重光：《洮河中游森林》，洮河林区国有林管理处编：《洮河林区丛著》，岷县：洮河林区国有林管理处，1942 年，第 20 页。
③ 白荫元：《甘青森林植物调查采集纪要》，《中国植物学杂志》1936 年第 2 期，第 1039 页。
④ 1 平方哩约等于 2.589 平方千米。
⑤ 邓叔群、周重光：《甘肃林业的基础》，《学艺》1948 年第 8 期，第 36—37 页。
⑥ 周映昌：《黑封河森林初查摘要》，洮河林区国有林管理处编：《洮河林区丛著》，岷县：洮河林区国有林管理处，1942 年，第 19 页；柯炳凡：《陕甘青林区及木材产销概况》，《中农月刊》1944 年第 8 期，第 58 页。
⑦ 程景浩、周重光：《白龙江上游之森林》，洮河林区国有林管理处编：《洮河林区丛著》，岷县：洮河林区国有林管理处，1942 年，第 4 页。
⑧ 邓叔群、周重光：《甘肃林业的基础》，《学艺》1948 年第 8 期，第 36—37 页。

## （五）大夏河流域森林

大夏河发源于西倾山，流经夏河、临夏，在永靖县入黄河。大夏河流域森林主要在上游峡谷地区，大部分在大夏河南岸的阴坡上，森林分布西起拉卜楞，东至土门关，约 75 千米；又沿其支流噶河（即隆漟沟）自沙沟寺南至卡伽约 30 千米，森林面积约 37.5 平方千米。① 大夏河西岸自土门关至清水桥沟，咱咱滩、观音沟、大漫一带，山沟均为森林，长约 60 千米，宽约 30 余千米；在嘉木关、阿拉至拉力关也有原始森林区，长约 40 千米，长约 25 千米，林木不下 2 万余株。② 该流域还有一些块状小片森林，如临夏县东乡的马家桥有森林 1 处，多系杨柳，面积约 0.25 平方千米；南乡的麻崖寺沟、黄松沟各有森林 1 处，树木有桦、柳、杨、松、柏等，面积各约 1.25—1.5 平方千米。③

## （六）祁连山森林

祁连山属于昆仑山北干脉，位于河西走廊的南缘，由新疆阿尔金山入敦煌，沿甘青界限向东，经酒泉、张掖、武威至黄河西岸，其北坡大都属于甘肃。祁连山降雨量随着海拔高度升高而增加。④ 森林主要分布在海拔 2200 米以上的高山阴湿地带，呈带状分布，海拔 2200—2600 米为阔叶林带，包括杨树林和其他杂木林，如松、柏、桦等，"密布者数百平方里"。海拔 2600—2900 米为针叶林。⑤

祁连山森林可分为 5 个林区。（1）白亭河林区。分布在古渡河、黄羊镇、杂木河、金渠河诸支流上游的祁连山内，除了古浪河支流黄羊沟及柳庄沟"有小面积单纯粗皮云杉林"，面积 15 平方哩，约合 38.85 平方千米。（2）永昌河林区。该河支流东大河上游黄羊滩与西大河上游大河坝附近"都有小面积粗皮云杉纯林"，面积约 10 平方哩，约合 25.9 平方千米。（3）黑河流域林区。黑河主干森林分布最高范围西达张掖河的支流葫芦河，东达伏牛河支流黑

---

① 张其昀：《夏河县志》卷 4《农业·林业》，台北：成文出版社，1970 年影印本。
② 牟希显：《甘肃的森林》，《甘肃贸易季刊》1943 年第 5—6 期合刊，第 140 页。
③ 《甘肃森林之调查》，《中行月刊》1932 年第 6 期，第 115 页。
④ 邓叔群、周重光：《甘肃林业的基础》，《学艺》1948 年第 8 期，第 5 页。
⑤ 牟希显：《甘肃的森林》，《甘肃贸易季刊》1943 年第 5—6 期合刊，第 141 页。

酸刺河，整个流域的森林面积约 225 平方哩，约合 582.75 平方千米。（4）北大河上游林区。重要林区在北大河支流丰乐川的上游地区，森林面积约 10 平方哩，约合 25.9 平方千米。（5）天堂寺林区。祁连山南坡大通河北岸甘肃境内天堂寺附近山谷间，有残林数处，共计 5 平方哩，约合 12.95 平方千米。[1] 祁连山上述 5 个林区森林面积共计 686.35 平方千米。

（七）陇中森林

甘肃中部地区森林主要分布在马衔山和靖远、景泰一带。马衔山绵延于皋兰、榆中、临洮、洮沙 4 个县 50 余千米，大部分森林分布于榆中县南 7.5 千米的兴隆山与栖云山之间，山高达 3000 米，雨量较周边地区丰富。[2] 独特的气候环境养育了这片森林，故沿宛谷川两岸的山坡上均是郁郁葱葱的云杉及桦木混合林，面积约 25 平方千米。[3] 又据 20 世纪 30 年代初期记载，榆中县东北乡拽木岔至分壑岔一带，共有森林 5 处；东南乡栖云山至沟峡一带，有森林 7 处。[4]

靖远县天然林区主要分布在石门山、泰和山、雪山、陈沟山、屈吴山、尖山等山中。其中石门、泰和、雪山 3 山 "产有油松，几成纯林"，森林面积共计约 75 平方千米。陈沟山 "山巅生松身矮如柴枝干，横生密布，相传是山自来生柴松，以其高在山巅，故樵迹罕至"。屈吴山在县城东 70 里，为黄河南岸各地山脉的主峰，山内生长林木多属白杨与榆子、灌木等，森林面积约 25 平方千米。[5]

红水县（今景泰县）西南乡宽沟山至大旷庄，有森林 4 处，多系松树，面积 1300 亩；东南乡的双墩山、寿鹿山至黑水山一带有森林 3 处，面积 1100 亩；西乡红水堡有森林 1 处。[6]

---

[1] 邓叔群、周重光：《甘肃林业的基础》，《学艺》1948 年第 8 期，第 32—33 页。
[2] 周映昌、邓叔群：《甘肃森林现况之观察及今后林业推进之方针》，《农林新报》1944 年第 25—30 期合刊，第 25 页。
[3] 牟希显：《甘肃的森林》，《甘肃贸易季刊》1943 年第 5—6 期合刊，第 140 页。
[4] 《甘肃森林种类及面积》，《工商半月刊》1931 年第 10 期，第 11 页。
[5] 范振绪：《靖远县新志》第 3 篇《物产考》；李金财、白天星、张美泉总校注：《靖远旧志集校》，兰州：甘肃文化出版社，2004 年。
[6] 《甘肃森林之调查》，《中行月刊》1932 年第 6 期，第 115 页；《甘肃森林种类及面积》，《工商半月刊》1931 年第 10 期，第 11—12 页。

## （八）陇东森林

陇东森林分为两个林区，一个是在六盘山脉，一个是在桥山山脉。六盘山森林在甘肃境内的林区主要是平凉的崆峒山林区，距离城区15余千米，山势平缓，土多硗瘠，有天然油松林2.5平方千米。崆峒山属寺院管辖，森林得以保护下来。[1] 桥山林区位于陕甘交界地区，1940年，陕甘宁边区组织对辖区森林进行了调查，将桥山森林划分为7个林区，其中华池林区、曲西林区属于甘肃省陇东地区。华池林区在洛河与华池水围绕的中间，以平定川为中心，面积约为1000平方千米。曲西林区环县曲子以西地区，面积约500平方千米。[2]

又据20世纪30年代初期调查，陇东各县散布着少量的森林。如镇原县南乡的肖家坝、屯子镇、瓦窑镇，西南乡的平泉镇、新城镇，西北乡的马渠镇、孟坝镇，东北乡的太平镇一带有森林分布，面积共计49.5余平方千米。宁县、正宁位于桥山山脉南部西麓，有森林面积30余平方千米。合水县的马厂、木瓜岭、大山门3处森林，面积各约7.5平方千米。[3] 20世纪30年代成书的《甘肃通志稿》也对各县森林及面积由所记载，大部分县都有面积几平方里或数十平方里不等的成片森林[4]，也有一些地方分布着散生的树木[5]。

通过对森林及其分布来看，民国时期甘肃森林主要分布的主要特点是：一是受气候、降水、湿度等影响，甘肃森林主要分布在山脉的北坡和阴湿的山坡地带。以洮河上游为例，森林主要分布在叠山北坡，而南坡则"童山濯濯"；[6]

---

[1] 周映昌、邓叔群：《甘肃森林现况之观察及今后林业推进之方针》，《农林新报》1944年第25—30期合刊，第25页。

[2] 陕甘宁边区财政经济史编写组、陕西省档案馆：《抗日战争时期陕甘宁边区财政经济史料摘编》第二编《农业》，西安：陕西人民出版社，1981年，第116—117页。

[3] 朱允明：《甘肃省乡土志稿》第6章《甘肃之森林》，兰州：甘肃省图书馆西北文献阅览室藏手抄本。

[4] 民国《甘肃通志稿》第28卷《民族八·实业》，中国西北文献丛书编委会编：《中国西北文献丛书》第一辑《西北稀见方志文献》第27—29卷，兰州：兰州古籍书店，1990年影印本。

[5] 周重光：《兰州近郊散生树木初步调查》，《新西北》1942年第1—3期，第71—78页；董汉河、吴晓军：《西北生态启示录》，兰州：甘肃人民出版社，2001年，第68页；《甘肃森林种类及面积》，《工商半月刊》1931年第10期，第11—13页。

[6] 任美锷：《川北甘南之地理景象》，《史地杂志》1942年第1期，第10页。

陇东黄土高原一些片状的森林也分布在山坡较阴湿的处。① 究其原因：阴坡较为湿润，树木被砍伐后，新苗易于重生；阴坡阳光不足，不适合农作物生长，树木砍伐后未被垦为农田，使森林有重生的机会。二是由于人类活动的与环境的影响，凡是人类活动十分频繁的地区，森林被砍伐殆尽，导致甘肃森林分布呈残存状态，只有地势高寒人类活动少和受宗教影响的地区森林得到了较好的保护。②

民国时期，甘肃森林面积只有一些估计数据，没有科学的调查数据，而且各种数据之间差异很大。据北洋政府时期第四次农商统计，1915年甘肃国有林场4处，森林面积4410亩；公有林场61处，面积185755亩；私有林场117处，面积28805亩，共计森林面积约21.9万亩。③ 根据当时其他估计数据和后人的研究，该统计数据显然过小，可能不包含藏族集居地区的森林。抗战时间，随着对西北林业的重视，一些政府机关和林业专家对甘肃森林面积做了考察和估计，甘肃农业改进所估计全省有林地（树木郁闭度大于等于20%的天然林、人工林地）约2万平方千米④；一种是邓叔群估计甘肃森林面积为6021.75平方千米（见表2）。两者差距比较大，可能是估计方法和对象的不同造成的。一些研究土地利用的学者也对甘肃的林地面积做了估计，有学者将甘肃可利用土地分为四种类型，即耕地、林地、牧地和可耕地，其中，林地3427.8万市亩，占全省可利用土地面积的6%。⑤ 另外一项调查表明，甘肃有生产土地8700万市亩（这里的生产面积并未包括卓尼、夏河的藏族游牧区和河西肃北的游牧区），林地约1200万亩，占14%。就分区而言，

---

① 白荫元：《甘青森林植物调查采集纪要》，《中国植物学杂志》1936年第2期，第1029页。
② 民国时期学者在总结甘肃、青海、四川等地森林得以保存下来的原因是：（1）交通不便，木材运输困难。（2）地域高寒，人烟稀少。（3）林区大都属于藏区，小部属于羌族地区，焚林开荒尚未普遍。（4）藏族因佛教原因，视山林为有神，禁止砍伐摧残。（周映昌：《中国西部天然林初步研讨》，《农报》1940年第7—9期合刊，第95页）民元以前，洮河流域森林之所以保留比较完好，原因是卓尼土官杨积庆"保护森林，不遗余力，禁止木商至大峪沟以上砍伐"。（姚开元：《甘肃洮河流域木材产销之运伐》，《中农月刊》1947年第4期，第63页）"民国以来，藏区与汉区商业的交往，日渐繁多，木材渐成为重要输出商品。因此滥伐之风与日俱增，运输便利的地区，森林早已荡然无存。故目前甘肃境内所有的森林，大都在边远险峻、交通困难的地区"。（邓叔群、周重光：《甘肃林业的基础》，《学艺》1948年第8期，第37页）
③ 农商部总务厅统计科编：《中华民国四年第四次农商统计表》，上海：中华书局，1918年，第228—229页。
④ 贺知新：《西北林业现况及其发展》，《经济汇报》1943年第4期，第91页。
⑤ 陈正祥：《甘肃之地理环境与农业区域》，《边政公论》1943年第6—8期合刊，第31页。

在有生产面积中,黄河流域(包括黄河的干流和支流)林地占 8%;嘉陵江流域林地占 54%,内陆河流域林地占 13%。① 1945 年,张心一对甘肃各河流域土地利用的状况做了调查和估计,如表 1。②

表 1　甘肃省各河流域农林地比较表(1945 年)　　(单位:1000 市亩)

| 区域 | 土地总面积 | 耕地 亩数 | 耕地 百分比 | 放牧地 亩数 | 放牧地 百分比 | 森林地 亩数 | 森林地 百分比 | 未调查及未利用地 亩数 | 未调查及未利用地 百分比 |
|---|---|---|---|---|---|---|---|---|---|
| 总计或平均 | 571 818 | 38 191 | 6.7% | 36 547 | 6.4% | 11 953 | 2.1% | 485 127 | 84.8% |
| 黄河流域区 | 222 382 | 29 690 | 13.4% | 26 432 | 11.9% | 4788 | 2.2% | 161 472 | 72.6% |
| 大夏河区 | 12 155 | 1039 | 8.5% | 5601 | 46.1% | 1237 | 10.2% | 4278 | 35.2% |
| 洮河区 | 42 960 | 3385 | 7.9% | 3180 | 7.4% | 691 | 1.6% | 35 704 | 83.1% |
| 黄河区 | 110 241 | 9435 | 8.6% | 15 857 | 14.4% | 328 | 0.3% | 84 621 | 76.8% |
| 泾河区 | 40 673 | 5968 | 14.7% | 1111 | 2.7% | 676 | 1.7% | 32 918 | 80.9% |
| 渭河区 | 16 248 | 9813 | 60.4% | 683 | 4.2% | 1856 | 11.5% | 3896 | 24.0% |
| 长江流域区 | 52 520 | 3455 | 6.6% | 870 | 1.7% | 5078 | 9.7% | 43 117 | 82.1% |
| 嘉陵江区 | 52 520 | 3455 | 6.6% | 870 | 1.7% | 5078 | 9.7% | 43 117 | 82.1% |
| 内陆流域区 | 296 911 | 5046 | 1.7% | 9245 | 3.1% | 2087 | 0.7% | 280 533 | 94.5% |
| 石羊河区 | 46 620 | 2152 | 4.6% | 3448 | 7.4% | 824 | 1.8% | 40 196 | 86.24% |
| 黑河区 | 57 501 | 1800 | 3.1% | 3629 | 6.3% | 198 | 0.3% | 51 874 | 90.2% |
| 讨赖河区 | 33 259 | 675 | 2.0% | 99 | 0.3% | 8 | 0.03% | 32 477 | 97.6% |
| 疏勒河区 | 15 911 | 275 | 1.7% | 2633 | 16.5% | 1057 | 6.6% | 11 946 | 75.1% |
| 党河区 | 36 670 | 144 | 0.4% | 36 | 0.1% | — | — | 36 490 | 99.5% |

注:原表中一些数据计算错误,笔者进行了修正

从表 1 张心一的调查来看,甘肃仅有森林 11 953 千亩,折合 7968.7 平方千米,占全部可利用土地的 2.1%。这个比例比 1934 年的 3427.8 万市亩减少了 2232.5 万市亩(见前文),覆盖率降低了近 4 个百分点。10 年之内甘肃森林覆盖率有如此大的下降,在不排除统计方面的失误外,也说明抗战时期在甘肃经济获得较快发展的同时③,也是森林遭到滥伐最严重的时期。

---

① 赵从显:《甘肃经济建设原则之商榷》,《新甘肃》1947 年第 1 期,第 22 页。
② 张心一:《甘肃农业概况估计》1945 年 9 月,兰州:甘肃省档案馆档案,案卷号:38/1/10。
③ 黄正林:《农贷与甘肃农村经济的复苏(1935—1945 年)》,《近代史研究》2012 年第 4 期,第 77—98 页。

## 二、森林与社会经济

### （一）森林资源

森林给经济、社会发展提供了丰富的资源。首先是木材资源。关于民国时期甘肃木材数量没有系统的调查资料，抗战时期不同机构和学者对一些林区有零星的估算。大夏河南岸及大煤山附近约有成材树木百余万株，多系耐寒的云杉、松、柏、桦木等树；清水河南森林直径 4—5 寸、高 3 丈的成材林，材积约 45.36 万立方米（树 315 万株），"木料之输出，亦颇可观"。① 据统计每年产各种木材约 3.5 万—5 万根，以大煤清水为集散地每年收入总数为 13.8 万余元。② 有学者估计，祁连山林区成材林木 3470 万株，材积约 37663.4 万立方市尺。白龙江流域森林成材林木 12 000 万株，总材积 8584 立方米。以每平方市里材积 1070 立方米计算，洮河上游森林材积 2146 万立方尺。③ 1941 年，甘肃省银行办事处调查，洮西地区临潭等县输出大小木料 25 万根，木枋 2500 付。④ 1943 年秋季调查，祁连山林区 15 块云杉、雪杉林纯林面积为 3050 市亩，成材树 40.5 万株。⑤ 根据袁义生对辛家山林区调查，实测云杉林 360 公顷，每公顷材积 106 立方米，材积 3.8 万立方米；松林单纯林 1800 公顷，每公顷材积 352.6 立方厘米，材积为 63.5 万立方米；冷杉林 720 公顷，每公顷材积 400 立方米，材积为 28.8 万立方米。按照林木科学采伐方法，10 年之内可采伐木材 57.5 万立方米，若以可用率 60% 计算，可获得有用木材 37.2 万立方米，剩余可作为杆材或薪炭材。⑥

1941—1946 年，国民政府中央研究院植物研究所邓叔群、周重光在甘肃做了 5 年的森林调查和研究，表 2 是其研究成果中胸径在 3 吋⑦以上林木以及材积统计。

---

① 润川：《甘肃洮西区垦殖调查述要》，《人与地》1942 年第 4—5 期合刊，第 37 页。
② 陈圣哲：《拉卜楞经济概况》，《甘肃贸易季刊》1943 年第 2—3 期合刊，第 66—67 页。
③ 柯炳凡：《陕甘青林区及木材产销概况》，《中农月刊》1944 年第 8 期，第 58—59 页。
④ 润川：《甘肃洮西区垦殖调查述要》，《人与地》1942 年第 4—5 期合刊，第 37 页。
⑤ 乔荣生：《中国西部五个天然林区最近调查简报》，《农业推广通讯》1944 年第 4 期，第 22 页。
⑥ 袁义生：《陕甘边境辛家山森林调查纪要》，《甘肃科学教育馆学报》1940 年第 2 期。
⑦ 一吋＝0.0254 米。

表2　甘肃各林区林木与材积数量统计表[1]

| 林区 | 面积（平方哩） | 折合平方千米 | 3吋以上林木数 | 材积（立方呎） |
| --- | --- | --- | --- | --- |
| 白亭河 | 15 | 38.85 | 4 810 800 | 10 286 460 |
| 永昌河 | 10 | 25.9 | 640 000 | 1 843 230 |
| 黑河 | 225 | 582.75 | 54 144 000 | 303 222 720 |
| 北大河 | 10 | 25.9 | 200 000 | 443 230 |
| 天堂寺 | 5 | 12.95 | 300 000 | 971 610 |
| 小陇山 | 320 | 828.8 | 77 209 600 | 102 927 680 |
| 西安山、寨子山等 | 80 | 207.2 | 19 302 400 | 21 481 960 |
| 大夏河流域 | 100 | 259 | 15 411 200 | 92 409 600 |
| 洮河流域 | 440 | 1 139.6 | 84 761 600 | 406 602 240 |
| 黑封河 | 18 | 46.62 | 4 000 000 | 1 633 720 |
| 兴隆山 | 2 | 5.18 | 28 800 | 5 561 750 |
| 白龙江上游 | 700 | 1 813 | 187 264 000 | 2 804 524 800 |
| 白龙江中游 | 250 | 647.5 | 53 760 000 | 309 398 000 |
| 白水江流域亚区 | 150 | 388.5 | 40 992 000 | 77 349 500 |
| 合计 | 2 325 | 6 021.75 | 542 824 400 | 4 138 656 500 |

根据表2统计，1940年代甘肃森林面积为6021.75平方千米，胸径7.62厘米以上林木为54 282.4万株，材积413 865.7万立方呎[2]，约合11 588.24万立方米。

其次，森林副产，包括生漆、桐油、药材、干果、动物等。漆树分布以徽县、成县为中心，木耳寄生于松杉桦树之上，其中，以康县产白木耳闻名，天水、徽县、两当适宜油桐生长。[3] 药材分布广泛，大夏河林区及草原年产大黄2000余担、秦艽1000余担、甘草300余担、党参40余担、蕨麻40担、知母50余斤、香菌700斤，另有石花、木耳等。[4] 天水"县境东南一隅，崇石峻积，山林深邃，鸟兽之属，于兹繁息，而木材药石之需，产量最为繁滋"。[5] 渭源县年产当归千余担，"省内外药材商贩，每年秋麋集邑境，争先

---

[1] 邓叔群、周重光：《甘肃林业的基础》，《学艺》1948年第8期，第37页。
[2] 1立方呎约等于0.028立方米。
[3] 朱允明：《甘肃省乡土志》第6章《甘肃之森林》，兰州：甘肃省图书馆西北文献阅览室藏手抄本。
[4] 陈圣哲：《拉卜楞经济概况》，《甘肃贸易季刊》1943年第2—3期合刊，第66—67页。
[5] 民国《天水县志》卷1《物产》，兰州：国民印刷局，1939年铅印本

收贾，均运销于四川、陕西、京、津、广、沪各埠"。① 小陇山森林副产有橡壳、青枫皮、五倍子、漆、药材等。②

甘肃与青海相邻的森林与草原有大量的野生动物资源，如狐、狼、大野猫、臭鼬、鼹鼠、貂、野猫、麝、猞猁等。③ 祁连山森林与草原野生动物，民国时期各县地方志多有记载，有熊、麋鹿、土豹、野马、野骡、野牛、青羊、黄羊、野羊、狼、狐、猞猁、野猪、麝（俗名獐子）。④ 又据民国学者记载，"猞猁产于本省西北部安西、敦煌、酒泉、金塔一带，年产猞猁皮约数百万张；麝鹿产于临潭、岷县两县；鹿则产于祁连山、岷山、鸟鼠山，鹿茸年产约一千架左右；虎产于本省东南部两当、天水、武都等县，虎皮多运销于内地；熊西北部祁连山脉中多产之，熊皮、熊掌皆运销东部各省；狼各地皆有，以旧兰山、渭川两道之地为最多；狐则以岷县、临潭、文县、成县、天水、武威、古浪、张掖为主产地"。⑤ 野生动物为居住在森林周边的居民提供了狩猎的资源。

## （二）森林与经济建设

森林为国家社会经济建设与发展提供了大量木材，如铁道枕木、公路桥梁、电杆、矿山开采、交通器材、轻重工业、农业生产器具及房屋器具等无不与森林有关。不同的木材有不同的经济建设用途，如云杉主要用于建筑、电杆等；油松主要用于建筑、家具等；桦木主要用于木碗、哑铃、水桶等制作；杨木用于箱子、火柴杆、水桶等；柳木用于制作各种器具、薪炭和编制等；榆木用于车厢、扁担、车辆、把等；槐木主要做建筑、家具用木。⑥ 又据抗战时期对岷县木材用途调查，在房屋建筑用材（包括橡、梁柱、木瓦、

---

① 民国《渭源县风土调查录·实业》，中国西北文献丛书编委会编：《中国西北文献丛书》第四辑《西北民俗文献》卷6，兰州：兰州古籍书店，1990年影印本。
② 张兴创：《天水小陇山之森林与社会》，《中农月刊》1944年第12期，第77页。
③ （苏）克拉米息夫：《中国西北部之经济状况》，王正旺译，上海：商务印书馆，1933年，第33页。
④ 王存德等纂修：《创修临泽县志》卷1《舆地志·物产》，兰州：俊华印书馆，1943年铅印本。
⑤ 王公亮：《西北地理》，南京：正中书局，1936年，第137—138页。
⑥ 王兆凤：《兰州市木材商况初步调查》，《国立西北技艺专科学校校刊》1942年第7—8期合刊，第4页。

地板、天花板等）中约占木材消耗总量的50%；家用器具（包括桌子、椅、架床、柜等）约占20%；交通用材（包括民用车辆、电杆、枕木、桥梁、车厢等）约占15%；工矿用材（包括矿山建设、火柴、水利建设）约占2%；农业用材（如农具、木桶等）约占3%；棺板用材约占5%。[1] 房屋建筑是木材消费的主要方面，其次是家具制造和交通用材。

民国时期，甘肃木材大量用于现代工业与交通建设。如1918年，甘肃电政局在洮河拉力沟以2万元购买一座大山的森林，"专供电杆之用"，抗战时期架设天水一带的甘川线路，主要使用的是洮河林区的木材。[2] 河西走廊高台县西南约40千米的南山"有天然林数片，位于祁连山半山之阴……其树种多为云杉，并有白杨柳树，合于建筑之用。近年甘肃油矿局及河西工程处均当大量取材于此"。[3] 在陇海铁路自宝鸡向天水建设过程中，由于需求枕木迫急，1942年甘肃水利林牧公司于交通部成立西北枕木厂，承担在辛家山林区供给枕木50万根，不足之数，由甘肃水利林牧公司在洮河流域设法供给。[4] 抗战时期，甘肃玉门油矿建设和兰新公路建设所需用的木材主要来自祁连山森林。[5] 兰州、天水、岷县等火柴厂所用木材主要来自洮河流域森林，如岷县中和火柴厂每年采购木材2万根，价值3万元。[6]

按照人文地理学的观点，一个地区居民房屋的建筑包括建筑形式和建筑材料都与当地地理环境关系密切，在木材方便的林区，房屋都使用木料和木板，有的甚至以树皮做屋顶。[7] 早期生活在甘肃渭河流域的先民就用木材搭建"板屋"，如《汉书·地理志》记载："天水、陇西，山多材木，民以板为屋室"。[8] 这种传统一直延续到明清时期，如洮河流域的寺庙、衙门、富人消耗大量木材用于房屋建筑，据《岷州志》记载："岷州木易而陶难，故公署寺

---

[1] 邓叔群、周重光：《甘肃林业的基础》，《学艺》1948年第8期，第38页。
[2] 王树民：《游陇日记》，中国人民政治协商会议甘肃省委员会文史资料委员会编：《甘肃文史资料选辑》第28辑，兰州：甘肃人民出版社，1988年，第190页。
[3] 甘肃省第七区行政专员公署：《甘肃七区纪要》，天津：天津古籍出版社，1987年，第56页。
[4] 周映昌、邓叔群：《甘肃森林现况之观察及今后林业推进之方针》，《农林新报》1944年第25—30期合刊，第25—26页。
[5] 甘肃省第七区行政专员公署：《甘肃七区纪要》，天津：天津古籍出版社，1987年，第57页。
[6] 王志文：《甘肃省西南部边区考察记》，兰州：甘肃省银行总行，1942年，第74页。
[7] 鲜肖威：《历史时期甘肃中部森林——论甘肃中部环境变迁、水土流失的由来》，《甘肃林业科技》1981年第2期，第2页。
[8] 《汉书》卷二八《地理志下》，北京：中华书局，1962年。

观以及富人之室，栋梁极伟，斗拱巍然，屏窗栏槛之属，厥制甚备，下用丈余松板，满室平铺，不少惜焉！且有以合抱大木刳其中而为檐溜者"。居住在当地的藏民，"有力者居板屋"。① 大夏河流域的寺院、定居藏民的房屋均用当地木材所建。② 据解放初期"兰州西关解放门内大清真寺老人讲，父老相传，修建该寺木料大多采自皋兰山"。③ 森林为居民房屋和公共建筑提供了大量的木材。

农业生产、运输工具制作需要大量木材，如大车作用的车轴、车轮辐条、铁锨与镢头把等均用产于当地森林。洮河流域黄家路山每年用于车轴5000株，辐条8万株，辋子2万株。④ 还有一些橡子、架杆、围栅小杆等也用于农业、手工业生产。

民国时期因木材需求量扩大，木材市场也在扩大。民国时期甘肃木材中心市场有4处，即兰州和岷县、天水、临洮。兰州是甘肃最大的木材交易市场，抗战时期有木商26家，半数经营本省木材，半数经营青海木材。⑤ 其木材主要来自于洮河流域森林区，其次有大夏河、临夏境内和青海大通河、湟水流域的木材。这些距离兰州数十乃至数百千米之外的木材运往兰州过程中，形成了水上运输木材的系统⑥，使木材源源不断地从产地市场运往兰州，如1942年统计，兰州木材市场来自来自外埠者110.4万立方尺，其中来自洮河流域82.4万立方尺，占74.6%；另外来自青海有7.3万根。又据当地木商估计，1943年兰州、天水、岷县3地木材市场消费量为267万立方尺。⑦ 为了规范行业，1939年成立了兰州市木材商业同业公会。岷县、临洮、天水是木材交易次中心市场。洮河上游木材主要产地岷县的宕昌镇是枋板市场、荔

---

① 《岷州志》卷11《风俗》，甘肃省岷县志编纂委员会：《岷州志校注》，内部资料，1988年，第185、193页。
② 张其昀：《夏河县志》卷4《农业·林业》，台北：成文出版社，1970年影印本。
③ 鲜肖威：《独自奋蹄——我的地理教学生涯与学术思想》，《四川师范大学学报》（自然科学版）1996年第1期，第8页
④ 周重光：《岷县南部森林之初步勘测》，洮河林区国有林管理处编：《洮河林区丛著》，岷县：洮河林区国有林管理处，1942年，第17页。
⑤ 朱允明：《甘肃省乡土志稿》第6章《甘肃之森林》，兰州：甘肃省图书馆西北文献阅览室藏手抄本。
⑥ 周重光：《洮河流域木材产销之初步调查》，《中农月刊》1944年第1期，；陆养浩：《中国西部天然林和木企业》，《中国建设》1946年第2期。
⑦ 柯炳凡：《陕甘青林区及木材产销概况》，《中农月刊》1944年第8期，第62—63页。

川镇也是木材市场,中国银行、交通银行、中央银行在岷县设有分行,主要对木材等交易放款。① 临洮县城西南为洮河流域另一重要木材集散地,"野林关森林,顺河北下,由此分散各方,其大部分,仍由(洮)河下驶入黄河,而销售于宁夏。故此地为林木商云集之地"。② 天水是小陇山的木材市场,据木材商估计1943年小陇山木材进入天水市场达27万立方尺。③

(三) 森林与农家副业

靠山吃山是传统经济中居民最简单最直接的资源利用方式,林区及周边的农牧民生活很大程度上依赖于当地的森林资源。岷叠地区各河支流的居民对森林的依赖性颇大,如鹿儿坝等地,每年农业收入"仅供食宿,其他消耗,多赖贩木以补给";荔川、白龙镇等地居民"全恃森林以为生";拉子里、巴路等地,每年农产收入只能满足5—9个月之需,其他不足除"略恃畜产外,全赖森林"。④ 因此,森林及周边居民以森林为副业,以补家用不足。如岷县农民副业中,间有伐木、采集、养蜂、狩猎等。⑤ 武山农家副业以山货为大宗,有木料、木锨、木叉、木炭、竹筛等,每年每家收入大洋45元,占家庭总收入的29.4%。⑥ 天水南境"茂林修竹,一望无涯,其材木、竹器、柴炭,足供本境及北方秦安、通渭诸县之用"。⑦ 说明在森林周边的居民所从事的副业大都与森林及其副产相关。

贩卖木材是洮河、白龙江流域居民的传统副业。据《岷州志》记载:"岷州货殖之利,惟林木为最广。如番人板藏、萝卜等族,厥木甚茂,而汉地亦多有之。远近商贾有入山购买者,自洮岷、临洮直达宝鸡、咸阳者。唯岷至新寺运以车,余则做筏由水,其利或数倍、或五六倍不等。次则以椽木、枋

---

① 叶岛:《怀甘南古城——岷县》,《东方杂志》1946年第14号,第51页。
② 白眉初:《秦陇羌蜀四省区域志》第4卷《甘肃省志》,南京:中央地学社,1926年,第41页。
③ 柯炳凡:《陕甘青林区及木材产销概况》,《中农月刊》1944年第8期,第62—63页。
④ 周重光:《岷县南部森林之初步勘测》,洮河林区国有林管理处编:《洮河林区丛著》,岷县:洮河林区国有林管理处,1942年,第12页。
⑤ 岷县分行:《岷县经济概况》,《甘行月刊》1941年第4—5期合刊,第29页。
⑥ 李显承:《甘肃武山等五县农村概况》,《农业周报》1935年第12期,第412页。
⑦ 白眉初:《秦陇羌蜀四省区域志》第4卷《甘肃省志》,南京:中央地学社,1926年,第51页。

板、榻板为利。岷人于种植之外,即赍粮入山,伐取磁松,或白松、或扁叶松,各量其才而为之。细者为橡,稍阔者为枋,皆长数尺;择材大而理顺者为榻板,截成条段,长三尺许,次熏以火,次斯以刀。用刀之法,随手斯之,疾如风雨,一木或成千余片,皆均薄如纸,无有异者。临、巩二郡时需此以盖屋,每千片可得五百文,较诸橡与枋为利加广。又其次则以烧炭为利,就山中做土窑,置零木于其内,用暖火熨成,桦木者为桦炭,松木者为松炭,贮以竹筐,运至临、巩等处,每百斤可得百文,或七八十文不等。下至贫民采薪,不费一文,自堪举火,木之为利如此"。① 从上述记载看,木材是岷县最普遍的副业,商人以贩运木材为利,当地居民以伐木、砍柴、制作建筑木料、烧炭等为副业。近代以降,随着木材市场的扩大,当地藏民把砍伐木材当做营生的手段,尤其是没有土地的农民"资林木以为生"。② 直至民国时期当地居民还是"以砍伐森林为谋生"手段③,贩卖木材"为该区居民重要副业之一,专营者不多。故伐木时期,多趁农暇,如三、四、五、六、七诸月皆是,八、九、十诸月,亦有伐木者,唯为数较少耳。"④ 据1948年统计,洮河流域林区及黄家路山林区经核准的伐木户1077户。⑤ 这些伐木户有的是自行伐木贩卖,有的是木材公司雇佣的伐木夫。洮河流域的伐木夫都是林区附近的农民,"于农闲时兼做伐木工作"。⑥ 不管伐木贩卖还是作为伐木夫,都是农闲时的副业。因此,伐木在林区居民生活和社会经济中占有重要地位,"林业为藏民之利薮,临潭、循化之番地,均以木材为出口大宗"。⑦ 据王志文调查,甘肃西南边区林木输出值,每年有500万元左右。⑧ 林木砍伐后,经过初步粗加工,形成枋板、板材(条板、寸板、普通棺板、特种棺板等),

---

① 康熙《岷州志》卷11《贸易》,甘肃省岷县志编纂委员会:《岷州志校注》,内部资料,1988年,第190页。
② 《续岷州志采访录·实业》,甘肃省岷县志编纂委员会:《岷州志校注》,内部资料,1988年,第436页。
③ 叶岛:《怀甘南古城——岷县》,《东方杂志》1946年第14号,第50页。
④ 周重光:《岷县南部森林之初步勘测》,洮河林区国有林管理处编:《洮河林区丛著》,岷县:洮河林区国有林管理处,1942年,第16页。
⑤ 《洮河流域国有林区管理处工作简报》,南京:中国第二历史档案馆藏,档案号:23/478,第12页。
⑥ 姚开元:《甘肃洮河流域木材产销之运伐》,《中农月刊》1947年第4期,第67页。
⑦ 张其昀:《洮西区域调查简报》,《地理学报》1935年第1期,第8页。
⑧ 王志文:《甘肃省西南部边区考察记》,兰州:甘肃省银行总行,1942年,第71页。

圆木（有椽子、架杆）、枕木等出售。如黄家路山年产枋板约1万付（每付10块），板材15万块，椽子约10万根，架杆约2万根，主要销售于岷县宕昌镇、白龙镇、荔川镇、甘谷、榆中、兰州等地。拉子里巴路年产枋板约600付，板材约3000块，椽子、檩子、架杆约5000根，多经岷县运销陇西、漳县等地。诸力集年产枋板约400付，板材2000块，檩子、架杆、椽子1500根，多运销岷县。三岔门年产枋板约400付，板材约1500块，椽子、檩子、架杆约5000根，大部分运销马营仓及岷县。[1]

以木材为原料的木器制造业是甘肃的传统手工业，尤其在抗战爆发后，日用品供应不足，以木材制造代用品如用硬木塞替代软木塞、以木盖替代铁盖、以木碗替代搪瓷碗等，使木材需求量和木器制作都有增加。全省木器制造业有1800家，从业者1.9万人。兰州为甘肃最主要的木材市场，木器制作居全省首位，据抗战时期统计有各种木器店60余家，从业人员约2000人。[2]除兰州外，临夏、天水、徽县、临洮等邻近林区的各县木器业比较发达，如临夏木器制造业有16家，木材多来自夏河，制成桌椅等。"以供本地使用"；又有小木器制造作坊30余家，用当地所产桦木、果木等，以手工制成木碗、木梳等，年产木碗约4万个，木梳3万个。[3]天水附近多有胡桃树，"用以做奇巧雕刻之材料"[4]，天水每年生产漆手杖4000根，漆盘1000个，桌椅百余件，其他约千余件，销售兰州、四川、陕西等处。临洮县城有木器店50余家，以生产桌椅、木箱、盘、盒等为主。工艺特产为髹油器，年产8500余件。[5]嘉陵江、渭河及洮河流域产竹，附近农民以编竹器为副业，产品有竹席、药筐、油篓、酒篓、竹篮、竹筐、竹笼、竹扫帚等。以成县、武山等地为最集中，"虽无正式厂坊专营，就此二地以此生者至少有一千人"，全省从事竹编者超过3000人。[6]武山南大山森林中产竹，附近农民在农暇时砍伐竹子编小竹

---

[1] 周重光：《岷县南部森林之初步勘测》，洮河林区国有林管理处编：《洮河林区丛著》，岷县：洮河林区国有林管理处，1942年，第17页。
[2] 陈鸿胪：《甘肃省之固有手工业及新兴工业》，中央训练委员会西北问题研究室编：《西北问题论丛》第3辑，1943年，第114—115页。
[3] 王树基：《甘肃之工业》，兰州：甘肃省银行总行，1944年，第26页。
[4] 《中国森林概述（续）》，《自然界》1947年第7号，第598页。
[5] 王肇仁：《甘肃的小工艺品》，《甘肃贸易季刊》1943年第5—6期合刊，第171页。
[6] 陈鸿胪：《甘肃省之固有手工业及新兴工业》，中央训练委员会西北问题研究室编：《西北问题论丛》第3辑，1943年，第115页。

器、竹席等，年产小竹器2万件。① 生产香的原料是白芷、川芎、独活、大黄、柏木面和榆木面等，这些都是洮河流域森林及周边所产，故临洮以产线香闻名西北地区。全县有香坊60余家，其中城内25家，西乡30家，南乡10家，各香坊资本总额不下300万元，年产各种线香22.5万匣，盘香3万余斤。②

甘肃冬季寒冷，取暖需要大量的薪炭，故伐木烧炭和砍树卖柴是居民在冬季农暇时期一项重要的劳动和收入，也是居民的传统副业。据民国初年统计，甘肃砍伐森林用于薪炭总值为8.5万元，砍伐的主要林木为松、柏、槐、榆、楸、柞、椿、栎、杨、柳、竹等。③ 伐木烧炭各县均有，"以陇南最发达"。④ 如西南游牧区藏民"靠近山林者，则采伐森林为薪"；⑤ 礼县农民除了农业生产，农暇时伐薪烧炭"以补不足"。⑥ 岷县居民"以烧炭为利，就山中做土窑，置零木于其内，用暖火熨成，桦木者为桦炭，松木者为松炭，贮以竹筐，运至临、巩等处，每百斤可得百文，或七八十文不等。下至贫民采薪，不费一文，自堪举火。木之为利如此"。⑦ 该县每年烧炭数十万斤，三岔门、拉子里、巴路、漕子里、上漳湾等地，"均为产炭著名之区"。⑧ 皋兰县"木炭、南山官滩一带林木最多，居民多砍柴烧炭，运至城中货之"。⑨ 1948年上半年，洮河中游砍伐杂木、杠木337根，205立方市尺，用于薪才。⑩ 小陇山主要是供给天水一带薪炭⑪，据1943年天水县政府估计，城中人口4.5万人，连同工厂住宅，平均每人日需柴3市斤，炭1市斤，则每年需柴量为

---

① 王树基：《甘肃之工业》，兰州：甘肃省银行总行，1944年，第19页。
② 统计组：《甘肃各县局物产初步调查》，《甘肃贸易季刊》1943年第5—6期合刊，第73页。
③ 农商部总务厅统计科编：《中华民国四年第四次农商统计表》，上海：中华书局，1918年，第282—291页。
④ 陈鸿胪：《甘肃省之固有手工业及新兴工业》，中央训练委员会西北问题研究室编：《西北问题论丛》第3辑，1943年，第129页。
⑤ 王志文：《甘肃省西南部边区考察记》，兰州：甘肃省银行总行，1942年，第36页。
⑥ 白眉初：《秦陇羌蜀四省区域志》第4卷《甘肃省志》，南京：中央地学社，1926年，第53页。
⑦ 经济部中央工业试验所兰州工作站等：《甘肃工业资源、兰州市工厂调查》，兰州：经济部中央工业试验所兰州工作站，1942年，第67页。
⑧ 周重光：《岷县南部森林之初步勘测》，洮河林区国有林管理处编：《洮河林区丛著》，岷县：洮河林区国有林管理处，1942年，第17页。
⑨ 张国常纂修：《重修皋兰县志》卷11，兰州：陇右善乐书局，1917年石印本。
⑩ 《农林部洮河流域国有林区管理处更正三十七年上年度木材采伐运销数量统计表》，南京：第二历史档案馆藏，档案号：23/479，第3页。
⑪ 周映昌、邓叔群：《甘肃森林现况之观察及今后林业推进之方针》，《农林新报》1944年第25—30期合刊，第26页。

4660万市斤，需炭1620万市斤，年需薪柴11 340万市斤。① 表3是抗战时期甘肃18个县木炭产量统计表。

表3　甘肃省18个县年烧炭数量调查表②

| 县份 | 产量（万斤） |
| --- | --- |
| 天水 | 3000 |
| 清水 | 700 |
| 陇西 | 285 |
| 临洮 | 160 |
| 西固 | 140 |
| 武都 | 120 |
| 康乐 | 116 |
| 西和 | 100 |
| 武山 | 50 |
| 两当 | 50 |
| 甘谷 | 14 |
| 临潭 | 9 |
| 华亭 | 9 |
| 鼎新 | 6.8 |
| 康县 | 6.2 |
| 夏河 | 5 |
| 固原 | 3 |
| 镇原 | 2.2 |

表3中18个县年产木炭4780万斤，只是本省烧炭业的"少半数产量"。③ 据甘肃贸易公司1942年对18个县调查，木炭生产量为2038万市斤，依此推算全省年产量至少有6000万市斤。④ 柴炭需求量大，甘肃很多市镇有专门的

---

① 张兴创：《天水小陇山之森林与社会》，《中农月刊》1944年第12期，第77页。
② 陈鸿胪：《甘肃省之固有手工业及新兴工业》，中央训练委员会西北问题研究室编：《西北问题论丛》第3辑，1943年，第129页。
③ 陈鸿胪：《甘肃省之固有手工业及新兴工业》，中央训练委员会西北问题研究室编：《西北问题论丛》第3辑，1943年，第129页。
④ 朱允明：《甘肃省乡土志稿》第6章《甘肃之森林》，兰州：甘肃省图书馆西北文献阅览室藏手抄本；又据陈鸿胪估计全省年产木炭量在1亿斤以上（陈鸿胪：《甘肃省之固有手工业及新兴工业》，中央训练委员会西北问题研究室编：《西北问题论丛》第3辑，1943年，第129页）。

柴炭市，如张掖县"炭市自蛟腾巷起至三官楼止；柴市自大什字起至小什字止"。① 因此，伐薪烧炭是甘肃有森林地区居民的主要收入来源之一。

从事木材运输也是当地居民的营生之一。"洮河、白龙江林区木材，可由洮河筏运兰州，木材先散放到临潭以南卓尼一带，穿筏方云，到了岷县锁林峡，又要散放，放出了峡，再编扎木筏，运至临洮集中或运销陇南各县，或转入黄河到兰州……木材抵达兰州，顺黄河下销宁夏、包头"；祁连山分布在张掖河大通河上游的木材，通过大通河筏运兰州销售。② 运输木材成为当地农民的主要副业，如洮河流域木材运输者多系临潭新堡和峡城，岷县野狐桥及宁定一带的农民，以此为生者千余人。"彼等略有组织，每组有'头目'一人，称'揽头'，掌理包运木材，招募水手，指挥并监督；二揽1至数人，协助揽头工作。每筏之水手，通常数人至20余人"。③ 在木材销售体系中，为当地居民提供了运输木材的副业。

生活在森林周边的居民有的以狩猎为生，有的以狩猎为副业。生活在林区周边的藏民男子狩猎是其日常主要活动④，渭源县农家在农闲时也有狩猎者。⑤ 狩猎获得的主要是野生动物的皮张。表4是1940年甘肃临潭市场野生动物皮数量调查。

表4　1940年临潭县市场野生动物皮张数量统计表⑥

| 项目 | 狐皮 | 狼皮 | 川猪皮 | 獭皮 | 黄鼠狼皮 | 扫雪皮 | 哈尔皮 | 猞猁皮 | 麝香 |
| --- | --- | --- | --- | --- | --- | --- | --- | --- | --- |
| 产地 | 南山 | 南山 | 南山 | 沿河 | 南山 | 藏区 | 藏区 | 南山 | 双岔 |
| 数量（张） | 3500 | 1500 | 7000 | 250 | 5000 | 50 | 62 000 | 20 000 | 2000 |
| 价值（元） | 245 000 | 105 000 | 49 000 | 95 000 | 45 000 | 10 000 | 434 000 | 5 200 000 | 200 000 |

临潭成为甘肃西南森林区和草原野生动物皮张贸易的主要市场，上述各种野生兽皮大多数是从南山和沿河森林里获得的。据甘肃省银行统计，本省年产狼皮1.3万张，狐皮3.8万张，哈尔皮20.6万张，麝香2000两。⑦ 又据

---

① 白册侯、余炳元纂：《新修张掖县志》卷2《建置志》，1949年油印本。
② 陆养浩：《中国西部天然林和木企业》，《中国建设》1946年第2期，第43页。
③ 周重光：《洮河流域木材产销之初步调查》，《中农月刊》1944年第1期，第94页。
④ 张文郁：《拉卜楞视察记》，中国西北文献丛书编委会编：《中国西北文献丛书》第一辑《西北稀见方志文献》，兰州：兰州古籍书店，1990年影印本，第36页。
⑤ 王树基：《甘肃之工业》，兰州：甘肃省银行总行，1944年，第18页。
⑥ 王志文：《甘肃省西南部边区考察记》，兰州：甘肃省银行总行，1942年，第84—85页。
⑦ 甘肃省银行经济研究室：《甘肃之特产》，兰州：甘肃省银行总行，1944年，第120—125页。

抗战时期国民政府经济部调查，甘肃"野生皮每年由猎户捕获者不下15万张"，多产自有森林的县，如夏河、民乐、清水、临潭等地。①

山货是森林赐给当地居民的主要财富。漆、桐油、中药材、果品、蘑菇等是主要的森林副产品，是农牧民家庭采集的主要山货。漆树主要分布在洮河流域林区，割漆的多为礼县人，每年夏季入山向林主商议承包割漆，秋季再入山割漆，每年产漆40余万斤。②药材是甘肃主要土产，举凡党归、大黄、党参、甘草等，药材出产不下200种，采集野生中草药是一种农村副业，每年秋后农闲后农民上山挖采各种药材。③文县"大宗副业厥为采药一项，每年在冬季农闲时，上山采药。据统计年产党归、大黄约一万包左右，价值在百万元以上"，该县"农民专靠采药为生者，几占半数。"④渭源"从事采药者较夥"。⑤野生蘑菇是河西特产，各地农民均有采集。据统计，古浪年采集蘑菇5000斤；武威年采集蘑菇2.3万斤，永昌年产蘑菇5.4万斤，张掖年采集蘑菇1.8万斤。⑥甘肃还出产各种林产品如杏仁、桃仁、花椒、板栗等，农家在这些产品成熟期或农闲时进行采集，或自用，或出售，以补家用不足。

甘肃森林虽然无多，但为甘肃经济建设提供了大量的木材，其副产物十分丰富，生活在森林附近及周边的居民在农暇时间进山或伐木售卖，或伐薪烧炭，或采集，或狩猎，故森林资源给居民生活提供了一定的保障。

## 三、森林与环境问题

在森林的历史演进过程中，一方面，森林给社会提供了大量资源，改善

---

① 经济部中央工业试验所兰州工作站等：《甘肃工业资源、兰州市工厂调查》，兰州：经济部中央工业试验所兰州工作站，1942年，第67页；中国第二历史档案馆：《经济部西北工业考察通讯（下）》，《民国档案》1996年第1期，第49—58页。

② 朱允明：《甘肃省乡土志稿》第6章《甘肃之森林》，兰州：甘肃省图书馆西北文献阅览室藏手抄本。

③ 王肇仁：《甘肃药材产制销运概况》，《甘肃贸易季刊》1943年第10—11期合刊，第22—24页。

④ 甘肃省银行经济研究室编：《甘肃省各县经济概况》，兰州：甘肃省银行总行，1942年，第144页。

⑤ 统计组：《甘肃各县局物产初步调查》，《甘肃贸易季刊》1943年第5—6期合刊，第32页。

⑥ 统计组：《甘肃各县局物产初步调查》，《甘肃贸易季刊》1943年第5—6期合刊，第10、12、14、18、19、20页。

了民生；另一方面，由于人们向森林索求的太多而影响了森林的成长与发展。影响森林成长的因素包括自然因素（如雷电引起的火灾、虫灾等）和人类活动的因素，在民国时期，甘肃"森林的天然灾害，并不多见"[①]，人类活动是影响森林成长的主要因素，表现在工业、农业、牧业生产和居民生活与经济建设对森林资源的利用。

20世纪30年代到抗战时期是甘肃森林砍伐最严重的时期。在国民政府西北开发和把西北建设成为抗战的后方基地过程中，一些专家建议开发林业资源[②]，加之木材利润丰厚[③]，各种木材公司、商号相继成立，如抗战中期时调查，兰州木材厂商20家，其中19家均成立于抗战时期[④]，占95%。洮河流域木材厂商在抗战时期也有大量增加，据相关文献记载民国初年仅有三四家，随着木材市场的扩大相继有木材厂建立或迁来，"及至民国二十六年（1937），老杨司令（指卓尼土司杨积庆——引者注）物故以后，禁令乃开，木业商号于焉勃兴，期间之运木单位，达300余家"，其中兰州木材商10余家，狄帮（临洮木材商帮）约百余家，洮岷本地商不下200户（多以木材为副业，或兼营其他副业），还有一些小商贩，"转买数十根百余根者，更比比皆是"。[⑤] 抗战爆发后，天水人口增加，木材需用量日益增加，大量采伐小陇山木料，"山中木商除资本小者不计外，有鸿远木场、天成木场、开源公司等，另有炳兴公司、永和公司专采火柴用材，西北林业公司专办铁道用材，每年木材出口量，虽无稽考，但逐年增加，可无疑问。"据当时木材商人估计，1943年天水木材交易值为2500万元，以平均每立方米2468元计算，则木材出口量1万立方米左右。[⑥] 当时会有大量伐木公司、商号和个人从事伐

---

① 程景浩、周重光：《白龙江上游之森林》，洮河林区国有林管理处编：《洮河林区丛著》，岷县：洮河林区国有林管理处，1942年，第8页。

② 王兢：《采伐陕甘边境矿产木材之建议》，《西北研究》1941年第5期，第15页。

③ 如木商从洮河大峪沟购买木料运售于岷县城，"得对本之利"。（王树民：《游陇日记》，中国人民政治协商会议甘肃省委员会文史资料委员会编：《甘肃文史资料选辑》第28辑，兰州：甘肃人民出版社，1988年，第187页）夏河县"木材价值以株计算，大约直径尺许者二元，六七寸者一元，四五寸者三四角，顺河下放直达临夏，其价值可增高二倍至三倍"。（张其昀：《夏河县志》卷4《林业》，台北：成文出版社，1970年影印本）

④ 王兆凤：《兰州市木材商况初步调查》，《国立西北技艺专科学校校刊》1942年第7—8期合刊，第6页。

⑤ 姚思元：《甘肃洮河流域木材产销之运伐》，《中农月刊》1947年第4期，第64页。

⑥ 张兴创：《天水小陇山之森林与社会》，《中农月刊》1944年第12期，第77页。

木。据《甘肃乡土志稿》记载，甘肃每年木材砍伐量为 90 万株，"然 90 万株为商品木材数量，但对山林消耗力绝不至此，超出数倍亦有可能。据程景皓先生估计，本省森林每年采伐量为 2000 万立方尺，约合 400 万株"。其中洮河流域占 52%，嘉陵江流域占 18%，渭河流域占 15%，祁连山林区占 12%，其他区域占 3%。[1] 从上述统计来看，抗战时期森林砍伐最严重的地区是洮河流域，其次是嘉陵江和渭河流域。

关于森林滥伐的概念，学术界有广义与狭义两种界定，广义是指在一定时期内，在特定的森林区域，由于人为的或自然的因素造成森林树冠覆盖率的暂时或永久下降甚至完全被取代；狭义是指完全清除了各种形式的树木（不论是郁闭林还是开放林），难以持续可持续生产。[2] 不论是广义的还是狭义的滥伐，民国时期甘肃民间与国家对森林利用的过程中，对待森林的态度，很大程度上可归到滥伐中来，主要表现在如下 5 个方面。

（1）商人为了利益而滥伐。20 世纪 30—40 年代，随着国民政府西北开发和抗战时期城市人口增加，木材需求量激增。因此，各地木商蜂拥而至，"以剃头之方式，大量开采，竭泽而渔"。[3] 木商伐木的主要方法有租山和买台子两种。租山是兰州等地木商初进林区伐木采取的方式[4]，这种方式大部分是"林尽还山"，即租山的木商将所租山林木材全部砍完，然后将林地归还原主。这种方式在民国初年至 20 世纪 30 年代"引用甚广"，"各大木商初入林区，争欲获得林权，竞相购买，大小木材一律砍伐下运"。这种方式对森林危害极大。买台子是以树株为单位，木商与林主订立契约，由木商自行选择砍伐树木，1941 年政府加强森林管理前多采取这种方式。[5] 不管哪种方式，都要"雇工砍伐"，砍伐时使用的工具多为斧头，斧子刃宽约五六寸，重约五

---

[1] 朱允明：《甘肃乡土志稿》第 6 章《甘肃之森林》，兰州：甘肃省图书馆西北文献阅览室藏手抄本。

[2] 包茂红：《森林史研究：以菲律宾森林滥伐史研究为重点》，《中国历史地理论丛》2005 年第 1 期，第 116 页。

[3] 周映昌、邓叔群：《甘肃森林现况之观察及今后林业推进之方针》，《农林新报》1944 年第 25—30 期合刊，第 26 页。

[4] 木商租山时与林主定有契约，分为两种，一种是定期，即在契约上写明定期几年，在规定的年限内自由砍伐，至期满后无论砍伐与否或砍伐多少，将山林归还林主；一种是不定期，必待购买者将全林完全砍伐完毕，始将山林归还原主。

[5] 姚开元：《甘肃洮河流域木材产销之运伐》，《中农月刊》1947 年第 4 期，第 65 页。

六斤，为了使用和砍伐方便，"砍口离地面约三尺许，殊属浪费"。① 这种利用森林的方式，是典型的滥伐，不仅将成材与未成材的小树悉数砍伐，而且造成大量的木材浪费。

（2）居民从事农牧业生产放火烧山。放火烧山是历史上扩大农业耕地和牧地最常见的方法之一，甘肃各地也是如此。白龙江流域的游牧居民因阳坡四季暖和，积雪容易融化，适合放牧，于是毁林放牧，"摧毁森林之唯一手段，则为纵火烧山，阳坡林地，较为干燥，冬令尤甚，故极易延烧"。被焚烧过的森林"数年之后，即可形成丰茂的草原"。因此，这里的"大部阳坡，多被辟为牧场，森林因以绝迹"。② 随着农业生产向牧区和森林地区延伸，也有一些低洼较平的林地被烧毁后开垦成农田，"近年以来，此风尤炽，故岷县南境农田面积之向山区扩张，亦为森林之一大敌"。③ 岷江上游山坡上均种植玉米，"明年欲种玉蜀黍，今年必须烧山，始有良好收成……五年之后，任何作物不能种植。因玉蜀黍吸收水分甚多，所以五年之后，地中水分已不敷任何作物营养"；居住在山区的药农"采药必先烧山，冬日将山烧光，明年药材特别肥大；然药虽肥而山则丧矣"。④ 河西走廊森林也遭此种劫难，从晚清到民国时期大量外来移民进入山区开荒，因挖草皮烧灰"引起森林草原着火事件相当频繁，有时一连数十天不熄，连绵烧毁几千亩甚至万亩。着火则任其发展，直到熄灭为止"。通过放火烧山使农牧业生产用地在扩大，但森林的空间越来越小。⑤ 还有一些与森林毗邻的农田，经常遭受野兽的啃食，为了保护农作物，居民将森林焚毁，"可使此种灾害减少"。⑥ 此种烧山导致大面积森林被毁。

---

① 王兆凤：《兰州市木材商况初步调查》，《国立西北技艺专科学校校刊》1942年第7—8期合刊，第3页。
② 程景浩、周重光：《白龙江上游之森林》，洮河林区国有林管理处编：《洮河林区丛著》，岷县：洮河林区国有林管理处，1942年，第8、9页。
③ 周重光：《岷县南部森林之初步勘测》，洮河林区国有林管理处编：《洮河林区丛著》，岷县：洮河林区国有林管理处，1942年，第15页。
④ 《第三十三次星五聚餐会，黄仁之先生讲：岷江上游考察观感》，《西南实业通讯》1942年第2期，第43—44页。
⑤ 崔永红、张寅生：《明代以来黄河上游地区生态环境与社会变迁史研究》，西宁：青海人民出版社，2008年，第77页。
⑥ 程景浩、周重光：《白龙江上游之森林》，洮河林区国有林管理处编：《洮河林区丛著》，岷县：洮河林区国有林管理处，1942年，第8、9页。

（3）居民从事副业生产而滥伐。如前文所言，伐木出售、烧炭、采药、割漆等是森林提供的主要副业，也导致森林被滥伐。民间伐木"针叶树类杆大之木，多以制枋解板，较小之木，则悉充屋檐架杆，其伐采速度虽缓，以其砍伐区域，常集中一地，故亦为森林毁废之重要因素"。① 烧炭是居民的主要副业，洮西地区"当地之烧柴，系径三四寸之松柏，栋梁化为灰烬，殊背经济利用原则"。② 皋兰县以南至中铺镇的七道梁一带有石骨山，"灌木生长茂盛，为城市薪柴之给源，故滥伐者居多"。③ 在兰州附近因燃料和用材缺乏，"有不少农民，对于散生的树木，常常施行强度的伐砍，留存的树冠极微"。④ 省城"南山官滩一带林木葱茏，乡民砍烧为炭"。⑤ 嘉陵江流域的白龙江林区，木材每年出产量为5万根，因运输困难"只能供当地需用，居民以木材为燃料，每年用木材焚制的木炭产量约400多万斤"。⑥ 抗战以来，天水人口骤增，每天需要木炭1.5万斤⑦，因周围山林被砍伐殆尽，烧炭公司及团体不得不深入到距离县城外百余里的白水江林区伐木烧炭。⑧ 洮河流域居民的燃料，"大都仰给于森林，每年燃烧之优良木材，为量至巨，独岷县城关一遇，年耗胸径盈尺之大木，达数十万根"。⑨ 烧炭木材多由炭匠承包林主山场，自行采伐，"一处林木烧完，又移到别处，如此蚕食结果，现在炭窑大都离城百里以外深山，而且中部、东部、河西各地，因已无林木可烧，多采取小灌木及林木遗根作为炭料"。不仅烧炭造成森林砍伐，其他副业均造成森林遭受破坏，如采药、割漆等。岷县"每值夏秋，居民入山采药，络绎不绝，掘药之际，屡致幼木倒毙，于较陡之山坡地带，因掘药而招致土石崩塌，亦

---

① 周重光：《岷县南部森林之初步勘测》，洮河林区国有林管理处编：《洮河林区丛著》，岷县：洮河林区国有林管理处，1942年，第15页。
② 润川：《甘肃洮西区垦殖调查述要》，《人与地》1942年第4—5期合刊，第37页。
③ 黄瑞采：《甘肃水土保持考察简报》，天水：黄河水利委员会林垦设计委员会，1941年，第8页。
④ 周重光：《兰州近郊散生树木初步调查》，《新西北》1942年第1—3期，第77页。
⑤ 慕寿祺：《甘宁青史略》卷29，兰州：俊华印书馆，1936年铅印本。
⑥ 朱允明：《甘肃省乡土志稿》第6章《甘肃之森林》，兰州：甘肃省图书馆西北文献阅览室藏手抄本。
⑦ 朱允明：《甘肃省乡土志稿》第6章《甘肃之森林》，兰州：甘肃省图书馆西北文献阅览室藏手抄本。
⑧ 任承统：《甘肃水土保持问题之研究》，《农报》1940年第28—30期合刊，第566页。
⑨ 周重光：《洮河流域伐木运木纪要》，洮河林区国有林管理处编：《洮河林区丛著》，岷县：洮河林区国有林管理处，1942年，第38页。

属惯见，如拉子里、巴路、黄家路山各沟皆有"。① 陇南居民"割漆时多将树皮全部割断，割断一次，树即枯死"。② 在各种副业中，薪炭是对森林破坏最严重的一种，如时人指出："薪炭材质伐采，对于森林之危害更烈，借以其不择大小，部分种属，全数斩伐，短期之内，足造成大面积之荒山"。③

（4）工业、交通等建设需要木材而滥伐。如甘新公路、玉门油矿建设都造成林木滥伐，据载"甘新公路两旁之点点沃州，不无一望青葱之处，然较大树木，则以搜刮殆尽，今日寻求建筑材料已不易得。民国三十一年（1942）以前，因建筑公路桥梁涵洞，各地树木之可充建材者无可幸免。三十一年度以后，唯敦煌大树较多，又因甘肃油矿局及南疆公路工程处之大量需要，砍伐以尽"。④因玉门油矿滥砍引发当地民众不满，敦煌县绅商等人联名上书省政府，声称："玉门油矿局历年在敦煌伐树已达3万余株，搜罗殆尽，不唯妨害水源，且风沙无法防御，影响农田生产甚巨。现该局仍继续派人砍伐，群情惶恐，请明令制止"。⑤ 可见，玉门油矿局成立后木材需求量大，砍伐了当地不少树木。天水中和火柴公司成立后，在白龙江拉子里、巴路一带伐木，2700米以下"运输便利区域之云杉及松木，不分巨细，全遭采伐"。⑥

（5）军阀为了利益而滥伐。如洮河流域"岷县为军阀盘踞，成立商号，利用武力，遣军队伐木，于是野狐桥西大寨、哈铺塔一带之'护林'破坏无遗，纳浪、西泥两沟，则完全为荒山秃秃矣。至民国二十六年（1937），杨司令招军阀之忌，被贿通亲人，击毙于博峪以后，小司令年幼，一任负责实际者所为，于是木商群集，破坏之大峪沟以上各沟矣。举凡拉力沟、粒珠沟等，匪不为木

---

① 周重光：《岷县南部森林之初步勘测》，洮河林区国有林管理处编：《洮河林区丛著》，岷县：洮河林区国有林管理处，1942年，第15页。

② 朱允明：《甘肃省乡土志稿》第6章《甘肃之森林》，兰州：甘肃省图书馆西北文献阅览室藏手抄本。

③ 周重光：《岷县南部森林之初步勘测》，洮河林区国有林管理处编：《洮河林区丛著》，岷县：洮河林区国有林管理处，1942年，第15页。

④ 甘肃省第七区行政专员公署：《甘肃七区纪要》，天津：天津古籍出版社，1987年，第56—57页。

⑤ 冯尕才：《民国时期河西地区对祁连山森林资源流失的影响》，《柴达木开发研究》2008年第1期，第32页。

⑥ 周重光：《岷县南部森林之初步勘测》，洮河林区国有林管理处编：《洮河林区丛著》，岷县：洮河林区国有林管理处，1942年，第15页。

商集中目标,三四年间,交通稍便,林木稍密之森林,无不一扫而光"。① 在大夏河流域林区也是如此,"清水一带河中浮木极多,皆新砍下放者。山下有帐房三处,一为三喇嘛所属之藏民,一为被强制服役之临夏百姓,一为河州驻军,共数千人,均在此厂家伐木工作"。②

民国时期,学者把1932—1941年对洮河流域森林滥伐称之为"狂飙时期"。"民国二十一年(1932)后,河运畅通,各地政局渐趋安定,木商人数,较前增多。'七七'事变爆发以后,国民政府西迁,各地需材量激增,及民二七至三〇诸年间,伐木运材数量之巨,为空前未有,每岁运出木材数量逾七十万株,计达10万余立方公尺……该期之内,洮河上中游天然森林摧残之烈,达于极点,斯为'狂飙时期'。期间运木单位,达300余。伐木区域,在洮河中游,由莲花山、洋沙河渐及于冶木河之上游;于洮河上游,自西泥沟、纳郎沟、大略沟,渐及于拉方沟、卡车沟、车巴沟、粒珠沟之深处"。③ 不论是砍伐数量还是砍伐地域都比过去有很大增加。

由于这种"剃头式"的砍伐,原来有森林的地方已无成片森林。如据民国时期林业专家调查,"滥伐现象,为岷县南部森林最惨重之灾害",北坡森林一带的"粗木巨树,几已斩伐殆尽";沿白龙江、岷江各地,"以人口稠密,美茂森林早经绝迹,此皆滥伐所致之结果"。一些交通不便的地方,也"已惨遭斧斤"。④ 洮河流域在"民国元年以前,自岷县以上各沟之森林,类皆完好,葱翳茂林,遍及四野,志书记述,不乏申说。当时尚少木业商号,砍伐运输,河道亦未能畅通,而民间所需,更属有限。"但到抗战时期因各种木材厂相继成立,"伐木区域,遍及各沟。军阀则利用队伍,进行砍伐运兰(州)销售。斧斤所及,童秃随之,今日各沟之光山荒岭,概为该时期之产物"。⑤

---

① 姚开元:《甘肃洮河流域木材产销之运伐》,《中农月刊》1947年第4期,第63—64页。在当地村庄、寺庙附近,大都有森林环绕,或系全村公有,或属于庙产,或划归学校管理,禁止砍伐,这种森林通称"护林"。如果遇有必需,则经由全村公议,才能砍伐。
② 王树民:《陇游日记·河州日记》,中国人民政治协商会议甘肃省委员会文史资料委员会编:《甘肃文史资料选辑》第28辑,兰州:甘肃人民出版社,1988年,第265—266页。
③ 周重光:《洮河流域伐木运木纪要》,洮河林区国有林管理处编:《洮河林区丛著》,岷县:洮河林区国有林管理处,1942年,第24页。
④ 周重光:《岷县南部森林之初步勘测》,洮河林区国有林管理处编:《洮河林区丛著》,岷县:洮河林区国有林管理处,1942年,第14—15页。
⑤ 姚开元:《甘肃洮河流域木材产销之运伐》,《中农月刊》1947年第4期,第64页。

到20世纪40年代初期,洮河水运便利地带的森林,"已砍伐殆尽"。① 即使交通不便的地方,森林面积也是"日见缩小"。② 小陇山林区"经木商典购采伐,时历三载,今已成为满山荒凉"。大夏河一带的森林,因临夏木商的砍伐,"概成错落不完整之幼年林"。③ 河西走廊因驻军和居民经常进山砍伐木材,使"林区面积逐渐缩减"。④ 古浪县"各山林木,近年已采伐殆尽"。⑤ 靖远"自屈吴山迤北,沿龥团,宝积各岭……以至韦精山分支之尖山、雪山、石门、太和诸峰,古代皆系森林,今则龥团,宝积久成枯岭,尖山及石门山阳根株亦尽,雪山寥寥数株,不复为林"。⑥ 渭源"林产尚有五竹山、大碛沟、石头沟,面积广大之天然林,但因保护不周,往往未及成林,即施砍伐,以致木材之利,逐渐丧失"。⑦ 皋兰县"近年来该地民众任意斫伐,刻下所剩无多"。⑧ 榆中县"兴隆、栖云二山有大木焉,改革后居民结伙盗伐,所存数亦寥寥"。⑨ 会宁县屈吴山原本"林木茂密,甘泉回流……昔时有獐、鹿、虎、豹等猛兽,今林木伐尽,野兽亦远遁矣"。⑩ 皋兰"县属四境,虽然崇山环绕,而山势童童,并无森林"。⑪ 全省各地的森林都遭到了无情的砍伐,有的地方林区面积日渐狭小,有的地方则由昔日森林茂密之地变成荒山。天水、陇西等地,由于过度砍伐,"以板为屋"已经没有可能,只能"以土为屋",所以"近二三百年以来,这个地区广大居民以窑洞为居室",只有少数富有之

---

① 周重光:《洮河流域伐木运木纪要》,洮河林区国有林管理处编:《洮河林区丛著》,岷县:洮河林区国有林管理处,1942年,第27页。
② 张其昀:《洮西区域调查简报》,《地理学报》1935年第1期,第8页。
③ 朱允明:《甘肃乡土志稿》第6章《甘肃之森林》,兰州:甘肃省图书馆西北文献阅览室藏手抄本。
④ 邹豹君、刘德生:《甘肃走廊的经济建设和移民问题》,《边政公论》1948年第3期,第18页。
⑤ 李培清、唐海云:《古浪县志》卷6《实业志·林业》,凉州:河西印刷局,1939年铅印本。
⑥ 范振绪:《靖远县新志》第4编《森林略》;李金财、白天星、张美泉总校注:《靖远旧志集校》,兰州:甘肃文化出版社,2004年。
⑦ 甘肃省银行经济研究室:《甘肃省各县经济概况》,兰州:甘肃省银行总行,1944年,第35页。
⑧ 《甘肃森林之调查》,《中行月刊》1932年第6期,第115页。
⑨ 慕寿祺:《甘宁青史略》卷29,兰州:俊华印书馆,1936年铅印本。
⑩ 白眉初:《秦陇羌蜀四省区域志》第4卷《甘肃省志》,南京:中央地学社,1926年,第35页。
⑪ 《甘肃皋兰县社会概况》,《西北向导》1936年第1期,第58页。

家才用木材建筑房屋。① 昔日"山多林木"的陇西,"今举目四眺,唯见濯濯牛山,竟有'柴比粮贵'之怪言,可谓陇人之耻"。② 森林的过度砍伐改变了当地的生态系统,而且也改变了居民的居住环境。

森林被称为地球之肺,与环境问题紧密联系在一起。据有关学者研究,森林对于环境的影响主要是在三个方面,一是涵养水源方面,如供给水源,增加雨量,减少和调节流水量。二是调节气候。三是防止洪水与旱灾的发生。③ 又有相关研究表明,有林地的环境与无林地环境差异很大,森林较多的地方雨量较多,蒸发量也较小;有林地地下水位较浅,无林地地下水位较深;每年3—8月,有林地比无林地空气中湿度高4—10个百分点。④ 森林所能容纳的雨水量中,枝干叶可保持雨水的23%,其余77%的雨水虽落地面,但因林地的枯枝、落叶及腐殖质吸收一部分,树根及图内空隙又能吸收一部分,"以此下流如河之水,既减其量,又杀其势,冲刷之力,亦于以大减"。⑤ 森林大面积消失使其保护环境功能失去,导致环境问题日益凸显。关于森林被砍伐所带来的对人类自身带来的危害,恩格斯曾说:"我们不要过分陶醉于我们对自然的胜利。对于每一次这样的胜利,自然界都报复了我们。每一次胜利,在第一步都确实取得了我们预期的结果,但是在第二步和第三步却有了完全不同的、出乎预料的影响,常常把第一个结果又取消了。美索不达米亚、希腊、小亚细亚以及其他各地的居民,为了想得到耕地,把森林都砍完了,但是他们梦想不到,这些地方今天竟因此成为荒芜不毛之地,因为他们使这些地方失去了森林,也失去了积聚和贮存水分的中心。阿尔卑斯的意大利人,在山南坡砍光了在北坡被十分细心地保护的松林,他们没有预料到,这样一来,他们把他们区域里的高山畜牧业的基础给摧毁了;他们更没有预料到,他们这样做,竟使山泉在一年中的大部分时间内枯竭了,而在雨季又使更加凶猛的洪水倾泻到平原上"。⑥ 甘肃森林被无情的破坏,同样重复着恩

---

① 鲜肖威:《历史时期甘肃中部森林——论甘肃中部环境变迁、水土流失的由来》,《甘肃林业科技》1981年第2期,第2页。
② 王树民:《陇游日记·陇岷日记》,中国人民政治协商会议甘肃省委员会文史资料委员会编:《甘肃文史资料选辑》第28辑,兰州:甘肃人民出版社,1988年,第129页。
③ 杨思明:《从田间状况谈到森林与水旱的关系》,《修农月刊》1934年第1期,第20—21页。
④ 郝景盛:《森林与水旱天灾之关系》,《林学》1944年第1期,第18—21页。
⑤ 周祯:《西北水荒火荒与森林》,《农业推广通讯》1943年第5期,第33页。
⑥ 《马克思恩格斯全集》第20卷,北京:人民出版社,1979年,第519页。

格斯所言的环境问题的发生。

一是造成水土流失，地表严重被侵蚀，严重影响了土地利用。黄土高原地区，由于森林砍伐，地表裸露，导致"土壤侵蚀过甚，以及雨量不均，多数土地，浸成荒废。据土壤专家意见，西北大部分地方根本不应耕锄，而宜专植牧草，以免侵蚀之发生。不幸因为本区黄土，遮盖一切地面，耕地亦跟着扩展到山边和山坡上，原有的森林和牧草，都被尽量摧残，结果使水源缺乏，干旱时不能保持水分，雨量过多时又将土壤冲刷，形成黄土区域种种片状、沟状、陷穴、瀑布、崩塌等侵蚀状态"。① 即使在陇南自然条件比较好的地区，由于毁林开荒也带来了环境问题。该地"平原面积，一般狭小，可耕农田不多，并已经全部垦殖无遗，当地食粮仍感不足，复因交通不便，粮食输入困难，农人不得不于河谷之外，在山坡上或高原上耕种农作，高山林地和草原牧地受到农地排挤，林区和牧区，被农区侵占，面积日益缩小，致使整个陇南的土地利用，呈现出不平衡状态。农田面积的扩展，就是森林和草地面积的减少，森林和草地有调节雨水和保持土壤的极大功用。森林被砍伐，草地被焚毁，结果是土壤侵蚀加速，雨水失其调节，致农无可耕之土，无可灌之水，农事本身也受到严重的打击。"② 1943年，农林部组织西北水土保持工作，傅焕光在考察中指出：在非黄土区域的峡谷陡坡，因农民"从事烧垦，不数年间，变林地为岩石，水源不能涵养，良好土壤冲去，酿成水灾。"③ 如时人所言："黄河之危害，实基于河之上游各地荒山没有森林！民国三十年（1941），我在甘肃洮河流域，如卡车沟、木耳沟一带，看见很多的森林被砍倒了，木材顺水运下，到兰州出售，只打子多一处，在民国三十年之夏，即有数百万株之云杉被伐倒了！此沟如此，他沟亦然！此支流如此，其他支流亦然！此种大面积之伐木实系空前！黄河之流水量，当然亦是空前"。④ 森林砍伐是导致河水暴涨的原因之一。

因地表水土流失严重，导致许多有生产地变为无生产地。河西"近年来祁连山上的树木，过度砍伐，因之雪线提高，雪水减少，有些肥沃的农田，

---

① 刘世超：《西北经济建设与土地利用》，《西北经济通讯》1941年创刊号，第10—11页。
② 李旭旦：《陇南之地理环境与土地利用》，《新西北》甲刊1942年第1—3期合刊。
③ 傅焕光：《西北水土保持考察记》，《农业推广通讯》1944年第3期，第52—53页。
④ 郝景盛：《森林万能论》，南京：正中书局，1947年，第162页。

业已得不到灌溉便利"。① 武威"昔年林木茂密,厚藏冬雪,滋山泉,故常逢夏水盛行。今则林损雪微,泉减水弱,而浇灌渐难,岁唯一获,且多间歇种者"。② 清水县"山坡地之垦种面积,因肥土逐渐为雨水所冲刷而瘠薄,现时因垦种而荒弃之面积,已达(沿途面积)十分之一,河漕两岸之川地,每于雨季山洪暴发时,必有一部分为山洪所冲刷而成河漕,故而成不毛之地。县城东西之牛头河两岸,每遇有支流及山溪之交会处,必淤有大片之三角洲沙滩。询之土人,此项平川土地之变为沙滩,皆系近一二十年之事实"。天水渭河两岸的牛头河、藉河与渭河交叉的地方有水地 3000 余垧(每垧 2.5 亩),1933 年,渭河水涨时"完全化为盐碱沙滩,而成为不毛之地";县城南门外曾有菜园地数千亩,1935 年雨季"藉河与赤峪沟之水相继暴涨,竟将该菜园地完全冲毁而成河漕"。因上游森林砍伐,山洪越来越大,导致天水渭河流域两岸的水地、川地变成砂砾,如"城东百余里之三岔,亦有大片川地,曾为山洪所冲刷而成为沙滩"。另外,甘谷、武山、陇西、渭源等县境内,土地生产面积"均较十余年前减小,而且有继续减小之趋势"。③ 水土流失既影响了土地利用,又制约了农业经济,进而影响到社会整体发展。如时人所言:"甘肃以前有过一千万以上之人口,现在只有六百万,此何故? 吾人可以简单答之,森林不存,水源干涸,山坡上之梯田下降,耕田面积较前减少,农产物不足当地人民之消耗,一部分人民因受饥饿而死亡也"。④ 近代甘肃人口减少未必完全是因为森林减少带来的,但至少说明森林与农村经济关系十分密切。

二是上游森林过度砍伐,给下游带来严重的水患灾难。上游森林砍伐使地表植被遭到严重破坏,一遇暴雨便形成山洪,对下游带来了巨大的灾难。清水县田家沟的沟口一带,20 世纪 30 年代初尚有铺市,10 年后完全被磐石及砂砾覆盖,"屋基之痕迹,亦不得见"。天水藉河水害也是"逐年增大",每当山洪暴发时,"南至山坡,北至天水城根,均为洪水所淹没,人畜房屋,每岁均有溺毙冲毁之事。南河堤工程处之堤工,每岁耗费数千元,岁修岁毁,

---

① 王新之:《甘肃粮食产销之研究》,《粮政季刊》1947 年第 4 期,第 89 页。
② 民国《甘肃通志稿》卷 29《民族九·风俗》,中国西北文献丛书编委会编:《中国西北文献丛书》第一辑《西北稀见方志文献》第 27—29 卷,兰州:兰州古籍书店,1990 年影印本。
③ 任承统:《甘肃水土保持问题之研究》,《农报》1940 年第 28—30 期合刊,第 564 页。
④ 郝景盛:《甘肃西南之森林》,《地理学报》1942 年第 9 卷,第 49 页。

至今尚无巩固之工程，天水城已感受威胁，殊可虑也"。① 如 1933 年 8 月 7 日，天水降特大暴雨，东南山暴发洪灾，"陇、渭水、二水暴涨，历时三日始落"。这次灾害致使下游损失惨重，北乡淹没农田 2.8 万余亩，水磨 40 座，房屋 2994 间，溺毙男女 36 人；东乡淹没农田 10430 亩，房屋 461 间，溺毙男女 10 人；桑渠等河淹没农田 7213 余亩，房屋 1585 间，溺毙男女 4 人。② 武山县城南红峪河，流长仅 20 余里，1929 年以前河道宽 2 丈余，因上游农民垦种山坡地，山洪年复一年增大，将两岸川地冲成河漕，特别是 1938 年雨季期间，山洪由南门冲入县城，城内住宅与居民"冲塌及淹毙者甚多"，1940 年时红峪河漕宽达 30 余丈，"完全为砂砾所覆盖，去岁（指 1939 年——引者注）虽已修一南堤，并将南门堵塞，但此时该河沟口淤积之磐石及砂砾，较城墙尤高约丈余，沟口与城正对，相距不及一里，每当大雨，县城岌岌可危"。③

随着上游水土流失的日益严重，下游河流泥沙含量越来越高。据在黄河流经的河南陕县测定，黄河的泥沙含量 1934 年为 145 亿立方尺，1937 年 185.4 亿立方尺，黄河从河南陕县至山东泺口每年泥沙的淤积量为 4 亿—8 亿立方尺。④ 尽管这些泥沙主要来自晋陕黄土高原，但有关研究表明黄河上游"含沙量大半来自兰州之上"的河流，⑤ 也就是说洮河、大夏河、大通河、庄浪河等是兰州以上黄河泥沙的主要来源。这里的"荒山上不但无树木，即连绿草都不生，一眼望去，万里荒山，太阳一照，如月球中之山脉，光光如也，令人不能睁目，一旦落雨，则山水下流，在很短的时间之内，即注入河内，而且携有多量之泥沙"。⑥ 泾河与渭河是黄河中游的两条重要支流，其上游均在甘肃。据调查，泾河的最大含沙量达 50% 以上，渭河年平均的含沙量 1935 年为 2.38%，1937 年为 2.66%，1945 年为 5.29%。⑦ 从该统计看，10 年内

---

① 任承统：《甘肃水土保持实验区之勘察》，《西北研究》1941 年第 6 期，第 6 页。
② 庄以绥、贾缵续：《天水县志》卷 14《灾异志》，兰州：国民印刷局，1939 年铅印本。
③ 任承统：《甘肃水土保持实验区之勘察》，《西北研究》1941 年第 6 期，第 6 页。
④ 黄河治本研究团：《黄河上中游考察报告》，南京：中国历史第二档案馆，档案号：320(2)/201，第 39 页。
⑤ 张含英：《黄河志》第 3 编《水文工程》，南京：国立编译馆，1936 年，第 23 页。
⑥ 郝景盛：《森林万能论》，南京：正中书局，1947 年，第 163 页。
⑦ 黄河治本研究团：《黄河上中游考察报告》，南京：中国历史第二档案馆，档案号：320(2)/201，第 35、38 页。

渭河含沙量增长了近 3 个百分点，这些泥沙主要来自沟壑塌陷和岸堤崩溃。据民国时期调查，天水赤峪沟森林被砍伐后，"均以赤峪沟之山洪为害过烈为尤"。天水水土保持工作人员在当地调查时，适值暴雨，"赤峪沟之公路被山洪冲毁三段，竟有一段公路被山洪冲为河漕，在跑马泉以南大小峡一带，两岸山地，亦为山洪冲毁无数。当时中国银行农贷员某君，尚在白水江流域之天然林区域调查，据其目睹两方雨量之迅急相同，而白水江流域之山坡倾斜度，更较赤峪沟及大小峡之坡度为陡峻，但在白水江流域，并未见冲刷之害，亦未见河水暴涨"。① 足见，森林过度砍伐时导致土壤塌陷与崩溃的主要原因之一。

三是森林过度砍伐，影响气候变化。如果说水土流失、山洪破坏与河流泥沙量增加是森林被砍伐所引发的"立竿见影"的环境问题，那么降雨量减少和干旱则是"慢变量"的环境问题。降雨的来源大致有两种，一种是当地地表水分蒸发而上升为云，遇到冷空气凝结而形成降雨；一种是海风将海平面上升的水蒸气逐渐带入大陆，形成降雨。但西北地区为温带大陆性气候，远离海洋，降雨大部分依赖本地地表水蒸发循环。因西北地区各地森林"业已摧残殆尽，径流量逐年增高，故内地雨量之归东海者，有逐年增多之趋势。同时空中之湿度亦因摧残森林，逐渐减低，西北风每岁挟带大量沙漠尘土而来，使大陆气候日趋严重，而海洋季候风携来之雨水，为量甚微……各地之降雨量，有逐年减少之倾向"。② 雨量减少的直接后果是旱灾频发。据相关研究表明，明朝时期，甘、宁、青地区发生旱灾 154 次，平均每 9 年有 5 次旱灾；大旱灾 51 次，平均 5.43 年有 1 次。清朝至民国时期发生旱灾 203 次，平均每 3 年发生 2 次；大旱 55 次，平均 5.56 年发生 1 次。③ 尤其是民国时期发生旱灾的频率有较大增加，1912—1949 年的 38 年间，发生旱灾的年份达 33 年，其中发生全省规模的旱灾有 15 个年份，平均 2.53 年发生 1 次。④ 这些数据说明，明清以降，甘肃旱灾发生的频次越来越多，而且规模越来越大。

---

① 任承统：《甘肃水土保持实验区之勘察（续）》，《西北研究》1941 年第 7 期，第 16 页。
② 任承统：《甘肃水土保持实验区之勘察》，《西北研究》1941 年第 6 期，第 7 页。
③ 袁林：《西北灾荒史》，兰州：甘肃人民出版社，1994 年，第 64、68 页。
④ 温克刚主编：《中国气象灾害大典·甘肃卷》，北京：气象出版社，2005 年，据第 76—82 页相关资料统计。

究其原因，除了地球变暖的因素外①，森林砍伐与地表植被遭到无情破坏是主要因素之一。

## 四、余　论

从现有的研究来看，清朝至民国时期是甘肃森林减少的重要时期。20世纪80年代初，有学者指出，公元前2700年的时候，甘肃的森林覆盖率为77%，清朝康熙三十八年（1700）仍有34.5%的覆盖率②，这个估计可能有些偏高③，但仍能说明18世纪甘肃森林比民国时期要丰富得多。民国时期就有人指出："甘肃地广人稀，在明清时代，各地森林极多。惜自民元以来，提倡乏人，保护不周，将多数已成之森林，被当地人民砍伐殆尽，以致全省童山濯濯"。④ 20世纪30年代甘肃森林面积与覆盖率已经大幅度下降，据1934年实业部统计，森林面积3427.8万市亩，占全省总面积的6%。⑤ 从1700年到20世纪30年代，大致经历了240年，甘肃的森林覆盖率下降了28个百分点，平均每10年降低近1.6个百分点。经历了抗日战争时期以及到国民政府统治结束时，甘肃的森林覆盖率已不足3%。⑥ 从1934年到1949年，甘肃森林覆盖率降低了3个百分点。说明抗战时期森林砍伐远远超过了1930年以前的速度。

民国时期甘肃森林面积锐减既有传统森林资源利用的因素，也有当时社会、经济发展对木材需求的因素。民国时期尤其1930年代至抗战时期是国民

---

① 据物候学者研究，1920—1940年气候变暖，升温幅度约为0.5—0.8℃。（秦大河：《中国气候与环境演变（上）》，《资源环境与发展》2007年第3期，第2页）

② 郑大燮：《我国森林资源的变迁》，《中国农史》1983年第2期，第33、34页。

③ 据沈国舫的研究，在远古时代中国的森林覆盖率大约为64%，主要分布在我国的"东南半壁"，覆盖率为80%—90%，"西北半壁"的森林主要分布在高山与河流附近，覆盖率为30%左右。（樊宝敏、董源：《中国历代森林覆盖率的探讨》，《北京林业大学学报》2001年第4期，第62页）鲜肖威认为："我们说甘肃历史上森林面积达，并不是全部土地都是森林，甚至森林也不会占土地的一半左右，总起来看，古代全省森林面积应为30左右"。（鲜肖威：《历史上甘肃的森林和草原》，《经济地理》1984年第3期，第196页）

④ 《甘肃森林种类及面积》，《工商半月刊》1931年第10期，第11页。

⑤ 上海申报年鉴社编：《民国二十四年申报年鉴》，上海：美华书馆，1935年，第L3页。

⑥ 冯尕才：《民国时期战争对甘肃森林资源消耗的影响》，《社科纵横》2007年第12期，第139页。

政府开发西北和把西北建设成为抗战后方基地的重要时期,一方面,外来人口增多、公共设施需要扩建,如建房、薪炭等都比过去有了很大的增加;尤其一些外来难民深入牧区从事农业垦殖,迫使牧区藏民向大山深处退缩,在退缩的过程中将向阳山坡的森林烧毁使其变为牧地。另一方面,铁路、通讯、公路、工厂、矿山等建设,需要消耗大量的木材,而随着道路向林区延伸,使原来不具备条件砍伐的森林在这个时期也开始遭到"剃头式"砍伐,许多林区就是在这个时期变成荒山。随着森林大面积消失,甘肃乃至黄河流域的环境问题日显突出。因此,从民国时期甘肃森林滥伐与环境问题来看,如何处理好森林、民生与环境的关系是社会发展中至关重要的问题。

产权不清使森林难以获得有效的保护。甘肃森林产权大致可以分为私有林、国有林和公有林三种,但在实际操作中,森林产权不是十分明晰,尤其是国有林与公有林之间难以划分清晰的界限。时人针对白龙江上游林区森林产权所言:"依理论言,应全部划归国有,唯今以环境特殊,交通困难,抗战期内,殊难实现也。该区森林之业权,为'叠番'全族所公有,间接则属诸卓尼杨(积庆)司令统辖,目前除遭受惨重火灾之摧毁及局部之原始利用外,全在自生自灭,无人过问之状态"。[①] 莲花山森林产权归寺院所有,但实权则操于当地士绅之手;洋沙河林区有的属于藏民,有的属于汉民,有的属于当地村有;冶木河林区除了黄家山一带林权归当地汉民私有与村所有外,其余全归藏民部落所有。[②] 正因为森林产权不明晰,管理不善,导致许多地方森林任人砍伐而无人过问,如甘南藏区"山内之木,人人得而伐之,伐下后即为其人所有。买木者可向村内任何人订货,其人即入山寻材,采伐后,以人力、畜力或水力(仅夏季可用)运至河滨,交易遂成,不仅培植无人顾及,即采伐亦滥无约束"。[③] 因此,森林产权不清是导致滥伐的原因之一。

制度缺失也造成民国时期甘肃森林遭到滥伐。在甘肃传统社会,有两种制度对森林起到了保护作用,一种是地方政府建立了森林保护机制,河西各

---

[①] 程景浩、周重光:《白龙江上游之森林》,洮河林区国有林管理处编:《洮河林区丛著》,岷县:洮河林区国有林管理处,1942年,第10页。

[②] 周重光:《洮河中游森林》,洮河林区国有林管理处编:《洮河林区丛著》,岷县:洮河林区国有林管理处,1942年,第20页。

[③] 王树民:《陇游日记·洮州日记》,中国人民政治协商会议甘肃省委员会文史资料委员会编:《甘肃文史资料选辑》第28辑,兰州:甘肃人民出版社,1988年,第192页。

县尤为健全,清朝时期平番县(今永登县)、甘州府(今张掖)、东乐县(今民乐)、山丹县等地建立了保护森林制度;[①]一种是藏族区域建立了以宗教信仰为核心的森林保护制度,"视山林为有神,禁止砍伐摧残"。但民国以降,原有的森林保护制度遭到了破坏,新的制度又未及时建立,不仅出现了森林保护上的制度缺失,所谓"林禁渐驰,山林被人窃伐者不可胜数"[②],就是制度缺失后所出现的情形。正因为这样,1941年前基本上处于放任自流的状态[③]。不论是居民从事伐木、烧炭、砍柴等副业,还是商人贩卖木材和政府部门为新建通讯、铁路、公路、矿山等需用木材,都对森林进行无节制的砍伐。正如后人所言:"内政紊乱,地方不靖,旧规尽废,滥伐大盛,驻军居民,竞相采伐,山中番民,见其苦心保护之林木为人采伐,始则痛心疾首,欲反抗而不能,继亦起效尤,无所顾忌。"[④]这种制度缺失是导致民国时期甘肃森林遭到滥伐的主因之一。因此,建立有利于森林利用,兼顾民生与环境保护的林业制度显得更为重要。

原载(《中国历史地理论丛》2014年第3期)

---

[①] 如乾隆时期平番县令牛运震规定:商人砍伐树木必须"赴县领照,酌定树株,限以日期,以示节制"(慕寿祺:《甘宁青史略》卷首二);甘肃提督苏宁阿驻守甘州时,为保护松山、八宝山森林,令人悬挂铁牌,上书:"偷伐森林,有障水源,摧毁民生,即绝民命。特立此牌,以告乡民:有伐树木,与命案同";(崔永红、张寅生:《明清以来黄河上游地区生态环境与社会变迁史研究》,西宁:青海人民出版社,2008年,第54—55页)光绪二十七年(1901),东乐县与山丹县在判定两县居民为争夺林木、水源地案件,从制度上规定了规定在划定的水源涵养林内"不准采薪",在薪炭林,采薪民众"入山时只准用镰刀,不准用铁斧,如有砍伐松柏一株者,查获罚钱二十串文,充公使用"。(民国《东乐县志》卷1《地理志·水利》,1923年石印本)

[②] 冯尔才:《民国时期河西地区对祁连山森林资源流失的影响》,《柴达木开发研究》2008年第1期,第32页。

[③] 1941年7月,国民政府农林部洮河流域国有林区管理处成立,标志着甘肃森林砍伐从放任自流到有计划砍伐时期,入山砍伐树木要经过管理处批核才能进行,并规定"凡林相破裂与胸径未达二十三厘米之立木,一律禁止采伐"。甘肃森林采伐进入"管制时期"。(周重光:《洮河流域伐木运木纪要》,洮河林区国有林管理处编:《洮河林区丛著》,岷县:洮河林区国有林管理处,1942年,第24页)关于民国时期森林管理问题,拟另文撰述。

[④] 古浪县志编委会编:《古浪县志》,兰州:甘肃人民出版社,1993年,第387页。

# 承前启后：北洋政府时期河南经济的新变化——以农业、工业与市镇经济为中心

如何看待近代中国社会经济发展与不发展的问题，学术界有很大的分歧。传统观点普遍认为，自近代社会以来，中国社会经济处于衰退状态，即使出现一些新的变化，他们也持否定态度，如把出现的新式工厂和铁路看作是半殖民地化加深的表现，把市镇、银行的繁荣看做是"畸形发展"，随着外国工业品的输入，与农业相结合的家庭手工业也完全破产。中国近代社会经济给人以一片凄凉、每况愈下的感觉。近年来的研究从现代化视野出发，通过实证研究，在许多问题上都有深入的讨论，尤其突破了近代史研究中意识形态化的"革命史"书写模式，开始冷静思考近代中国不同阶段、不同区域经济发展水平的问题。因此，对北洋时期河南经济发展水平进行重新评估显得十分必要。

关于北洋时期河南经济史的研究，学术界已有一些成果发表。如刘世永、解学东主编的《河南近代经济》涉及北洋时期的经济问题[①]；张瑞德的《平汉铁路与华北的经济发展（1905—1937）》一书也论述了平汉铁路对河南市场、农业、工矿业所带来的影响。[②] 沈松侨对1906年至1937年河南经济作

---

① 刘世永、解学东：《河南近代经济》，开封：河南大学出版社，1988年。
② 张瑞德：《平汉铁路与华北的经济发展（1905—1937）》，台北："中央研究院"近代史研究所，1987年。

物的种植与农村经济做了研究,认为随着铁路交通的出现、国内经济的发展以及对外贸易的增长,以专业化与地域分工为特色,为市场而生产的棉花、烟草等经济作物在河南的农业经营中日见普及,逐步加深了农业商品化程度。[1] 袁中金是大陆学界较早关注铁路与河南经济的学者,认为铁路兴修与市镇空间变化,使河南经济成为一种"十"字型的"点轴"开发模式。[2] 岁有生等认为由于交通状况的改变而引起的农产品的商品化和新式工业的出现,改变了当地居民自给自足的自然经济和生活状态,也引起了当地经济结构的变化。王先明等人对铁路与华北市镇的研究也涉及北洋时期河南一些市镇的兴起与衰落。刘晖认为铁路促进了沿线棉花生产区域化与商品化,郑州的棉花转运、堆栈、打包诸业兴起,使其棉花贸易体系逐步形成。[3] 上述成果从不同角度论述了近代以来河南经济发展问题,但因研究方法、思考角度的不同,尚不能比较全面反映北洋时期河南经济发展的整体情形。因此,笔者在已有研究的基础上,对北洋政府时期河南农业、工业与市镇经济方面出现的新变化进行整体考察,以回应近些年来热议的关于中国近代经济发展与不发展的问题。

## 一、农业生产的新变化

北洋政府时期,由于棉花、烟草和花生的种植,成为河南农业商品生产区域形成的主要时期。引起农业生产商品化区域形成的主要因素包括以下几个方面。

一是新式交通的影响。在新式交通工具未兴起之前,农家经贸活动的半径较小,农产品的销售只能局限在区域小市场之中。如沈松侨所言:"河南农

---

[1] 沈松侨:《经济作物与近代河南农村经济(1906—1937)——以棉花与烟草为中心》,"中央研究院"近代史研究所编:《近代中国经济史论文集》,台北:"中央研究院"近代史研究所,1989年。

[2] 袁中金:《河南近代铁路建设与经济发展》,《史学月刊》1993第4期,第115—119页。

[3] 岁有生、张雷:《论道清铁路对沿线社会经济的影响》,《华北水利水电学院学报》(社会科学版) 2005年第3期,第70——72页;王先明、熊亚平:《铁路与华北内陆新兴市镇的发展(1905—1937)》,《中国经济史研究》2006年第3期,149—157页;熊亚平:《铁路与华北内陆传统工商业市镇的兴衰》,《河北大学学报》(哲学社会科学版) 2006年第5期,第100—103页;刘晖:《铁路与近代郑州棉业的发展》,《史学月刊》2008年第7期,第102—109页。

民所生产的经济作物大部分仅流通与农村附近的集镇市场圈,在性质上仍属于小农业生产者彼此间的互通有无。其真正进入长距离贸易网络,流向国内市场,至为有限。"[1] 晚清至北洋政府时期,平汉、陇海铁路相继通车,不仅运输便利而且成本降低,使农产品交易突破传统的市场圈进入国内大市场甚至国际市场成为可能。河南区域市场与汉口、上海、天津等通商口岸和全国市场的联系日益密切,使近代河南经济逐渐由封闭的传统经济向外向型转变。[2] 如安阳的棉花在铁道未通前,多半由小车、马车运销卫辉、怀庆一带,最远销售到黄河以南的开封、许昌等地。铁路通车后,棉花销售北达天津、石家庄,东到青岛、济南,南经郑州、汉口转销上海等地。[3] 因此,新式交通的产生,对河南农业商品化生产区的形成起了推波助澜的作用,外向型经济的兴起引起市场扩大,促使河南经济发生结构性的转变,如棉花、烟草、花生等经济作物的大面积种植是适应这种转型的结果。

新式交通的发生不仅仅是促进运输便利,而且也改变了居民的经营观念。在传统商业活动中,河南商人与晋商、徽商、陕商等商帮不同,在外地经商者较少。平汉铁路通车后,这种局面有所改变,河南商人有了长距离贩运意识,足迹遍及全国,如怀商足迹遍及省内市镇外,能到他省贩运;以运售绸缎为主的武安商人远足东北;南阳、镇平的绸商能自运销售汉口、长沙、上海各埠,直隶、东北也是其足迹所及之地。[4] 经营观念的改变也体现在农民身上,如西平县居民以前外出经商者甚少,自平汉铁路通车后,农家的经营观念发生了变化,将农作物芝麻、小麦、黄豆及猪和竹木类运往漯河或汉口出售。[5] 烟草、棉花、花生、芝麻等经济作物的种植,在一定程度上也是基于居民经营观念的改变及商品意识逐渐增强的结果。

二是政府的奖助。北洋政府时期对发展农业经济采取了多种奖助措施,包括设立农事试验场与推广植棉等措施,以推动农业现代化进程。[6] 为了扩

---

[1] 沈松侨:《经济作物与近代河南农村经济(1906—1937)——以棉花与烟草为中心》,"中央研究院"近代史研究所编:《近代中国经济史论文集》,台北:"中央研究院"近代史研究所,1989年,第102—109页。

[2] 吴俊范:《近代中原外向型经济的发展及其影响》,《中国历史地理论丛》2006第1辑,第5—16页。

[3] 方策等:《续安阳县志》卷7,1933年铅印本。

[4] 白眉初:《河南省志》卷6,1925年印行。

[5] 陈铭鉴:《西平县志》卷36,1934年刻本。

[6] 虞和平:《张謇与民国初年的农业现代化》,《扬州大学学报》(人文社会科学版)2003第6期,第3—8页。

大棉花种植面积,北洋政府农商部采取措施引进新的棉种,免费发给棉农种植。① 1919年,河南省实业厅也规定了奖励植棉的政策,"凡增加本地棉田一亩,奖银二角,用美国棉种改良植棉者,奖三角。"实业厅还购买美国棉种,"发给各县农会,转给农人,年终由各县农会报告一次,择其增田最多,成绩最良者,再给以奖品或奖洋。"② 北洋政府及地方政府的植棉政策尤其是引种美棉,民间反应十分积极。政府散发棉种,"农民请领者为数甚巨,其成绩之优以河洛道属为最,如孟津、渑池、陕县、阌乡等县,所有棉田概行改种,本地土棉几无形消失矣。"③ 安阳"自民国八年(1919)河南实业厅发放美棉种子,实业局设棉业试验场于南关,第二区大寒村白璧集亦先后组织棉公司就地实验,均获成效。"④ 另外,县政府也推广植棉,如杞县"石炳南知事竭力劝导,改种美棉,成绩颇佳,呈请当众核验,实大绒厚,并较土棉收获额超过三倍以上。"⑤ 在推广植棉方面政府与民众配合默契,不仅使河南的棉花产区不断扩大,也有助于改变学术界过去对北洋政府在经济政策上的认识与判断。

三是经济作物的引种与推广。烟草等经济作物在河南的推广则是另外一种模式,推广者主要依靠种植烟草较高的回报吸引农家"弃粮种烟"。1905年、1909年和1910年,英美烟公司就曾到河南邓州、确山、泌阳、南阳、通许等地进行调查,认为河南西南部生产的"烟叶色泽好,柄梗小,大部分体型轻柔,出筋梗后的产量为75%—80%……有很多土地适宜于种植这类烟叶"。⑥ 1913年种植烟草在襄城获得成功,1915年,美国旧金山举办的"巴拿马万国博览会"上,襄城烟叶获奖⑦,使河南烟叶一举成名。英美烟公司看到了河南烟草巨大的潜力,就到"襄城、叶县去调查烟叶的生产状况,并

---

① 章有义:《中国近代农业史资料》,北京:生活·读书·新知三联书店,1957年,第178页。
② 《河南近年之植棉业》,《大公报》1920年11月11日。
③ 河南省实业厅:《河南全省棉业调查报告书》,开封:河南官印局,1925年,第1页。
④ 方策等:《续安阳县志》卷3,1933年铅印本。
⑤ 《杞县开办美棉场》,《申报》1919年10月24日。
⑥ 上海社会科学院经济研究所:《英美烟公司在华企业资料汇编》第1册,北京:中华书局,1983年,第240、243页。
⑦ 包书亮:《英美烟公司对许昌烟市的垄断及烟行街的形成》,中国人民政治协商会议许昌市委员会文史资料委员会、许昌市烟草专卖局编:《许昌文史资料》第7辑,内部资料,1993年。

且用较高的价钱收买了许多烟叶,作为农民种植烟叶的兴奋剂"。① 为了引诱农民种烟,还"无偿散发烟种,预付高额烤烟收购定金,传授烤烟种植和栽培技术等办法鼓励农民种烟。同时,他们又通过无偿散发纸烟、提高烤烟收购价格等手段,使人获得了连想都不敢想的好处。"② 这种有计划的暗示和高回报提高了农家种烟的积极性,烟田面积不断扩大,"不几年以许昌为中心的烟叶生产,便普遍到附近的十几个县了。"③ 在许昌襄城途中,"田中植木横绳,束烟叶柄,排系绳上,曝于日中,遇雨则覆于席;遥视农家檐下窗前,青黄累累者,皆烟叶也"。④ 从烟草的例子看,种烟高额利益回报是经济作物种植面积扩大的因素之一。

由于上述因素,北洋时期河南形成了以棉花、烟草、花生为主的经济作物种植区。

棉花产区。自1919年政府奖助植棉后,河南棉田面积迅速扩大。1920年,河南产棉区达40余县,产量"较去岁增加15万余担。"⑤ 1923年调查,全省植棉区域达98个县。⑥ 又据地方志记载,河南"总计百十余县中,产棉者达90县,而以河北之安阳为最"。⑦ 河南的棉田从1919年以前的130万—180万亩增加到1922年以后的240万—280万亩。另外,河南棉田占全国棉田面积的比例也在不断提高,如1919—1920年植棉亩数占全国的4.3%,1922—1923年提高到9.1%,1925—1927年提高到10%以上。⑧ 20世纪20年代,河南出现了以棉花种植为主的农业区域,各县中棉田面积"以偃师为最广,共125 860亩;次为灵宝、阌乡二县,各11万亩;再次汜水99 000亩,陕州85 000亩,新乡7万余亩,临漳、武安各6万余亩,阳武、渑池、

---

① 明洁:《英美烟公司和豫中农民》,《中国农村》1936年第7期。
② 包书亮:《英美烟公司对许昌烟市的垄断及烟行街的形成》,中国人民政治协商会议许昌市委员会文史资料委员会,许昌市烟草专卖局编:《许昌文史资料》第7辑,内部资料,1993年。
③ 明洁:《英美烟公司和豫中农民》,《中国农村》1936年第7期。
④ 吴世勋:《河南(下编)》,上海:中华书局,1939年,第129页。
⑤ 《河南近年之植棉业》,《大公报》1920年11月11日。
⑥ 河南省实业厅:《河南全省棉业调查报告书》,开封:河南官印局,1925年,第1页。
⑦ 刘景向:《河南新志》,河南省地方志编纂委员会标点,郑州:中州古籍出版社,1990年。
⑧ 根据许道夫:《中国近代农业生产及贸易统计资料》,上海:上海人民出版社,1983年,第204页;沈颂侨:《经济作物与近代河南农村经济(1906—1937)——以棉花与烟草为中心》,"中央研究院"近代史研究所编:《近代中国农村经济史论文集》,台北:"中央研究院"近代史研究所,1989年,第350页相关数据计算。

原武、洛阳、获嘉、新安六县，各4万余亩，其余内黄、涉县、沁阳、辉县、修武、商水等20余县，数千亩至3万亩不等"。① 又据1923年冬季调查，植棉面积在1万亩以上的县43个，占被调查县总数的43.9%。1920年的调查中植棉面积超过10万亩的只有3个县，1923年达到了12个县，即尉氏、太康、武安、新乡、洛阳、偃师、巩县、登封、灵宝、阌乡、临汝、新野②，这些县成为河南棉产的主要区域。棉花也成为影响植棉区域农村和市场变化的主要因素，如陕县"农产以棉花为大宗，而商业以棉业为基础，市面之繁荣与萧条，全视棉业之发达与否为衡"。③

烟草产区。由于英美烟公司的大力倡导，使河南烟草种植范围不断扩张，1917—1920年，河南"种植面积猛增至10万多亩，烟叶上市量由1917年的250万磅上升到1920年的1433万磅。许昌开始成为英美烟公司的主要原料来源地之一。"④据有学者研究，1925—1935年，上海纸烟生产所用原料有20%来自许昌。⑤邓县、西乡种植400余顷，年产烟叶500余万斤。⑥禹县农家"几乎无家不种，无种不多……小农至罄其田以种烟"。⑦襄城"民国十年（1921）后，逐渐扩充遍及全县"。⑧襄城、郏县"烟田连篇，炕房成群。"⑨到20世纪20年代，以许昌为中心，周边的襄城、禹州、郏县、长葛、鄢城、叶县、临颍等县地成为著名的烟草种植区，其面积、产量与质量，均居全国首位。⑩

花生产区。河南种植花生历史比较悠久，但受运输条件和市场的限制，

---

① 《河南近年之植棉业》，《大公报》1920年11月11日。
② 河南省实业厅：《河南全省棉业调查报告书》，开封：河南官印局，1925年，第2—6页。
③ 欧阳珍、韩嘉会：《陕县志》卷13，1936年铅印本。
④ 包书亮：《英美烟公司对许昌烟市的垄断及烟行街的形成》，中国人民政治协商会议许昌市委员会文史资料委员会，许昌市烟草专卖局编：《许昌文史资料》第7辑，内部资料，1993年。
⑤ 沈松侨：《经济作物与近代河南农村经济（1906—1937）——以棉花和烟草为中心》，中央研究院近代史研究所编：《近代中国经济史论文集》，台北：中央研究院近代史研究所，1989年，第102—109页。需要说明的是，一般所言许昌烟叶，并非全部产于许昌，"实际许昌产烟有限，不过系一紧要之聚处耳，每岁合许昌、襄城、禹州、郏县四县所产烟叶"（南秉方：《河南省产烟叶区之调查报告》，1934年油印本，第1页）。
⑥ 林传甲：《大中华河南地理志》，上海：商务印书馆，1920年，第90页。
⑦ 车云修、王琴林：《禹县志》卷7，1939年刻本。
⑧ 李峰：《重修襄城县志》卷18，1936年稿本。
⑨ 刘继增：《郏县烟草史话》，政协河南省郏县委员会文史资料研究委员会编：《郏县文史资料》第2辑，内部资料，1989年。
⑩ 行政院新闻局：《烟草产销》，南京：国民政府行政院新闻局，1937年，第7页。

花生种植"仅供本地榨油及茶食之用,无贩运出口之利"。① 民国以来,花生逐渐成为出口土货的大宗,种植面积扩大了,豫东原来不毛之地成为花生产区。"自郑州以东归德以西皆有之;唯开封附近一带,约三百英方里之面积,出产为最多,中牟、开封、兰封三县,尤为特色……三数年前,商人之营运此业者,盈余甚厚,每致骤富。官府以此项交易既丰,亦随设局征收捐税,每年收入不下 400 万余元"。② 每年秋末花生收获季节,上海、汉口等处商人"纷纷来汴趸购。以去壳之花生米为输出大宗。新郑、薛店、谢庄、小李庄、郑州,皆花生米输出必经之路也。由新郑输出者,每年约 90 余万斤。财政厅特设税局征收花生税,三县中兰封所产约居其半数也。"③ 开封、中牟、兰封(与仪封合并为兰考) 3 县成为河南花生生产的主要基地,据有关资料记载,河南花生种植面积和产量在 1914 年分别是 270 000 市亩和 255 000 担,1915年为 364 000 市亩和 356 000 担,1916 年为 1 390 000 市亩和 1 357 000 担,1924 年至 1929 年平均为 2 119 000 市亩和 5 192 000 担。④ 1924—1929 年的种植面积和产量分别比 1914 年增加了 7.8 倍与 20.4 倍。

北洋政府时期,美棉、烟草和花生等经济作物的种植和推广,对河南农业经济产生了较大的影响。第一,改变了河南传统的农作物种植结构。由于种植经济作物有比较丰厚的利润回报,因此农家在选择耕作时,将原来种植小麦、高粱、大豆等传统作物的耕地拿出来相当一部分种植棉花、烟和花生等经济作物,使小麦、高粱、大豆等传统农作物受到影响。如濮阳某村小麦"1920 年以前所占耕地面积约有 1/2 以上,今则退为 1/4 不足,其他谷类,亦由 1/2,降至 1/4"。⑤ 安阳"东南原隰之地,以前只种五谷者,今已为产棉上田矣"。⑥ 因花生的种植挤占的粮食耕地,开封有高粱、大豆和青豆,陈留有高粱、小麦和大豆,通许有小麦、豆类、高粱和小米,睢县有豆类、小

---

① 中美新闻社开封通信:《河南之花生生产》,《申报》,1919 年 10 月 30 日。
② 章有义:《中国近代农业史资料》,北京:生活・读书・新知三联书店,1957 年,第 207 页。
③ 刘景向:《河南新志》卷 4,河南省地方志编纂委员会标点,郑州,中州古籍出版社,1990年。
④ 许道夫:《中国近代农业生产及贸易统计资料》,上海:上海人民出版社,1983 年,第 162页。
⑤ 纪彬:《农村破产声中冀南一个繁荣的村庄》,《益世报》1935 年 8 月 17 日。
⑥ 方策等:《续安阳县志》卷 3,1933 年铅印本。

米和高粱。①据统计，睢县花生面积占耕地，1915年为15%，1920年和1924年占40%；陈留1915年占10%，1920年占20%，1924年占50%；开封1925年占31%。②说明受利益的驱动，农家在种植安排上，把经济作物放到比较重要的地位。这种安排，使河南的农作物种植结构发生了比较大的变化。

第二，农家种植作物的目的已经发生了变化，农业商品化程度有较大的提高。据卜凯对1921—1925年河南农村经济的调查，新郑农家粮食生产商品化占37.6%，开封占32.8%。两地各种农作物出售的比例是：新郑小麦占28.6%，高粱占13.2%，谷子占10.9%，大麦占3.1%，玉蜀黍占14.2%，大豆占16.6%，绿豆占34.4%，豌豆占5.9%，黑豆占6.9%，芝麻占23.1%，蔬菜占58.3%；开封小麦占24.6%，高粱占24.1%，谷子27.2%，大麦24.8%，玉蜀黍37.9%，大豆13.7%，绿豆26.6%，豌豆36%，芝麻92.7%，棉花2.2%，大麻1.1%，蔬菜43.6%。③在销售的农作物中，粮食所占比例较小，棉花、花生、蔬菜所占比例较高。再以花生为例，开封花生输出占50%—80%，陈留占77%，通许占50%，睢县占25%；销售到邻近地区的开封占5%—20%，陈留占20%，通许占50%，睢县占50%。④两项合计，花生在开封、陈留、通许的商品化率在90%以上，睢县在75%以上。棉花种植面积的扩大与产量的提高，大部分作为商品在市场上销售。如南阳据地方志记载，河南棉产"全省每年净棉产额约达8000万斤左右。除民间销用并供本省纱厂外，输出约达2000万斤。"⑤全省棉花的输出率为25%，有的产棉重点地区高达70%以上。⑥河南棉花不但形成了区域性规模种植，而且提高了农产品的商品化程度。

---

① 章有义：《中国近代农业史资料》，北京：生活·读书·新知三联书店，1957年，第213页。
② 章有义：《中国近代农业史资料》，北京：生活·读书·新知三联书店，1957年，第205—206页。
③ （美）卜凯：《中国农家经济》，张履鸾译，上海：商务印书馆，1936年，第275、278页。
④ 章有义：《中国近代农业史资料》，北京：生活·读书·新知三联书店，1957年，第232页。
⑤ 刘景向：《河南新志》卷4，河南省地方志编纂委员会标点，郑州：中州古籍出版社，1990年。
⑥ 河南省实业厅：《河南全省棉业调查报告书》，开封：河南官印局，1925，第2—6页。

## 二、近代工业及布局的形成

河南近代工业肇事于清末,从甲午中日战争后到辛亥革命前,有纺纱、机器、采矿、面粉等工业 30 家左右。① 在此基础上,北洋政府时期河南近代工业继续发展,新建了一批不同层次的近代工矿企业。据统计,全省有 15 个工业行业、140 家企业,其中,纺织业(包括织布、纺纱、丝织)11 家,占 7.8%;制蛋业 30 家,占 21.4%;火柴业 10 家(包括改组后的),占 7.1%;煤矿 43 家,占 30.7%;面粉业 13 家,9.3%;电业 12 家,8.6%;机械 5 家,3.6%;军工 4 家,2.9%;其余打包业 2 家、烟草 3 家、印刷业 3 家、铁矿、医药、玻璃各 1 家,其他 1 家,占 8.6%。② 从工矿企业成立的时间来看,北洋政府时期河南工矿业主要建立于第一次世界大战期间和战争结束后两年,即 1914—1920 年成立工矿企业 71 家,占所有工矿企业的 51.1%;1925—1926 年,成立工矿企业 26 家,占 18.7%。在 20 世纪 20 年代统计的企业中,有近 70% 的企业成立于北洋政府时期。

在河南近代工矿业发展过程中,出现了规模较大的企业。如豫丰纱厂是一个规模比较大的纺纱企业,1919 年筹建,1920 年投产。筹建时"占地 98 亩,建筑费 25 万,厂内可设锭子 5 万,织机 1200 架"。③ 建成后固定资产有美造电机 4 座,共 3500 千瓦,纱锭 56448 枚,织布机 234 台,国产紧线机 5600 锭,按装机先后顺序分为一、二、三、四、五个纺纱工厂和一个织布工厂,附设有发电厂 1 座和 1 个造纸厂;共有员工 4170 人,其中,男工 1270 人,女工 2900 人,日产从棉纱 120 包。④ 该厂规模在当时全国也是比较大的。在工业发展过程中,为了融资和形成规模生产,企业开始走联合经营的道路,组建企业集团,1915 年组建的中原煤矿公司就是由中州、豫泰、明德

---

① 刘世永、解学东:《河南近代经济》,开封:河南大学出版社,1988 年,第 18 页。
② 据王天奖:《清末至民国年间河南民族资本主义工矿企业》,《河南文史资料》2001 年第 3 辑,第 173—188 页和徐有礼、程淑英:《一九〇二年至一九三五年河南工矿企业资料》,《河南文史资料》2002 年第 2 辑,第 4—19 页有关统计计算。
③ 《河南郑州之豫丰纱厂》,《实业杂志》1920 年第 33 期。
④ 张名金:《郑州第二棉纺织厂》,郑州市政协文史资料委员会编:《郑州文史资料》第 16 辑,内部资料,1994 年,第 121—124 页。

3家公司联合起来的煤矿集团。① 1922年，该公司于盘龙河开掘大井，以新法开采，"规模乃日渐宏大"；资本也由原来的200万元增至400万元；生产规模达到年产煤55.8万余吨。② 这些企业逐渐形成了河南工业中的龙头，为纺织、煤炭工业的发展奠定了基础。

现代企业制度在近代河南企业组织中发挥了重要的作用。公司制度是晚清时期引入中国，1914年，北洋政府颁布了《公司条例》和《公司保息条例》，进一步推动了公司制度的完善。民国初年河南建立的一些工矿企业也采取了公司制度。如华新纺织厂由周学熙等人创办，1915年筹建，1916年获得农商部批准华新纺织股份公司正式成立，股本为银币1000万元，其中四成由政府拨款（为官股），六成为商人集资（为商股）。股份以银币100元为1股，共计10万股，以最先收入之商股300万元为优先股，每10股加红股1股，其余为普通股，均自交款之次日计息，所有股份正利均常年8厘。③ 豫丰和记纱厂，由著名实业家穆藕初集资创办，初有纱锭51400余枚，1926年添5000枚，织布机201台，规定原资本为300万两，分作6万股，每股银50两。④ 另外，新华纺织厂⑤、开封宏豫铁矿公司、中原公司等均属股份制企业。⑥ 股份制的引入是河南近代企业制度的一大变革。

河南还出现了中外合资的企业。1919年，日商与华商合资开办了新乡通丰机器面粉公司，资本额为100万元，有大小引擎4部，共355马力，各种机械69台，男女职工230名，日产面粉5000袋⑦，是当时河南省最大的面粉企业。1915年，通过谈判，英福公司与中原公司合资建立了福中公司，也是一个合资企业。

北京政府时期，随着工矿业的兴起，河南铁路沿线还出现了一些新兴工业城市。据统计北洋时期工矿分布在安阳19家，新乡18家，开封16家，郑县13家，许昌7家，洛阳7家，汤阴6家，漯河6家，巩县5家，修武4

---

① 胡荣铨：《中国煤矿》，上海：商务印书馆，1935年，第324—327页。
② 吴世勋：《河南（下编）》，北京：中华书局，1939年，第244页。
③ 李福辰：《河南省华新棉纺织厂的创建》，政协河南省卫辉市委员会学习文史委员会编：《卫辉文史资料》第3辑，内部资料，1991年。
④ 《本会统计室全国棉纺织厂调查报告》，《棉业月刊》1937年第7期。
⑤ 《农商部布告第三号》，《政府公报》1919年第1164期。
⑥ 《宏豫铁矿公司收股展期广告》，《中原公司董事会启事》，《政府公报》1919年第1069期。
⑦ 刘世永、解学东：《河南近代经济》，开封：河南大学出版社，1988年，第24页。

家，陕县4家。① 成为河南近代工业比较集中的城市。郑州本是豫中一普通小县，两京铁路兴建后显示出了其巨大的区位地理优势，到20世纪20年代，郑州已经发展成为河南工业、金融和商业中心，逐渐兴建了纺纱、机械、火柴、面粉、电业、打包等工业企业，成为河南新兴的工业城市。安阳在晚清和北洋时期，建有豫新纺纱股份有限公司、孚惠织布广场、华丰织布工厂、元丰蛋业公司、大和恒面粉公司、德瑞兴小磨面厂、中兴电灯有限公司、万民织工厂等②，发展成为豫北一个工业中心。新乡不仅是煤的集散地，还设立了一些近代工矿企业。"车站旁之煤栈商人，凡40余家，由福中公司运来，于此分发。祥记公司资本2万元，规模较大；宏豫铁矿公司，资本40万元，最为雄厚；通丰机械面粉公司，资本5万元；新华火柴公司，资本6万元；蛋厂5家，资本皆5万元以上"，③ 新乡成为当时河南工业发展最快的一个县城。焦作原为修武县西部一个偏僻的村庄，自英福公司在焦作开设煤矿和道清铁路建成通车后，"地利开发，交通便利，工商发达，与时俱进，俨然为豫省西北之重镇"。④ 1927年以前，焦作已经拥有矿工5000人，以车站为中心形成了福中街、马市街、中原街等多条街道，服务于煤炭工业的第三产业如旅馆、饮食、金融等行业同时兴起⑤，奠定了焦作成为河南煤炭工业城市的基础。洛阳古城也成为拥有机械、食品、煤炭、电业、纺织、火柴等行业的工业城市。位于平汉、陇海、道清三条铁路沿线工业城市的兴起，说明北洋时期河南近代工业格局已经有了雏形。

## 三、手工业及其新变化

传统观念认为，随着列强对中国的侵略的加深，"使河南的小农业和家庭

---

① 根据徐有礼、程淑英：《一九〇二年至一九三五年河南工矿企业资料》，中国人民政治协商会议河南省委员会文史资料研究委员会编：《河南文史资料》第80辑，2002年，第4—19页；与王天奖：《清末至民国年间河南民族资本主义工矿企业》，中国人民政治协商会议河南省委员会文史资料研究委员会编：《河南文史资料》第79辑，2001年，第173—188页统计。

② 方策等：《续安阳县志》卷7，1933年铅印本。

③ 林传甲：《大中华河南地理志》，上海：商务印书馆，1920年，第200页。

④ 道清铁路管理局总务处文书课：《道清铁路旅行指南》，汉口：汉口兴明印刷商店，1933年，第74页。

⑤ 王先明、熊亚平：《铁路与华北内陆新兴市镇的发展（1905—1937）》，《中国经济史研究》2006年第3期，第149—157页。

手工业相结合的经济结构逐步退却，显著地加快了自己的解体过程。这不能不使河南的手工业受到破坏性影响"。① 但如果我们仔细研究近代相关文献，河南手工业的所呈现的状态完全不是这样的情形，手工业呈现出多种变化趋势。

（1）传统手工业普遍保持了较强的生命力，部分还得到了较快的发展。河南各地传统手工业业有棉织、丝绸、瓷器、竹器、漆器、编织、皮革、农具、日用品、酿造及农产品加工等。如新乡手工业产品有白布、汴绸、麻头纸、毡帽、熏枣、麦糖等，白布主要产于西南小冀镇，该镇有布行数家，产品主要行销山西；该县西南以生产毡帽为主，行销河南各地；熏枣产量较多，畅销河南、汉口、江西、上海等地②；许昌各集镇都有自己特色的手工业，尚集的毡帽，沙埠口的猪皮纸，采店、石固、水潮店的发网，杜寨的席，石固的棉布，繁城的辫带，漯河保的毛笔、土城保的窑器，"皆工业卓著者"③；洛宁的手工业主要是农副产品加工业，有麻油、麻绳、竹器等④；淮阳编织业比较发达，"城外南北各乡间有织蒲席、编蒲包、编草席、编蒲扇以以为生活者"⑤；安阳出粗瓷，"各家土窑，制成粗具，售之直晋，岁获四五十几万元"⑥；郏县手工业以石槽为大宗⑦；汝南的手工业以制铁和粮食加工为主，1912年，全县有铁匠60户，从业人员220余人；铸造业8户，从业人员130余人；粮油加工作坊49户，从业人员216人⑧；新野以榨油业著称⑨；黄河北岸沁阳县许良镇盛产竹子，竹编是农家最具特色的手工业，产品有桌、椅、花篮等陈设品以及各种器皿，"由道清铁路东运，销行甚广"；武陟农家在棉花收获后，"捻以为线，染成五色，用制各种花毯，或以蓝、白二色相间织做被褒、衣包等，销行颇广"⑩；项城"近来乡间种棉花较多于昔，其利固薄，

---

① 刘世永、解学东：《河南近代经济》，开封：河南大学出版社，1988年，第24页。
② 韩邦孚、田芸生：《新乡县续志》卷2，1923年刻本。
③ 张绍勋：《许昌县志》卷6，1924年石印本。
④ 林传甲：《大中华河南地理志》，上海：商务印书馆，1920年，第244页。
⑤ 林传甲：《大中华河南地理志》，上海：商务印书馆，1920年，第148页。
⑥ 林传甲：《大中华河南地理志》，上海：商务印书馆，1920年，第186页。
⑦ 林传甲：《大中华河南地理志》，上海：商务印书馆，1920年，第262页。
⑧ 汝南县地方史志编纂委员会：《汝南县志》，郑州：中州古籍出版社，1997年，第412页。
⑨ 林传甲：《大中华河南地理志》，上海：商务印书馆，1920年，第286页。
⑩ 刘景向：《河南新志》卷4，郑州：河南省地方志编纂委员会标点，郑州：中州古籍出版社，1990年。

然妇女纺织为布,以便民用"①;柘城以"乡间居民皆能纺织,因而出布特盛"②;鄢陵手工业"以布匹为大宗"。③从地方志的记载来看,北洋政府时期河南各地手工业呈现出比较顽强的生命力,乡村大部分手工业不但没有消失,而且保持了原有的地方特色,甚至成为本县乡村经济的支柱产业。显然,这种局面并非以前人们所说的农村手工业是一种完全破产的景象。

在各种传统手工业中,草帽辫、丝织业在北洋时期获得了更大的发展。河南为小麦产区,秸秆丰富,于是地方政府积极开办帽辫传习所,教授农家妇女学习草帽辫编制工艺。④通过地方政府提倡,草帽辫成为乡村手工业新的增长点。草帽辫以荥阳、鹿邑、西平、新野、潢川等县出产较多,"荥阳花纹精细,岁得2万斤,商人设庄收买,运送出口。鹿邑所出,色泽尤鲜,洋商贩运上海出口,岁得七八十万斤。新野所制草帽,行销湖北沙市等处,岁可得七八万顶。西平所制岁亦2万余斤,草帽亦岁有3万顶,行销汉口、周口等处。潢川所出草帽,岁可二三万顶,运销汉口、上海"。⑤又据《河南新志》记载:"荥阳、荥泽二县均产草帽辫。夏日二麦收割以后,柳荫茅屋之前,妇女三五,或守场圃,或相谈笑,辄手持麦秆,编制不辍,男女无不善此。甚至行路或观剧之顷,亦手不停编;盖久则习熟,心手相应,归于自然,无须特意经营也。草辫成后,或制草帽及玩物售卖,或原辫出售,每年全境产额约万斤,大抵由郧城、荥泽及黄河南站运至汉口、上海,以输出国外……又豫东鹿邑县亦草帽辫之出产地,所制光泽细致,过于荥阳,每岁约产七八万斤,由洋商采买,输出国外"。⑥据20世纪20年代统计,荥阳有草辫、草帽业工厂11家,分布在须水城、二十铺、赵村、祥营镇、汪沟和县城等市镇,资本总额达2.8万元,年产22.7万顶,包括双鹿、双龙、双喜、双

---

① 张镇芳、施景舜:《项城县志》卷5,1914年石印本。
② 林传甲:《大中华河南地理志》,上海:商务印书馆,1920年,第146页。
③ 靳蓉镜、王介:《鄢陵县志》卷13,1936年铅印本。
④ 如温县绅董傅元勋等创立中区、东区女子草辫传习所(《温县请设女子帽辫所》,《新中州日报》1918年1月17日),登封县知事特邀绅士集议,设立草辫传习所,召集女生40名,延请荥阳女工充当管理教员,"教以劈辫细辫,务期逐渐改良,不独养成妇女工作之习惯,亦振兴实业之一端"(《登封改良草帽辫》,《新中州日报》1918年6月3日)。杞县、兰封、郑县、汜水等县,"亦多设立草辫传习所,提倡此业,成效颇著"(《河南草帽辫出产尤多》,上海《国民日报》1919年8月15日)。
⑤ 《河南草帽辫出产尤多》,(上海)《国民日报》1919年8月15日。
⑥ 刘景向:《河南新志》卷4,河南省地方志编纂委员会标点,郑州:中州古籍出版社,1990年。

凤、仙鹤、寿星、飞艇8个注册商标。① 荥泽乡村草辫十分普遍，达到了行路、纳凉、闲聊以至行走"常手不停编"的程度。② 郾城"无论乡村集市，老妇少女皆以编草帽辫为业。以麦秸极贱之物，编成辫即可售卖。每斤粗者数十钱，细者百余钱。勤而速者，终岁所得值自给衣服且有赢也"。③ 受郾城等地影响，项城乡村也兴起了草帽辫的生产，"近见郾城一带无论乡村集市，老妇少女皆以编草帽辫为业……编成辫即可售卖，每斤粗者数十钱，细者百余钱"。④ 因出口量增加，草编在上述各县形成了较大的产业。草辫是中国旧有的手工业，近代以来成为主要的出口产品，河南各地的草帽辫业在这个时期有比较快的发展，成为北洋时期河南农村经济新的增长点。

丝织业在北洋时期也得到了发展。伏牛山以南各县如南召、鲁山、镇平、南阳、内乡、淅川、方城、伊阳、临汝、密县、泌阳、确山、商城等县居民，在"山中陂陀瘠地遍植栎，其树丛生，高不过数尺，用以饲山蚕，名曰蚕坡"。⑤ 有此生态条件，丝绸生产就成为这些地方的主要手工业。南阳早在"清代中叶，居民仿制汴绸、春绸，行销邻省，由来已久。同治时，知县殷汝璧竭力劝导各机工改良制品，不数年，顿改旧观，出货渐旺，当时有殷缎之称"。⑥ 北洋时期随着丝绸出口量的增加，刺激了豫西南各地丝织业的发展。如密县"民间养山蚕，取丝织就。较鲁山绸略见纯熟，价亦较昂，外人有以作西服者"。⑦ 柘城丝厂城市、集镇"皆有之，因而出丝尤伙，每年由德元、协广、升顺等各丝行运售于外境之丝，价值约20万元"。⑧ 南召"养蚕之家居十六七，能自制丝，无特别工厂，丝绸商号以李青店为最，次留山，次白土岗。商号之大者，有男女工200余名。家丝本地可销，山绸之大销场则为恰克图及上海"。⑨ 又据1921年统计，南召全县年产丝20余万公斤，占全省的

---

① 卢以洽、张炘：《续荥阳县志》卷1，1924年铅印本。
② 吴世勋：《河南（下编）》，上海：中华书局，1939年，第209页。
③ 徐家璘、杨凌阁：《商水县志》卷5，1918年刻本。
④ 张镇芳、施景舜：《项城县志》卷5，1914年石印本。
⑤ 刘景向：《河南新志》卷4，河南省地方志编纂委员会标点，郑州：中州古籍出版社，1990年。
⑥ 刘景向：《河南新志》卷4，河南省地方志编纂委员会标点，郑州：中州古籍出版社，1990年。
⑦ 林传甲：《大中华河南地理志》，上海：商务印书馆，1920年，第125页。
⑧ 林传甲：《大中华河南地理志》，上海：商务印书馆，1920年，第146页。
⑨ 林传甲：《大中华河南地理志》，上海：商务印书馆，1920年，第272页。

30.09%。有机坊近 3000 家,织绸机 4550 张,年产量达 20 201 米。① 据 1920 年以前统计,南阳"城关织绸机 300 余家,山绸工厂数十家"。② 南京国民政府建立前,发展到约 700 余家,大小织机约 3000 余台,每日可产绸绉 1000 余匹,价值 1.7 万余银元;每年约出货 400 万匹,价值 600 万银元。③ 据调查,镇平"大小机不下数两千五百具"④;该县的石佛寺是染色集中的地方,南阳丝绸"大半染于是镇"。此外,南召"出丝颇盛,居民多织造小绸";鲁山以产鲁山绸著名,"产额盛多"。⑤ 丝织业在豫西南的农家经济中占有重要地位。镇平石佛寺"附近村民几乎家家有机,人民赖以谋生无殊农田"。⑥ 20 世纪 20 年代,河南柞蚕业颇为兴盛,年产茧约 30 万亿粒,产丝 200 万斤,产绸 25 万多匹,经上海输出,价值白银年达 500 余万海关两(每两合白银 3 市两 2 钱),占全国蚕丝的 65%。全区养蚕户数在 10 万户左右,机织达 3 万余家。柞蚕丝收入占农家全年收入的 40% 以上。⑦

(2) 在西方机制商品的冲击下,那些能够被"洋货"与机器工业品可替代的手工业开始衰落。尤其铜匠业、土碱、土布、土印染等行业衰落比较快。因洋瓷与镔铁器皿的输入,传统的铜盆、铜壶使用越来越少,项城的铜器制造业大部分歇业了。⑧ 濮阳县某村原先以生产土碱为农家主要副业,曾经是"碱场星罗棋布"。1920 年后,"因洋碱侵入,价廉而质纯,用土碱者已去其大半"。⑨ 农村土布业受打击最为严重,正阳"陡沟附近居民,家尽设机,人精纺织,纱细布密,畅行颍、亳及山陕二省。商贩极多,每早晨布市,张灯交易,备极繁盛。寒冻织绫亦佳,故寒绫陡布一致著名。近受洋货侵略,衰

---

① 南召县史志编纂委员会:《南召县志》,郑州:中州古籍出版社,1995 年,第 31 页。
② 林传甲:《大中华河南地理志》,上海:商务印书馆,1920 年,第 270 页。
③ 吴世勋:《河南(下编)》,上海:中华书局,1939 年,第 140 页;白眉初:《河南省志》卷 7,1925 年抄本。
④ 《南阳丝绸之现状与将来》,《地学杂志》1919 年第 9—10 期合刊。
⑤ 白眉初:《河南省志》卷 7,1925 年抄本。
⑥ 刘景向:《河南新志》卷 4,河南省地方志编纂委员会标点,郑州:中州古籍出版社,1990 年。
⑦ 任醉修:《河南柞蚕事业的过去》,中国人民政治协商会议河南省委员会文史资料研究委员会编:《河南文史资料选辑》第 2 辑,内部资料,1979 年,第 147—152 页。
⑧ 林传甲:《大中华河南地理志》,上海:商务印书馆,1920 年,第 166 页。
⑨ 纪彬:《农村破产声中冀南一个繁荣的村庄》,《益世报》1935 年 8 月 17 日。

替殆尽"。① 洛阳的土布业"自从洋布进入市场,土布无力竞争,广大农民多数停纺断机……所剩无几"。② 土布业的衰退,也引起了印染业的不景气。如临颍的织布业历史悠久,同时染坊也很多,但随着洋红、洋绿、煮黑、煮蓝等进口,逐渐代替了传统染坊所用的靛蓝,"农村的'打靛池'也变成了废物"。③ 新乡北乡一带农家也以种植蓝靛为生,但"自洋靛充斥,种者日少"。④ 安阳水冶、阜城一带以前种植蓝靛较多,"种植者坡获厚利",但近代以来"洋靛多自舶来,土产原料无人改良制造",种蓝"逐日见其少"。⑤ 麻布也开始减产,信阳"清季已无织工,所产之麻运销湘、赣,民国后并所产岁减矣"。⑥ 武陟县原来生产的雪花手巾,"自秘其术,又不能改良,今则为毛巾所兼并"。⑦ 土碱、土布、蓝靛、麻布等是北洋政府时期河南农村衰落比较快的手工业。

(3) 部分由手工生产转向半机器生产。纺织业中,一些家庭纺织业开始购置机器,从事半机器生产。如鄢陵纺织业在民国初年"有个人备置纺纱织布等机器百余户,出品颇佳,尚堪供世用"。⑧ 偃师"全县有布店十余家,普通社会人多以纺织为生,惜乎尽属土法,未能改良。近来有在外购买纺纱新机,暂行试办,未着成效"。⑨ 汜水纺织业为家庭副业,北洋时期"始有倡用铁机者,男女合作,每机每日可出布三四匹"。铁机的使用,大大地提高了工作效率,"汜邑家庭工业或女作,或本土法,或改新式,无不蒸蒸日上",一些家庭工业的生产技术也在不断改进,"近来购置机器织洋袜、围脖、绒帽,东关及四乡多由家庭自办"。⑩ 新乡、禹县的制瓷器业的组织形式和生产方式都发生了变化,神垕镇是钧瓷产地,建立了瓷业公司,"资本五万两,用新法

---

① 刘月泉等:《重修正阳县志》卷2,1936年铅印本。
② 董纯熙:《近代洛阳商业漫谈》,政协河南省洛阳市委员会文史资料研究委员会编:《洛阳文史资料》第2辑,内部资料,1987年。
③ 晁凌音:《回忆"洋"字当头的时代》,中国人民政治协商会议漯河市委员会文史资料委员会编:《漯河文史资料》第2辑,内部资料,1988年。
④ 韩邦孚、田芸生:《新乡县续志》卷2,1923年刻本。
⑤ 方策:《续安阳县志》卷3,1933年铅印本。
⑥ 方廷汉:《重修信阳县志》卷11,1936年铅印本。
⑦ 史延寿、王士杰:《续武陟县志》卷6,1931年刻本。
⑧ 林传甲:《大中华河南地理志》,上海:商务印书馆,1920年,第118页。
⑨ 林传甲:《大中华河南地理志》,上海:商务印书馆,1920年,第118页。
⑩ 田金祺、赵东阶:《汜水县志》卷7,1928年铅印本。

制造"。① 武安出产以煤为大宗,原"系土法开挖",民国初年开始以股份制组织开采,向机械生产转变,"近年绅商集股,购机领照,争先开采者约六家"。② 荥阳的草帽辫业"自开办传习所以来,改用机器,出品精美不亚于山东、直隶。"③ 这些变化反映了民国以来河南手工业生产在技术上不断改进,转向机器生产无疑推动了河南乡村手工业的发展,在某种程度上挽救了乡村手工业。

(4) 出现了一些新兴手工业行业。北洋时期,河南新兴的手工业主要是扎花、手工卷烟等行业。随着棉花种植面积的扩大,轧花成为一种新兴的手工业,如修武设"轧花厂五十余处"。④ 太康是豫东棉花主要产地,轧花业"近来逐渐发达,轧房收买籽棉,轧作皮棉,转售于商贩,颇获厚利"。⑤ 河南许昌种烟的农民,在最初种植时,收获后即将烟叶出卖于商人,农民并不加工烟叶。随着卷烟业在河南兴起,农民除了出售烟叶外,"并在自己家内制造烟丝,有时并卷成烟卷再行出卖;不久专门制造烟卷的手工作坊,即在许昌及许昌周围各县建立起来,现在许昌及许昌附近十九县制造烟卷的家庭工业及手工作坊已达六百处以上"。⑥这些新兴的手工业行业,也成为农村经济新的增长点。

(5) 手工业的经营方式有了新的变化。近代以来,家庭手工业与市场结合日益紧密,传统的农业与家庭手工业结合的方式已经不能适应市场的需要,因此在一些行业出现了类似包买商的经营方式。在中国的手工业经营中,包买商出现的比较早,如河北高阳的织布业经营方式是一种比较典型的"商人雇主制度",学者多有论述。但尚未有学者关注河南卷烟业手工业的"商人雇主制"。在许昌卷烟生产的初期,农民在自己家内制造烟丝及烟卷,然后再出卖于商人。但随着卷烟手工业与市场发育的成熟,商人开始介入生产阶段,即商人"开始供给农民以卷烟的纸,规定卷烟的样式、牌号及品质的标准,以至规定卷烟的价格、生产数量及交货的日期,最后(烟)丝亦由商人供给,

---

① 林传甲:《大中华河南地理志》,上海:商务印书馆,1920年,第124页。
② 林传甲:《大中华河南地理志》,上海:商务印书馆,1920年,第196页。
③ 卢以洽、张炘:《续荥阳县志》卷4,1924年铅印本。
④ 林传甲:《大中华河南地理志》,上海:商务印书馆,1920年,第226页。
⑤ 杜鸿宾、刘盼遂:《太康县志》卷3,1933年铅印本。
⑥ 章有义:《中国近代农业史资料》,北京:生活·读书·新知三联书店,1957年,第241页。

对卷烟者支付工资,并将卷烟工作的一部分,如装潢、包装等则在自己厂内完成"。① 许昌卷烟生产过程中,商人参与到手工业生产领域的某个环节或全部环节,商业资本在手工业生产中已居于支配地位。土布、丝织业也有"商人雇主制",禹县土布生产"初用本线,近年亦用洋线……凡贸布者,皆与城内洋线庄交易,上市受线,下市交布,不费现本,亦无赊债。此农家合宜之业也。禹布肇起于酸枣树杨,今则南抵郏界,北渡颖流,轧轧机杼声闻数十里,分之则家给人足,合之而一市万贯。"② 镇平石佛寺丝织业生产采取"包机",即由丝庄供给原丝,出工钱,定规格,定成品的交货时间,由家庭内工业去完成的一种生产方式,常年织包机的人家被称之为机户。据不完全统计,1931年以前,镇平县当时有机户1.5万余家,石佛寺镇每逢集日,发出的包机工银常在1万元银币以上。③ 商人资本参与手工业生产,是近代河南手工业经营中一个新的变化,说明家庭手工业经营已经突破传统的模式,走上市场化经营的道路。

## 四、市镇兴衰与市场空间的变化

河南传统市场是以水路为物流的主要方式,以河流为纽带形成了以四大名镇——周家口、朱仙镇、赊旗镇、道口镇为系统的市场网络。随着铁路的兴起,运输路线与商路也发生变化,以四大市镇为体系的传统市场逐渐衰落。

周家口位于贾鲁河、沙河汇合处,由三寨组成,其南寨属商水县,北寨属淮阳县,西寨属西华县。沙河、贾鲁河是支撑周家口镇繁荣的两条水系。沙河"上游经逍遥集邓城至漯河,计水程一百五十里,民船约一昼夜可达,水涨时年有数月亦可通小轮。漯河系京汉铁路与沙河交汇之地,为周镇出入之咽喉;下游至水寨六十里,至槐店九十里,至界首一百六十里,入皖境太和二百二十里,至阜阳(即颍川)二百八十里,至正阳关四百六十里。正阳关亦豫皖商货出入必由之路,沙河至此注入淮河,通达镇江等处,在昔运输

---

① 赵躶僧:《商业性农作物的发展及其意义》,《益世报》1935年9月28日。
② 车云等:《禹县志》卷7,1937年刊本。
③ 仵仲坚:《丝绸之市石佛寺》,中国人民政治协商会议河南省委员会文史资料研究委员会编:《河南文史资料》第51辑,内部资料,1994年。

均恃以为枢纽"。① 贾鲁河是支撑周家口镇的河流之一，自荥泽向南，经朱仙镇、扶沟至周家口镇之西寨、北寨注入沙河。正是这两条河流构成了周家口镇的运输系统，也造就了以周家口镇为中心的市场体系，清代时期形成著名转运市场，清代中期达到鼎盛，② 是河南农副产品出口的第一大市场。但"自京汉铁路成于西，津浦铁路成于东，陇海铁路贯通于北，由是商务他移，市况日益萧条，茶叶贸易十减八九，观夫茉莉园之存者，今不一二处，可见一斑矣"。③原来运输到周家口的货物经由平汉铁路运至汉口，周家口市场的传统腹地转变为汉口的市场腹地。④ 20世纪20年代，周口镇已失去其转运市场的地位，日渐衰落了。

朱仙镇位于贾鲁河上游，与广东的佛山镇、江西的景德镇与湖北的汉口并称为中国四大名镇。朱仙镇因泛舟贾鲁河，与周家口水运系统相连，使其在清朝康熙、雍正时期初具规模，乾隆年间商业进入鼎盛时期，商人商号数量超过千家。⑤ 朱仙镇在平汉铁路兴建之前因黄河水患已经开始衰落，"自光绪年间，郑工合拢后，贾鲁河下游淤塞，水运不通，该镇商务日形凋落"。⑥ 平汉与陇海铁路通车后，加剧了朱仙镇的衰落，据《河南省志》记载，"在铁路未通以前，此地为开封运输孔道，贾鲁河纵贯镇中，可南达周家口，舟楫林立，百货云集，为全县商业最盛之区。今铁路建设，此镇失其效用，日就衰微矣！"⑦ 贾鲁河的淤塞与平汉、陇海铁路的兴建，使朱仙镇彻底失去了集散市场的地位。

豫西南的赊旗镇位于赵河与潘河交汇处，其下游为唐河，在湖北襄樊入汉水，直抵汉口。由于水运条件便利，赊旗镇在康熙时期就形成集市，在清朝中叶达到鼎盛，是豫西南粮食、花粉、食盐、茶叶、杂货、布匹、中药材

---

① 白眉初：《河南省志》卷3，1925年抄本。
② 许檀：《清代河南的商业重镇周口——明清时期河南商业城镇的个案考察》，《中国史研究》2003年第1期，第131—143。
③ 吴世勋：《河南（下编）》，上海：中华书局，1939年，第201—202页。
④ 张瑞德：《平汉铁路与华北的经济发展（1905—1937）》，台北："中央研究院"近代史研究所，1987年，第65页。
⑤ 许檀：《清代河南朱仙镇的商业——以山陕会馆碑刻资料为中心的考察》，《史学月刊》2005年第6期，第93—100、128页。
⑥ 戚震瀛：《开封名胜古迹志》，《地学杂志》1918年第11期。
⑦ 白眉初：《河南省志》卷2，1925年抄本。

等商品的集散地。① 但清末至民国初年开始走向衰落,一是唐河水量逐渐减小,影响了大的货船往来,致使货物运量下降。二是京汉铁路的建成通车,赊旗镇距离铁路较远,运输日渐不便,"失去了昔日的繁荣昌盛景象"。②

卫河是华北平原上的一条重要水上运输通道,维系着华北与天津的市场关系,道口镇因此而成为豫北商业重镇。该镇"西邻卫河,旧日帆船往来如织,大船多停泊于此。长芦盐至此,或由小舟运往西南诸县,或由马车运至陈桥驿,转输黄河以南;小麦、杂粮之运往京津者亦由此集散。水陆交通,商务甚盛"。③ 时人在论及铁路对水运产生影响时曾说:"河北舟楫便利首推卫河,道口镇之所由繁盛也。自京汉路成,长芦盐漕运已尽改道,船只由五千减去千余,且多窳败,道口商务顿形衰落"。④ 京汉铁路通车后,卫河水运受到巨大影响,道口商业随之失去豫北集散市场的霸主地位。尽管道清铁路修建后,道口商业因煤运而有起色,但仍难恢复旧日盛况。

随着传统市场体系中大市场的衰落,依托于这些市场的"次中心市场"也随之发生了变化。武陟县的木乐店因交通方便成为豫北传统集散市场,清代中期这里"百货屯集,而邑人之由商起家,集资巨万者,颇不乏人"。但近代以来,"沁流淤垫,黄河商船不能上驶,水埠遂移于赵庄,商务乃大减色,迄于广宣,道清、京汉两路相继告成,山西之南行、川陕之北上,皆改而之他,商务遂替落无余矣。虽黄河北岸新立车站,其货之运往怀属各邑者,仍以此处为枢纽,而较诸昔日盛时殆不及十之一二"。⑤ 宜阳县的韩城镇,位于洛水北岸,曾经是潞盐集散地,商务颇盛,因陇海铁路延展,"盐运改道,商务骤衰"。⑥ 信阳县长台关是淮盐在河南行销的集散地,平汉铁路在其西边通车后,潞盐南消,淮盐被阻,市场日益萧条。⑦ 随着铁路的延伸,因铁路而兴起的市场也在变化,如渑池县城,1914年陇海铁路西展到渑池时,扩大了商品流通领域,火柴、煤油、肥皂、卷烟等物品大都通过渑池向省内各市场

---

① 许檀:《清代河南赊旗镇的商业》,《历史研究》2004年第2期,第56—67、190页。
② 邱应欣主编:《社旗县志》,郑州:中州古籍出版社,1997年,第281—282页。
③ 吴世勋:《河南(下编)》,上海:中华书局,1939年,第231—232页。
④ 白眉初:《河南省志》卷7,1925年抄本。
⑤ 史延寿、王士杰:《续武陟县志》卷6,1931年刻本。
⑥ 吴世勋:《河南(下编)》,上海:中华书局,1939年,第109页。
⑦ 张瑞德:《平汉铁路与华北的经济发展(1905—1937)》,台北:"中央研究院"近代史研究所,1987年,第66页。

转销。开封的天丰、益丰两面粉公司通过城内同德粮行代购小麦,每天外运一二万斤,陕晋及豫西的棉花业由渑池向外转运,县城出现了5家较大的棉花行和一些京货店。渑池县城成为豫西的一个中转市场。但是,随着铁路的继续西展,1923年陕县通车后,陕县取代了渑池的商业地位,"外地货物不再集中渑池转运……商业一度呈现萧条"。①可见,随着新式交通体系的建立和物流方式的改变,一些市镇却失去了往日的区位优势,逐渐萧条了。

在传统市场体系衰退的过程中,随着新式运输方式的建立,以铁路为枢纽构建了新的市场系统。一些小县一跃成为商业都市,一些小镇或村庄成为著名市镇和工业城市,郑州、驻马店、漯河是其中的典型,在北洋政府时期已经确立集散市场的地位,一些铁路穿越的古老城市,市场地位也凸现出来。

郑州是平汉、陇海铁路交会之处,是典型的因铁路而新兴的商业都市。郑州在通车前,"是一个街道狭窄,道路弯曲,经济上自给自足的类似18世纪古城镇式的小集市"。②平汉铁路和陇海铁路通车后,在城外开辟了新市场,位置在"车站之侧,廛区规划,颇为整齐",③1920年时,"昔年户数五百,人口三千三百"的小镇,"骤增万人,东西街最繁盛,西门外为车站所在,旅店、菜楼、剧场、澡堂,市上人力车,亦百余辆之多"④,一个新郑州诞生了。随着河南棉花种植面积的扩大和产量的提高,各地棉花(主要是豫西、陕西所产)先由商贩集中在郑州,"再行分运南北"。⑤为了适应棉花交易与运输,先后成立了10余家花行和10余家堆栈。⑥1916年,郑州花行同业会成立,推动了棉花市场的形成和发展。通过郑州输出的棉花量从1919年的35万担,增加到1923年的30余万包(每包约重180斤),1924年为50余万包。⑦在20世纪20年代,郑州逐渐成为华北地区最大的内陆棉花交易市场。⑧郑州棉花交易市场的形成,也带动了一系列行业的发展。郑州市场的

---

① 渑池县志编纂委员会:《渑池县志》,上海:汉语大辞典出版社,1991年,第66页。
② 张学厚:《郑州棉花业的兴衰》,郑州市政协文史资料委员会编:《郑州文史资料》第5辑,内部资料,1989年。
③ 张相文:《豫游小识》,《地学杂志》1911年第16期。
④ 林传甲:《大中华河南地理志》,上海:商务印书馆,1920年,第172页。
⑤ 吴世勋:《河南(下编)》,上海:中华书局,1939年,第72页。
⑥ 张炎卿:《郑州花行旧闻》,《河南文史资料》1992年第4辑。
⑦ 冯次行:《中国棉业论》,上海:北新书局,1929年,第127页。
⑧ 周志骅:《中国重要商品》,上海:华通书局,1931年,第8页。

繁荣，引起了金融界人士对郑州的关注，"认为郑州是个新码头，很有发展前途，金融界在这里大有作为，于是银钱业很快发展起来"。① 这期间，在郑州的新式银行有6家。② 旧式金融银钱业也有所发展，同和裕银号（1915）、源和盛银号（1916）、信昌银号（1920）、厚生银号（1923）等4家大银号在郑州建立。③ 在西关车站以东地方，逐渐成为郑州最繁华的商业区，比较繁盛的街市有大通路、钱塘里、敦睦里、天中里、三多里、福寿街，"皆在车站之东"。郑州成为河南新兴的商业都市，对其未来发展趋势，时人评价说："郑县土地平坦，地位适中，向为东西南北交通之要冲，加以铁道交贯，交通益形迅捷……将来交通日盛，商业范围愈大，而贸易之额愈增，前途发展益未可限量矣"。④郑州后来的发展印证了时人的预言。

驻马店原属确山县，"旧为遂、平明港驿马驻所"。⑤ 平汉铁路通车后，确山境内"铁道车站有六：最大者曰驻马店，东通汝、颍、淮、蔡，西及唐、邓、宛、叶，百物辐辏，万商云屯"。⑥驻马店有较好的区位优势，"东通汝南，西通唐河、南阳、汉口，北来之货，豫南输出之货，多集散于此"。⑦ 工商业者在这里进行了较大规模的投资与建设，商栈、工厂、政府机构逐渐建立起来，街道也开始拓展，如地方志记载："争购地基，建筑房屋，街道齐布，商业云集，陆陈盐厂荟萃于此，并设警察所以资保护，南北往来商旅称便。"⑧ 其商业繁盛程度很快超越了周围县城，"虽数百年资格之府城、县城亦不足比其繁盛，或转而仰给焉。汉口小本商人捷足先至，遂垄断一切"⑨，驻马店的市场腹地达二三百里，汝南、沁阳等地农副产品集中在这里运销外地，外面的食盐、煤炭、布匹、砂糖、粗纸等也从这里流向周边地区，⑩ 这

---

① 郑幼池：《郑州银钱业的一鳞半爪》，郑州市政协文史资料委员会编：《郑州文史资料》第5辑，内部资料，1989年。
② 杨达、杨蕙兰：《民国时期郑州的银行机构》，郑州市政协文史资料委员会编：《郑州文史资料》第13辑，内部资料，1993年。
③ 《郑州金融机关》，《中央银行月报》1933年第3期。
④ 吴世勋：《河南（下编）》，上海：中华书局，1939年，第72、74页。
⑤ 《本路带各地概略》，《铁路月刊》1930年第8期。
⑥ 张缙璜：《确山县志》卷15，汉口：大丰印书馆，1931年铅印本。
⑦ 吴世勋：《河南（下编）》，上海：中华书局，1939年，第170页。
⑧ 张缙璜：《确山县志》卷13，汉口：大丰印书馆，1931年铅印本。
⑨ 林传甲：《大中华河南地理志》，上海：商务印书馆，1920年，第306页。
⑩ 《本路带各地概略》，《铁路月刊》1930年第8期。

个"昔日小店,遂成大镇"。①驻马店从一个乡村小镇转变成为平汉铁路沿线的集散市场。

漯河本系郾城县的小镇,原名漯湾河镇,简称漯河,位于沙河、沣河交汇处,1906年,京汉铁路全线通车后,漯河开始繁荣起来。"汉口北来之货,多于此销行本省南部各地;而土产之芝麻、黄豆、鸡蛋、牛羊皮、茧绸等亦由此输出"。②也有一些行庄从周家口镇、汉口迁移到漯河,据《郾城县记》载:"近由汉口移来方恒正等行栈多家,或自称洋行堆栈,或自称华洋公司……买卖土货洋货,并代客包运货物,承揽车船。"这个小镇很快超过了县城。③为了满足商家需要,银钱业开始兴盛起来,1918年,此镇已有钱庄、银号10多家。④同时,漯河逐渐替代周口成为巨大的牲畜集散市场。1921年,英商安子钦到漯河从事牲畜交易,他在漯河3年,"每日平均收磅牛50头,收购的牛由漯河火车站装车押运天津,由天津乘船运往国外"。漯河牲畜市场与国际市场有了紧密的联系,1923年,组织成立了牲畜同业公会——马王会,主要"组织处理牛行业的日常事务与纠纷"。⑤这些都说明,20世纪20年代漯河已经成为豫中比较繁荣的商业中心。

北洋政府时期,铁路沿线一些古老城市也发生了变化,显示出新的市场活力。省会开封区位优势虽不及郑州,但作为河南省会,商业都市的地位还在,"商务之盛,甲于全省"。据记载:马道街、中州大学(今河南大学)等处原来均为荒寂之区,到20世纪20年代已是康衢大道,成为闹市;马道街、鼓楼街、土街、书店街、东大街、西大街、河道街、徐府街、南大门街,马路宽直,是开封商业比较集中之地。北洋时期的开封市场,一方面,延续了古老的商业传统,如粮行主要在东门及南门内,牲畜交易主要在宋门及南门瓮城内,绸缎布匹、广洋杂货在马道街、鼓楼街和土街,书籍、纸墨、文具等分布在北书店街,古玩、书画多在土街及南书店街,箱柜在河道街,旧衣

---

① 林传甲:《大中华河南地理志》,上海:商务印书馆,1920年,第306页。
② 吴世勋:《河南(下编)》,上海:中华书局,1939年,第167页。
③ 白眉初:《河南省志》卷4,1925年抄本。
④ 黄方聪:《清末民国时期漯河金融业简介》,中国人民政治协商会议漯河市委员会文史资料委员会编:《漯河文史资料》第5辑,内部资料,1993年。
⑤ 张福祥:《风雨春秋八十年——漯河市牛行街牲畜贸易市场见闻》,中国人民政治协商会议漯河市委员会文史资料委员会编:《漯河文史资料》第2辑,内部资料,1988年。

店多在徐府街，旧式杂器在老府门街等，这种布局沿袭了传统市场格局。另一方面，新式购物商场也在开封出现，开封第一家新式购物商场出现在清末，即位于新华南街的"开封第一商场"，属于商人筹资所建；1919年省实业厅筹集款项，在新华南街建立了"河南全省劝业场"，是一所公立商场，有绸缎、布匹、时货、鞋帽等商店和照相馆。在中山市场大街建立了"中山市场"，内设平民公园、演讲室、游艺室、图书室、纪念室、美术馆、实业馆，并有各种商店[1]，是集休闲、购物、娱乐为一体的大型商业中心。购物商场的出现改变了人们的传统购物习惯，使购物被赋予了游玩、观光、欣赏等新的意义，古老的城市有了现代文明的曙光。

洛阳位于豫陕晋交界处，地处中原进入关中的交通要道上，近代以来，随着"洋货"的输入和地方手工业的衰退，洛阳也出现了衰落的迹象。但北洋政府时期，随着豫西棉花的种植和铁路的修建，洛阳又逐渐繁华起来，人口增加到5.4万人，"商业繁盛，肆市比栉，东街新修商场，规模宏大"。[2]位于市内的关帝庙改建为新式商场，南大街、西大街、北大街以商场为中枢，"场内地址宽阔，商贩麋集，游人络绎，犹汴之相国寺"，洛阳南门附近是土产、棉花等批发转运市场。[3] 一些外地商号也相继在洛阳设庄开行，如北京"福来祥"百货店、浙江"宝成"金店、山东"谦信"染料行先后在洛阳落户。有的商店一改过去木板门，装修为新式门，如"泉茂"、"正兴"茶庄包装精美；有的传统食行如"四茂恒"、"长春"、"字裕长"等酱菜、糕点铺开始摆出各色糕点、糖果、饮料，"变为新型的南货食品商店"。[4] 金融业也繁荣起来，据1915年统计，洛阳有10家银号[5]，1921年，洛阳新开设了10家银号[6]，主要从事存款、放款、汇兑与铸造元宝等业务。

许昌自铁路交通，商业日形起色，以火车站为中心，各种工厂、公司相

---

[1] 刘景向：《河南新志》卷4，河南省地方志编纂委员会标点，郑州：中州古籍出版社，1990年。
[2] 林传甲：《大中华河南地理志》，上海：商务印书馆，1920年，第230页。
[3] 吴世勋：《河南（下编）》，上海：中华书局，1939年，第83页。
[4] 董纯熙：《近代洛阳商业漫谈》，政协河南省洛阳市委员会文史资料研究委员会编：《洛阳文史资料》第2辑，内部资料，1987年。
[5] 农商部总务厅统计科：《中华民国四年第四次农商统计表》，上海，中华书局，1918年，第598—599页。
[6] 洛阳地方史志编纂委员会：《洛阳市志》，郑州：中州古籍出版社，1996年，第336页。

继设立，盐厂、猪厂、蛋厂、煤炭、煤油转运各公司也逐步设立，城内有中国银行、河南银行、丝绸庄、钱、纱庄、洋货庄、皮庄、香油庄、杂货庄等业"均较前发达"。① 西关是著名的烟草市场，英美烟公司、南阳兄弟烟公司在许昌设厂收购烟草，全国各地烟商亦纷至沓来，随之烟行、转运公司兴起。每至秋季烟叶收获后，"乡人来此求售，异常繁闹。公司收买烟叶，加以烘焙，包装运往沪、汉"，每年经许昌车站运出烟叶200余车。许昌也是豫中的农产品集散地，每年经车站运出的许昌产的各种农作物3270余吨，红薯约三四百吨，西瓜500余吨，柿子约400余吨，还有梨、李、枣、苹果、胡桃、红花、葡萄等大半运往汉口，运销汉口的蔬菜有白菜、萝卜、辣椒、豆粉等；禹州的甘草、薄荷等也从许昌车站运输。② 集散市场地位的形成，银钱业也随之兴起，城南大街、车站、南门里、各集市附近，都有钱摊。第三产业的形成，使许昌集散市场的功能越来越强。

随着铁路的延伸，一些县城功能也发生转变，其市场地位凸显出来。陕县在清朝为直隶州，辖灵宝、阌乡、卢氏县，民国建立后改州为县。政治地位降低，经济随之衰退，城内"居民稀少，隙地甚多"。但随着铁路延伸到陕县，这种局面得到了改观。"铁路通后，商务益盛，马路四达，昔日闭塞之邑，以变而为繁盛之都矣。陕西及灵宝诸县之棉花、牛羊皮均集散于此，尤以棉花为盛；税局收入之丰，为全省冠"。③ 陕县成为豫西棉花和农副产的集散市场。

通过市场的兴衰变化来看，河南的传统市场空间结构是以水运为枢纽形成的，如四大名镇周口镇、社旗镇、道口镇和朱仙镇，均位于水路交通方便之地。但随着铁路的兴起，物流方式的改变进而使商路发生了变化，在传统市场体系遭到致命打击的同时，新的市场格局开始建立。河南新市场体系以交通枢纽郑州为中心，以铁路为轴进行重新布局，平汉铁路沿线的中心市场有安阳、新乡、许昌、驻马店、漯河，陇海铁路沿线中心市场有商丘、开封、陕县等，道清铁路沿线有道口镇和清化镇。总之，随着铁路运输取代水运，以四大名镇为中枢的传统市场体系瓦解，代之而起的是以铁路输运为枢纽的

---

① 张绍勋：《许昌县志》卷6，1924年石印本。
② 吴世勋：《河南（下编）》，上海：中华书局，1939年，第123、126—127页。
③ 吴世勋：《河南（下编）》，上海：中华书局，1939年，第97页。

新市场体系的构建。

## 五、结　语

自从1840年鸦片战争以来，西方列强以战争和不平等条约强迫开放通商口岸，使中国出现了"千年未有之大变局"。但对河南而言，真正发生"变局"是在平汉铁路开通与清末新政之后，开始有了近代化的气息。北洋政府时期不仅建立了新的经济制度，如张謇担任农商总长期间出台了一系列有利于社会经济发展的法律、法规，在规范社会经济方面发挥了应有的作用；还采取了比较自由的经济政策，鼓励民间发展农业、手工业与商业。这些因素给北洋政府时期河南经济带来了新的变化，农业方面，不仅种植结构在改变，农业的商品化程度也在提高。工业方面，20世纪20年代，河南70%以上的工矿企业都兴建于北洋政府时期，涉及工业门类在当时来说已经比较齐全，经营方式有企业集团、股份公司，也有中外合资企业，现代河南工业布局在北洋政府时期已有雏形。手工业方面，除了一些能够被机器工业品所能替代的行业外，大部分传统手工业还在延续，而且因出口贸易的需要，一些传统手工业如草帽辫、丝绸等行业有了长足的发展，一些手工业转变为半机器生产，手工业经营方式也在改变。这一时期市场变化最为剧烈，以水运为纽带的传统市场比较迅速地瓦解了，代之而起的是以铁路运输为纽带的新市场体系的形成。这些种种变化，从一个侧面说明，北洋时期中国一些区域的社会经济是处于上升状态，而不完全是"沉沦"。

从近代历史发展的进程来看，河南经济发生新的变化初显在晚清新政时期，在北洋政府时期迅速起步，奠定了现代河南经济社会发展的基础与格局，因此，我们认为在近代河南经济发展的过程中，北洋政府时期具有承前启后的意义。

*原载（《陕西师范大学学报》2013年第3期）*

# 制度创新、技术变革与农业发展——以1927—1937年河南为中心的研究

我国是一个以农立国的国家，不论在传统经济中还是近代社会经济转型时期，农业在国民经济中都占有绝对优势，因此，农业是学者研究中国经济史的主要话题之一。在关于民国时期农业经济史研究中，目前学术界存在着两种截然相左的观点：一种观点认为自近代以来，中国农业每况愈下，到20世纪30年代中国农业已经全面破产，农村经济完全崩溃，如章有义认为："粗略说来，清朝末年农民生活状况不如鸦片战争前，尤其不如18世纪。再由晚清到民国，由北洋军阀时期到国民党统治时期，截至抗日战争前夕为止，基本上又是一代不如一代，从未出现过什么繁荣时期。"[①]刘克祥也认为1927—1937年间，全国生态环境和农业生产条件呈继续恶化态势，"人均粮食占有量也在下降，既大大低于清代前期的水平，也比20世纪20年代减少了将近一成。所有这些都无法证明国民党政府时期的农业生产有重大发展。"[②]这一观点被学术界称为"衰退论者"，支持这一观点的有夏明方，他认为19世纪50年代以后中国农业急剧衰落。同时，他否认晚清以降至民国时期农业生产力在粮食生产中的作用，认为即使华北人均粮食产量有所提高是因天灾人祸、人口数量锐减所换来的人均粮食产量的提高；而晚清末期至民国时期粮食产量的提高在很大程度上是这一时期全国气候变暖的结果[③]。

---

① 章有义：《明清及近代农业史论集》，北京：中国农业出版社，1997年，第238页。
② 刘克祥：《1927—1937年农业生产与收成、产量研究》，《近代史研究》2001年第5期，第59—112页。
③ 夏明方：《发展的幻象——近代华北农村农户收入状况与农民生活水平辨析》，《近代史研究》2002年第2期，第211—250页；夏明方：《近代中国粮食生产与气候波动——兼评学术界关于中国近代农业农业生产力水平的争论》，《社会科学战线》1998年第4期，第167—172页。

另一种观点认为近代农业和传统农业相比有了一定程度的发展,如吴承明认为从粮食总产量看,我国农业在20世纪以来仍然是增长的,到1936年达到高峰,他说:"总体看来,我国近代农业生产力是有一定发展的,生产方法也有所变化。发展甚慢,但基本上还能适应人口增长的需要。变化极微,但也不完全是老样子了。"[①] 这一观点被称为"发展论者"。一些学者从不同的侧面论述20世纪20—30年代我国农业是发展而不是衰退。如徐秀丽通过对华北平原粮食亩产量的考察,认为20世纪前30年来,农业生产形势较好,粮食亩产已经大致恢复到清朝盛世的水平,或许还略有提高[②]。还有学者对民国时期尤其是20世纪30年代中国农业发展持乐观的态度,如刘建中认为近代由于新技术特别是良种和化肥的引进,粮食亩产量和总产量在抗战以前都是增加的[③];郑起东认为1914—1932年华北农业得到较快的发展,粮食亩产量和人均粮食产量均处于上升的趋势[④]。慈鸿飞则更为乐观,他认为华北农村市场有了很大的发展,"其扩大程度远远超出前人已作出的判断",20世纪30年代华北农民的收入水平几乎与同世纪90年代的纯收入差不多[⑤]等。在前人研究的基础上,笔者从农政机关的设立、农业技术、粮食和经济作物的种植等几个方面对南京国民政府前十年河南农业问题进行研究[⑥],目的是通过对一个农业大省的农业问题的研究,以探讨中国近代农业的"衰退"或"发展"的问题。

---

[①] 吴承明:《中国近代农业生产力的考察》,《中国经济史研究》1989年第2期,第63—77页。

[②] 徐秀丽:《中国近代粮食亩产量的估计——以华北平原为例》,《近代史研究》1996年第1期,165—181页。

[③] 刘建中:《近代中国农业生产力的综合考察》,《历史教学》1992年第11期,第22—26页。

[④] 郑起东:《近代华北农业发展和农民生活》,《中国经济史研究》2000年第1期,第55—72页。

[⑤] 慈鸿飞:《二十世纪前期华北地区的农村商品市场与资本市场》,《中国社会科学》1998年第1期,第91—106页。

[⑥] 与本课题研究相关的成果,中国大陆学者刘永试、解学东主编:《河南近代经济》,开封:河南大学出版社,1998年;王天奖:《从单产看近代河南的农业》,《史学月刊》1991年第1期等。他们认为近代河南农业衰退,农村经济破产,属于"衰退论者"。中国台湾学者沈松侨认为:近代河南农业在"内卷化下小农生产中的过剩劳力为经济作物的种植提供了不可或缺的劳力资源,而反过来,经济作物却又加深了农业内卷化的程度。在这种结构性的限制下,经济作物种植所促成的商品化过程虽会为河南农业生产提供了一条新技术的传播途径,然而这些新的技术,却因完全缺乏现代的资本主义投资相配合,而根本未能发生任何重大作用。整个河南农村经济基本上仍深陷于贫乏经济的泥淖之中。"显然,该论点也属于"衰退论者"。(沈松侨:《经济作物与近代河南农村经济(1906—1937)——以棉花与烟草为中心》,"中央研究院"近代史研究所编:《近代中国农村经济史论文集》,台北:"中央研究院"近代史研究所,1989年,第327—378页)

## 一、农政机关的现代化

南京国民政府成立后，农业成为政府关注比较多的经济部门，最主要的表现就是农政机关明显增多，职责细化和分工明确。1927年6月，新河南省政府成立后，将原北洋政府的实业厅改为建设厅，第一科专门"掌农林蚕桑渔牧之计划，管理及保护奖进农业经济之改良，农业渔业团体之组织，病虫害虫之防除，耕地之整理，荒地之垦殖"，第四科管理"农田水利之整治"的等事项①。

建设厅还下设一些具有科研性质的农业机构。1929年，在尉氏、信阳、洛阳、汲县、商丘、辉县、南阳设立了7所农林实验场，同时将辉县、延津、登封3处林场统归建设厅直接管理。1931年，将农林试验场改组为7个试验场：即开封园艺试验场，商丘麦作试验场，信阳稻作试验场，洛阳棉作试验场，汲县杂谷试验场，南阳桑蚕试验场，辉县畜牧试验场②。各试验场的职责为3个方面，一是调查"现在各场及附近各县农事之状况，与过去之得失，何者宜兴？何者宜革？"调查主要内容有12项，即"（1）土质之调查。（2）气候之调查。（3）地势之调查。（4）生产种类之调查。（5）生产量之调查。（6）农产输出数量之调查。（7）农作物优良品种之调查。（8）各种病虫害之调查。（9）桑树种类之调查。（10）山蚕饲料之调查。（11）农民养蚕方法之调查。（12）缫丝方法之调查。"二是进行农业试验和改良，内容有8项，包括"（1）品种之改良。（2）土质之改良。（3）耕种法之改良。（4）耕地整理之改良。（5）肥料利用之改良。（6）植桑植柞之改良。（7）桑蚕育种缫丝方法之改良。（8）其他特种品种优点利用之改良。"三是农业推广，包括："（1）将试验所得优良品种，设法分给各县，普及种植，以期推广。（2）发行刊物，从事宣传，而谋推广。（3）利用农暇巡回演讲，灌输农民新知。（4）举行农产品展览会及竞赛会。（5）每年适宜期间，招致附近各地真正农民数人，到场练习……。（6）输派技术人员、工头、长丁，赴各乡村，就地试验，使一般农民易于习知农业改良新法。（7）我国农民因循守旧，对于种植方法之改良，漠不关心。

---

① 张斐然：《河南的建设》，《河南政治月刊》1931年第1期，第1页。
② 张静愚：《河南建设之回顾与前瞻（续）》，《中国建设》1936年第2期，第62页。

应于可能范围内,强制执行,藉以改良之基,而收推广之效。"[1] 1932年12月,建设厅又将农事试验场和林务局合并改组为5个农林局,各农林局进行农业科研侧重点有所不同,如第一农林局,以麦作、园艺、森林为主业,花生为副业;第二农林局,以稻作、麦作、森林为主业,园艺为副业;第三农林局,以蚕桑、烟草、森林为主业,棉花为副业;第四农林局,以棉作、森林为主业,果树、园艺、麦作为副业;第五农林局,以麦作、杂谷、森林为主业,牧畜为副业[2]。各农林局在农业方面的职业职责为:第一,调查。"实地勘察主要农作物及肥料之种类,土壤之性质,种植方法之适否,农具制造之精粗,以及蚕业、家畜之饲养状况"。第二,实验。即将调查所得"分别缓急轻重,切实加以实验,期得优良成绩"。第三,推广。"(1)征集国内外各地农作物优良种子,先在场内种植,俟驯化后再推行民间。(2)以本场试验所得之优良品种,编印栽培浅说,分发农民,使其依法种植,并担负失败赔偿责任。"第四,指导。"(1)派遣技术人员分赴本区域内各乡村与农民直接联络,讲演种植新法,并就农民种植之作物指示其改进方法。(2)每届年终在场内举行农产品展览会,先期布告农民,使之届时前来参观,藉资观摩,并由技术人员轮流演讲,多方指示,期收宏效。"[3] 这些具有科研性质农业机关的设立,推动河南的农业由传统经验性农业向现代农业转型。

20世纪30年代,河南省先后成立了一些涉农委员会,如以建设厅为依托成立河南省农林指导委员会,宗旨是"指导全省农林机关,筹划发展全省农林事业,核议改良推广全省农林方案。"[4] 成立了隶属于省政府的河南省农业倡导委员会,"以提倡指导全省农林事业之改进与发展为宗旨",其职责为提倡并扶持农村合作社组织和改良,举办农产品比赛会及农业示范,提倡并扶助垦荒、造林、修路及水旱病虫害的防治,推行农业试验,奖励农副业及农产制造,介绍新式农具及优良种籽,提倡儿童农业团,举行本地农业调查及统计等[5]。1934年9月,国民政府财政部与河南省合作成立了整理水道改良土壤委员会,计划分5年完成河南各水道的开挖疏浚工作,并成立改良硷

---

[1] 《河南省各农场改组计划及推行情形》,《中国建设》1932年第3期,第53—54页。
[2] 张静愚:《河南建设之回顾与前瞻(续)》,《中国建设》1936年第2期,第67页。
[3] 河南省政府建设厅:《河南建设概况》,开封:河南省政府建设厅,1934年,第5页。
[4] 河南省政府建设厅:《河南建设概况》,开封:河南省政府建设厅,1934年,第8页。
[5] 河南省建设厅:《建设法规汇编》第1辑,开封:河南省政府建设厅1934年,第132页。

土试验场,"以谋土壤改良。"①

县级农政机关。各县实业局亦改为建设局(1927年8月),农、林、蚕、棉、水利等涉农事务归建设局管理②。1932年,县政府直属部门改局设科后,重新订立了农场、苗圃管理办法,"凡农场面积在三十亩以上,苗圃面积在五十亩以上者,各置管理员一人,其不足规定数目者,置管理员一人。"同年12月,遵照国民政府行政院颁布的《各省农业机关整理办法纲要》,"凡农场苗圃经费在六百元以上者,改为农业推广所,设农业指导员一人或二人,其不足六百元者,改为种籽繁殖场,由县政府第三科负责办理。"当时河南省属的111个县中,"设立农业推广所九十县,设立种籽繁殖场者十一县,场所具无者十县。"③县级农业推广所的职责包括9个方面:"一、推行农林试验研究机关及农业学校之优良成绩。二、直接或间接繁殖优良种子、种畜及树苗推广与农民。三、直接或间接举办各种农业展览会、农产品比赛会及农业示范等。四、提倡并扶助垦荒、造林、耕地整理及水旱与病虫害之防治。五、提倡并扶助农村合作社之组织及改良。六、提倡并扶助乡村社会之改良与农村经济之发展。七、介绍优良农具及肥料。八、举行农业调查及统计。九、普及农业科学知识于农民。"④ 20世纪30年代,各县也成立了一些农业督导与推广机关,如农业倡导委员会,其职责除了"办理省倡导委员会之指导与委托事项"外,其余与省级是一致的⑤。

除了上述各种农政机关外,还有农村合作委员会从事农业生产的督导和推广。1934年4月,河南省农村合作委员会成立⑥。1934年6月,合作委员会派遣"指导员,分赴各试办县份,实施宣传、调查、组织、训练诸工作。"⑦在合作委员会的指导和帮助下,河南省农村合作社如雨后春笋般建

---

① 河南省建设厅:《河南建设述要》,开封:河南省政府建设厅,1935年,第79页。
② 河南省档案馆等整理:《河南新志(中)》卷14,郑州:中州古籍出版社,1990年,第902页。
③ 张静愚:《河南建设之回顾与前瞻(续)》,《中国建设》1936年第2期,第66—67页。
④ 《河南省各县农业推广所组织章程》,《农业推广》1933年第5期,第9—10页。
⑤ 河南省政府建设厅:《建设法规汇编》第1辑,开封:河南省政府建设厅,1934年,第134页。
⑥ 孟昭社:《民国年间河南合作事业之回顾》,中国人民政治协商会议河南省委员会文史资料研究委员会编:《河南文史资料》第24辑,郑州:河南人民出版社,1987年,第149页。
⑦ 河南省农村合作委员会:《河南省农村合作事业报告》,《合作月刊》1934年第11—12期合刊,第63页。

立起来。据统计，1935年8月，全省建立合作社1283所，社员63 690名，股金21.04万元[1]。据中央农业试验所调查统计，1936年河南新增加合作社401所，其中信用社362所，社员17171人[2]；1937年，据57个县报告，全省登记在案的合作社3484所，社员152 759人[3]。合作社的主要职能是发放农业贷款，推广农业技术，指导农业生产等。如1934年8月，各县第一批成立455所合作社后，就通过合作社发放贷款30.23万元[4]。下面以郑县为例来看通过合作社贷款的情形，1935年2月，"（1）四省农民银行。郑县南阳村信社借洋四百八十元，南曹村信社借洋一千七百四十元，曹古寺村信社借洋五百六十元，魏河村信兼社借洋一千三百八十元，王寨村信社借洋八百四十元，合计共借农行洋五千元。（2）中国银行。郑县常庄村利兼社借洋一千元，沈庄村借洋一千二百元，贾河村信社借洋四百四十元，胖张村信兼社借洋七百元，乐群村利社借洋一千六百元，合计共借中国银行洋四千九百四十元。"[5] 合作社是国家金融机关投资农业的纽带，1935年，中国农民银行通过合作社向郑县等29个县信用放款659 025元，利用设备贷款113 939.6元，运销放款17 566元，供给贷款665元，合计791 195.6元[6]。1935年，彰德农村合作委员会向11个农村合作社放款14 831元[7]。洛阳合作社成立后，截至1936年初，共放出贷款14.5万元，其中信用放款占60%，凿井、植树、改良种子占20%，社员购买生产用品如肥料、农具、牲畜以及生活用品占20%[8]。河南省合作委员会成立后，为"谋增进农民生产起见，特商请河南大学农学院，就开封郭楼村利用兼营合作社，试行推广改良小麦种。此项麦种系南京金陵大学与南浸礼会合作农事试验场所改良之一二四号小麦种。"[9] 从上述事例来看，合作社在解决农村金融、推广农业优良品种方面发挥了重

---

[1] 张静愚：《河南农村合作运动的回顾与展望》，《农村合作》1935年第1期，第24页。
[2] 《民国二十五年全国合作事业调查》，《农情报告》1937年第2期，第46、80页。
[3] 《民国二十六年十六省合作事业调查》，《农情报告》1938年第12期，第151页。
[4] 《本省农村合作推行情形》，《河南农村合作月刊》1934年第6期，第3页。
[5] 常明伦：《驻郑县农村合作指导员办事处二月份工作总报告》，《河南农村合作月刊》1935年第10期，第9页。
[6] 中国农民银行：《中国农民银行民国二十四年度各省之农村合作事业》，《农村合作》1936年第6期，第130页。
[7] 《彰德续办农村贷款》，《农学月刊》1935年第3期，第119页。
[8] 《洛阳农村合作社概况》，《农村合作月报》1936年第8期，第90—91页。
[9] 《本会与河大农学院合作试行推广改良小麦种》，《河南农村合作月刊》1934年第6期，第4页。

要的作用。

从各级农政机关的设立来看，南京国民政府时期的农业政策有着积极的一面，政府试图通过设立各种农业试验场和推广所，以改良和推广农业技术；设立现代金融机构尤其是农村信用合作社，为解决农村金融枯竭和农业资本不足有着重要的意义。因此具有科研性质的农业机关以及农村合作组织的建立，使政府在行政作为中具有了为农业服务的理念。这种现代农业管理模式的出现，说明河南的农业开始由传统经验性农业向现代农业的转型。农政机关的现代化转型，必然推动农业生产的发展。

## 二、农业技术的变革

笔者主要从农具、肥料、盐碱地改良、农事试验等方面对20世纪20—30年代河南农业技术进行论述。

### （一）农具

从1927—1937年河南的地方志和各种调查来看，农业生产工具仍然以传统工具为主，耕种、收割、打碾所用农具几乎都是旧式农具。如西华县"耕地有犁、耙、锄、铁叉等，播种有耧，收获有镰、铲、戳子、网包等，运输有四轮车、马车等，打落五谷籽粒有石磙、捞石等，此外有桑义、荆义、掠把、木锨、竹扫帚等，亦农事中之辅助工具也。"[1] 开封近郊大花园村农民使用的农具"如锄、犁、耙、链、木掀、义、扫帚、铲、铁锨等"[2]。方城"耕作农具，如犁、耙、锄、链、车辆之类，纯系旧式机械，非唯无采用西式农具之家，亦无公共之设备，因交通闭塞，无从购置故也。"[3] 位于太行山南麓的林县"农具仍为耧犁、锄耙、扻镬、链斧等，并无采用西式农具者。"[4] 豫西"各农村也不会找到一件新式的农具，故在此交通不便的僻野农村，除了那数千百年留下的几种粗笨犁、耙、锄、锨等件外，再也不会找到20世纪的

---

[1] 《西华县续志》卷7《建设志·农业》，1938年铅印本，第1页。
[2] 《开封社会调查（七）》，《河南统计月报》1935年第9—10期合刊，第142页。
[3] 《河南各县社会调查·方城》，《河南统计月报》1936年第9期，第175页。
[4] 《河南各县社会调查·林县》，《河南统计月报》1937年第1期，第93页。

新农具了"①。灌溉也以辘轳等旧式工具为主,中牟"灌溉多用辘轳,或□杆等器具,迄未改良。"② 襄城"灌溉排水用具仍系旧式,现无改良,亦未采用西式农具。"③ 陕县"灌溉多用辘轳引水,近来采用水车者亦不少,采用新式农具者,则无。"④ 巩县"农民灌溉排水用具之设备,尚袭用旧日之人力辘轳、畜力水车,并利用自然排水,未经改良。亦无采用西式农具者。"⑤

但这一时期河南农具并不是没有一点变化,省立农业试验场和个别县的农业试验场开始使用新式农具。如河南棉产改进所除了使用旧式农具外,也使用新式农具,本部有喷雾器23具,播种器1架,五齿中耕器2架,安阳棉场有五进四出□浦1部,六匹马力柴油引擎1部,棉花条播机5架,五齿中耕机5架,新式水车1付,吉田式洋犁1具,中耕器6具,喷雾器9具;太康棉场有播种机4架,五齿中耕器4架,喷雾器6架;郑县双柄洋犁1架,播种机3架,中耕器4架,喷雾器5具⑥。叶县"西式农具,乡村概无采用者,县立农场,有西式犁一张,以做改良农具之提倡。"⑦ 汝南县境内设有省立园艺试验场和农业倡导委员会"特约之表证农家数十户,业经采用西式农具,并由农业推广所,设法推广新式农具。"⑧ 民权"原有官荒地,曾经三星公司开垦,并在美购置西式机器犁一架。"⑨ 尽管新式农具的使用仅限于农业试验场,但其示范意义不言而喻。

水车和抽水机是比辘轳更为先进的灌溉工具,在20世纪20至30年代开始使用于农田灌溉。如尉氏"灌溉用具,普通多用辘轳,近年来采用水车者,亦不少。"⑩ 洧川灌溉以水车为主,全县"有全套水车十七架,分配各区应用"⑪。安阳"近年机械发达,有购抽水机者,始用火力以代人工。至距渠河

---

① 韩柱国:《河南巩县三个农村经济的调查》,《中国经济》1937年第2期,第98页。
② 《河南各县社会调查·中牟》,《河南统计月报》1935年第2—3期合刊,第157页。
③ 《河南各县社会调查·襄城》,《河南统计月报》1935年第4期,第88页。
④ 《河南各县社会调查·陕县》,《河南统计月报》1935年第4期,第96页。
⑤ 《河南各县社会调查·巩县》,《河南统计月报》1936年第2期,第130页。
⑥ 河南棉产改进所编:《河南棉产改进所概览》,开封:河南棉产改进所,1937年,第10、12、13、15页。
⑦ 《河南各县社会调查·叶县》,《河南统计月报》1937年第12期,第142页。
⑧ 《河南各县社会调查·汝南》,《河南统计月报》1935年第8期,第67页。
⑨ 《河南各县社会调查·民权》,《河南统计月报》1936年第6期,第100页。
⑩ 《河南各县社会调查·尉氏》,《河南统计月报》1935年第2—3期合刊,第121页。
⑪ 《河南各县社会调查·洧川》,《河南统计月报》1935年第2—3期合刊,第145页。

较远之区，则多凿井，或用桔□，或用水车，男妇合作，备极辛勤。至水车式样，初为旧式，用熟铁大轮。继由河北输入新式水车，用生铁齿轮，比较轻便，农民多用之。"① 洛阳在农田水利方面使用的机械有："（1）开渠用铁钯、铁锨、畚箕，机器翻土，改良混江龙喷水嘴。（2）凿井用滑车出土，脚踏钻土机、钻头穿水机。（3）排水用吊桶出水，联斗出水机，马拉吸水机、水车油类抽水、蒸汽抽水机等。"② 位于京汉铁路沿线的安阳"灌溉、排水之设备，多仍采用旧式，唯中山村购有新式抽水器一具。"③ 信阳"灌溉排水用具，已渐改用抽水机，吸水机等工具。"④ 为了改进农具，政府也试图对农具进行革新，建立了新式工农机械制造厂，生产的农业机械有抽水机、吸水机、手摇双筒吸水机、畜力双筒吸水机、手压吸水机等，但产量少，价格昂贵⑤，"农民经济困难，现少有购用者。"⑥ 在铁路沿线一些地方新式灌溉工具使用比较普遍。

（二）肥料

20 世纪 30 年代调查资料显示，河南农业主要以传统肥料即人和畜的粪便、堆肥、麻、豆、花生饼等为主。如通许"农人所需肥料，约如下列：（1）厩肥。（2）人粪。（3）积肥。（4）芝麻饼。（5）菜油饼。（6）花生饼。（7）豆饼等类。"⑦ 尉氏肥料种类有油饼（榨油所余之渣滓）、大粪、草粪、灰土粪⑧。洧川"肥料有麻饼、人粪、堆肥，多购自周口。"⑨ 淮阳"所用之肥料为麻油饼，豆油饼，花生油饼，棉油饼，及人畜粪二种，出自本处，饼类每石价洋约二元，粪类每石价洋约二角。"⑩ 睢县"农业所用肥料共分油渣、厩肥、土粪、人粪四种。油渣每石普通价格月值洋四元，厩粪土粪每石约值洋一元，

---

① 《续安阳县志》卷7《实业志·农业》，北京：文岚簃古宋印书局，1933 年铅印本，第1页。
② 《河南各县社会调查·洛阳》，《河南统计月报》1935 年第 6 期，第 66 页。
③ 《河南各县社会调查·安阳》，《河南统计月报》1935 年第 5 期，第 75 页。
④ 《河南各县社会调查·信阳》，《河南统计月报》1935 年第 8 期，第 74 页。
⑤ 河南省政府建设厅：《河南建设概况》，开封：河南省政府建设厅，1933 年，第 7—11 页。
⑥ 《河南各县社会调查·开封》，《河南统计月报》1935 年第 2、3 期合刊，第 138 页。
⑦ 《河南各县社会调查·通许》，《河南统计月报》1935 年第 1 期，1935 年 1 月，第 108 页。
⑧ 《河南各县社会调查·尉氏》，《河南统计月报》1935 年第 2、3 期合刊，第 121 页。
⑨ 《河南各县社会调查·洧川》，《河南统计月报》1935 年第 2、3 期合刊，第 145 页。
⑩ 《河南各县社会调查·淮阳》，《河南统计月报》1935 年第 4 期，第 107 页。

人粪每石约值洋一元五角。"① 传统农家肥仍然是农业生产的主要肥料。

同时，化学肥料开始进入河南。在平汉铁路"多见土墙砖墙之上，尽有红色'卜内门肥田粉'之广告。"② 据20世纪30年代的调查，河南一些县农民已经使用化学肥料，如武陟"外来之肥田粉，用者亦多"③。禹县"有一二家售舶来之肥田粉者，但以土质不宜，使用者甚鲜。"④ 沁阳"肥料种类来源可为二：一为土产，一为舶来。"土产如人粪尿、厩肥、堆肥、油糟粕等；舶来品为化肥，有两种："一为美国产肥田粉，一为德国产智利硝石，每包重一百七十斤，值国币二十四元。"⑤ 温县"间有用肥田粉者，每石洋十二元，系外国货来自外埠。"⑥ 汤阴除传统的人畜粪、草木灰外，也有"外运来肥田粉，每斤五六毛不等，用者甚少。"⑦ 孟县"有肥田粉，系由西洋输入，每斤一角二分，农户用者无多。"⑧ 化学肥料的使用，反映出河南传统农业技术正在发生着变革。

（三）改良盐碱地

黄河中下游的黄河故道两岸，"地势低洼，古系死海湖沼，集久化为斥卤，无排水河流宣泄，大雨遂成泽国，汇集水量渐多，浸入地层，与盐质化合，日光蒸发，盐质溶升，地面自成碱层。土人刮盐淋盐藉以牟利，□至不堪种植，沃野千里，遂成弃土。"⑨ 河南盐碱地主要分布在豫东、豫北和豫南三个地区，豫东最重，豫北次之。豫东区位于黄河以南，沙河以北，平汉铁路以西，有28个县是盐碱地。豫北区在黄河以北，与黄河相毗邻的10个县有盐碱地。豫南区在白河以西的南阳、镇平2个县有盐碱地⑩。河南盐碱地

---

① 《河南各县社会调查·睢县》，《河南统计月报》1935年第9—10期合刊，第120页。
② 张厚昌：《豫省农民生活之所见》，陈伯庄：《平汉铁路沿线农村经济调查》，上海：交通大学研究所，1936年，第43页。
③ 《河南各县社会调查·武陟》，《河南统计月报》1937年第4期，第89页。
④ 《河南各县社会调查·禹县》，《河南统计月报》1936年第4期，第122页。
⑤ 《河南各县社会调查·沁阳》，《河南统计月报》1936年第1期，第99—100页。
⑥ 《河南各县社会调查·温县》，《河南统计月报》1936年第10期，第151页。
⑦ 《河南各县社会调查·汤阴》，《河南统计月报》1936年第1期，第110页。
⑧ 《河南各县社会调查·孟县》，《河南统计月报》1937年第3期，第103页。
⑨ 河南省整理水道改良土壤委员会：《整理水道改良土壤会刊》1936年第2期，第1页。
⑩ 周锡桢：《河南碱地利用之研究》，萧铮主编：《民国二十年代中国大陆土地问题资料》，台北：成文出版社，1977年，第24921、24932、24935页。

的面积几乎占河南省三分之一，就豫东地区调查，不能种植作物的盐碱地"有十七万三千七百余亩之多"①。生活在盐碱地的农家，不能从事农耕，以生产土盐养家糊口，既影响农业生产，又影响国家盐税。在此情况下，1932年，国民政府第二次全国内政会议决议通过改良冀鲁豫晋四省硝碱地，"目的在救济民生，兼裕国税"。办法是"注重查禁，治本则在兴辟碱地水利，多开河道支渠，引水蓄淡，改变土质，俾能施种，使斥卤悉化膏腴，硝户尽成农户，硝盐不禁自绝。"②遵照国民政府的旨意，1934年9月，由财政部与河南省政府共同组建河南省整理水道改良土壤委员会，主要任务是改造盐碱地③。在当时的技术条件下，主要采用"灌溉与排水并重"的方法，"排水以洩积潦，使硝碱盐质，随水流去，不致上升地面。灌溉所以尽其冲洗之力，以引去表面之碱质。有斯二者，益以耕作方法，自可使碱质逐渐减少，渐城沃土。"④改良盐碱地主要从三个方面着手，一是疏浚河道。二是建立改良硷土试验场。三是散发抗碱性种子。

在疏浚河道方面，河南省整理水道改良土壤委员会调查了商丘境内的包河、古宋河、北沙河、南沙河、陈二河、大沙河、蔡河、西沙和、响河、坡河、顺水河等，调查内容包括干流、支流的河道状况，以及沿河土质及出产等⑤。1935年3月，河南省整理水道改良土壤委员会组成了惠济河测量队，对通许、杞县、兰封、陈留、开封各县实地勘察，"历时月余，查勘工作完竣，于各该县河流碱地情形，亦大致明瞭。"1935年5—6月，河南省整理水道改良土壤委员会又派员"先后施测各处水道河渠，绘制图表，以为施工张本"⑥。通过对商丘、宁陵、虞城、夏邑、永成5县河流的调查，该委员会认为解决盐碱问题途径有二：一是"非开挖河渠，不能收排除积潦，冲刷盐碱之效"。二是"非搜集耐碱性种子，广植于盐碱区域，以资补救，始

---

① 河南省整理水道改良土壤委员会：《整理水道改良土壤会刊》1936年第2期，第160页。
② 河南省整理水道改良土壤委员会：《整理水道改良土壤会刊》1936年第2期，第1页。
③ 河南省整理水道改良土壤委员会：《整理水道改良土壤会刊》1936年第2期，第7页。
④ 《整理郑汴水道初步计划》，《整理水道改良土壤会刊》1936年第2期，第98页。
⑤ 《归德排水区商丘县河道及盐碱地之查勘》，《整理水道改良土壤会刊》1936年第2期，第21—39页。
⑥ 《惠济河流域测勘报告之一》，《整理水道改良土壤会刊》1936年第2期，第40页。

可为功。"① 在调查盐碱地和获得对策后，河南省建设厅计划投入经费550.5万元（其中401.5万元由省政府援照征地、征工法办理，其余148.9万元由财政部按月拨给3万元），第1年修浚惠济河，第2、3年修浚贾鲁河，第4年修浚沙河、泥河，第5年修浚卫河②。河南省整理水道改良土壤委员会把盐碱区分为5个排水灌溉区，并会同省政府"饬县征工开挖"，截至1936年地政学校调查时，已完河渠工程，计有500余千米；动工而未完成河渠工程有800余千米。完工和未完工的涉及沟渠175条，其中，商丘38条，宁陵2条，兰封8条，柘城16条，夏邑29条，陈留17条，杞县9条，虞城36条，永成20条。为了解决各沟渠水源不足的问题，河南省整理水道改良土壤委员会"在惠济河疏浚告竣之后，即于黄河南岸，离开封20余千米之黑岗口，装置60厘米之虹吸管六道，吸引黄河水源，经新开之黄惠河，而流入惠济河，以便冲刷盐碱地，灌溉农田，增加生产。该项工程，现已完成，并于1936年七月，开始放水，其流量为每秒0.89立方米，六道合计流量为5.34立方米，年可灌田20余万亩。"③ 疏浚河道取得了初步的成就。

在改良试验方面，河南省整理水道改良土壤委员会在开封成立改良硷土试验场，1935年开始进行改良试验工作。试验场在开封城内西南坡选择"碱性轻重不匀之白碱土地一段"，计面积98.33亩，用于实验的土地88亩，进行4方面的试验：（1）抗碱植物利用试验，选择碱性较轻的地段，按植物生理和栽培的经验，选取几种抗碱性较强的植物进行种植。作物试验选择高粱、红毛谷、玉蜀黍、甜菜及苜蓿等5种具有抗碱性作物进行试验；果树试验选择枣树、石榴、杏树3种果树；森林试验选择洋槐、椿树、白蜡树、合欢树4种；花卉试验选择牵牛、粉豆、石竹、蜀菊、葵花、龙舌、仙人掌和洋马刺苋等8种草本花卉和碧桃、刺梅、木槿、海石榴等5种木本花卉；蔬菜试验选择甜菜、茄子、苋菜、丝瓜、莴苣、葱、韭菜、东瓜等8种，通过抗碱试验，选择抗碱性强的植物进行推广。（2）理学改良试验，即机械改良试验，

---

① 《归德属五县勘察河渠报告及整理计划》，《整理水道改良土壤会刊》1936年第2期，第55页。

② 周锡桢：《河南碱地利用之研究》，萧铮主编：《民国二十年代中国大陆土地问题资料》，台北：成文出版社，1977年，第24988—24992页。

③ 周锡桢：《河南碱地利用之研究》，萧铮主编：《民国二十年代中国大陆土地问题资料》，台北：成文出版社，1977年，第25008—25028页。

参照土壤学的学理和他处试验的经验，采用冲刷、挖沟、冲刷与挖沟兼作、耕耘、覆盖、耕耘与覆盖兼作、使用绿肥、绿肥与覆盖兼作等方法，观察那种方法收效最大，以便推广。(3) 化学改良试验，按照化学反应原理，施以酸性化学肥料及硫磺石膏等，使土壤中各种过量碱性元素如钾、钠等起中和作用，让碱性土壤变为中性土壤。(4) 理学、化学混合改良试验[①]。以粟和高粱为例来看改良碱土试验场的试验结果，详见表1。

表1　开封改良碱土试验场改良碱土试验结果

| 作物 | 粟 | | | | | | 高粱 | | | | |
|---|---|---|---|---|---|---|---|---|---|---|---|
| 改良方法 | 加石膏100斤 | 加有机肥11斤 | 加硫磺16两 | 加无机肥25斤 | 耕4次盖3次马粪 | 耕3次盖4次马粪 | 挖沟加石膏50斤 | 加无机肥25斤 | 耕4次 | 盖3次 | 挖沟加石膏50斤 | 耕3次加有机肥千斤 |
| 每亩产量 | 28斤 | 40斤 | 60斤 | 40斤 | 153斤 | 75斤 | 125斤 | 20斤 | 50斤 | 50斤 | 80斤 | 50斤 |

资料来源：周锡桢：《河南碱地利用之研究》，萧铮主编：《民国二十年代中国大陆土地问题资料》，台北：成文出版社，1977年，第25038—25039页

从表1的试验结果来看，盐碱地改良中，粟的种植耕4次盖3次马粪效果最好，粟的亩产量可达153斤，其次是挖沟加石膏50斤，产量可达125斤；高粱以挖沟加石膏50斤效果最好，每亩产量可达80斤。在当时的技术条件下，能有这样的成绩是值得肯定的。

在散发抗碱性种子方面，河南省整理水道改良土壤委员会所做的工作不是很多。从调查来看，1935年10月小麦播种时，河南省整理水道改良土壤委员会给商丘发放小麦种7432斤；1936年4月春播期间，给商丘发放黑豆种3920斤，黍种2248斤，稷种2104斤；给夏邑、永成发放高粱种260斗，黍稷种320斗，粟种500斗，脱子棉种1000斤，胡萝卜种1000斤[②]。

### （四）农事试验和推广

农事试验和推广是农业技术改良的主要内容，也是传统农业向现代农业转型的主要标志之一。20世纪30年代，河南第一农林局在小麦、高粱、大

---

[①] 《改良碱土试验场实施程序》，《整理水道改良土壤会刊》1936年第2期，开封：河南省整理水道改良土壤委员会，第159—171页。

[②] 《豫整理水道改良土壤委员会两年来的工作》，(天津)《大公报》，1936年9月23日，第10版。

豆、谷子试验方面取得了一定的突破,小麦选出 N-2、N-6、N-7、N-10、N-11 等优良品种 5 系,亩产量高出标准种的 50%;高粱选出 103、156、74、215 等优良品种 4 系,亩产量超出标准种的 15%;大豆选出最优品种 84、148 号及平顶黄 3 种,亩产量超过标准种的 15%。第二农林局在水稻、高粱优良品种试验方面成绩突出,选出Ⅲ-14-71 号优良水稻品种,每亩产量较标准行增多 42.04%;1934 年,该局在高粱育种上取得突破,培育出的第八品系比标准行产量高出 38.034 斤;该局还进行了水稻直播与插秧比较试验、水稻品种比较试验、水稻肥料比较试验、小麦播种期试验、小麦品种比较试验、蔬菜经济栽培试验等。第三农林局进行了蚕桑、小麦、棉作等育种试验,烟草肥料期和烘制烟叶等试验。第四农林局在培育棉花优良品种做出了成绩,1933 年,该局对 11 个棉花品种进行比较试验,选出了适合豫西种植的脱字棉和灵宝棉;还进行了美棉株行、棉花人工杂交、棉花播种期、棉花肥料等试验。第五局也进行了小麦、谷子、高粱、大豆等杆行试验,玉米自交、杂交试验,水稻品种观察试验,棉花单株及混合选择试验等[①]。

农业推广方面,第一农林局育种的优良品种 124 号小麦、48 号谷子于 1934 年开始推广,"凡在该局作业区内之县份,每县发 15 千克,先由农业推广所栽培繁殖,嗣再分给保甲长,依次推广于农民。其不属于该区作业区内之县份,农业推广所有愿意领种者,亦饬令酌量分给,以便广为繁殖。"第二农林局"推广稻、麦、棉、茧及各种树种 272 525 千克,蚕种 275 张。"第三农林局"推广于南阳、南召、淅川、镇平、内乡、方城等县之脱字棉种籽 7326.5 千克;推广于内乡、南阳、唐河、镇平、方城、邓县之小麦种籽 11 161.5 千克。"第四农林局在农业推广中取得了很大的成绩,1933 年在洛阳、新安、偃师、伊川、孟津、巩县、汜水等县"择定表证农家,推广脱字美棉种籽 2775 千克";1934 年改变推广办法,"择取中心区,由近及远,注全力于洛阳、偃师、灵宝、登封四县与各该县政府合作,计推广脱字棉种 26 065 千克";1935 年,"推广于洛阳二、八两区,及偃师、巩县、汜水、伊川等县之棉种 12.5 万千克;又推广于洛阳教育实验区者,7625 千克;复乘该局代办十区专员公署农林学校学生卒业之便,每人发给棉种 25 千克,共计

---

① 张静愚:《河南建设之回顾与前瞻(续)》,《中国建设》1936 年第 2 期,第 67—68 页。

1750千克。"为推广植棉技术，该局还创办了模范棉田，如当地农民"胶于积习，种植美棉，每偏太稠，以致棉花不能充分发育，收量不丰，迭经派员苦口劝导，多不肯听，该局遂在洛阳第三区之半乐、象庄、白马三村镇，各设示范棉田一处，津贴肥料费用，指导其展宽距离，俾农民观感而起仿效。"除推广棉花外，该局还推广小麦和蚕种，1934—1935年推广小麦约4520余斤，1933—1935年推广蚕种685张。第五农林局"推广湖桑苗1万余株，蚕种336张，蔬菜种籽5145袋，脱字及受字美棉230余斤，菜克亨鸡418羽，波支猪及波辉杂种11次。"①20世纪30年代，农业推广在一些方面取得了明显的成效，以棉花为例来说明，由于河南省"棉产改进所，及各农业机关，常在各县散放棉种，提倡甚力"②。因此，土棉面积逐年缩小，引进的优良品种种植面积逐年扩大，如1922年，"洋棉面积为42万亩，产额8万担"；1936年，洋棉增至"450万亩，竟及10倍，产额增至百十万担，竟及13倍。反观中棉面积，则由263万亩减至153万亩，产额则由47万担减至27万担。"③在育苗与造林方面，各农林局也有较好的业绩④。

从以上论述来看，南京国民政府成立后，河南在农业技术方面存在两种现象，一种是在技术上因循守旧，如农业耕作的主要农具没有更多的变化，仍然是以传统生产工具为主；一种是在技术上出现了创新，如化学肥料、抽水机等的使用，优良品种的推广，盐碱地的调查与改良，尤其是农事试验场的建立，新式农具被使用，优良品种被引进和推广，农业调查机制的建立等，都说明这个时期农业生产虽然依然以传统技术为主，但现代技术在农业生产中开始出现，农业生产的现代化因素在不断得到加强。

## 三、粮食作物的增长

衡量一个地区农业是否增长的主要标志是粮食总产量、单位面积产量和人均粮食产量。河南粮食作物种植以小麦、小米、高粱、玉米、大麦、

---

① 张静愚：《河南建设之回顾与前瞻（续）》，《中国建设》1936年第2期，第69—70页。
② 金陵大学农业经济系：《鄂豫皖赣四省之棉产运销》，南京：金陵大学农业经济系，1936年，第23页。
③ 河南省棉业改进所：《河南棉业》，开封：河南省棉业改进所，1936年，第26页。
④ 张静愚：《河南省建设述要》，开封：河南省政府建设厅，1935年，第49页。

甘薯、水稻为主，徐秀丽根据1924—1929的常年比例和1931—1937年的平均比例计算出河南省各种作物总播种面积比例为：小麦47.4%，小米14%，高粱11.5%，玉米7.4%，大麦8.4%，甘薯2.6%，水稻2.7%，这7种作物占总播种面积的94%，其他杂粮占6%[①]。因此，以上述7种农作物能够反映河南粮食生产的总体水平。表2是本研究段河南主要农作物产量统计。

表2　1929—1937年河南主要粮食作物产量统计表　　　（单位：1000担）

| 年份 | | 1929① | 1931② | 1932② | 1933② | 1934② | 1935② | 1936② | 1937② |
|---|---|---|---|---|---|---|---|---|---|
| 小麦 | 产量 | 70 499 | 81 775 | 88 142 | 96 720 | 81 091 | 789 85③ | 105 414③ | 37 444③ |
| | 指数 | 100 | 116.0 | 125.5 | 137.2 | 115.0 | 112.0 | 149.5 | 53.1 |
| 大麦 | 产量 | 16 873 | 15 341 | 15 616 | 15 788 | 15 067 | 15 547 | 19 047 | 7 391 |
| | 指数 | 100 | 90.9 | 92.6 | 93.6 | 89.3 | 92.1 | 112.9 | 55.7 |
| 小米 | 产量 | 18 362 | 21 961 | 23 026 | 23 352 | 27 360 | 29 370 | 16 116 | 20 294 |
| | 指数 | 100 | 119.6 | 125.4 | 127.2 | 149.0 | 159.9 | 87.8 | 110.5 |
| 高粱 | 产量 | 14 038 | 18 750 | 23 062 | 23 267 | 23 744 | 23 025 | 22 509 | 25 279 |
| | 指数 | 100 | 133.6 | 164.3 | 165.7 | 169.1 | 164.0 | 164.3 | 180.0 |
| 玉米 | 产量 | 10 563 | 11 218 | 14 282 | 12 147 | 14 471③ | 15 886③ | 9 084③ | 13 603③ |
| | 指数 | 100 | 106.2 | 135.2 | 115.0 | 137.0 | 150.4 | 86.0 | 128.8 |
| 水稻 | 产量 | 9 139 | 2 008 | 2 065 | 6 117 | 6 393 | 4 787③ | 8 576③ | 11 299③ |
| | 指数 | 100 | 22.0 | 22.6 | 55.9 | 67.0 | 52.4 | 93.8 | 123.6 |
| 甘薯 | 产量 | 28 229③ | 30 349 | 36 775 | 62 416 | 53 635 | 513 913 | 333 053 | 52 277 |
| | 指数 | 100 | 107.5 | 130.3 | 221.1 | 190.0 | 182.1 | 118.0 | 185.2 |
| 合计 | 产量 | 167 703 | 181 402 | 202 968 | 239 807 | 221 761 | 218 991 | 214 051 | 167 587 |
| | 指数 | 100 | 108.2 | 121.0 | 145.0 | 132.2 | 130.6 | 127.6 | 99.9 |

注：1. 水稻产量是粳稻与糯稻产量的合计数。
2. 指数为笔者计算。
3. 棉花、花生、烟草等下文将专门讨论。
4. 1担＝100市斤
资料来源：①《河南全省农业生产统计表》，《中国建设》1932年第3期，第57—62页；②崔宗埙：《河南省经济调查报告》，第26—28页；③许道夫：《中国近代农业生产及贸易统计资料》，上海：上海人民出版社，1983年，第19—20、163页

从7种主要粮食作物的总产量来看，只有抗战爆发的1937年粮食总产量

---

[①] 徐秀丽：《中国近代粮食亩产的估计——以华北平原为例》，《近代史研究》1996年第1期，第176页，表2。

略低于1929年的水平，其他年份都高于该年的水平，说明在在20世纪20—30年代（抗战前）河南农业处于增长状态。需要指出的是，一般地人们把南京国民政府经济发展水平最好时期定位在抗战爆发前夕的1936年，而河南则有所不同，就粮食总产量而言，1933年是最高年份，与1929年相比（指数为100），主要农作物总产量净增7210.4万担，增长指数达145，增长了近50%。而1934年—1937年则处于逐渐下降的趋势，1934年指数为132.2，1935年为130.6，1936年为127.6，1937年为99.9，几乎跌到1929年的水平。就不同粮食而言，也有差异。如小麦、大麦1936年达最高水平，增长率分别为49.5%、12.9%；小米、玉米1935年达最高水平，指数增长率分别为59.9%、50.4%；高粱、水稻总产量最高在1937年，指数分别增长80%、23.6%；甘薯的最高产量是1929年的2倍以上。总之，20世纪30年代河南的粮食总产量超过了1929年以前的水平。这里需要说明的是为什么河南粮食总产量从1934年开始呈下降趋势？主要是棉花、花生、烟草等经济作物大面积种植的结果，这些经济作物的大面积种植（见下文），势必侵占一定数量的粮食耕地，从而影响了粮食生产总量。一些种植棉花的村庄甚至出现了粮荒，如豫北彰德的宋村，"因棉花的大量栽培，使小麦的供应无法自给，即使在无灾害的平年，该村仍有四成以上的农家必须向外购入谷物。"[1] 其他经济作物种植也有这样的问题，见下文的论述。

粮食亩产量的高低是评价农业是否发展的主要标志之一。据许道夫的统计，民国初年（1914—1918）河南粮食播种面积最高年份亩产量水稻146市斤，小麦158市斤，玉米202市斤，大麦149市斤，高粱109市斤，谷子171市斤[2]，平均亩产量为155.8市斤；如果再乘以154.52%的复种指数，耕地面积的亩产量为240.8市斤。又据徐秀丽对华北粮食亩产量进行了考证，得出河南每市亩播种面积的产量为175市斤，如果再乘以154.52%的复种指

---

[1] 沈松侨：《经济作物与近代河南农村经济（1906—1937）——以棉花与烟草为中心》，"中央研究院"近代史研究所编：《近代中国农村经济史论文集》，台北："中央研究院"近代史研究所，1989年，第365页。

[2] 许道夫：《中国近代农业生产及贸易统计资料》，上海：上海人民出版社，1983年，第19—21页。

数，耕地面积的亩产量为270斤①。通过比较，20世纪30年代，河南粮食播种面积亩产量比民国初年增加了19.2市斤；耕地面积的亩产量增加了29.2市斤，增长率分别为12.3%和12.1%。从一个侧面也应征了徐秀丽认为20世纪20—30年代，粮食亩产量经过近代一段下降之后，大致已经恢复到清朝中叶的水平，并略有提高的结论是正确的。因此，从亩产量来看，20世纪30年代，河南的农业的确有一定程度的发展，至少超过了晚清和民国初年的水平，这一结论应当与当时的农业生产水平相吻合。

人均粮食产量也是衡量农业是否发展的主要标志。有学者指出，从道光元年至清王朝覆灭，河南粮食生产呈现出每况愈下的趋势。从夏季收成看，1838年之前收成均在七成之上，个别年份可以收到八成。1839—1857年还可以收到六成，此后直到1911年只能收到五成②。说明晚清时期河南农业生产降低到历史最低水平。民国初年（以1913年为例），河南的耕地为11 494.5万市亩③，人口2892.8万人④，以常年耕地面积亩产量240.8市斤计算，粮食总产量为2 767 875.6万市斤。如上所述，实际上1911年时河南粮食只能收到五成，如按五成计算，粮食总产量只有1 383 937.8万市斤，人均粮食产量为478.4市斤。那么，和民国初年比较，1927—1937年河南人均粮食产量是增加还是减少？我们先来看表3。

表3　1929—1937年河南人均粮食产量统计表

| 年份 | 1929 | 1931 | 1932 | 1933 | 1934 | 1935 | 1936 | 1937 |
| --- | --- | --- | --- | --- | --- | --- | --- | --- |
| 粮食总产量（万斤） | 1 677 030 | 1 814 020 | 2 029 680 | 2 398 070 | 2 217 610 | 2 189 910 | 2 140 510 | 1 675 870 |
| 人口（万人） | 2 909.0 | 3 284.4 | 3 119.2 | 3 284.6 | — | 3 457.3 | 3 430.0 | 3 429.3 |
| 人均粮食（斤） | 576.5 | 552.3 | 650.7 | 730.1 | — | 633.4 | 624.1 | 488.7 |

资料来源：粮食总产见表1；人口资料来源于《中国人口史（河南分册）》，北京：中国财政经济出版社，1988年，第45—46页

---

① 徐秀丽：《中国近代粮食亩产的估计——以华北平原为例》，《近代史研究》1996年第1期，第165—181页。
② 李文治：《中国近代农业史资料》第1辑，北京：生活·读书·新知三联书店，1957年，第755—757页。
③ 许道夫：《中国近代农业生产及贸易统计资料》，上海：上海人民出版社，1983年，第8页。
④ 在河南人口统计中没有1913年的数据，本文的数据是根据侯杨方研究结论民国时期河南人口年增长率14.39‰，以1912年为基础推算出来的。

从表 3 来看，南京国民政府前 10 年，除 1937 年外，河南人均粮食产量总趋势是在增长。和民国初年相比，1927—1937 年河南人均粮食产量有了大幅度的增长，并不是有学者所说 1927—1937 年全国"人均粮食占有量也在下降，既大大低于清代前期的水平，也比 20 世纪 20 年代减少了将近一成"[①]的状况。从人均粮食产量来看，1927—1937 年河南农业的确是在增长，而不是在下降。

　　1927—1937 年，河南粮食总产量、亩产量和人均产量增加是毫无疑问的。但这种增长是天灾人祸导致人口数量锐减所换来的人均粮食产量的提高？抑或完全是"全国气候变暖的结果"？首先，我们来看民国时期河南的人口状况，据统计，1912 年为 2851.8 万，1914 年 3061.2 万，1919 年 3083.2 万，1925 年 3529 万，1928 年 2909 万，1931 年 3284.4 万，1935 年 3547.3 万，1936 年 3430 万[②]，很明显 1927—1937 年河南省人口和民国初期相比是增加了而不是减少了。根据人口学家的研究，"自 1911 年年初至 1949 年年底的 39 年间，河南地区人口平均年增长率为 14.39‰。"[③] 因此，人口数量锐减换来人均粮食产量的提高在河南是不成立的。其次，气候变暖给农业生产带来积极意义，这是没有问题的。一方面，据秦大河研究 20 世纪有两个暖期，分辨是 1920—1940 年和 1980 年至今，升温幅度约为 0.5—0.8℃。如果按照按照气温每增高 1℃，作物产量提高 10% 计算，1920—1940 年气温在 0.5—0.8℃升幅的条件下，亩产量的增幅应为 5%—8%。而 20 世纪 30 年代河南粮食亩产量比民国初年增长了 12% 以上，可见河南粮食亩产量的增长不完全是气温升高的结果。另一方面，气候变暖最直接的后果是降雨量减少，换句话说就是温度在增加，但是降水在减少，我国主要表现"降水仍然是华北、东北大部分地区比较少。"[④] 说明对于大陆性气候的华北而言，气温变暖对农业生产来说也有一定的负面影响。有学者指出"粮食产量与气候变暖是一种长时间的适应关系和持续关系，与某年的气温高低没有多大的相关性。因此，对农业粮食生产

---

　　[①] 刘克祥：《1927—1937 年农业生产与收成、产量研究》，《近代史研究》2001 年第 5 期，第 59—112 页。
　　[②] 《中国人口史（河南分册）》，北京：中国财政经济出版社，1988 年，第 45 页。
　　[③] 侯杨方：《中国人口史》第 6 卷，上海：复旦大学出版社，2001 年，第 128 页。
　　[④] 秦大河：《中国气候与环境演变（上）》，《资源环境与发展》2007 年第 3 期，第 2 页。

来说，更多地表现在气候变化的长期作用。"① 粮食产量虽然与气候变化的依赖性非常密切，但与社会生产力的发展至关重要。事实上，人类历史上农业生产的每一次进步，都包含着政府政策的推动和技术革新，1927—1937年河南农业的发展也不例外。因此，如果把20世纪20—30年代中国粮食产量增长完全归结于气候变暖，以此来否定农业生产力的作用，虽然是有失公允。

## 四、经济作物与农业商品化

经济作物的种植在某种程度上反映了农业商品化程度的高低，也是反映农业生产水平的重要标志之一。河南经济作物种植的兴起与农家土地面积狭小、铁路的兴起、农村金融枯竭、国内新式工业的原料需求以及政府的提倡有关②。农民种植经济作物比种植粮食作物可以获得更高的收益，据1935年调查，农民种植粮食"每亩平均收入数，仅为3.54元"，而经济作物每亩平均收获数为：棉花5.61元，花生6.81元，大麻11.58元，甘蔗10.97元，芝麻5.93元，其他8.89元③。经济作物每亩平均收获数为7.04元，比粮食作物高出将近1倍。又据20世纪30年代对濮阳一个村庄的调查，该村"地多沙质，上好耕地种谷类每年所得不过五、六元，种花生则获利九元以上。中等沙地种谷类年获一、二元，种花生则有三元余。至下等沙地，因谷类不生，久成无主荒田，今稍加人工，种花生则可得二元以上。"④ 这种高利润回报促使农民做出了种植经济作物的选择，即挪出一部分原来种植粮食的耕地种植经济作物。河南省的经济作物主要有棉花、花生、烟草、大麻、甘蔗、芝麻等，据1935年统计，各种经济作物中，棉花占51.57%，花生占22.32%，烟草占15.48%，大麻占5.31%，甘蔗占2.0%，芝麻占1.88%，其他占1.44%⑤。其中，棉花、花生、烟草种植面积占所有经济作物种植面

---

① 刘贵山等：《浅析气候变化导致对农业生产的影响》，《农村牧区机械化》2008年第4期，第37页。
② 沈松侨：《经济作物与近代河南农村经济（1906—1937）——以棉花与烟草为中心》，"中央研究院"近代史研究所编：《近代中国农村经济史论文集》，台北："中央研究院"近代史研究所，1989年，第327—378页。
③ 《河南农林统计引言》，《河南统计月报》1936年第8期，第3页。
④ 纪彬：《农村破产声中冀南一个繁荣的村庄》，（天津）《益世报》1935年8月17日。
⑤ 《河南农林统计引言》，《河南统计月报》1936年第8期，第3页。

积的90.37%。因此，这3种作物基本上能够反映经济作物在河南农业经济中的地位，我们以此为对象来分析河南经济作物的种植。

河南种植棉花的历史比较悠久，但因技术、交通等方面的限制，始终没有大的突破，如光绪三十二年（1906）农工商部调查全国棉花时，河南的棉花产区仅局限于安阳、洛阳、灵宝、邓州几个少数县份[①]。民国以降，随着近代棉纺织业的兴起和京汉、陇海铁路的贯通，运输条件的改善，市场的扩大及洋棉推广和植棉技术改进，棉花种植面积不断扩大。如安阳"大规模改良棉种，试种美棉，则始于广益纱厂经理袁心臣及邑人马绍庭，二人曾集资十万元，购地五十顷，设植棉公司于白璧集，凿井百余，购水车三十余架，而本县种美棉之风于是大开。"[②] 1934年，金陵大学经济系调查时，河南"棉田面积，已达四百万亩以上，产棉额已达百万担，超过历年平均产额甚巨。前途发展未可限量。"[③] 从棉花种植地域分布来看，从1906年仅有数县植棉，发展到30年代几乎达到全省普遍植棉的状况。另据1936年统计，全省植棉达84县，占全省县数的76%[④]。一些县植棉在农业中占有重要地位，如据1932年调查，灵宝"棉田为14万余亩，约占全县耕地1/6"；陕县植棉"77 000余亩，约占全县耕地面积1/3"[⑤]。1934年，主要植棉区安阳、唐河棉田占全县耕地面积的50%，陕县为55%，阌乡为60%，偃师、禹县为70%，灵宝为75%[⑥]。据1936年统计，河南"在万亩棉田以上者达70县，在10万亩以上者达20县，其中安阳一县棉田且有90万亩之记录，几占该县耕地2/3。"[⑦] 可见，在棉花的主要产区，农业耕地被棉田所侵蚀，棉花成为这些县农业支柱产业。

上面我们是从地域范围的变化看河南植棉业发展的状况，下面从种植面积、产量来看本省的棉花种植情况，如表4。

---

① 沈松侨：《经济作物与近代河南农村经济，1906—1937——以棉花与烟草为中心》，"中央研究院"近代史研究所编：《近代中国农村经济史论文集》，台北："中央研究院"近代史研究所，1989年，第346页。
② 《续安阳县志》卷7《实业志·农业》，1933年铅印本。
③ 金陵大学农业经济系：《鄂豫皖赣四省之棉产运销》，1936年，第38页。
④ 河南省棉业改进所：《河南棉业》，1936年，第26页。
⑤ 《豫西五县棉作调查》，《河南政治月刊》1932年第7期，第168—174页。
⑥ 严中平：《中国棉纺织史稿》，北京：科学出版社，1955年，第339页。
⑦ 河南省棉业改进所：《河南棉业》，1936年，第26页。

**表 4　1921—1935 年河南棉田面积、产量统计表**

| 年份 | 1921 | 1922 | 1923 | 1924 | 1925 | 1926 | 1927 | 1928 | 1929 | 1930 | 1931 | 1932 | 1933 | 1934 | 1935 |
|---|---|---|---|---|---|---|---|---|---|---|---|---|---|---|---|
| 亩数① | 85.6万亩 | 304.7万亩 | 269.3万亩 | 267.7万亩 | 298.5万亩 | 288.1万亩 | 281.7万亩 | 156.7万亩 | 98.4万亩 | 268.0万亩 | 288.0万亩 | 342.4万亩 | 370.8万亩 | 409.2万亩 | 179.5万亩 |
| 增长指数 | 100 | 356.0 | 314.6 | 312.7 | 348.7 | 336.6 | 329.1 | 138.1 | 115.0 | 313.2 | 336.4 | 400.0 | 442.5 | 478.5 | 209.7 |
| 全国产量② | 5429 | 8310 | 7415 | 7809 | 7534 | 6244 | 6722 | 8839 | 7587 | 8810 | 6222 | 8106 | 9774 | 11202 | — |
| 河南产量① | 219千担 | 555千担 | 558千担 | 572千担 | 545千担 | 557千担 | 590千担 | 214千担 | 123千担 | 567千担 | 645千担 | 579千担 | 817千担 | 1022千担 | 397千担 |
| 增长指数 | 100 | 253.4 | 254.8 | 261.2 | 248.9 | 254.3 | 269.4 | 97.7 | 56.2 | 259.0 | 294.5 | 264.4 | 373.1 | 466.7 | 181.3 |
| 占全国比例 | 4.0% | 6.7% | 9.3% | 7.3% | 7.2% | 8.9% | 8.8% | 2.4% | 1.6% | 6.4% | 10.4% | 7.4% | 8.4% | 9.1% | — |

资料来源：①金陵大学农业经济系：《鄂豫皖赣四省之棉产运销》，1936年，第17、19页。②金国宝：《中国棉业问题》，上海：商务印书馆，1936年，第10—13页

表4反映的是1921—1935年河南棉花种植的水平和在全国的地位。在这期间，河南棉花种植面积、产量虽然不稳定，就总趋势而言，20世纪30年代的种植面积比1921年增长了3—4倍，1934年突破了400万亩；总产量1930年代比1920年代有了大幅度的增长，1934年突破了102万担。因此，南京国民政府时期河南棉花不论种植面积还是总产量都在不断增加，河南成为全国主要的产棉区。自1919年以来，"河南棉产额在各省当中，常居第五位"，由于推广得力，1922—1935年，"洋棉产额增加了13倍以上，其占全国洋棉总产额之百分比，竟由6.23%增至14.84%；在各省洋棉产额中，仅次于冀、鄂两省。"①就总体而言，20世纪20年代，平均占全国总产量的5.6%，到20世纪30年代前期的8.34%，特别是1931年占到10.4%，足见河南棉产在全国的重要意义。

1927—1935年棉花种植面积、产量的浮动，与生产技术因素无涉，而是战争、自然灾害所致。如1928年，南京政府北伐，"战区展至豫北一带，主要产棉地带，如彰德等地，皆感受重大打击。益自春至秋，长期亢旱，耕作失时者既多，棉苗因旱枯死者，亦复不少，结果棉田大减，尚不及十六年之半数。"1929年，"灾害仍烈，武安、陕州、灵宝、阌乡、洛阳等主要产区，

---

① 河南省棉业改进所：《河南棉业》，开封：河南省棉业改进所，1936年，第27、28页。

全未播种。其他各县，播种亦少，复因雨水不调，收量欠佳。"1930 年，"除临彰亢旱，全无播种外，其余各县，尚称及时，唯开花时期，有遭旱害者；结桃时期，有遭阴雨者，以致收获仅有五成。"1931 年，"豫北发生战祸，安阳、汤阴、武安等地，棉作失时。七、八月间，各县水旱迭作，棉田复多被害，后竟有改种其他作物者。"1932 年以后，本省棉花耕种面积、产量均处上升趋势。原因一是社会逐渐趋于稳定，"产棉区域之农村秩序，全告恢复，加以各方提倡甚力，棉产需求，又复增加，于是植棉之风，颇有展开之势。"二是风调雨顺，如 1933 年棉花"播种期间，雨水大部适宜。"三是市场需求扩大，利益驱动农民植棉，"荒地垦后，多以植棉（邓县即其一例），加以年来棉价较高，出售又易，种棉恒较其他作物为有利。大利所在，人必趋之。"[1] 结合前文和金陵大学农业经济系的调查结果来看，南京国民政府前十年期间，河南的棉花种植不论是面积、总产量，还是技术水平都比以前有了很大的提高。

花生的种植仅次于棉花。河南种植花生历史比较悠久，但长期受运输条件和市场的限制，"仅供本地榨油及茶食之用，无贩运出口之利。"[2] 民国以来花生在豫东大量兴种，有诸多因素：第一，新品种的引进，土地适宜种植。光绪二十年（1894），"洋花生之种子输入，实粒肥硕，收获较丰，随脂质不及旧种之富厚，然以种收较易，……民间多乐种之。"[3] 而且花生是一种适合沙质土壤种植的农作物，豫东黄河故道两岸"多沙质土壤，尤能繁殖"[4]。第二，铁路运输兴起，市场不断扩大。豫东花生种植虽然在民国初年就逐渐增多，但"尚不能成市，乃自陇海路通车后，外庄交易，渐次发达，因而产量随之剧增。"[5] 特别是 1920 年以后，"花生油忽成为国际商品，花生价格遂由每斤制钱二十四文渐涨至银元九分，"花生种植由自给转变为"以卖为目的的商品化"生产[6]，高额的市场回报刺激了农民种植花

---

[1] 金陵大学农业经济系：《鄂豫皖赣四省之棉产运销》，南京：金陵大学农业经济系，1936 年，第 23 页。
[2] 中美新闻社开封通信：《河南之花生生产》，《申报》1919 年 10 月 30 日，第 7 版。
[3] 中美新闻社开封通信：《河南之花生生产》，《申报》1919 年 10 月 30 日，第 7 版。
[4] 崔宗埙：《河南省经济调查报告》，南京：财政部，1945 年，第 20 页。
[5] 《豫东花生业发达》，《中行月刊》1934 年第 6 期，第 89 页。
[6] 纪彬：《农村破产声中冀南一个繁荣的村庄》，（天津）《益世报》1935 年 8 月 17 日。

生的积极性。

因此，20世纪20—30年代，花生逐渐成为"黄河流域沿河沙土地带之大宗产物，豫东一带尤著，计其重要产区，则有开封、兰封、中牟、陈留、杞县、通许、商丘、封丘、尉氏、民权等县。虽其他沿河流域之县份，如原武、阳武、新郑等县，亦年有少许之出产。"[①] 由于花生种植面积的扩张，豫东黄河故道原来的"荒沙之区，向所弃置之地，今皆播种花生，而野无旷土矣。"[②] 原来不毛之地，由于花生的种植而成为为农民带来丰厚收益的土地，这不能不说是近代河南农业的一个巨大进步。由此河南也成为我国花生三大主产省份之一，"山东为最广，占百分之二十三强；河北次之，占百分之十五强；河南又次之，占百分之十三强。"[③] 表5是1914—1937年河南花生生产情况变化统计表。

表5　1914—1937年河南花生生产统计表（指数以1914年为100）

| 年份 | 1914 | 1929 | 1924—1929 | 1933 | 1934 | 1935 | 1936 | 1937 | 1933—1937 |
|---|---|---|---|---|---|---|---|---|---|
| 种植面积（千市亩） | 270 | 1981 | 2119 | 2618 | 2310 | 2156 | 2386 | 2451 | 2384 |
| 变化指数 | 100 | 733.7 | 784.8 | 969.6 | 855.6 | 798.5 | 883.7 | 907.8 | 884.1 |
| 总产量（千市担） | 255 | 5705 | 5192 | 7200 | 5798 | 4391 | 5087 | 4437 | 5382 |
| 变化指数 | 100 | 2237.2 | 2036.1 | 2832.5 | 2273.7 | 1722.0 | 1994.9 | 1740.0 | 2110.6 |

资料来源：许道夫：《中国近代农业生产及贸易统计资料》，上海：上海人民出版社，1983年，第163页；1929年数据来源于《河南全省农业出产概况统计表》（特作物类二），《中国建设》1932年第3期，第59页。变化指数由笔者计算

从表5来看，民国初年到20世纪30年代，河南花生生产有了大幅度的增长，20世纪20年代的种植面积（1924—1929）是民国初年（1914）的7.8倍，20世纪30年代的种植面积（1933—1937）是民国初年的8.8倍；产量20世纪20年代的花生产量是民国初年的20倍，20世纪30年代的花生产量是民国初年的21倍。虽然20世纪30年代的某些年份不论种植面积还是总产量不如20世纪20年代的某些年份，但就整体而言20世纪30年代的生产水平还是超过了20世纪20年代水平。另外，20世纪20—30年代，花生的种植面积和民国初年相比增加不到10倍，而总产量却增加了20余倍，说明花

---

[①] 《豫东花生业发达》，《中行月刊》1934年第6期，第88页。
[②] 中美新闻社开封通信：《河南之花生生产》，《申报》1919年10月30日，第7版。
[③] 实业部国际贸易局：《花生》，上海：商务印书馆，1930年，第17—18页。

生的亩产量也有了大幅度的提高。

在河南花生主产区，种植花生成为农家经济生活新的增长点，如"开封、中牟等县，向称不毛之沙岗砾地，近且一变而为种植落花生的佳壤，故当地农民无不以此为生，产销之良否，关系于农民生计者甚巨。"① 通许"近十余年来，县西北一带之沙地多种落花生，产量颇丰，为新增农产，除本地制油或熟食外，向能运销各地，为出产之大宗。"② 随着花生成为主产区的主要农作物，又出现了花生排挤粮食作物的局面，如1925年调查时，开封的高粱、大豆和青豆，陈留的高粱、小麦和大豆，通许的小麦、豆类、高粱和小米，睢县的豆类、小米和高粱等被花生种植所取代，"根据河南一个地区的报告，编篓子的柳条，也被花生所代替了。"③ 据1935年统计，在花生主产区，花生种植占耕地面积达到了比较高的比例，如开封达17.8%，中牟29.5%，兰封28.1%④。花生种植不仅改变了农业种植结构，也对农家的消费产生了很大的影响，如濮阳某村1920年前商品经济尚不发达，"全部耕地，均依各家每年的需要而种植谷物及棉花、番薯等作物。大概附近村周围的耕地约十顷许，因便于看守及妇女往返，多种植棉花。"1920年以后，随着花生栽培的盛行，"棉田渐减，距今三、四年前已经完全消灭。衣料的来源，先均取于成安、临漳一带的棉花，自行纺织；继而购用安阳纱厂的棉线；今则多直接购买洋布，仅事裁做。"⑤ 以上资料说明，随着花生的种植，不仅加快了农产品的商品化，也改变了农民的消费结构，表明农家的消费水平随着花生的种植有所改变和提高。

民国时期河南种植的第三大经济作物是烟草。河南的土质适宜种植烤烟，出产的"烟叶纤维细，色彩黄的比例较高，适合种烟的地区比例广。附近煤矿保证了烤烟用的燃料。"⑥ 有利的自然条件再加上英美烟公司的推广，20世

---

① 河南省政府：《河南省政府年刊（上）》，开封：河南省政府，1934年，第118页。
② 《通许县新志》卷1《风土志·物产》，1934年铅印本。
③ 章有义：《中国近代农业资料》第2辑，北京：生活·读书·新知三联书店，1957年，第213页。
④ 根据"河南农林统计专号"表1《总面积及耕地面积》和表2《主要特用作物面积及产量》有关数字计算，《河南统计月报》1936年第8期，第6—8、42—43页。
⑤ 纪彬：《农村破产声中冀南一个繁荣的村庄》，（天津）《益世报》1935年8月17日。
⑥ 上海社会科学院经济研究所：《英美烟公司在华企业资料汇编》第1册，北京：中华书局，1983年，第272页。

纪 20 年代开始，烟草成为河南最主要的农业经济作物之一。1902 年，美英两国烟业托拉斯合并组建跨国公司——英美烟公司，资本总额 2250 万英镑[①]。20 世纪初相继在上海、汉口、沈阳、哈尔滨等设立卷烟厂及附属企业，开始垄断中国的烟草市场。1905 年、1909 年和 1910 年，英美烟公司就曾到河南邓州、确山、泌阳、南阳、通许等地进行调查[②]。1915 年，英美烟公司"到河南襄城、叶县去调查烟叶的生产状况，并且用较高的价钱收买了许多烟叶，作为农民种植烟叶的兴奋剂。一般农民正在生活极端困难的情形之下，便认为这是救星到了。"为了扩大烟草种植面积，英美烟公司"有计划的暗示给农民改用英美种籽，告诉肥料的改良，熏烟的方法，以及其他增加烟叶产量，改良烟叶本质的道理和设计。因此，烟叶的种植马上就扩大了。"[③] 同时，南阳兄弟烟草公司也在河南许昌推广种植烟草[④]。英美烟公司在河南推广种植烟草的"第 2 年（1918），首次获得总共 200 万磅烟叶的重大收获；到 1920 年，河南出产的烟叶，单单卖给英美烟公司的就达 1400 万磅以上；而到 1924 年，更多达 2300 万磅以上。"[⑤]在烟草的种植中，农民获得了比种植粮食作物更高的回报，"一亩烟便胜过了十亩粮。"[⑥] 高额报酬刺激了周边农民，使其争相弃种杂粮，改种烟草。如禹县烟草"自襄境阑入禹之东南，始则大获其利，遂蔓及万柏、礼临、颍川三里，几乎无家不种，无种不多。近且波及禹之西北，奄有风行草偃之势，或有为得钱买食之计，小农之馨其田以种烟。"[⑦] 由于英美烟公司的大力倡导，河南烟草种植范围不断扩张，"不几年以许昌为中心的烟叶生产，便普遍到附近的十几县了。这时除了佃农、雇农以外，几乎每家必种烟叶。"[⑧]

---

[①] 张宗成：《中国之烟草事业》，《中国建设》1930 年第 6 期，第 92—93 页。
[②] 上海社会科学院经济研究所：《英美烟公司在华企业资料汇编》第 1 册，北京：中华书局，1983 年，第 240 页。
[③] 明洁：《英美烟公司和豫中农民》，《中国农村》1936 年第 7 期，第 69 页。
[④] 章有义：《中国近代农业史资料》第 2 辑，北京：生活·读书·新知三联书店，1957 年，第 171 页。
[⑤] 陈真：《中国近代工业史资料》第 4 辑，北京：生活·读书·新知三联书店，1961 年，第 438 页。
[⑥] 李耕五：《许昌英美烟公司与许昌烟区》，中国人民政治协商会议河南省委员会文史资料研究委员会编：《河南文史资料选辑》第 13 辑，郑州：河南人民出版社，1985 年，第 142 页。
[⑦] 民国《禹县志》卷 7《物产志》，1939 年刻本。
[⑧] 明洁：《英美烟公司和豫中农民》，《中国农村》1936 年第 7 期，第 69—70 页。

20世纪30年代河南烟草的种植面积有了大幅度的扩张,产量也不断增长。据统计,1924—1929年,河南每年烟草种植面积大约10万市亩左右,每年产量30万市担;1931—1937年,河南每年种植面积90.3万市亩,平均年产量为132.9万市担[1],种植面积和总产量均超过了20世纪20年代以前的水平。另据美国农业部农业经济处的估计,河南的烤烟产量在1916—1937年的20年间增加了20余倍[2]。表6是20世纪20—30年代河南烟草生产统计表。

**表6　河南烤烟产量统计表（1920—1937年）**　　（单位：千磅）

| 20世纪20年代 | 年份 | 1920 | 1921 | 1922 | 1923 | 1924 | 1925 | 1926 | 1927 | 1928 | 1929 | 平均 |
|---|---|---|---|---|---|---|---|---|---|---|---|---|
| | 产量 | 16 000 | 9 000 | 6 500 | 11 000 | 32 000 | 11 000 | 4 500 | 5 000 | 5 000 | 5 000 | 10 500 |
| 20世纪30年代 | 年份 | 1930 | 1931 | 1932 | 1933 | 1934 | 1935 | 1936 | 1937 | — | — | 平均 |
| | 产量 | 45 000 | 60 000 | 45 000 | 65 000 | 50 000 | 63 000 | 70 000 | 60 000 | — | — | 57 250 |

资料来源：转引自沈松侨：《经济作物与近代河南农村经济,(1906—1937)——以棉花与烟草为中心》,"中央研究院"近代史研究所编：《近代中国农村经济史论文集》,台北："中央研究院"近代史研究所,1989年,第363页,各年代平均值由笔者计算

从表6来看,20世纪20年代,河南烤烟平均产量为1050万磅,20世纪30年代,河南烤烟平均产量为5725万磅,比1920年代的平均产量增加了5倍多。烟草的种植,改变了农作物种植结构,如"许昌、襄城一带,在1918—1919年,农家种烟草的面积还是很少。1919年后逐渐扩张,现在种烟的各区中差不多有24%—40%的耕地都种植烟叶。"[3] 因此,这里的农作物如高粱种植,随着烟草栽培的扩张,日益萎缩[4]。烟草种植使农家获得了高额的报酬,如以种植10亩烟田计算,支出情况是：麻饼（350斤）10元,长工2人70元,短工2人30元,草料（驴1头、骡1头）60元,税捐6元,炕10元（一炕价约30元,以一炕能用3年计）,煤（5000斤）30元,竹竿麻

---

[1] 许道夫：《中国近代农业生产及贸易统计资料》,上海：上海人民出版社,1983年,第215页。

[2] 沈松侨：《经济作物与近代河南农村经济（1906—1937）——以棉花与烟草为中心》,"中央研究院"近代史研究所编：《近代中国农村经济史论文集》,台北："中央研究院"近代史研究所,1989年,第362页。

[3] 希超：《英美烟公司对于中国国民经济的侵蚀》,中国经济情报社编：《中国经济论文集》,上海：生活书局,1934年,第96页。

[4] 沈松侨：《经济作物与近代河南农村经济（1906—1937）——以棉花与烟草为中心》,"中央研究院"近代史研究所编：《近代中国农村经济史论文集》,台北："中央研究院"近代史研究所,1989年,第365页。

绳等杂用 50 元，租地 50 元，共需支出 325 元。收入为：头等烟 300 斤左右，每斤 5 角 9 分；二等烟 600 斤左右，每斤 3 角；三等烟 2000 斤左右，每斤 1 角 5 分，共计 570 元整。"依此计算，每种 10 亩烟田，若栽培得宜，无意外事件发生，而烟价又不太低时，出入相抵可得纯益 200 元，较之种其他作物，利率较高。"① 烟农可以获得 35％的纯收益。1928 年 4 月 27 日，英美烟公司致国民政府函中称："许州（许昌）烟叶，每年出产之价值，约在 4 万—500 万元。大英烟公司每年所收买者，平均约及半数，农民借以谋生活者，为数甚众。而河南省政府颁发印花每年向大英烟公司直接征收烟税，按照收买价格，值百抽四或抽五。于收买烟叶时，就栈征收。"② 据 1936 年调查，各县产烟数量为：襄县 12 000 吨，许昌 8000 吨，禹县 6000 吨，郏县 4500 吨，临颍 3000 吨，长葛 3000 吨，"以每斤平均售价 0.2 元计，共计洋 1200 万元左右。"③ 如以 35％的纯收益计算，农家可获得 420 万元；以 4％—5％税收收益计算，政府可获得 48 万—60 万元的税收。可以看出，烟草的种植为烟农和政府都增加了不少的收入。

## 五、结　论

本文对民国时期河南农政机关的设立、农业技术、粮食和经济作物种植的问题作了论述。总的来说，南京国民政府前十年河南的农业与之前相比，出现了缓慢向前发展的势头。就农政机关而言，1927—1937 年比以前增加了不少，涉农机关不仅有政府部门的行政机关，还有各级农事试验场和合作社。和过去相比，政府农业行政部门的职能也发生了很大的变化，传统的农业部门以征收赋税为主要目的，而民国以来政府的农业部门具有了为农业服务的理念，如为农业发展提供技术服务（包括引进和改良新品种、协助办理合作社、优良种的供应等）、金融支持（主要是通过合作发放农贷）等。20 世纪 30 年代，合作社作为一种新式的涉农机构在河南建立，并很快普及乡村社

---

① 张翰才：《许昌附近烟叶调查》，《中行月刊》1936 年第 5 期，第 30 页。
② 上海社会科学院经济研究所：《英美烟公司在华企业资料汇编》第 1 册，北京：中华书局，1983 年，第 287—288 页。
③ 张翰才：《许昌附近烟叶调查》，《中行月刊》1936 年第 5 期，第 29 页。

会，成为国家金融机构投资农业并和乡村社会进行联络的纽带，对扶持农业发展和盘活乡村金融起了重要作用。应当说，现代农业管理模式的出现，为农业的发展奠定了良好的基础。

各级农事试验场的设立，对农业发展并非全无影响。尤其是省级农事试验场在河南农业现代化过程中扮演了重要角色，农事试验场在农作物优良品种培育方面发挥了应有的作用，培育成功了棉花、小麦、蚕种、高粱、大豆、谷子等多种优良品种，有的得到了较大范围的推广，而且有一定成效，如郑县农家原不善耕种，"近年由当局之提倡改良，亦渐改良，试验成绩，尚属不恶。"[1] 辉县牧畜试验场的新式畜牧兽医为附近农家所接受，"每于附近家畜发生疫病时，即派员前往医治，并施行种种之消毒，除杀病菌。"[2] 特别是在棉花新品种引进和推广方面，农事试验场起了不可替代的作用，直接推动了河南棉花播种面积的扩大和产量的提高，新式农具如播种机、抽水机、喷雾器、洋犁、中耕机等开始引入河南农业生产，尽管有的新式农具只限于试验场，但却有着示范的意义。盐碱地改造是民国时期河南农业技术最主要的成就之一，在引黄河水灌溉方面使用了虹吸技术，是民国时期河南灌溉技术的一大进步。通过疏浚河道，建立改良碱土试验场和试验抗碱性种子对盐碱地进行了改造，使一部分盐碱地变成了良田。在政府的倡导下，盐碱区域如武陟、通许、开封、获嘉等地农民采取"翻土之法"改造盐碱地，使产量增加两三倍[3]。随着新的农业技术的应用，说明民国时期河南农业生产技术的现代化因素不断得到加强。

农业的发展或不发展最终落实在粮食产量和农业商品化程度两个方面。南京国民政府前10年河南的粮食总产量有了一定程度的增加，20世纪30年代（抗战前）粮食总产量超过了1929年以前的水平，粮食亩产也达到或超过了康乾盛世时期。从粮食总产量、亩产量和人均粮食产量来看，20世纪30年代，河南的农业的确有一定程度的发展。不仅粮食产量比以前有所增加，而且农业生产的商品化程度比以前有了很大的提高。本时期内河南农业生产

---

[1] 编者：《日趋繁荣之郑县——本省社会调查之三》，《河南政治月刊》1932年第5期，第9页。
[2] 《辉县畜牧试验场二十年作业概况》，《河南政治月刊》1932年第9期，第5页。
[3] 转引自王天奖：《从单产看近代河南的农业》，《史学月刊》1991年第1期，第65—72、104页。

最大的变化是铁路沿线经济作物的栽培,"芝麻、黄豆、棉花、烟叶这四样系平汉沿线农村最重要的商品作物。"[1] 为商品而种植的经济作物,运销省内外市场的数量十分可观,提高了农业生产的商品率。如以开封为中心的豫东花生通过上海销售闽广、南洋、西洋"计占全部约十分之六",通过汉口销售到湖南、江西等地"约占十分之一二",花生的商品率达 70%—80%,如果加上本省销售(如豫西炒食占二十分之一)[2],商品率就更高。临漳"农产物以棉花为大宗,每年收获量不下七十余万斤,所种之棉,品质颇优,十之八九尽销于安阳、郑县、吴家庄、平津、济南等地,竟远输日本,畅销国外。"[3] 临漳的棉花商品率达 80%—90%。1933 年,中央农业试验所据河南 55 个县的报告,河南棉产的商品率大约为 47%[4];到 1936 年棉花的商品化程度又有了很大提高,河南棉产改进所估计"河南棉产额为 130 余万担,全省人口 3000 余万,平均每人年需皮棉 1 斤计,(填充材料及手纺布匹)则全省境内每年消耗约 30 余万担,其供给纺织工厂者,当在 100 万担以上;除省内所有纺纱厂年需皮棉 25 万市担,(根据本年本所调查结果见本书河南棉纺工业一节)则输出境外者达 80 万担,每担以 50 元计,共值 4000 万元;其关系本省农村经济与人民生计及全国纺织事业,实非浅鲜也。"[5] 也就是说,河南棉花的商品率从 20 世纪 30 年代初的 47% 上升到抗战前夕的 80.8%,出现了"植棉之区,已臻极度的作物商品化"的现象[6]。河南生产的烟草绝大多数被英美、南洋兄弟以及国内烟草公司收购[7]。除了经济作物外,平汉铁路沿线的粮食作物也有很高的商品率,如黄豆,自耕农的出售率确山为 82.2%,驻马店为 96.4%,遂平为 82.1%,西平为 78%,偃城为 74%,许昌为 67.6%[8]。这些都说明民国时期河南农业生产商品化程度有了

---

[1] 陈伯庄:《平汉铁路沿线农村经济调查》,上海:交通大学研究所,1936 年,第 2 页。
[2] 《豫东花生业发达》,《中行月刊》1934 年第 6 期,第 89—90 页。
[3] 《临漳县鸟瞰——本省社会调查之六》,《河南政治月刊》1932 年第 7 期,第 7 页。
[4] 冯和法:《论中国农产买卖》,《国际贸易导报》1936 年第 1 期,第 3 页。
[5] 河南省棉产改进所:《河南棉业》,开封:河南省棉产改进所,1936 年,第 26 页。
[6] 陈伯庄:《平汉铁路沿线农村经济调查》,上海:交通大学研究所,1936 年,第 39 页。
[7] 沈松侨:《经济作物与近代河南农村经济(1906—1937)——以棉花与烟草为中心》,"中央研究院"近代史研究所编:《近代中国农村经济史论文集》,台北:"中央研究院"近代史研究所,1989 年,第 361—362 页。
[8] 陈伯庄:《平汉铁路沿线农村经济调查》,上海:交通大学研究所,1936 年,附表 16。

很大的提高。

随着农业生产的增长，某些地方的农民生活也有了改变，尤其是平汉铁路沿线农业生产商品化程度比较高的地区，农民生活水平有所提高。如新郑"土壤带沙质，缺水利，农作物仅足自给，这样的环境，农村应是很贫瘠的。"但20世纪30年代给人完全不同的印象，时人当时这样描写所见到的新郑农村：

> 在那里所见的房屋，都很宽敞整齐，农民的衣着，都很光鲜，这不能不归功于该地的特产——红枣了。一入新郑县境，碧油油的旷野，满是枣树，绿荫婆娑，鸡鸣犬吠，像这优美的乡村，河南是少见的。一亩之地，可种枣十株至三十株，枣树下课杂植其他作物；惟因地力关系，产量不如纯植之多。十年前每株枣树可产枣一百多斤，近年因害虫繁殖，无法驱治，致产量日减，现在一株可收十斤至二十斤。目前枣价每担四元。据农人说，以现在之产量之价格，较之种其他杂粮，仍属有利。此外，花生、水梨，亦为大宗出产。新郑因有这几种特殊作物，农村生活不怪比其他村落好一点了①。

新郑因平汉铁路的通车、运输条件的便利及农副产品的商品化程度大大提高而改变了原来贫瘠的状况。平汉沿线还有一些地方农家生活也有变化，就居住条件而言，"由信阳以北至驻马店，地瘠民贫，故农民住宅，率多土房。而屋顶盖草，草上铺泥，颇为轻便。由驻马店以北至许昌，所建房屋，多半用土，亦颇坚固。由郑州新乡以北农村则比较富庶，砖房居百分之六十。"② 反映了许昌、郑州至新乡铁路沿线农家因种植烟草、棉花等经济作物，居住条件逐渐好起来。一些地方的农民过着温饱生活，如许昌农家因种烟变得"较为富庶。该地农民食品，米麦兼用。"③ 唐河"农民粗衣淡食，能

---

① 郑佩刚：《平汉沿线农村见闻杂述》，陈伯庄：《平汉铁路沿线农村经济调查》附件1，上海：交通大学研究所，1936年，第29页。
② 张厚昌：《豫省农民生活之所见》，陈伯庄：《平汉铁路沿线农村经济调查》附件2，上海：交通大学研究所，1936年，第45页。
③ 张厚昌：《豫省农民生活之所见》，陈伯庄：《平汉铁路沿线农村经济调查》附件2，上海：交通大学研究所，1936年，第44页。

安于朴素，如无灾患，衣食住尚不发生严重问题。"① 虞城"倘年岁雨水调和，……则一年之收获，即可供当地两年之消费，即使秋禾歉收，只要麦收较丰，亦足敷居民一年之食用，故该县粮价，常较他处低廉。"② 这些都说明随着农业的缓慢发展，某些乡村农民生活维持了温饱状态。

同时，我们还要清醒地认识到，南京国民政府前十年河南农业发展程度是十分有限的。从上文论述中我们看到，不论农业技术的改进还是农业生产商品化程度，仅仅表现在陇海、平汉铁路沿线地区，而其他交通不便的地区仍然沿袭着传统的生产和生活方式，农业处于停滞状态。如豫西"农民们总不外乎贫，其贫的原因，最大者为天灾，因为中国近几年来，水旱之灾害，每年要有数省，尤其是豫西近年之亢旱、水灾，真是空前未有，故使农村，极趋破产。再者是农民知识浅薄，不知利用新法，如栽培之方法、土壤、肥料之改良，品种之选育，害虫之防除等，都不知应用，老是依照数千百年之古老旧法，直使那种子退化，病虫害流行等自然界之侵略。"③ 豫西山区农业生产和农民生活处于停滞状态。甚至在平汉铁路沿线农业商品化程度较高的地区，因农产品受市场价格（包括国际与国内两个方面）的影响价格下跌时，对农民生活影响很大，甚至导致农家破产，甚至家破人亡④。关于河南农业停滞、农村破产在民国时期的文献中屡见不鲜，

---

① 《各县社会调查·唐河》，《河南统计月报》1937年第1期，第76页。
② 《虞城县地理经济文化概况》，《河南政治月刊》1932年第6期，第5页。
③ 韩柱国：《河南巩县三个农村经济的调查》，《中国经济》1937年第2期，第100页。
④ 关于这方面的记载比较多，如陈伯庄的《平汉铁路沿线农村经济调查》，李耕五的《许昌英美烟公司与许昌烟区》等。这里需要说明的是，过去我们把许昌烟农的破产归罪于英美烟公司与南阳兄弟烟草公司的竞争上，是英美烟公司坑害了农民，实际上这种说法有一定的出入。20世纪30年代关于许昌烟叶的一项调查中如是说："以前英美烟公司每年派人到许昌收买烟叶，并于车站旁建设仓库，及新式机械炕，各县栽培烟叶之农民，将烟叶运至该公司内。经公司烟师评定价格，农民若首肯，即过磅付价。据农民言：该公司所用烟师，不只技术优良，评定确实，且从无舞弊如收小费等事，故颇得农民信仰。自民国十六年（1927）西北军主豫政时，将英美烟公司所设烟场，设法打倒后，于是小烟行继续成立，农民之烟，只可以烟行为尾闾。惟奸商眼光短小，剥削方法，且较甚于资本主义之大公司。如英美烟公司以前所用烟师，评定品级，非常公正，不只不收小费，且亦不讲情面，完全以货论价。烟行则不然，有情面或付若干小费者，则次等可以一变为优等，其他如英美烟公司皆用标准磅，而烟行则用大磅，每百磅合旧斤百二三十斤。剥削方法，可称变本加厉，因是种烟农民，无不怨声载道。记者此次在许昌，农民每以英美烟公司何时能来买烟相询，令人不胜浩叹。今年国内某最有名之烟公司在许昌开磅收买烟叶，闻其办事人，亦不免有使用小费及讲情面等事发生。"（张翰才：《许昌附近烟叶调查》，《中行月刊》1936年第5期，第30页）

但这并不影响我们对河南农业在这个阶段出现了缓慢发展势头的判断。从本文的研究来看，20世纪20—30年代，我国农业既不是"停滞论者"那样一种悲观的状况，也不是某些"发展论者"所描述的那样乐观，而是在缓慢发展。

原载（《史学月刊》2010年第5期）

# 双元经济：社会转型时期的地方金融体制研究——以河南省为例，1912—1937年

1912年中华民国建立，开启了中国社会由传统向现代转型的新时代。在这个新陈代谢的时代，新生事物逐渐登上历史舞台，尚在被人们认知的过程中；旧的事物在退却的过程中，依然发挥着作用，甚至在某些领域仍然起着主导作用。在新旧交替的过程中，中国社会在经济领域表现出来的是"双元经济"的局面。所谓"双元经济"指的是在"有些落后国家的经济体系中，大都有显著不同的两个部门：一为传统部门，一为现代部门。"[1] 20世纪初至20世纪30年代，我国的金融体制正是处于这样一个"双元经济"的时代，传统的金融部门如钱庄、当铺等在社会、经济生活中继续发挥着作用；同时，现代金融机构如银行在河南交通要津和商业市镇纷纷建立，但还没有完全独占金融市场。在这样的情况下，许多地方出现了新式银行和旧式银钱业并存的局面，如20世纪30年代初的郑州"银行如中央、中国、交通、金城、浙江兴业、河南农工、汉口农工等数家，银号则有信昌、中权等十余家，金融流通极为方便"[2]，双方各占半壁江山。因此，这种"双元经济"构成了社会转型时期中国地方金融体制景观。自20世纪90年代以来，民国时期的金融

---

[1] 秦孝仪主编：《"中华民国"经济发展史》第1册，台北：近代中国出版社，1983年，第399页。

[2] 《二十一年度陇海铁路全路调查报告》，出版年不详，第161页。

史成为学术界研究的主要课题，而且取得了突出的成就①，但关于地方金融业的"双元经济"格局问题学术界鲜有论述。笔者以河南地方金融业为例，对民国建立初期到20世纪30年代地方金融业进行粗浅的论述。

## 一、传统金融业的延续

### （一）钱庄

在河南传统经济系统中，钱庄是最主要的金融机构，在社会、经济发展中起着重要的作用，在新兴金融机构没有建立之前，钱庄"不失为各业融通资金之枢纽，举凡食粮、烟叶、棉花之采购、运销、存贮，农村生产消费等货物之供给、分销，农工商资金之借贷、汇兑、存储，实无不利赖之。是故十数年前，无论开封、郑州、许昌、洛阳、安阳、新乡、汲县、焦作市、周口市等处俱为银号业荟萃之所，即穷乡僻壤之小邑，亦多见密布也"②。如洛阳是豫西、陕东、晋南货物的集散地，"民元以前，洛市大小钱庄约计30余家，自辛变改革后，地方秩序纷乱，各钱庄立脚不住，均告停业。嗣后市面兑换银钱，均改为钱摊，现在经营钱摊者，大概资本甚微，其额数百元至数十元而已，均附设于杂货铺内，或借街头巷口屋檐下者，每隔一二十家店铺，即有一两个钱摊之摆设，统计不下四五十处。"③ 20世纪20—30年代，随着棉花种植在豫西的推广，洛阳旧式银钱业又有所复苏。据地方志记载，1921年，洛阳新开设了10家银号，开展的主要业务有存款、放款、汇兑与铸造元宝，这些银号大多于1928年前后倒闭。1930年，中原大战结束后，洛阳又有10家银号开张。到1937年，洛阳尚有银号16家，其中，2家开设于1921年，8家开设于1930年，6家开设于1937年④。据1932年调查，驻马店有钱

---

① 李金铮：《民国乡村借贷关系研究》，北京：人民出版社，2003年；李金铮：《借贷关系与乡村变动：民国时期华北乡村借贷关系之研究》，保定：河北大学出版社，2000年；龚关：《近代天津金融业研究（1861—1936）》，天津：天津人民出版社，2007年；徐畅：《二十世纪二三十年代华中地区农村金融研究》，济南：齐鲁书社，2005年，均涉及地方金融机关的问题。
② 常文熙：《河南农村金融之调查》，《社会经济月报》1935年第11—12期合刊，第61页。
③ 《各地方金融机关·洛阳》，《中央银行月报》1933年第2—3号合刊，第288页。
④ 洛阳地方史志编纂委员会：《洛阳市志》第10卷，郑州：中州古籍出版社，1996年，第336页。

庄6家①；漯河有钱庄11家，"资本底子厚者四五万元，薄者一二万元。"②豫东商丘"有同和裕及信昌银号二家，钱庄六七家，金融赖以流通"③。还有一些商行兼营钱庄业，如唐河1921—1932年曾有10余家商号发行"商号币"④。

民国初年到20世纪30年代中期，河南银钱业处于一种衰落中的延续状态。所谓衰落，这期间有不少银号、钱庄倒闭，如"许昌之钱庄业，过去甚盛，现因银行之竞争，农村破产，只余十数家尚苟延残喘，朝不保夕；修武县钱庄前亦颇多，现只存一二家；新乡县位居平汉、道清两铁路线间，因交通便利，钱庄昔亦不在少数，今亦只有一二家；其他如杞县、太康等水陆交通不便之地方，钱庄业早已告绝迹"⑤。1932年底，漯河的聚成祥、聚德两银号相继倒闭，导致了郑州郑宏昌也宣告歇业⑥。所谓延续，这期间又有不少新的银号、钱庄开张。表1是对1933—1935年河南部分市镇钱庄开业时间、资本额的调查。

表1　1933—1935年河南省部分市镇钱银业调查一览表

| 市县 | 庄号名称 | 开设时间 | 资本数（元） | 营业数（元） | 业务种类 |
| --- | --- | --- | --- | --- | --- |
| 郑州① | 同和裕银号 | 民国四年（1915） | — | 500 000 | 做汇兑、存放兼办储蓄（营业尚佳） |
| | 信昌银行 | 民国九年（1920） | — | 300 000 | 同上（营业尚佳） |
| | 中权银号 | 民国十八年（1929） | 50 000 | — | 汇兑、存放（营业尚佳） |
| | 源和胜银号 | 民国五年（1916） | 10 000 | — | 做汇兑、存放、土产业务（营业稳健） |
| | 自立泰银号 | 民国十八年（1929） | — | 200 000 | 做汇兑、存放兼作棉业（营业尚佳） |
| | 信孚银号 | 民国廿一年（1932） | 5000 | — | 做汇兑、存放，亦经理美孚油 |
| | 振豫银号 | 民国廿年（1931） | — | 200 000 | 做汇兑、存放（营业尚佳） |

---

① 《河南驻马店市面情形一般》，《中行月刊》1932年第4期，第22页。
② 《漯河商务调查报告》，《中行月刊》1932年第5期，第22页。
③ 《二十一年度陇海铁路全路调查报告》，出版年不详，第105页。
④ 唐河县地方史志编纂委员会编：《唐河县志》，郑州：中州古籍出版社，1993年，第471页。
⑤ 常文熙：《河南农村金融之调查》，《社会经济月报》1935年第11—12期合刊，第61页。
⑥ 《二十一年份各地钱业一瞥》，《中行月刊》1933年第1—2期合刊，第175页。

续表

| 市县 | 庄号名称 | 开设时间 | 资本数（元） | 营业数（元） | 业务种类 |
|---|---|---|---|---|---|
| 郑州① | 厚生福银号 | 民国十二年（1923） | 10 000 | — | 做汇兑、土产（营业尚佳） |
| | 晋和银号 | 民国廿年（1931） | 30 000 | — | 主做六合沟矿款交易（营业平淡） |
| | 信泰银号 | 民国廿一年（1932） | 30 000 | 50 000 | 汇兑存放兼售南阳卷烟（营业平平） |
| | 义利永银号 | 民国廿一年（1932） | 30 000 | 100 000 | 存放汇兑兼营大中火柴（营业平平） |
| 洛阳② | 荣泰长银号 | 民国八年（1919） | 10 000 | 公积金70 000 | 汇兑、储蓄兼作棉花、面粉、潞盐 |
| | 益晋银号 | 民国十三年（1914） | 10 000 | 公积金50 000 | 汇兑、储蓄兼作棉花、面粉、潞盐 |
| | 庆泰银号 | 民国十七年（1928） | 10 000 | 公积金3 000 | 汇兑、储蓄兼作棉花、面粉、潞盐 |
| | 义泰银号 | 民国二十年（1930） | 30 000 | — | 专做汇兑 |
| | 聚丰银号 | 民国十八年（1929） | 15 000 | — | 专做汇兑 |
| | 中汇银号 | 民国二十年（1931） | 20 000 | 公积金7 000 | 专做各处汇兑 |
| | 协通银号 | 民国十七年（1928） | 10 000 | — | 专做汇兑 |
| | 汇丰银号 | 民国廿一年（1932） | 30 000 | — | 专做各处汇兑 |
| | 振豫银号 | 民国廿一年（1932） | 3000 | — | 专做本埠同业汇款汇兑 |
| | 同和裕银号 | 民国廿一年（1932） | 5000 | — | 专做储蓄各种汇兑 |
| 陕州③ | 兴源银号 | 民国四年（1915） | 50 000 | 40 000 | — |
| | 中权银号 | 民国十九年（1930） | 50 000 | 40 000 | — |
| | 华兴银号 | 民国廿一年（1932） | 200 000 | 60 000 | — |
| 开封③ | 乾元恒银号 | 光绪九年（1883） | 40 000 | 70 000 | — |
| | 振豫银号 | 民国十年（1921） | 150 000 | 60 000 | — |
| | 谦□银号 | 民国十五年（1926） | 50 000 | 80 000 | — |
| | 万兴银号 | 民国廿一年（1932） | 40 000 | 10 000 | — |
| | 大德恒银号 | 嘉庆三年（1798） | 1 000 000 | 160 000 | — |
| | 德生祥钱庄 | 民国廿二年（1933） | 30 000 | — | — |
| | 同和裕银号 | 民国元年（1912） | 200 000 | 15 000 | — |
| | 信昌银号 | 民国十一年（1922） | 50 000 | 150 000 | — |

续表

| 市县 | 庄号名称 | 开设时间 | 资本数（元） | 营业数（元） | 业务种类 |
|---|---|---|---|---|---|
| 许昌③ | 宏康银号 | 民国十八年（1929） | 100 000 | 200 000 | — |
| | 福兴公银号 | 光绪十六年（1890） | 50 000 | 100 000 | — |
| | 丰泰祥银号 | 民国七年（1918） | 30 000 | 150 000 | — |
| | 隆和银号 | 民国十九年（1930） | 10 000 | 100 000 | — |
| | 福懋银号 | 民国廿二年（1933） | 20 000 | 70 000 | — |
| | 谦康银号 | 民国廿三年（1934） | 30 000 | 100 000 | — |
| | 德昌银号 | 民国廿二年（1933） | 30 000 | 30 000 | — |
| | 永亨银号 | 民国十三年（1924） | 50 000 | 100 000 | — |
| | 济生银号 | 民国十七年（1928） | 200 000 | 10 000 | — |
| 漯河③ | 德恒祥银号 | 光绪卅十年（1904） | 30 000 | 100 000 | — |
| | 振豫银号 | 民国二十年（1931） | 50 000 | 160 000 | — |
| 驻马店③ | 福记庄 | 民国九年（1920） | 20 000 | 80 000 | — |
| | 振豫银号 | 民国廿一年（1932） | 100 000 | 30 000 | — |
| | 振兴银号 | 民国二十年（1931） | 30 000 | 40 000 | — |

资料来源：①郑行调查：《郑州金融机关》，《中央银行月报》1933年第11号，第1944—1945页；②佚名：《各地方金融机关·洛阳》，《中央银行月报》1933年第2—3号合刊，1933年2月，第288—289页；③中国银行总管理处经济研究室：《全国银行年鉴》，上海：汉文正楷印书局，1935年，第32—33页

据表1统计，1933年，郑州有银号11家，洛阳有10家；1935年，开封有银号10家，许昌有9家，驻马店有3家，漯河有2家，陕县有1家，共计46家（包括总号和分号）。在统计的46家银号中，其中，民国时期新开业的42家，占91.3%；开设于1920—1935年则有35家，占76.1%。尽管从文献记载来看，银钱业倒闭的很多，但1920年以来许昌、开封、郑州、洛阳等地又新开设银号35家。新开张的银号反映本省银钱业的延续状况。

民国时期，在新式银行纷纷建立的情况下，为什么银钱业还在延续，而不是消亡？马寅初从八个方面分析了原因："（1）信用。银行放款，全须抵押品，而钱庄则注重信用，抵押品一层可以融通。中国商人以抵押借款妨碍体面，所以愿意与钱庄往来。（2）保人。银行放款除抵押品外，还须保人签字盖章，手续非常麻烦，钱庄则无此等手续。（3）数目。银行放款，数目较大，数目小者，不堪欢迎。钱庄放款，数目随便，数百元数千元均可。（4）方便。银行办事时间，有一定例假，不做生意。钱庄则不然，无论假期礼拜，自早

到晚,并不休息。(5)内容。银行对于商情市况,不如钱庄之明瞭,而钱庄为我国特有之出产,由来已久,对于商家,知之甚详,所以放款不用抵押品,亦无何种危险。(6)历史。银行成立甚晚,所发钞票支票,均不得社会之信仰,故钞票在市面上不能与庄票一律看待。(7)技术。分别洋钱之真假,为钱庄特具本能,银行行员难比得上。(8)出货。钱庄所发庄票,能在银行出货,外人极信赖之,银行钞票无此本能。"[1] 可见在银行信誉和业务还未在社会上完全建立与成熟之前,钱庄仍有一定的生存空间。对于河南而言,除了以上普遍因素外,河南银钱业的延续与交通、经济作物如烟草、花生等的大面积种植有直接关系。

郑州是京汉、陇海通车后中原地区新兴的商业都市,交通便利,"东临开封至苏属之徐州,南通许昌,北连新乡,为豫省之唯一商埠,贸易繁盛,商贾云集","大商户约二千家,繁盛之区,均在城外,以棉花业为最盛,可称我国长绒花之第一大市场,每年春季,由一至五,秋后十至十二,八个月为交易最盛之时,买卖客商,麇集于此。"[2] 因此,每年的1—5月、10—12月是金融业最繁忙的时期。银钱行业"各家业务以本埠汇兑及信用放款、信用透支为前提。除与本埠铺户往来外,尤以豫北之新乡、彰德,豫西之洛阳、陕州、潼关,以及东路之开封,南路之许昌、郾城等处设分号,为营业之重要点。每年营业出入有四五千万元之谱。各家除资金获本存款以外,不敷者均向京津沪汉各大埠调用,近年以来营业颇称发达。"[3] 郑州棉花集散地的商业地位成就了银钱业的兴盛。

许昌是平汉铁路上的烟业贸易中心,"初无钱业之组织,凡较大商号,如盐号、纱号等,无不兼营汇兑业务。盖因内地商号,均系就地人士所经营,股东方面,缓急均能相通,万一流动资金缺乏时,各商号均可自由调拨,并不需用外资。迨至民国四年(1915),襄、郏等县,改种烟叶以来,申帮烟号日渐来许,设庄采办,当时因需用现洋,埠际汇兑困难,各烟号复限于本身经济,不得不用申埠期票,向就地商号贴现,汇水高大,利息优厚,乃始有正式钱业之创设。除尽量购买上项期票外,并兼营小额信用

---

[1] 吴晓晨:《农村破产中的中国钱庄业》,《农村经济》1935年第6期,第5—6页。
[2] 鲁行:《调查郑州出产及商业金融状况报告书》,《中行月刊》1931年第10期,第18页。
[3] 郑行调查:《郑州金融机关》,《中央银行月报》1933年第11号,第1943页。

放款,唯因上项期票有时间性,故多于本业外,兼营其他副业,如纱、花、盐、烟叶等项。至民国二十年(1931)钱业公会成立,始各致力于本业之开展,及市面金融之调剂,故频年钱业界,均有盈余。"① 可见,许昌在烟草大面积种植前,只有1家银号,随着烟草大面积种植,1918—1933年开设了8家银号。

开封是豫东的花生交易中心。豫东花生种植兴起后,开封、中牟、兰封为花生集中销售市场,以"花生集中地域论之,开封为河南省会,金融活动,商贾云集。"② 因此,在20世纪20—30年代开封钱庄业仍很活跃,1928年开封钱铺有95家,1933年有97家③。因此,在20世纪30年代,郑州、许昌、开封形成了银钱业与新式银行共同主宰金融市场的局面。

(二) 当铺

典当业是中国传统金融机关之一,主要从事借贷活动。民国以前"河南全省,凡较大集镇,均有自资之典当存在,利率既不若今日之高,期限及其他种种营业方式,在当时自农民观之,确称便利,且有裨农村金融之活动。"④ 典当业是河南农村主要金融机构之一,颇受农民欢迎,因此,民国初年"除闭塞之县份外,几乎无县无之。"⑤ 据《开封之最》记载,1913年开封最大的两家当铺桐茂典和公茂典"联合全省280余家在开封成立当商工会。"⑥ 可见民国初年,本省典当业是比较发达的。但自"民元以来,人事不□,地方多故,捐税兵灾之繁重,纸币军票之滥发,层出不穷,而农村日趋穷困,农家十室九空,无衣服饰物以供典当,致该业亏本倒闭殆尽。"⑦ 加之

---

① 中国银行总管理处经济研究室:《全国银行年鉴》,上海:汉文正楷印书局,1936年,第63页。
② 胡帮宪:《开封兰封中牟落花生产销状况》,《合作与农村》1937年第11期,第19—20页。
③ 河南省地方史志编纂委员会编纂:《河南省志》第46卷《金融志》,郑州:河南人民出版社,1992年,第14页。
④ 金陵大学农业经济系:《豫鄂皖赣四省之典当业》,南京:金陵大学农业经济系,1936年,第4页。
⑤ 常文熙:《河南农村金融之调查》,《社会经济月报》1935年第11—12期合刊,第57页。
⑥ 李学文、彭富臣:《开封之最》,郑州:中州古籍出版社,1994年,第200页。
⑦ 常文熙:《河南农村金融之调查》,《社会经济月报》1935年第11—12期合刊,第57页。

冯玉祥主政河南时期下令取消典当业，使其一度绝迹①。

20世纪30年代，河南农村面临金融枯竭，政府做出了一些努力，如创办合作社等，仍难解决问题。因此，人们提倡恢复当铺，以缓解农村金融枯竭面临的各种问题，"各处除组织合作社以资调剂外，对于典当之提倡，亦大有人在。"② 同时，在政府层面上也给予了大力支持，1931年，河南省政府给国民政府内政部咨文说："典当业调剂平民金融，实有筹设必要。……本省为内地区域，人口不甚繁密，以衣饰而求通融者，为数较少。若营业区域，仍如以前之广大，废油雄厚资本，不足以资周转，若仿外埠情形，多多开设，则营业不振，无利可图。有力之商人，未必愿投资经营。是私营典当，一时恐不易实现，自以公营为宜。"③ 即使在20世纪30年代各种现代金融机构逐渐渗入河南的时期，从政府层面来看，传统典当业依然在社会经济中是不可或缺的。所以，典当业在河南绝迹后，20世纪30年代，在政府的支持下河南的典当业再次恢复起来。表2是金陵大学农业经济系关于本省1935年典当业状况的调查。

表2 金陵大学农业经济系关于河南各种典当业的调查

| 类别 | 地点 | 典当名称 | 成立时间 | 以往有无典当，如有，则曾上架至若干元 |
|---|---|---|---|---|
| 典质 | 安阳 | 农村典 | 1934年3月 | 有典2家，曾上架30万元 |
| | 安阳 | 协记典 | 1934年4月 | 同上 |
| | 武陟 | 德成典 | 1933年12月 | 有典当2家，曾上架15万元 |
| | 新乡 | 第一农民贷款处 | 1934年9月 | — |
| 农民借款所 | 禹县 | 公营当铺 | 1935年1月 | — |
| | 辉县 | 农借处第二代转所 | 1935年1月 | 有典当1家，上架10余万元 |
| | 获嘉 | 农借处第十代转所 | 1935年3月 | 有典当2家，上架15万元 |
| | 获嘉 | 农借处第八代转所 | 1935年3月 | 有小押店 |
| | 修武 | 农借处第一代转所 | 1935年3月 | 有小押店 |
| | 修武 | 农借处第六代转所 | 1935年3月 | 有小押店 |
| | 新乡 | 农借处第三代转所 | 1935年3月 | 有小押店 |
| 代质 | 沁园 | 宏利代当 | 1933年12月 | 有典1家，上架9万元 |

资料来源：金陵大学农业经济系：《豫鄂皖赣四省之典当业》，南京：金陵大学农业经济系，1936年，第4—5页

---

① 陈宝宏：《民国时期河南省典当业研究》，硕士论文，河南大学历史学院，2008年，第17页。
② 常文熙：《河南农村金融之调查》，《社会经济月报》1935年第11—12期合刊，第58页。
③ 宓公干：《论典当》，上海：商务印书馆，1936年，第240页。

由表2可知,在金陵大学农业经济系调查的典当业中,私营当铺很少,主要是农民借款所。农民贷款所是一种新兴的小规模的农村金融机构,由中国农民银行主办,"其营业方式,与旧式典当大致相同,而其营业方法,则变更甚多。盖其营业宗旨,在于救济农村,并在推行期间,冀其影响所及连带减低当地一般放款习惯上所取之高利率。故取利即轻,陋规亦免。其他旧式典当不便之办法,亦全部豁除。"[①] 因此,1934年9月,四省农民银行与新乡振豫银号合作创办了河南省第四区第一农民贷款处(当铺),"专管第四区各农民衣服、被物、金银首饰、农具等之典当及农产品之抵押放款。"总资本20万元,中国农民银行出3/4,振豫银号出1/4。第一农民贷款处还在第四区隶属各县创办了12个代转所,即第一焦作代转所(字号旭升东)、第二辉县代转所(无字号)、第三小冀代转所(字号豫记)、第四阳武代转所(字号永记)、第五延津代转所(字号振记)、第六修武代转所(字号利民)、第七武陟代转所(字号德成)、第八元村驿代转所(字号源昌)、第九封丘代转所(字号德发恒)、第十获嘉代转所(字号澜兴裕)、第十一原武代转所(字号益泰生)、第十二汲县作代转所(字号德记),这些代转所"犹如旧日当铺下之转当铺。"[②] 现代银行资本以这样的方式走入农村,说明传统借贷习惯在民间仍有很大的影响力和生命力。

(三)押当铺

南京国民政府建立后,为了限制高利贷的盘剥,1930年5月,南京国民政府公布并实施的有关借贷规定"约定利率超过百分之二十者债权人对于超过部分之利息无请求权。"即规定最高年借贷利率不得超过20%[③]。一些商人或高利贷者为了避免追究,进行黑市经营,不设门面,资本很少,当息月息一般在7%—10%,满当为3个月,当品只估原价的十分之二三[④],像这样的小押铺在民间较为普遍。20世纪30年代调查,"河南纯粹高利贷之押当铺,

---

[①] 金陵大学农业经济系:《豫鄂皖赣四省之典当业》,南京:金陵大学农业经济系,1936年,第3页。
[②] 常文熙:《河南农村金融之调查》,《社会经济月报》1935年第11—12期合刊,第58—59页。
[③] 李金铮:《近代中国乡村社会经济探微》,北京:人民出版社,2004年,第482、483页。
[④] 河南省地方史志编纂委员会编纂:《河南省志》第46卷《金融志》,郑州:河南人民出版社,1992年,第11页。

为数亦不少，有开设营业门面与不开设门面而暗中营业者两种。"滑县是豫北商业通道，大集镇较多，商业发达，故经营"押当以业无处无之"。据该县警察局调查，"全境押当铺登记之数不下二百余家，至于不登记及暗中营业者尚不在内。""业主多为地主或城镇小商及高利贷者，规模不大，组织简单，随时设立，随时关闭。"这些地下当铺"资本有限，多则五六千元，少则千元以至数百元。利息既高，最少月利四分五分，多则有加一加二，期限又短，约一个月至七八个月，逾期不赎即将抵押品拍卖。"此外，修武押当铺也颇为流行，"计全城不设门面暗自敲诈者，不下十余家，抵押品率多值百押三十，月利五分，押期三月，逾期不赎者以绝赎论。"郑州亦有押当铺，"押当期限更为短促，少则十天二十天，多则一两个月，利息四分五分以至于七八分不等。"①"开封小押铺在清末至民国初年时最多，一直延续到抗日战争时期。"②可见，押当铺是一种以当铺名义从事高利贷经营活动的金融机构，主要分布在商业和交通比较发达的市镇。

（四）其他传统融资组织

除了以上各种金融组织外，河南还有一些传统的私人融资组织，这些组织各县均有，而且在民国时期继续存在。如"摇会"是我国民间最通行融资组织，黄河南北，"无论农村或城市，均盛行所谓拢摇会之事。……如某人经济枯竭，无法周转，而平素品行端正确实可靠，信用素著，即可发帖请其亲友随会。贴式与普通请客贴大同小异，惟须附明'随带会洋△元'，或'随带会钱△千文'而已。"③摇会是河南民间最流行的传统融资组织，如"开封市上，有许多无产阶级或者小资产阶级人们，他们为了想做一点事业，或买卖因为没有资本，或金钱不凑手的时候，就往往随一根'摇会'准备应用……据说，发起'摇会'的意思，是积少成多，集腋成裘，含有储蓄性质的。"④除"摇会"外，开封还有"化会"、"十贤基金会"、"老人会"、"场会"等。化会与摇会大同小异，均为私人融资组织，其方法"不以骰子摇，而以纸条

---

① 常文熙：《河南农村金融之调查》，《社会经济月报》1935年第11—12期合刊，第60页。
② 河南省地方史志编纂委员会编纂：《河南省志》第46卷《金融志》，郑州：河南人民出版社，1992年，第11页。
③ 擎天：《摇会的内容与取缔》，《河南政治》1936年第6期。
④ 《开封摇会概况》，《河南统计月报》1935年第7期，第128—129页。

画数码，每次以画的数码大者一人得会，其数码则多有限制，如一元会，最多不得画三角，三毛以内可以自由出入（即任意画）；五元会，之多不得画一元五毛，一元五毛以内可以自由出入。"①另外，"十贤基金会"是由会员10人和会首1人积成500或1000元的整数，轮流使用，是一种适合中产阶层的储蓄组织。"老人会"是一种"类似人寿保险的储蓄会"，"场会"零卖商人或其他经纪人销售货物的一种办法，方法是"分期支付货价。"据调查，以上几种会1930年前后在开封"最为发达"②。

其他各县也有类似性质的民间传统融资组织的存在。如郑县有"用具购买会"，"农人有因共同需要时，即联络若干人组织一会，每会员出麦二升、三升、四升不等，亦有出钱者，至一定时期，购置竹篮、提斗或布袋等用具，共同使用。"③ 南召县民间有"白布会""老老会"，是为老人后事做准备工作的，"入会人须缴纳同等数量的白布和粮食等物"；"转圈会"是民间传统的互助借贷组织，"凡入会者均缴纳一定会费，利用这笔会费去救济生活极度贫困户。"④ 虞城县除了"摇会"、"孝会"外，还有"盖房会"、"储金会"（又称兑会）、"鸡蛋会"、"大带子会"、"手帕会"、"年会"、"喜会"等⑤，都是为了解决某项事情而成立的筹集资金的组织。淮阳的行孝会类似于南召的"老老会"和虞城的"孝会"，是家有老人的一种经济上的互助组织，"遇有会员遭遇丧事，会首可通知其余会员准备送给面粉、木材、现金等物（数量不定），以供应用，信义坚定，绝无爽约。此时会员骤得此种物款，丧事自易顺利进行。此后如遇他会员有丧事，余会员与前同样资助，直至各会员丧事均办完为止，但其经济权利，每会员只能过用一次。"⑥

除了各种名目繁多的会外，还有粮食行和花行从事金融业务。一些资本充裕的粮食行从事农村贷款与吸收存款，"农用孔急时则放出债款，至新谷登场，催农民到行籴粮偿债，即可招徕主顾，吸食'行佣'、'杂粮'，又可生息取利；农用有余，粮行亦可随时吸收无息存款。"豫西产棉区的"花行"也有

---

① 《开封摇会概况》，《河南统计月报》1935年第7期，第128—129页。
② 张宜兰：《开封的私人储蓄会》，《中国经济》1937年第7期，第95页。
③ 常文熙：《河南农村金融之调查》，《社会经济月报》1935年第11—12期合刊，第62页。
④ 南召县史志编纂委员会编：《南召县志》，郑州：中州古籍出版社，1995年，第810页。
⑤ 虞城县志编纂委员会编：《虞城县志》，北京：生活·读书·新知三联书店，1991年，第310页。
⑥ 民国《淮阳乡村风土记》，1934年铅印本，第117页。

从事借贷的功能，和粮食行不同的是，"花行自身资金少，所放之'籽花帐'，多替花客贷放，从中剥削而已。如花客向大花行放款为十四五元一百斤，大花行转放给小花行则变为十二三元一百斤，小花行放给棉农，只有七八元一百斤。在农村为组织合作社之前，农民既无低利借贷之融通，又乏当铺钱庄之挹生，'花籽帐'虽然于农民利多害少，亦未始非死中之一条活路也。"①民国时期，河南各地各种各样的传统私人互助组织，尽管有些属于高利贷性质，对农民"害多利少"，但不可否认这些组织的存在，为民众提供了融资渠道。

尽管民国时期在新式银行的挤压之下，银钱业总体走向衰落。但就河南来看，某些地区的传统金融机构和融资组织还在延续，甚至在新式银行没有能力占领金融市场的情况下，传统金融机构依然有很大生存和发展的空间，尤其是在银行业发展速度与交通、商业发展速度不匹配的地方，银钱业与新式银行有着同样的竞争力，郑州、许昌、开封在20世纪20—30年代银号的短暂兴盛就说明了这一点。同时，民间惯性使诸如当铺、押当铺以及农村各种各样名目繁多借贷组织仍然发挥着融资作用，即使省会开封有数家银行"也有放款业务，可是一般人还是不大同银行往来。"② 也就是说，一方面，这种惯性阻碍了新式金融机关与民间的往来；另一方面，使传统金融业延续成为可能。尤其是一些交通闭塞、商业发育水平较低的地方，传统金融机关在市场上占主导地位，如林县"无农民银行及农民借贷所之设置，仅有私人设立之放账铺。"③ 这种现象在当时的河南并不孤单，说明在中国社会转型的过程中，传统金融业还在延续，继续发挥着它们以前所发挥过的作用。

## 二、金融机构的现代化

民国时期，河南金融机构现代化包括两个方面，一是新式银行的设立，二是农村合作社的建立。

河南新式银行出现于晚清时期，光绪三十四年（1908）清政府原大清户

---

① 常文熙：《河南农村金融之调查》，《社会经济月报》1935年第11—12期合刊，第63页。
② 张宜兰：《开封的私人储蓄会》，《中国经济》1937年第7期，第96页。
③ 《各县社会调查·林县》，《河南统计月报》1937年第1期，第93页。

部银行（创立于1895年）改称大清银行，在各省设立分行。同年10月20日，大清银行投资本银20万两，在开封设立分行，开始营业，这是河南新式银行的肇始。民国建立初期，大清银行改名为中国银行，被北洋政府参议院确立为国家银行。1913年4月，中国银行河南分行开业，随着业务的开展，在本省设立了多家分支机构，主要有信阳分号、彰德分号、漯河分号、周口分号（以上1913年12月开业）、禹县分号（1915年9月开业）、许昌分号（1915年10月开业）、归德分号（1916年2月开业）、洛阳分号、道口汇兑所（以上1916年底开业）和郑州办事处（1921年11月开业）。中国银行河南分行及其分号主要从事存、放款和汇兑业务，并发行兑换券[1]。1909年10月，交通银行（成立于1908年）在开封设立了分行（1917年改为支行），经营金融业务。1913年2月，交通银行开封分行郑州支行建立，经营存款、放款、承兑、贴现、国内外汇兑、储蓄、信托、经付债券本息等业务。为了拓展业务，交通银行还在本省交通和工商业比较发达的市镇建立了汇兑所，1919年前，漯河、信阳、焦作、道口、彰德、新乡、归德、南阳、禹县都设有交通银行的汇兑机构[2]。以上是南京国民政府建立前中国两家主要银行在河南设立的分支机构。

南京国民政府建立后，进一步推动了中国金融现代化的进程。河南省建立了自己的新式银行——河南农工银行，由河南省政府筹办，1928年3月成立，系官商合办，是河南省唯一的地方金融机关。刘峙主豫期间，河南农工银行有了较大的发展，"先后曾拨款巨万，充实资力。本行根基渐获稳定，数年之间对于调剂各地金融，补助工商各业，发展薄具成效，社会信用与日俱增。独惜商股股本，迭经设法催缴，迄少增加，为求本行基础稳固报部注册，计政府不得已于二十四年元旦，依然将商股悉予退还，收归官办。"[3] 在实现由官商合办到官办的转变后，1936年2月，呈报财政部注册，12月获准注册，并规定了河南省农工银行业务范围：(1) 收受各种存款。(2) 有确实保证及担保品之各种定期活期放款。(3) 办理国内汇兑及货物抵押。(4) 国库、

---

[1] 河南省地方史志编纂委员会编纂：《河南省志》第46卷《金融志》，郑州：河南人民出版社，1992年，第17、20页。
[2] 河南省地方史志编纂委员会编纂：《河南省志》第46卷《金融志》，郑州：河南人民出版社，1992年，第22页。
[3] 李汉珍：《河南农工银行一年来之回顾与前瞻》，《河南政治》1937年第1期。

省库证券及商业确实票据之买卖贴现。(5) 代人保管各项贵重物品及代理收解款项。(6) 与国家银行及各官商银行订立特约事项①。为调剂农村金融，"营放农贷抵押，设置农业仓库"，河南农工银行先后在郑县、许昌设立分行，在彰德、陕县、洛阳、归德、驻马店、漯河、南阳、信阳、潢川、博爱、太康、汤阴、汝南、禹县、杞县、灵宝、淮阳等地设立办事处②。这些办事处的设立，表明现代金融机构逐渐向乡村伸展。

除了河南农工银行外，20世纪20—30年代一些国家、地方银行也在河南境内的交通、工矿业和商业比较发达的市镇设立了分支机构。如郑州原来只有中国银行、金城银行及河南农工3家银行，"自十九年秋军事奠定，郑地处全国中心，银行界投资渐入内地。上海银行先设中国旅行社，成立代理处，最近已改为分行。中国银行前为办事处，嗣改支行。交通银行亦于廿一年秋季恢复。中国农工、浙江兴业亦相继成立。"③ 这是1933年调查时新式银行在郑州设立的情形。又据中国银行经济研究室1936年调查："郑埠银行业，民国十年（1921）前，尚未发达，除有小本经营银号数家外，有豫泉官营局之设立，……十年以后，中国银行、交通银行、盐业银行、金城银行四行先后设立办事处，市面渐有起色。无如仍因时局不靖，摊派捐款，纷至沓来，于是交通银行、盐业银行两行，相继裁撤。民国十七年（1928），冯军会师郑州，又有西北银行之设立，未及一载，该军失败，西北银行亦随之撤销。至十八年以后，时局渐定，于是河南农工、上海银行、中央银行、交通银行、浙江兴业银行、中国农工银行、中国农民银行、北洋保商银行、大陆银行、中孚银行等银行接踵而来郑地，银行业即勃然兴起。"至1936年，郑州有银行机构12家之多④。除郑州外，开封、洛阳、商丘、新乡、许昌、驻马店等中心城市设立了新式银行，甚至不少县城也有了新式银行，如陕县"金融机关有银行五家，以中国银行寄庄，成立于民国十三年（1924）六月为最早，其次为河南农工银行办事处，成立于十七年（1928）十月。其余上海银行办事处、浙

---

① 中国银行总管理处经济研究室：《全国银行年鉴》，上海：汉文正楷印书局，1937年，第29页。
② 李汉珍：《河南农工银行一年来之回顾与前瞻》，《河南政治》1937年第1期。
③ 郑行调查：《郑州金融机关》，《中央银行月报》1933年第11号，第1942页。
④ 中国银行经济总管理处研究室：《全国银行年鉴》，上海：汉文正楷印书局，1936年，第68页。

江兴业银行分理处、交通银行支行三家,均先后成立于二十一、二十二、二十三三年中。"① 表3是1937年以前河南省现代新式银行设立状况统计表。

表3　1937年前河南新式银行设立状况一览表

| 市县 | 银行名称 | 机构性质 | 设立时间 | 市县 | 银行名称 | 机构性质 | 设立时间 |
|---|---|---|---|---|---|---|---|
| 太康① | 河南农工银行 | 办事处 | 1936.9 | 新乡① | 中国银行 | 寄庄 | 1923.6 |
| 永城① | 河南农工银行 | 办事处 | 1936.10 | — | 中国农民银行 | 办事处 | 1937.3 |
| 安阳① | 中国银行 | 办事处 | 1913.12 | — | 中国农民银行 | 农贷所 | 1935.11 |
| — | 交通银行 | 办事处 | 1936.9 | — | 河南农工银行 | 办事处 | 1928.4 |
| — | 河南农工银行 | 办事处 | 1928.6 | — | 金城银行 | 办事处 | 1935.5 |
| — | 上海商业储蓄银行 | 临时办事处 | 1934.1 | 汤阴① | 河南农工银行 | 办事处 | 1936.9 |
| — | 金城银行 | 办事储蓄处 | 1937.3 | 滑县① | 河南农工银行 | 办事处 | 1936.10 |
| 汝南① | 河南农工银行 | 办事处 | 1936.9 | 鄢城① | 中国银行 | 办事处 | 1913.12 |
| 沁阳① | 河南农工银行 | 办事处 | 1936.10 | — | 中国农民银行 | 办事处 | 1937.3 |
| 杞县① | 河南农工银行 | 办事处 | 1936.9 | — | 河南农工银行 | 办事处 | 1932.10 |
| 武安① | 河南农工银行 | 办事处 | 1936.10 | 潢川① | 中国农民银行 | 办事处 | 1933.2 |
| 洛阳① | 中央银行 | 办事处 | 1932.6 | — | 河南农工银行 | 办事处 | 1933.8 |
| — | 交通银行 | 办事处 | 1935.4 | 郑县① | 中央银行 | 分行 | 1931.6 |
| — | 中国农民银行 | 办事处 | 1936.5 | — | 中国银行 | 支行 | 1921.11 |
| — | 河南农工银行 | 办事处 | 1928.5 | — | 交通银行 | 分行 | 1913.2 |
| 南阳① | 河南农工银行 | 办事处 | 1932.6 | — | 中国农民银行 | 分行 | 1934.1 |
| 信阳① | 河南农工银行 | 办事处 | 1929.9 | — | 河南农工银行 | 支行 | 1928.5 |
| 修武① | 金城银行 | 办事储蓄处 | 1935.5 | — | 陕西省银行 | 办事处 | 1931.4 |
| 禹县① | 河南农工银行 | 办事处 | 1936.9 | — | 大陆银行 | 支行 | 1933.10 |
| 陕县① | 中国银行 | 寄庄 | 1924.6 | — | 上海商业储蓄银行 | 分行 | 1929.8 |
| — | 交通银行 | 办事处 | 1934.10 | — | 中孚银行 | 办事处 | 1935.9 |
| — | 河南农工银行 | 办事处 | 1928.10 | — | 北洋保商银行 | 办事处 | 1933.12 |
| — | 上海商业储蓄银行 | 办事处 | 1932.1 | — | 金城银行 | 分行 | 1934.7 |
| 淮阳① | 河南农工银行 | 办事处 | 1936.9 | — | 浙江兴业银行 | 支行 | 1932.10 |
| 许昌① | 中国银行 | 办事处 | 1933.12 | 确山① | 中国银行 | 办事处 | 1920.6 |
| — | 河南农工银行 | 分行 | 1928.5 | — | 河南农工银行 | 办事处 | 1935.12 |
| — | 金城银行 | 办事储蓄处 | 1934.11 | 浚县① | 河南农工银行 | 办事处 | 1936.10 |

---

① 中国银行总管理处经济研究室:《全国银行年鉴》,上海:汉文正楷印书局,1936年,第62页。

续表

| 市县 | 银行名称 | 机构性质 | 设立时间 | 市县 | 银行名称 | 机构性质 | 设立时间 |
|---|---|---|---|---|---|---|---|
| 商丘① | 河南农工银行 | 办事处 | 1930.12 | — | 金城银行 | 办事储蓄处 | 1935.10 |
| — | 徐州国民银行 | 办事处 | 1934.2 | 兰封① | 河南农工银行 | 办事处 | 1936.10 |
| 鹿邑① | 河南农工银行 | 办事处 | 1936.10 | 灵宝① | 中国银行 | 寄庄 | 1935.4 |
| 开封① | 中央银行 | 分行 | 1933.7 | — | 交通银行 | 办事处 | 1936.1 |
|  | 中国银行 | 办事处 | 1913.4 |  | 河南农工银行 | 办事处 | 1936.9 |
| — | 交通银行 | 支行 | 1909.10 |  | 上海商业储蓄银行 | 临时办事处 | 1934.11 |
| — | 中国农民银行 | 办事处 | 1934.2 | — | 浙江兴业银行 | 分理处 | 1934.10 |
| — | 河南农工银行 | 总行 | 1928.3 | 漯河② | 中国银行 | 办事处 | 1933.8 |
| — | 上海商业储蓄银行 | 支行 | 1931.4 | — | 河南农工银行 | 办事处 | 1932.10 |
| — | 金城银行 | 办事储蓄处 | 1933.6 | 驻马店② | 中国银行 | 办事处 | 1920.6 |
| — | 河南农工银行 | 办事处 | 1936.9 | 道口② | 金城银行 | 办事处 | 1935.10 |
| 博爱① | — | — | — | 叶县② | 河南农工银行 | 办事处 | 1935.11 |

①中国银行经济研究室：《全国银行年鉴》，1937年，第80—84页；②中国银行经济研究室：《全国银行年鉴》，1936年，第57—60页

通过表3来看，截至1937年，有13家银行在本省33个市县建立了77个新式金融机关。其中，河南农工银行30家，占40％；中国银行11家，占14.3％；金城银行8家，10.4％；中国农民银行7家，占9.1％；交通银行6家，占7.8％；中央银行3家，占4％；其余浙江兴业银行2家，陕西省银行、徐州国民银行、大陆银行、中孚银行、北洋保商银行各1家。在77家银行中，办事处（包括临时办事处）59家，占76.6％；分行7家，占9.1％；支行5家，占6.5％；其余寄庄3家，总行1家，农贷所1家，分理处1家。从13家银行设立的分支机构来看，在推动本省金融现代化的过程中，河南省农工银行起了至关重要的作用。就时间分布而言，1927年以前设立的只有10家，占13％；南京国民政府建立后设立67家，占87％；说明南京政府时期是河南金融机关现代化的主要时期。就空间分布而言，在陇海线上的商丘、兰封、开封、郑州、洛阳、陕县、灵宝和平汉线上的安阳、汤阴、新乡、许昌、郾城、漯河、驻马店、确山、信阳有银行57家，占70％。除了铁路沿线地区外，新式银行在平汉铁路以东平原地区各县和豫北道清铁路沿线有零星分布，而平汉铁路以西、陇海铁路以南的广大相对落后地区只有禹县、叶

县、南阳有银行设立。可见，本省金融机构现代化主要发生在铁路沿线交通和商业比较发达的市镇。

在中国金融现代化的过程中，合作社是南京国民政府"扶农"资金"下乡"，建立现代农村金融网络的主要形式[①]。河南省农村合作社是在中国农民银行和河南省政府的推动下建立和发展起来的。1932年10月，蒋介石以国民党军事委员会鄂豫皖三省"剿总"名义发布训令，要求在四省农民银行尚未开办之前成立农村金融救济处，在指定地区各县办理农村放贷事务，组织农村预备合作社转贷于农民[②]。次年4月1日，四省农民银行在汉口正式成立。该行成立后，即在河南的潢川、光山、商城、经扶（今新县）建立农村合作预备社[③]。1934年1月，四省农民银行郑州分行成立，"始开始为农业合作事业之倡导。"[④] 1934年4月，河南省成立合作委员会，1934年6月，即派遣"指导员，分赴各试办县份，实施宣传、调查、组织、训练诸工作。"[⑤]在合作委员会的指导和帮助下，河南省农村合作社如雨后春笋般建立起来。最初选择交通方便与经济比较发达的开封、郑县、新乡、辉县、安阳、洛阳、陕县、灵宝、许昌、禹县、南阳、汝南、淮阳、商丘等14个县为试办区，获得成功。于是，其他各县"纷起请求派员莅县指导，"后又在广武、荥阳、滑县、沁阳、襄城、镇平、阌乡、新郑、密县、兰封、温县、孟津、渑池、杞县、陈留、潢川、民权、汲县等创办合作社[⑥]。在一些交通和经济作物种植比较发达的地区合作社建立尤为迅速，如郑州1934年6月本省派合作运动指导员后，至11月，成立合作社29所，参加社员871人，已交股金1927.5元，未交股金825.5元[⑦]；陕县不仅是京陕公路和陇海铁路必经之地，"邮电亦甚便利，各区镇均通电话"，而且是豫西的棉花交易中心，有4家新式银行

---

[①] 游海华：《农村合作与金融"下乡"——1934—1937年赣闽边区农村经济复苏考察》，《近代史研究》2008年第1期，第68—83页。

[②] 中国人民银行金融研究所：《中国农民银行》，北京：中国财政经济出版社，1980年，第16页。

[③] 《中国农民银行之沿革及其推行农村合作之概况》，《农村合作月报》1936年第12期，第81页。

[④] 中国经济年鉴编纂委员会：《中国经济年鉴续编》，上海：商务印书馆，1935年，第43页。

[⑤] 河南省农村合作委员会：《河南省农村合作事业报告》，《合作月刊》1934年第11—12期合刊，第63页。

[⑥] 张静愚：《河南农村合作运动的回顾与展望》，《农村合作》1935年第1期，第24页。

[⑦] 《郑州农村合作社发达》，《农村复兴委员会会报》1934年第6号，第300页。

机构。因此，该县"推行合作，较为迅速，并以信社颇多，组织手续，颇为简便，不如利社之复杂，故进行顺利，计已登记之正式成立者有一百多社。"[1] 据统计，1935年8月，全省建立合作社1283所，社员63 690名，股金21.04万元[2]。1936年，河南新增加合作社401所，其中信用社362所，社员17171人[3]；1937年，据本省57个县报告，全省登记在案的合作社3484所，社员152 759人[4]。可见，作为一种新型的调剂农村金融的机关，民众对合作社的接受程度比较高。

欧美国家办理合作社的贷款资金来源主要是合作社本身的资金，如股金、储蓄金和余利等，但中国农村经济贫困，合作社资金不足，仅仅依靠合作社自身的资金难以完成救济农村金融的使命，因此银行贷款是弥补合作社资金不足的主要方法。南京国民政府时期，与河南农村合作社建立贷款业务的主要是中国农民银行、中国银行、上海商业储蓄银行（主要做棉产运销合作社的贷款）。1934年，在河南棉产改进所指导下，太康、杞县、洛阳、灵宝成立了棉花产销合作社，并与上海银行团接洽，截至10月底共贷款108 500元[5]。中国银行1934年向河南合作社放款21万元，1935年为80万元，1936年6月前为50万元[6]。按照中国农民银行《农村合作放款章程》的规定，农民银行是各种合作社资金的主要来源之一[7]，中国农民银行给本省合作社放款1934年为15万元[8]，1935年与中国农民银行发生贷款关系的有1495所，贷款额79.1万元[9]，1936年6月前与中国农业银行发生贷款关系的合作社1154社，贷款额为92.89万元[10]。以1935年为例，我们来分析中国农业银行

---

[1] 牛宝祥：《陇海路上之三县农村经济》，《中国农民银行月刊》1936年第2期，第113、114页。
[2] 张静愚：《河南农村合作运动的回顾与展望》，《农村合作》1935年第1期，第24页。
[3] 《民国二十五年全国合作事业调查》，《农情报告》1937年第2期，第46、80页。
[4] 《民国二十六年十六省合作事业调查》，《农情报告》1938年第12期，第151页。
[5] 莫洛耕：《中国农产运销的新趋势》，《中国农村》1935年第4期，第13页。
[6] 常文熙：《河南农村金融之调查》，《社会经济月报》1935年第11—12期，第65页。
[7] 章有义：《中国近代农业史资料》第3辑，北京：生活·读书·新知三联书店，1957年，第214页。
[8] 常文熙：《河南农村金融之调查》，《社会经济月报》1935年第11—12期合刊，第65页。
[9] 中国农民银行：《中国农民银行民国二十四年度各省之农村合作事业》，《农村合作月报》1936年第6期，第130页。
[10] 《中国农民银行之沿革及其推行农村合作之概况》，《农村合作月报》1936年第12期，第83页。

与合作社发生贷款的情况（如表4）。

**表4　中国农民银行河南省各县合作社贷款概况表**　（单位：元）

| 类别<br>县别 | 合作社数 | 信用<br>借款数 | 信用<br>还款数 | 利用<br>借款数 | 利用<br>还款数 | 运销<br>借款数 | 运销<br>还款数 | 供给<br>借款数 | 供给<br>还款数 | 总计<br>借款数 | 总计<br>还款数 |
|---|---|---|---|---|---|---|---|---|---|---|---|
| 郑县 | 82 | 71 415.0 | 20 687.5 | 6645.0 | 888.3 | — | — | — | — | 78 060.0 | 21 575.8 |
| 荥阳 | 6 | 7180.0 | 1580.0 | — | — | — | — | — | — | 7180.0 | 1580.0 |
| 广武 | 18 | 18 527.0 | 2000.0 | 4200.0 | — | — | — | — | — | 22 727.0 | 2000.0 |
| 洛阳 | 91 | 49 460.0 | 1094.9 | 3994.0 | — | — | — | — | — | 53 454.0 | 10 949.0 |
| 阌乡 | 30 | 1321.0 | 900.0 | 3550.0 | — | — | — | — | — | 16 760.0 | 900.0 |
| 陕县 | 217 | 129 647.0 | 40 770.0 | — | — | — | — | — | — | 129 647.0 | 40 770.0 |
| 灵宝 | 97 | 109 761.0 | 32 340.0 | — | — | — | — | — | — | 109 761.0 | 32 340.0 |
| 许昌 | 103 | 37 272.0 | 2400.0 | — | — | — | — | — | — | 37 272.0 | 2480.0 |
| 新乡 | 29 | 16 215.0 | — | 4920.0 | — | 17 566.0 | 8489.0 | — | — | 21 135.0 | — |
| 襄城 | 94 | 1190.0 | 1190.0 | — | — | — | — | — | — | 18 756.0 | 9679.0 |
| 南阳 | 62 | 23 070.0 | 1472.5 | — | — | — | — | — | — | 23 070.0 | 1472.5 |
| 温县 | 1 | 1375.0 | — | — | — | — | — | — | — | 1375.0 | — |
| 沁阳 | 43 | 17 238.0 | — | — | — | — | — | — | — | 17 238.0 | — |
| 安阳 | 77 | 5210.0 | 895.0 | 4739.0 | — | — | — | — | — | 9949.0 | 895.0 |
| 辉县 | 43 | 4048.0 | 660.0 | — | — | — | — | — | — | 4048.0 | 660.0 |
| 镇平 | 70 | 11 072.0 | — | 196.0 | — | — | — | — | — | 11 268.0 | — |
| 密县 | 42 | 16 980.0 | — | — | — | — | — | — | — | 16 980.0 | — |
| 新郑 | 29 | 3680.0 | — | — | — | — | — | — | — | 3680.0 | — |
| 汲县 | 5 | 1614.0 | — | — | — | — | — | — | — | 1614.0 | — |
| 陈留 | 1 | — | — | 3200.0 | — | — | — | — | — | 3200.0 | — |
| 兰封 | 34 | 7400.0 | — | 4500.0 | — | — | — | — | — | 11 900.0 | — |
| 杞县 | 26 | 5140.0 | — | 6260.0 | — | — | — | — | — | 11 400.0 | — |
| 淮阳 | 44 | 5502.0 | 3240.0 | 1465.0 | 194.8 | — | — | — | — | 7232.0 | 3564.8 |
| 开封 | 68 | 7400.0 | 6325.0 | 43 706.0 | 4782.0 | — | — | 265.0 | 130.0 | 57 027.0 | 11 107.0 |
| 商丘 | 49 | 23 282.0 | 4680.0 | 4945.0 | 1405.0 | — | — | — | — | 28 227.0 | 6085.0 |
| 汝南 | 69 | 51 045.0 | 10 915.0 | 15 480.0 | 270.0 | — | — | 400.0 | 200.0 | 66 925.0 | 11 385.0 |
| 民权 | 7 | 3440.0 | — | 3730.0 | — | — | — | — | — | 7170.0 | — |
| 滑县 | 61 | 1980.0 | — | 2406.0 | 600.0 | — | — | — | — | 4389.0 | 600.0 |
| 潢川 | 39 | 9751.0 | 270.0 | — | — | — | — | — | — | 9751.0 | 270.0 |
| 禹县 | 54 | — | — | — | — | — | — | — | — | — | — |
| 汤阴 | 19 | — | — | — | — | — | — | — | — | — | — |
| 太康 | 26 | — | — | — | — | — | — | — | — | — | — |
| 光山 | 17 | — | — | — | — | — | — | — | — | — | — |
| 孟津 | 8 | — | — | — | — | — | — | — | — | — | — |
| 渑池 | 42 | — | — | — | — | — | — | — | — | — | — |
| 商城 | 7 | — | — | — | — | — | — | — | — | — | — |
| 合计 | 1668 | 659 025.0 | 141 355.3 | 113 939.6 | 8140.2 | 17 566.0 | 8489.0 | 665.0 | 330.0 | 791 201.6 | 158 314.5 |

资料来源：中国农行：《中国农民银行民国二十四年度各省之农村合作事业》，《农村合作月报》1936年第6期，第129—130页

表 4 反映出，1935 年本省有 36 个县创办了 1668 所合作社，除了禹县、汤阴、太康、光山、孟津、渑池、商城 7 县的 173 所合作社与中国农民银行未发生贷款外，其余 1495 所合作社与中国农民银行发生资金往来，占 89.6%。中国农民银行的放款总额为 79.12 万元，平均每合作社放款 529.2 元。在银行对各种合作社的放款中，信用合作社放款 65.9 万元，占 83.3%；利用社放款 11.4 万元，占 14.5%；运销放款 1.75 万元，占 2.2%；供给放款只有 0.07 万元，中国农民银行在河南的放款 83.3% 投在信用合作社。可见，在合作社运动中，信用合作社是实现农村金融现代化的主要机构，也是银行资本走向农村的主要方式。

合作社的种类主要有信用、利用、运销、供给等，而每种合作社既有专营也有兼营。1936 年，在对本省 949 个合作社的调查中，专营合作社 389 个，占 41%，兼营合作社 560 个，占 59%。其中，687 个为信用合作社，占合作社总数的 72.4%，其中，专营 340 个，占 49.5%，兼营 347 个，占 50.5%；215 个为利用合作社，占合作社总数的 23.3%，其中，专营 10 个，占 4.7%，兼营 205 个，占 95.3%；运销合作社 45 个，占总合作社数的 4.7%，其中，专营 38 个，占 84.4%，兼营 7 个，占 15.6%；供给合作社 2 个，仅占总数的 0.2%，专营与兼营各 1 个[①]。就合作社的分布而言，铁路、公路沿线和县城周边的农村较多，而偏远乡村则比较少，如阌乡主要分布在县城周围，距城较远村庄"请求组社者甚多"，但合作社指导人员过少，顾不过来，远离县城的乡村合作社无法开展[②]。再从表 4 来看，合作社数量比较多的县主要分布在陇海、平汉铁路线沿线及其两侧的各市县。由此可以看出，河南合作社推进有 3 个特点，一是信用合作社占主导地位。二是合作社的经营方式以兼营为主。三是就一县而言以县城为中心呈环状分布，距离县城愈近分布越多，就全省而言呈带状分布，陇海、平汉两铁路沿线分布密集，距离铁路愈远分布愈疏。

农业仓库也是民国时期现代金融机关向农村延伸和救济农村的方式之一，其在金融方面的作用主要是抵押放款。1933 年 5 月，国民政府行政院农村复兴委员会召开第一次大会时，决议中国农民银行须在各县设立农业仓库；实

---

[①] 常文熙：《河南农村金融之调查》，《社会经济月报》1935 年第 11—12 期合刊，第 64 页。
[②] 牛宝祥：《陇海路上之三县农村经济》，《中国农民银行月刊》1936 年第 2 期，第 112 页。

业部在1933年度的农业计划中首条即是筹办农业仓库①。在官方的倡导和推动下，河南省陇海铁路沿线开办了几家农业仓库。郑州有中国银行仓库（1931年8月）、上海银行仓库（1933年10月）、兴业银行仓库（1933年3月）、河南农工银行仓库（1935年8月），郑州仓库主要储存棉花、杂货与五金；开封有中国银行仓库（1933年10月）、金城银行通成货栈（1922年11月），主要储存香烟、棉布、棉纱；商丘有徐州国民银行仓库（1935年9月），主要储存小麦、芝麻、黄豆、花生、小米和高粱等②。与新式银行和合作社相比，农业仓库在河南尚不发达，只在陇海路沿线三个城市设立，其他市镇尚未建立农业仓库。

河南金融机关现代化兴起于晚清末年至民国初期，而得到较快发展是在20世纪20—30年代，尤其是中原大战后南京国民政府实现了对河南的控制，推动了本省各种新式金融机关的建立和发展，到抗战前夕，河南有新式银行77家，合作社3400余家（据57个县报告），农业仓库8家。不管是新式银行还是合作社和农业仓库均主要分布在以郑州为交汇点的陇海、平汉铁路沿线的商业都市和两侧的市镇，说明金融现代化的进程与交通和商品经济发达与否有着直接的关系。

## 三、货币流通的变迁

以上的论述说明，1912—1937年，中国金融业处在一个双元经济时代，一方面，传统金融体制继续延续；另一方面，现代金融体制在不断由都市向乡村延伸。在这种体制下，中国的货币流通状况如何？我们通过河南的货币流通状况来看双元金融体制下的货币流通问题。

民国以来，河南省政局变换多端，不同时期的政府所控制的省银行均发行货币，如以纸币和兑换券为例，1917年，豫泉官银钱局发行银两票有1两、5两、10两3种，银元票有1元、5元、10元3种，制钱票有100文、1000文两种。吴佩孚统治河南时期，1923年发行1元、5元、10元三种钞票

---

① 《农村破产中农民生计问题》，《东方杂志》1937年第1号，第54页。
② 中国银行总管理处经济研究室：《全国银行年鉴》，上海：汉文正楷印书局，1936年，第61页。

约 1000 万元，该票到 1926 年跌至按票面一折、二折行使，随着广东国民政府北伐的胜利，这些纸币变为废纸。冯玉祥主豫期间，将西北银行从张家口迁至郑州，该行发行的 1 元、5 元、10 元大洋券开始在河南行使，"无论完粮、纳税和公私交易完全通用，并可兑现。"同时发行铜元券 10 文、20 文、50 文、100 文 4 种，"以调剂市场。"① 除了省银行发行票币外，一些商家、银号也发行各种票券，如商城"任何商店均有发行钞票之权。"② 内黄"曾有商人或富户发行之银钱票，信用颇好。"③ 20 世纪 30 年代初，豫省铜元局"造当八百文大铜元，出省即不通用，致各县充斥，月来价格大跌，各县乡民纷拒使用，或打折扣，由每元换五千文，跌至每元七八千文，外县竟换十五千，一日数变，极不一致，成全省金融恐慌严重事件，小商叫苦连天，纷纷停业，面前支持者，亦加倍索价。"④ 因此，民国初年以来河南货币流通银两、银圆外，各种铸币、票券充斥金融市场。一方面，在金融枯竭的情况下，可缓解小区域小市场金融枯竭的状况；另一方面，既给金融市场带来混乱，也不利于统一市场的形成，甚至对社会经济造成极大危害，是害大于利。

针对乱铸铜元和乱发票券的问题，20 世纪 30 年代初，河南省进行了金融整顿。1932 年，中央银行颁布了《取缔纸币条例》后，河南省政府对各地商号、地方机关私自发行的各种票券，要求"各县勒令收回，严行禁止"⑤。1933 年 3 月，颁布了《河南省取缔铜元入境章程》，禁止外省铜元大量流入本省⑥。整顿后的情况如何？国民政府实行币制改革前，中央银行对河南货币流通状况的调查能够说明一些问题。根据调查，在河南境内流通的货币分为两类，一类是硬币，一类是纸币。大致情况如下：

(1) 河南市面流通的各种硬币。①银圆。中国近代以来，银圆版本甚多，在河南市面流通的银圆大致有 15 种之多，如总理像、袁像、开国纪念币、大清银圆、光绪、宣统、北洋、江南、湖北、湖南、广东、四川、站人、鹰洋、1934 年铸造新币等，其中总理像、袁像和北洋造 3 种在全省各县均可流通，

---

① 杨达：《民国年间河南发行的纸币》，《河南文史资料》1993 年第 2 辑，第 91—96 页。
② 《河南省农村合作情报·商城农村概况》，《农友》1936 年第 4 期，第 43 页。
③ 《各县社会调查·内黄》，《河南统计月报》1936 年第 7 期，第 152 页。
④ 《河南省滥铸铜元》，《中行月刊》1932 年第 1 期，第 98 页。
⑤ 河南省政府：《河南省政府年刊》，开封：河南省政府，1934 年，第 43 页。
⑥ 河南省财政厅：《河南省财政法规汇编》，开封：河南省财政厅，1933 年，第 114 页。

其余各有侧重。②银角。本省流通的银角有7个版本，分别为广东省造单双角、光绪年造单双角、袁像单双角、袁像半元。其中广东、光绪、袁像单双角全省111个县都通行，袁像半元仅固始一县行使。③铜元。本省流通的铜元有当十、当二十、当五十、当一百、当二百等五级，版本有各省造当十、当二十，光绪当十、当二十，五色旗当十、当二十，四川省造当五十，河南省造当五十、当一百、当二百等数十种。在流通方面，当十仅有少数县市面有留存，"虽有每银圆一元兑换二百枚左右之兑换率，然实际上属于有行无市"；当二十在临汝县用途较广，并在约半数县市面有流通。本省制造的当五十、当一百、当二百铜元流通最为广阔。④制钱。只有临汝"尚有少数制钱存在，但亦无大用途矣。"在国民政府币制改革前，银圆和银角是流通最普遍的硬币。

（2）河南市面流通的各种纸币。①银元票。本省流通的银元票有中央银行、中国银行、交通银行、河南农工银行、中国实业银行、中国农工银行、中南银行及河北、湖北两省银行兑换券，地方金融流通券，农民借贷所及45师三民合作社的发行券等10余种，面值有10元、5元、1元三级，均系十足通用，以中央银行、中国银行、交通银行、河南农工银行等四行之流通券"流通最广，几遍全省各县。"中南银行票在全省79县流通，四省农民银行票在43县流通，其他各行及地方发行银元券流通范围有限。②银角票。本省通用的银角票比较繁杂，既有中央、中国银行、交通银行、四省农民银行、河南农工银行、中国农工银行、中南银行、河北银行、湖北银行等发行的辅币，也有镇平县农民借贷所的发行券，长葛、固始两县各商号及45师三民合作社发行的银角票，面值分1角、2角、5角三等。其流通情形与银元票大致相同。③铜元票。河南的铜元票最为混乱，除河南农工银行发行的铜元票通行全省外，发行该票的很多，有商会、银号、商号、借贷所、政府部门，甚至基层行政部门也发行铜元票，大约七八种。如汲县、唐河、荥阳、新野、内乡等县流通的是商会票、地方流通券及临时流通券；镇平流通的是农民借贷所流通券；方城、唐河、沁阳、修武、固始等县流通商号流通券；淅川八区办公处、教育局发行票流通于当地，沈丘流通的是省政府发行券。各种铜元票面值分铜元十枚、二十枚、五十枚等数级，"与现铜元等值，人民感携带便利，颇为乐用。"④制钱票。在本省流通极少，洧川商号发行，"票面值虽以制钱为单位,而实际上确系代替铜元之用,并非单纯之制钱票。"① 从国民政府中央银行的调查来看,经过整顿后河南货币流通依然十分混乱,有银圆、银角、铜元、制钱的硬币与纸币,发行货币的金融机构则五花八门,一是外省的铜元在本省仍有少数地方行使。二是商会、银号、商号、借贷所、政府部门发行的票券在一些交通不便的地方仍有流通。

1935年11月,国民政府币制改革政策发布后,河南的货币流流通出现了一些新的变化。南京政府币制改革法令颁行后,1936年1月,河南省政府遵照财政部兑换法币办法颁布了《河南省兑换法币实行办法》,并在新式银行尚未建立的县份,设立法币兑换所,收兑现金。在政府的推行下,法币兑换工作在河南迅速展开,取得了较好的成效,"计各县政府及河南农工银行共收一百一十三万元,中央银行、中国、交通银行及其他各行,约共收兑六百万元,合计共收兑银币约达七百余万元之谱。"② 币制改革后,在交通发达的地区,法币开始在河南大部分地方金融市场流通,至少在一些县现洋与法币同时流通。从1937年的社会调查来看,货币流通市场已经有了很大改观。如考城县"金融以现金为最多,通行纸币为河南农工、中央、交通银行钞票。此外,无地方或私法人发行之兑换券与其他种纸币。"③ 淇县"市面金融流通,均用现洋,即有时使用纸币,亦必以中国、交通、中央等银行纸币始能通行。此外,无地方或私法人发行之兑换券与其他种纸币。"④ 该县市面流通的硬币为现洋,纸币为法币。渑池"县内无银钱业,其流通情形全视外境之畅滞而异,纸币通行者,为河南农工银行、中国、中央、中南、交通等行钞票。此外,无地方或私法人发行之兑换券与其他种纸币。"⑤ 说明在交通便利的地方,法币推行较快,传统金融机构发行的各种票券基本绝迹。

但法币并未完全占领了河南全部金融流通市场,尤其是交通闭塞、商业落后的地方及新式银行尚未渗透到的地方,地方发行的商号、银号币或铜元仍在流通,如唐河"近年各地商业萧条,交易滞窒,所产农作物,无处运销,以致谷价惨跌,现金缺乏,而日用品必须之商品如食盐、布匹等,尤需提现

---

① 《河南省通用货币概况》,《中央银行月报》1936年第8号,第2119—2123页。
② 河南省政府:《河南省政府年刊》,开封:河南省政府,1936年,第217—218页。
③ 《各县社会调查·考城》,《河南统计月报》1937第1期,第89页。
④ 《各县社会调查·淇县》,《河南统计月报》1937第3期,第119页。
⑤ 《各县社会调查·渑池》,《河南统计月报》1937第4期,第86页。

金出境,赴各处购买,为数甚巨,他如税款之解报,纸烟鸦片之输入,亦为现金出口之大宗,长此以往,现金有出无进,农作物不能向外倾销,金融枯竭,可立而待,以故私行纸币日见充斥,现金日缺,银价飞涨,已成不可挽回之势。至发行兑换券与他种纸币情形,地方政府未发行纸币,其发行纸币者,皆系资本缺乏之小商,借图周转,不愿挤兑,稍有挫折,票等废纸。"[1] 唐河金融市场有出无进,造成金融枯竭,既无现洋流通也无法币流通,市场上流通的主要是当地小商发行的"商号币"。1936年,中国农民银行在阌乡"贷款约一万余元,该县因属偏僻,故对推行本钞,较为困难,而合作事务所亦觉不便,幸与县政府金库接洽,向其兑换一部分现洋,使农民不致感觉苦痛。"[2] 这说明在法币推行过程中,受传统习惯的影响,农民依然相信现洋,而不喜欢使用法币。因此,币制改革后,河南的货币流通有两种情形:一种是交通与商业比较发达的地区,新式金融机关已经建立,法币得到了较好的推行;另一种是交通不便的边远地区,"乡民无知,仍视硬币为奇货"[3],法币尚未占领金融市场。可见,在币制改革后,中国金融业的双元体制还在延续。

## 四、结　语

清末至民国初期,新式金融机关——银行开始出现后,"一时风起云涌,新银行的成立,如雨后春笋,渐成后来居上之势。"随着新式金融机构的建立,银钱业的状况发生了巨大的变化,据北洋政府农商部的调查,钱庄业和银行业所占资本比例从1912年的68∶32,下降到1920年的37∶63[4]。而在民国初年到20世纪30年代,河南的传统银钱业和现代银行业均比以前有了很大发展,如1920—1935年新成立银号35家,典当业12家,合计47家(不包括各种会和钱铺、小押当等);新式银行成立了50家(不包括合作社与农业仓库),双方新机构成立之比是48∶52。说明南京政府币制改革前,河

---

[1] 《各县社会调查·唐河》,《河南统计月报》1937第1期,第84页。
[2] 牛宝祥:《陇海路上之三县农村经济》,《中国农民银行月刊》1936年第2期,第112页。
[3] 河南省政府:《河南省政府年刊》,开封:河南省政府,1936年,第218页。
[4] 吴晓晨:《农村破产中的中国钱庄业》,《农村经济》1935年第6期,第5页。

南的传统金融业和现代金融业机构的发展从数量上来看处于基本均衡状态。为什么会出现基本均衡发展的状态？主要原因包括两个方面。

一是农业商品化过程中金融市场的需要。河南是一个以农业为主的省份，农作物种植结构随着交通运输条件的改变而变化，1906年平汉铁路通车，1909年陇海铁路汴洛段完工，"这两大交通干线纵横交会于河南境内，使河南的农业经济结构发生重大的变化。"[①]即两条铁路把河南省区域市场通过通商口岸与国际市场联系起来，促使河南种植棉花、烟草、花生、大豆等经济作物，为国际市场提供原料。民国初年到20世纪30年代，正是河南农业经济作物种植得到比较快的发展时期，大豆、棉花、烟草、花生为主的经济作物大面积种植，加速了农产品的商品化。据统计，民国初年（1914—1916年的平均值），大豆、棉花、花生、烟草的种植面积为844万亩，到20世纪30年代（1931—1936年的平均值）2169.7万亩，增加了2.6倍，分布占当时耕地面积（1913年的面积为11 494.5万亩）的7.3%和（1932和1934年耕地面积的平均数为10 857.5万亩）20%[②]。到20世纪20—30年代，河南形成了以豫北和豫西为中心的棉花产区，以开封为中心的花生产区，以许昌为中心的烟草产区。随着农产品的商品化不断提高，形成了农产品的交易会中心，如郑州是中原最大的棉花交易中心，有30多家花行、花商299家、10家货栈，另有豫中、日信、慎昌等打包厂[③]。作为棉花交易中心，每年陕西来郑州销售的棉花约30万担，晋南所产棉花在郑州销售在5万担以上，价值共值3000余万元，"遇丰收之年，即可加倍。"[④] 1931年11月至1932年5月，郑州存栈棉花18.75万担，上市交易棉花49.55万担，合计68.3万担[⑤]。如此大规模的交易，单靠传统金融机构或新式银行来承担，都是心有余而力不足。因此，郑州金融市场呈现出银钱业和新式银行各占半壁江山的局面。不仅郑

---

[①] 沈松侨：《经济作物与近代河南农村经济（1906—1937）——以棉花与烟草为中心》，"中央研究院"近代史研究所编：《近代中国农村经济史论文集》，台北："中央研究院"近代史研究所，1989年，第341页。

[②] 以上各种作物的种植面积和河南耕地总面积分别见许道夫：《中国近代农业生产及贸易统计资料》，上海：上海人民出版社，1983年，第8—9（耕地总面积）、163（大豆、花生种植面积）、204（棉花种植面积）、215（烟草种植面积）页。

[③] 陈隽人：《郑州棉花市场概况》，《中行月刊》1931年第10期，第15—16页。

[④] 鲁行：《调查郑州出产及商业金融状况报告书》，《中行月刊》1931年第10期，第17页。

[⑤] 《郑州棉花集散数量统计》，《中行月刊》1932年第1期，第109页。

州如此,在开封、许昌、陕县都存在这样的问题,传统银钱业和新式银行都无法实现独占金融市场,在这样的情况下,需要双方在各自的领域内发挥作用,为社会经济和金融市场服务。因此,河南出现了传统金融业与现代金融业都不具备占领市场的能力,双方保持了短暂均衡发展的态势。

二是民间惯性使传统金融业有了一定的生存空间。如前文所言,20世纪20—30年代传统金融业之所以在金融市场还有比较强的竞争力,还有一个因素是民间借贷惯性,即民众与传统金融业关系密切,而与新式银行业不大往来。关于这一点,我们还可以从河南省农民信贷调查中看出来,据1934年中央农业试验所调查,农民借贷来源亲友占9%,地主10.6%,富农占41.2%,商家占13.5%,钱局占9%,其他占16.7%[1]。从1934年农民借贷习惯来看,他们没有与新式银行建立债务关系。正是这种民间惯性,在一定程度上延续了传统金融机关的生存能力。

在近代中国农村金融业的变迁中,现代金融业向农村延伸过程中,合作社运动起了关键性的作用。信用合作社在河南农村的兴起和发展,成为新式银行和农村联系的桥梁,深入民间,由于其借贷利率较低而时间较快被农民所接受,成为农村一种新型的融资和借贷组织。但在合作社建立的地方,并没有完全取代传统的融资组织。如1937年对开封的调查中,有合作社102社,股金总额2.9万元,自1934年至1936年11月底,与中国农行发生贷款关系的有80个社,历年放款累计17.3万余元[2]。股金与银行放款合计20余万元,无法满足农村金融的需要,因此,同时期调查显示,各种民间融资组织在开封普遍存在[3]。又如1936年的阌乡"因地势闭塞,缺少金融机关,故农民之资金活动,有赖于各商号亦不少。"[4] 商号在农民融资中继续发挥着作用。可见,在河南广大农村,即使合作社比较深入的地方,也存在合作社与传统融资组织竞相并存的现象。

在货币流通方面,尽管南京国民政府时期在币制改革方面经历了废两改元与法币改革,以及河南省采取严禁各地商号、地方机关私自发行的各种票

---

[1] 上海申报年鉴社:《第三次申报年鉴》,上海:美华书馆,1935年,第45页。
[2] 张铮友:《河南开封县农村合作事业调查》,《中国农民银行月刊》1937年第2期,第42、47页。
[3] 张宜兰:《开封的私人储蓄会》,《中国经济》1937年第7期,第100页。
[4] 牛宝祥:《陇海路上之三县农村经济》,《中国农民银行月刊》1936年第2期,第110页。

券后，金融市场货币流通趋于统一，银两、铜钱、各种票券逐渐退出流通领域，法币逐渐为民间所认可，"法币势力，遂亦达于穷乡僻壤之间。"[①] 但源于民间惯性，在法币制度实行后的河南各县调查中，显示出现洋与法币共同在市场流通，甚至民众对现洋的认可程度远远超出了法币，出现了以法币兑换现洋的现象。这些都说明，南京国民政府币制改革后，河南金融流通市场仍然是现洋与法币共存的局面。

总之，在由传统社会向现代社会转型时期，中国形成了金融业的双元体制。尤其是受传统力量的影响，民间融资组织经久不衰，尽管其利弊参半，但轻言取缔也不容易。因此，如果在现代金融组织占领金融市场的条件下，对传统金融业进行认真研究，因势利导，保持金融事业的多元性，既可使传统金融业更好地为社会和民众服务，也有利于中国传统文化的保持与延续。

原载（《史学月刊》2009年第10期）

---

① 河南省政府：《河南省政府年刊》，开封：河南省政府，1936年，第217页。